宁德市

档案史料

丛书

编纂委员会

闽东抗日战争档案史料

宁德市档案馆　福鼎市档案馆　厦门大学马克思主义学院　编

第六辑　军民合作

主　编　郑　伟　李小平　林劲松　张　侃
执行主编　陈劲松　董兴艳　叶召法　陈承纯

厦门大学出版社
XIAMEN UNIVERSITY PRESS
国家一级出版社
全国百佳图书出版单位

图书在版编目(CIP)数据

闽东抗日战争档案史料.第六辑/宁德市档案馆,福鼎市档案馆,厦门大学马克思主义学院编.—厦门:厦门大学出版社,2019.11
(宁德市档案史料丛书)
ISBN 978-7-5615-7648-9

Ⅰ.①闽… Ⅱ.①宁…②福…③厦… Ⅲ.①抗日战争—历史档案—福建 Ⅳ.①K265.06

中国版本图书馆CIP数据核字(2019)第273354号

出 版 人 郑文礼
责任编辑 韩轲轲
装帧设计 李夏凌
技术编辑 朱 楷

出版发行 厦门大学出版社
社 址 厦门市软件园二期望海路39号
邮政编码 361008
总 机 0592-2181111 0592-2181406(传真)
营销中心 0592-2184458 0592-2181365
网 址 http://www.xmupress.com
邮 箱 xmup@xmupress.com
印 刷 厦门集大印刷厂

开本 787 mm×1 092 mm 1/16
印张 36.25
插页 4
字数 800千字
版次 2019年11月第1版
印次 2019年11月第1次印刷
定价 180.00元

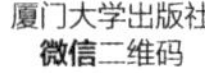
厦门大学出版社
微信二维码

厦门大学出版社
微博二维码

前　言

1931年的“九一八”事变后，中国人民经过十四年艰苦卓绝的浴血奋战，最终赢得了抗日战争的胜利，这是中国近代以来抗击帝国主义入侵的第一次完全胜利，也是为世界人民反击法西斯主义暴政和争取和平所做出的重大贡献。抗日战争中，中国人始终洋溢着自信、自立、自强的民族精神；而抗日战争的胜利，也开启了古老中国凤凰涅槃、浴火重生的新征程；如今，鲜血写就的抗日战争历史，其精神已凝结为中华民族走向伟大复兴的核心价值。

历史是一个民族的灵魂，不是任人打扮的婢女。维护历史的尊严，就是维护人类良知，就是要留下正义、善良与仁慈，将邪恶、血腥和残暴钉在历史的耻辱柱上；坚守真实的共同记忆，就是坚守理性火炬而照亮自我，念念不忘，必有回响，才可穿越丛林，走向未来。

20世纪像一列轰轰烈烈的火车，正渐渐地驶离我们的视野。但它依旧是未曾合上的书，与现实生活仍有千丝万缕的联系。习近平总书记在中共中央政治局第二十五次集体学习时强调，坚持正确的历史观，就是“让历史说话，用史实发言”。[①] 史料是一切历史阐述的基础，前辈学者早就指出：“只有掌握了更丰富的史料，才能使中国的历史，在史料的总和中，显出它的大势；在史料的分析中，显出它的细节；在史料的升华中，显出它的发展法则。”[②]有人比喻，历史解释犹如果肉，历史事实犹如果核，严肃、负责的历史解释都必须建立在“事实的硬核”之上。[③] 缺乏基本史实的支撑，任何历史描述和历史解释只能是没有生命的空壳。

一直以来，日本极右翼分子不顾历史事实，美化战争，甚至走向否认历史、推卸战争责任的极端。清代龚自珍说：“欲知大道，必先为史。灭人之国，必先去其史。”因此，如何遏制解构、歪曲、篡改历史的行为，已成为社会各界必须面对的问题。在纪念世界反法西斯战争胜利和中国人民抗日战争胜利70周年之际，习近平总书记高屋建瓴地指出：“抗战研究要深入，就要更多通过档案、资料、事实、当事人证词等各种人证、物证来说话。”[④]此论

---

① 习近平：《让历史说话，用史实发言》，《人民日报》2015年8月1日。

② 翦伯赞：《略论中国文献学上的史料》，翦伯赞：《史料与史学》，北京大学出版社1985年版，第17页。

③ [英]爱德华·霍列特·卡尔：《历史是什么？》，商务印书馆1981年版，第4页。

④ 习近平：《让历史说话，用史实发言》，《人民日报》2015年8月1日。

切中要害。敬畏历史，尊重事实，才能守住记忆。

1937年"八一三"事变后，日本除在华北各地进一步扩大侵略和进攻上海外，还加紧在沿海地区的侵略活动。8月25日，日本海军宣布对中国海岸实行封锁，企图占领福建，变其为侵略华南地区乃至东南亚地区的基地。宁德俗称闽东，南靠福州市，北邻浙江省温州市，东临东海，西接建阳，现辖宁德、福鼎、霞浦、福安、寿宁、周宁、古田、屏南、柘荣9县(市)。宁德人民素有光荣的革命传统，为了抗击日本帝国主义的野蛮侵略，开展了多种形式的民众抗日运动，实行全民抗战。

闽东抗日战争档案史料丰富，为了使整理、编辑工作细致有序地展开，本辑以"军民合作"为主题进行相关档案的汇编。1941年11月，第二十五集团军总司令部军民合作站总指导处成立，12月军民合作站福鼎县指导处建立，县长与县党部书记长分别兼任处长、副处长，初设桐山、琳江、管浮和秀岭四站。此后，随着省处的两度改组，1942年6月改称为"第三战区司令长官司令部福建省福鼎县军民合作站指导处"，1943年4月再改称为"第三战区福建省福鼎县军民合作站指导分处"。福鼎县军民合作机构组建后，县指导处及各乡镇军民合作站共同承担了办理部队副食马干供应，组织民夫办理军运，设置茶水站等劳军设施，发动劳军、慰问征属，组训各种任务队等任务。各级军民合作机构的建立，对军事作战及民众动员均起到积极作用。

闽东抗日战争档案现在被保存在宁德市各级档案馆中，它们既是"闽东之光"的历史见证，也是宁德人民的精神财富和文化遗产。为了充分发挥档案"存凭、留史、资政、育人"的作用，宁德市各级档案馆与厦门大学马克思主义学院合作，编辑出版《闽东抗日战争档案史料》，谨以为志。铭记历史，用史实发言；开创未来，中华民族走在复兴路上。

编辑说明

“宁德市档案史料丛书“汇编宁德市、县(市、区)各级档案馆的珍贵馆藏档案。这些民国档案历经辗转,接收时大部分已被虫蛀或破损。从1986年开始,档案馆逐卷进行整理、托裱、编制卷内目录和案卷目录、更换案卷皮、重新编制全宗号和案卷号。目前已有案卷目录、全引目录和人物卡片三种检索工具。

本辑《军民合作》所用档案资料以福鼎市档案馆藏民国档案资料辑成,为了便于利用,采取了两种方式处理。

一、分类排列,给每份档案定名并确定时间。本辑共分为四个部分:第一部分为福鼎县军民合作机构工作报告表册,第二部分为福鼎县军民合作处站官兵供给,第三部分为福鼎县军民合作处站业务之开展,第四部分为杂项。按时间归类排列。

二、保留每份档案的馆藏档号,以维护档案的原有属性和归档系统。

本辑所收录的福鼎市档案馆藏民国档案的档号为:G133-003-0120、G133-003-0121、G133-003-0122、G133-003-0123、G137-001-0001、G137-001-0002、G137-001-0003、G137-001-0004、G137-001-0005、G137-001-0006、G137-001-0007、G137-001-0008、G137-001-0009、G137 001-0010。

影印出版闽东抗战档案史料,既保持了文献内容的原汁原味,又可呈现史料原貌,亦为抗战史研究提供了颇具特色、细致翔实的历史文献。

为便于阅读,将部分较大页面分为a、b面排版,并尽可能保留原档案所载信息。只是,档案文稿底色、印鉴颜色等因黑白印刷之故,无法保留原色。

由于经验及水平限制,我们在编辑与考订上难免存在缺漏。本书的错误和缺点必定不少,诚恳地希望读者提出批评和指正。

目　录

一、福鼎县军民合作机构工作报告表册

二、福鼎县军民合作机构官兵供给

三、福鼎县军民合作机构之业务

(二)征派御寒稻草 …………………………………………………………… 350

四、杂项

福鼎县军民合作机构工作报告表册

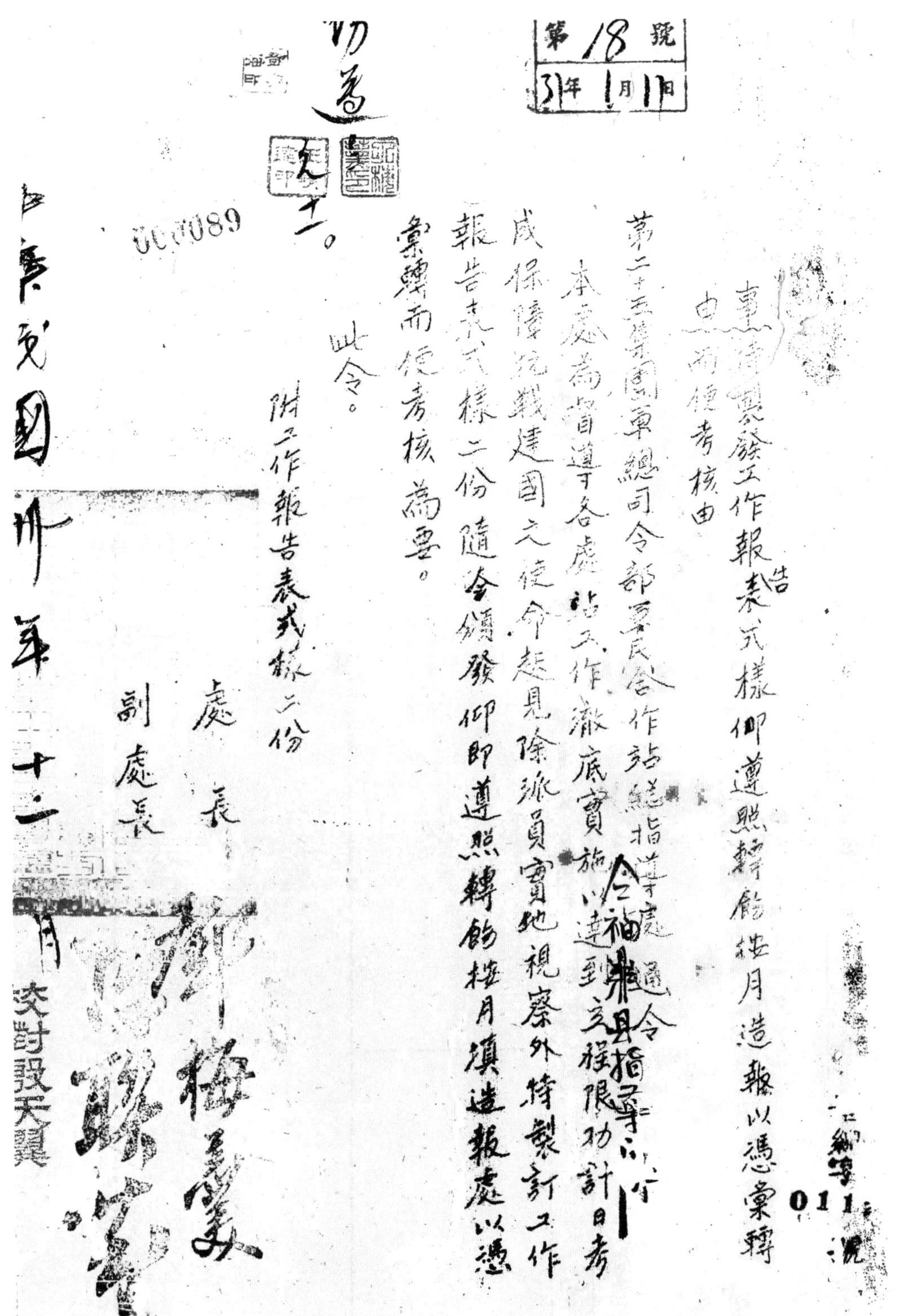

第18號 31年1月11日

事由：為製發工作報告表式樣仰遵照轉飭按月造報以憑彙轉而便考核由

第二十五集團軍總司令部軍民合作站總指導處通令

令福鼎縣指導員

本處為指導各處站工作澈底實施以達到之程限功計日考成保障抗戰建國之使命起見除派員實地視察外特製訂工作報告表式樣二份隨令頒發仰即遵照轉飭按月填造報處以憑彙轉而便考核為要。

此令。

附工作報告表式樣二份

處長

副處長

中華民國卅年十二月　日

校對 殷天翼

第二十五集团军总司令部军民合作站总指导处关于制发工作报告表式样并转饬按月造报而便考核的通令(1941 年 12 月)　G133-003-0120

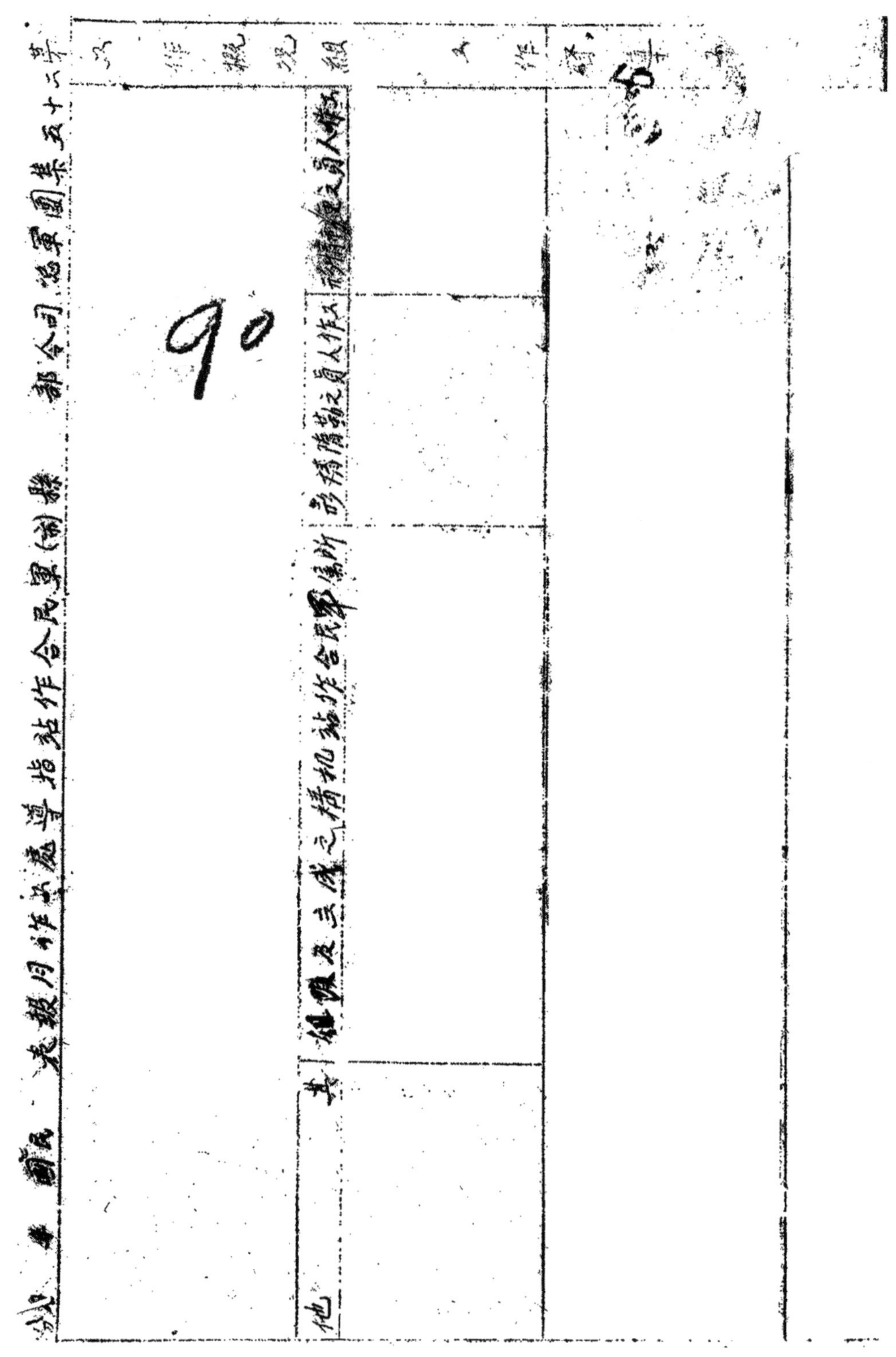

第二十五集团军总司令部××县军民合作站指导处工作月报表
(1941年12月)a面　G133-003-0120

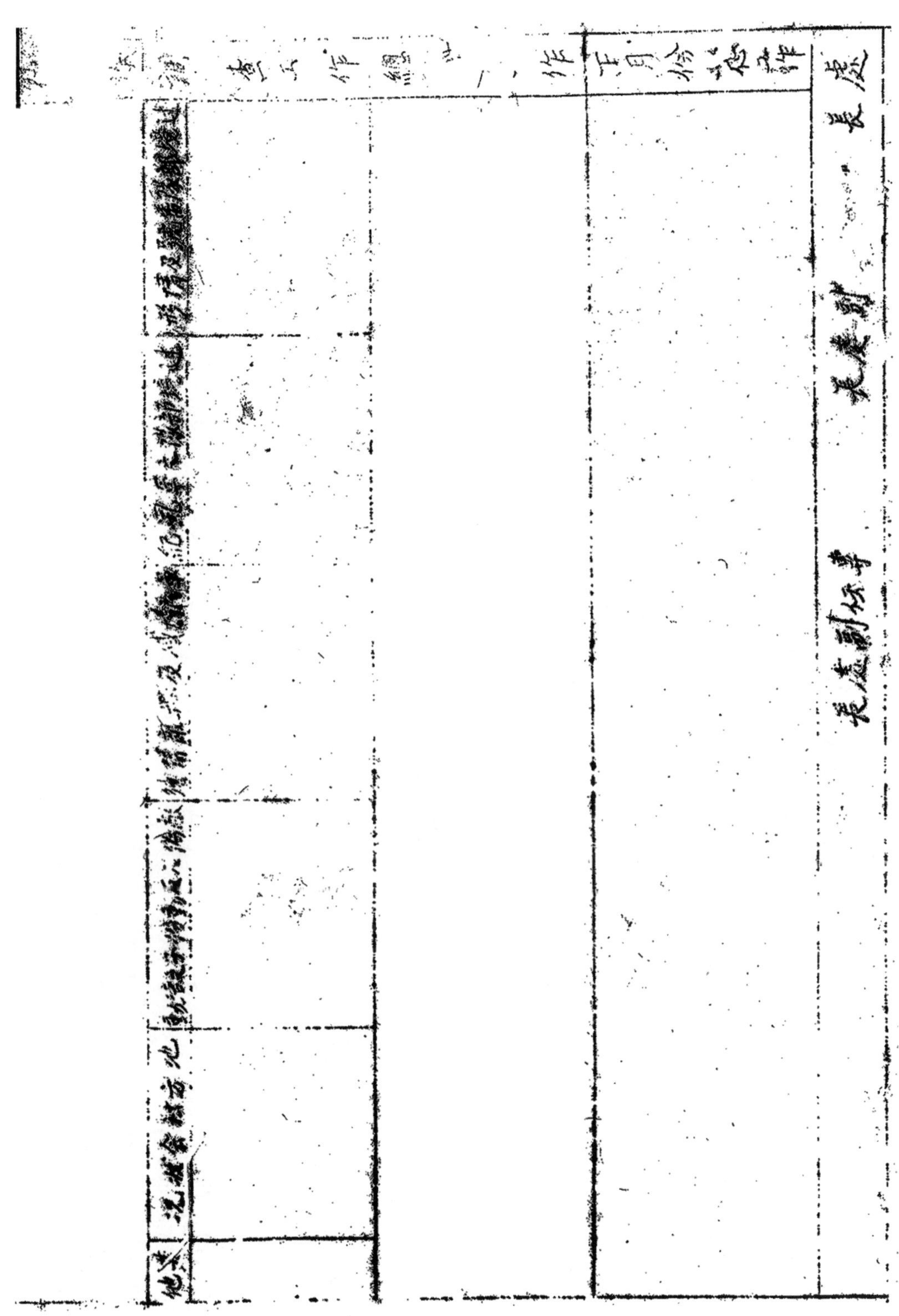

第二十五集团军总司令部××县军民合作站指导处工作月报表

(1941 年 12 月)b 面　G133-003-0120

第二十五集团军总司令部军民合作站福鼎县指导处关于抄发工作报告表式样，令桐山、管浮、秀岭和琳江军民合作站按月造报凭转的训令（1942 年 1 月 19 日）　G133-003-0120

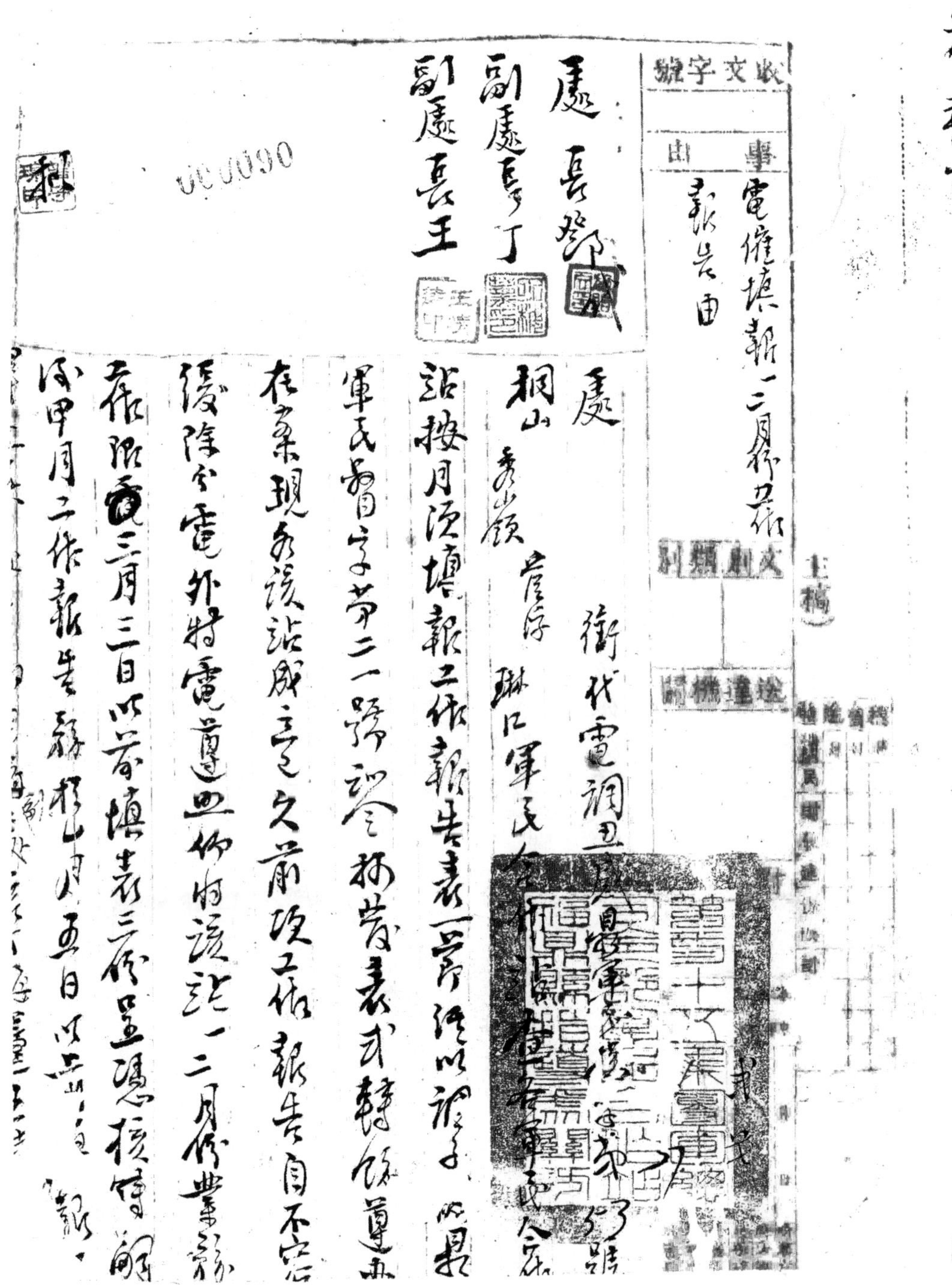

第二十五集团军总司令部军民合作站福鼎县指导处关于电催桐山、管浮、秀岭和琳江军民合作站填报一、二月份工作报告的代电(1942 年 1 月 27 日)　G133-003-0120

呈

第50號
31年3月21日

为将二月份办理兵差详情填同月报表呈乞察核由

案奉

钧处调子鼎军民督字第21号训令转发军民合作站工作月报表式乙份，仰遵照按月填报以凭核转等因，附原式样一份。奉此，兹依原颁格式将本站二月份办理兵差详情填同月报表一份随文呈乞

察核。

谨呈

福鼎县第一区桐山镇公所关于填具桐山镇军民合作站二月份办理兵差详情月报表的呈文

（1942年3月21日）　G133-003-0120

軍民合作指導處處長鄧

附呈二月報表一份

桐山鎮軍民合作站總幹事卓梅峰

卓梅峰印

福鼎县第一区桐山镇公所关于填具桐山镇军民合作站二月份办理兵差详情月报表的呈文

（1942年3月21日） G133-003-0120

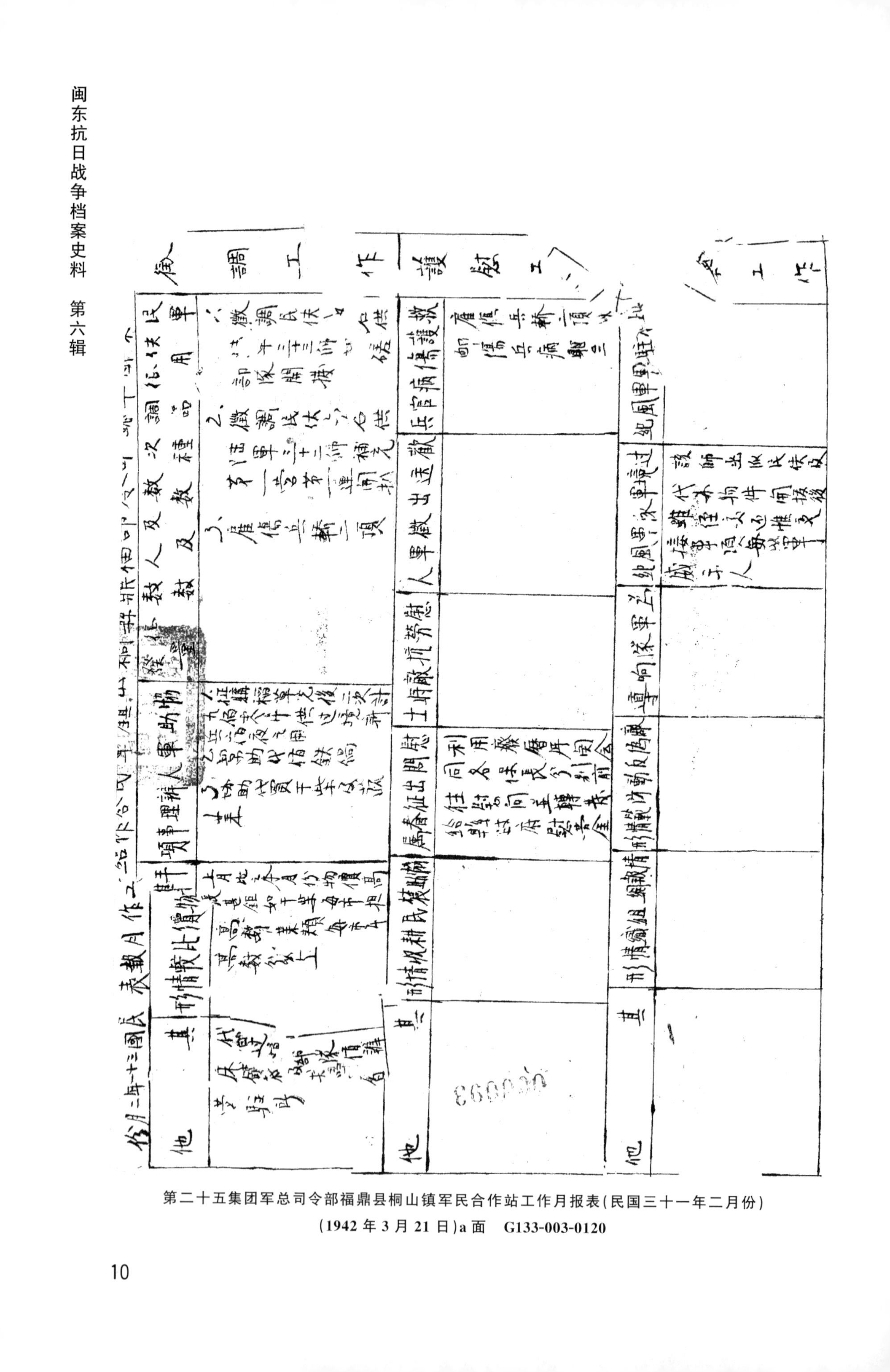

第二十五集团军总司令部福鼎县桐山镇军民合作站工作月报表(民国三十一年二月份)

(1942年3月21日)a面　G133-003-0120

第二十五集团军总司令部福鼎县桐山镇军民合作站工作月报表(民国三十一年二月份)

(1942 年 3 月 21 日)b 面　G133-003-0120

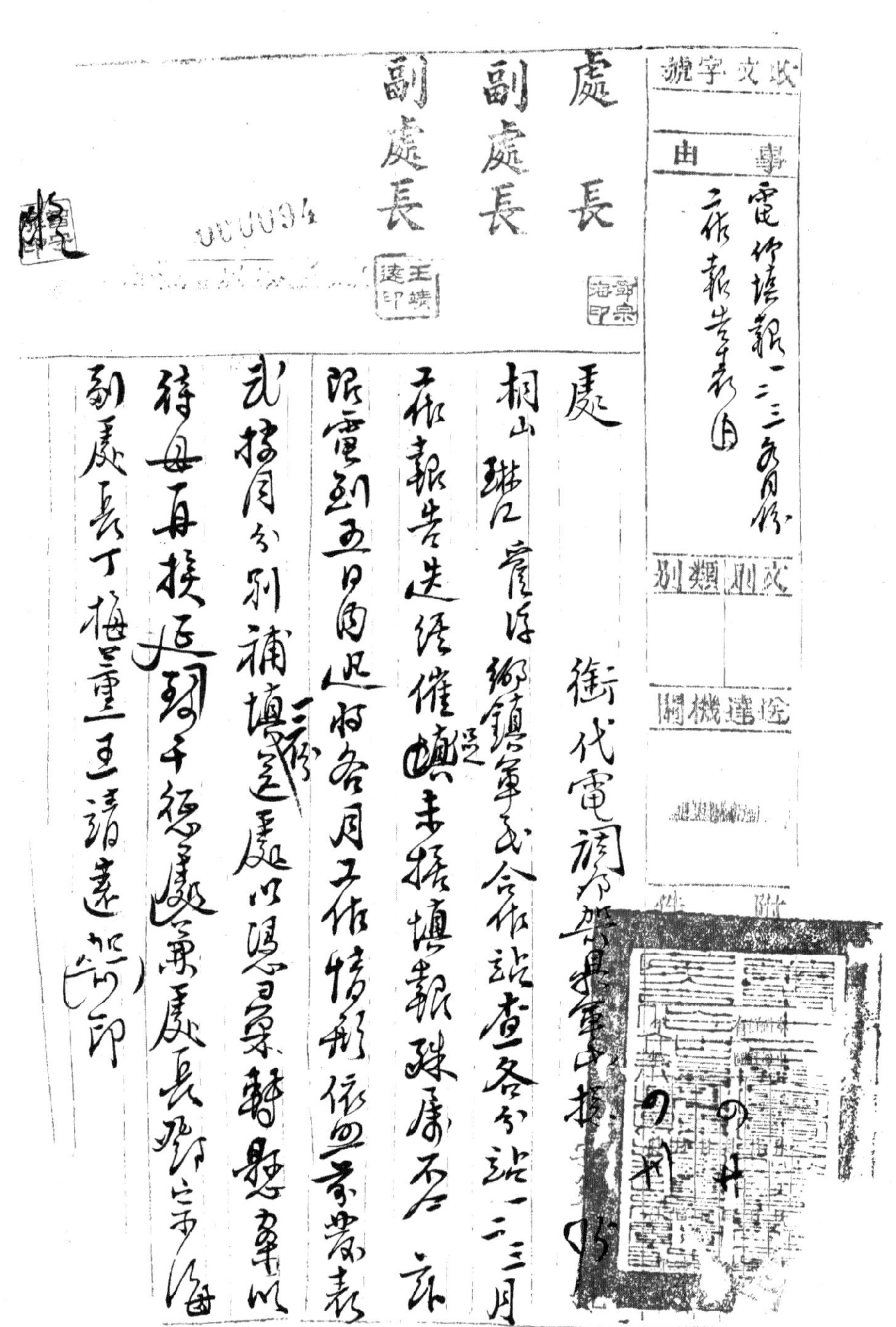

第二十五集团军总司令部军民合作站福鼎县指导处关于催促桐山、管浮和琳江军民合作站迅填报一至三月工作报告表的代电(1942 年 4 月 20 日) G133-003-0120

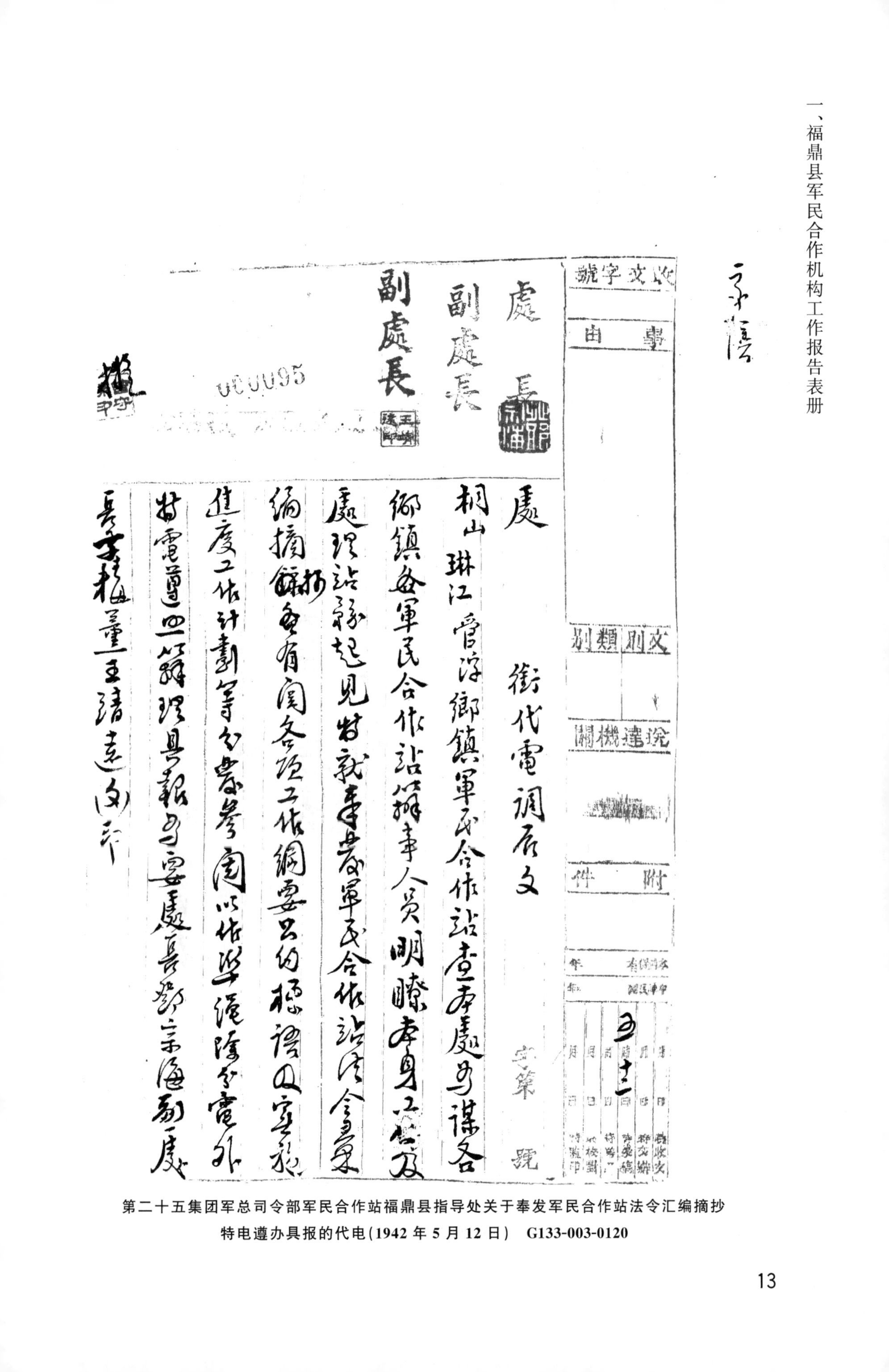

第二十五集团军总司令部军民合作站福鼎县指导处关于奉发军民合作站法令汇编摘抄特电遵办具报的代电(1942 年 5 月 12 日)　G133-003-0120

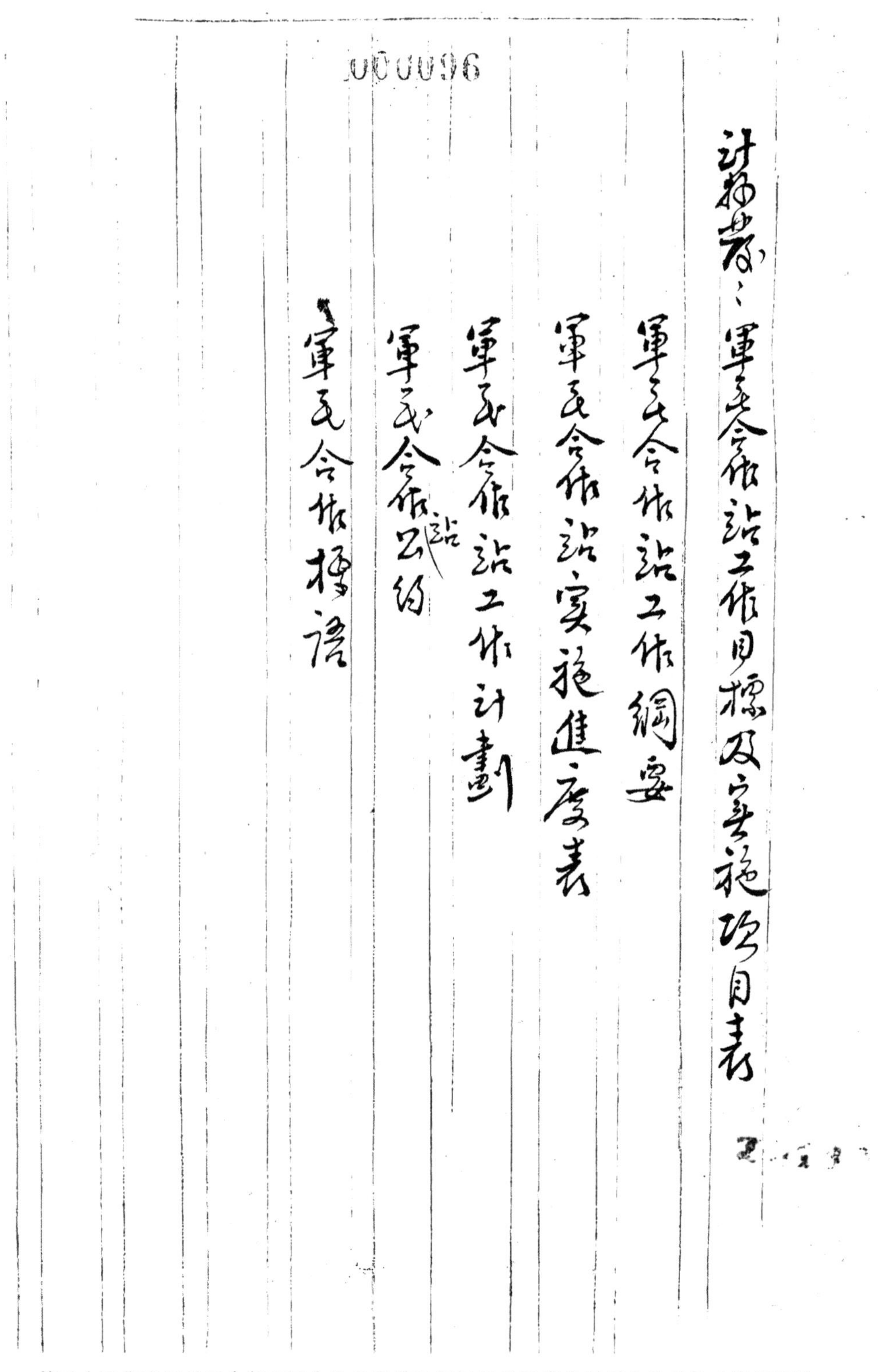
000096

計劃要項：軍民合作站工作目標及實施項目表

軍民合作站工作綱要

軍民合作站實施進度表

軍民合作站工作計劃

軍民合作站公約

軍民合作標語

第二十五集团军总司令部军民合作站福鼎县指导处关于奉发军民合作站法令汇编摘抄特电遵办具报的代电(1942 年 5 月 12 日) G133-003-0120

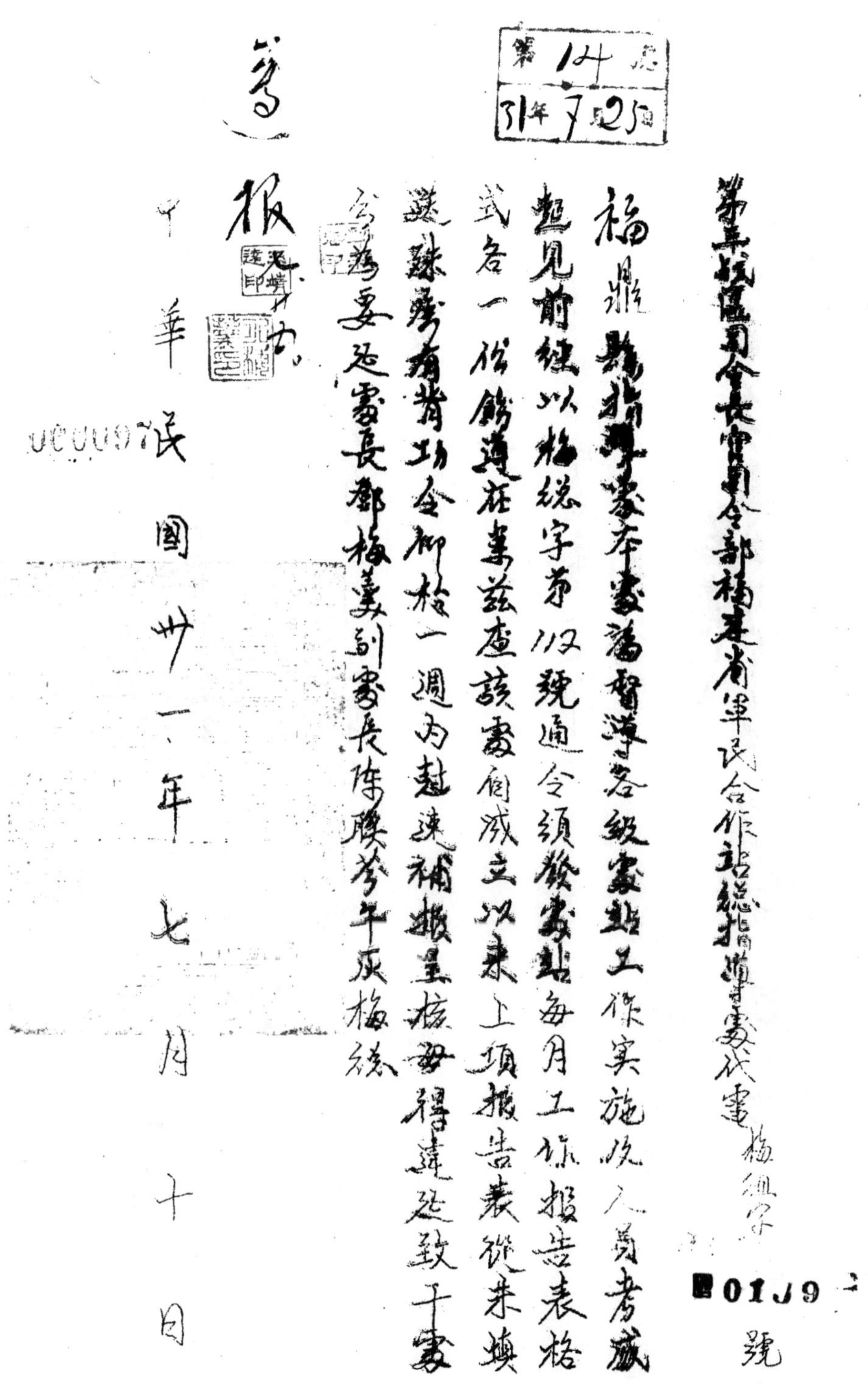

第14號 31年7月25日

第三戰區司令長官司令部福建省軍民合作站總指導處代電 梅組字 01J9 號

福鼎縣指導處：為督導各級處站工作實施及人員考核起見，前經以梅總字第112號通令，須發處站每月工作報告表格式各一份，飭遵在案。茲查該處創設以來，上項報告表從未填送，殊屬有背功令，仰於一週內趕速補報呈核，毋得違延，致干處分為要。總處長鄧梅羹、副處長陳滕芳。午灰。梅總

報

中華民國卅一年七月十日

第三战区司令长官司令部福建省军民合作站总指导处关于福鼎县指导处未填送工作月报表，令一周内克速补报的代电（1942 年 7 月 10 日） G133-003-0120

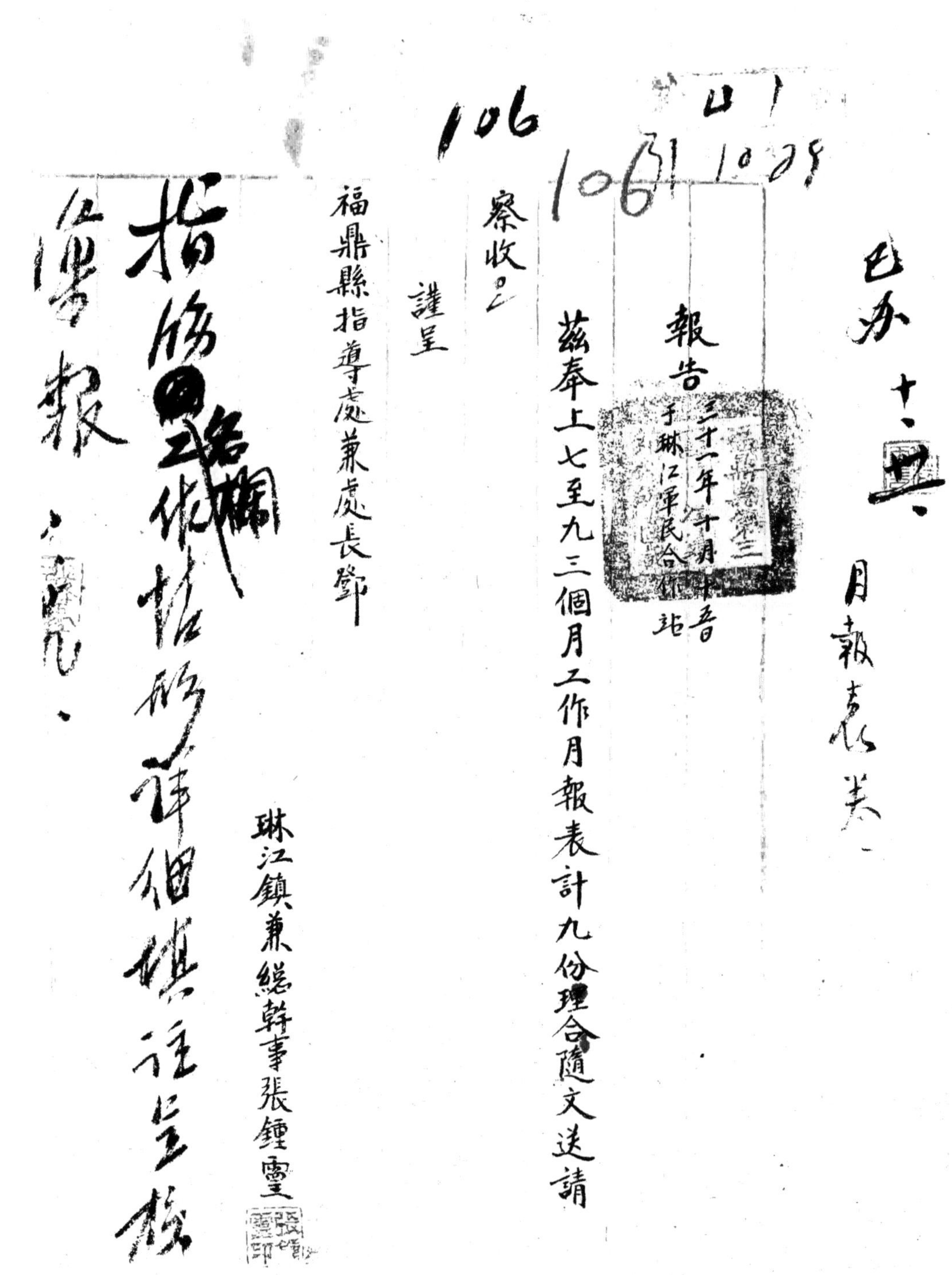
報告
三十一年十月十五日
于琳江軍民合作站
茲奉上七至九三個月工作月報表計九份理合隨文送請
察收
謹呈
福鼎縣指導處兼處長鄧
琳江鎮兼總幹事張鍾靈

福鼎县第三区琳江镇公所关于报送琳江军民合作站七至九月工作月报表的报告
（1942年10月15日） G133-003-0120

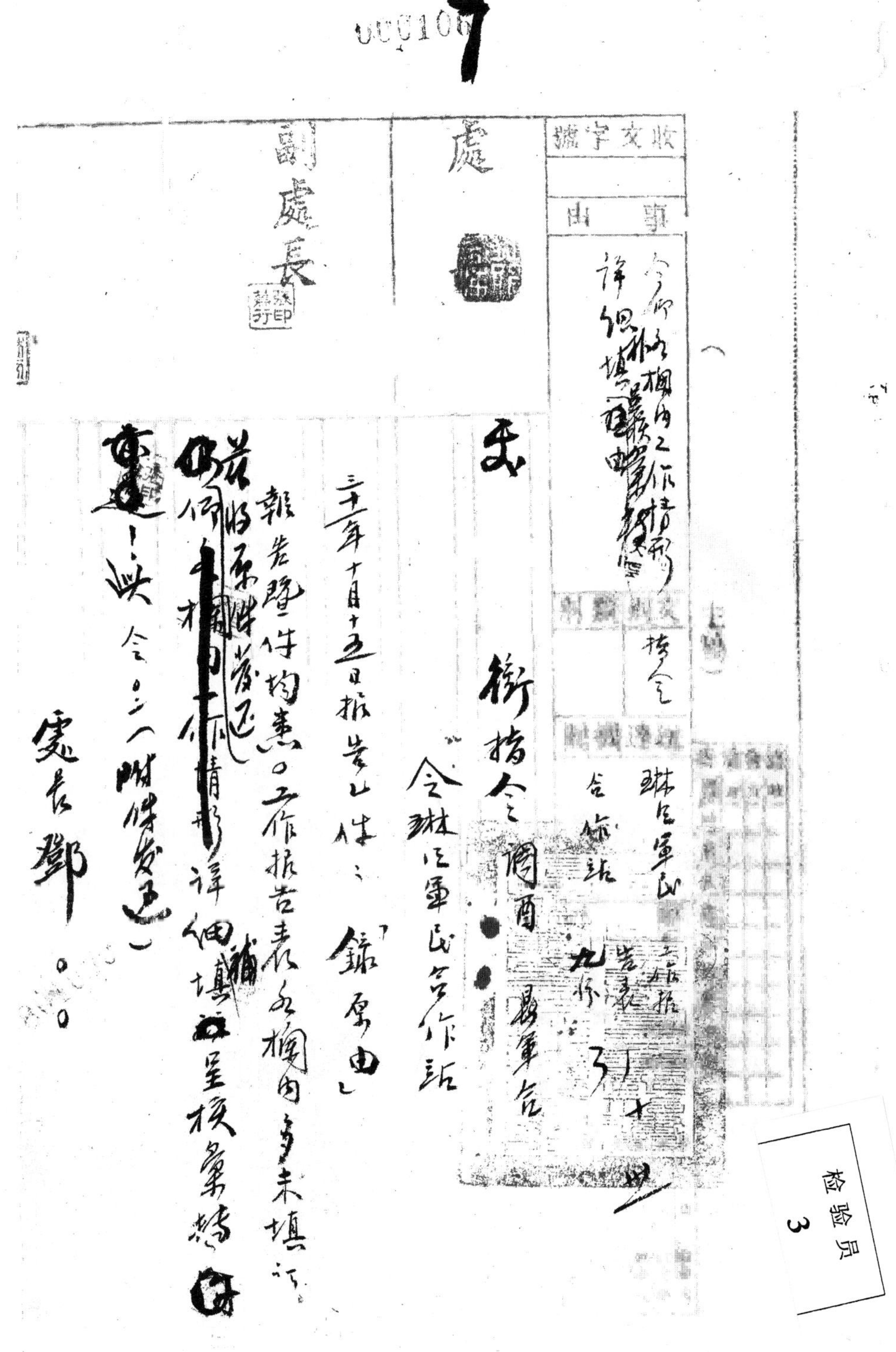

第三战区司令长官司令部福建省福鼎县军民合作站指导处关于令琳江军民合作站将工作月报表各栏内工作情形详细补填呈核汇转的指令(1942 年 10 月 31 日)　G133-003-0120

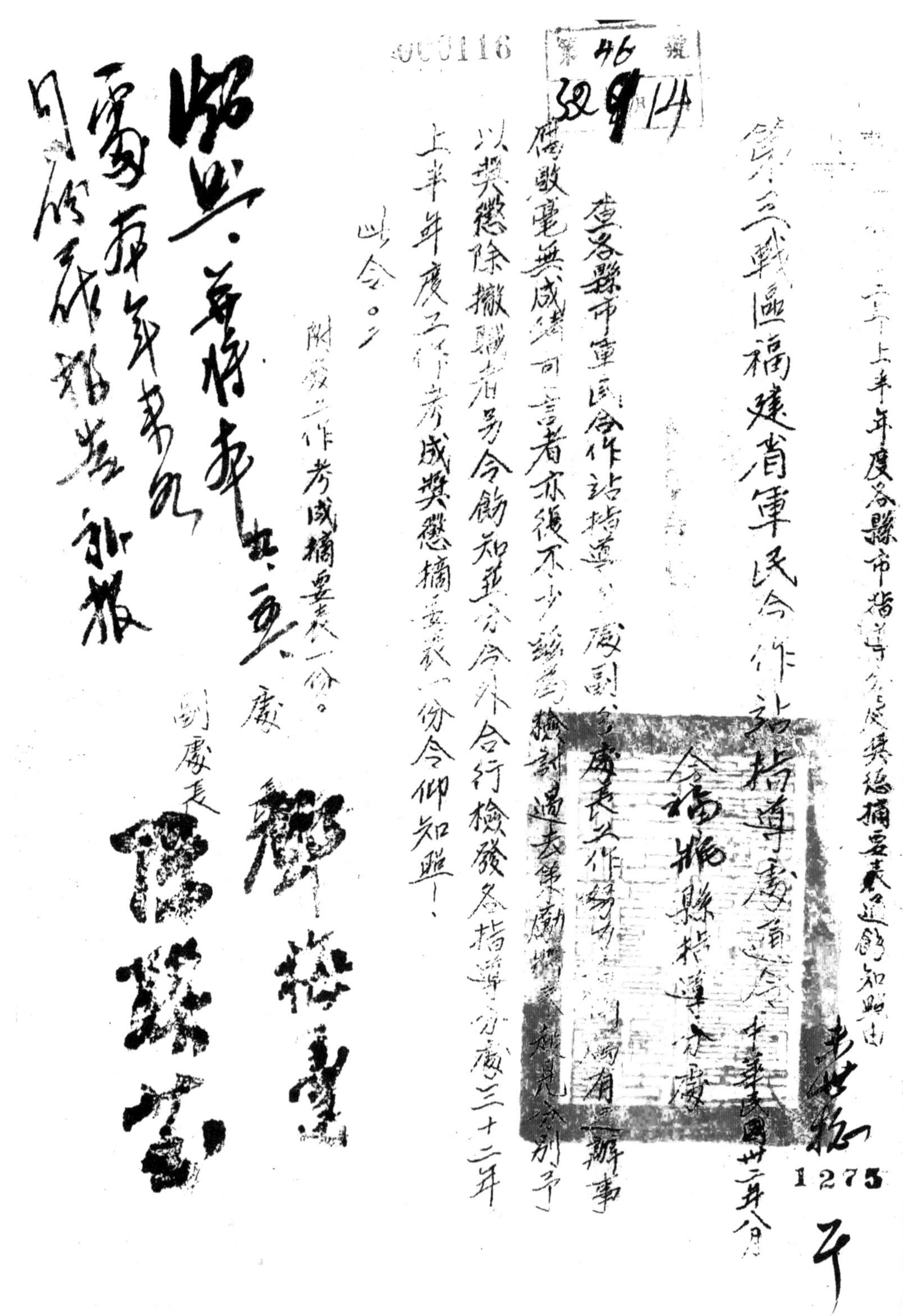
事由：三十二年上半年度各縣市指導分處獎懲摘要表通飭知照由

第三戰區福建省軍民合作站指導處通令　中華民國卅二年八月　日　字第1275號

令福鼎縣指導分處

查各縣市軍民合作站指導分處副處長工作努力者固屬有人，辦事惰欺毫無成績可言者亦復不少，茲為檢討過去策勵將來起見，分別予以獎懲，除撤職者另令飭知並分令外，合行檢發各指導分處三十二年上半年度工作考成獎懲摘要表一份，令仰知照！

此令。

附發工作考成摘要表一份。

處長

副處長

第三战区福建省军民合作站指导处关于三十二年上半年度各县市指导分处工作考成奖惩摘要表通饬知照的通令(1943 年 8 月 31 日)　G133-003-0120

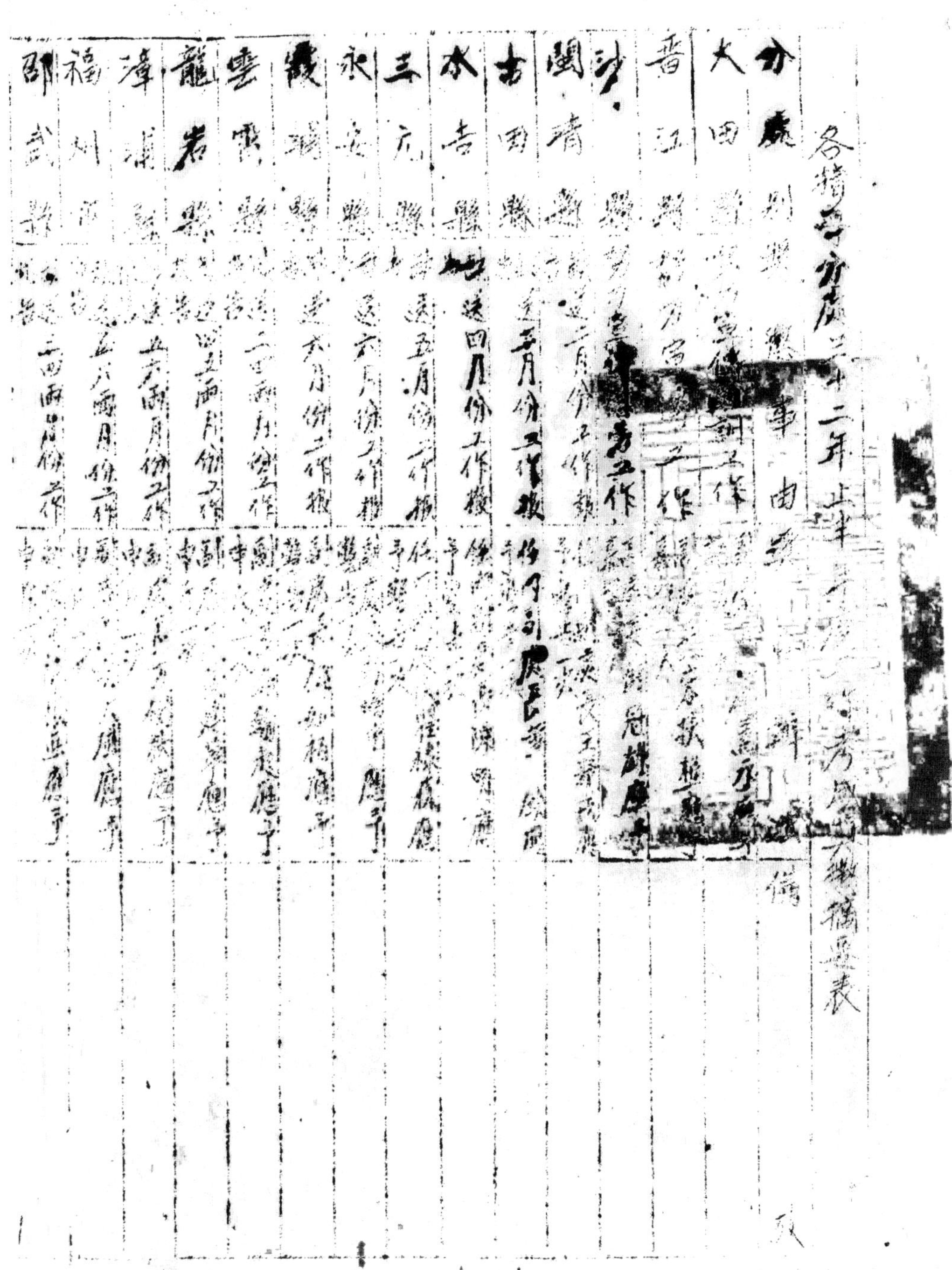
000117

分处别 | 奖惩事由 | 備考

第三战区福建省军民合作站指导处各指导分处三十二年上半年度工作考成奖惩摘要表

(1943年8月31日)a面　G133-003-0120

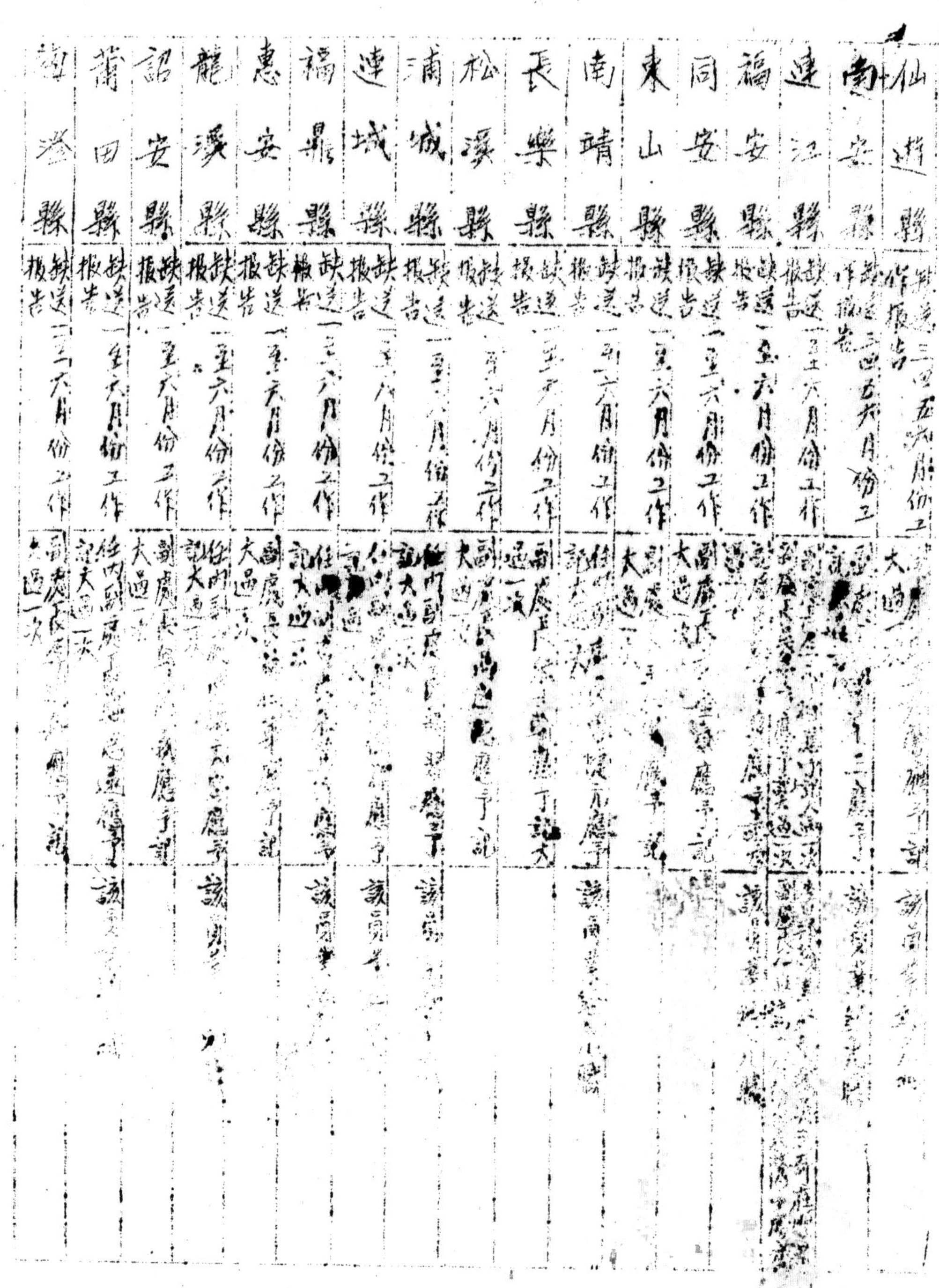

縣別	缺失	懲處
仙遊縣	缺送三四五六月份工作報告	[illegible]
南安縣	缺送三四五六月份工作報告	[illegible]
連江縣	缺送一至六月份工作報告	[illegible]
福安縣	缺送一至六月份工作報告	[illegible]
同安縣	缺送一至六月份工作報告	副處長……記大過一次
東山縣	缺送一至六月份工作報告	副處長…記大過一次
南靖縣	缺送一至六月份工作報告	[illegible]
長樂縣	缺送一至六月份工作報告	副處長…記過一次
松溪縣	缺送一至六月份工作報告	副處長…記大過一次
浦城縣	缺送一至六月份工作報告	[illegible]
連城縣	缺送一至六月份工作報告	[illegible]
福鼎縣	缺送一至六月份工作報告	[illegible]
惠安縣	缺送一至六月份工作報告	副處長…記大過一次
龍溪縣	缺送一至六月份工作報告	[illegible]
詔安縣	缺送一至六月份工作報告	副處長…記大過一次
莆田縣	缺送一至六月份工作報告	[illegible]
海澄縣	缺送一二三六月份工作報告	副處長…記大過一次

第三战区福建省军民合作站指导处各指导分处三十二年上半年度工作考成奖惩摘要表

(1943年8月31日)b面　G133-003-0120

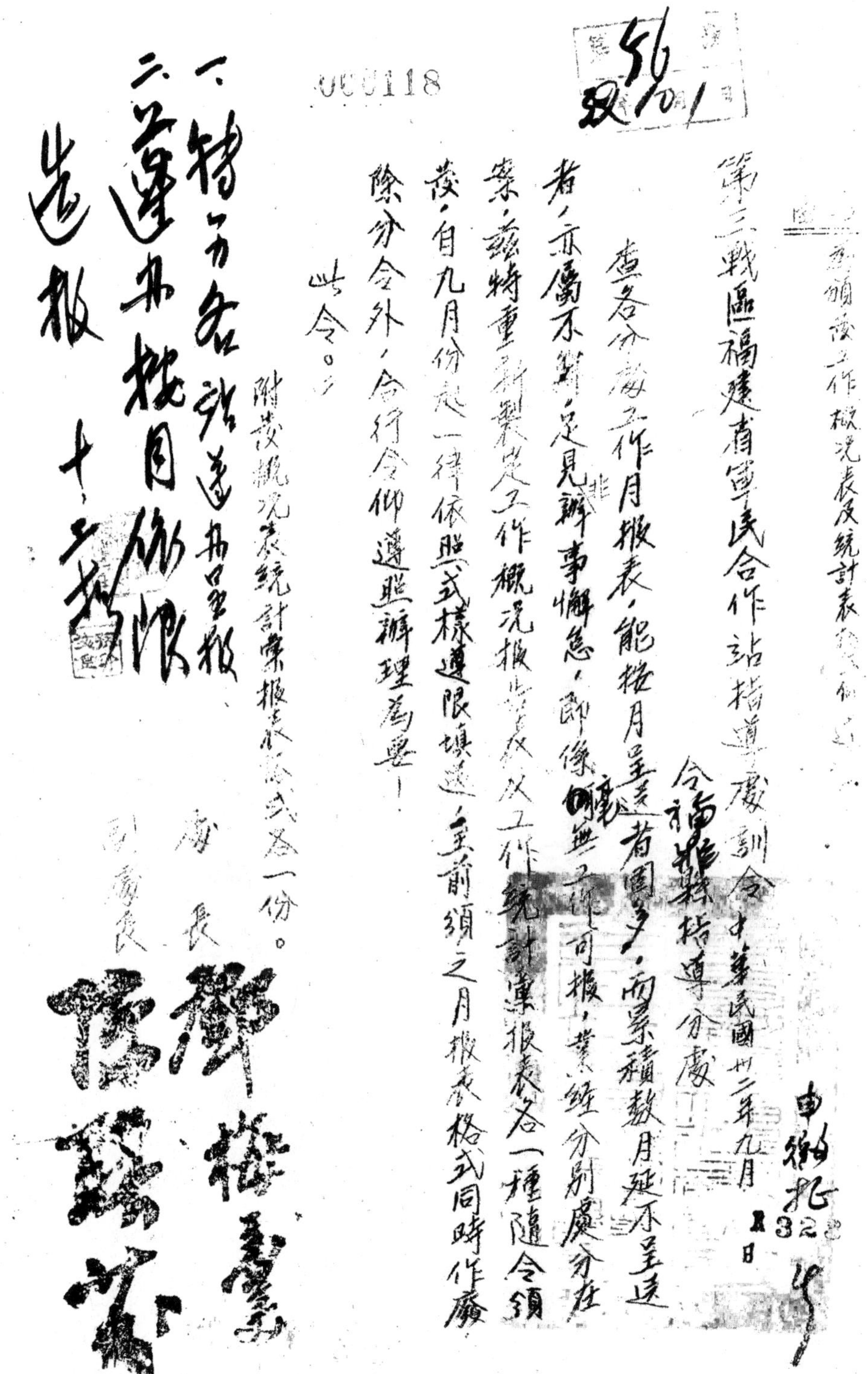

第三戰區福建省軍民合作站指導處訓令

令福鼎縣指導分處

查各分處工作月報表，能按月呈送者，固多，而累積數月延不呈送者，亦屬不鮮，足見辦事懈怠，即係毫無工作可報，業經分別處分在案。茲特重新製定工作概況報告表及工作統計彙報表各一種，隨令頒發，自九月份起一律依照式樣遵限填送，至前頒之月報表格式同時作廢。除分令外，合行令仰遵照辦理為要！

此令。

附發概況表統計彙報表格式各一份。

處長

副處長

中華民國卅二年九月　日

第三战区福建省军民合作站指导处关于颁发工作概况表及统计表样式自九月起遵限填送的训令

（1943 年 9 月 5 日）　G133-003-0120

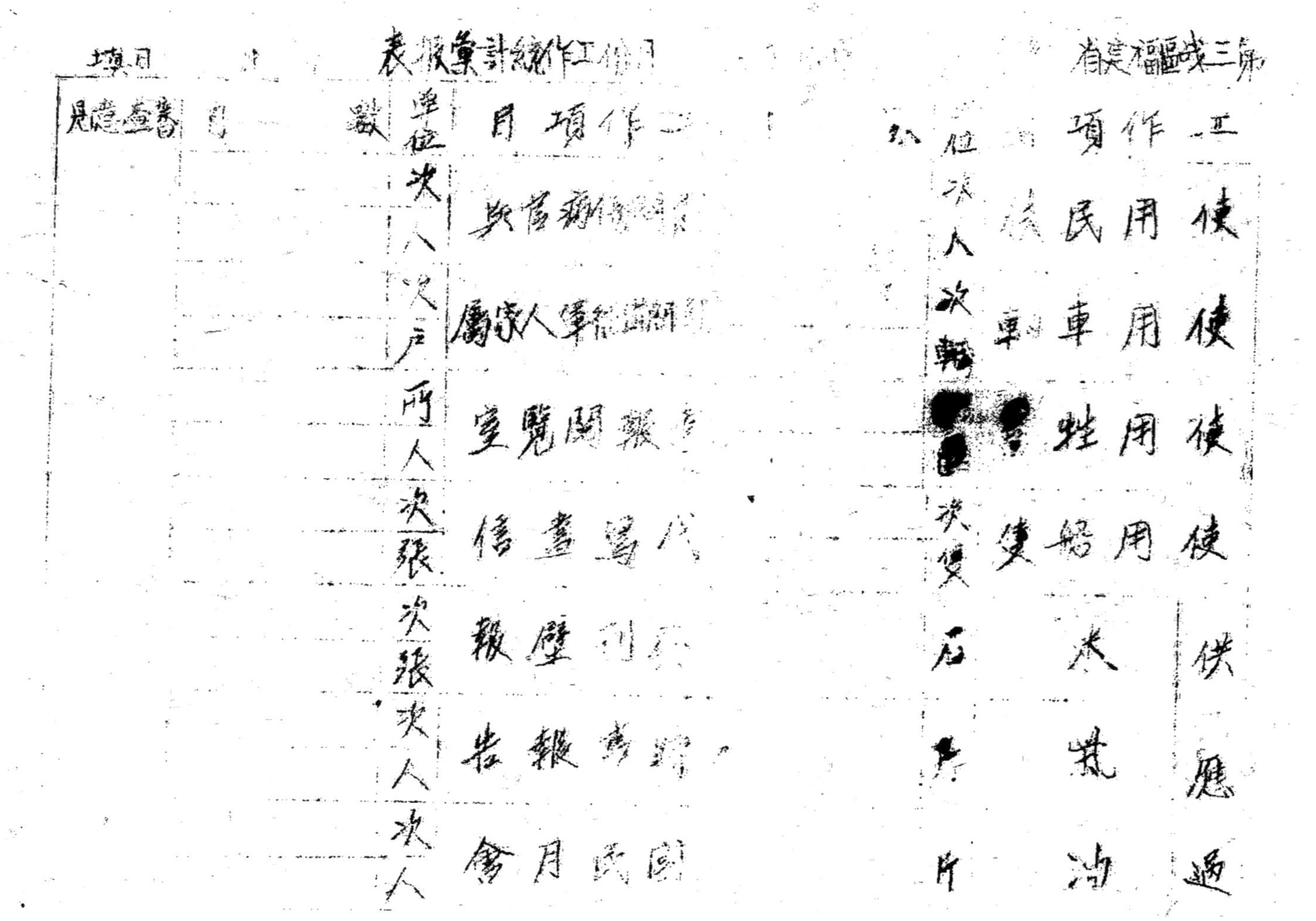

第三战区福建省[illegible]月份工作统计汇报表

工作项目	单位	数
使用民伕	人次	
使用车辆	辆次	
使用牲[illegible]	[illegible]	
使用船只	艘次	
供应米	石	
供应柴	斤	
供应油	斤	

工作项目	单位	数	备考
[illegible]	人次		
[illegible]人家属	户次		
开放阅览室	人次		
代写书信	张次		
刊行壁报	张次		
[illegible]报告	人次		
国民月会	人次		

填报日期

第三战区福建省××县市军民合作站指导分处×月份工作统计汇报表

(1943 年 9 月 5 日)a 面 G133-003-0120

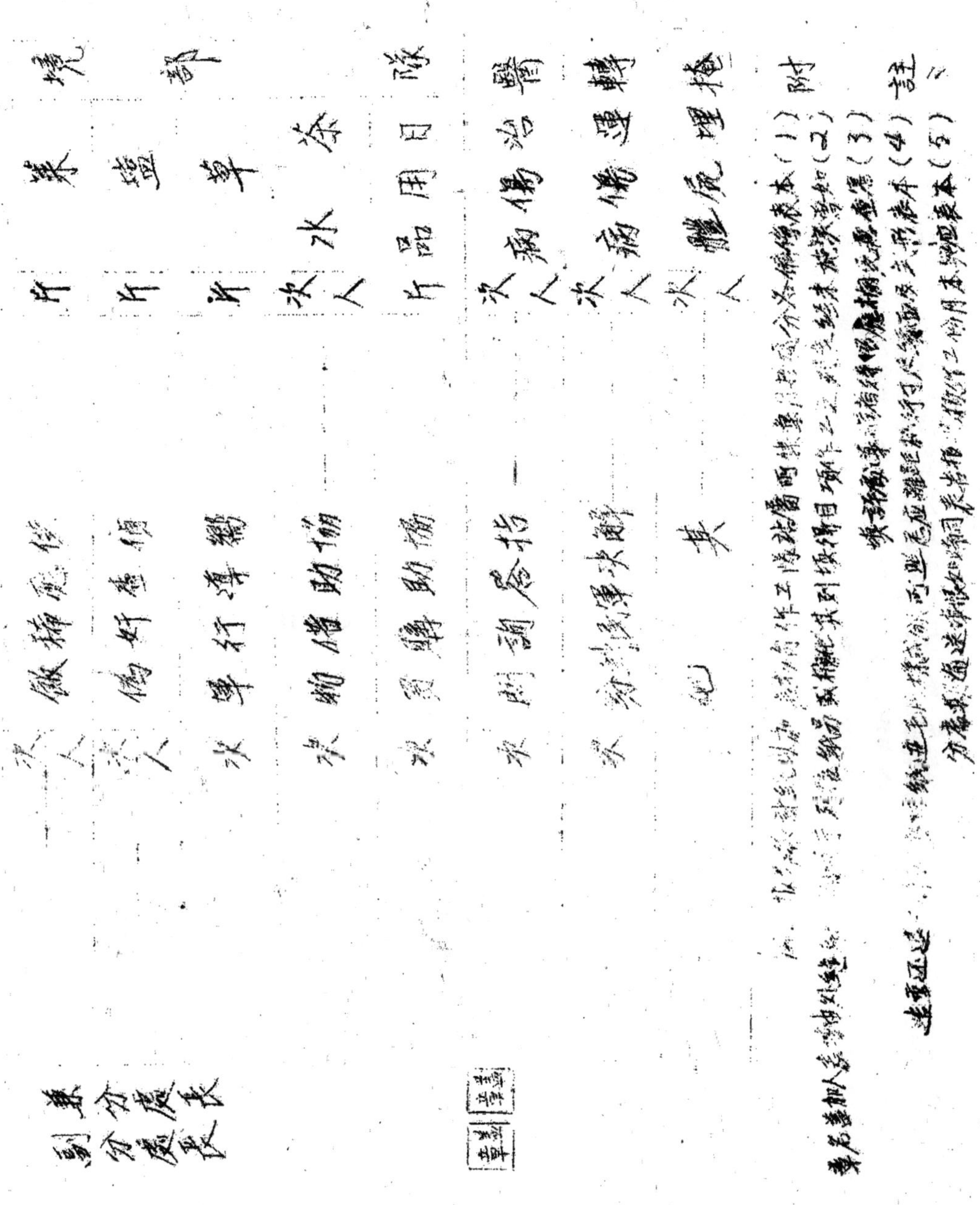

第三战区福建省××县市军民合作站指导分处×月份工作统计汇报表

(1943 年 9 月 5 日)b 面　G133-003-0120

第三战区福建省××县市军民合作站指导分处×月份工作情况报告表

(1943年9月5日)a面　G133-003-0120

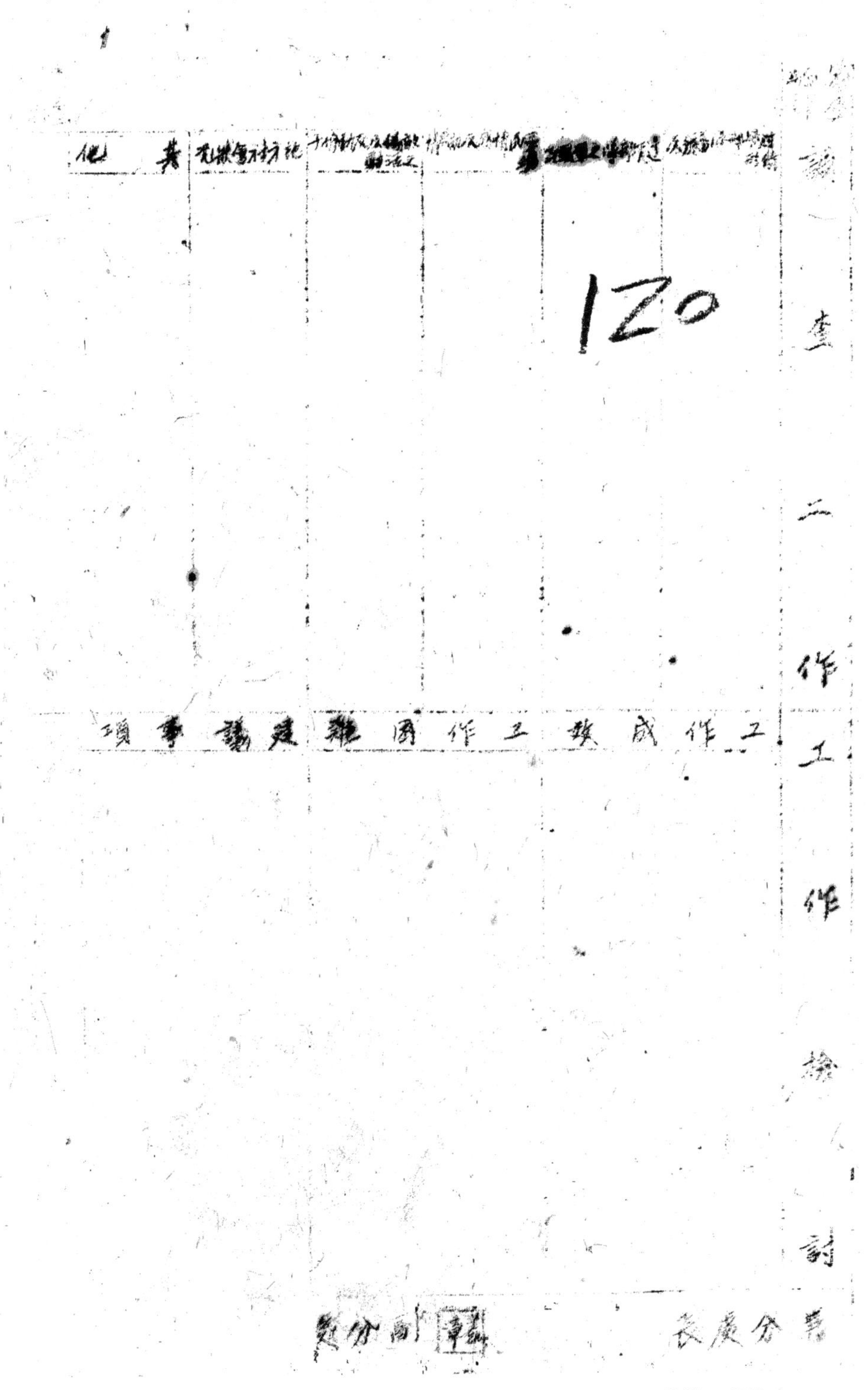

第三战区福建省××县市军民合作站指导分处×月份工作情况报告表

(1943年9月5日)b面 G133-003-0120

第三战区福建省军民合作站指导处关于依限呈报三十二年度处站业务情形的代电

（1943 年 12 月 9 日）　G137-001-0006

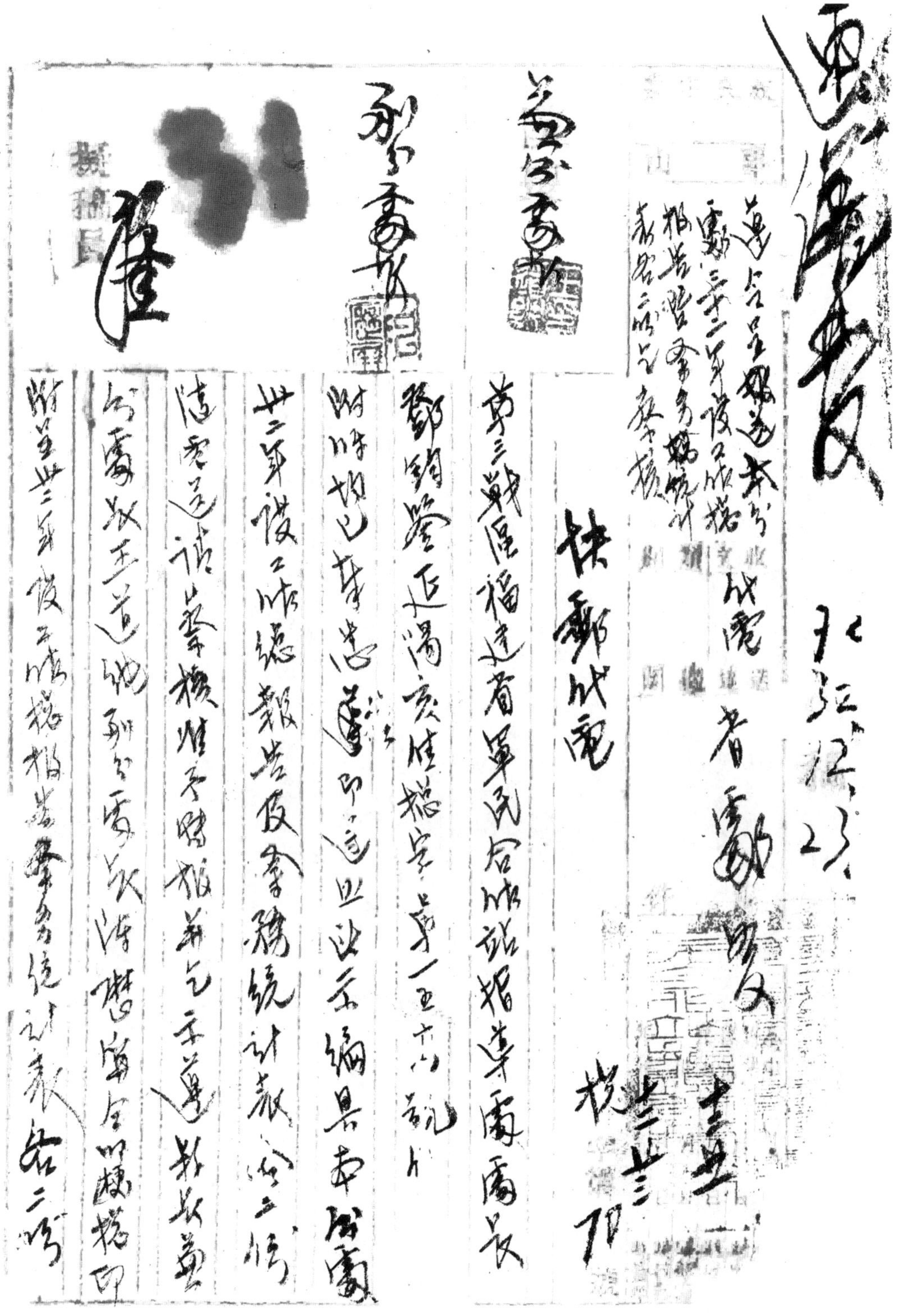

快邮代电

第三战区福建省军民合作站指导分处处长

卅二年度工作总报告及业务统计表各二份

附呈卅二年度工作总报告业务统计表各二份

第三战区福建省福鼎县军民合作站指导分处关于呈报本分处三十二年度工作总结报告及业务统计表的快邮代电（1943 年 12 月 23 日） G137-001-0006

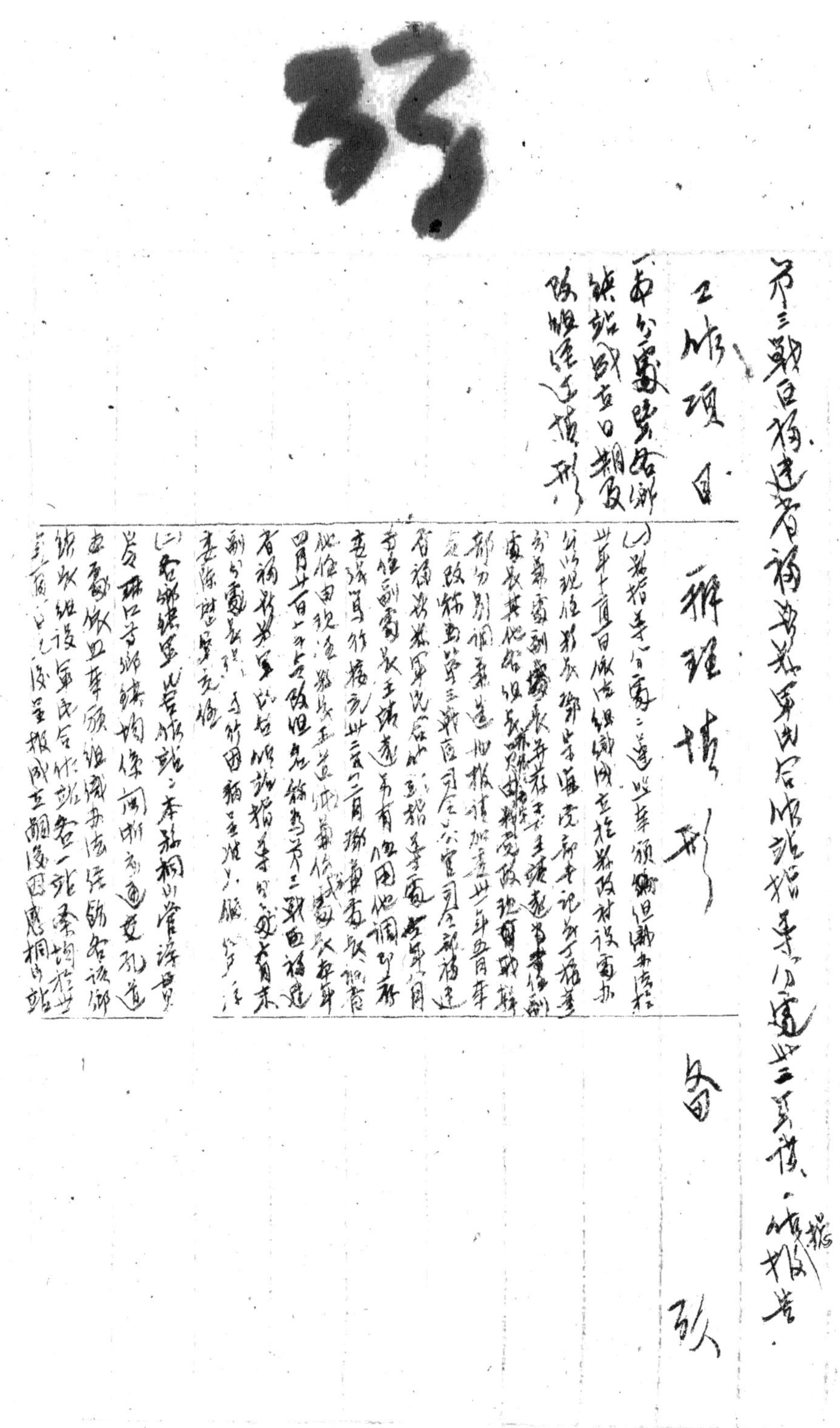

第三战区福建省福鼎县军民合作站指导分处三十二年度工作总结报告

(1943 年 12 月 23 日)a 面　G137-001-0006

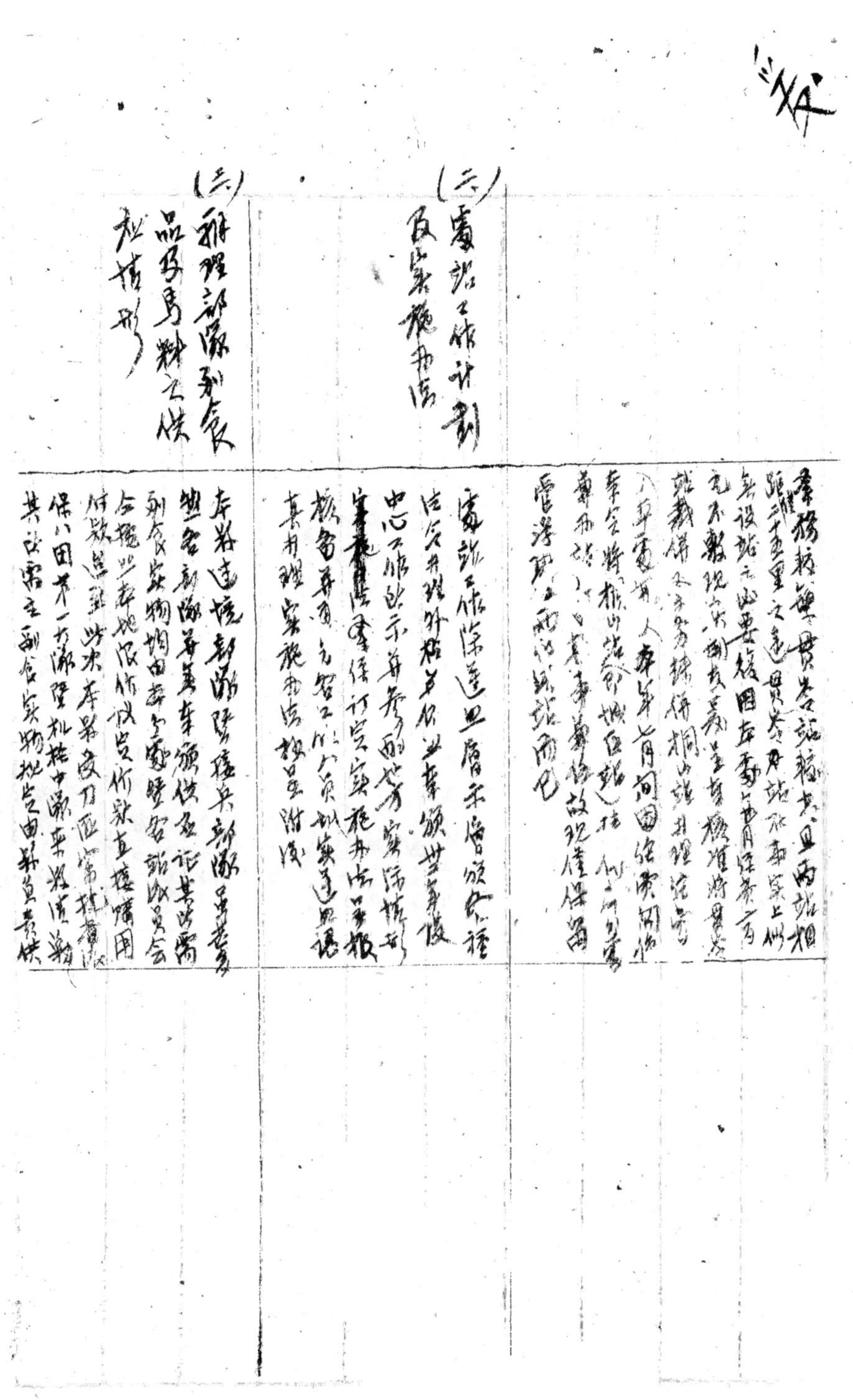

第三战区福建省福鼎县军民合作站指导分处三十二年度工作总结报告

(1943年12月23日)b面　G137-001-0006

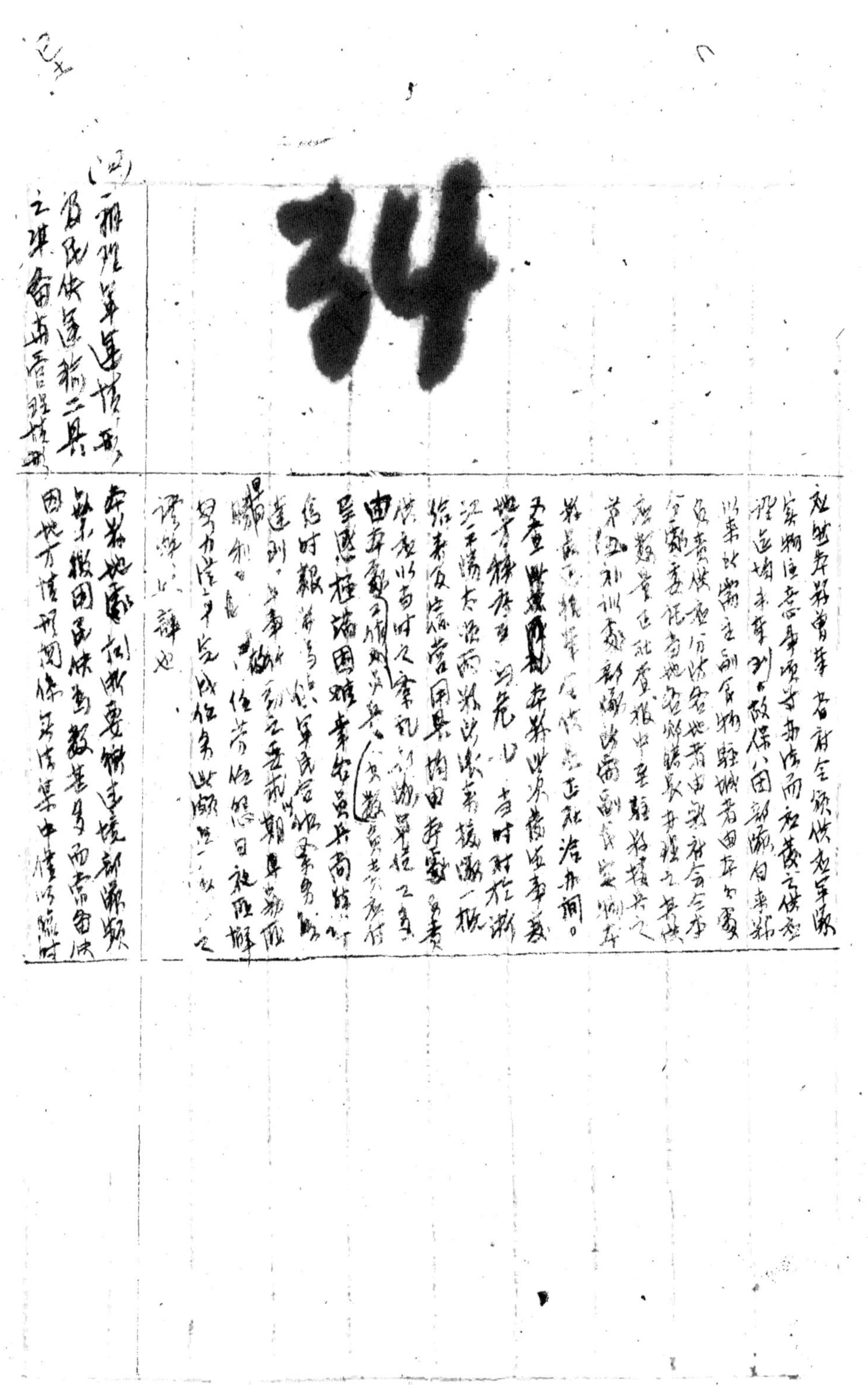

第三战区福建省福鼎县军民合作站指导分处三十二年度工作总结报告
(1943年12月23日)a面　G137-001-0006

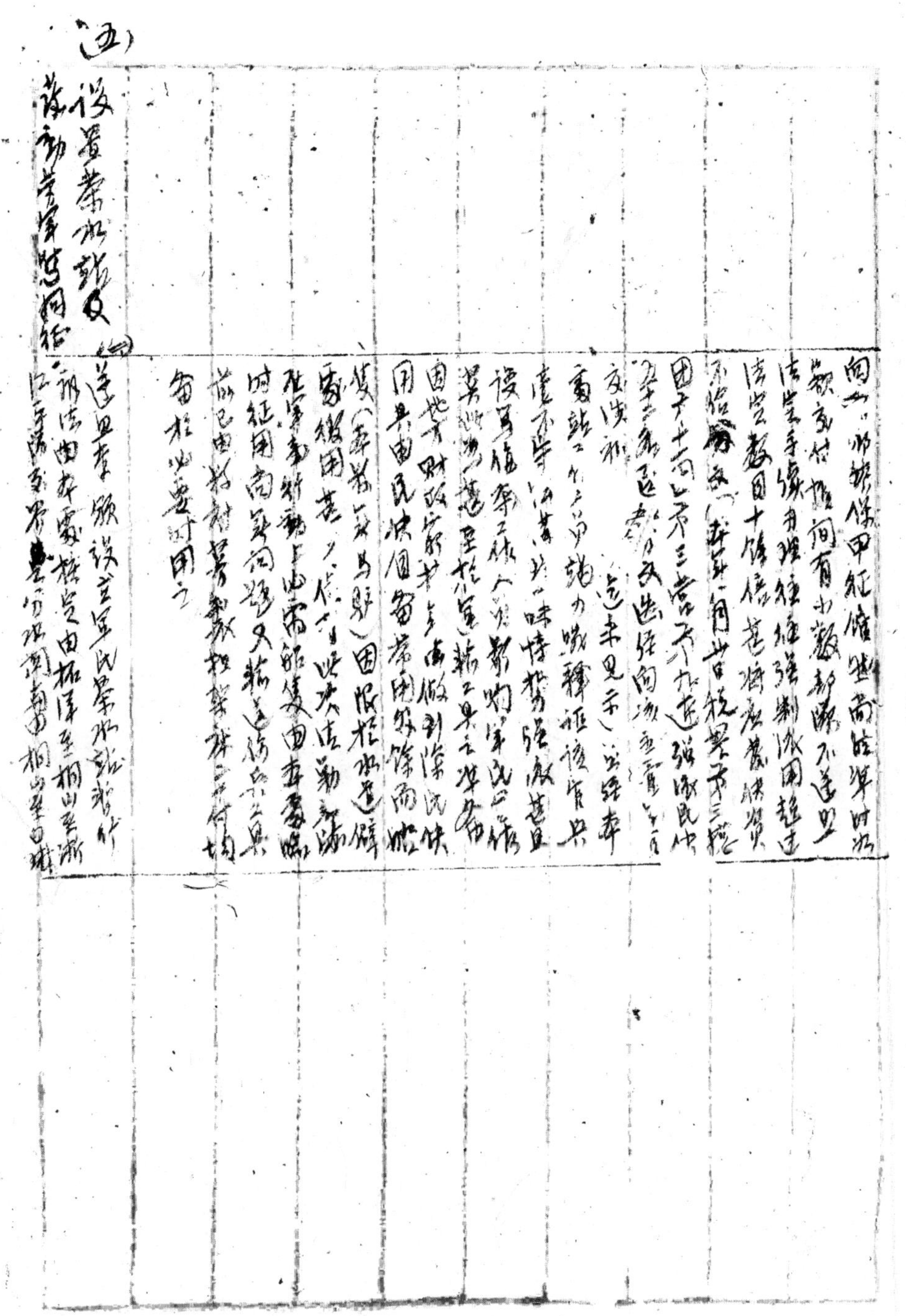

第三战区福建省福鼎县军民合作站指导分处三十二年度工作总结报告

(1943 年 12 月 23 日)b 面　G137-001-0006

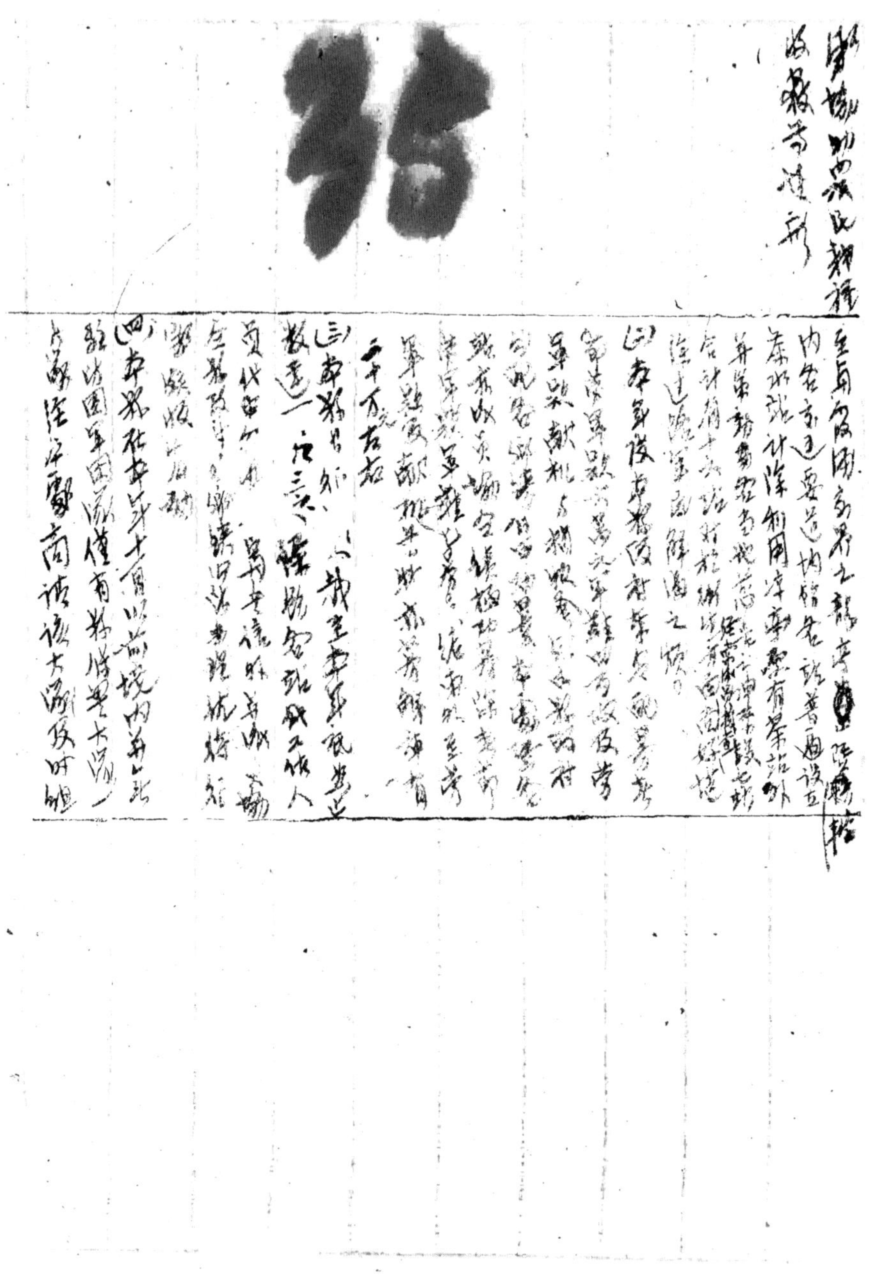

第三战区福建省福鼎县军民合作站指导分处三十二年度工作总结报告

(1943年12月23日)a面　G137-001-0006

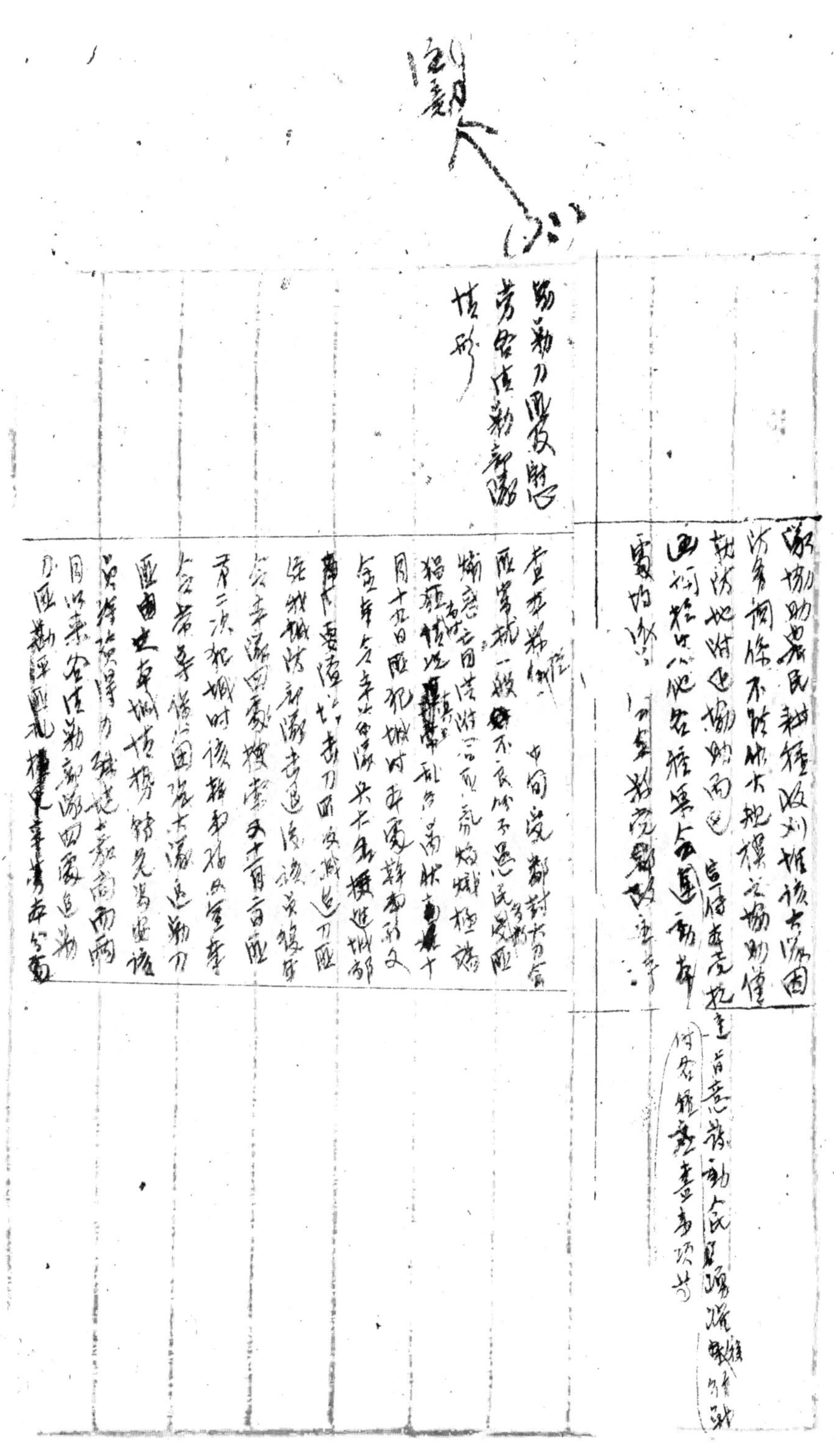

第三战区福建省福鼎县军民合作站指导分处三十二年度工作总结报告

(1943年12月23日)b面　G137-001-0006

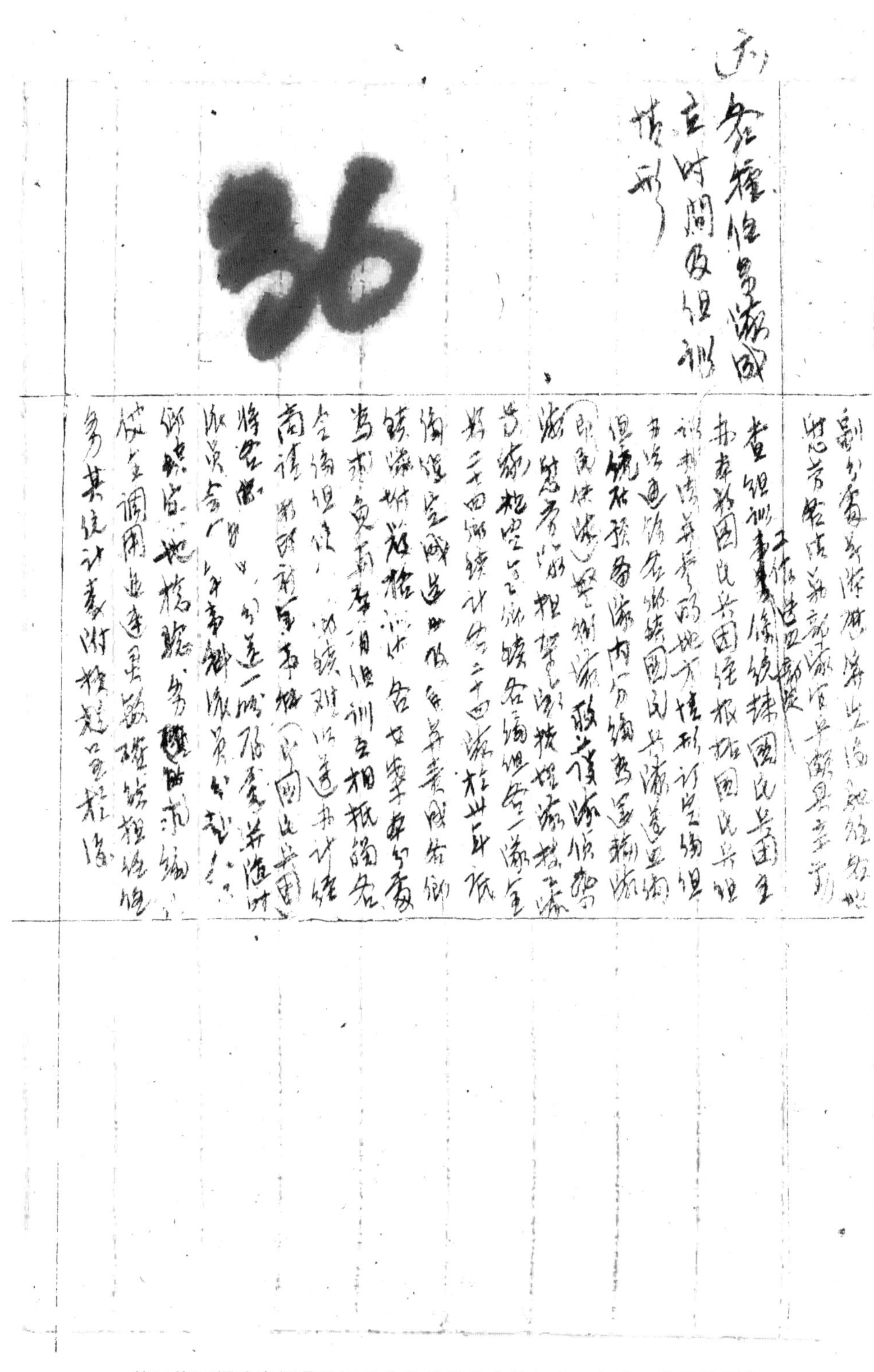

第三战区福建省福鼎县军民合作站指导分处三十二年度工作总结报告

(1943年12月23日)a面 G137-001-0006

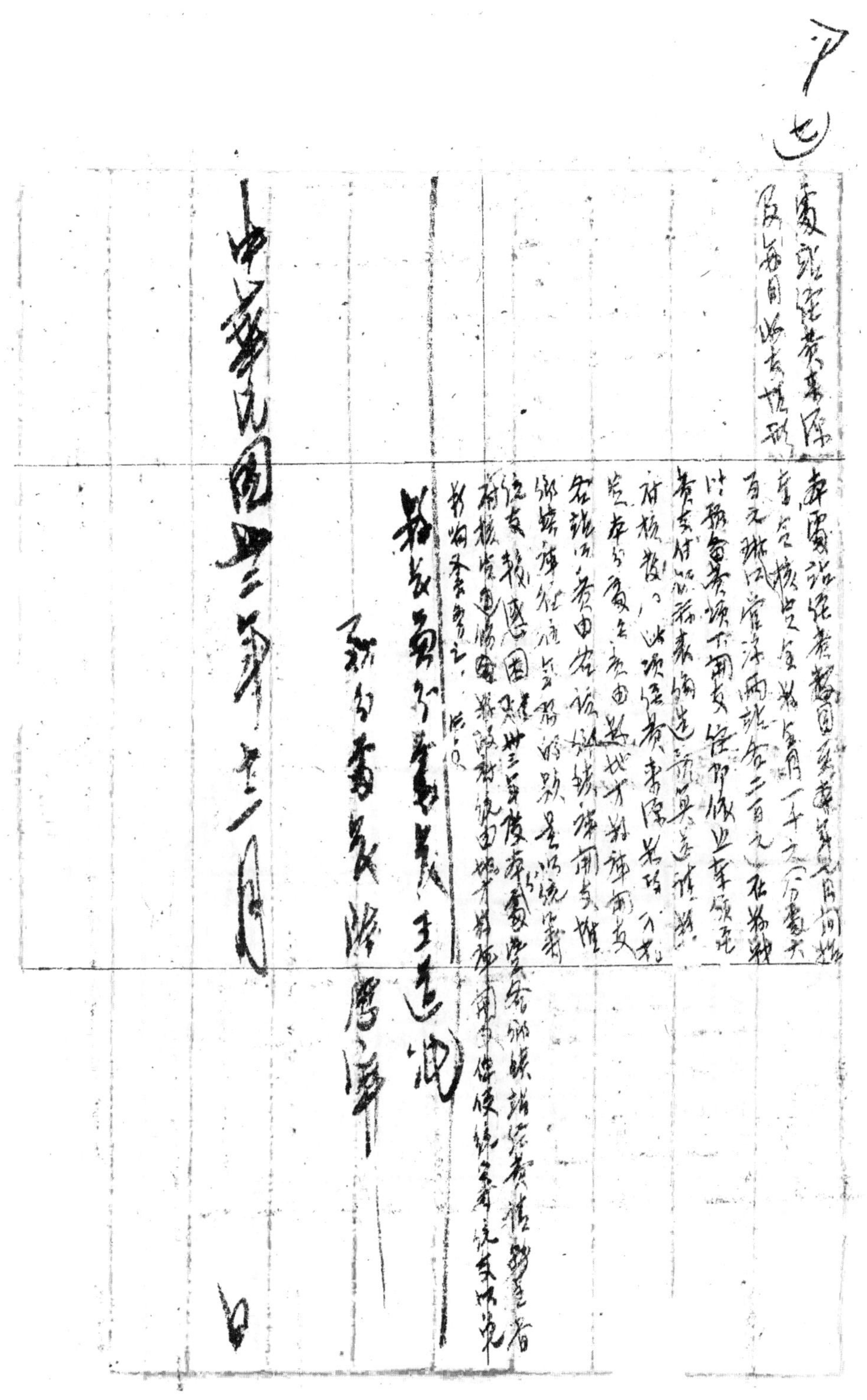

第三战区福建省福鼎县军民合作站指导分处三十二年度工作总结报告

(1943年12月23日)b面　G137-001-0006

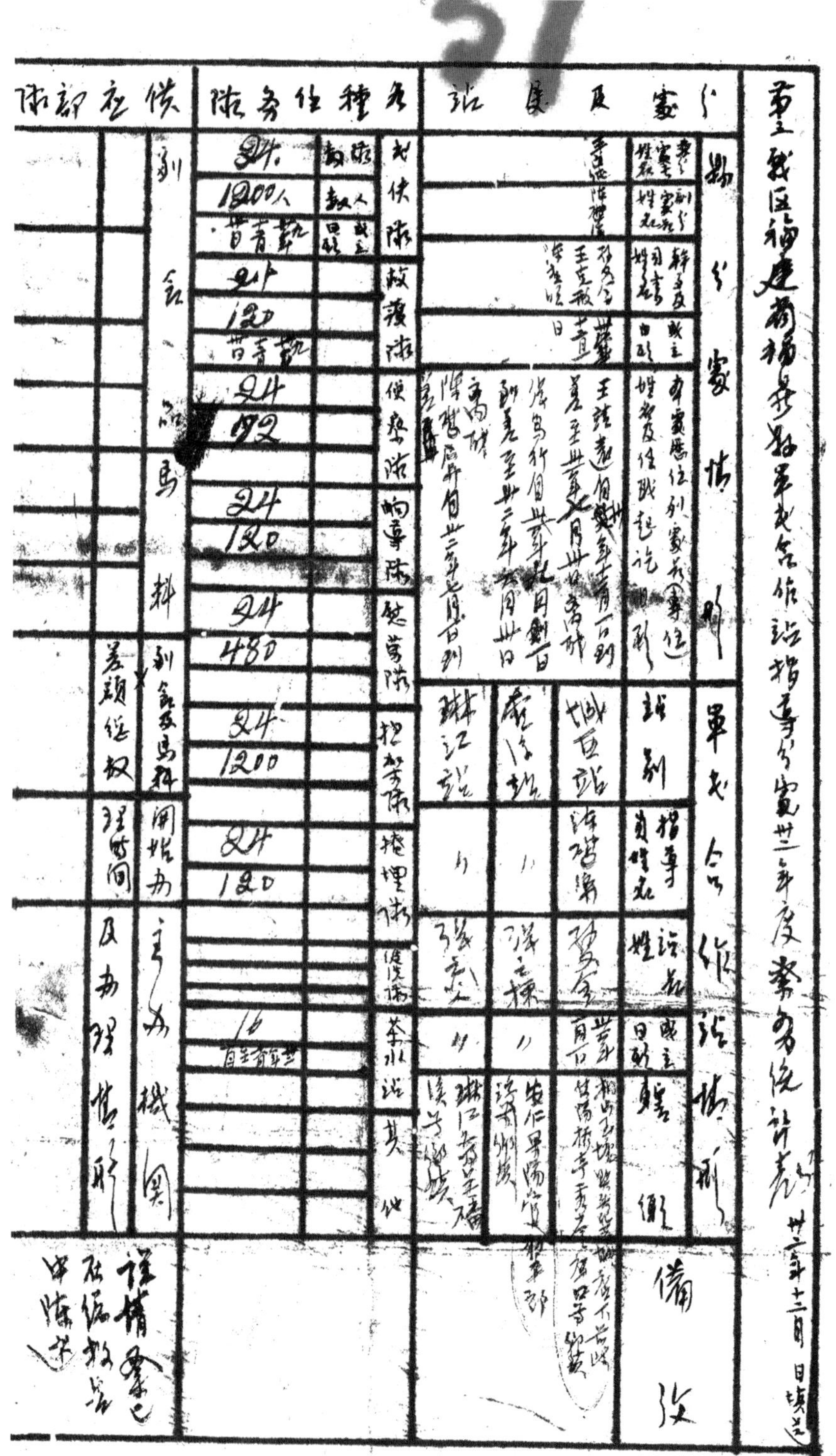

第三战区福建省福鼎县军民合作站指导分处三十二年度业务统计表

(1943 年 12 月 23 日)a 面 G137-001-0006

食米		经费	月份	民伕数(人)	
[illegible]	[illegible]	经费	月份	常伕	临时伕
	366斤	800元	一月	无	1451名
	366斤	800元	二月		
	366斤	800元	三月		
	366斤	800元	四月		
	366斤	800元	五月		
	[illegible]	800元	六月		
	504斤	800元	七月		
	504斤	1000元	八月		
360斤	378斤	1000元	九月		
360斤	420斤	1000元	十月		
360斤	420斤	1000元	十一月		
360斤	420斤	1000元	十二月		
1440斤	4968斤	10600元	全年总计		

手车数(辆)	无
船舶数(只)	40
骡马数(匹)	无
发放伕工资	三六五二〇〇元角
地方补助费总数	无元角

[illegible]

第三战区福建省福鼎县军民合作站指导分处三十二年度业务统计表

(1943年12月23日)b面　G137-001-0006

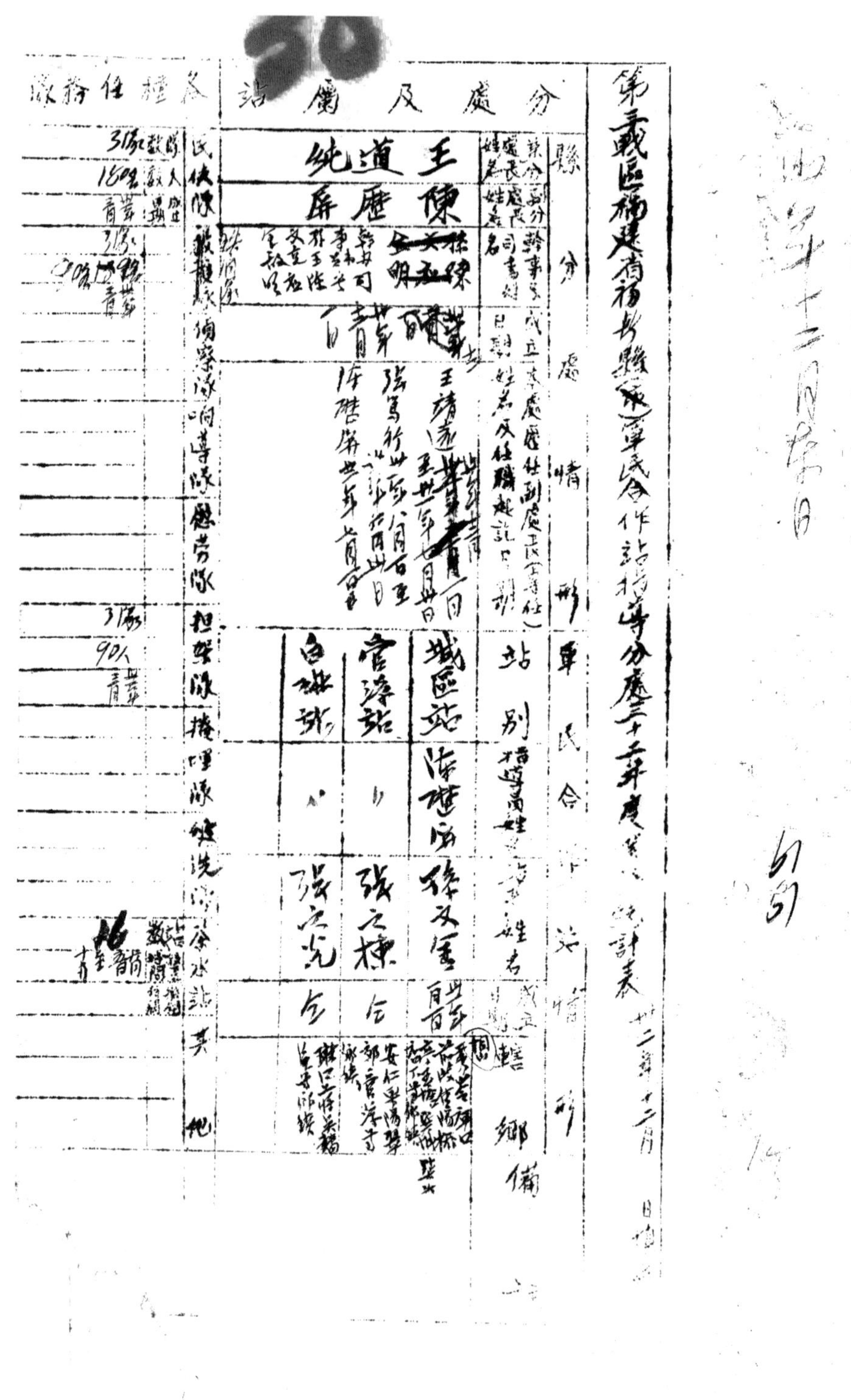

第三战区福建省福鼎县军民合作站指导分处三十二年度业务统计表

(1943 年 12 月 23 日)a 面 G137-001-0006

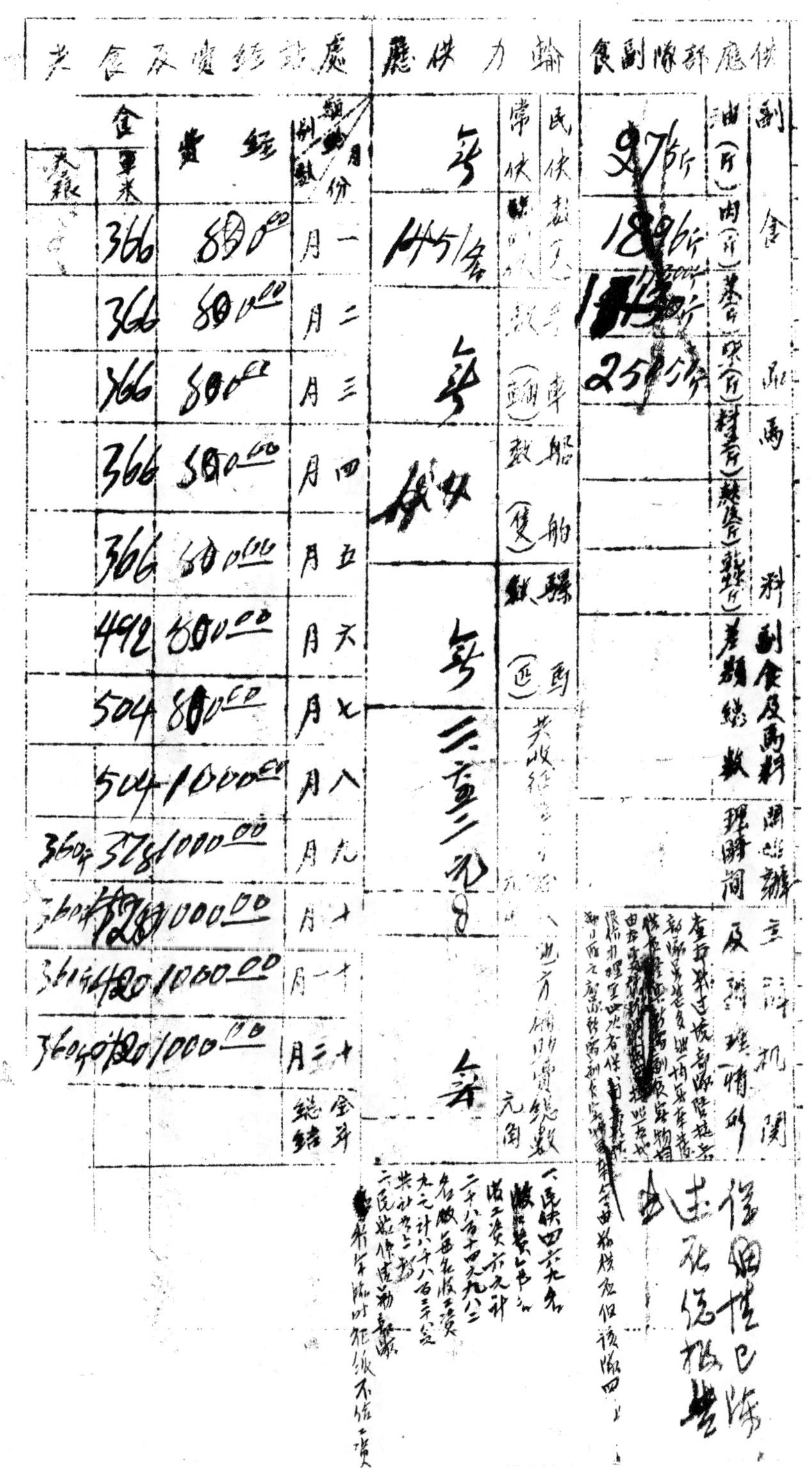

第三战区福建省福鼎县军民合作站指导分处三十二年度业务统计表

(1943年12月23日)b面　G137-001-0006

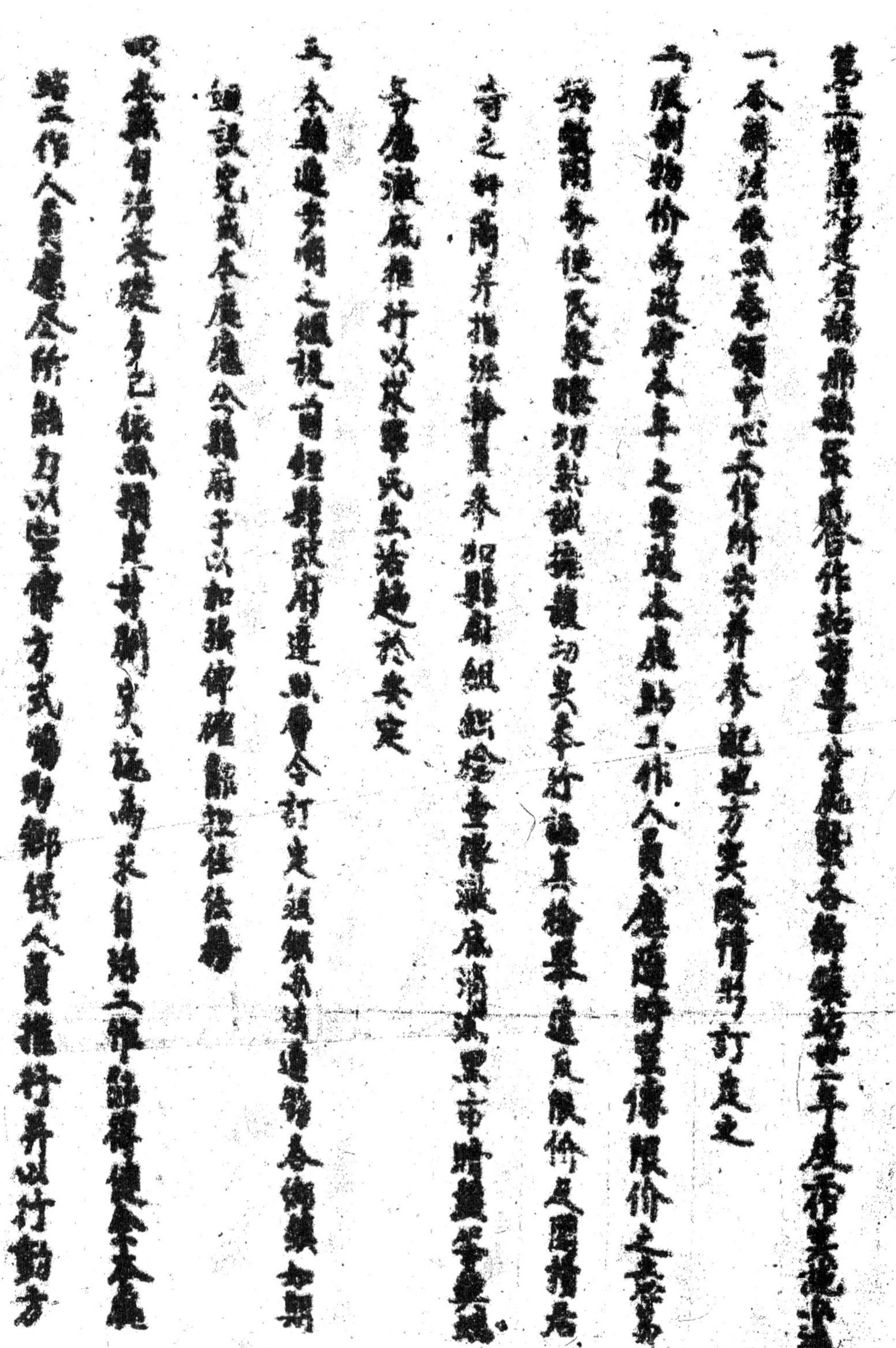

第三战区福建省福鼎县军民合作站指导分处及各乡镇站[illegible]年度工作实施办法

一、本办法依照本县中心工作[illegible]并参照地方实际情形订定之

二、限制物价为政府本年之重要政策本处站工作人员应随时宣传限价之重要

性务使民众明了其意义拥护切实奉行检举违反限价及囤积居

奇之奸商并指派干员参加县府组织检查队澈底消灭黑市[illegible]

务底[illegible]推行以谋军民生活趋于安定

三、本县[illegible]之组设首经县政府[illegible]令订定组织[illegible]各乡镇如期

组设完成本处应会县府予以加强俾确能担任任务

四、本处自站[illegible]已依照[illegible]实施[illegible]自站之工作[illegible]全本处

站工作人员应尽所能力以宣传方式协助乡镇人员推行并以行动方

第三战区福建省福鼎县军民合作站指导分处及各乡镇站三十二年度工作实施办法

(1943 年 12 月 23 日)a 面　G137-001-0006

第三战区福建省福鼎县军民合作站指导分处及各乡镇站三十二年度工作实施办法

(1943年12月23日)b面　G137-001-0006

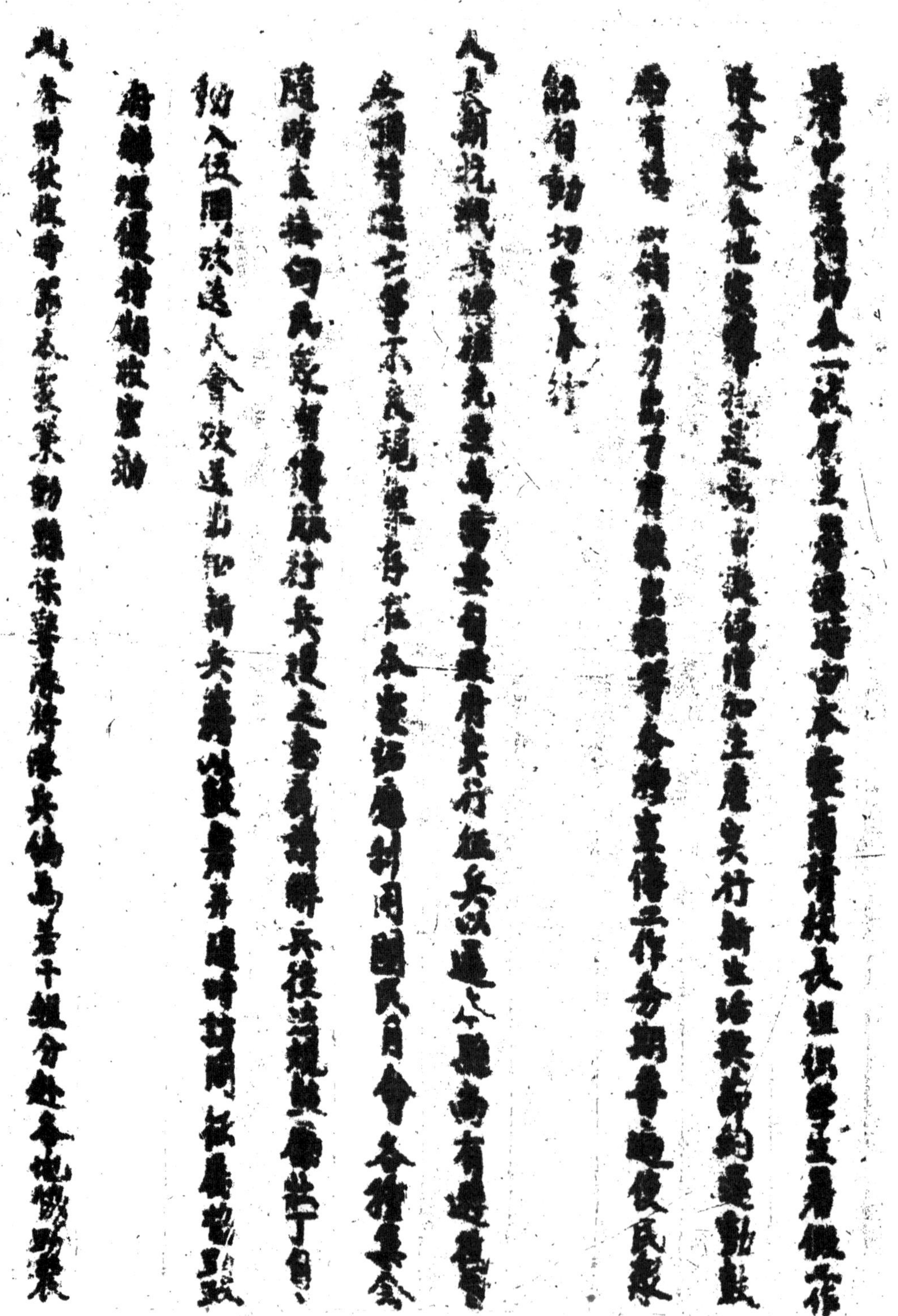

第三战区福建省福鼎县军民合作站指导分处及各乡镇站三十二年度工作实施办法

（1943年12月23日）a面 G137-001-0006

民协种收割，俾增粮食生产，表现军民合作之精神。

十、本县乡民对于个人或环境卫生仍欠注意，甚竟影响人民健康与死亡者至为巨大，且卫生设施因限于经费困难，又见简陋，本年度由本站会同县卫生所策动初春施种牛痘，夏先作各种预防，如注射防疫针、消毒、杜屋厕具等，并协导民力动打扫洗涤等工作，务期清洁，使病菌无法滋生。

十一、本办法自即日起施行，并呈报 县府核备。

第三战区福建省福鼎县军民合作站指导分处及各乡镇站三十二年度工作实施办法

(1943年12月23日)b面　G137-001-0006

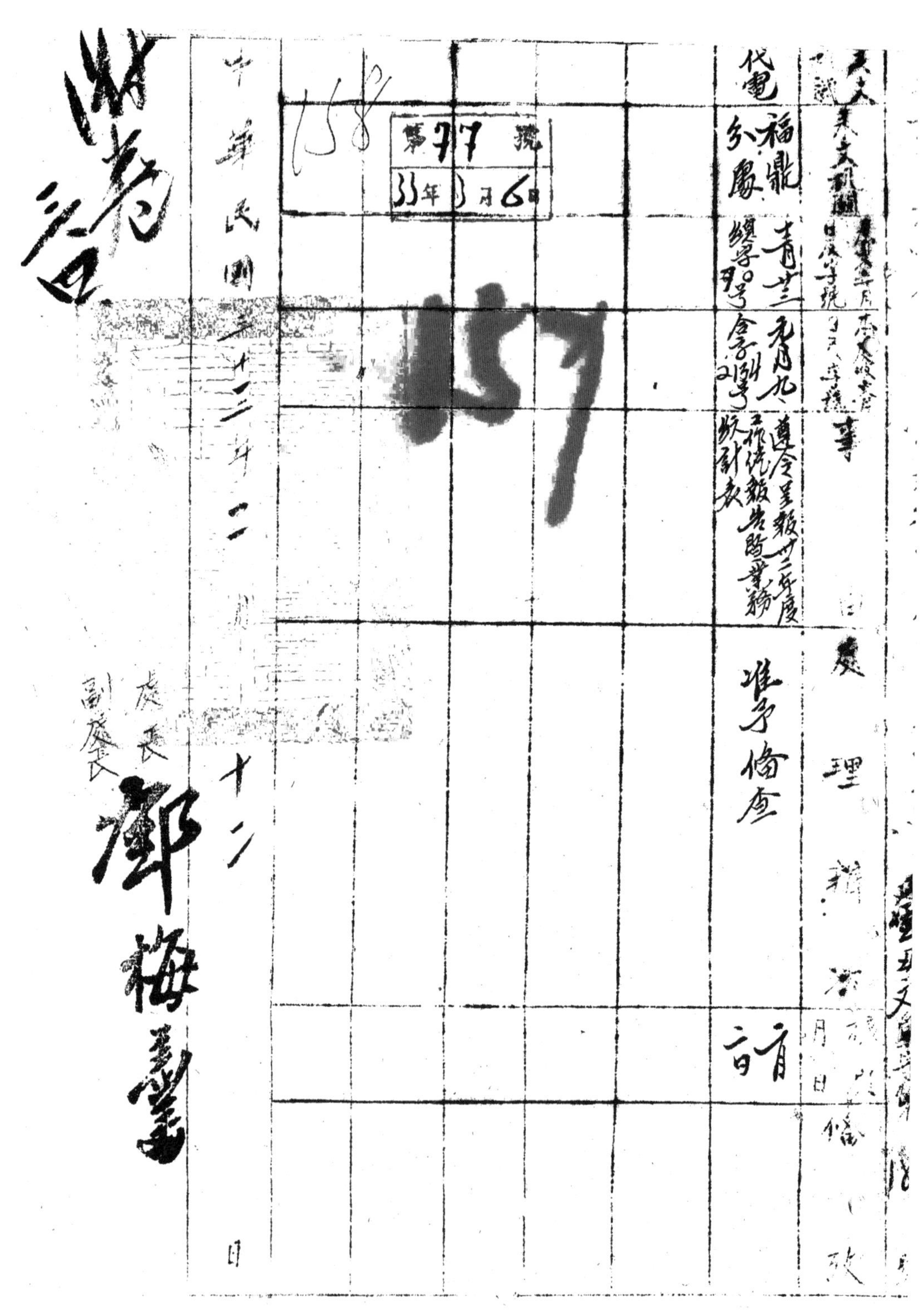

代電福鼎分處

准予備查

中華民國三十三年二月十二日

處長 鄭梅

副處長

第三战区福建省军民合作站指导处公文摘要表　福鼎分处三十二年度工作总报告暨业务统计表准予备查(1944 年 2 月 12 日)　G137-001-0002

第三戰區福建省軍民合作站指導處代電

事由：奉軍令室子馭電示二點仰遵照辦理并飭遵由

福鼎縣(查)軍民合作站：指導分處頃奉第三戰區司令長官司令部軍民合作指導處子歌電開：「軍民合作指導處鄧處長轉分處合奉(1)主席元旦廣播着重加強軍民合作，切實實行動員，準備反攻決戰，轉移社會風氣，嚴肅戰時生活，節約所得物資補充前綫需要，以此為工作方針，將使廣播要義家喻戶曉，並與地方當地軍政各機關聯繫進行。(2)本室為籌報年來合作成績數字，於電到旬日內將各縣供應副食數量及採辦運輸及組織經過、[illegible]宣傳等工作及今後改進意見，并飭分別統計詳報，希速呈為要。」等因。奉此。除電復遵辦外，仰即遵照辦理并飭所屬一律遵照為要。(簽)第三戰區福建省軍民合作站指導處處長鄧福蓋 寅子感(印)

擬辦

中華民國卅三年一月廿六日 1721號

第三战区福建省军民合作站指导处关于奉电示二点(详报三十二年度军民合作各项统计)并饬属速办的代电(1944年1月26日) G133-003-0123

第三战区福建省军民合作站指导处代电

事由：颁发卅三年度岁出概算书及月支经费概算书叁份仰即遵造由

福鼎县军民合作站指导分处：查卅三年度各县(市)分处暨军民合作站经费业经本处编列规定县(市)分处年列八八·三四八元军民合作站每站年列六八·六四元[illegible]每县(市)按三站计算为二〇·五九二元通令各县(市)政府遵照在案兹随电颁发县(市)分处暨各站卅三年度岁出概算书及月支经费概算书各一份仰即遵照办理并编造预算送县(市)政府备查并检领经费其开支情形除按月分向县(市)政府报销外并应列表呈处核备为要处长郭振[illegible]寅[illegible]印

附卅三年度岁出概算书月支经费概算书各一份

中华民国卅三年二月[illegible]日

第三战区福建省军民合作站指导处关于颁发三十三年度岁出概算书及月支经费概算书并遵造报的代电

(1944年2月3日)　G133-003-0122

第三戰區福建省××縣軍民合作站指導分處三十三年度月支經費概算表

職別	階級	人數	薪餉額	生活補助費 基本數	生活補助費 按薪加成數	合計	備考
分處長		一					兼任不列支不支薪
副分處長	少校	一	[illegible]	一六〇〇	五〇〇〇	[illegible]	
幹事	上尉	一	八〇〇〇	一四〇〇〇	五〇〇〇	二七〇〇〇	
	中尉	二	一〇〇〇〇	二六〇〇	六〇〇〇	四〇〇〇〇	
司書	少尉	一	[illegible]	一三〇〇〇	三〇〇〇	一九七〇〇	
傳達	下士	一	[illegible]	[illegible]		[illegible]	
工役		一	[illegible]	[illegible]		[illegible]	
辦公費						[illegible]	
事業費						[illegible]	
總計			[illegible]			[illegible]	

附註：根據照縣政軍事科［illegible］

第三战区福建省××县军民合作站指导分处三十三年度月支经费概算表

（1944年2月3日） G133-003-0122

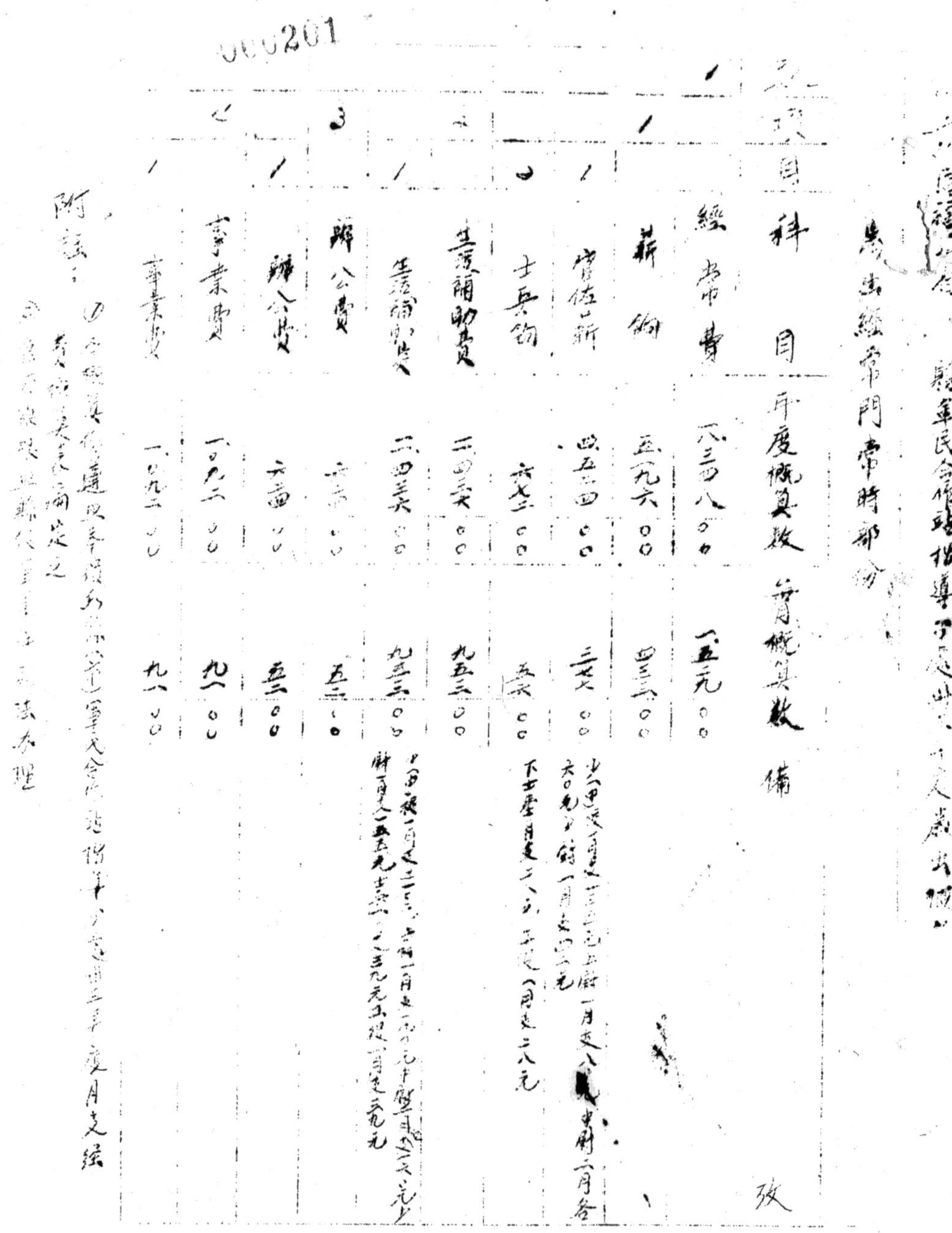

第三战区福建省××县军民合作站指导分处三十三年度岁出概算表
（1944 年 2 月 3 日）　G133-003-0122

第三战区福建省　县所属镇乡军民合作站卅三年度月支概算表

职别	阶级	数额	薪饷额	生活补助费 基本数	生活补助费 按薪俸成数	合计	备考
指导员		一					兼县长兼任不支薪
各乡镇站长		一七					由乡镇长兼职不另支薪
站长	中尉	一	一〇〇.〇〇	三〇.〇〇	一〇〇.〇〇	二三〇.〇〇	
副站长		一					由副乡镇长兼任不另支薪
干事		二					兼任不另支薪
办事员	少尉	一	四〇.〇〇	一二五.〇〇	三〇.〇〇	一九七.〇〇	
勤务	一等兵	一	二六.〇〇	二九.〇〇		五五.〇〇	
办公费						四〇.〇〇	
事业费						一〇〇.〇〇	
总计			一八〇.〇〇	二九四.〇〇	一三〇.〇〇	五六四.〇〇	

附注：服照县役分处成法办理

第三战区福建省　县所属镇乡军民合作站卅三年度月支概算书

第三战区福建省××县所属乡镇军民合作站指导分处三十三年度月支概算表

(1944年2月3日)a面　G133-003-0122

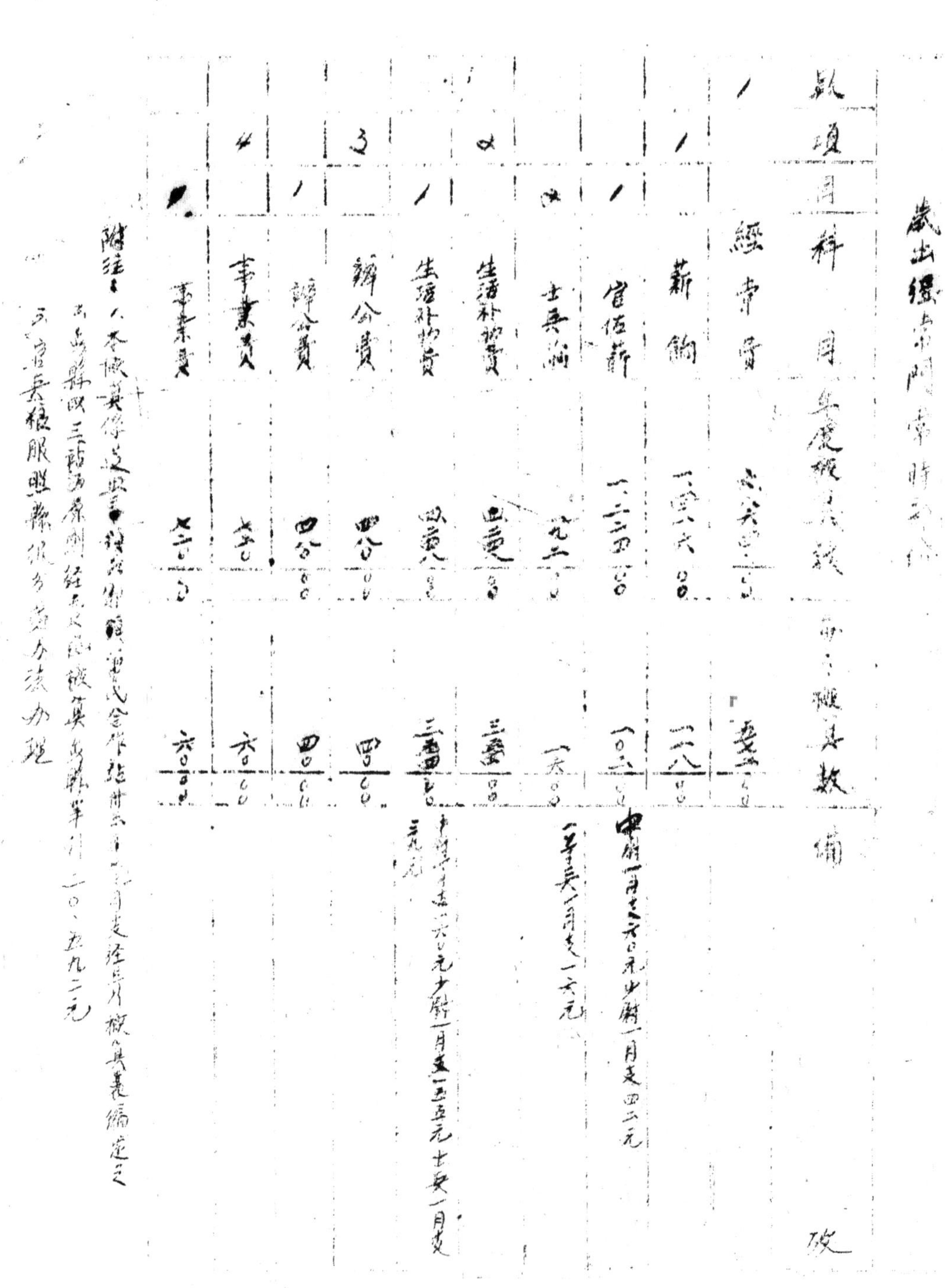

第三战区福建省××县所属乡镇军民合作站指导分处三十三年度月支概算表

(1944年2月3日)b面　G133-003-0122

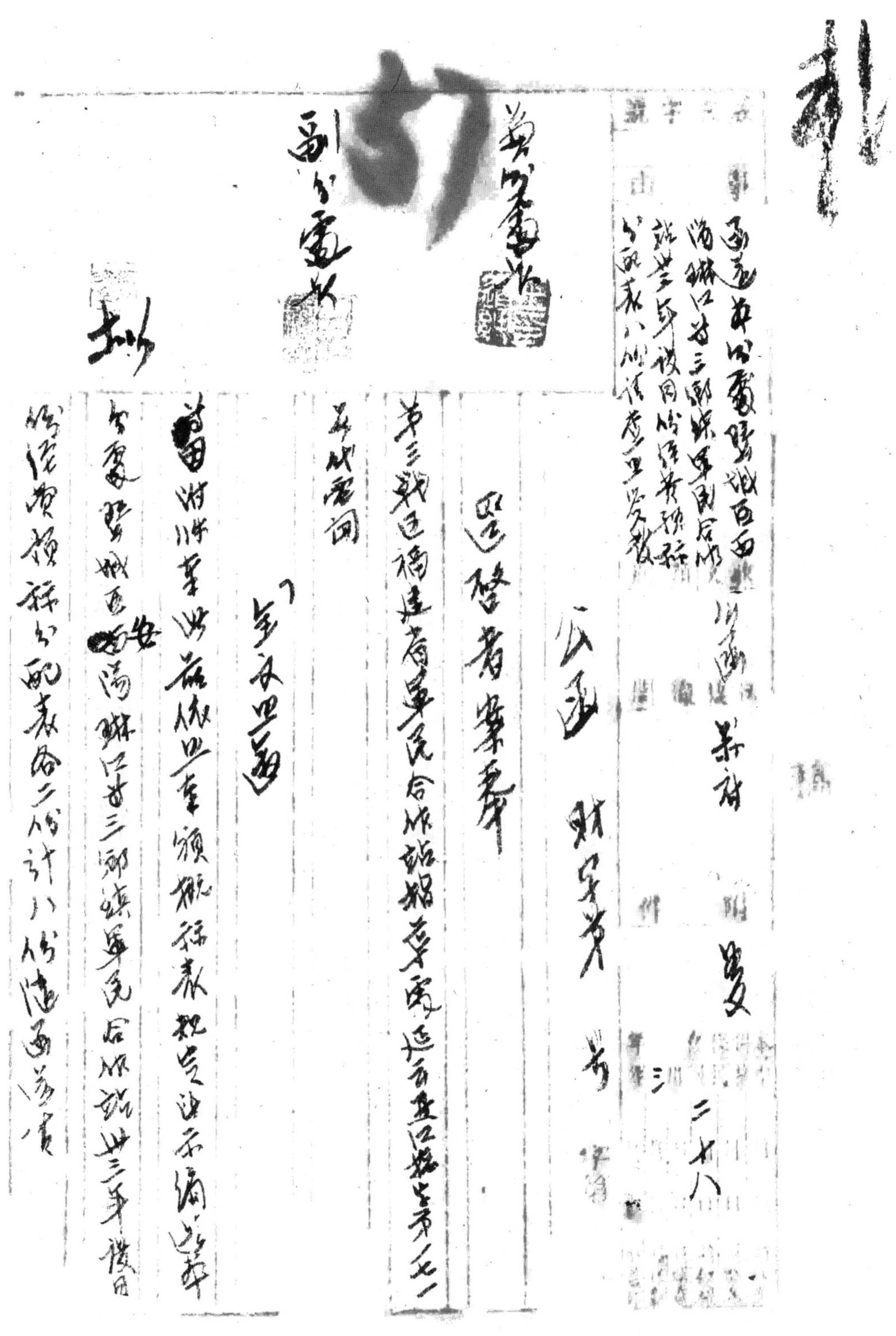

第三战区福建省福鼎县军民合作站指导分处关于报送本分处及巽城区、西阳、琳江等三乡镇军民合作站三十三年度月份经费预算分配表的公函（1944 年 2 月 18 日） G137-001-0006

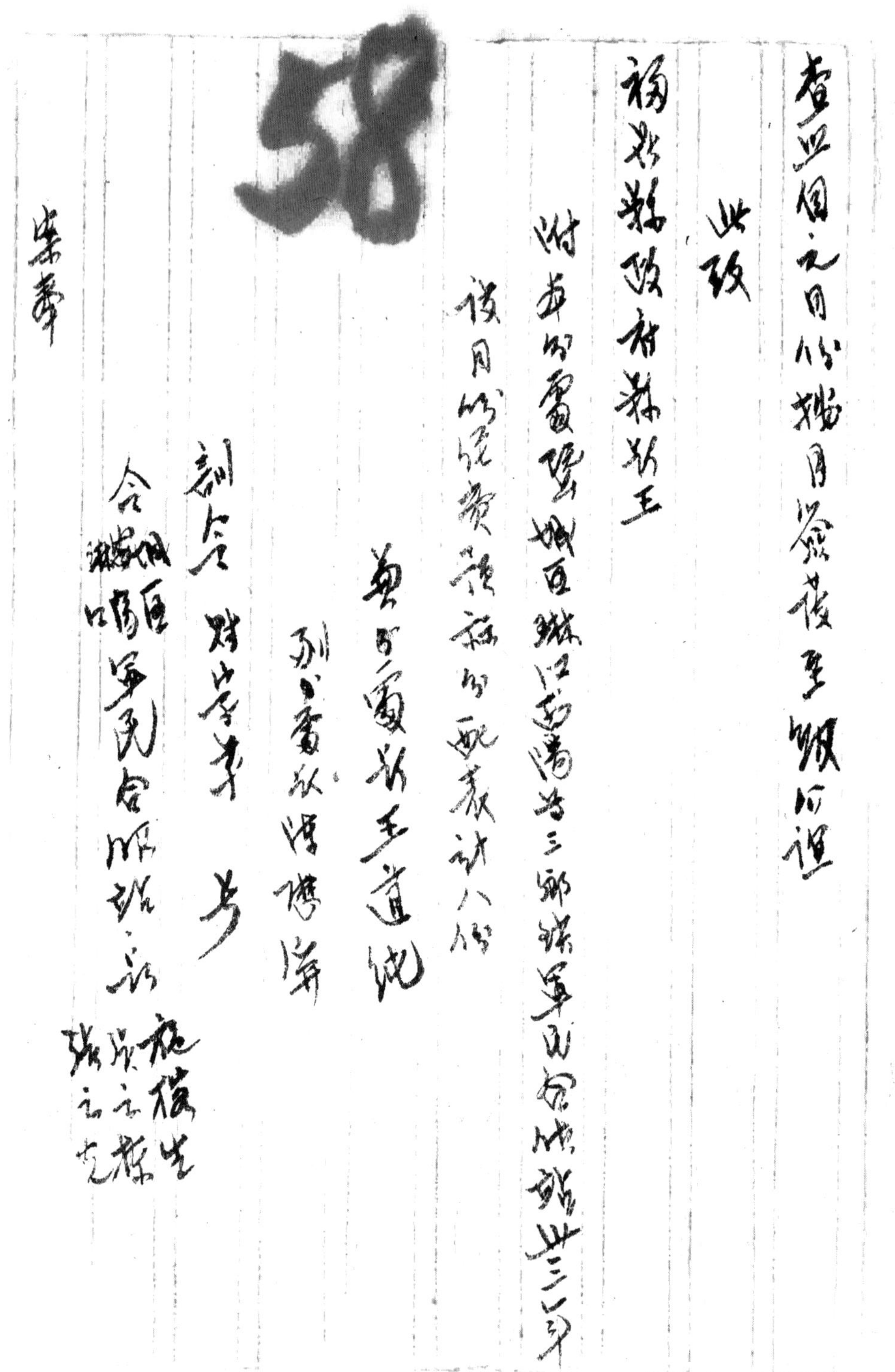

查照自元月份按月發給至紉公誼

此致

福鼎縣政府縣長王

附本分處暨城區琳江西陽等三鄉鎮軍民合作站卅三年度月份經費預算分配表計八份

兼分處長王道純

副分處長陳博濟

副官 林學章 [illegible]

合城區西陽琳江軍民合作站站長 施豫生 陳立森 張立光

柒奉

第三战区福建省福鼎县军民合作站指导分处关于报送本分处及巽城区、西阳、琳江等三乡镇军民合作站三十三年度月份经费预算分配表的公函（1944年2月18日） G137-001-0006

第三战区福建省福鼎县军民合作站指导分处民国三十三年度经常费分配预算表

(1944年1月)a面　G137-001-0005

民國三十三年度經常費分配預算表

預		算				數
六月	七月	八月	九月	十月	十一月	十二月

第三战区福建省福鼎县军民合作站指导分处民国三十三年度经常费分配预算表

(1944 年 1 月)b 面　G137-001-0005

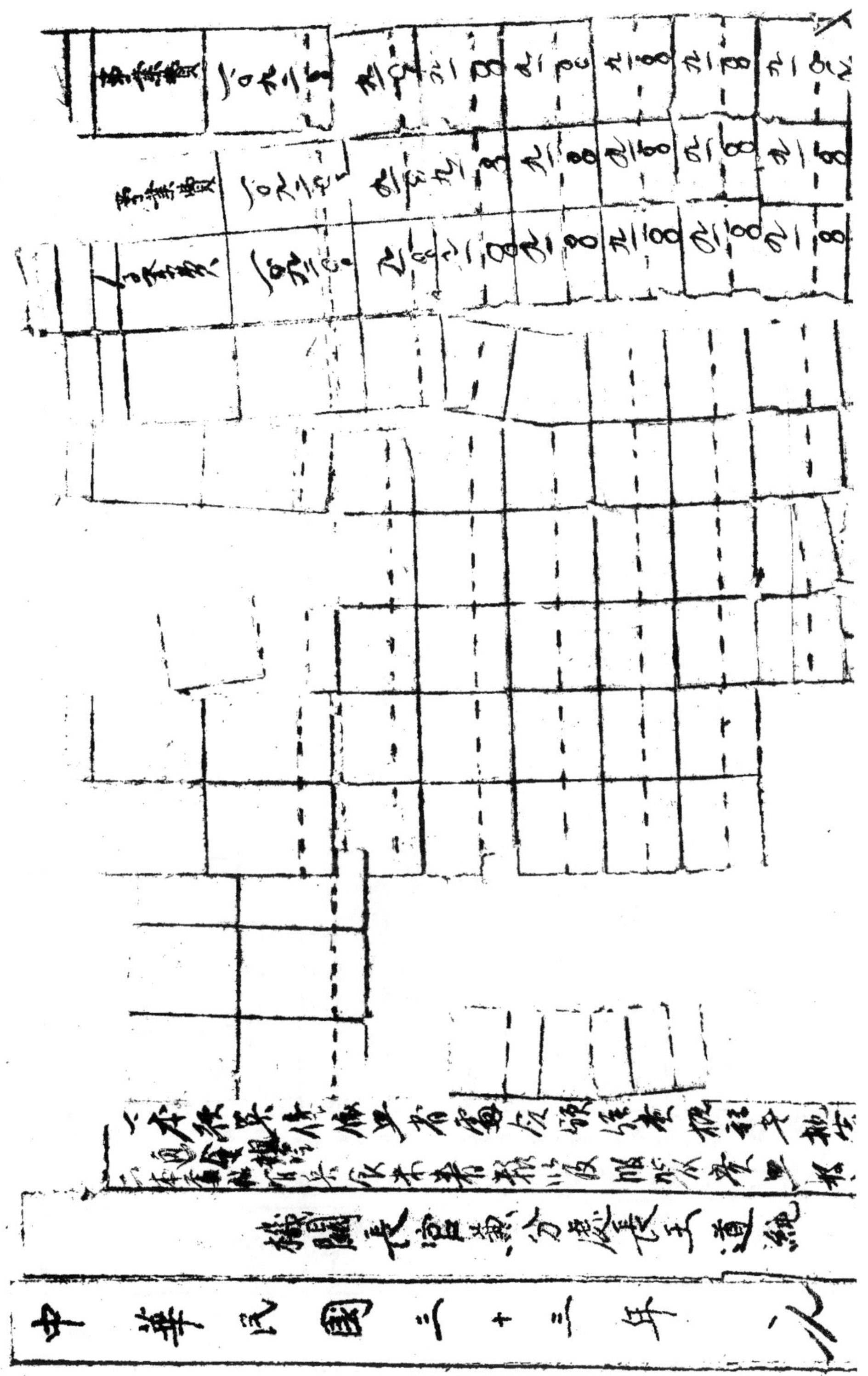

第三战区福建省福鼎县军民合作站指导分处民国三十三年度经常费分配预算表

(1944年1月)a面　G137-001-0005

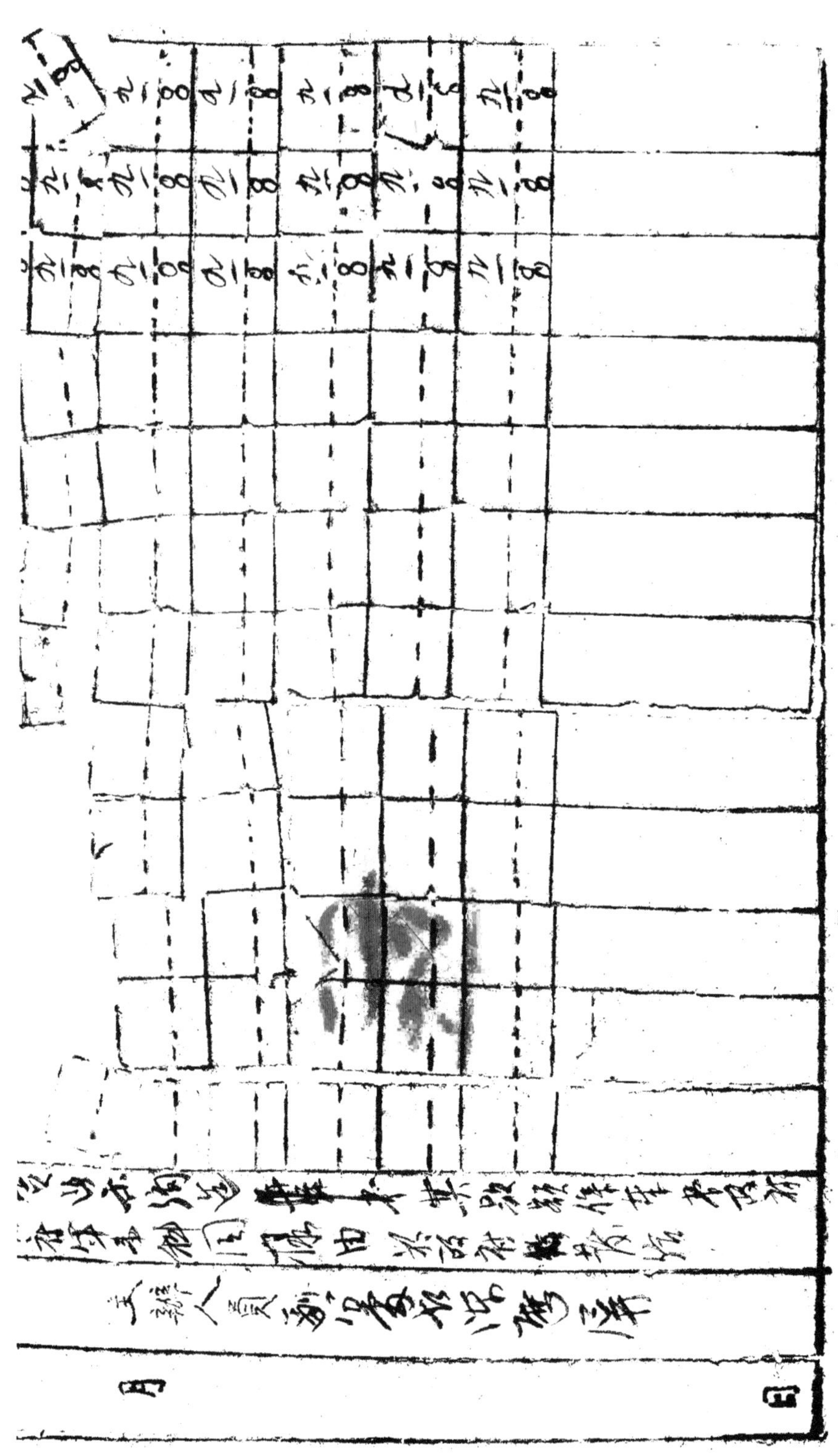

第三战区福建省福鼎县军民合作站指导分处民国三十三年度经常费分配预算表
(1944 年 1 月)b 面　G137-001-0005

第三战区福建省福鼎县城区军民合作站民国三十三年度经常费分配预算表

(岁出经常门常时部分元月一日起至十二月三十一日止)(1944 年 1 月)a 面　G137-001-0006

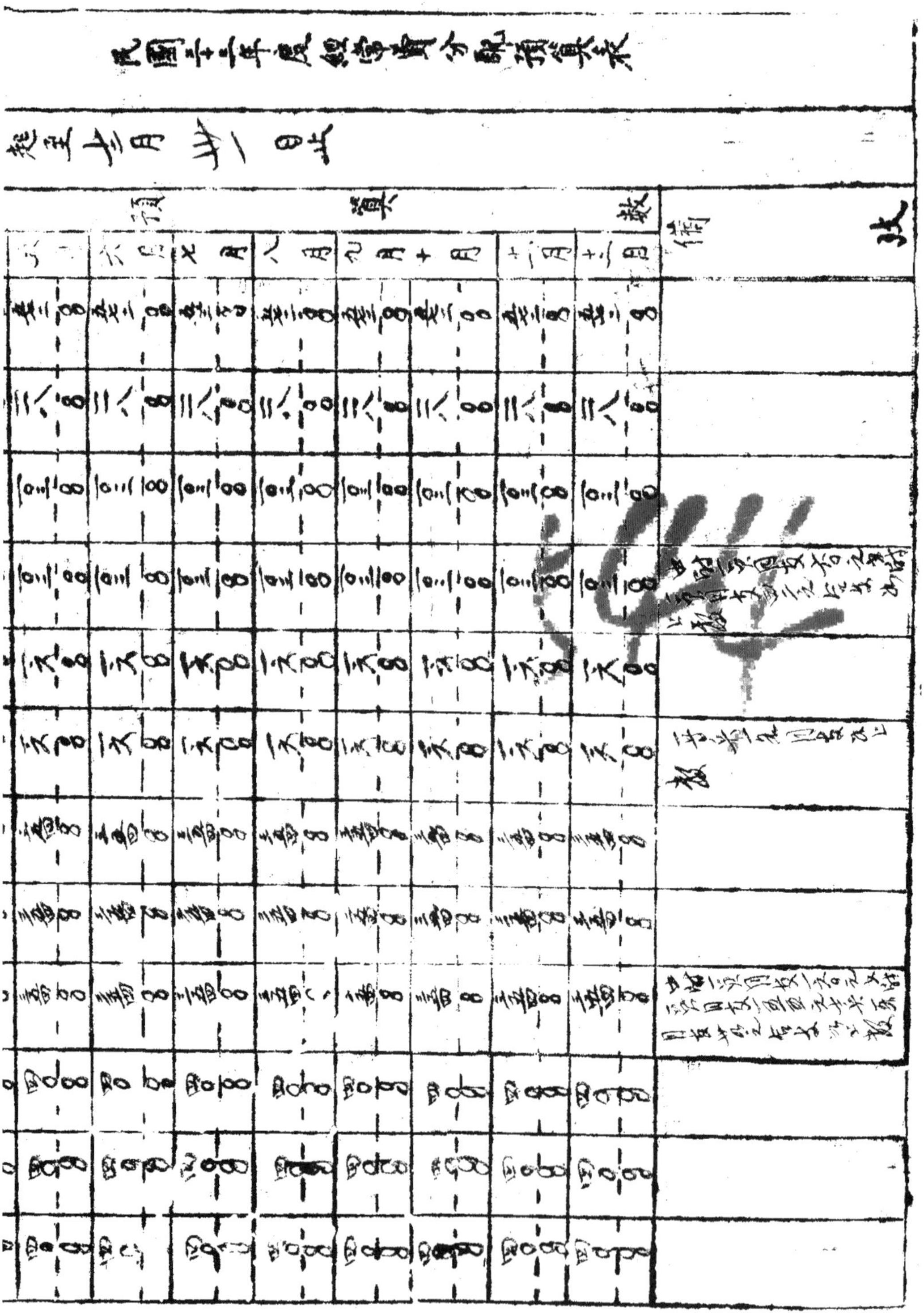

民國三十三年度經常費分配預算表

起至十二月三十一日止

預算數								備考
五月	六月	七月	八月	九月	十月	十一月	十二月	
[illegible]	[illegible]	[illegible]	[illegible]	[illegible]	[illegible]	[illegible]	[illegible]	
[illegible]	[illegible]	[illegible]	[illegible]	[illegible]	[illegible]	[illegible]	[illegible]	
[illegible]	[illegible]	[illegible]	[illegible]	[illegible]	[illegible]	[illegible]	[illegible]	
[illegible]	[illegible]	[illegible]	[illegible]	[illegible]	[illegible]	[illegible]	[illegible]	[illegible]
[illegible]	[illegible]	[illegible]	[illegible]	[illegible]	[illegible]	[illegible]	[illegible]	
[illegible]	[illegible]	[illegible]	[illegible]	[illegible]	[illegible]	[illegible]	[illegible]	[illegible]
[illegible]	[illegible]	[illegible]	[illegible]	[illegible]	[illegible]	[illegible]	[illegible]	
[illegible]	[illegible]	[illegible]	[illegible]	[illegible]	[illegible]	[illegible]	[illegible]	
[illegible]	[illegible]	[illegible]	[illegible]	[illegible]	[illegible]	[illegible]	[illegible]	[illegible]
[illegible]	[illegible]	[illegible]	[illegible]	[illegible]	[illegible]	[illegible]	[illegible]	
[illegible]	[illegible]	[illegible]	[illegible]	[illegible]	[illegible]	[illegible]	[illegible]	
[illegible]	[illegible]	[illegible]	[illegible]	[illegible]	[illegible]	[illegible]	[illegible]	

第三战区福建省福鼎县城区军民合作站民国三十三年度经常费分配预算表

（岁出经常门常时部分元月一日起至十二月三十一日止）（1944 年 1 月）b 面 G137-001-0006

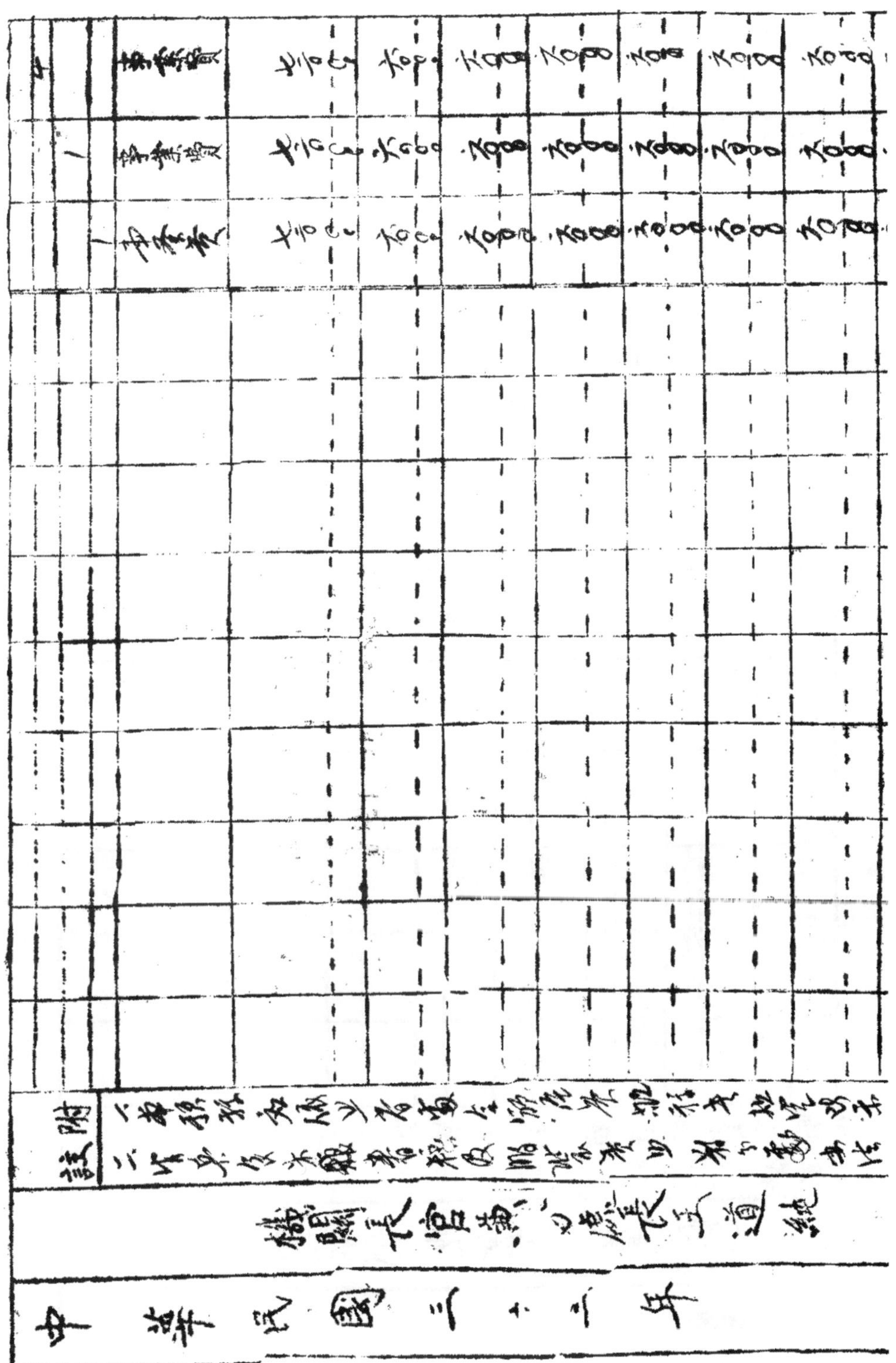

第三战区福建省福鼎县城区军民合作站民国三十三年度经常费分配预算表

(岁出经常门常时部分元月一日起至十二月三十一日止)(1944年1月)a面　G137-001-0006

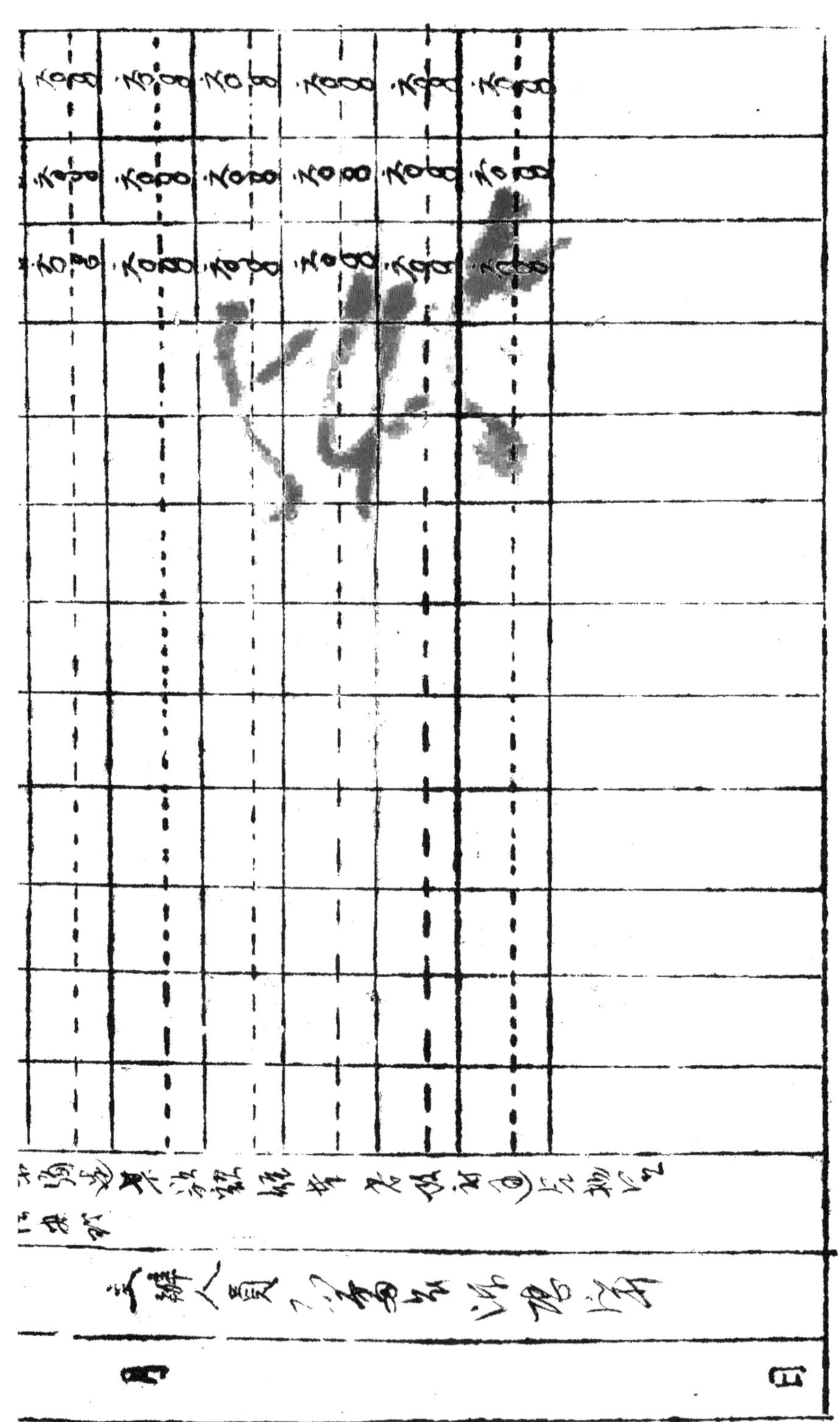

第三战区福建省福鼎县城区军民合作站民国三十三年度经常费分配预算表

（岁出经常门常时部分元月一日起至十二月三十一日止）（1944 年 1 月）b 面 G137-001-0006

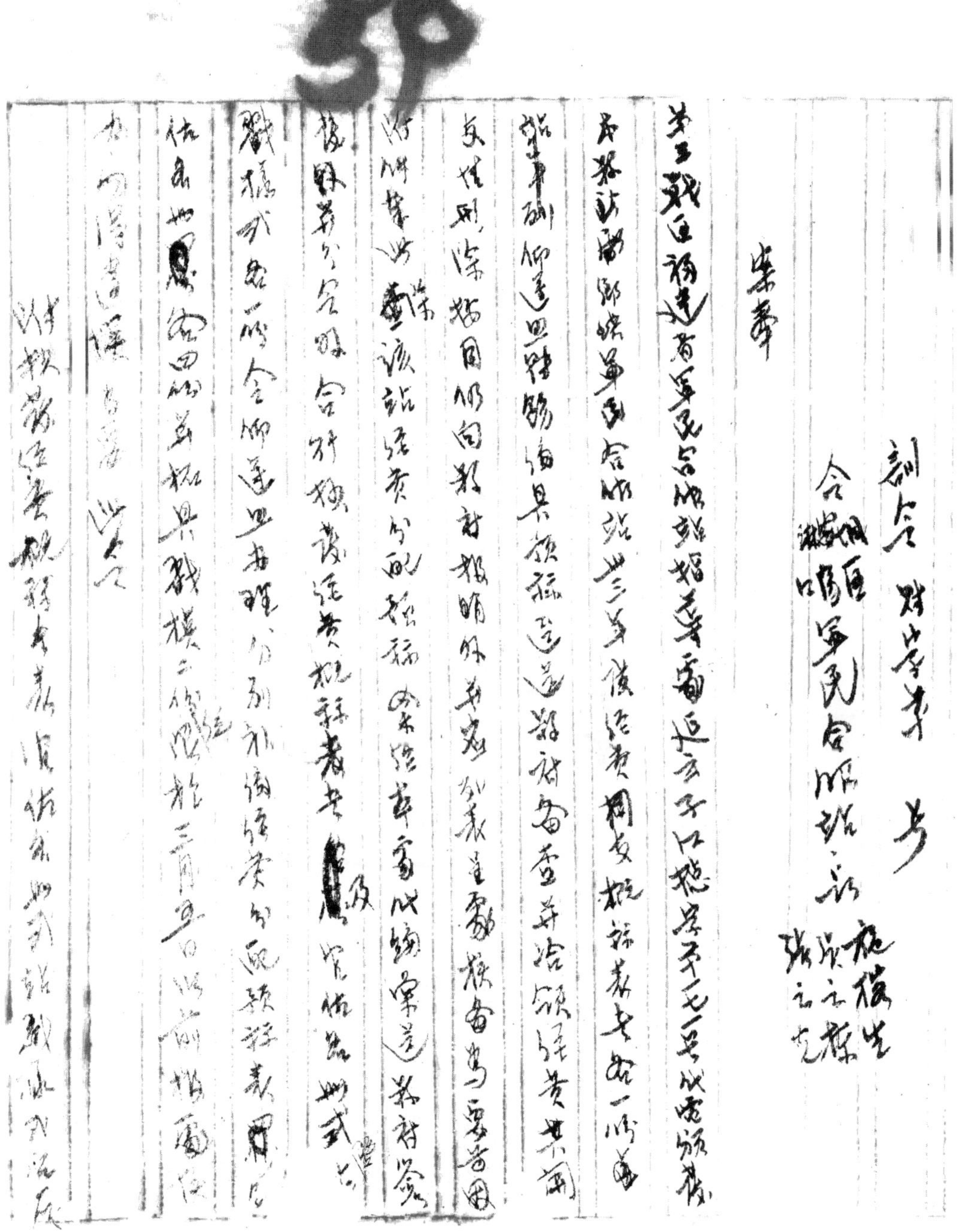

第三战区福建省福鼎县军民合作站指导分处抄转福建省军民合作站指导处延云子江总字第 171 号代电所颁三十三年度经费开支概算表书及官佐名册(1944 年 2 月 18 日)　G137-001-0006

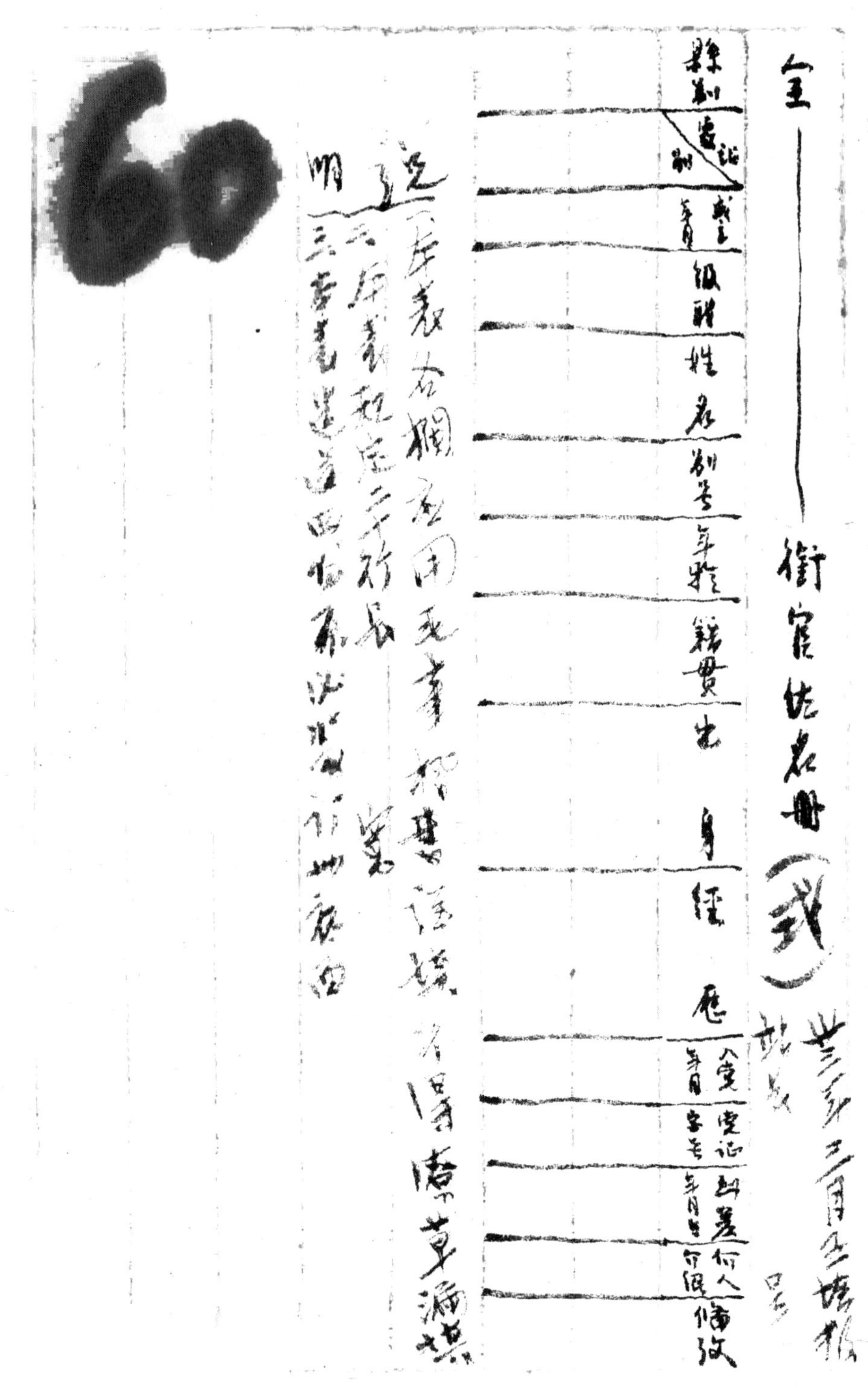

第三战区福建省福鼎县军民合作处站官佐名册(三十三年三月五日填报　站长×××呈)
(1944 年 3 月 5 日)　G137-001-0006

福鼎縣政府公函

事由：函以卅二年度四至十二月份報銷各冊准予核銷請查照由

案准

貴處雲寅真軍財字第78號函送三十二年度四至十二月份經費累計表現金出納表及單據存簿等件請查照准予核銷等由准此查累計表之累計數欄並無逐月增加係屬錯誤嗣後希請注意餘核尚無不合准予核銷相應特此函復查照為荷

此致

福鼎縣軍民合作指導處

縣長 王道純

福鼎县政府关于军民合作站指导处三十二年度四至十二月份报销各册准予核销的公函

（1944 年 3 月 30 日） G137-001-0007

33年3月7日

事由 转颁分处站工作报告表式令仰遵照并饬属遵办由

令福鼎县(市)指导分处

兹颁（发） 长官部军合指导处所订县分处及乡镇站工作月报表式暨征集表式数种仰依照表式所列并详细照填表说明等各点按期依限填报以凭汇编查考但此表上令规定基报每月一日在到分处长由本十日者逾限记过三次者撤职 附一二两月份因时间已过准展至三月十五日以前補报逾展期者仍予照处以前所颁工作概况报告表式及统计汇案报表式即日废止事关功令又与各县处考绩有关切切分行各县外除分令外合行检发原颁表式令仰遵照办理并照式翻印转发所属站遵照为要

此令。

附表县分处工作月报表式一份

处长

第三战区福建省军民合作站指导处关于转颁分处站工作报告表式并饬属遵办的通令

（1944 年 3 月） G137-001-0002

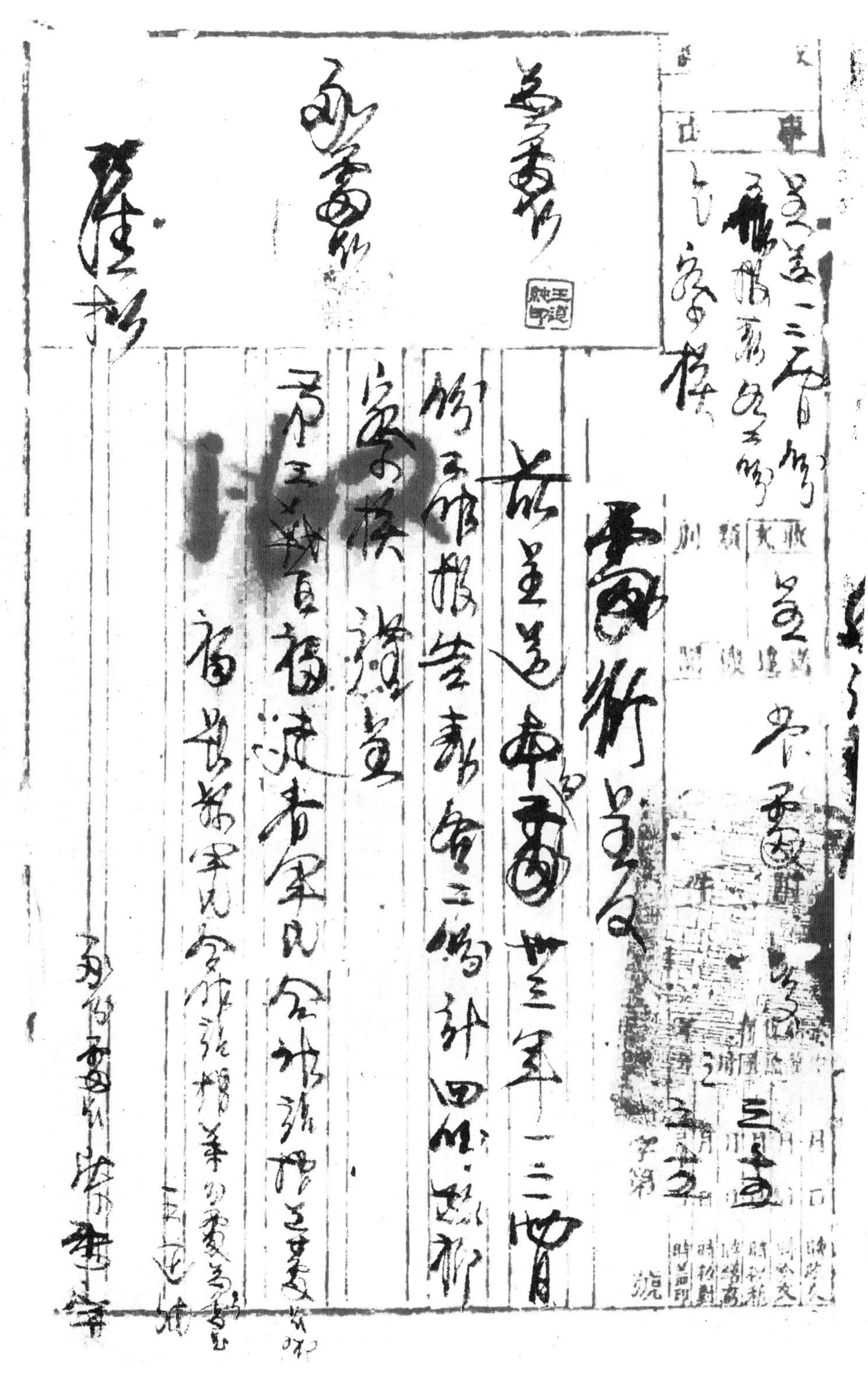

第三战区福建省福鼎县军民合作站指导分处关于报送一、二月份工作报表的呈文

（1944年3月15日） G137-001-0002

第三战区福建省福鼎县军民合作站指导分处三十三年度一月份工作报告表

概述：本月份[illegible]因值元旦春节[illegible]特发动[illegible]春节[illegible]元旦[illegible]

民伕及工具组织		民伕及工具征雇	
常备民伕队数	无	供应民伕数	一百五人
常备民伕总数	无	供应手车总数	无
预备民伕总数	九百人	供应船舶只数	[illegible]
手车辆数	无	供应骡马匹数	无
船舶只数	无	供应担架副数	三付
骡马匹数	无	征收伕费总数	九百五〇〇
担架副数	廿付	给发伕费总数	九百五〇〇
本年常备民伕编组总数	无	附注	
本年常备民伕支出给养总数	无		
附注	无		

常备民伕生产自给	
基金总数	
生产类别	
生产量	
生产品处理情形	
附注	本县因地方接敌特殊困不宜[illegible]常备民伕故[illegible]本[illegible]

第三战区福建省福鼎县军民合作站指导分处三十三年度一月份工作报告表

(1944年3月15日)a面 G137-001-0002

隊別	隊數	人數	隊長姓名	組訓情形
民伕隊	一六隊	九百人		每隊五十名隊長由各鄉鎮長兼
救護隊	一六隊	五百四十人		每隊卅名隊長由各鄉鎮長兼
偵察隊	一六隊	仝		仝
輸送隊	一六隊	仝		仝
慰勞隊	一六隊	仝		仝

自給生產		
生產類別	生產量	協助部隊辦理情形
[illegible]	[illegible]	本縣鄰境內駐軍因駐防為時不久且[illegible] [illegible] [illegible]

協助辦理副食供應及馬料征購			
供應副食	油（斤）	二百斤	
	豆（斤）	[illegible]	
	豆類（斤）	[illegible]	
	魚（斤）	[illegible]	
	乾菜（斤）	[illegible]	
馬料征購	購償款	[illegible]	
支付副食及馬料差價總數		一三[illegible]	

供應品產量市價及產量調查		
食	產量（斤）	[illegible]
	市價	[illegible]
油	產量（斤）	[illegible]
豆類	市價	[illegible]
魚	產量（斤）	[illegible]
乾菜	市價	[illegible]

第三战区福建省福鼎县军民合作站指导分处三十三年度一月份工作报告表

(1944年3月15日)b面　G137-001-0002

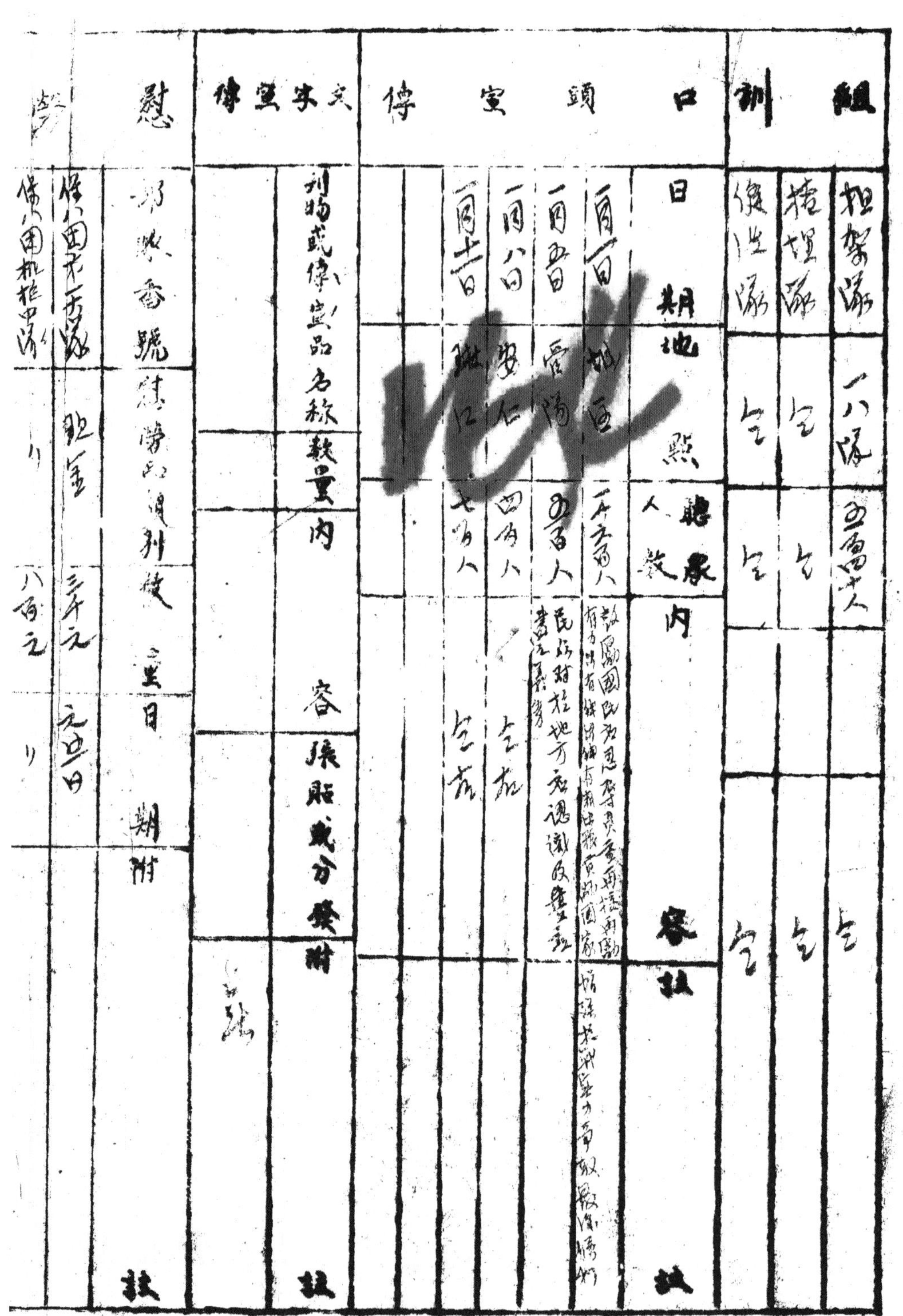

組訓		
担架隊	一八隊	五百十八人
擔架隊	全	全
後送隊	全	全
全	全	全

口頭宣傳			
日期	地點	聽眾人數	內容摘要
一月一日	城區	一千五百人	激勵國民知恩報德勇赴前線殺敵 [illegible]
一月五日	晉陽	五百人	民眾對於地方應認識及意義
一月八日	安仁	四百人	仝右
一月十二日	[illegible]江	七百人	仝右

文字宣傳				
刊物或傳單品名稱	數量	內容	張貼或分發	附註
				[illegible]

慰勞				
部隊番號	慰勞品類別	數量	日期	附註
後八團[illegible]隊	[illegible]	三千元	元旦日	
後八團機槍中隊	〃	八百元	〃	

第三战区福建省福鼎县军民合作站指导分处三十三年度一月份工作报告表

(1944年3月15日)a面　G137-001-0002

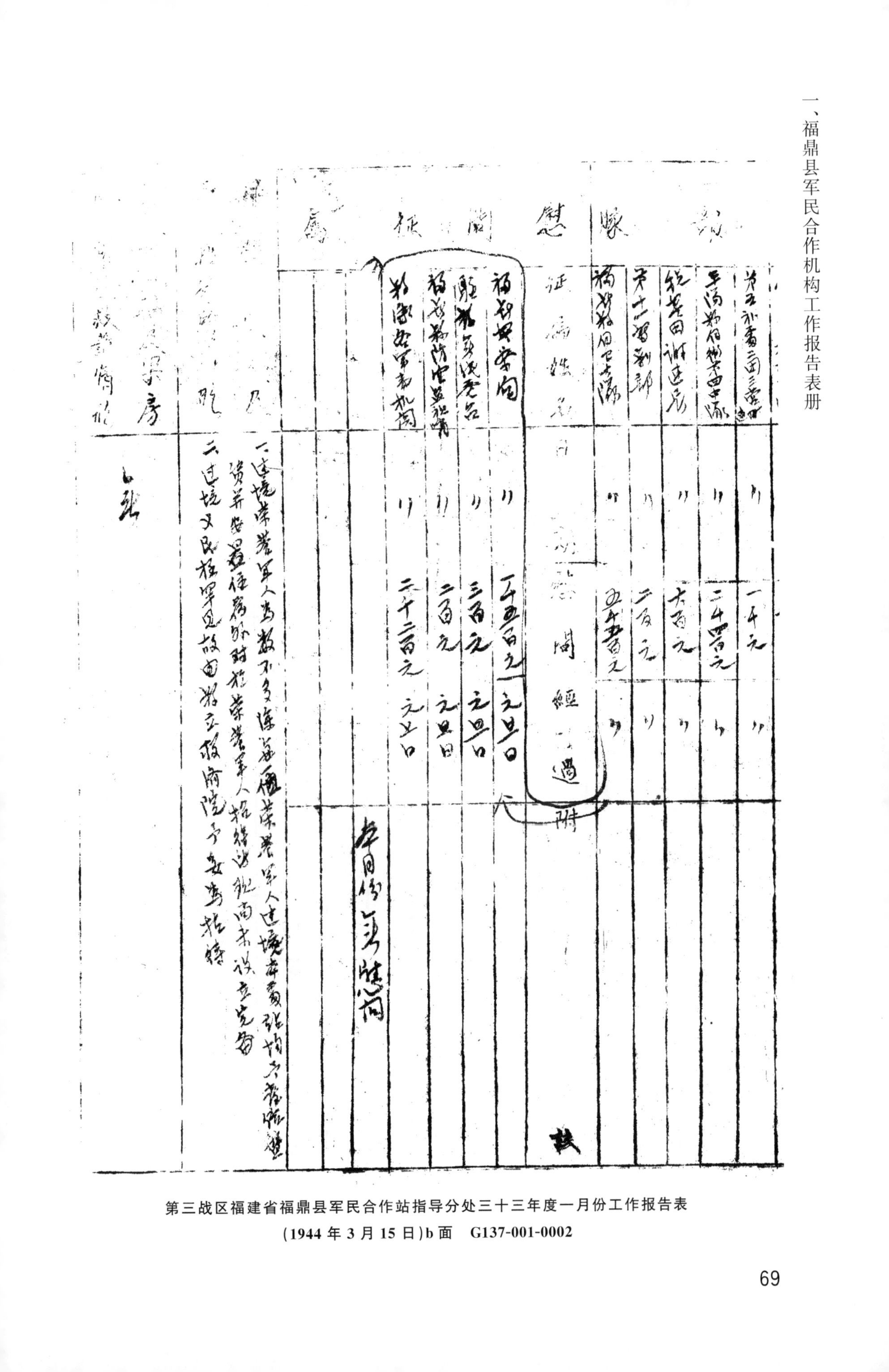

第三战区福建省福鼎县军民合作站指导分处三十三年度一月份工作报告表
(1944 年 3 月 15 日)b 面 G137-001-0002

第三战区福建省福鼎县军民合作站指导分处三十三年度一月份工作报告表

（1944 年 3 月 15 日）a 面　G137-001-0002

人事	
分處長姓名	王道純
副分處長姓名	陳碧濤
幹事姓名	孫家榮 陳楚明 陳瑞椿
司書姓名	鄭賦文
實有任兵數	二
異動	

站別	指導員姓名	站長姓名	副站長（兼任或專任）姓名	辦事員	兵數	駐鄉	異動
城區站	陳碧濤	施[illegible]	曾世佳	王克敬	一	[illegible]	
[illegible]陽站	陳碧濤	張之棟	楊懋[illegible]	劉佳[illegible]	一	[illegible]	
[illegible]江站	陳碧濤	張之森	張之[illegible]	胡良盛	一	[illegible]	

經費	實領數	實支數	開支情形
本分處	一五二九〇〇	一五二九〇〇	[illegible]
本站	一七一六〇〇	一七一六〇〇	

附註：

檢討與改進意見：[illegible]

分處長 王道純
副分處長 陳碧濤
三月十四日 [illegible]

第三战区福建省福鼎县军民合作站指导分处三十三年度一月份工作报告表

(1944 年 3 月 15 日)b 面 G137-001-0002

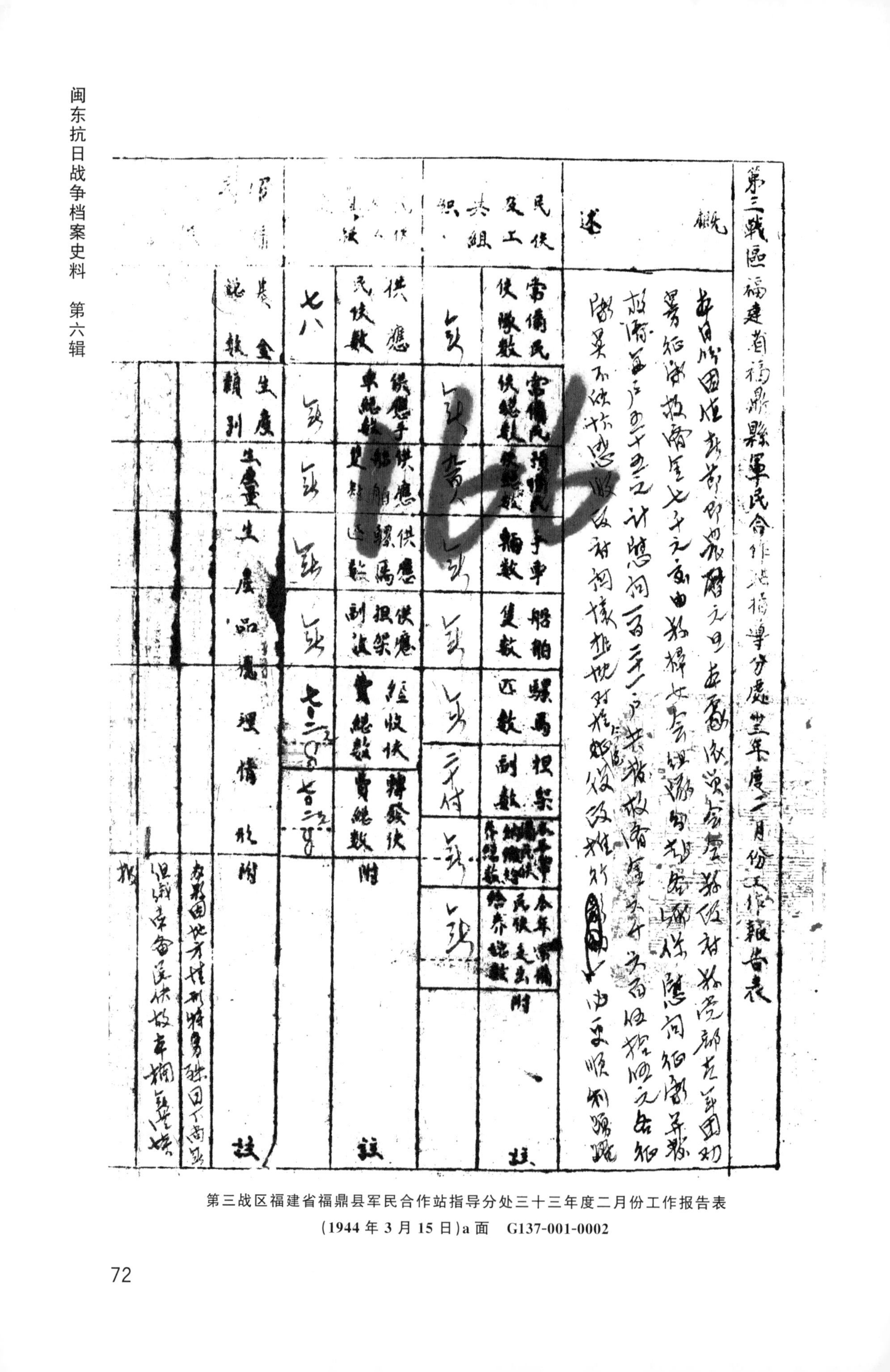

第三战区福建省福鼎县军民合作站指导分处三十三年度二月份工作报告表

(1944年3月15日)a面　G137-001-0002

第三战区福建省福鼎县军民合作站指导分处三十三年度二月份工作报告表

(1944年3月15日)b面　G137-001-0002

組訓

口頭宣傳

日期 | 地點 | 聽眾人數 | 內容 | 附註

文字宣傳

宣傳品名稱 | 數量 | 內容 | 附註

慰勞

慰勞品種類數量 | 日期 | 附註

第三战区福建省福鼎县军民合作站指导分处三十三年度二月份工作报告表

(1944 年 3 月 15 日)a 面　G137-001-0002

第三战区福建省福鼎县军民合作站指导分处三十三年度二月份工作报告表

(1944年3月15日)b面　G137-001-0002

部队协助	农民情形	部队调查	汉奸敌伪活动防制	伪治敌伪防制	防制	地方治安	六、其他
部队番号		部队番号	汉奸组织名称	伪奸组织名称	伪治组织名称	土匪组织名称	本县本月份境内治安情况尚好
发动官兵数		军风纪	活动情形	活动情形	活动情形	活动情形	
发动农户数		军安养生活	防制情形	防制情形	防制情形	剿抚情形	
地区		对军民纠纷之协助	附注	附注	附注	附注	
耕割亩数		民运工作	仍全前同		仍全前同		
日期	南来及时	附注					
附注		无					

第三战区福建省福鼎县军民合作站指导分处三十三年度二月份工作报告表

(1944年3月15日)a面 G137-001-0002

第三战区福建省福鼎县军民合作站指导分处三十三年度二月份工作报告表

(1944年3月15日)b面　G137-001-0002

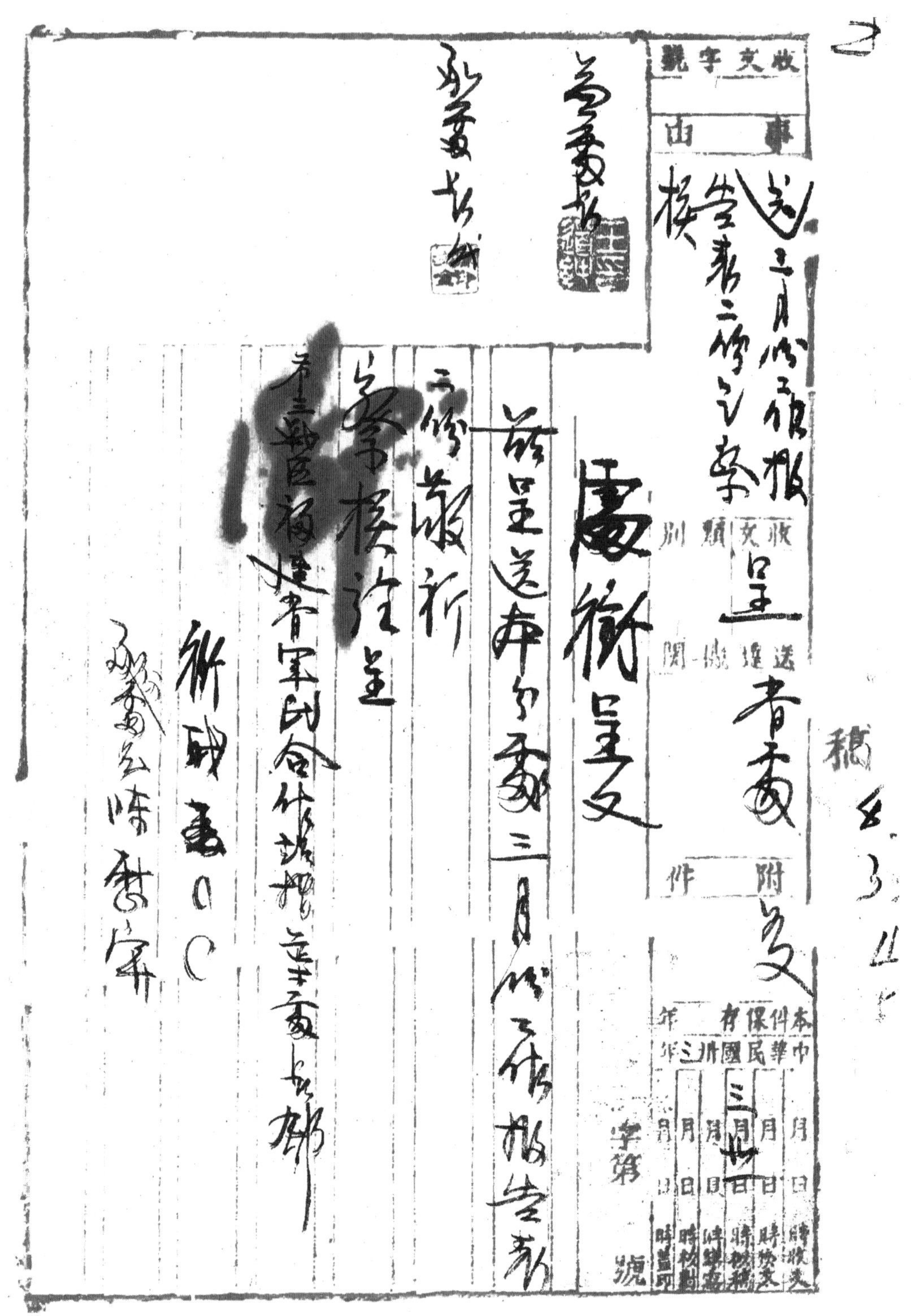

第三战区福建省福鼎县军民合作站指导分处关于报送三月份工作报表的呈文

（1944 年 3 月 31 日）　G137-001-0002

第三戰區福建省福鼎縣軍民合作站指導分處卅三年度三月份工作報告表

第三战区福建省福鼎县军民合作站指导分处三十三年度三月份工作报告表

(1944 年 3 月 31 日)a 面　G137-001-0002

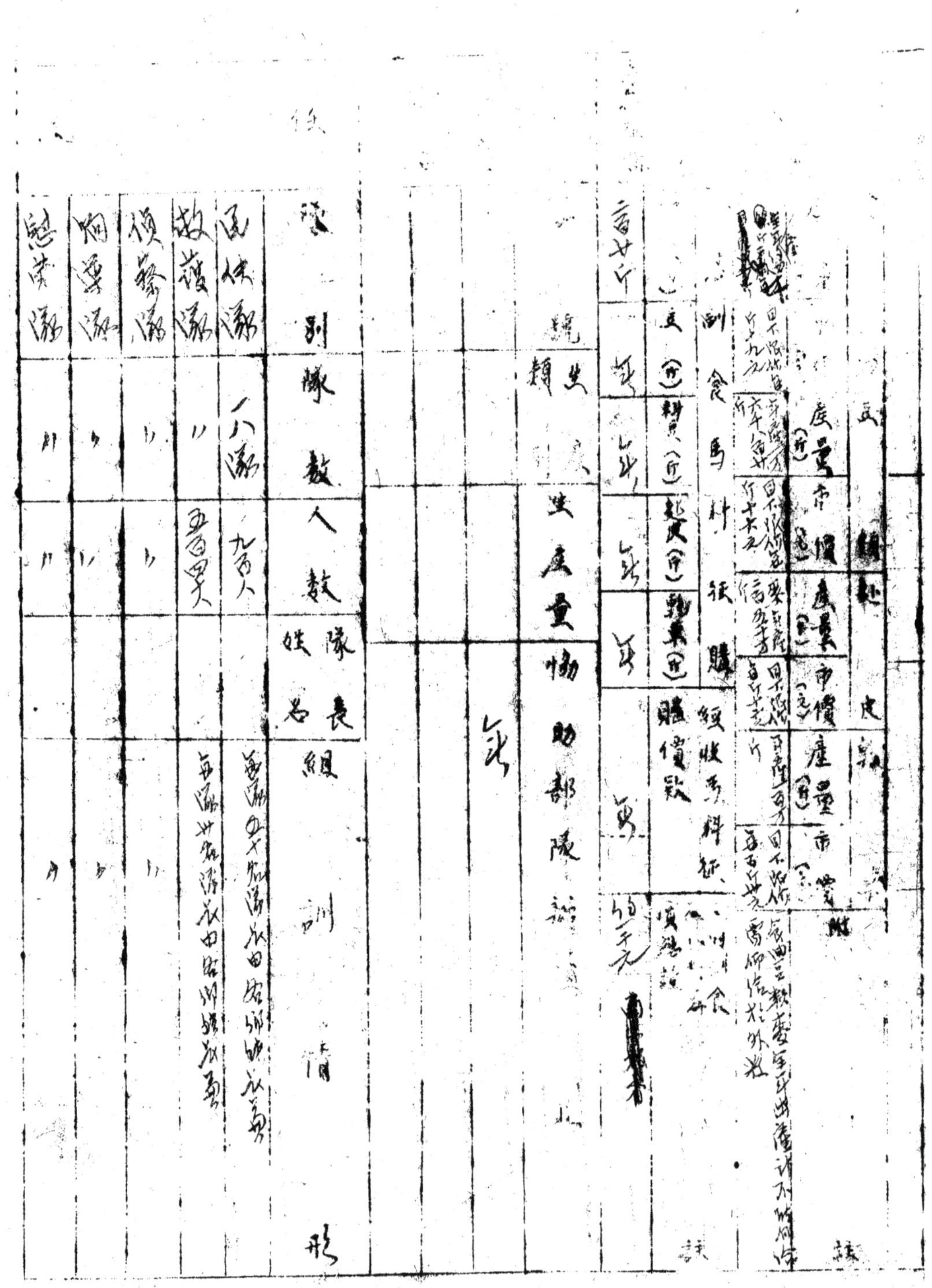

第三战区福建省福鼎县军民合作站指导分处三十三年度三月份工作报告表

(1944 年 3 月 31 日)b 面　G137-001-0002

組訓		
組織隊	指揮隊	演說隊
一八隊	〃	〃
壹百四十八人	〃	〃
每隊卅名隊員由各鄉鎮保長[illegible]	〃	〃

日期	地點	聽眾人數	內容	備註
三、十六	城區	一千八百人	講述精神總動員與國民公約[illegible]	
三、廿五	〃	九百人	闡揚革命先烈忠烈[illegible]	

刊物或傳單品名稱數量	內容	張貼或分發	附註
[illegible]			無

慰勞部隊番號	慰勞品類別數量	日期	附註
			無

第三战区福建省福鼎县军民合作站指导分处三十三年度三月份工作报告表

(1944年3月31日)a面　G137-001-0002

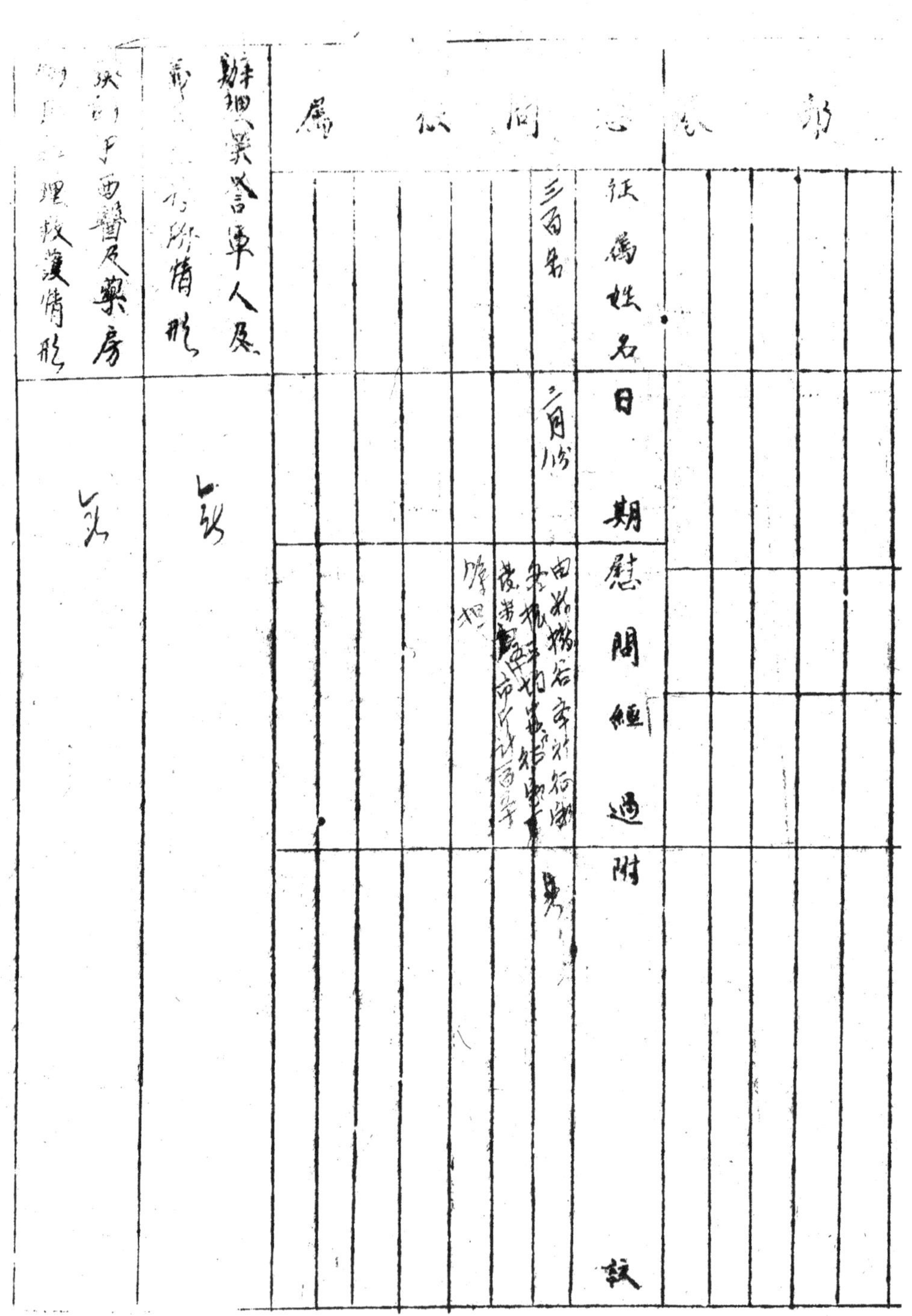

第三战区福建省福鼎县军民合作站指导分处三十三年度三月份工作报告表
(1944年3月31日)b面　G137-001-0002

第三战区福建省福鼎县军民合作站指导分处三十三年度三月份工作报告表

(1944年3月31日)a面　G137-001-0002

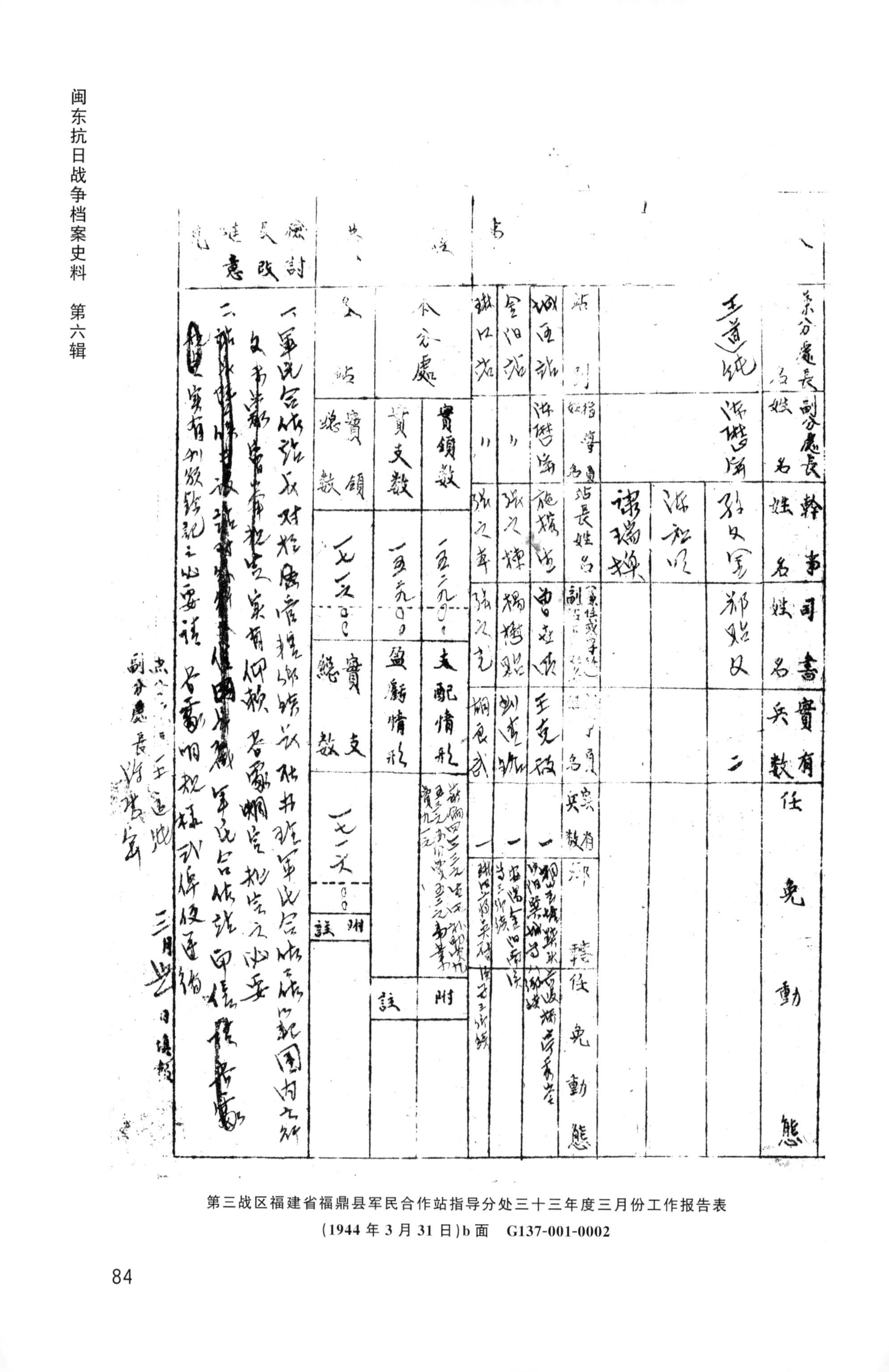

第三战区福建省福鼎县军民合作站指导分处三十三年度三月份工作报告表

(1944 年 3 月 31 日)b 面　G137-001-0002

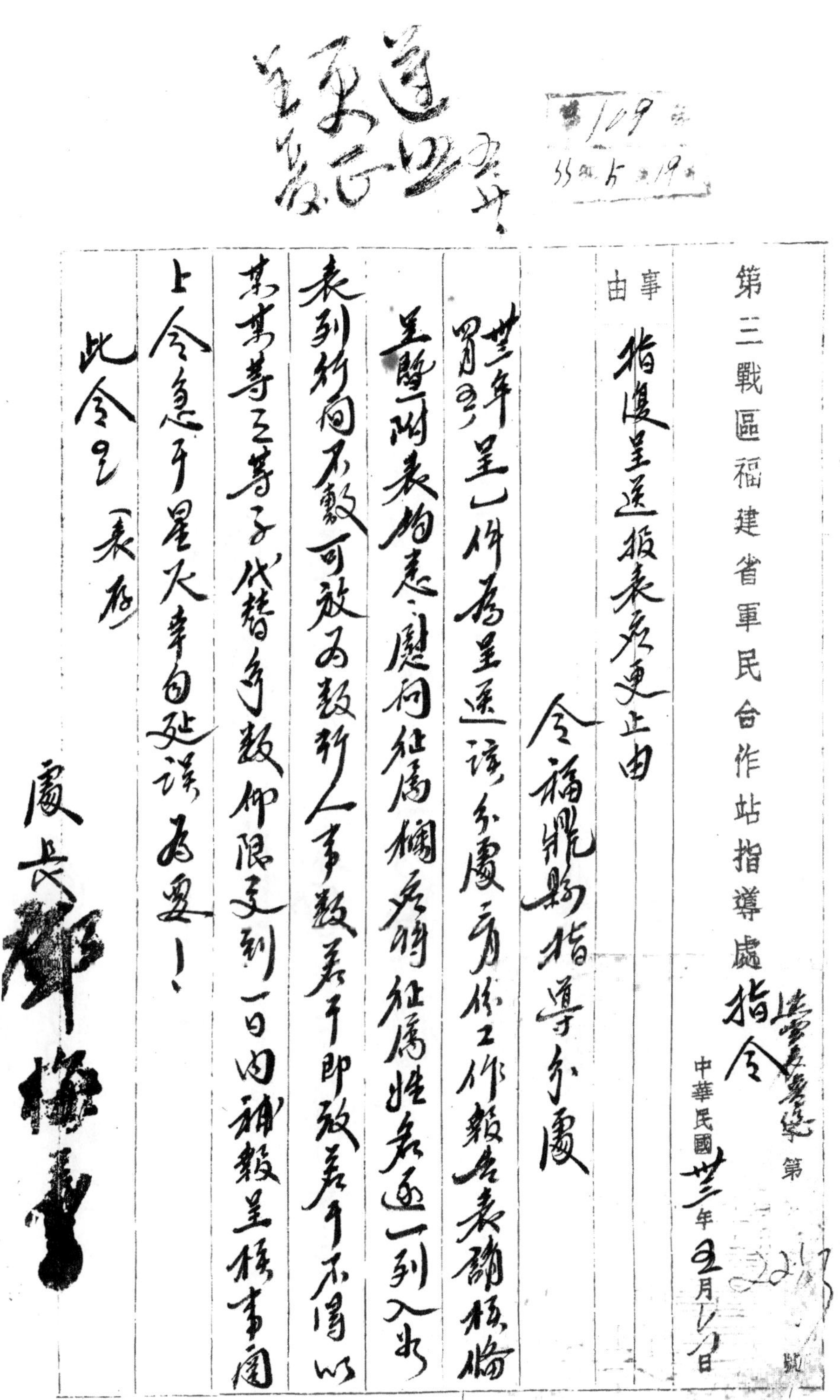

第三戰區福建省軍民合作站指導處指令　[illegible]字第　號

中華民國卅三年五月六日

事由：指復呈送報表應更正由

令福鼎縣指導分處

卅三年四月[illegible]日呈一件，為呈送該分處三月份工作報告表請核備由。呈暨附表均悉。慰問征屬欄應將征屬姓名逐一列入，如表列行間不敷，可放大數，所人事數若干即放若干，不得以某某等之等字代替多數，仰限文到一日內補報呈核，事關上令，急于星火，幸勿延誤為要！

此令。呈（表存）

處長　鄭[illegible]

第三战区福建省军民合作站指导处关于三月份工作报告表中慰问征属栏补报更正的指令

（1944 年 5 月 6 日）　G137-001-0002

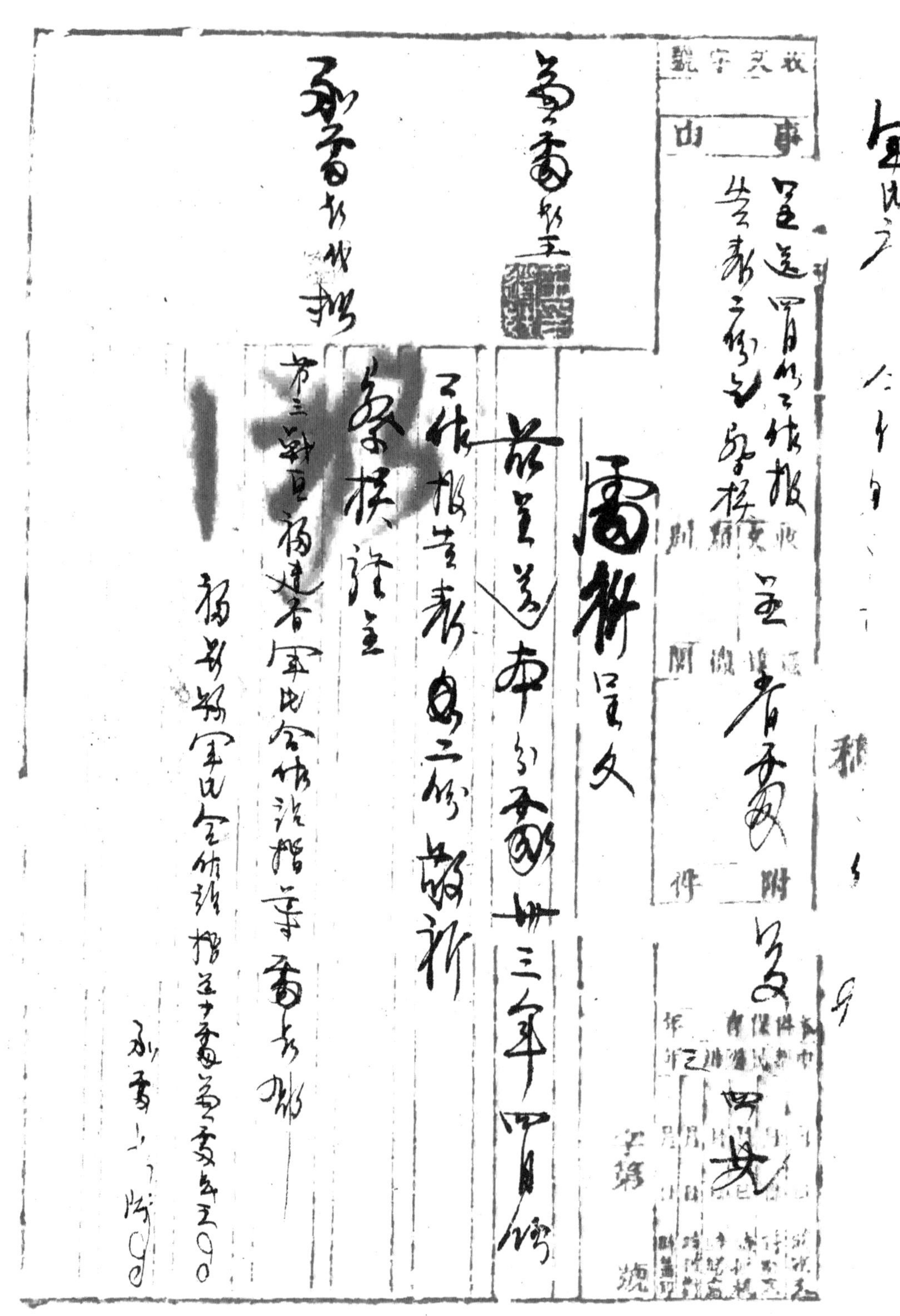

事由：呈送四月份工作報告表二份乞察核

茲呈送本分處卅三年四月份工作報告表二份敬祈察核　謹呈

第三戰區福建省軍民合作站指導處處長

福鼎縣軍民合作站指導分處處長

第三战区福建省福鼎县军民合作站指导分处关于报送四月份工作报告表的呈文

（1944 年 4 月 29 日）　G137-001-0002

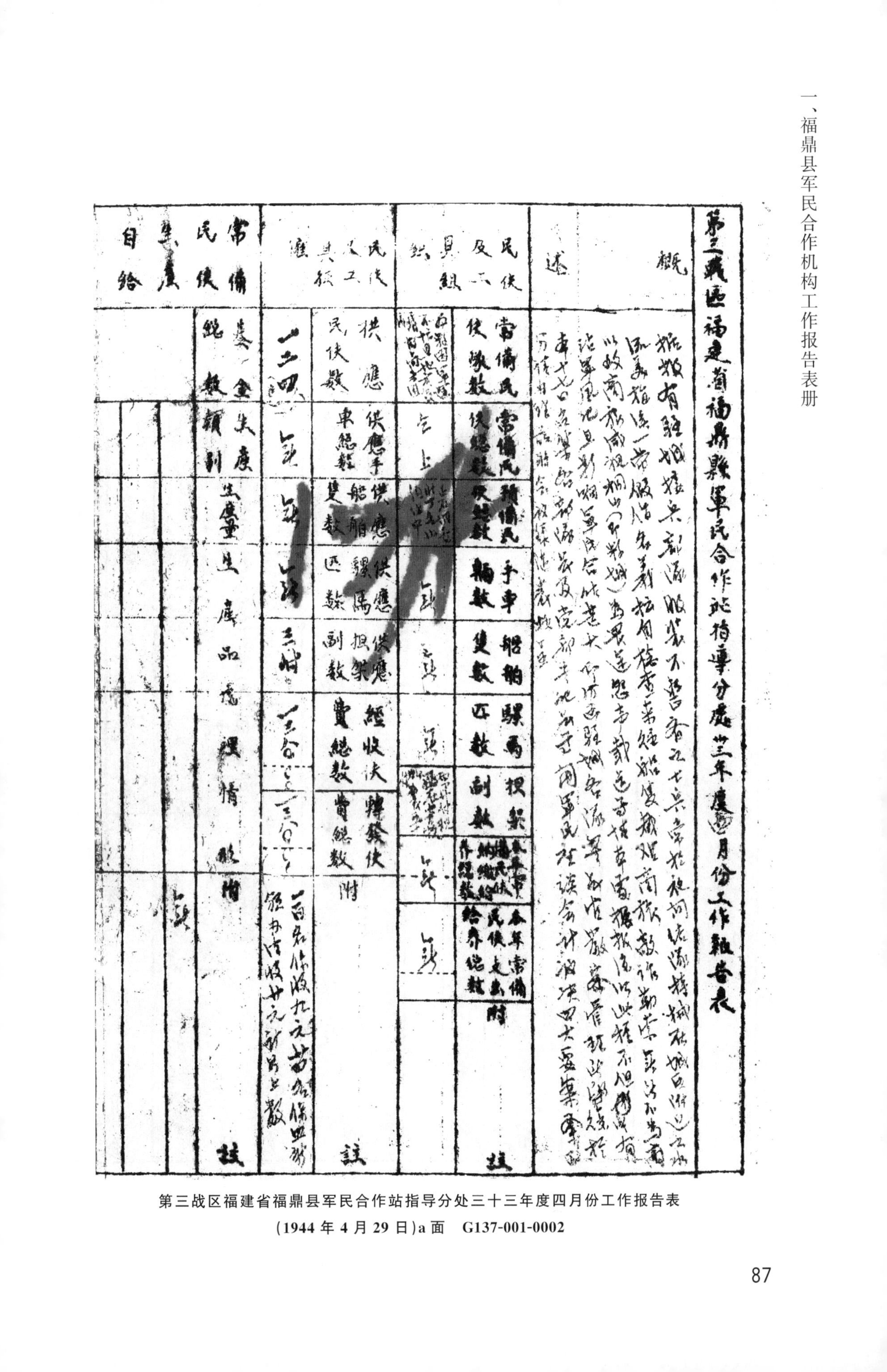

第三战区福建省福鼎县军民合作站指导分处三十三年度四月份工作报告表

(1944 年 4 月 29 日)a 面　G137-001-0002

协助部队任务			
队别	队数人数	队长姓名	组训情形
运输队	一大队 九百人		详见由各乡保长督导
救护队	〃 五百四十八		〃
侦察队	〃		〃
担架队	〃		〃
慰劳队	〃		〃

部队番号	出产量	给养
类别	出产量	

协助部队办理情形

协助部队办理副食马料征购		
供应副食马料征购	油(斤) 豆(斤) 稻草(斤) 盐(斤) 干柴(斤)	
缴收马料征购价款		
发付副食马料价款		
附注	因本处征员分赴各部中	

饮食品市价及产量调查	
食米	产量(斤) 市价(元)
食油	产量(斤) 市价(元)
蔬菜	产量(斤) 市价(元)
肉类	产量(斤) 市价(元)
附注	详本月份报告

第三战区福建省福鼎县军民合作站指导分处三十三年度四月份工作报告表

(1944 年 4 月 29 日)b 面 G137-001-0002

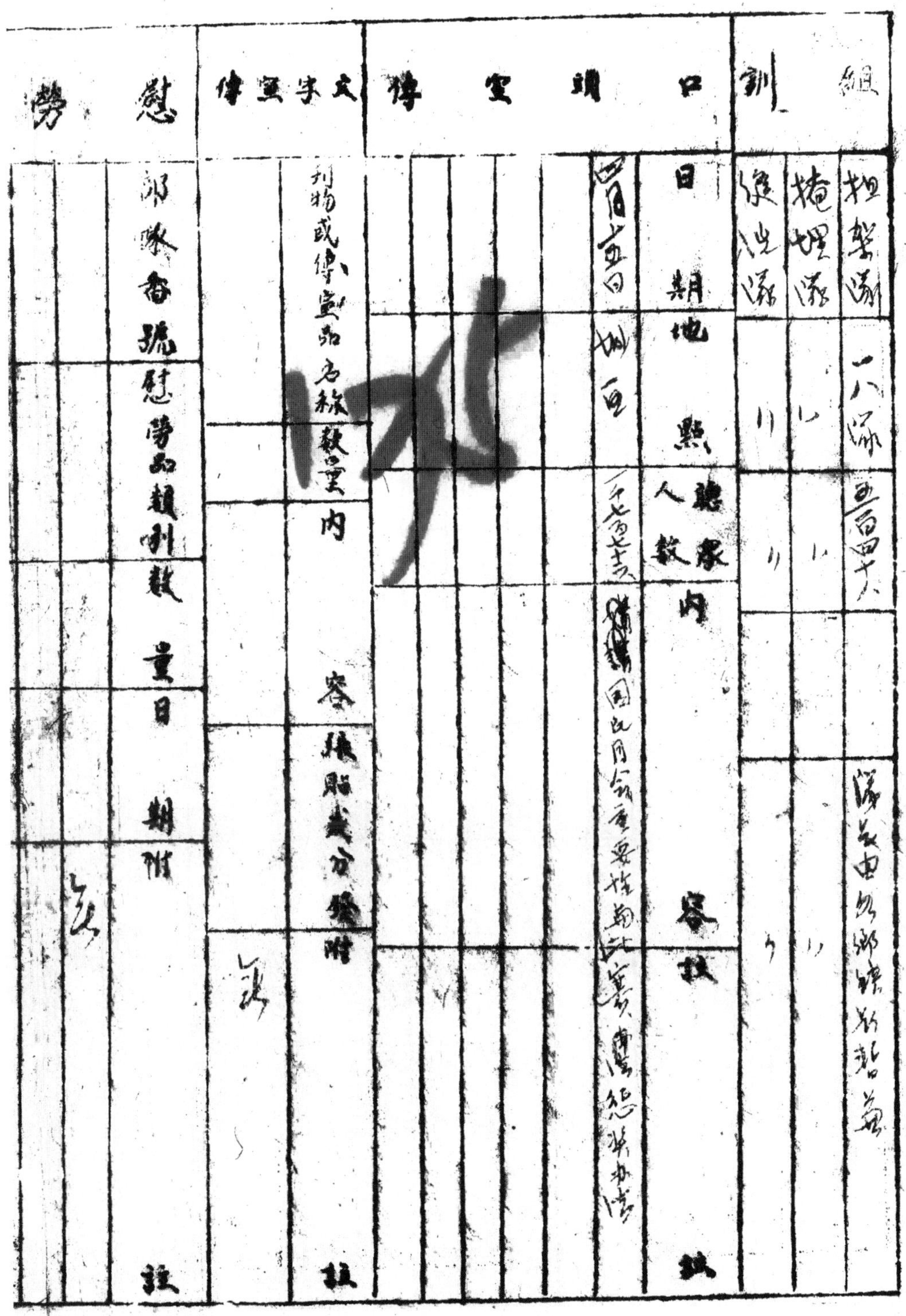

第三战区福建省福鼎县军民合作站指导分处三十三年度四月份工作报告表

(1944 年 4 月 29 日)a 面　G137-001-0002

部队慰问征属					辦理優待軍人及軍屬情形	發動中等學校樂房	協助辦理救護情形
征属姓名日期	慰問經過	附　　　　　　　　註					
		無			無	無	

第三战区福建省福鼎县军民合作站指导分处三十三年度四月份工作报告表

(1944年4月29日)b面　G137-001-0002

部队协助農民情形：部隊番號；發動官兵数；農民户数；地區；耕割畝数；日期；附註：已發動駐軍協助人民耕作

部隊調查：部隊番號：福閩師管區第一中隊；軍風紀：甚好；官兵生活：良好；討軍民饑饉之物的民運工作：良好；附註

漢奸活動及防制：漢奸組織名稱；活動情形；防制情形；附註

奸偽活動及防制：奸偽組織名稱；活動情形；防制情形；附註

會活動及防制：組織名稱；活動情形；防制情形；附註

地方治安：盜匪組織名稱；活動情形；勦撫情形；附註

其他：本月份境內治安尚好

第三战区福建省福鼎县军民合作站指导分处三十三年度四月份工作报告表

(1944 年 4 月 29 日)a 面　G137-001-0002

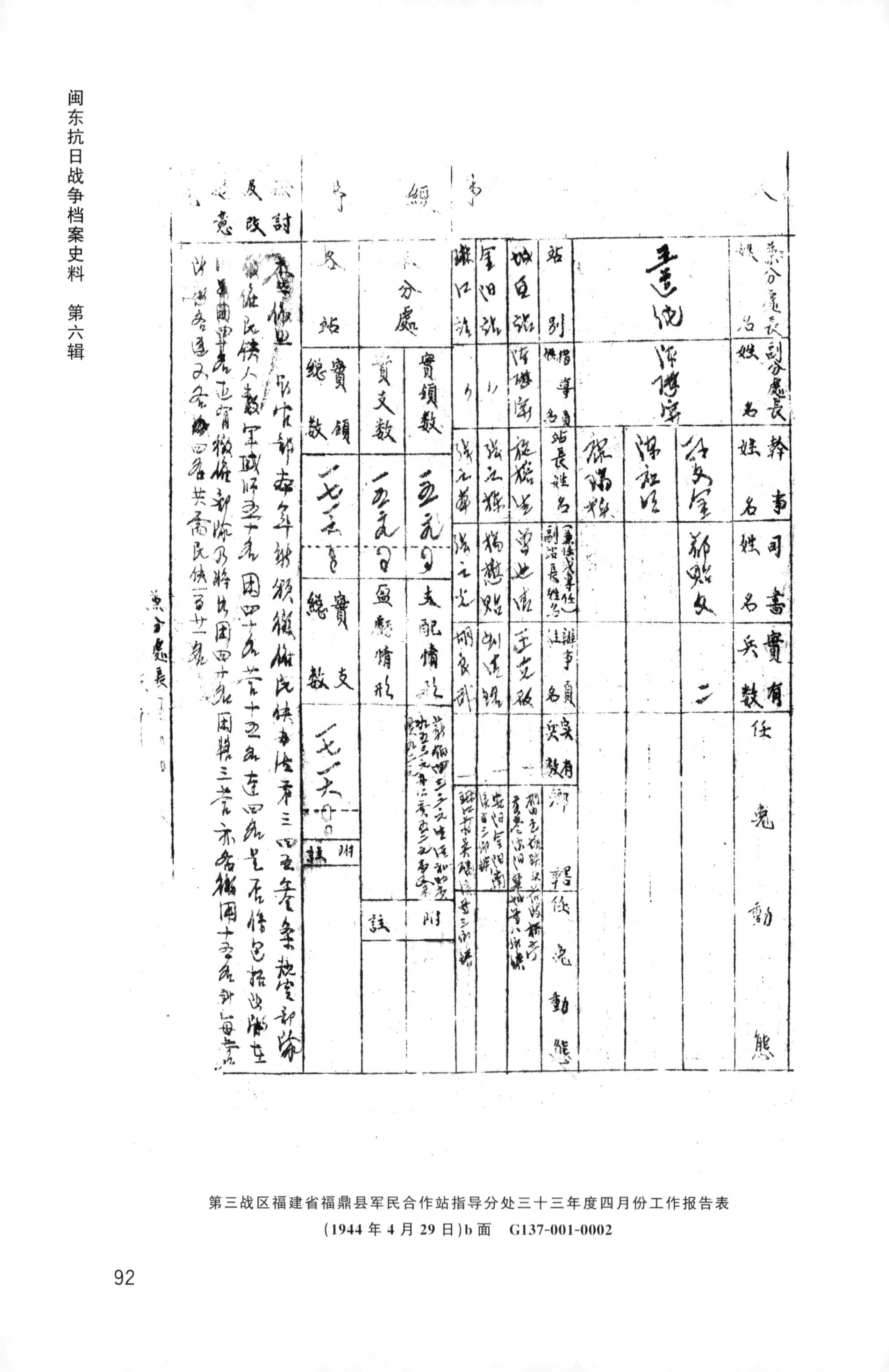

第三战区福建省福鼎县军民合作站指导分处三十三年度四月份工作报告表

（1944 年 4 月 29 日）b 面　G137-001-0002

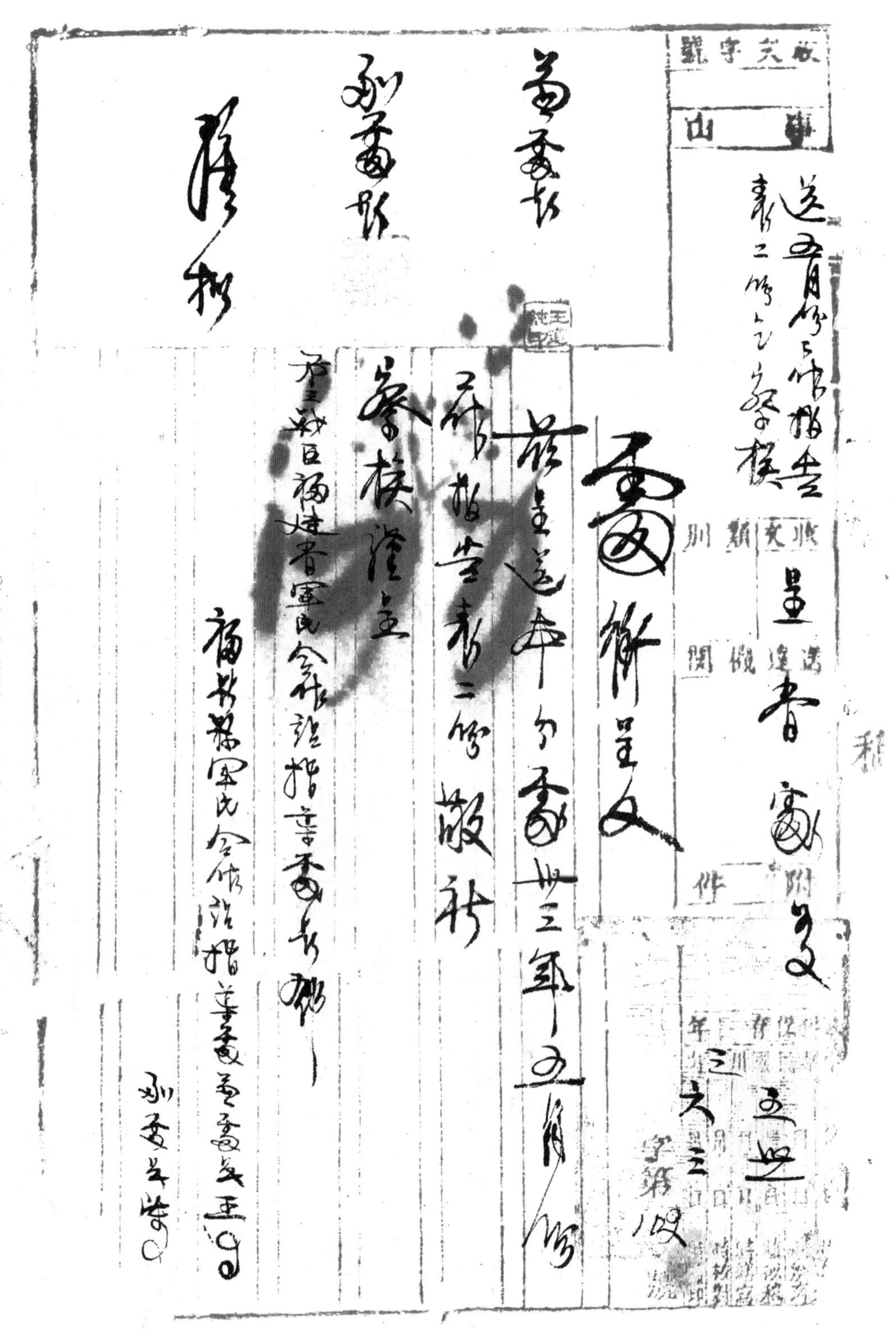

第三战区福建省福鼎县军民合作站指导分处关于报送五月份工作报告表的呈文

（1944 年 6 月 3 日） G137-001-0002

第三战区福建省福鼎县军民合作站指导分处三十三年度五月份工作报告表

(1944年6月3日)a面 G137-001-0002

供应部队及民众粮食	产量(斤)	市价(元)
食		
油盐		
蔬菜类		
皮乾草		
附注	详情前因均已报告	

协助办理部队食粮及马料征购	供应副食马料征购
猪(斤)	四三二斤
豆(斤)	无
料豆(斤)	无
麸皮(斤)	无
乾草(斤)	无
购价总款	无
实付副食及马料费价总数	
附注	

部队生产自给	
部队番号	
生产类别	
生产量	
协助部队办理情形	无

伕役队务	队数	人数	队长姓名	组训情形
民伕队	一	一八		[illegible]
救护队	〃	由四甲人		均由乡镇长兼
侦察队	〃	〃		〃
响导队	〃	〃		〃
慰劳队	〃	〃		〃

第三战区福建省福鼎县军民合作站指导分处三十三年度五月份工作报告表

(1944 年 6 月 3 日)b 面　G137-001-0002

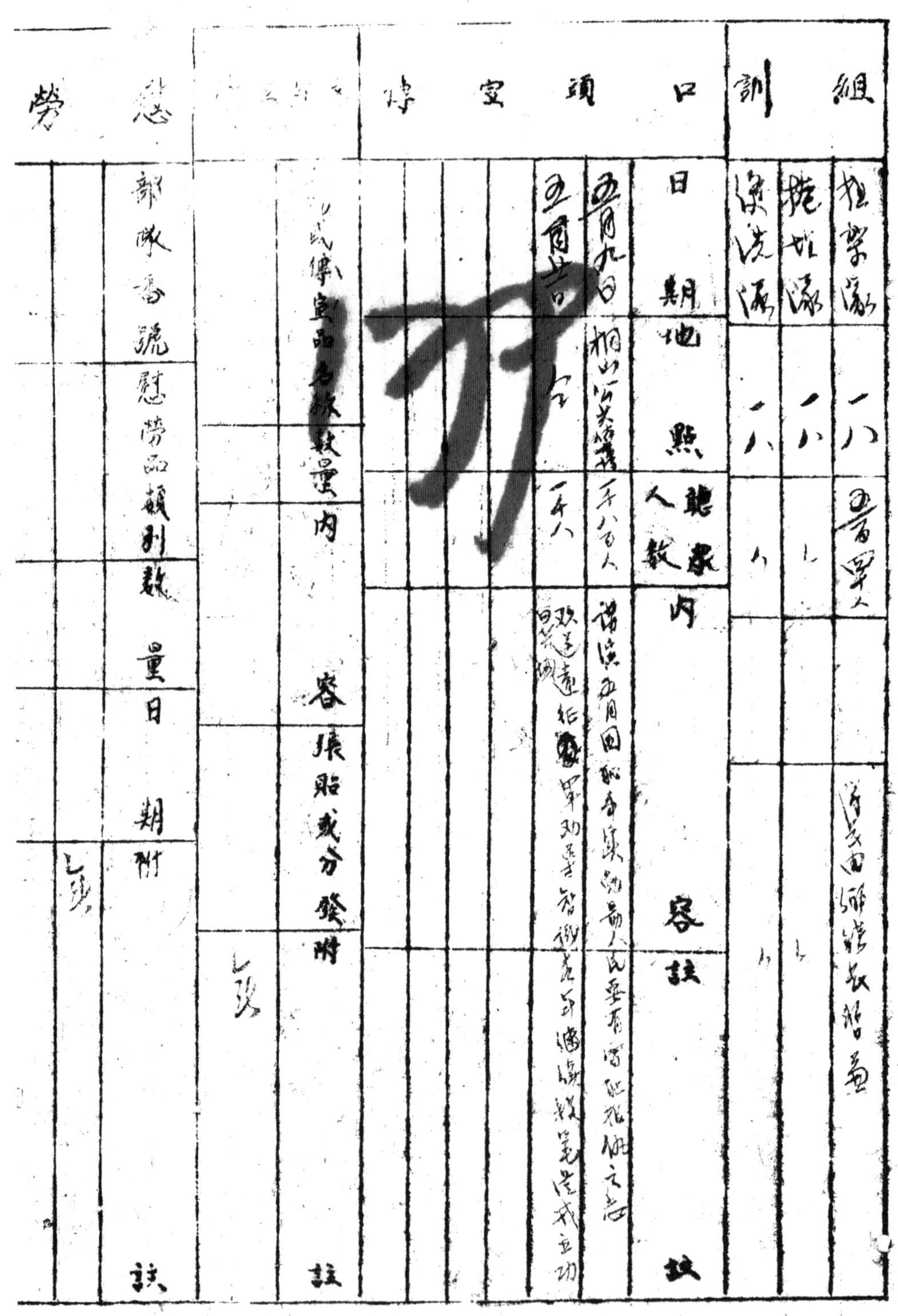

第三战区福建省福鼎县军民合作站指导分处三十三年度五月份工作报告表

(1944年6月3日)a面 G137-001-0002

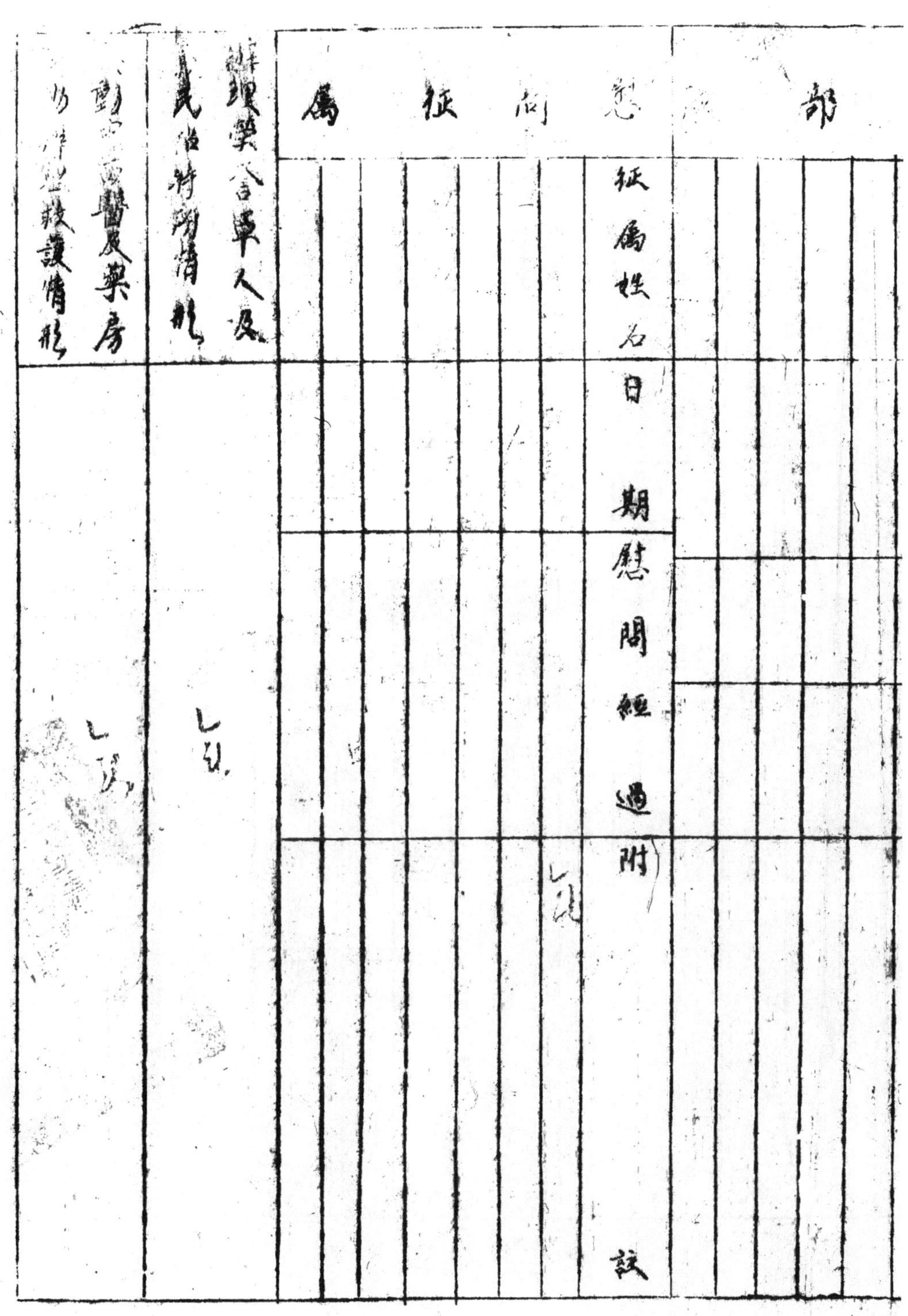

第三战区福建省福鼎县军民合作站指导分处三十三年度五月份工作报告表

(1944年6月3日)b面　G137-001-0002

本月所境内治安尚好

部隊協助農民情形	部隊番號	發動官兵數	農民戶數	地區	耕割畝數	日期	附註
							[illegible]

部隊調查	部隊番號	軍風紀	官兵營養生活	對軍民協助	民運工作	附註
	福州師管區[illegible]	尚好	[illegible]	尚好	尚好	該部[illegible]向民間[illegible]載運[illegible]已[illegible]止[illegible]

漢奸敵活動防制	漢奸組織名稱	活動情形	防制情形	附註

偽活動防制	奸偽組織名稱	活動情形	防制情形	附註

會活動防制	幫會組織名稱	活動情形	防制情形	附註

治[illegible]	[illegible]組織名稱	活動情形	勦撫情形	附註

180

第三战区福建省福鼎县军民合作站指导分处三十三年度五月份工作报告表

(1944年6月3日)a面　G137-001-0002

八、人事

兼任正副分处长姓名	王道灿	陈継宁

站别	城区站	金门站	琳江站
指导员姓名	陈継宁	〃	〃
站长姓名	施镜清	张云栋	张云奎
副站长（兼任或事任）姓名	曾也清	杨德钻	陈○龙
办事员姓名	王友锐	张鸿兴	刘佳璐
实有兵数	一	一	一
调乡（镇）保长详情	详情上门	全	全

干事姓名	林文宝	胡良武	陈淑如
司书姓名	郑昭文		
实有兵数	二		

人事任免动态：
安调干事张瑞璜因事辞职，以林文宝补之；调琳江站办事员胡良武补充；山前干事陈志旺因病请长假，以陈淑如递补之。

附注：如办事员调琳江站遗缺以张鸿兴补充之；琳江站办事员调升干事遗缺以刘佳璐补之。

九、经费

	本分处	各站
实领数	一五九〇	
实支数	一五二九〇	
经费总领数		一七一六〇
支配情形	支配情形	盈亏情形
经费总支数		一七一六〇

附注：上旬领四一二五，支出二二五，下旬领九五二元，支出二元，事业费九二元，办公费五二元不敷，由陈同志每月薪三百补之。

检讨及改进意见：
一、全分处驻地方七律散动，指（导）我各站各长加速征军收动甚大，拟仍依……
二、驻山前干事动员问题动志预备加速站……
三、各站每月办公费不敷，实际同志薪俸为数甚巨……

兼分处长王〇〇
副分处长陈〇〇
五月卅日造报

第三战区福建省福鼎县军民合作站指导分处三十三年度五月份工作报告表
(1944 年 6 月 3 日)b 面　G137-001-0002

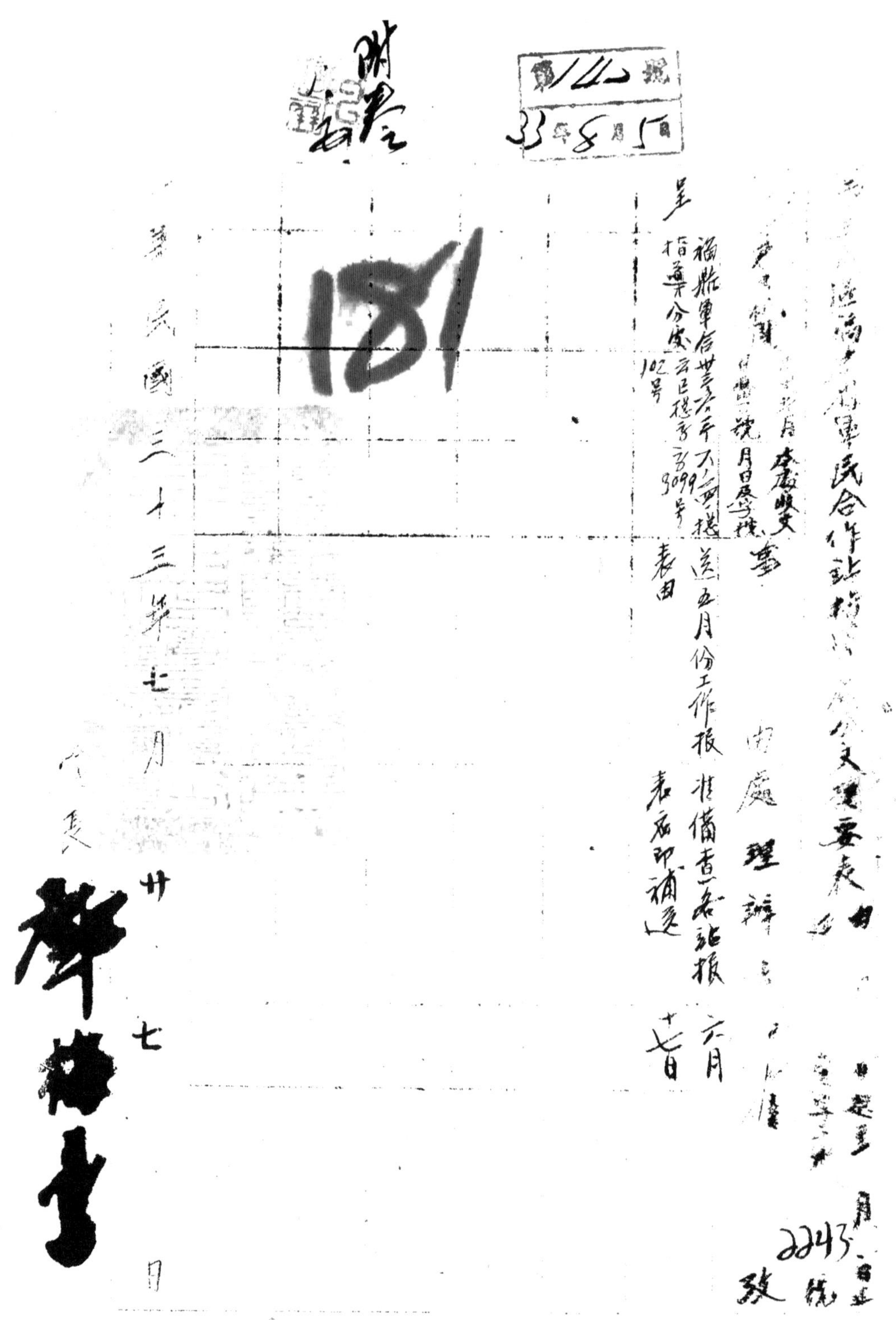
第142号
33年8月5日
附卷
181
第三战区福建省军民合作站指导处公文摘要表
来文机关 号数 月日及字号
事由
福鼎军合站卅三年六月□日摆字第3099号 指导分处 102号
呈送五月份工作报表由
拟办 准备查各站报表应即补送
六月十七日
中华民国三十三年七月廿七日

第三战区福建省军民合作站指导处公文摘要表　五月份工作报告表准备查各站报表应即补送

（1944年6月27日）　G137-001-0002

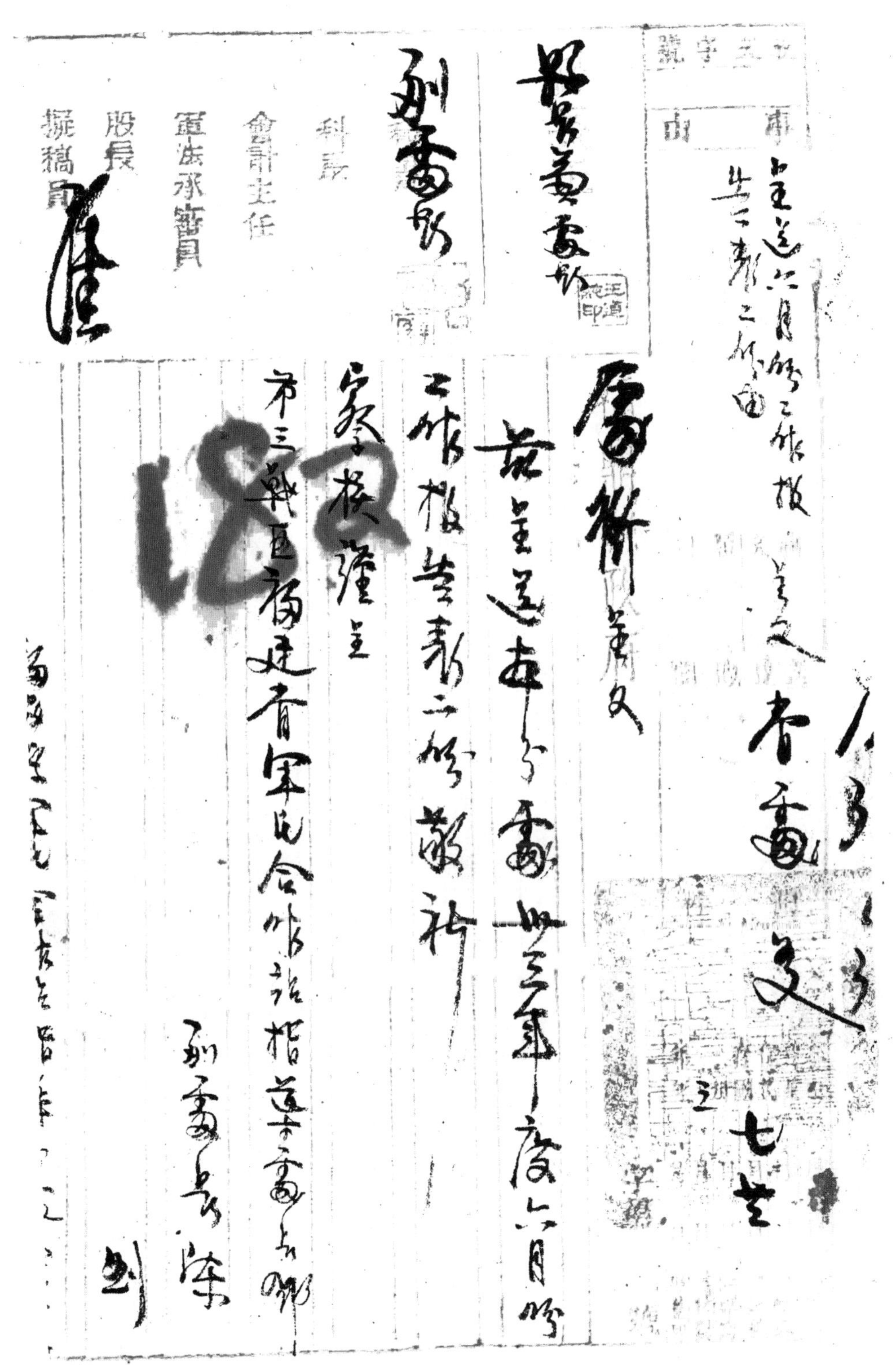

第三战区福建省福鼎县军民合作站指导分处关于报送六月份工作报告表的呈文

（1944年7月22日） G137-001-0002

第三战区福建省福鼎县军民合作站指导分处三十三年度六月份工作报告表

概述

时序入夏，天气日热，[illegible]……[illegible]

民伕及工具组织

常备民伕总数	无
常备民伕总数	五十八
预备民伕总数	十八
手车辆数	无
船舶只数	无
骡马匹数	无
担架副数	册
本年常备民伕缴纳给养总数	无
本年常备民伕支出给养总数	无
附注	

民伕及工具供应

供应民伕数	一一五
供应车总数	五十四(?)
供应船舶只数	[illegible]
供应骡马匹数	无
供应担架副数	无
经收伕费总数	二三〇〇〇
转发伕费总数	二三〇〇〇
附注	

常备民伕生产自给

基金总数	
生产类别	
生产量	
生产品处理情形	
附注	无

第三战区福建省福鼎县军民合作站指导分处三十三年度六月份工作报告表

(1944 年 7 月 22 日)a 面　G137-001-0002

供應品市價及產量調查

食糧：產量（包）、市價（元）；米產量（包）、市價（元）
油類：產量、市價
皮類：產量（斤）、市價（元）

詳全前月份此報告表

協助辦理副食供應及馬料徵購

供應副食馬料徵購：油（斤） 四七〇斤；豆（斤） 無；料豆（斤） 無；麥皮（斤） 無；乾草（斤） 無

購價款

繳收馬料款及支付副食及馬料價款數

免費供應

附註

部隊自給生產

番號

生產類別

生產量 無

協助部隊辦理情形

隊務

隊別

隊數

人數

隊長姓名

組訓情形 詳全前月份報告表

第三战区福建省福鼎县军民合作站指导分处三十三年度六月份工作报告表

(1944 年 7 月 22 日)b 面　G137-001-0002

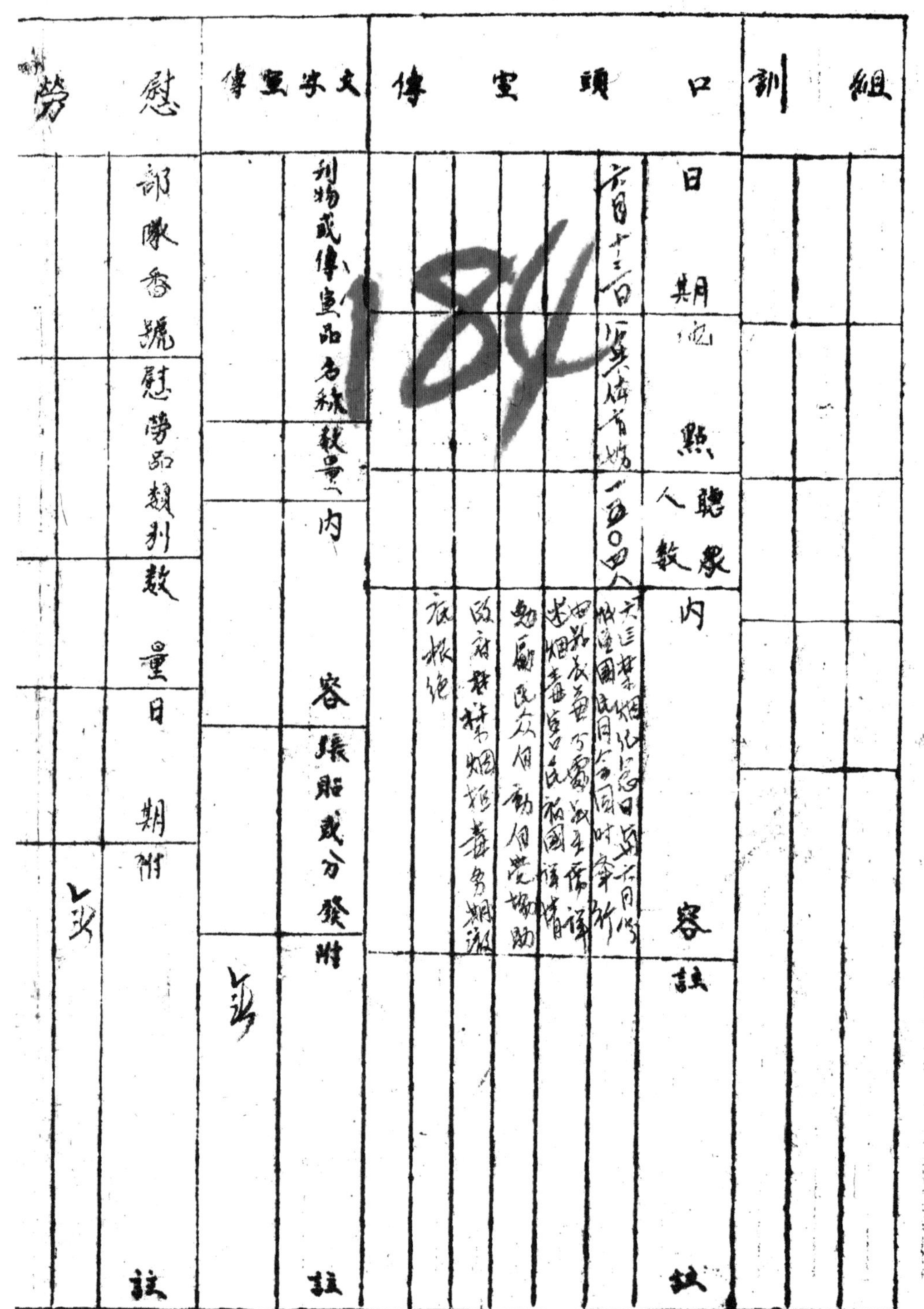

組訓	口頭宣傳				文字宣傳			慰勞				
	日期	地點	聽衆人數	內容	刊物或傳單品名稱數量	內容	張貼或分發	部隊番號	慰勞品類别數量	日期	附註	
	六月十二日	[illegible]	一五〇四人	六三禁烟紀念日及六月份國民月會同時舉行……烟毒害民禍國……動員民衆……禁烟……根絶								
	附註				附註			附註				

184

第三战区福建省福鼎县军民合作站指导分处三十三年度六月份工作报告表

(1944年7月22日)a面　G137-001-0002

發動中西醫及藥房協助辦理救護情形	辦理榮譽軍人及義民招待所情形	部隊慰問征屬
無	無	征屬姓名： 日期： 慰問經過： 附註： 無

第三战区福建省福鼎县军民合作站指导分处三十三年度六月份工作报告表

(1944 年 7 月 22 日)b 面　G137-001-0002

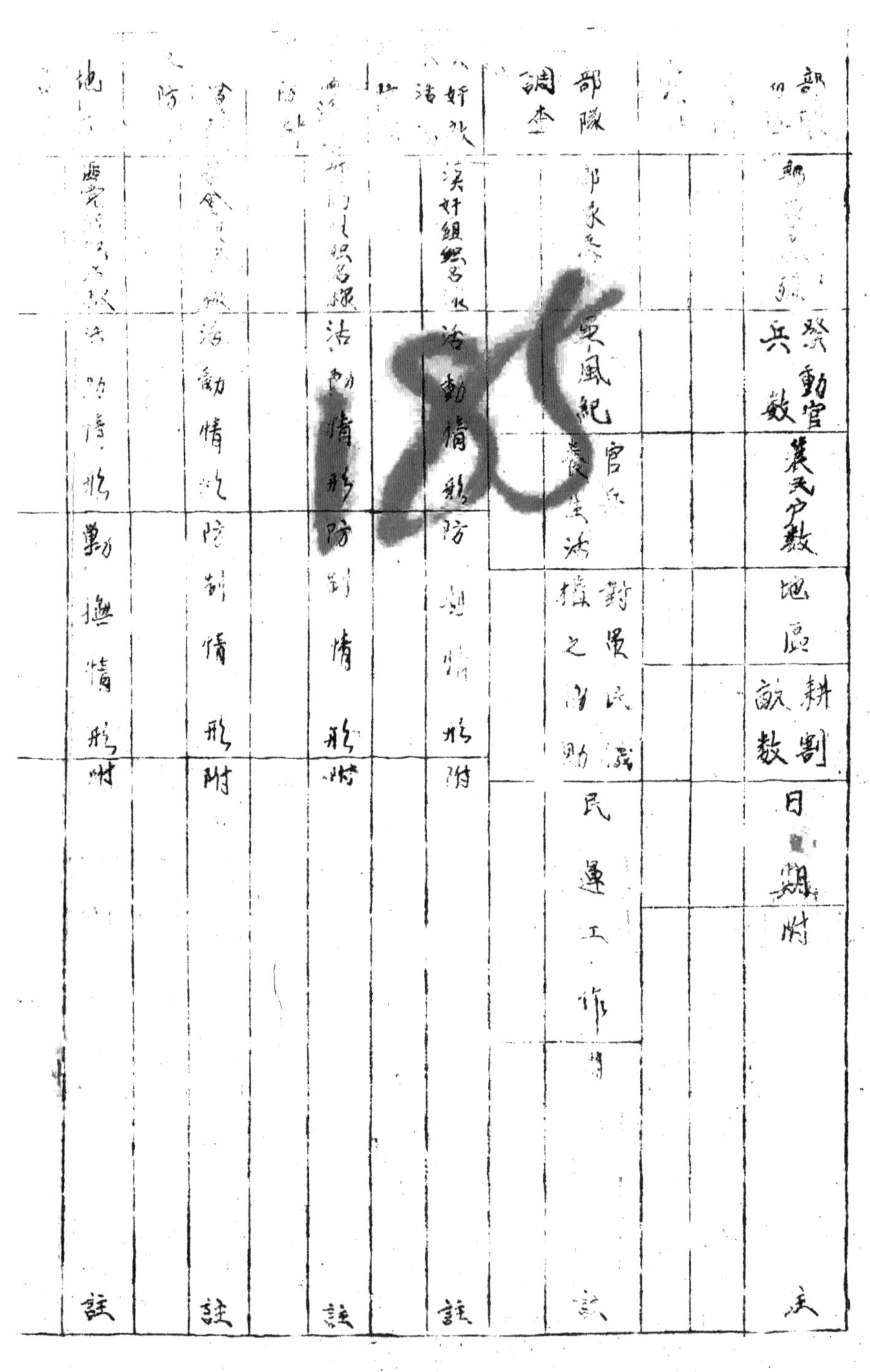

第三战区福建省福鼎县军民合作站指导分处三十三年度六月份工作报告表
(1944年7月22日)a面　G137-001-0002

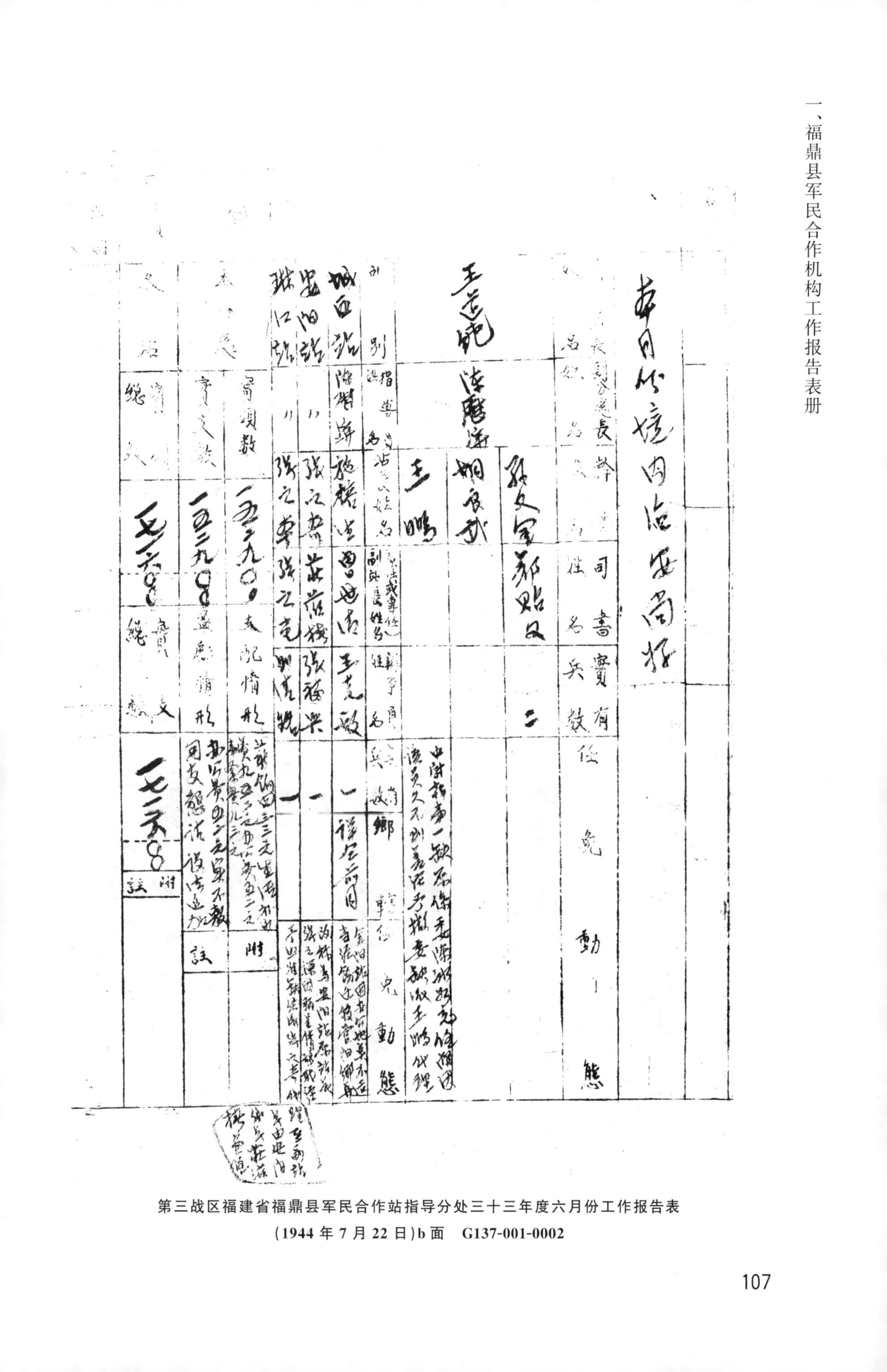

第三战区福建省福鼎县军民合作站指导分处三十三年度六月份工作报告表

（1944 年 7 月 22 日）b 面　G137-001-0002

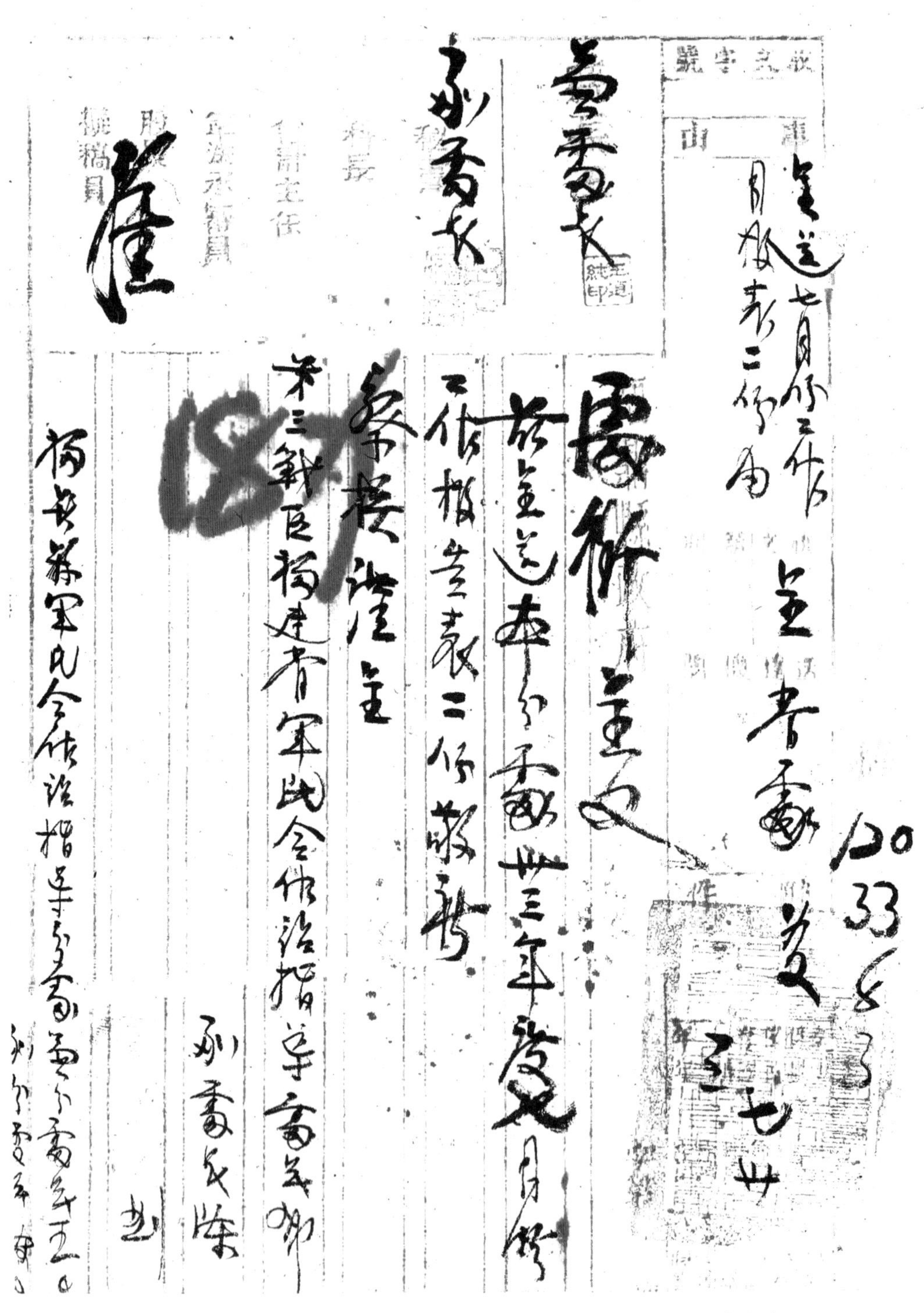

事由：呈送七月份工作报表二份由

茲呈送本分處卅三年度七月份工作報告表二份敬祈
鑒核
謹呈
第三戰區福建省軍民合作站指導處
處長陳

第三战区福建省福鼎县军民合作站指导分处关于报送七月份工作报告表的呈文

（1944年7月31日） G137-001-0002

第三戰區福建省福鼎縣軍民合作站指導分處卅三年度七月份工作報告表

第三战区福建省福鼎县军民合作站指导分处三十三年度七月份工作报告表

(1944年7月31日)a面　G137-001-0002

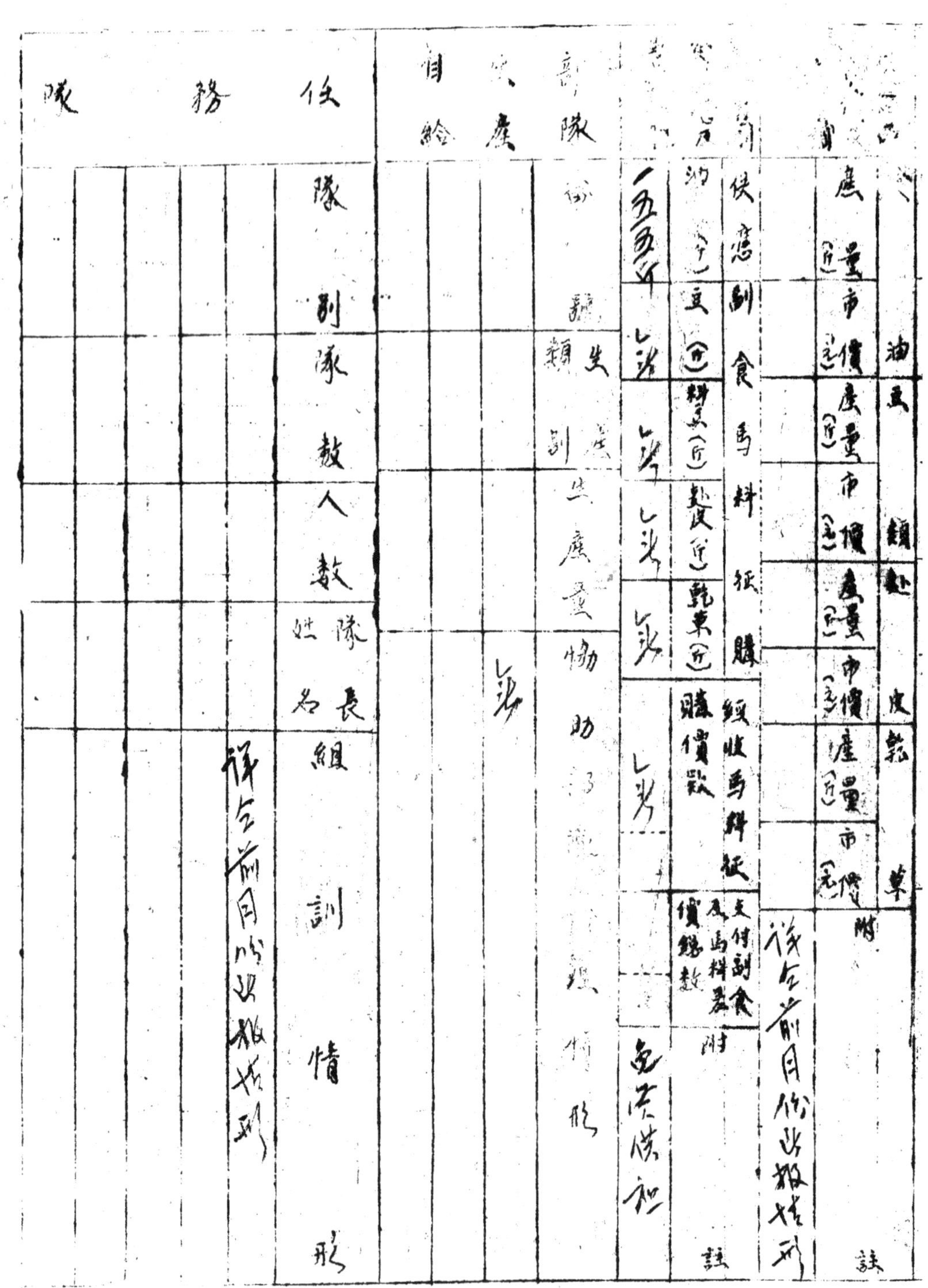

副队数人数	队长姓名	组训情形
		详在前月份呈报表形

自发给养 | 部队征购副食马料 | 免费供给

附注：详在前月份呈报表形

第三战区福建省福鼎县军民合作站指导分处三十三年度七月份工作报告表

（1944 年 7 月 31 日）b 面 G137-001-0002

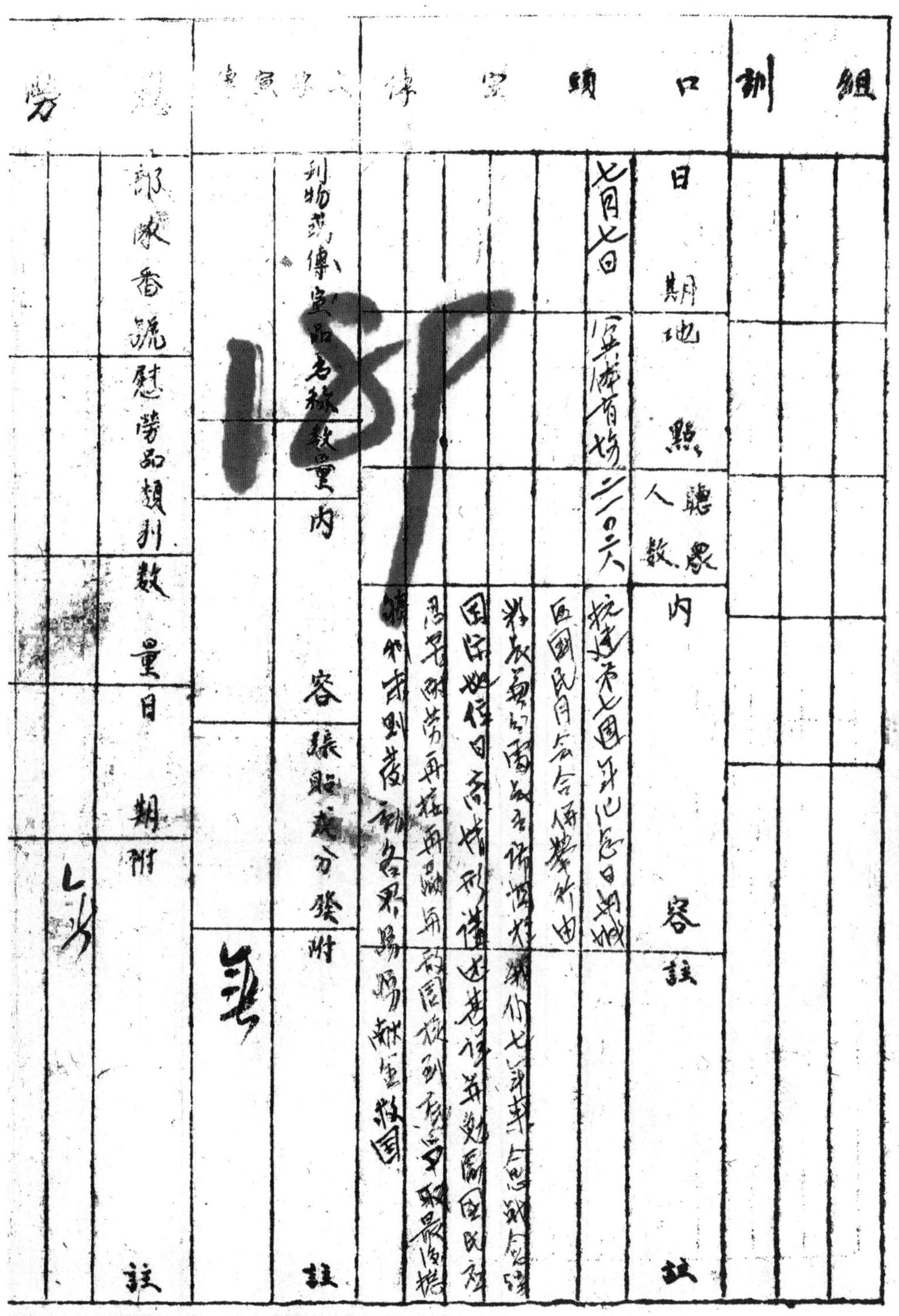

第三战区福建省福鼎县军民合作站指导分处三十三年度七月份工作报告表

(1944 年 7 月 31 日)a 面　G137-001-0002

部隊	慰問征募	辦理難民登記人及難民收容所情形	發動中西醫及藥房協助辦理救護情形
	軍属姓名 日期 慰問經過 附註 無	義民一批二百四十人於本月十七日由浙逃境[illegible]，本處即派員會同縣政府振濟會人員前往安撫招待，指定城郊居士寺供予住宿，並由振濟會撥出[illegible]款及白米[illegible]分給義民，生活不致[illegible]，於是[illegible]十九日[illegible]	[illegible] 無

第三战区福建省福鼎县军民合作站指导分处三十三年度七月份工作报告表

(1944年7月31日)b面 G137-001-0002

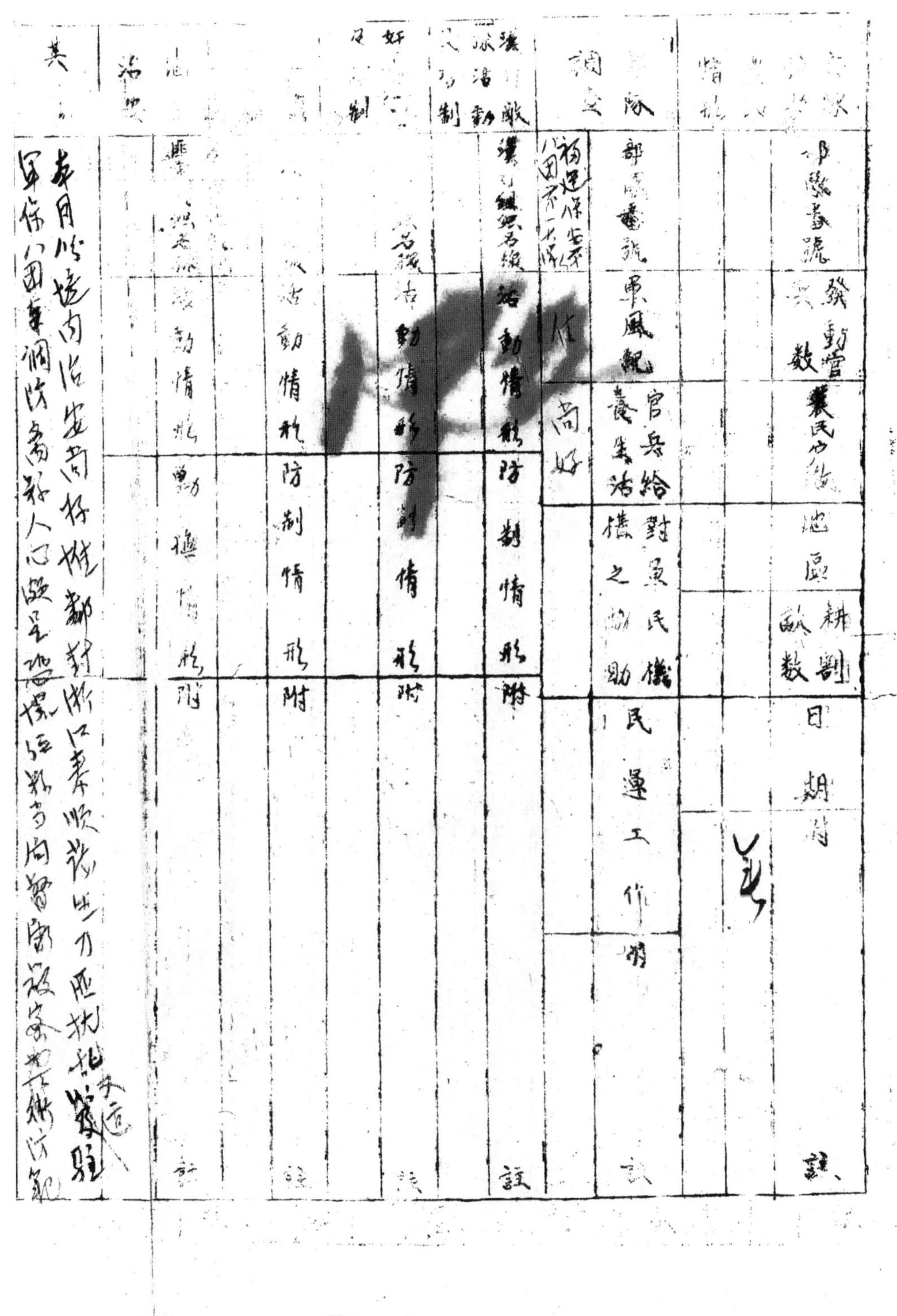

第三战区福建省福鼎县军民合作站指导分处三十三年度七月份工作报告表

(1944 年 7 月 31 日)a 面　G137-001-0002

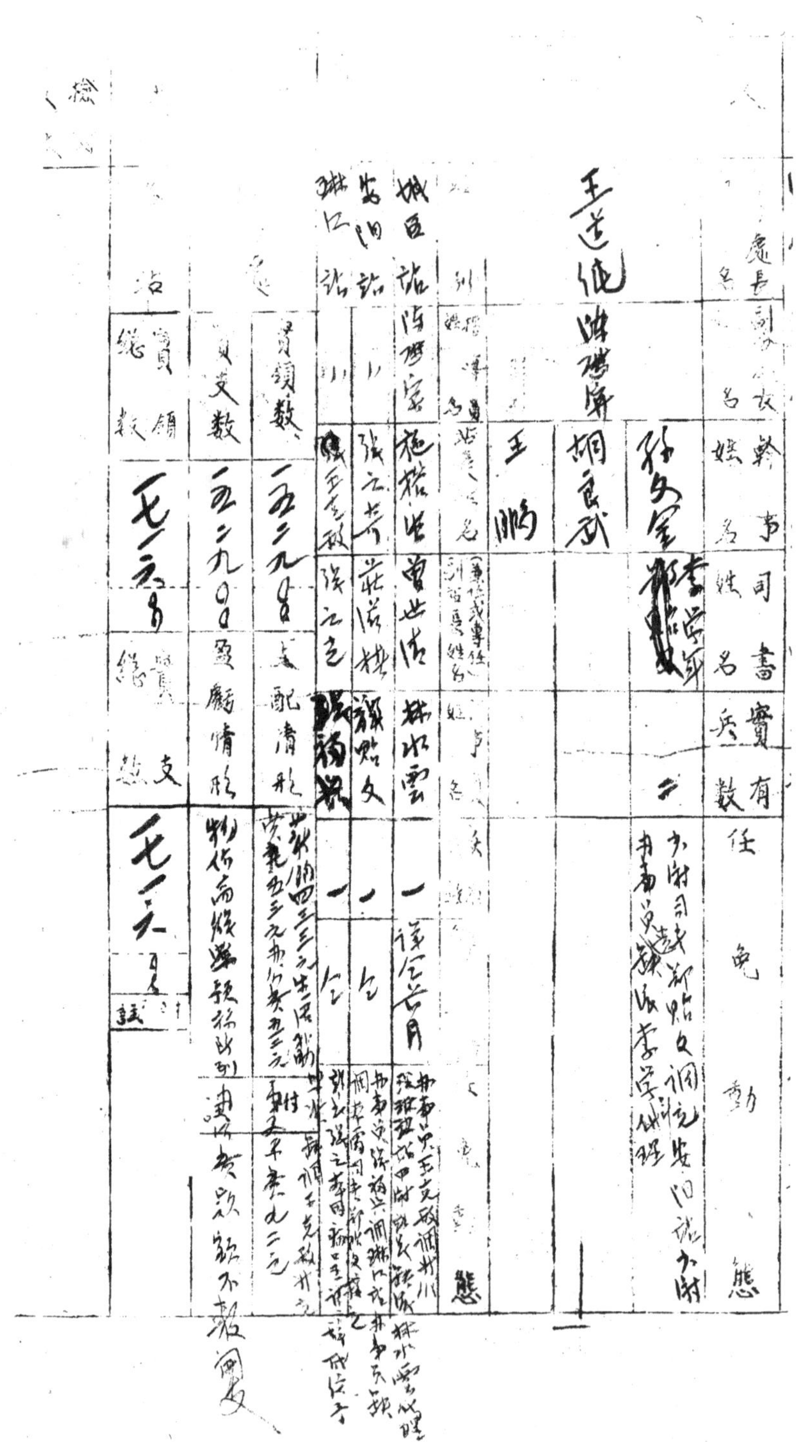

第三战区福建省福鼎县军民合作站指导分处三十三年度七月份工作报告表

(1944年7月31日)b面 G137-001-0002

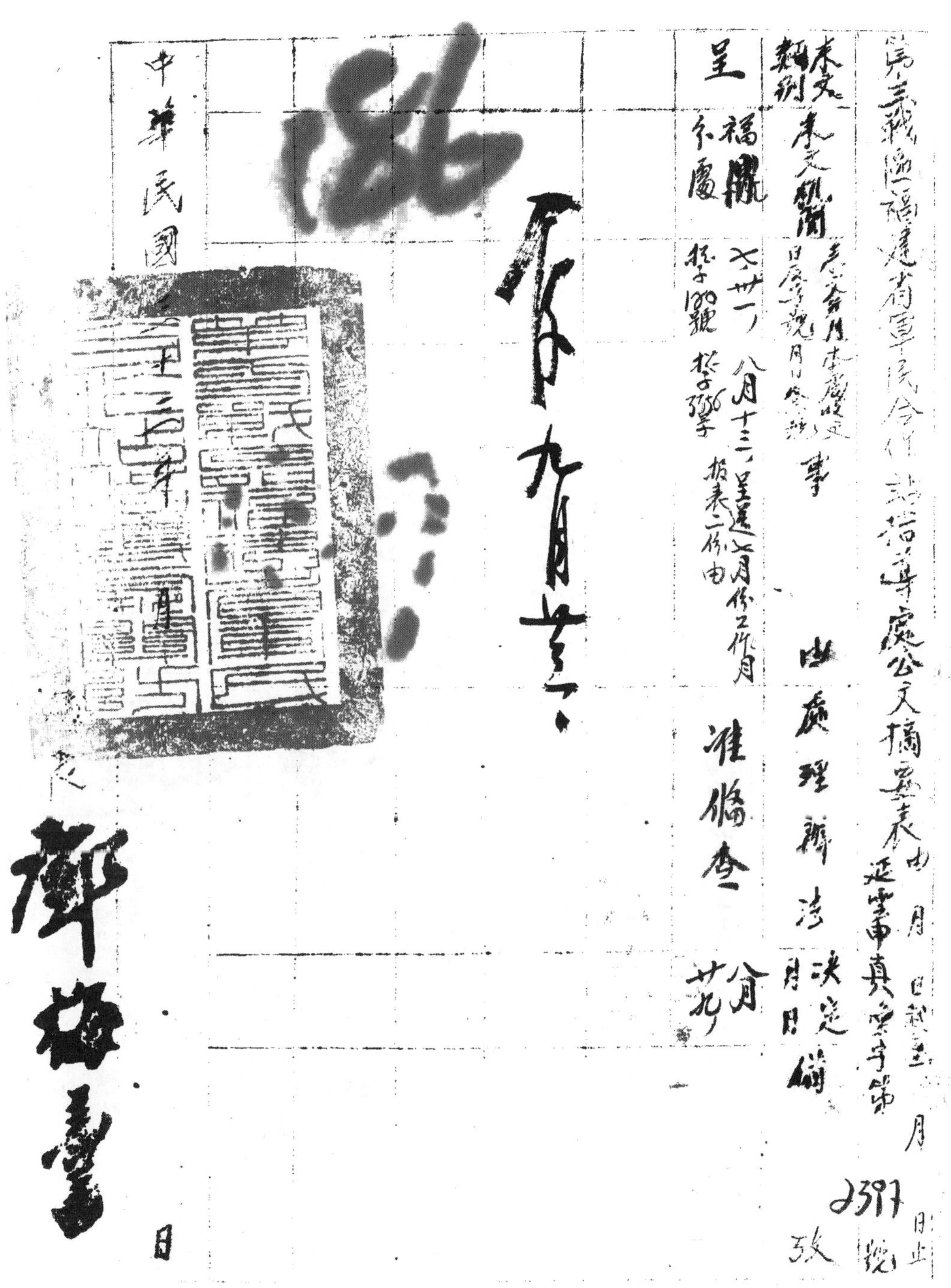

第三战区福建省军民合作站指导处公文摘要表

来文机关 福鼎分处

事由 呈送七月份工作月报表二份由

处理办法 准备查

八月廿九

中华民国三十三年 月 日

第三战区福建省军民合作站指导处公文摘要表　七月份工作报告表准备查

（1944 年 8 月 29 日）　G137-001-0002

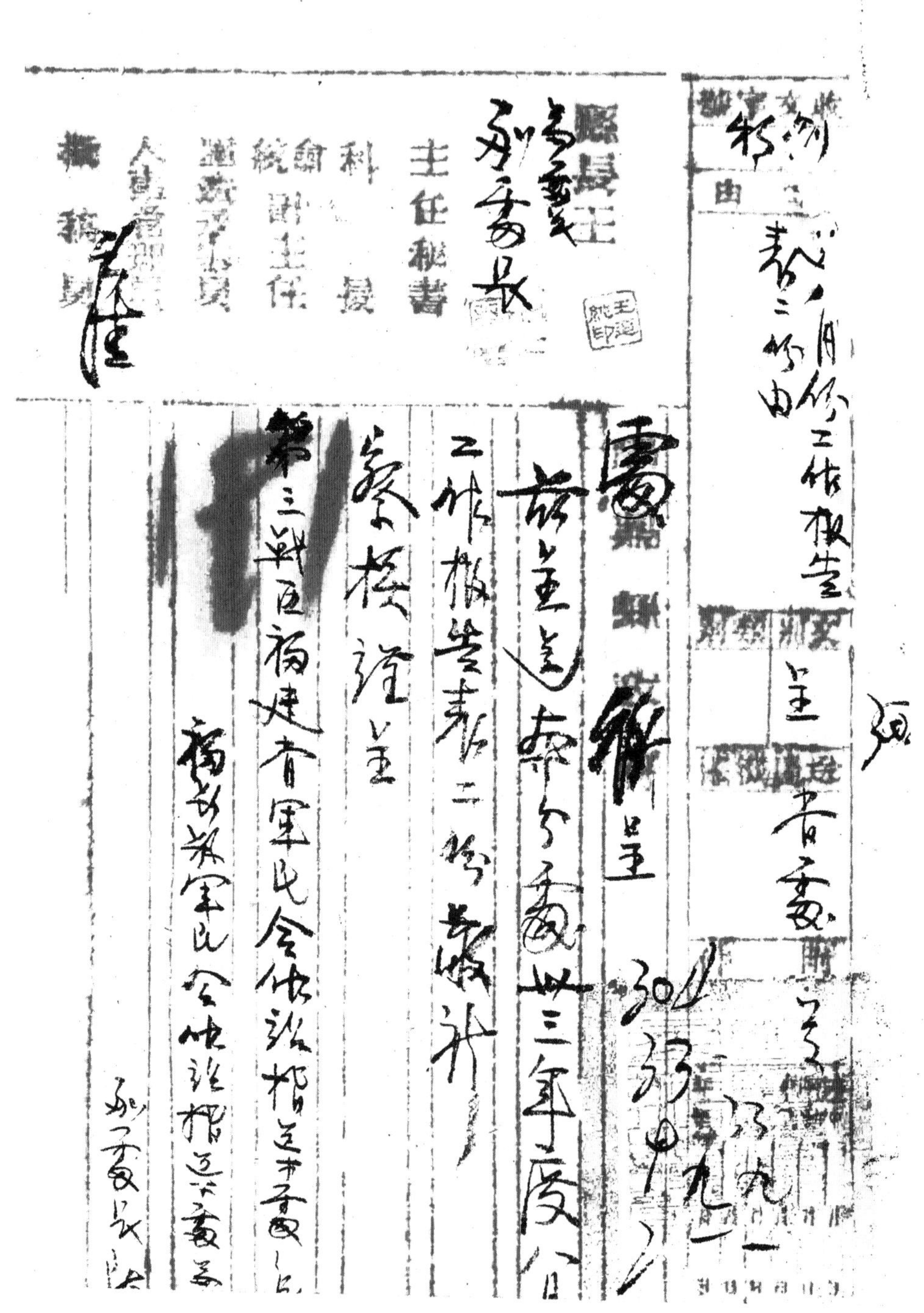

第三战区福建省福鼎县军民合作站指导分处关于报送八月份工作报告表的呈文

（1944 年 9 月 2 日）　G137-001-0002

福建省福鼎縣軍民合作站指導分處卅三年度八月份工作報告表

第三战区福建省福鼎县军民合作站指导分处三十三年度八月份工作报告表

(1944年9月2日)a面　G137-001-0002

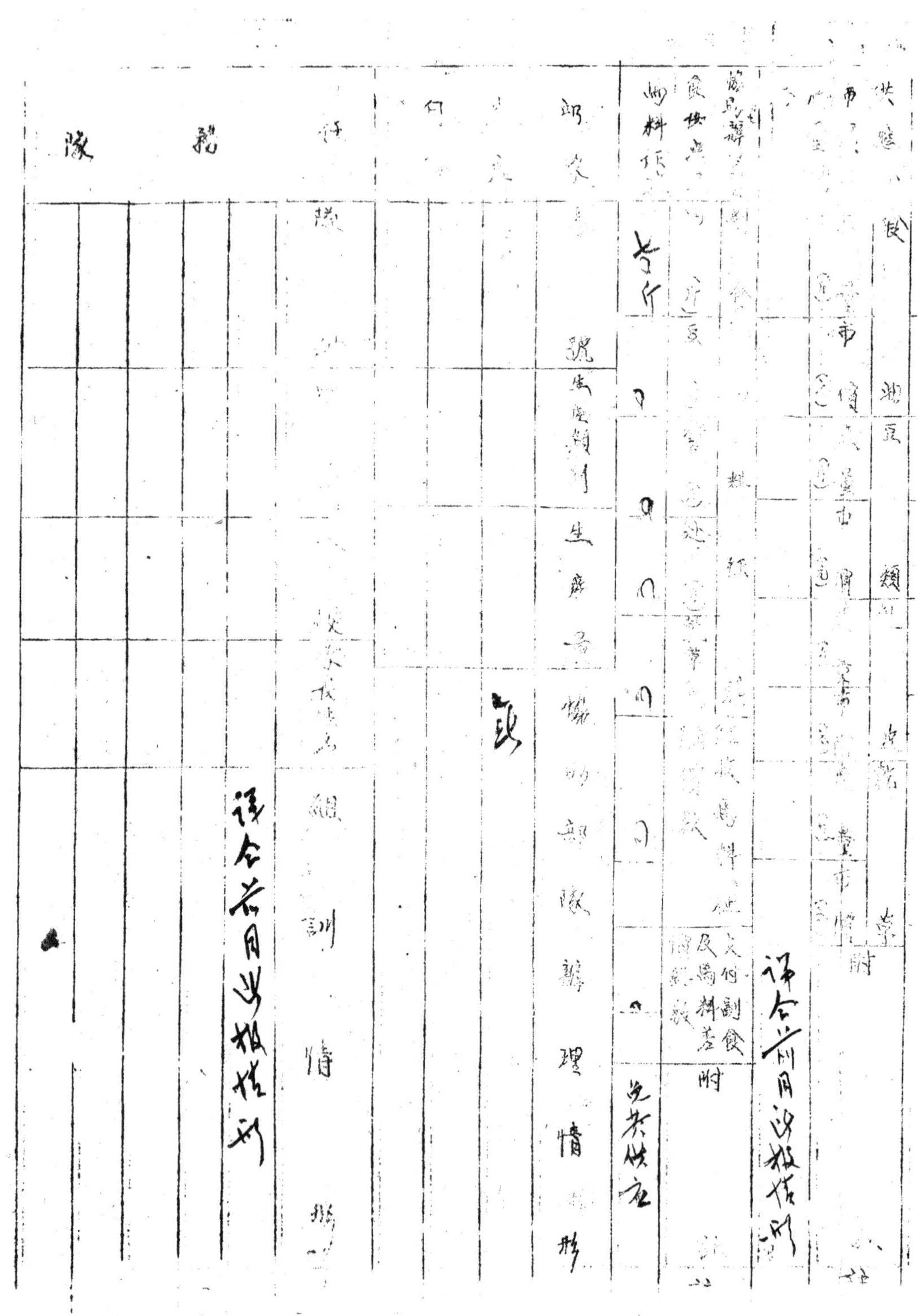

第三战区福建省福鼎县军民合作站指导分处三十三年度八月份工作报告表
(1944年9月2日)b面　G137-001-0002

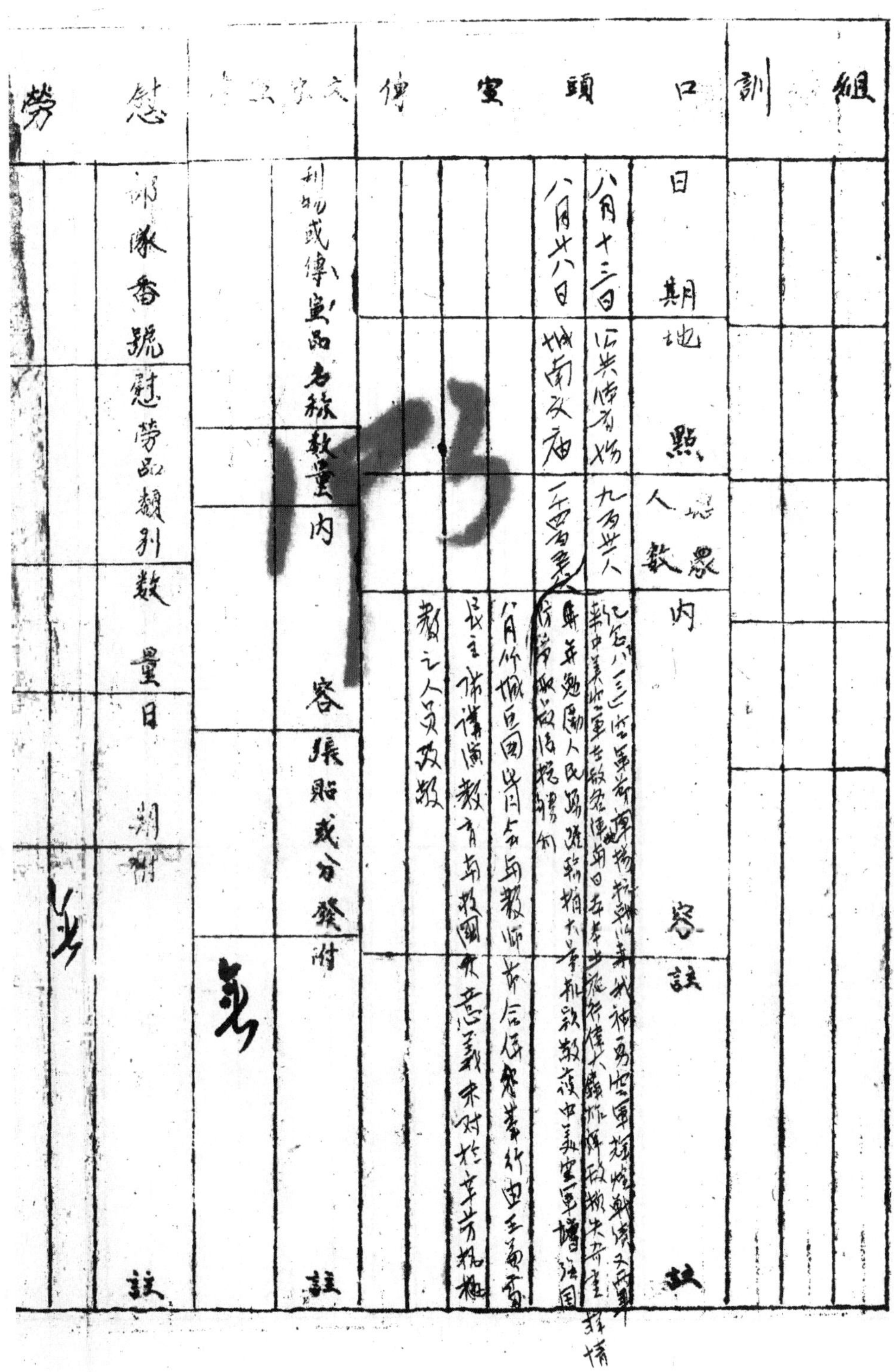

第三战区福建省福鼎县军民合作站指导分处三十三年度八月份工作报告表

(1944 年 9 月 2 日)a 面　G137-001-0002

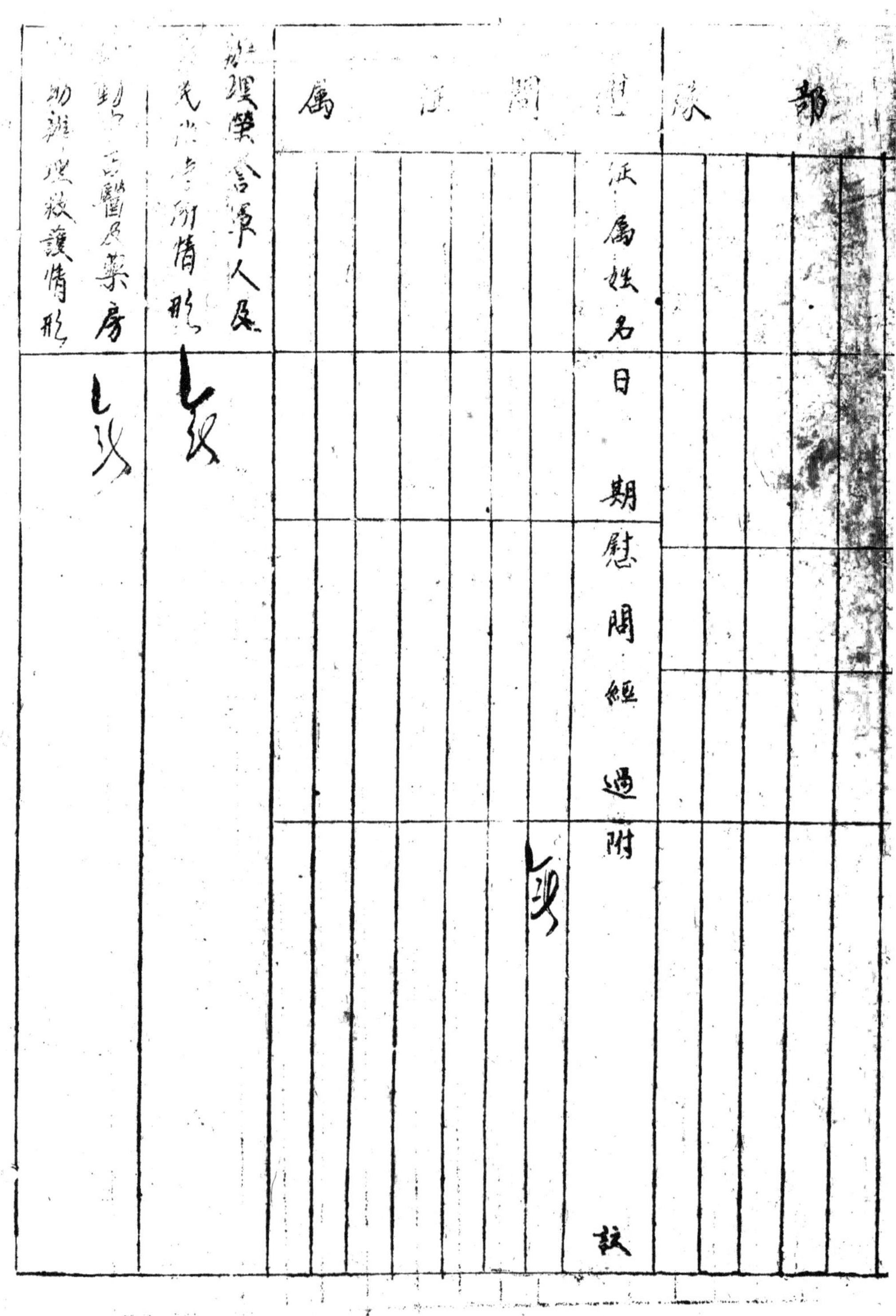
部队遗属慰问经过 / 抚恤遗属姓名日期慰问经过附注 / 办理荣誉军人及抗属情形 / 劝办医药房 / 协助救护情形 / 无 / 无 / 无

第三战区福建省福鼎县军民合作站指导分处三十三年度八月份工作报告表
(1944年9月2日)b面　G137-001-0002

部隊協助農民情形						
部隊番號	發動官兵數	農民戶數	地區	耕割畝數	日期	附註
	無					

部隊風紀查					
部隊番號	軍風紀	官兵養生活	對軍民儀禮之協助	民運工作	附註
無					

漢奸敵人活動防制			
漢奸組織名稱	活動情形	防制情形	附註

奸偽活動及防制			
偽組織名稱	活動情形	防制情形	附註

[illegible]活動及防制			
[illegible]組織名稱	活動情形	防制情形	附註

地方治安			
匪光組織名稱	活動情形	剿撫情形	附註

其他
本月份境內治安尚好

第三战区福建省福鼎县军民合作站指导分处三十三年度八月份工作报告表

(1944 年 9 月 2 日)a 面　G137-001-0002

人					
兼分處長姓名	副分處長姓名	幹事姓名			司書姓名
王道純	陳徵屏	孫文金	胡長武	王鵬	李學年
實有兵數					
二					

站別	指導員姓名	站長姓名	副站長（兼任或由副站長代）姓名	辦事員姓名	實有兵數	鄉轄	任免動態
城區站	陳徵屏	施樸生	曾世青	陳孔様	一	桐山、王城、秦屿、硤門、前岐、沙埕、點頭、八都鎮	新委林孝□、林□□因病辭職，以陳孔様補充
安陽站	〃	孫元壽	莊洛根	鄭賜友	一	安陽、金陽、店下、前三都鎮	
琳口站	〃	王連發	張元光	張福興	一	琳口、前嶼、貫嶺、點三都鎮	

分處			站
實領數	實支數		總實領數
一五九〇〇	一五二九〇〇		一七一六〇〇
支配情形	盈虧情形		總實支數
薪餉四三三元、生活補助費九五三元、辦公費五二元、雜支九一元	本任官兵待遇，前現共因□□低，物價高，任佐待遇相差甚大，擬請□□□□設法調整		一七一六〇〇
附	備注		附註
	經常費時領時支，以致入不敷出		

第三战区福建省福鼎县军民合作站指导分处三十三年度八月份工作报告表

(1944年9月2日)b面　G137-001-0002

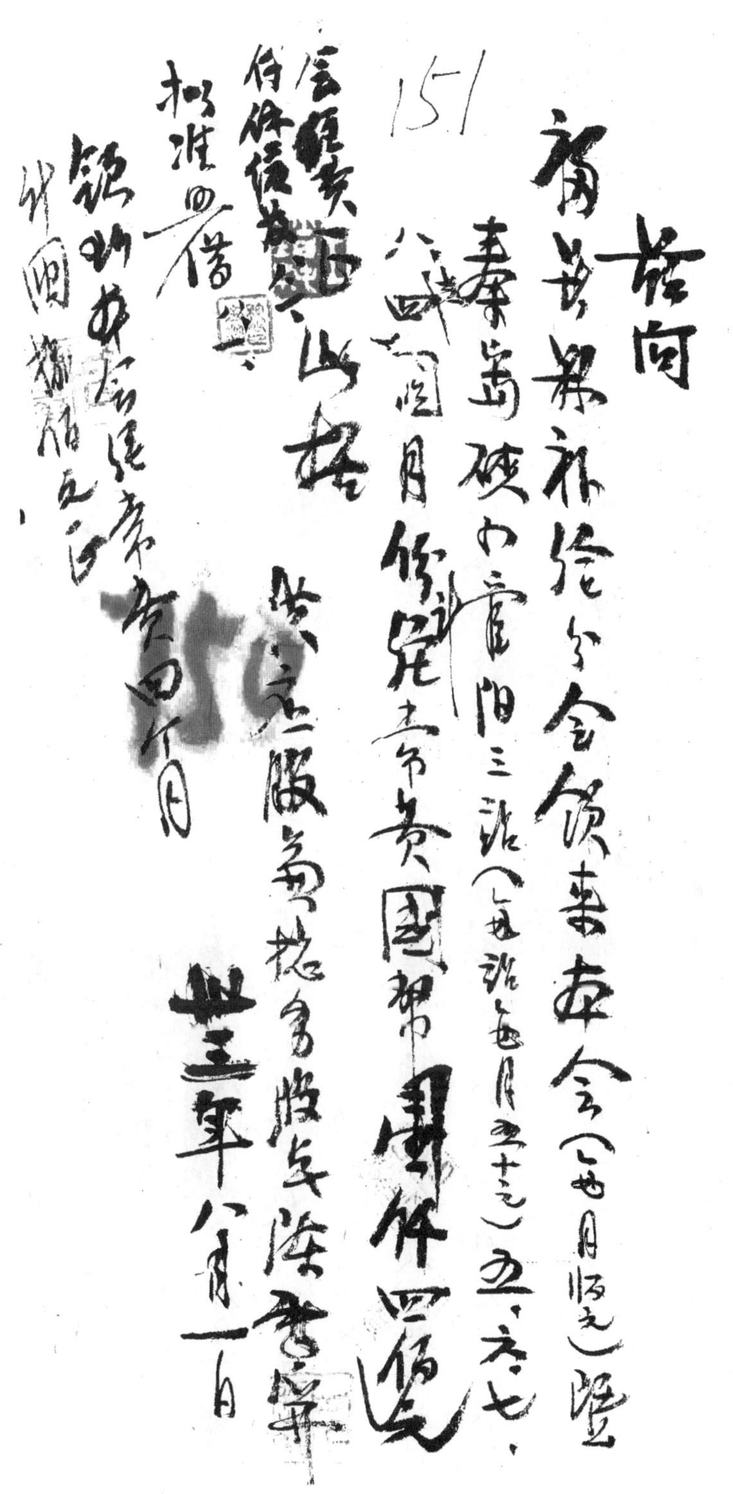

福鼎县补给分会供应股领来本会秦屿、硖门、管阳三站五至八月经常费的领据

（1944 年 8 月 1 日）　G137-001-0002

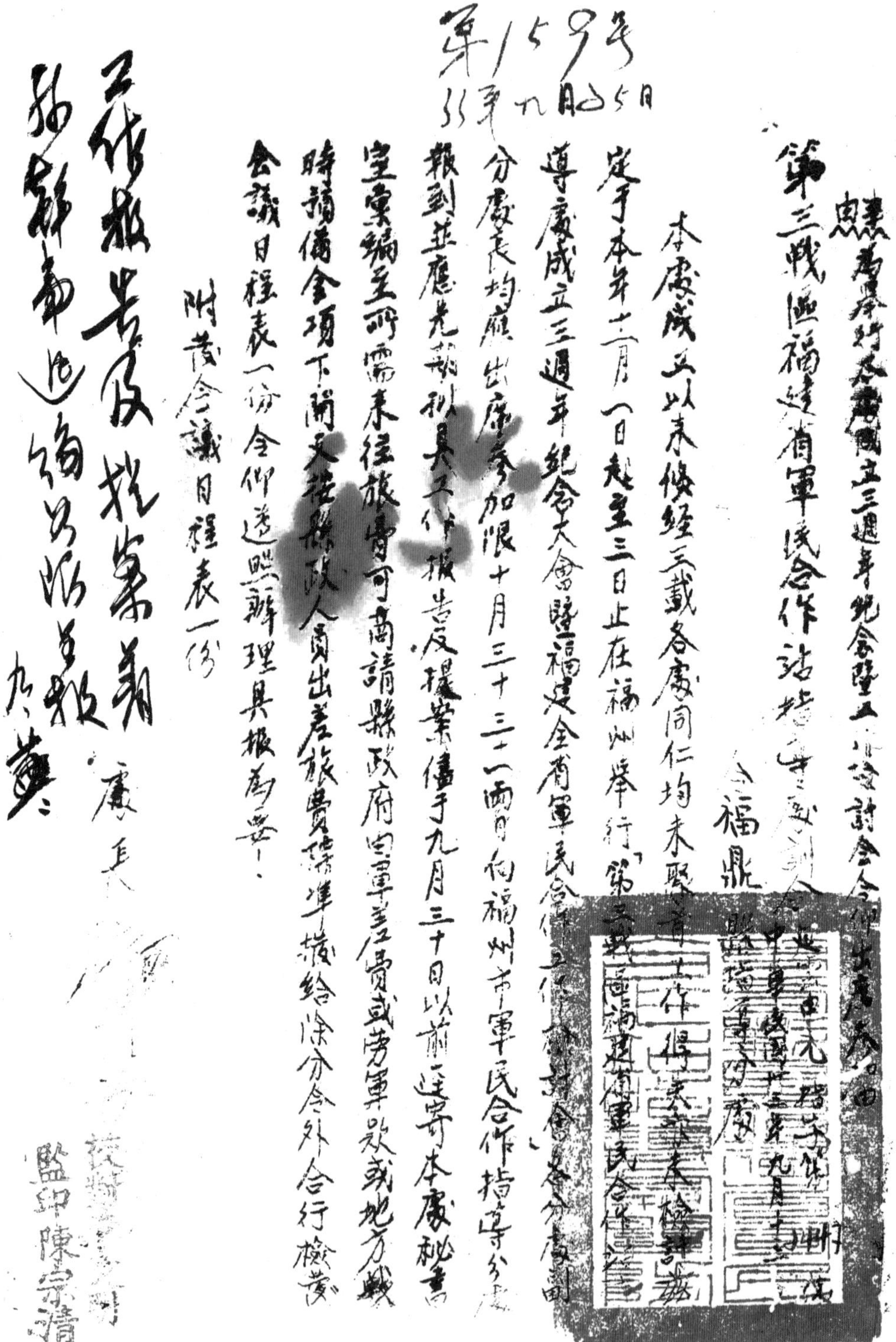

第159号
33年九月25日

事由：為本處成立三週年紀念暨工作檢討會令仰出席參加由

第三戰區福建省軍民合作站指導處訓令

令福鼎縣指導分處

本處成立以來倏經三載，各處同仁均未聚首，工作得失，亟應檢討。茲定于本年十二月一日起至三日止在福州舉行第三戰區福建省軍民合作站指導處成立三週年紀念大會暨福建全省軍民合作工作檢討會，各分處副分處長均應出席參加，限十月三十一日以前向福州市軍民合作指導分處報到，並應先擬列具工作報告及提案，儘于九月三十日以前送寄本處秘書室彙編。至所需來往旅費，可商請縣政府由軍差費或勞軍款或地方戰時籌備金項下開支，於縣政人員出差旅費標準撥給，除分令外，合行檢發會議日程表一份，令仰遵照辦理具報為要！

附發會議日程表一份

處長

中華民國卅三年九月十三日

監印陳宗清

第三战区福建省军民合作站指导处关于举行本处成立三周年纪念暨工作检讨会的训令

（1944年9月13日） G137-001-0001

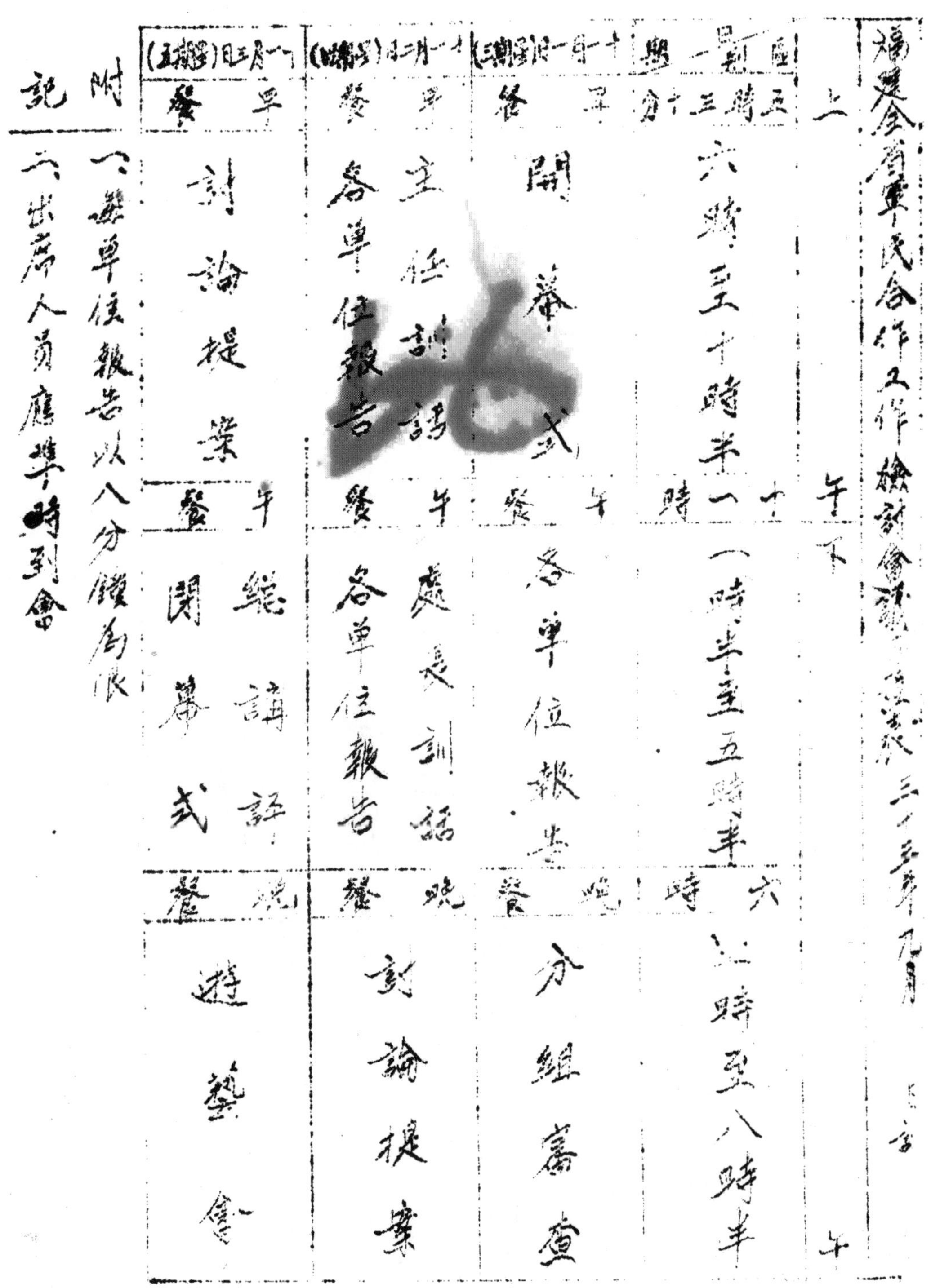

福建全省軍民合作工作檢討會議日程表　三十三年九月　訂

日期／星期	十一月一日(星期三)	十一月二日(星期四)	十一月三日(星期五)
五時三十分	早餐	早餐	早餐
上午　六時至十一時半	開幕式	主任訓話 各單位報告	討論提案
十二時	午餐	午餐	午餐
下午　一時半至五時半	各單位報告	處長訓話 各單位報告	總講評 閉幕式
六時	晚餐	晚餐	晚餐
午　七時至八時半	分組審查	討論提案	遊藝會

附記：
一、各單位報告以八分鐘爲限
二、出席人員應準時到會

福建全省军民合作工作检讨会议日程表(三十三年九月订)
(1944年9月13日)a面　G137-001-0001

參加會議各分處應注意要點：

一、各單位工作除口頭報告外，並須文書面報告。

二、工作報告力求簡切實，內容應包括：(一)處務概況 (二)工作實施(有數字者應詳細列舉) (三)對本縣(市)處務改進意見。

三、每一提案應分：(一)案由 (二)理由 (三)辦法 三項。

四、工作報告及提案限十月三日以前送寄本處秘書室彙編，並以郵戳為憑。

五、出席人員須全副武裝整齊，佩戴符號，不得隨着便服。

六、各縣分處長應親自出席，(但主任者不在此例)在會期內膳宿由本處招待，如有隨帶勤務，其膳宿自費。

福建全省军民合作工作检讨会议日程表(三十三年九月订)

(1944 年 9 月 13 日)b 面　G137-001-0001

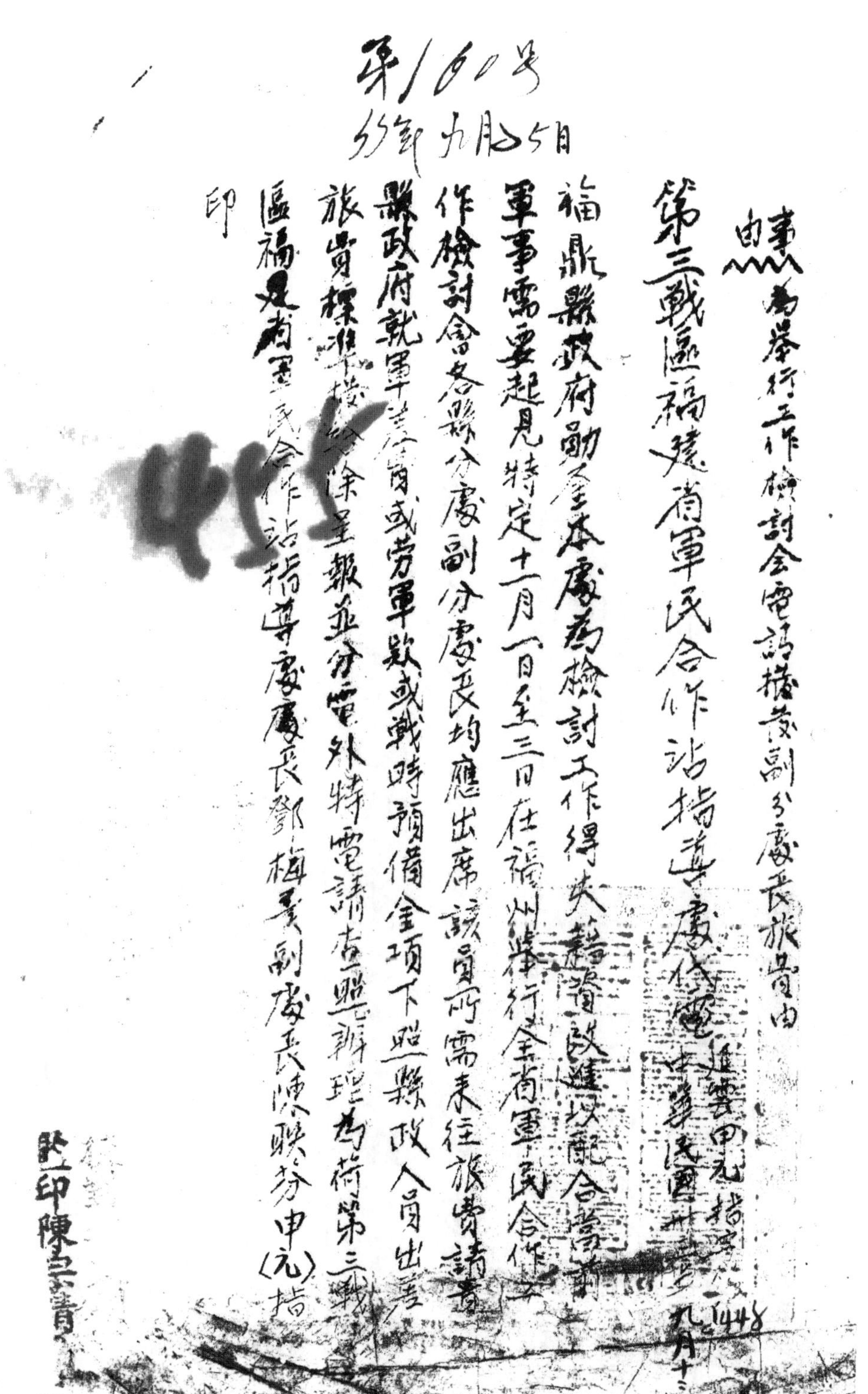

第三战区福建省军民合作站指导处关于举行工作检讨会电请拨发副分处长旅费的代电

（1944 年 9 月 13 日）　G137-001-0005

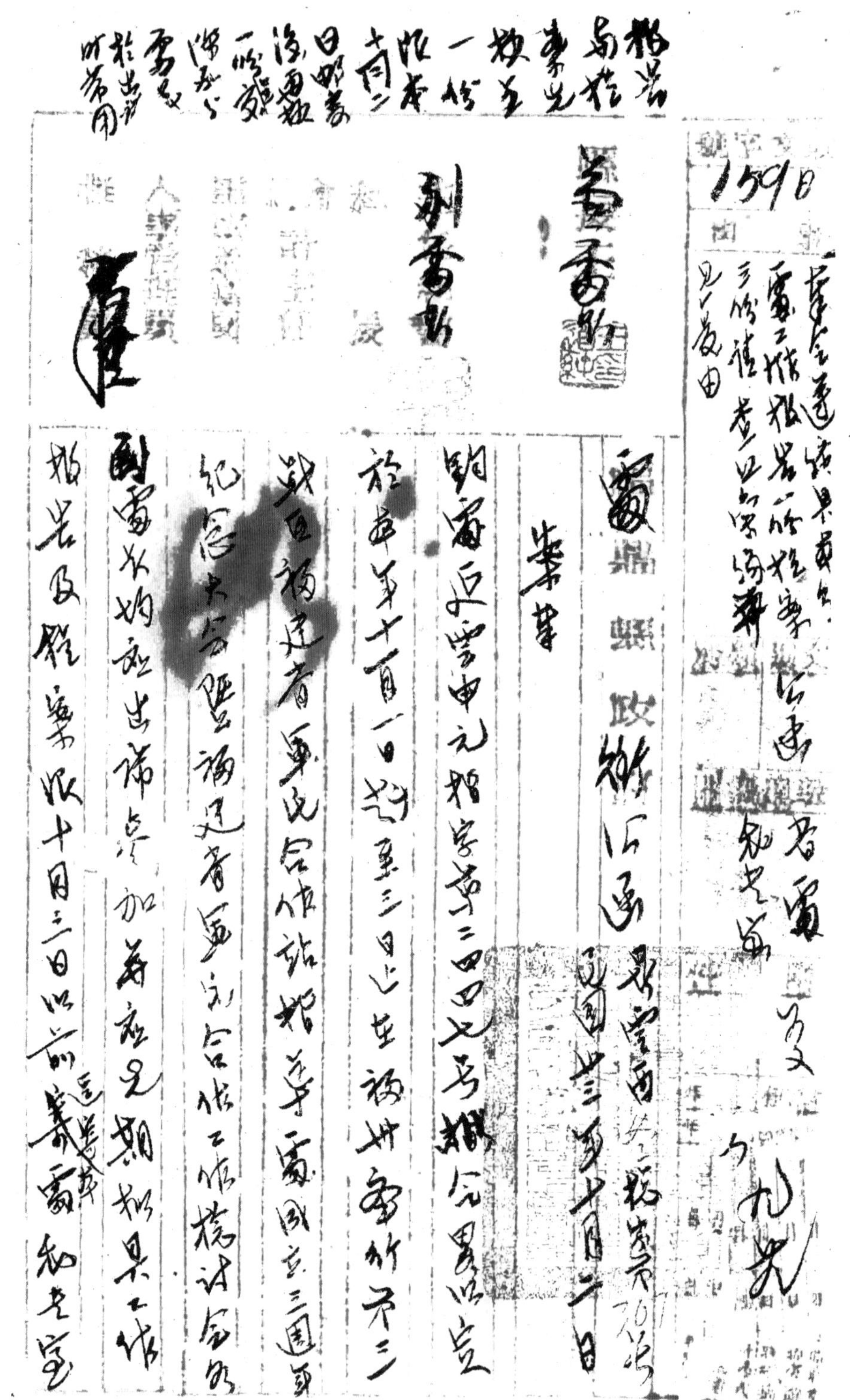

第三战区福建省福鼎县军民合作站指导分处关于奉令编具福鼎分处工作报告及提案的公函

（1944年10月2日）　G137-001-0001

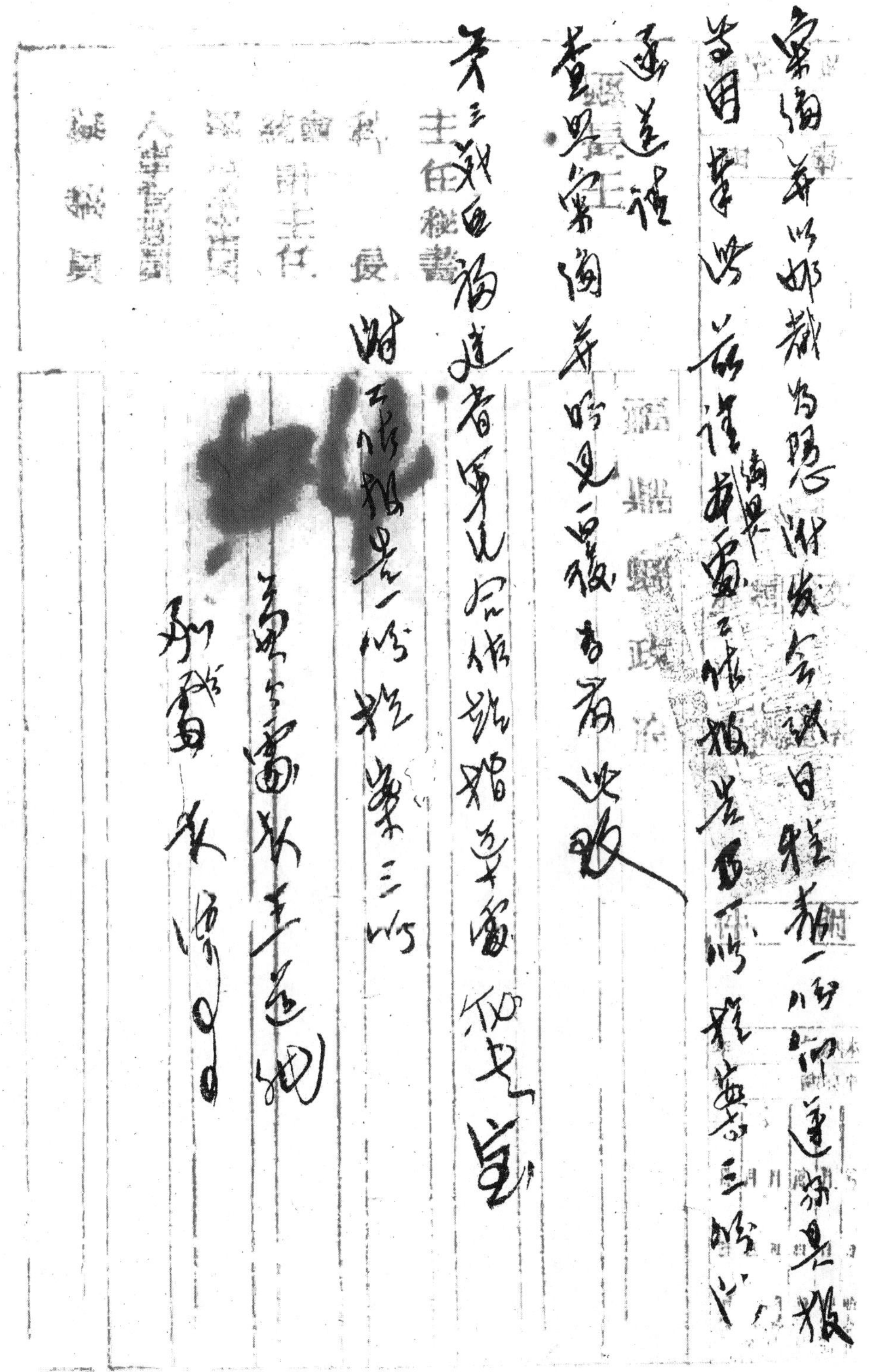

第三战区福建省福鼎县军民合作站指导分处关于奉令编具福鼎分处工作报告及提案的公函

（1944 年 10 月 2 日） G137-001-0001

第三战区福建省福鼎县军民合作站指导分处工作报告

一、分处组织概况

(一)本分处成立于卅年十二月一日，初称经集合调整，至卅二年四月间，奉令改隶为第三战区福建省福鼎县军民合作站指导分处，现有编制人事，依照颁卅三年度县分处编制人数，以现任县长兼任分处长，并由县参议会陈碧峰为副分处长，其余干事等工作人员，均已照规定人数，由县府职员派代，并报省委备查。

(二)本县划桐山(城区)、管阳(安阳)、耕口里八个分处，均是

第三战区福建省福鼎县军民合作站指导分处工作报告

(1944 年 10 月 2 日)a 面　G137-001-0001

闽浙交通必经之道，兹遵照战区军民合作站设立办法之规定，于卅一年一月间，先后在该县设立军民合作站计四站，嗣因贯岭站业务清闲，并呈准于卅二年二月间将贯岭站裁撤，所有业务併入桐山站办理。本年因乡镇调整调整，各站名称，亦随之更改，现在全县计设有城区、安阳、瑞江等三个军民合作站，各站人事，均已照编制人员，由新县长委派，并经报省核备。

乙、工作实施

（一）人事 本处暨所属各站站长以下员工

第三战区福建省福鼎县军民合作站指导分处工作报告

（1944 年 10 月 2 日）b 面　G137-001-0001

作人员，于任用时，均先由正副分队长，严格考核，任用后，队随时严加留意并切实负责工作外，并利用余暇工作人员来处，或正副处长出巡时，本分处个别谈话，以严格考询，并指示工作改进方法，解答业务上所发之疑问，并督促工作人员，应随时努力进修，增进学识智能，以求人事健全。

（二）本分处工作检讨会：本处于每月月终，利用余暇工作人员来处，请领食米经费时，即本分处工作检讨座谈会，对于工作之得失，详加研讨，力求改进，上下联系，益见密切。

（三）健全任务编组之组织：关于任务编组，组织益臻健全。

第三战区福建省福鼎县军民合作站指导分处工作报告

（1944年10月2日）a面 G137-001-0001

前分站工作发展、调整强大、并需经运照省令、计组织有民运输伕队十八队、人数九百人、救护队、侦察、向导、慰劳、挑担、担架等队各十八队、人数共三千六百四十八。最近并根据民伕队组训办法、拟暂组常备民伕一分队、分驻各站担任运输军运任务、另集合组织战时任务大队、经验各乡镇、先择壮丁参加报造、候令编队使用。至各种任务队之训练、适宜并需已商请国民兵团以敌防各级常备队切实训练、并派员会同团部指导员、下乡实地检验、务期运用灵活确能担任任务为目的。

第三战区福建省福鼎县军民合作站指导分处工作报告
(1944年10月2日)b面 G137-001-0001

四、促进党政联系：本处对於党政军各机关，推行各种要政，均随时留意，尽可能力协助办理，而各机关对於驻军或游杂有不良军风纪行为发生，此後军民合作，於行政违事项，亦随时通知本处办理，设法纠正。

（五）加强军民精神合作

（子）国民月会：本处派员指导各乡保处所国民月会，均按时派员参加主持，并於事前劝导军民踊跃参加斯会，对於军民合作意义与必要性，又加详讲，使军民合作性质，有以推高。

第三战区福建省福鼎县军民合作站指导分处工作报告
（1944年10月2日）a面 G137-001-0001

（五）参加新兵入伍欢送大会：本处每于新兵入伍时，即会同国民兵团，召开欢送大会，此项计有二次，由以本年五月间，本县智识青年中学学生，参加远征军，本处于事前，发动各界捐募慰劳物品，计脸盆面巾药品等三百余件，于欢送大会时，当场分赠各壮士，并赠纪念旗，大会一天，情况热烈，给远征壮士，兴奋异常，爽快出伍。

（六）慰问征属：本处于每年古历年关，即趁节日，派员协同各联保及村派员，分赴各保，实

第三战区福建省福鼎县军民合作站指导分处工作报告

(1944年10月2日)b面　G137-001-0001

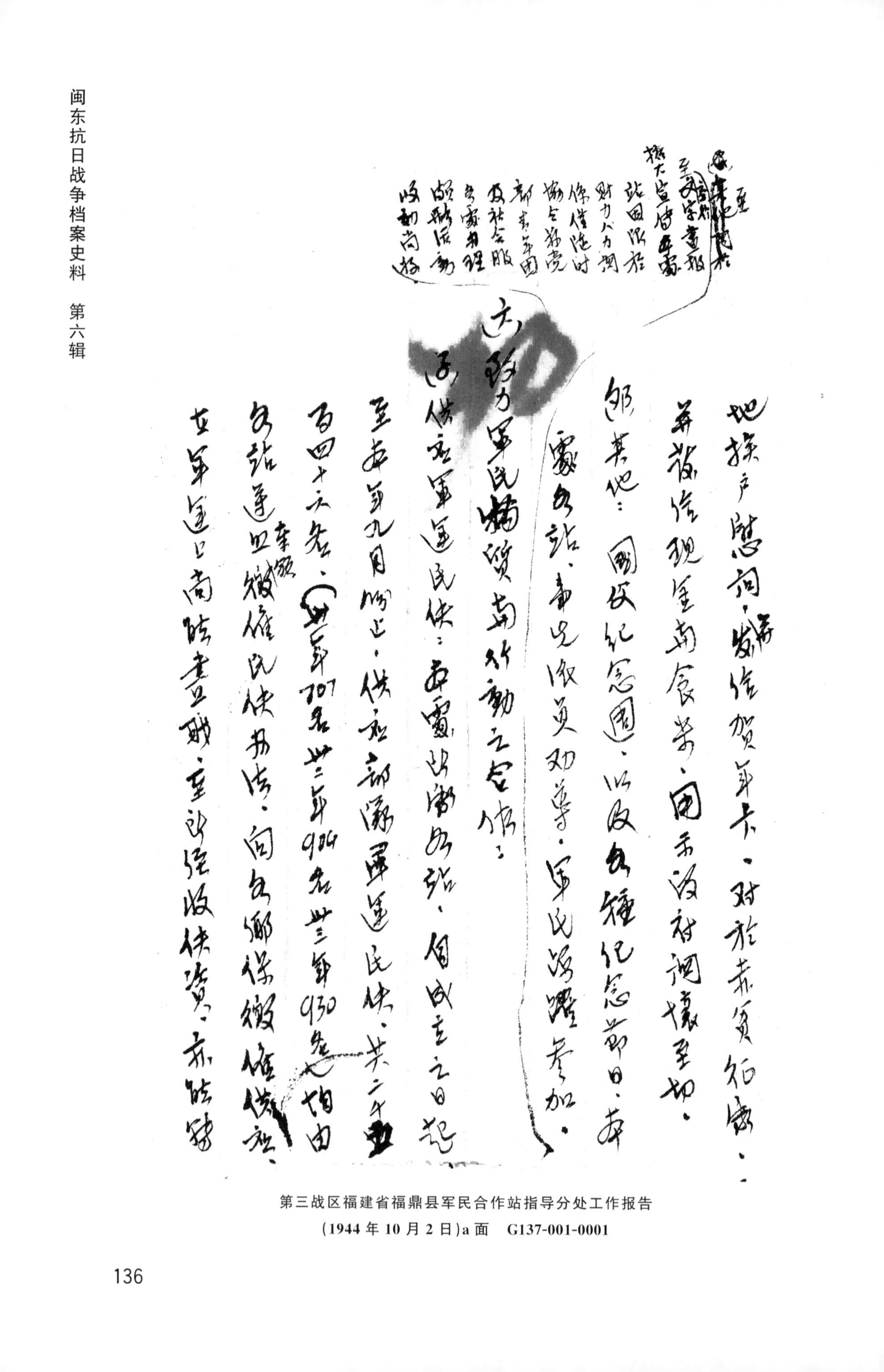

第三战区福建省福鼎县军民合作站指导分处工作报告

(1944年10月2日)a面　G137-001-0001

發述楚、惟卅三年八月廿八日移至第三十團第十二團先遣、由寧德開起程、途經本縣、強向本縣城區站徵僱派民夫十二名、概不照章、發給伙資、異蒙受損失甚巨、誠屬遺憾之事。

（四）協助供應部隊副食、本縣供應部隊副食實物、本年係自本年一月份起開始供應、計供應食油九百卅二斤、燃料二萬七千四百斤左右、均係按照本縣政府統購價供應、并已依法報省核備。

（五）代部隊借用民物：本處所屬各站三年來代

第三战区福建省福鼎县军民合作站指导分处工作报告

(1944 年 10 月 2 日)b 面　G137-001-0001

驻福援兵、后勤及临时过境部队，向民间借用物
品，计棉被六百卅二床，草席四百五十二条，床板
二百六十付，桌一百五十二张，椅二百十二张，锅卅口，[illegible]
共四十个，水桶[illegible]担，水[illegible]桶廿九个，锄头[illegible]
廿五支，镰刀十六把，柴刀火钳各十九支，惟查
部队所借物品，间有未能加予爱惜，往往损失
或有损坏，甚至有少数部队于开拔时，不通
知当地乡保，致常有散失，转述推出困难，
对于站之合作，殊有影响。又自站三年来，供应
部队之伙食稻草，计共廿万斤左右，损害乡保征

第三战区福建省福鼎县军民合作站指导分处工作报告

(1944年10月2日)a面 G137-001-0001

運供應：

(甲)招待過往勤部隊：本站卅三年九月後，正值大力會攻福州，當時地方秩序，至為紊亂，如有浙江平陽太順部隊專長援勤之官兵給養，全係本處派員料理，並查復佳勞，極力招待，商請當地配合軍事行動之要求，對於過往勤機宜上，保助良多！

(乙)幫助軍隊購草鞋、負擔擔架征情：去冬本站配合勤部隊專長援勤，本處先後派員佐發購草鞋隊兵廿八名，配合部隊擔架，為該部隊購草，並負擔征情。

第三战区福建省福鼎县军民合作站指导分处工作报告

(1944年10月2日)b面　G137-001-0001

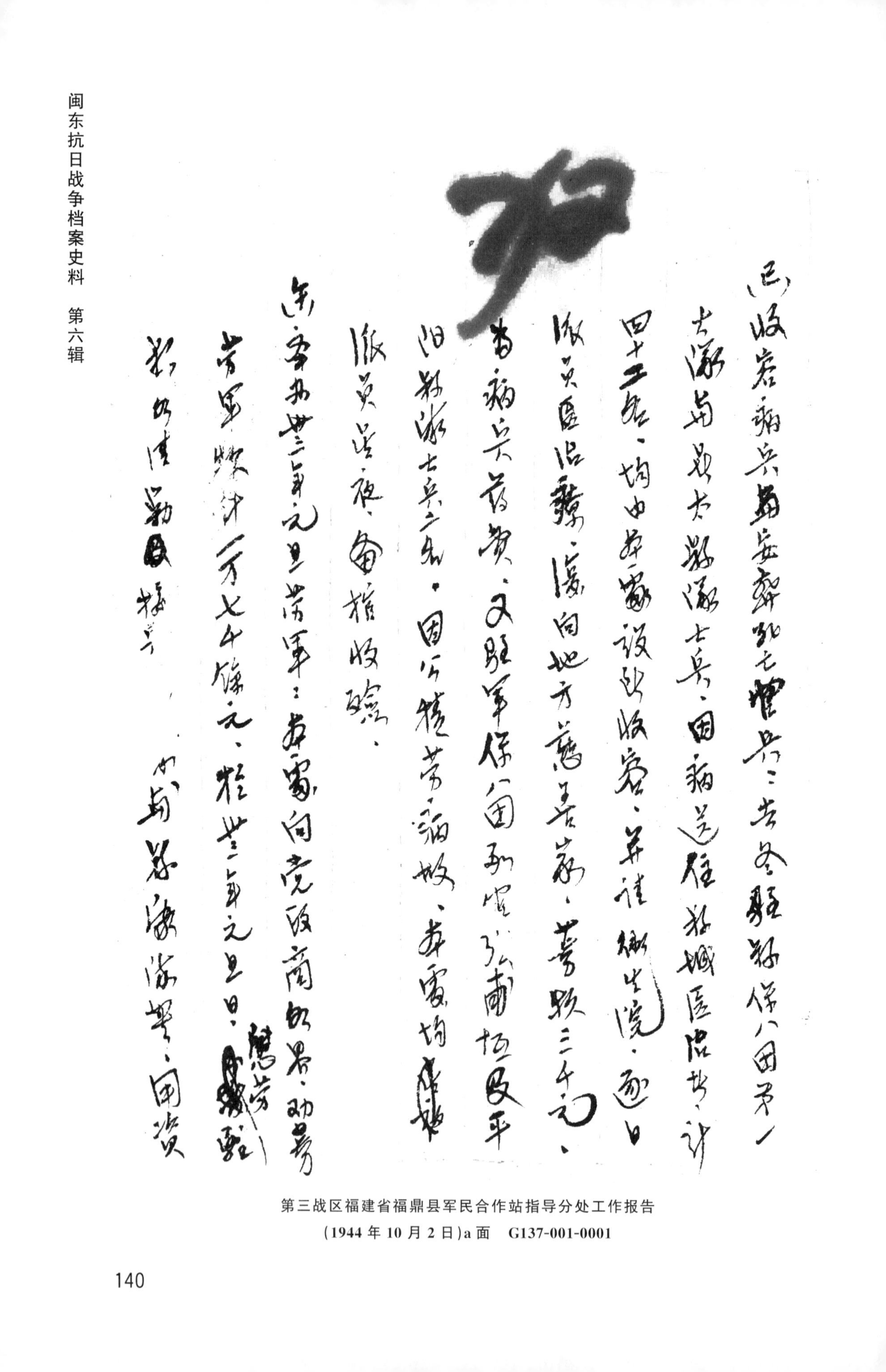

第三战区福建省福鼎县军民合作站指导分处工作报告

(1944 年 10 月 2 日)a 面 G137-001-0001

业务七项

(甲)调解军民合作纠纷：三、来调解纠纷，调解军民纠纷案件计八件，一本处协同县政府处理县税警团士兵拖欠伙款一案，为便利军民买卖、减少纠纷起见，对于限制物价，本处均随时协助政府，切实执行。

(乙)设置茶水站：本处在沿闽浙交通大路需要点，利用原有凉亭，设立茶水站计十六站，为过往军民便利饮用，并责成当地保甲长指定小贩管理，注意清洁，并随时派员检查，以重卫生。

第三战区福建省福鼎县军民合作站指导分处工作报告
(1944年10月2日)b面 G137-001-0001

（四）招待荣誉军人及难民情形：本县每月过境荣誉军人及难民，为数不多，本处站对于过境荣誉军人，均随时派员照料，安置住宿，并筹款酌给旅费。又本年七月间，由浙过境难民一批二百四十人，本处即派员会合县振济会人员，前往招待，指示[illegible]部李祠，供其住宿，并由振济会拨出白米，办理膳食，给难民莫不喜形于色。

（三）对本县处站改进意见

一、处站工作人员在往役期间，拟请[illegible]援予救[illegible]

[illegible] 第一[illegible]

第三战区福建省福鼎县军民合作站指导分处工作报告

（1944年10月2日）a面　G137-001-0001

二、根据总处颁发县指导分处组织规程，应予调整，将业务划分为总务、指导两股，负责办理，以明职责，加强工作效率，……本站编制员额，暂由

总务股：设上尉股长一员（由原编上尉干事调任），中尉干事员一员，上尉司书一员，职掌站之设立调整、印信保管、文书管理及收发、人事任用考核、给养领发报销、及其他不属指导股主办事项

指导股：设上尉股长一员（由原编上尉干事调任），中尉干事二员，少尉干事一员。

第三战区福建省福鼎县军民合作站指导分处工作报告

（1944年10月2日）b面　G137-001-0001

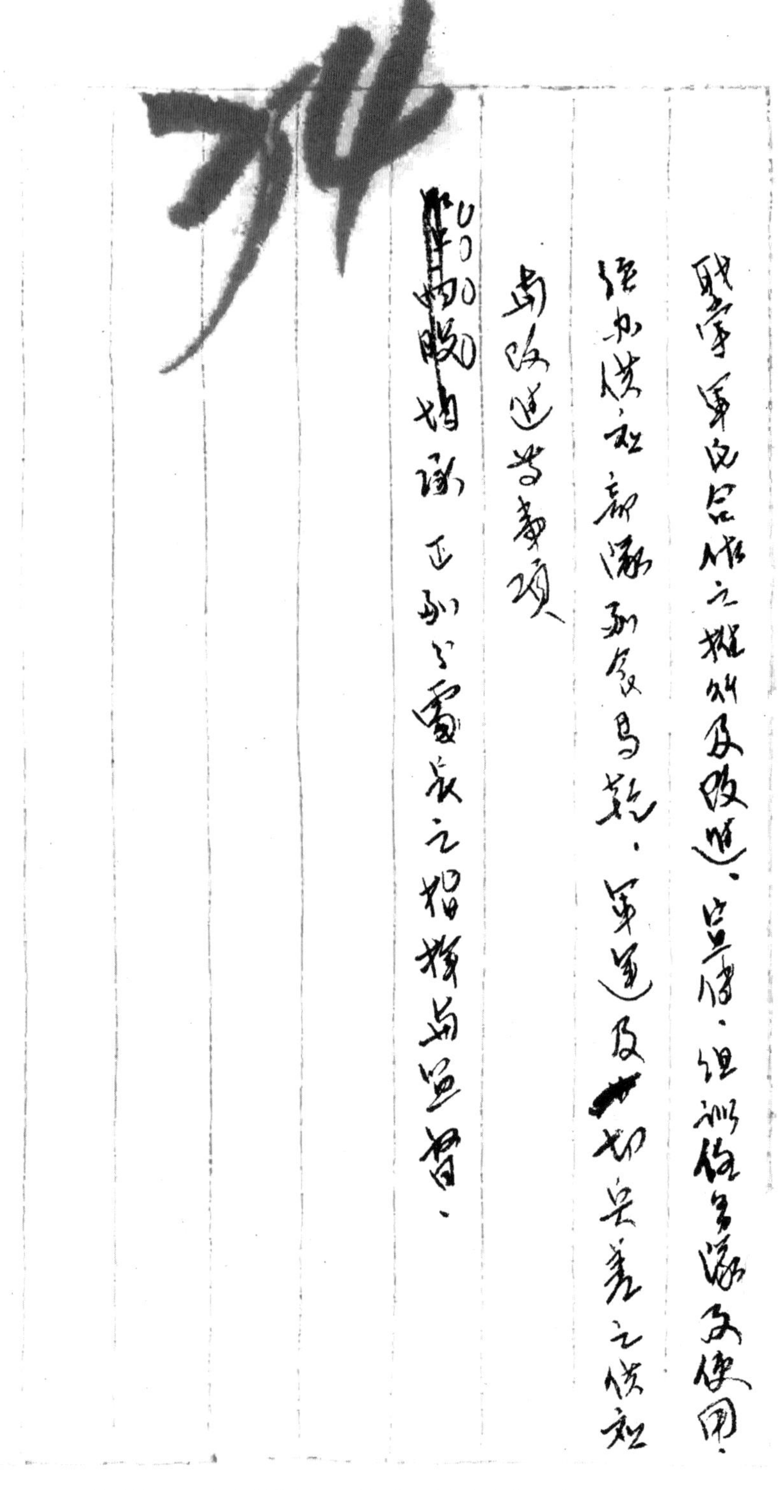

办

联系军民合作之推行及改进、宣传、组训伕马队及使用、

征加伕役编队分发马匹、军运及一切兵差之伕役

之改进等事项

服从站长正副分处长之指挥与监督、

第三战区福建省福鼎县军民合作站指导分处工作报告

（1944 年 10 月 2 日）　G137-001-0001

福安鼎军民合作站指导分处提

案由：限制部队滥用民伕并增发伕资案

理由：（1）查部队向军民合作站征雇民伕，往往既不遵照

规定征雇民伕办法，即规定之手续、名额、重量、

里数等项办理，且有少数部队，夹运商货、或笨重

其他物品，站之工作人员因无检查职权，故明知而敢予

拒绝，致遭侮辱，而每担重量，常在百斤左右，

并强迫挑运越站，故出勤民伕，因有力难胜，纷由逃之

稍一违意，即遭部队殴打。

（2）出差军官佐、征雇民伕，多数亦不照规定缴纳

第三战区福建省福鼎县军民合作站指导分处关于限制部队滥用民夫并增发夫资的提案

（1944年10月2日）a面　G137-001-0001

应准名额办理。各部队主管官此后征雇民伕通知单，又未详填写出差人员、姓名、番号，人数每违法定数倍，且有只持一张名片或便条，即欲征伕，其仍难办，以致站工作人员，欲办不得，不办又不得，应付困难。

（二）迳照征雇民伕办法第九条之规定：出勤民伕，去程膳食，由雇用者供给。年来此患，民伕均系贫苦，且在此百物价昂之秋，民伕每一出勤，动辄需用膳什费两三百元，所收伕资廿元，何能弥补十分之一？而奉令禁收，地方不得额外擅派

第三战区福建省福鼎县军民合作站指导分处关于限制部队滥用民夫并增发夫资的提案

(1944年10月2日)b面　G137-001-0001

补充后、弊果难堵、应宜设法补救。

办法以请转呈战区司令长官部、以严饬所部队当一律遵照征

雇民夫办法、切实举行、并以严禁强拉征雇民夫、通

知单、对于征雇人数单上必载、须加盖印信、以昭慎重、并

要雇请工作人员于必要时、有稽查外来之权、以防

止沿途需索、

迟、请转呈增发民夫之资、每名每日为六十元、为益

领事实、对于前曾出动民夫、若往膳宿费、请

由其供给一部、俾请发给、以合全情。

第三战区福建省福鼎县军民合作站指导分处关于限制部队滥用民夫并增发夫资的提案

（1944 年 10 月 2 日） G137-001-0001

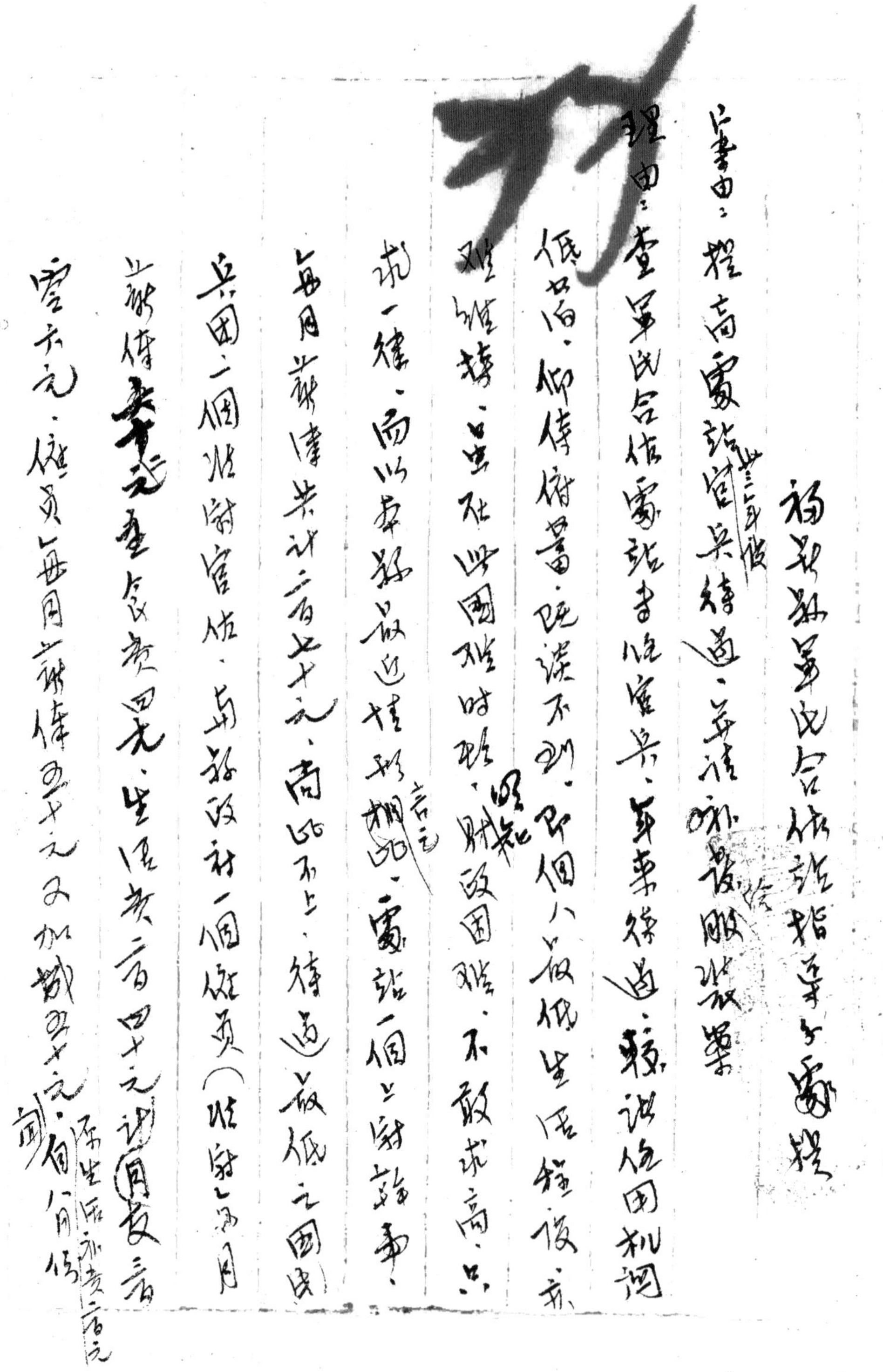

福鼎縣軍民合作站指導分處提案

案由：提高處站卅三年度官兵待遇，並請補發給服裝案

理由：查軍民合作處站本處官兵，年來待遇，類皆依[illegible]機關，低微，仰俯事畜，既談不到，即個人最低生活程度，亦難維持，且在此國難時期，財政困難，不敢求高，只求一律，而以本縣最近情形比言之，處站一個上尉幹事，每月薪津共計二百七十元，尚比不上待遇最低之國民兵團一個准尉官佐、兵役政府一個雇員（准尉每月薪俸六十六元，主食費四十元，生活費二百四十元，計月支三百零六元，雇員每月薪俸五十元，又加職五十元，自八月份（除生活外補貼二百元）

第三战区福建省福鼎县军民合作站指导分处关于提高处站三十三年度官兵待遇并请补发给服装的提案
(1944 年 10 月 2 日)a 面 G137-001-0001

或又加一成计，犹用于支出者之），至公费亦按处站为加，

倍查三年来，上司列机关，已有制发服装两三套，[illegible]

而处站官兵未制发服装，官兵既难维持个人生活，更无[illegible]

制衣，且章服破烂之衣服，有失官箴，故国家为爱国[illegible]

服务，为抗建努力，其待遇不能一律。

办法：(1)请参照国民兵团本年度官兵待遇，依照核转

送请 省政府核准追加本年度处站官兵待遇，并令

各县政府照发，款在各县地方预备金项下开支。

(2)请 省府转呈 省府准由各县地方预备金项下

补发本年度处站官兵服装费每员一

第三战区福建省福鼎县军民合作站指导分处关于提高处站三十三年度官兵待遇并请补发给服装的提案

(1944 年 10 月 2 日)b 面　G137-001-0001

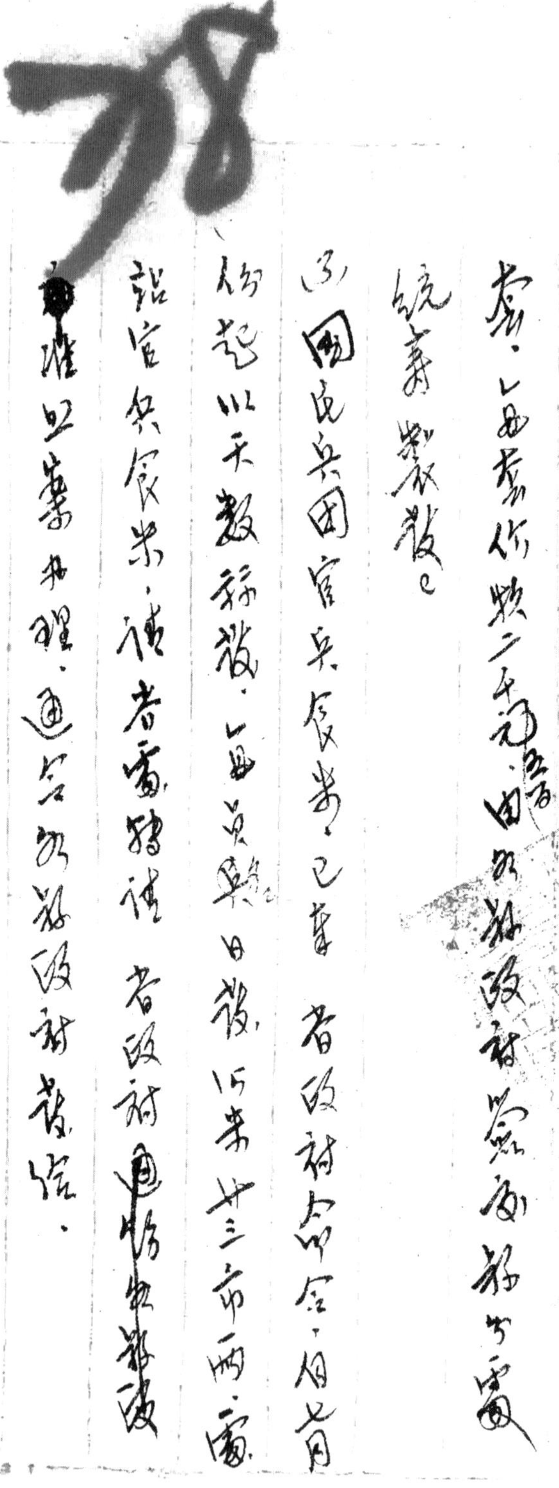
叁、上两叁作数二千元[illegible]由省政府发给，安家费需
统筹发放。
（3）国民兵团官兵食米，已奉 省政府命令，自七月
份起以天数计发，上两员兵每日发以米廿三市两，需
补官兵食米，请者当转请 省政府通饬发放，
准照案办理，通令县政府发给。

第三战区福建省福鼎县军民合作站指导分处关于提高处站三十三年度官兵待遇并请补发给服装的提案

（1944年10月2日） G137-001-0001

可

福鼎县军民合作站指导分处提

案由：规定处站与乡镇公所行文程式便利推行业务案

理由：近以年余举办之年后中心工作实施计划，饬将乡镇划分管

区合作站管辖，由乡镇四站有民众、统辖站负责

责、备办组织事宜，推处站与乡镇公所行文，未

蒙明定，对于业务推行便利，似有规定之必要，

办法：（一）分处职长应随由县长兼任，对分处对乡镇公所

行文，得用令；乡镇公所对县分处行文用呈。

（二）乡镇得视需要划站设军民合作站指导分乡

镇公所行文，亦得用令。

第三战区福建省福鼎县军民合作站指导分处关于规定处站与乡镇公所行文程式，便利推行业务的提案

(1944年10月2日)a面　G137-001-0001

以上两點、如蒙可行、請轉呈 省政府通令知照、

第三战区福建省福鼎县军民合作站指导分处关于规定处站与乡镇公所行文程式，便利推行业务的提案（1944年10月2日）b面　G137-001-0001

第三戰區福建省福鼎縣軍民合作站指導分處工作報告

(甲)處站概況

(一)本分處成立於三十年十二月一日，間幾經奉令調整，至三十二年四月間，奉令改稱為「第三戰區福建省福鼎縣軍民合作站指導分處」，現有編制人事，係遵照奉頒三十三年度縣分處編制人數，以現任縣長王道統兼任分處長，并由縣荐委陳歷昇為副分處長，其餘幹事等工作人員，均已照規定人數由縣先後遴員派代，并報省委任。

(二)本縣桐山(城區)、管陽(安陽)、琳江、貫嶺等處，均是閩浙交通必經之道，爰遵照戰區軍民合作站設立辦法之規定，於三十一年一月間，先後在各該處設立軍民合作站計四站，嗣因貫嶺站業務較簡，爰呈奉准於三十二年二月間將貫嶺站裁併，所有業務併歸桐山站辦理，本年因鄉鎮調整關係，各站名稱，亦隨之更改，現在全縣計站

第三战区福建省福鼎县军民合作站指导分处工作报告

(1944年10月2日)a面　G137-001-0005

有城區安陽琳江等三個軍民合作站，各站人事均已照編制人員，由縣先後委派并經報省核備。

（乙）工作實施

（一）健全處站人事：本處暨各站幹事站長以下各工作人員，於任用時，均先由正副分處長，嚴格考取，任用後，除隨時嚴加督導切實負責工作外，并利用各級工作人員來處，或正副處長出巡時，舉行個別談話，嚴密考詢，并指示工作改進方法，解答業務上所發生之困難，并督促各工作人員，應隨時努力進修，增進學識智能，以求人事健全。

（二）舉行工作檢討會：本處於每月月終，利用各站工作人員來縣，請領食米經費時，即舉行工作檢討座談會，對於工作之得失，詳加研討，力予改進，上下聯繫，益

第三战区福建省福鼎县军民合作站指导分处工作报告
（1944年10月2日）b面 G137-001-0005

見密切，

（三）各種任務隊之組訓：關於任務隊，組織是否健全，與處站工作發展，關係殊大，本處經遵照省令，計組織有預備民伕隊十八隊，人數九百人，救護偵察响導慰勞掩埋担架等隊各十八隊，人數共三千二百四十人，最近并根據民伕隊組訓辦法，擬暫組常備民伕一分隊，一分駐各站担任軍運任務，又奉令組織戰時任務大隊，經飭各鄉鎮先將壯丁名冊造報，候令編隊使用，至各種任務隊之訓練事宜，本處已商請國民兵團嚴飭各後備隊切實訓練，并派員會仝團部派員，下鄉實地檢驗，務調動灵活確能担任任為目的，

（四）促進黨政聯繫：本處對於黨政軍各機關，推行各種要政，均隨時督屬，盡所能力協助辦理，而各機關，對於駐軍或縣隊，有不良軍風紀行為發生，以及軍民合作，應

第三战区福建省福鼎县军民合作站指导分处工作报告

（1944年10月2日）a面 G137-001-0005

行政進事項，亦隨時通知本處辦理，設法糾正。

（五）加强軍民精神合作

（子）國民月會：本處站所在地之各鄉保舉行國民月會，均按時派員參加主持，并於事前勸導軍民踴躍參加與會，對於軍民合作意義與必要性，又加詳講，俾軍民合作情緒，有以提高。

（丑）舉行新兵入伍歡送大會：本處每於新兵入伍時，即會全國民兵團，各開歡送大會，先後計有七次，中以本年五月間，本縣智識青年中學學生，參加遠征軍，本處於事前，發動各鄉捐募慰勞物品，計服裝面巾藥品等三百餘件，於歡送大會時，當場分贈各壯士，并舉行遊藝大會一天，情況熱烈，各遠征壯士，興奮異常，爽快出征。

第三战区福建省福鼎县军民合作站指导分处工作报告

（1944年10月2日）b面　G137-001-0005

（寅）慰問征屬：本處於每年古曆年關，即春節日，派員協仝縣政府派員，分赴各保，實地挨戶慰問，并發給賀年卡，對於赤貧征屬，并發給現金與食米，用示政府關懷至切。

（卯）其他：國父紀念週，以及各種紀念節日，本處各站，事先派員勸導，軍民踴躍參加，並舉行文字畫報擴大宣傳本處站因限於財力人力關係僅隨時協仝縣黨部青年團及社會服務各處辦理類形活動收効尚好。

（六）致力軍民物質與行動之合作：

（子）供應軍運民伕：本處所屬各站，自成立之日起，至本年九月份止，供應部隊軍運民伕，共二十五百四十六名，（三十一年柒百零柒名三十二年玖百零玖名三十三年玖百三十名）均由各站遵照奉頒徵僱民伕辦法，向各鄉保徵僱供應，在

第三战区福建省福鼎县军民合作站指导分处工作报告
(1944年10月2日)a面　G137-001-0005

軍運上尚能盡職，至所經收伕資，亦能轉發清楚，惟三十二年八月二十一日稅警第三稅團第十一團第九連，由寧德開赴永嘉，途經本縣，强向本處城區站派伕五十二名，概不照章，發給伕資，雖叠往交涉迄未見惠，誠屬遺憾之事。

（丑）協辦供應部隊副食，本縣供應部隊副食實物，奉令係自本年一月份起開始供應，計供應食油九百三十二斤燃料二萬七千四百斤左右，均係按照本縣限價征購供應，并已依法報省核銷。

（寅）代部隊借用民物：本處所屬各站二年來，代駐縣接兵清勦及臨時過境部隊，向民間借用物品，計棉被六百三十二床，草席四百五十二條，床板二百六十付，棹一百五十二張，椅二百十二隻，鑊三十四口，鑊蓋三十四個，水桶四十三担，水枋二十九個，鋤頭二十五支，鐮刀十六把，菜刀火鉗各十九支，

第三战区福建省福鼎县军民合作站指导分处工作报告

（1944年10月2日）b面　G137-001-0005

惟查部隊所借物品，間有未能加予愛惜，往往缺少或有損壞，甚至有少數部隊於開撥時，不通知處站點收，致常有散失，轉遂發生困難，對於軍民合作，殊有影响，又各站三年來，供應部隊宿營稻草，計六萬斤左右，均係各保徵送供應。

（卯）招待清勦部隊：本縣卅二年冬，發生大刀會匪搗亂，當時地方秩序，至為紊亂，所有浙江平陽太順縣隊來鼎撥勦之官兵給養，全係本處派員料理，晝夜任勞，極力招待，尚能配合軍事行動之要求，對於清勦機宜上，俾助良多。

（辰）帮助軍隊响導與偵探匪情：去冬本縣匪亂，各清勦，本處先後派用偵察响導隊隊兵廿八名，配合縣警察局探警，為各隊响導，并偵報匪清

（巳）收容病兵與安葬死亡官兵：去冬駐縣保八團第一大隊與鼎太縣隊士兵

第三战区福建省福鼎县军民合作站指导分处工作报告

(1944年10月2日)a面　G137-001-0005

，因病送往縣城醫治者，計四十二名，均由本處設所收容，并請衛生院，逐日派員治療，復向地方慈善家，募款三千元，為病兵藥費，又駐軍保八團副官張甫恆及平陽縣隊士兵二名，因公積勞病故，本處均派員星夜，備棺收殮。

(午)舉辦三十三年元旦勞軍：本處向黨政商各界，勸募勞軍款計一萬七千餘元，於三十三年元旦日，慰勞駐縣各清勦及接兵部隊，與縣屬隊警，用資鼓勵士氣。

(未)調解軍民合作糾紛：三年來所屬各站，調解軍民糾紛案件計八件，本處協仝縣政府處理駐縣稅警團士兵搶刼公款一案，為便利軍民買賣，減少糾紛起見，對於限制物價，本處均隨時協助政府切實執行

第三战区福建省福鼎县军民合作站指导分处工作报告

(1944年10月2日)b面　G137-001-0005

（辛）設置茶水站：本處在沿閩浙交通大道各要點，利用原有涼亭，設立茶水站計十六站，為來往軍民，便利飲喝，除責成各當地保甲長指定小販管理注意清潔外并隨時派員檢查以重衛生。

（酉）招待榮譽軍人及義民情形：本縣年來過境榮譽軍人及義民，為數不多，本處站對於過境榮譽軍人，均隨時派員照料安置住宿，并籌款給予充為旅費，又本年七月間，由浙過境義民一批二百四十人，本處即派員會全縣振濟會人員，前往招待，指定在城郊寺廟供其住宿，并由振濟會，撥出巨款與白米，辦理膳食，各義民莫不喜形於色

（丙）對本縣處站改進意見

一、處站工作人員應請設班調訓，施以短期訓練，授予技能學識，并予保障。

第三战区福建省福鼎县军民合作站指导分处工作报告
（1944年10月2日）a面　G137-001-0005

俾人事得以健全

二、根據奉頒卅四年度縣分處經費預算與編制員額，縣分處組織機構，應予調整，將業務劃分為總務指導兩股，負責辦理，以明職責，加強工作效率

總務股，設上尉股長一員（由原編上尉幹事調任）中少尉幹事各一員

少尉司書一員

職掌，站之設立調整，保管印信，管理文書及收發，人事任用考核，經費食米領發報銷，及其他不屬於指導股事項，

指導股，設上尉股長一員（由原編上尉幹事調任）中尉幹事二員少尉幹事一員

職掌，軍民合作之推行及改進，宣傳，組訓任務隊及使用經

第三战区福建省福鼎县军民合作站指导分处工作报告

（1944年10月2日）b面 G137-001-0005

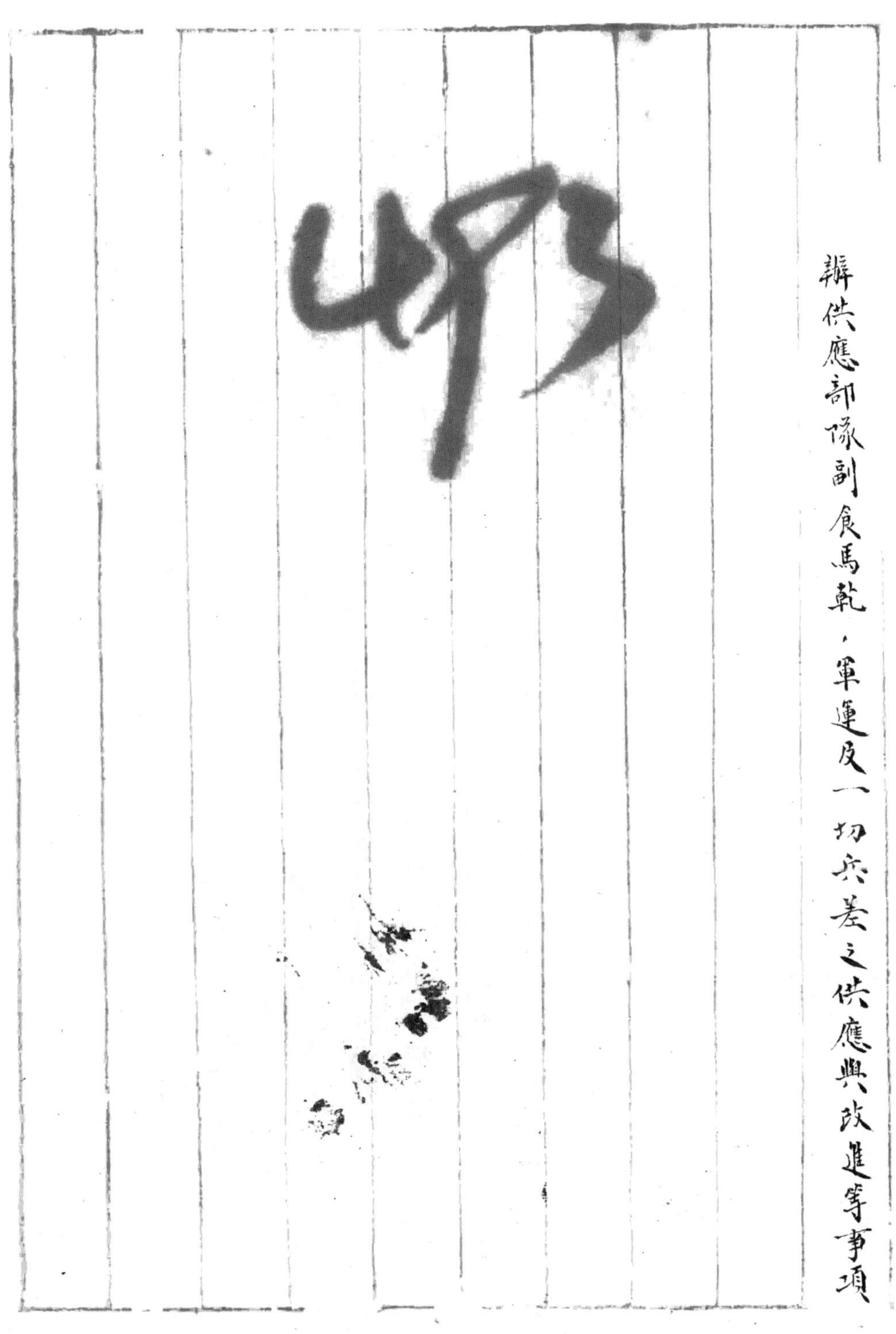

辦供應部隊副食馬乾、軍運及一切兵差之供應與改進等事項

第三战区福建省福鼎县军民合作站指导分处工作报告

（1944 年 10 月 2 日） G137-001-0005

由：通知工作检讨会停止由

第三战区福建省军民合作站指导处代电　福建省政支总字第3561号　中华民国卅三年十月四日

福鼎县指导分处：查本处前定于十月一日在永安开成立三周年纪念暨检讨会，曾于九月十三以2447号训令饬遵在案。现闽海敌伪蠢动，各处工作倍增忙碌，副处长一旦离开，势乏人主持，兹将前定会期暂时展期举行，俟时局稍定再行通知。除分令外，合行令仰该处知照为要。（延）第三战区福建省军民合作站指导处处长邓植夫、副处长陈联芬、刘何文酉（支）总印

第三战区福建省军民合作站指导处关于工作检讨会停止的代电

（1944年10月4日）　G133-003-0123

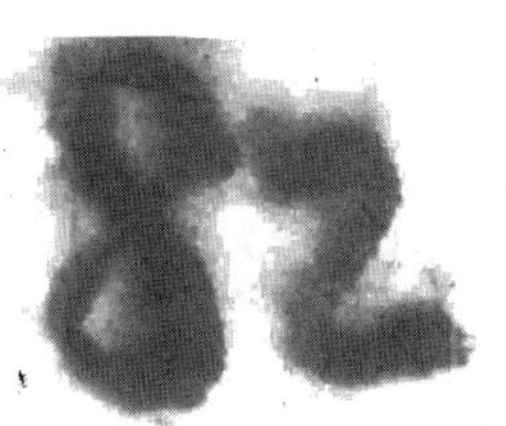

第三战区福建省军民合作站指导处代电　中华民国三十三年十二月卅日

福鼎县军民合作站指导分处：兹制定工作统计表格式一种，随电颁发，限卅四年元月拾日以前填缮式份送处，以便汇转，逾送时间，以未报为凭，事关上令，幸勿逾期，致干惩处，除分电外，特电遵照办理为要。处长邓梅羹　副处长陈联芬　剑由文发公亥指印附发工作统计简报表格式一份

第三战区福建省军民合作站指导处关于颁发工作统计简报表格式，限于三十四年元月十日前填缮送处的代电（1944 年 12 月 30 日）　G137-001-0006

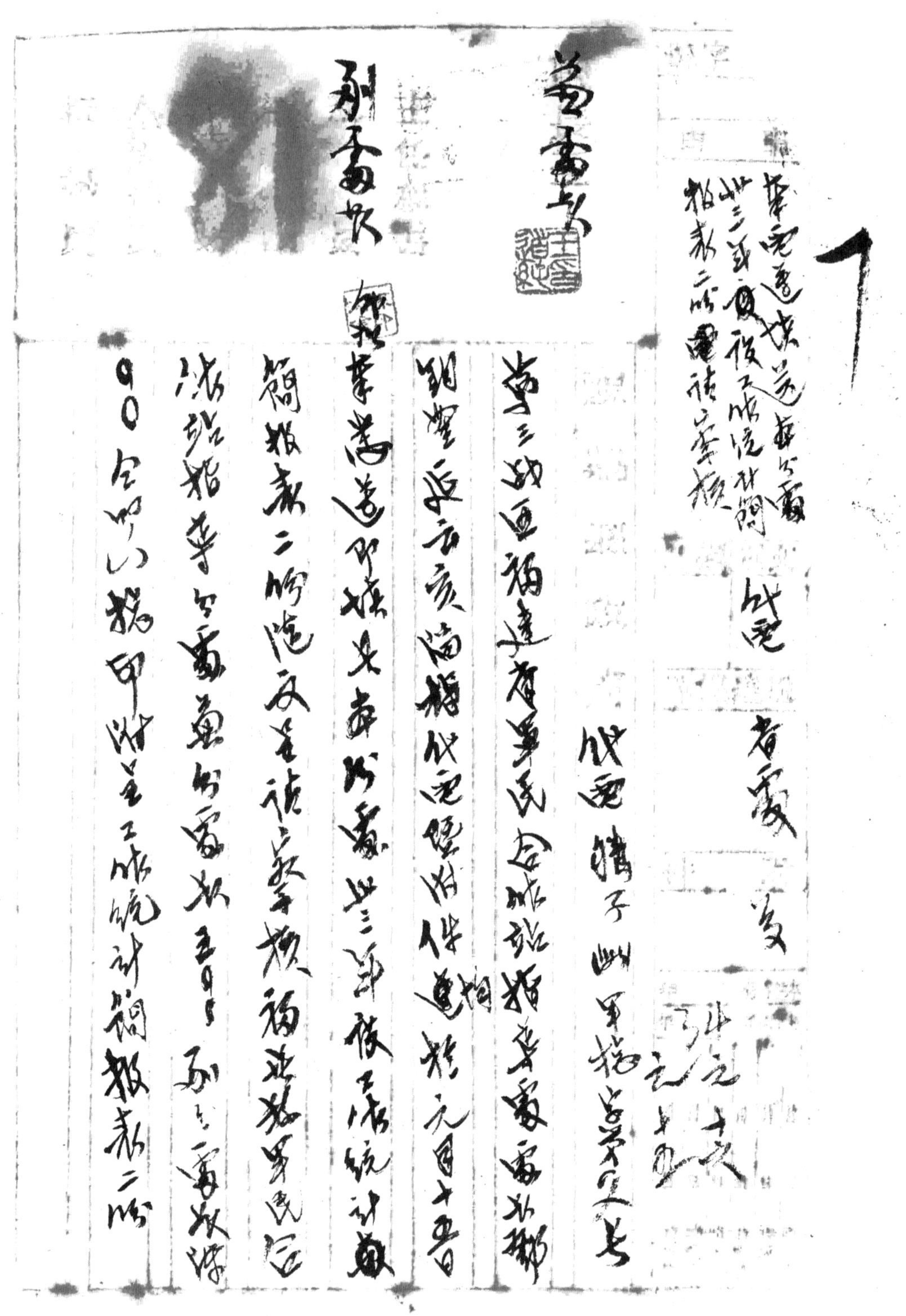

第三战区福建省福鼎县军民合作站指导分处关于报送本分处三十三年度工作统计简报表的代电

（1945年1月15日） G137-001-0006

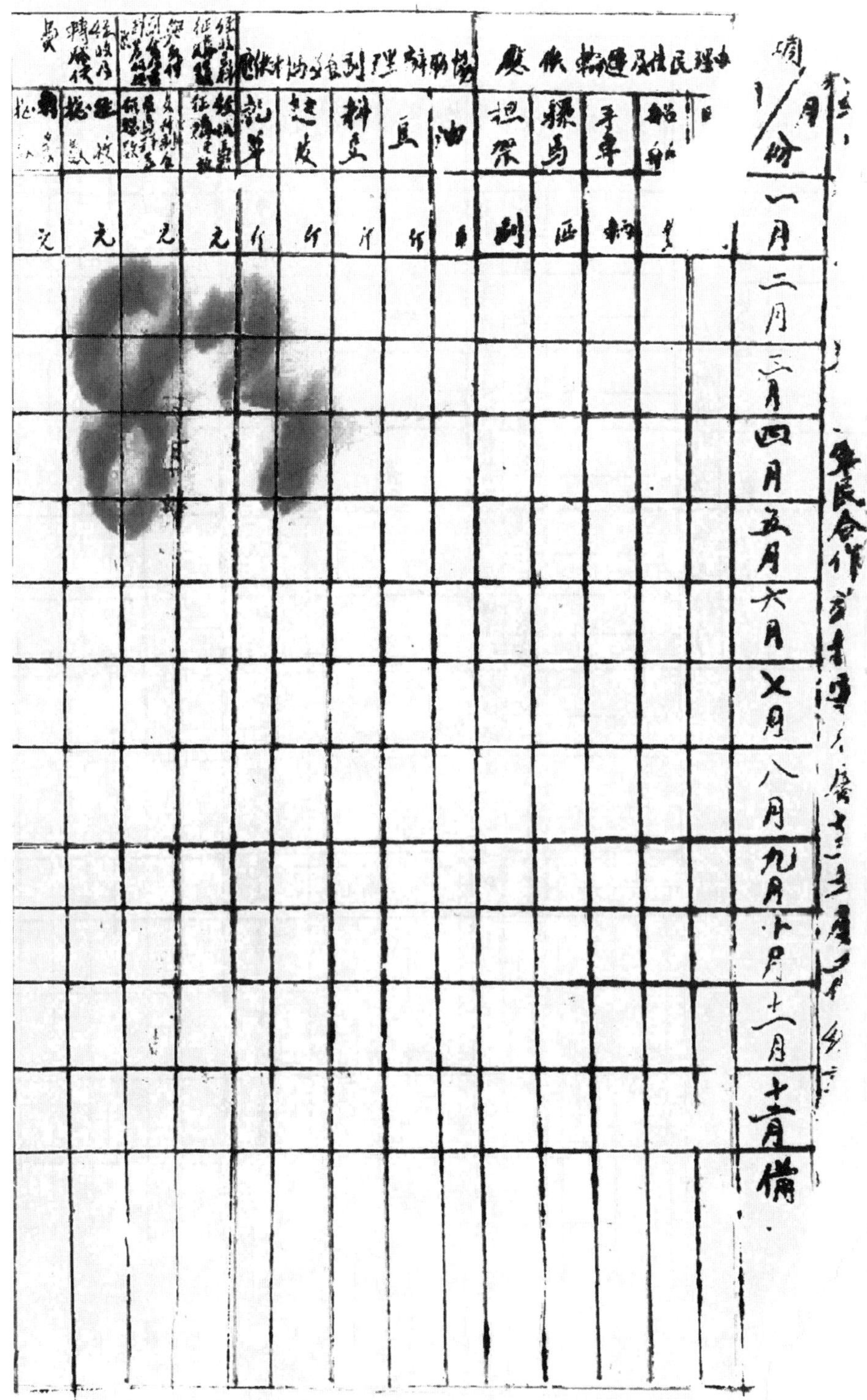

月份	船隻	手車	騾馬	担架	[illegible]	[illegible]	[illegible]	[illegible]	[illegible]	[illegible]	[illegible]	[illegible]	[illegible]
	隻	輛	匹	副	[illegible]	[illegible]	[illegible]	[illegible]	[illegible]	元	元	元	元
一月													
二月													
三月													
四月													
五月													
六月													
七月													
八月													
九月													
十月													
十一月													
十二月													
備													

第三战区福建省福鼎县军民合作站指导分处三十三年度工作统计简报表

(1945 年 1 月 15 日)a 面　G137-001-0006

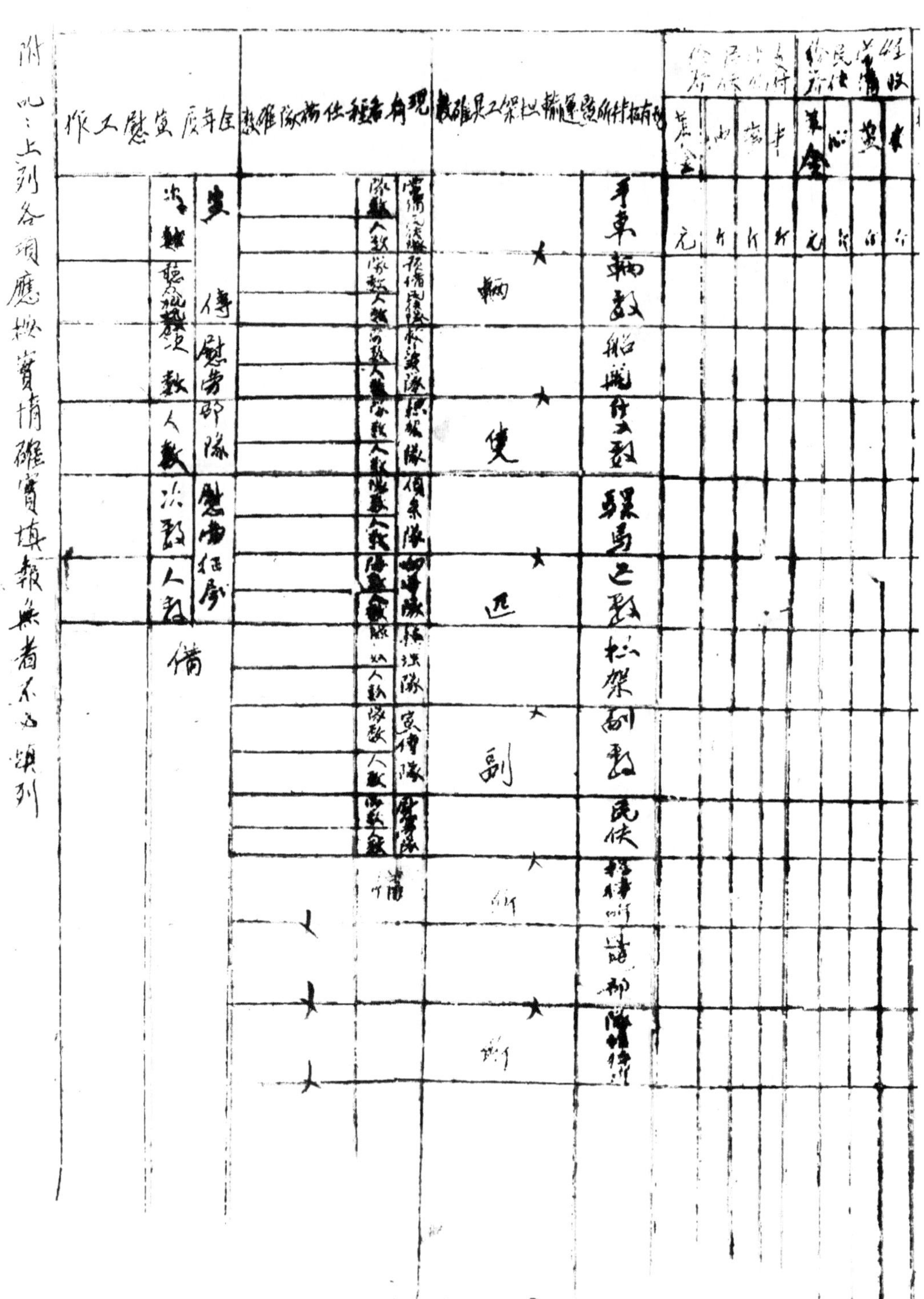

附记：上列各项应按实情确实填报，无者不必填列

全年度慰劳工作 | 现有组训民众队伍确数 | 所有运输工具确数

宣传 | 慰劳部队 | 慰劳征属 | 次数 | 人数

车辆数 | 船只数 | 骡马之数 | 担架副数 | 民伕

第三战区福建省福鼎县军民合作站指导分处三十三年度工作统计简报表

(1945年1月15日)b面　G137-001-0006

支付常備民伕給養				經收常備民伕給養				經收及轉發費		支付副食及馬料差價總數	經收馬料紙貼價款	協助辦理副食及馬料供應				
菜金	油	鹽	米	菜金	油	鹽	米	轉發總數	經收總數	支付副食及馬料差價總數	經收馬料紙貼價款	乾草	麩皮	料豆	豆	油
								945元	945元	1200元						204斤
								702元	702元	1670元						220斤
								2277元	2277元	1600元						229斤
								1380元	1380元	5524元						169斤5兩
								2700元	2700元	5523元						169斤8兩
								2300元	2300元	5523元						169斤6兩
								1860元	1860元	8147元						167斤11兩
								1680元	1680元	1402元						21斤
1800元	30斤	22斤8兩	2025斤	1800元	20斤	22斤8兩	2025斤	1260元	1260元	1844元					10斤	22斤
1800元	30斤	22斤8兩	2025斤	800元	30斤	22斤6兩	2025斤	2080元	2080元	2375元					46斤	27斤
1800元	30斤	22[illegible]	2025[illegible]	800元	30斤	22[illegible]	2025	1120	1120	2375					46[illegible]	22[illegible]

第三战区福建省福鼎县军民合作站指导分处三十三年度工作统计简报表
(1945 年 1 月 15 日)a 面　G137-001-0006

現有招待所暨運輸担架工具確數	
手車輛數	×
船舶隻數	×
騾馬匹數	×
担架副數	20付
民伕	
招待所	3所
過境	

現有各種任務隊確數		
常備民伕隊	隊數	1分隊
	人數	30人
預備民伕隊	隊數	18隊
	人數	540人
救護隊	隊數	18隊
	人數	540人
担架隊	隊數	18隊
	人數	540人
偵察隊	隊數	18隊
	人數	540人
嚮導隊	隊數	18隊
	人數	540人
掩埋隊	隊數	18隊
	人數	540人
宣傳隊	隊數	18隊
	人數	540人
慰勞隊	隊數	18隊
	人數	540人
備		

全年度宣慰工作		
宣傳	次數	22次
	聽衆人數	24222人
慰勞部隊	次數	1次
	人數	94人
慰勞征屬	次數	1次
	人數	12人
備		

第三战区福建省福鼎县军民合作站指导分处三十三年度工作统计简报表

(1945年1月15日)b面　G137-001-0006

150

34.2.28.收文21号

第三戰區福建省軍民合作站指導處指令

事由：據送卅三年工作簡報表准予備查由

中華民國卅四年二月八日

令福鼎軍民合作分處

卅四年一月卅一日福總字第一一号代電一件為呈送卅三年工作簡報表請鑒核由

代電暨附件均悉。准予備查！

此令。

處長 [illegible]

附表三張存

第三战区福建省军民合作站指导处关于福鼎县军民合作分处报送三十三年工作简报表准予备查的指令(1945 年 2 月 8 日) G137-001-0007

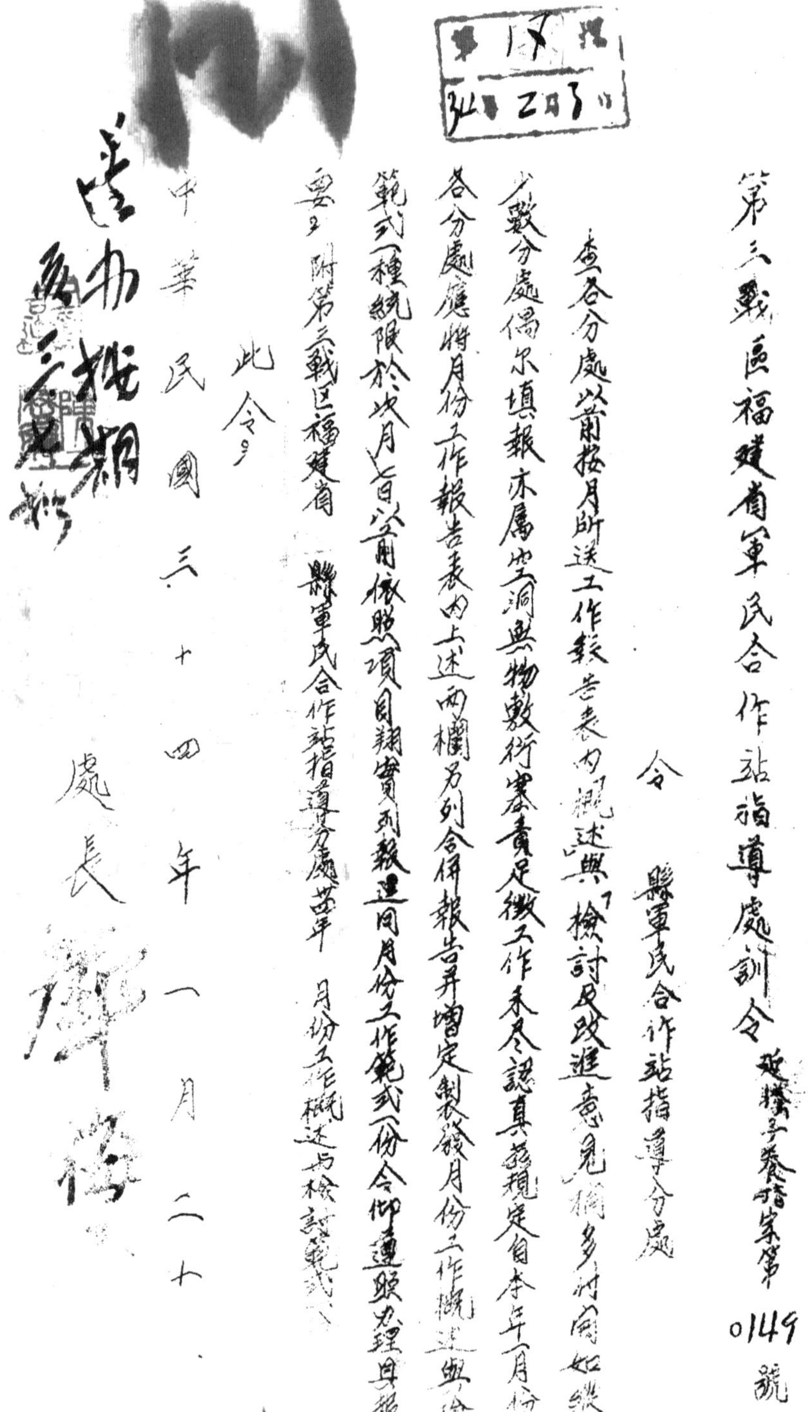

第三戰區福建省軍民合作站指導處訓令 政秘字叁指字第0149號

令 縣軍民合作站指導分處

查各分處以前按月所送工作報告表內概述與檢討及改進意見兩欄多有闕如，縱少數分處偶尔填報亦屬空洞無物，敷衍塞責，足徵工作未盡認真。茲規定自本年一月份起，各分處應將月份工作報告表內上述兩欄另列合併報告，并增定製表，發月份工作概述與檢討範式一種，統限於次月二十日以前依照項目翔實列報，連同月份工作範式一份，合仰遵照辦理毋稍違誤！附第三戰區福建省　縣軍民合作站指導分處卅年　月份工作概述與檢討範式一份。

此令。

中華民國三十四年一月二十日

處長

第三战区福建省军民合作站指导处关于各分处填造工作报告表应注意事项的训令

（1945年1月22日） G137-001-0007

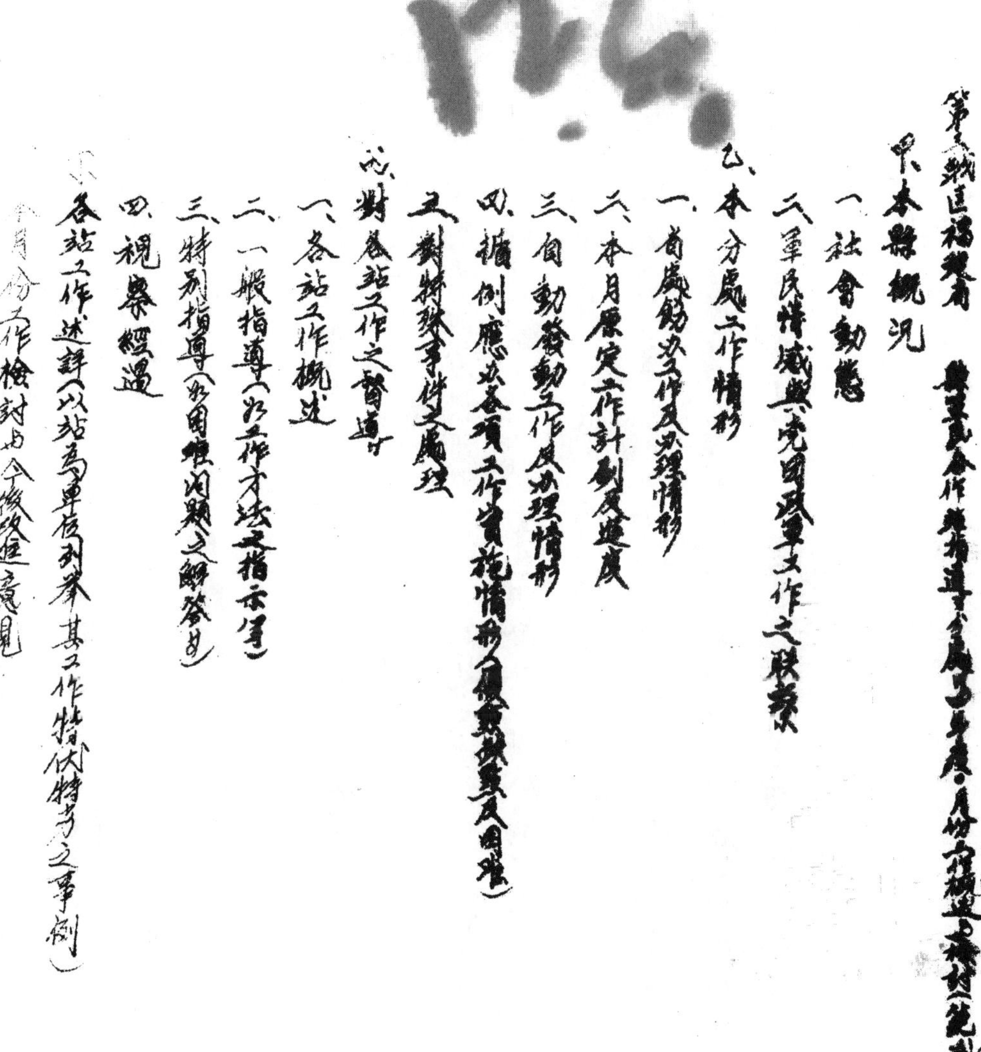
第三戰區福建省××縣軍民合作站指導分處三十四年度×月份工作概述與檢討（範式）
甲、本縣概況
一、社會動態
二、軍民情感與（党團政軍）工作之聯繫
乙、本分處工作情形
一、前處飭交工作及辦理情形
二、本月原定工作計劃及進度
三、自動發動工作及辦理情形
四、補例應辦各項工作實施情形（優劣點及困難）
五、對特殊事件之處理
丙、對各站工作之督導
一、各站工作概述
二、一般指導（如工作方法之指示等）
三、特別指導（如困難問題之解答等）
四、視察經過
丁、各站工作述評（以站為單位列舉其工作特優特劣之事例）
戊、本月份工作檢討與今後改進意見

第三战区福建省××县军民合作站指导分处三十四年度×月份工作概述与检讨(范式)

(1945 年 1 月 22 日)　G137-001-0007

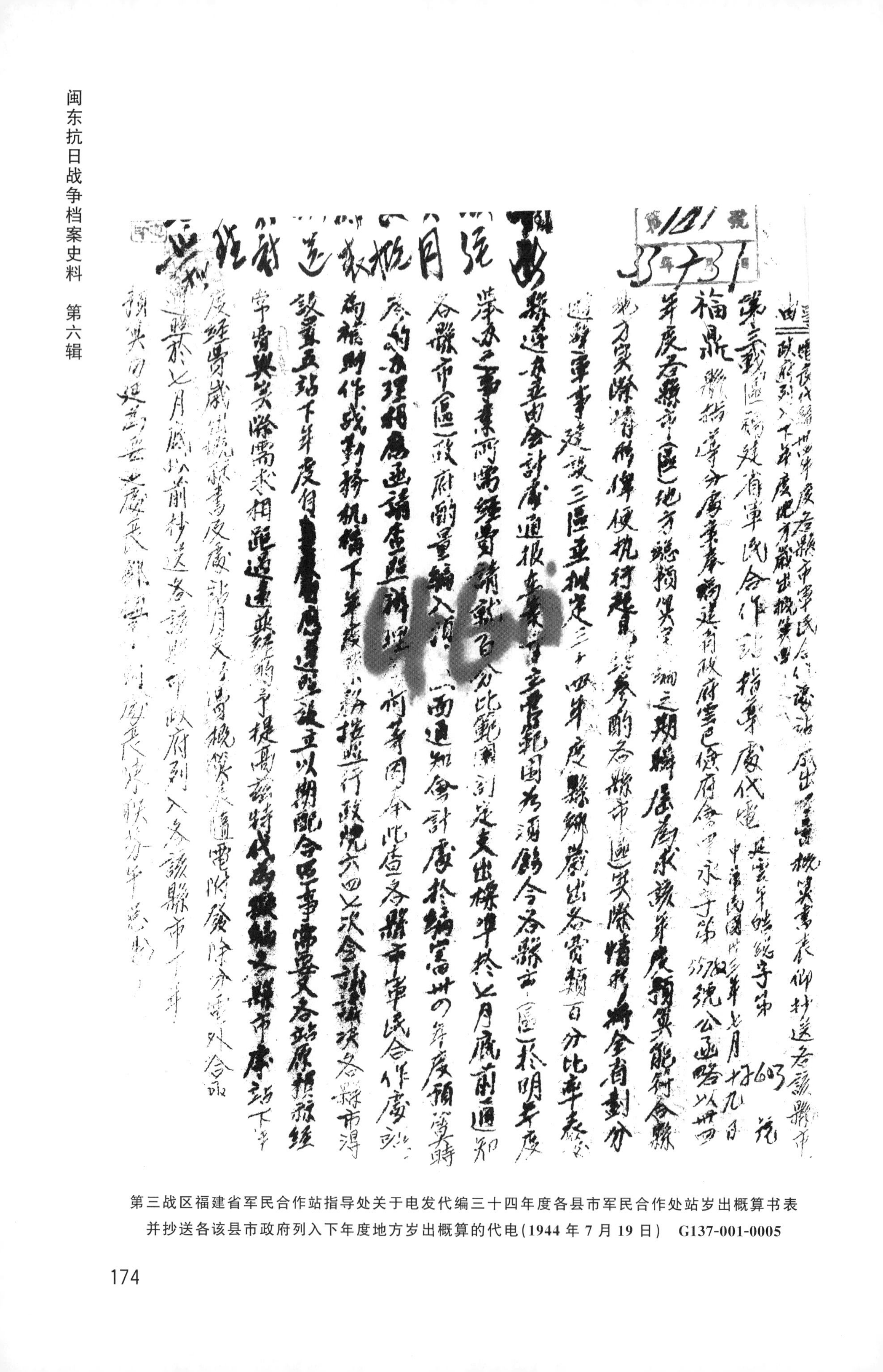

第三战区福建省军民合作站指导处关于电发代编三十四年度各县市军民合作处站岁出概算书表并抄送各该县市政府列入下年度地方岁出概算的代电(1944 年 7 月 19 日) G137-001-0005

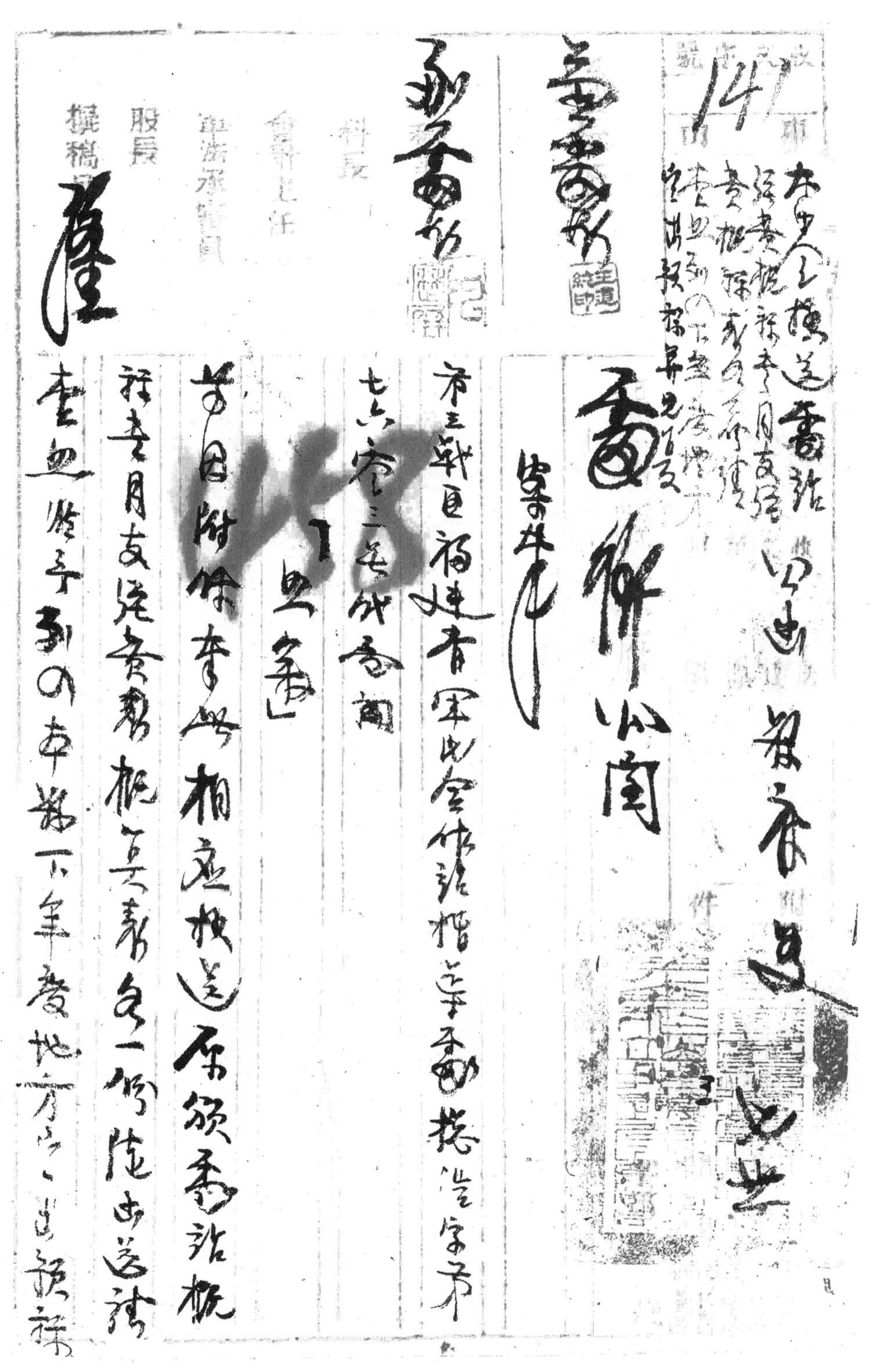

第三战区福建省福鼎县军民合作站指导分处关于奉令转送处站经费概算书、月支经费概算表，请查照列入下年度地方岁出预算致福鼎县政府的公函（1944 年 7 月 31 日）　G137-001-0005

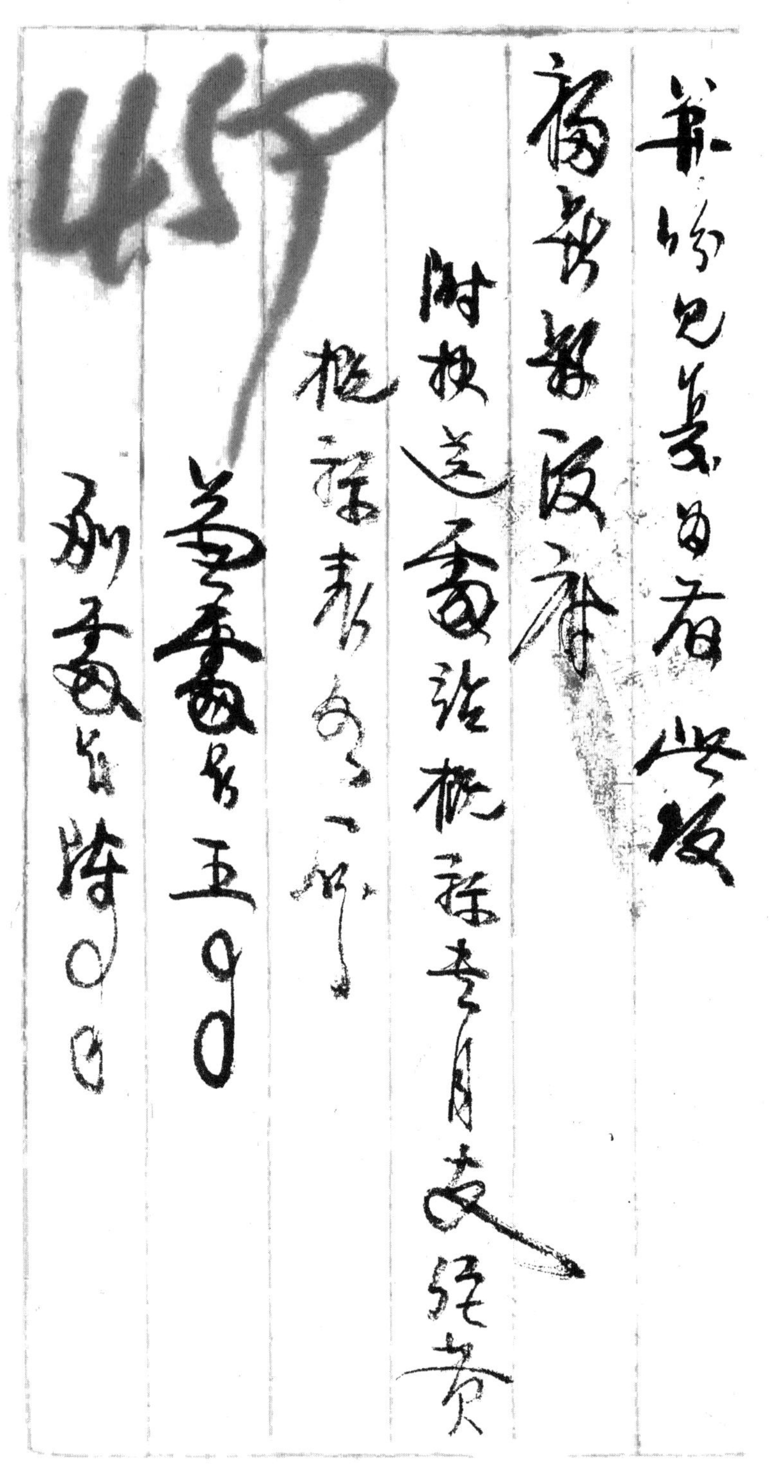

此致

福鼎县政府

附抄送本处站概算书月支经费

概算表各一份

兼分处长 王〇〇

副分处长 陈〇〇

第三战区福建省福鼎县军民合作站指导分处关于奉令转送处站经费概算书、月支经费概算表，请查照列入下年度地方岁出预算致福鼎县政府的公函（1944 年 7 月 31 日） G137-001-0005

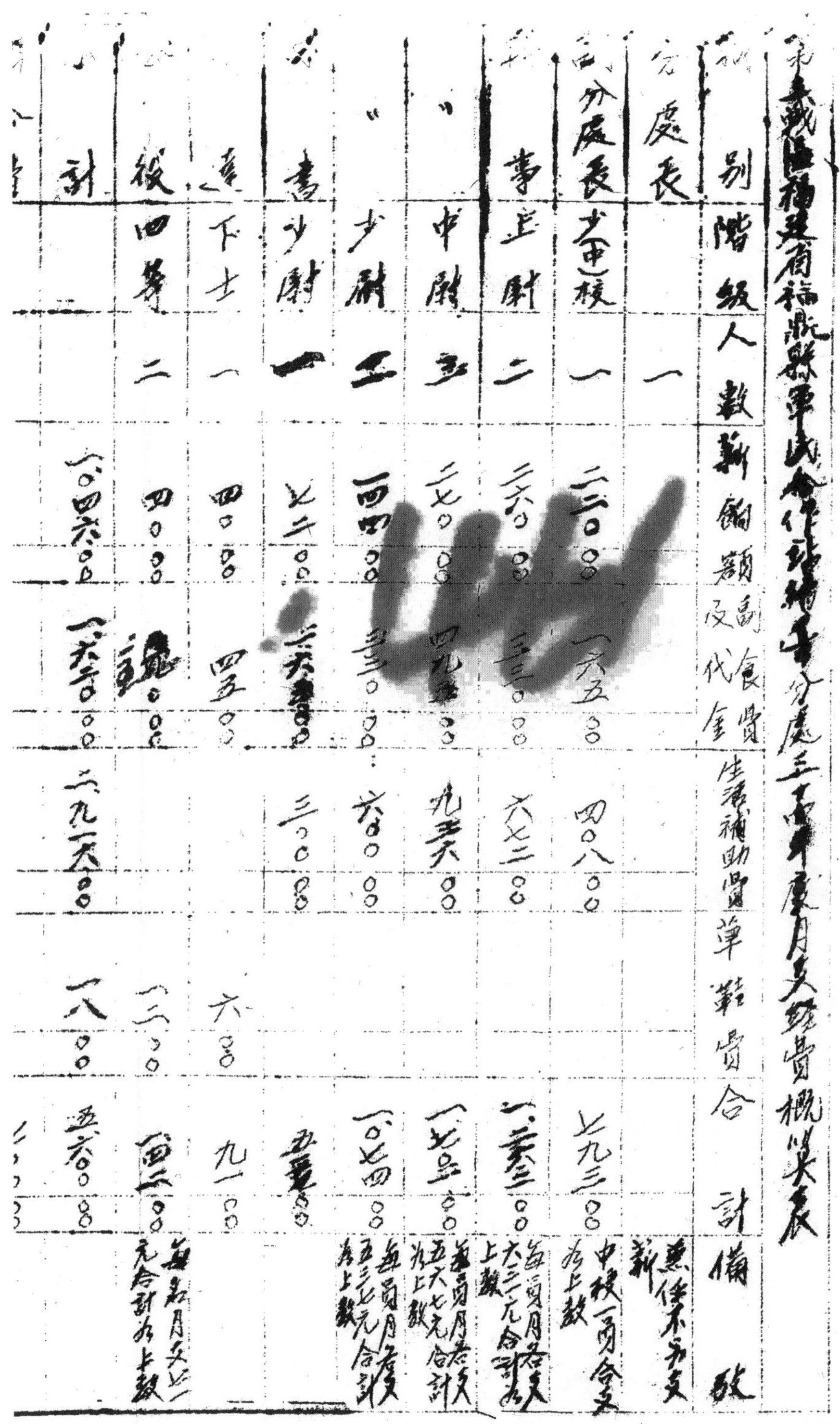

第三戰區福建省福鼎縣軍民合作站指導分處三十四年度月支經費概算表

別	階級	人數	薪餉額	副食費及代金	生活補助費	草鞋費	合計	備考
處長		一						兼任不另支薪
分處長	少(中)校	一	二三〇〇〇	一六五〇〇	四〇八〇〇		七九三〇〇	中校一員合支如上數
幹事	上尉	二	二六〇〇〇	一三三〇〇	六七二〇〇		一、[illegible]三〇〇	每員月各支[illegible]元合計如上數
〃	中尉	三	二七〇〇〇	四九[illegible]〇〇	九[illegible]〇〇		一[illegible]〇〇	每員月各支[illegible]元合計如上數
〃	少尉	五	四四〇〇〇	三三〇〇〇	六[illegible]〇〇		一〇七[illegible]〇〇	每員月各支[illegible]元合計如上數
書記	少尉	一	七二〇〇	[illegible]〇〇	三〇〇〇		[illegible]〇〇	
[illegible]	下士	一	四〇〇	四五〇〇		六〇〇	九一〇〇	
伕役	四等	二	四〇〇〇	[illegible]〇〇		一二〇〇	[illegible]〇〇	每名月支[illegible]元合計如上數
合計			一〇四六〇〇	一[illegible]〇〇	二九一[illegible]〇〇	一八〇〇	五[illegible]〇〇	

第三战区福建省福鼎县军民合作站指导分处三十四年度月支经费概算表

（1944 年 7 月 31 日） G137-001-0005

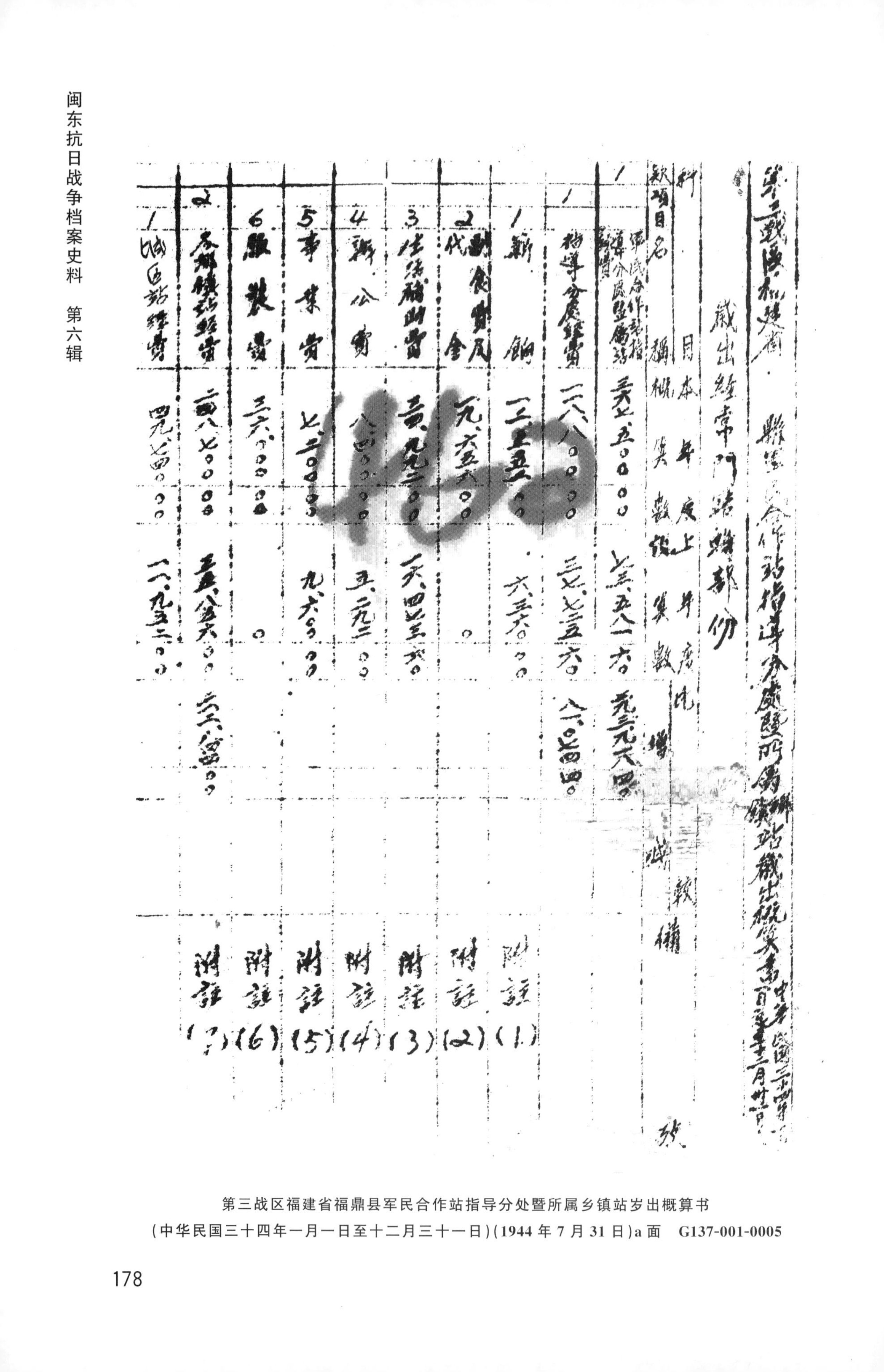

第三战区福建省福鼎县军民合作站指导分处暨所属乡镇站岁出概算书

（中华民国三十四年一月一日至十二月三十一日）（1944 年 7 月 31 日）a 面　G137-001-0005

2	琳江站经费	四九、六〇〇〇	一六、九三二〇〇
3	岩田站经费	四九、六〇〇〇	一一、九五二〇〇
4	秦屿站经费	四九、六〇〇〇	
5	[illegible]站经费	四九、六〇〇〇	
	合计	三六七、五〇〇〇	五三、五八一六〇	一九三、九八四〇

附注：

(1) 中校副分处长一员月支薪二七〇元，办事员上尉一员月支一三〇元，中尉三员月各支薪九〇元，少尉二员月各支薪七〇元，少尉司书一员月支薪七二元，下士传达一名月支薪四〇元，公役二名月各支薪二〇元，以上月共列支一〇四六元，年计列支如概算数

(2) 副分处长一员、办事员七员、司书一员月各支副食费代金一六五元，传达一名、公役二名月各支副食四五元，又传达公役各月支草鞋费六元，月计一六三八元，年计列支如概算数

(3) 生活补助费计中校副处长月支四〇八元，上尉办事员三员月各支三三六元，中尉办事员三员月各支三一二元，少尉办事员二员月各支三〇〇元，少尉司书一员月支三〇〇元，计共月支[illegible]元，年计列支如概算数

(4) 办公费月支七〇〇元，年计列支如概算数

(5) 事业费月支六〇〇元，年计列支如概算数

(6) 官兵共十二人，年各发服装一套，每套平均二五〇〇元，年计列支如概算数

(7) 遵照行政院[illegible]会议决定各县市[illegible]设军民合作站五站，另[illegible]站各[illegible]月支[illegible]元，计[illegible]

(8) 官兵服装[illegible]

(9) 参照[illegible]三十三年度经费标准编列三十四年度经费标准[illegible]

[illegible]追加

第三战区福建省福鼎县军民合作站指导分处暨所属乡镇站岁出概算书

（中华民国三十四年一月一日至十二月三十一日）（1944年7月31日）b面　G137-001-0005

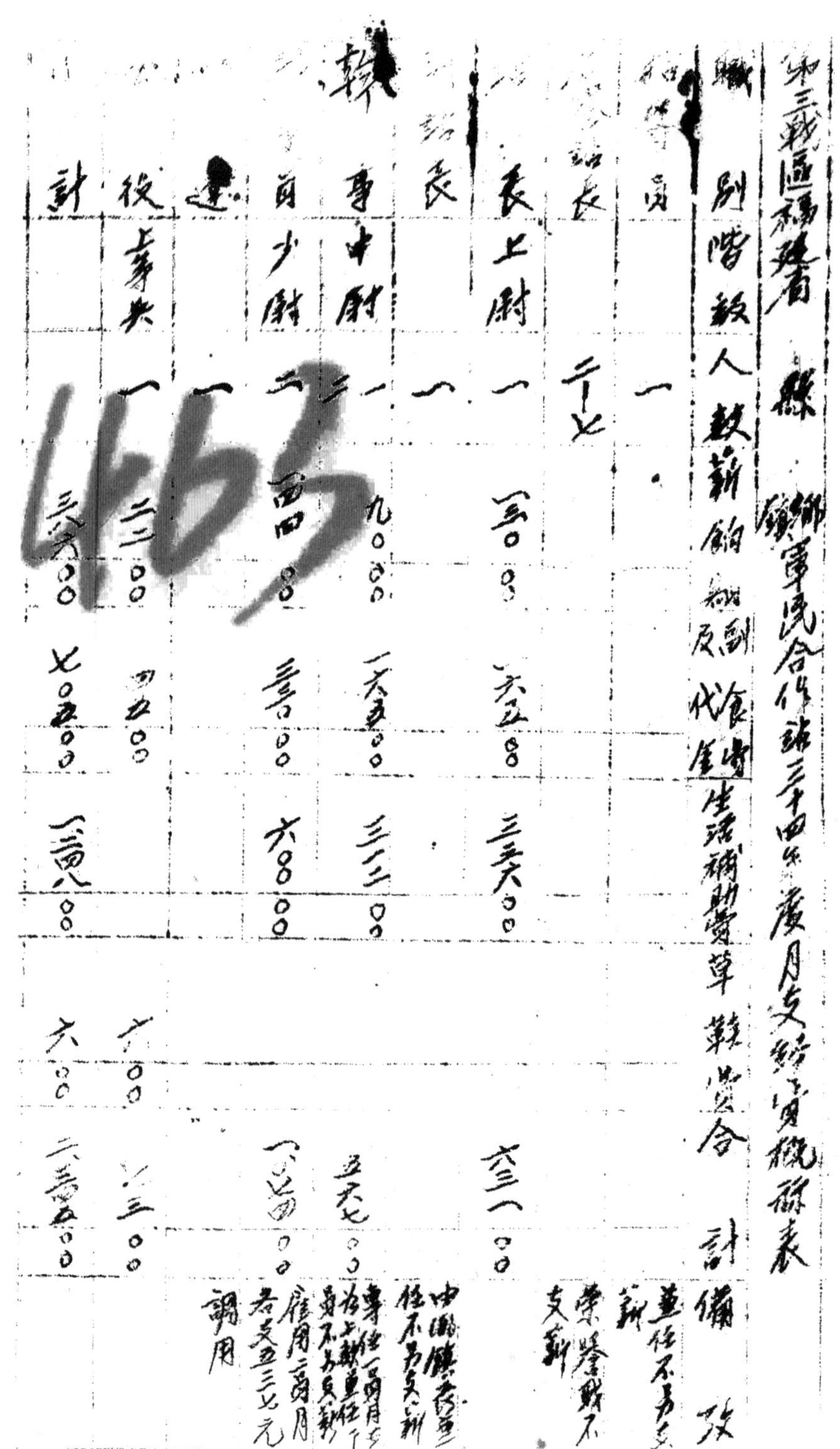

第三战区福建省福鼎县乡镇军民合作站三十四年度月支经费概算表

(1944 年 7 月 31 日)a 面　G137-001-0005

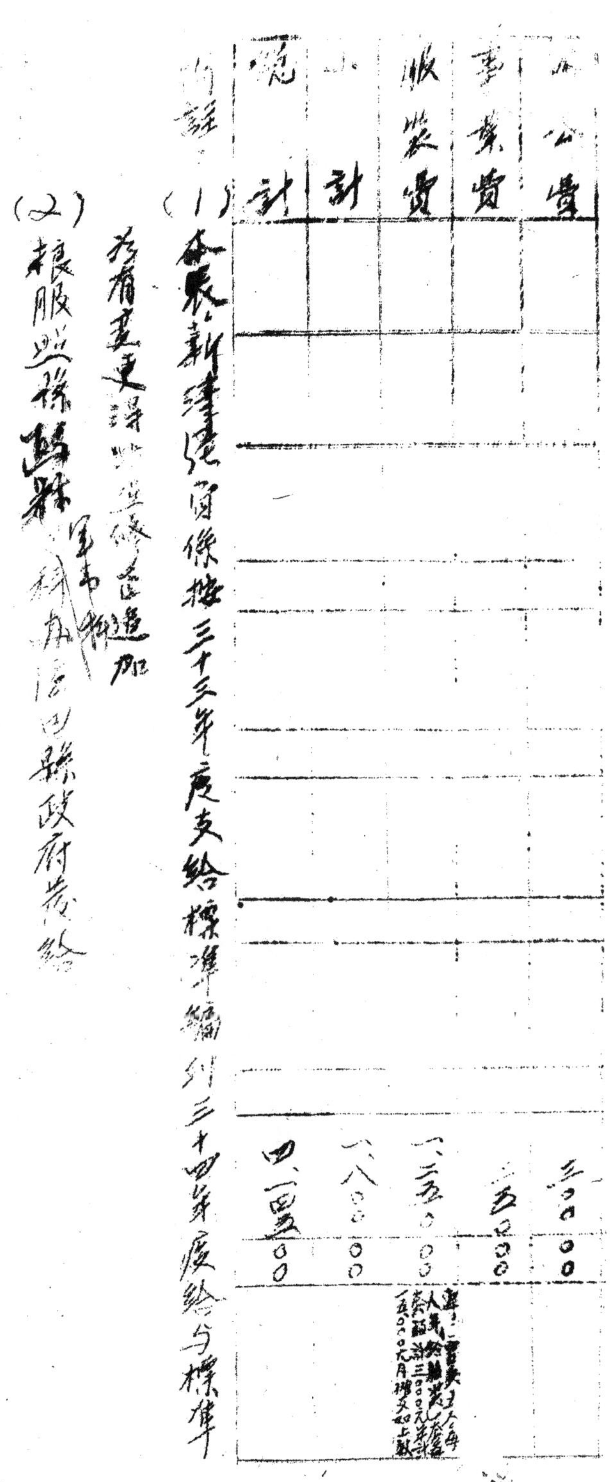

第三战区福建省福鼎县乡镇军民合作站三十四年度月支经费概算表

(1944 年 7 月 31 日)b 面　G137-001-0005

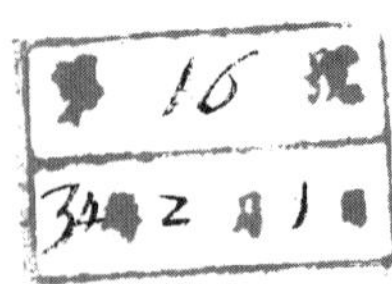

第三戰區福建省軍民合作站指導處代電　[illegible]字第[illegible]號

三十四年一月廿日

福鼎縣(市)軍民合作站指導分處:查三十四年度各縣(市)分處暨軍民合作站經費業經省府編列規定計縣(市)分處年列八一九五四元,軍民合作站每站年列三三六三五元,每縣(市)按三站計算,共為一〇〇八九〇元。茲按照此數編就各縣(市)分處暨鄉鎮站卅四年度歲出概算書及月支經費概算表各一份,隨電頒發,仰即遵照,編預算送縣(市)政府備查并按月照數洽領,其開支情形,除按月仍向縣(市)政府[illegible]外,并應[illegible]呈處,該備為要。處長鄧[illegible]叩。[illegible]附發[illegible]概算書及月支[illegible]概算表各一份。

第三战区福建省军民合作站指导处关于颁发三十四年度各县市军民合作分处及乡镇站岁出概算书及月支经费概算表的代电(1945 年 1 月 20 日)　G137-001-0005

福鼎縣政府代電

騰丑微會甲字第〇六一號
中華民國三十四年二月五日

軍民合作指導處鈞鑒：查本縣三十四年度地方總預算業已奉頒，貴處全年經費經核定為公元九五四元（軍民合作站一〇〇九〇元），希於文到兩周內根據貴處三十四年度法定員額表或奉頒經費標準並參酌事實需要編送月份分配預算表及薪俸清冊各二份（事業費免送薪俸冊），如根據經費標準而核定預算數不敷支出時，應列舉事實及奉頒標準文號，以憑轉請追加。除分電外，特電仰遵辦勿延為要。縣長王道純（印）

福鼎县政府关于编送军民合作处站月份分配预算表及薪俸清册的代电
（1945 年 2 月 5 日） G137-001-0005

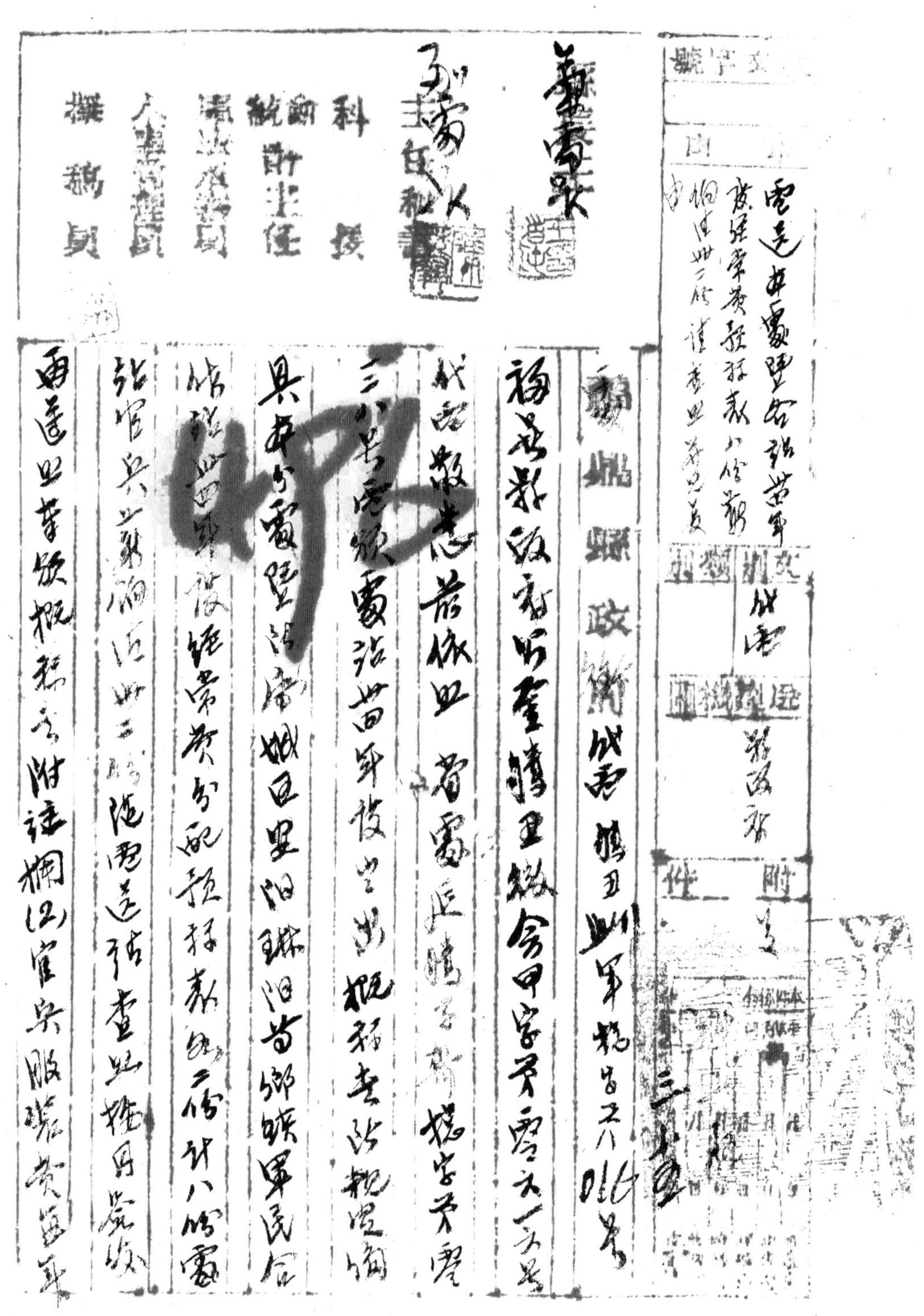

第三战区福建省福鼎县军民合作站指导分处关于报送本处及各站三十四年度经常费预算表和薪饷清册的代电(1945 年 2 月 15 日) G137-001-0005

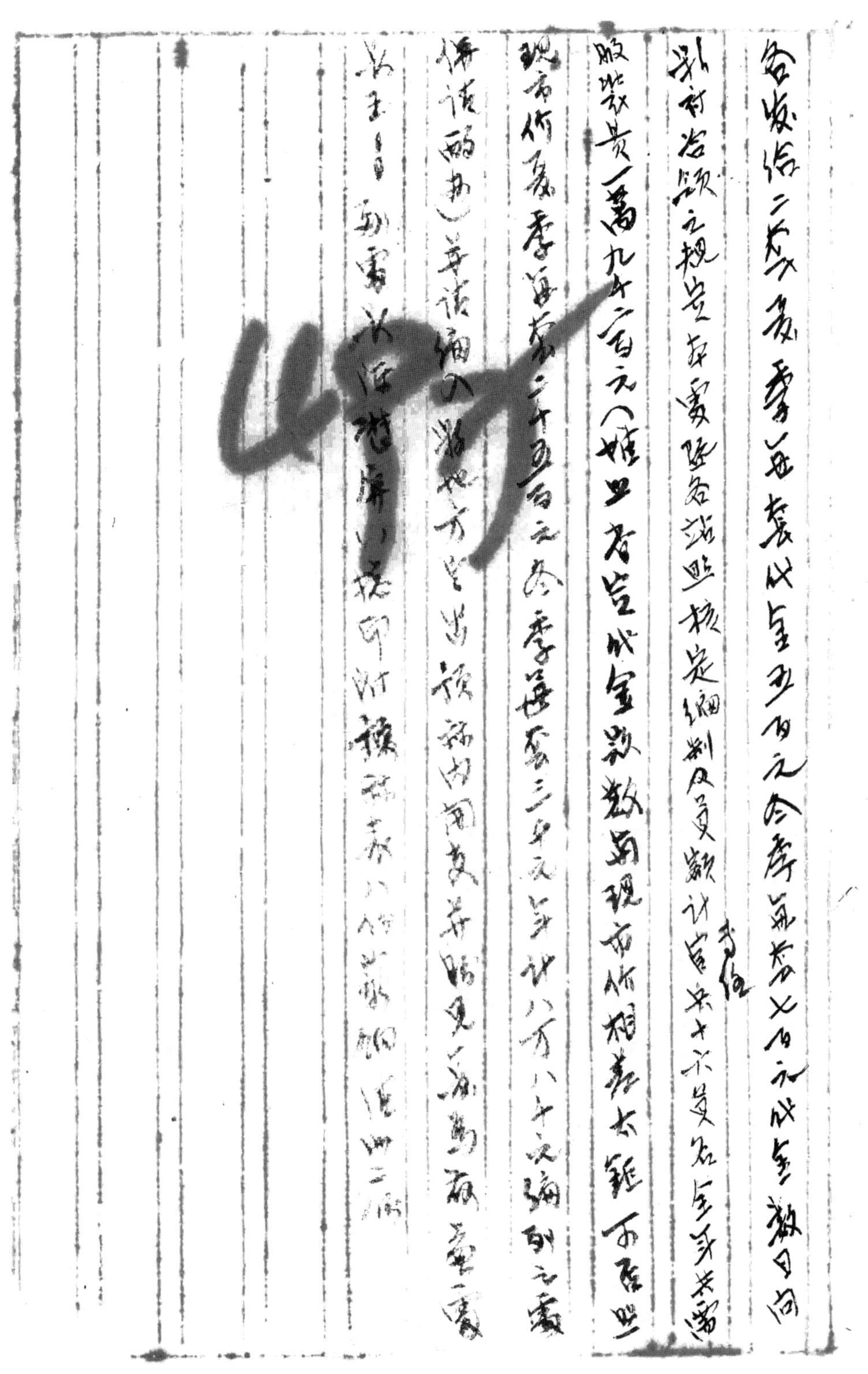

第三战区福建省福鼎县军民合作站指导分处关于报送本处及各站三十四年度经常费预算表和薪饷清册的代电(1945 年 2 月 15 日)　G137-001-0005

第三战区福建省福鼎县军民合作站指导分处　民国

岁出经常门经常部份一月一日起至十二月三十一日止

第三战区福建省福鼎县军民合作站指导分处民国三十四年度经常费分配预算表
(1945 年 2 月)a 面　G137-001-0001

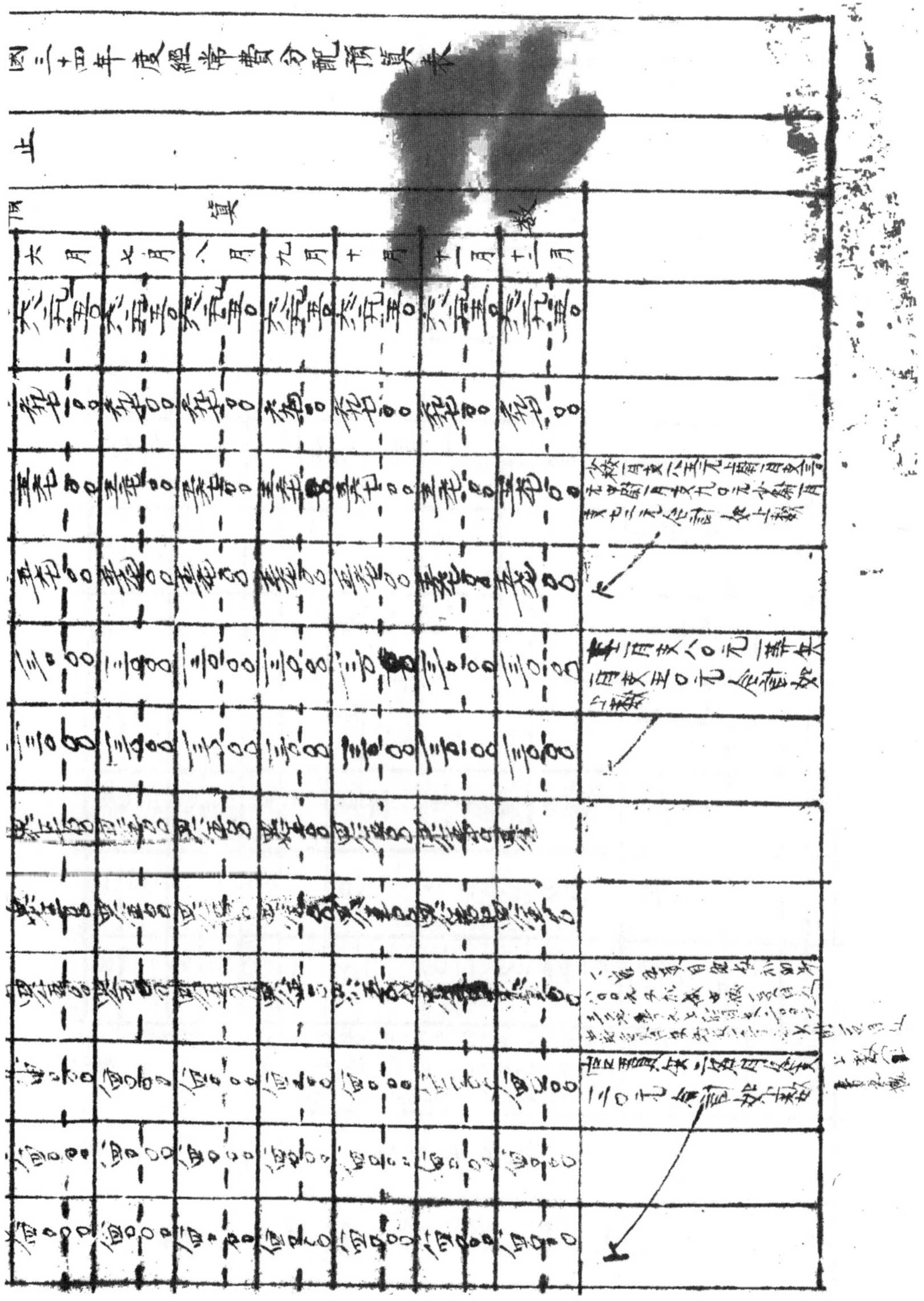
国三十四年度经常费分配预算表

止

六月	七月	八月	九月	十月	十一月	十二月
[illegible]	[illegible]	[illegible]	[illegible]	[illegible]	[illegible]	[illegible]

第三战区福建省福鼎县军民合作站指导分处民国三十四年度经常费分配预算表

(1945年2月)b面　G137-001-0001

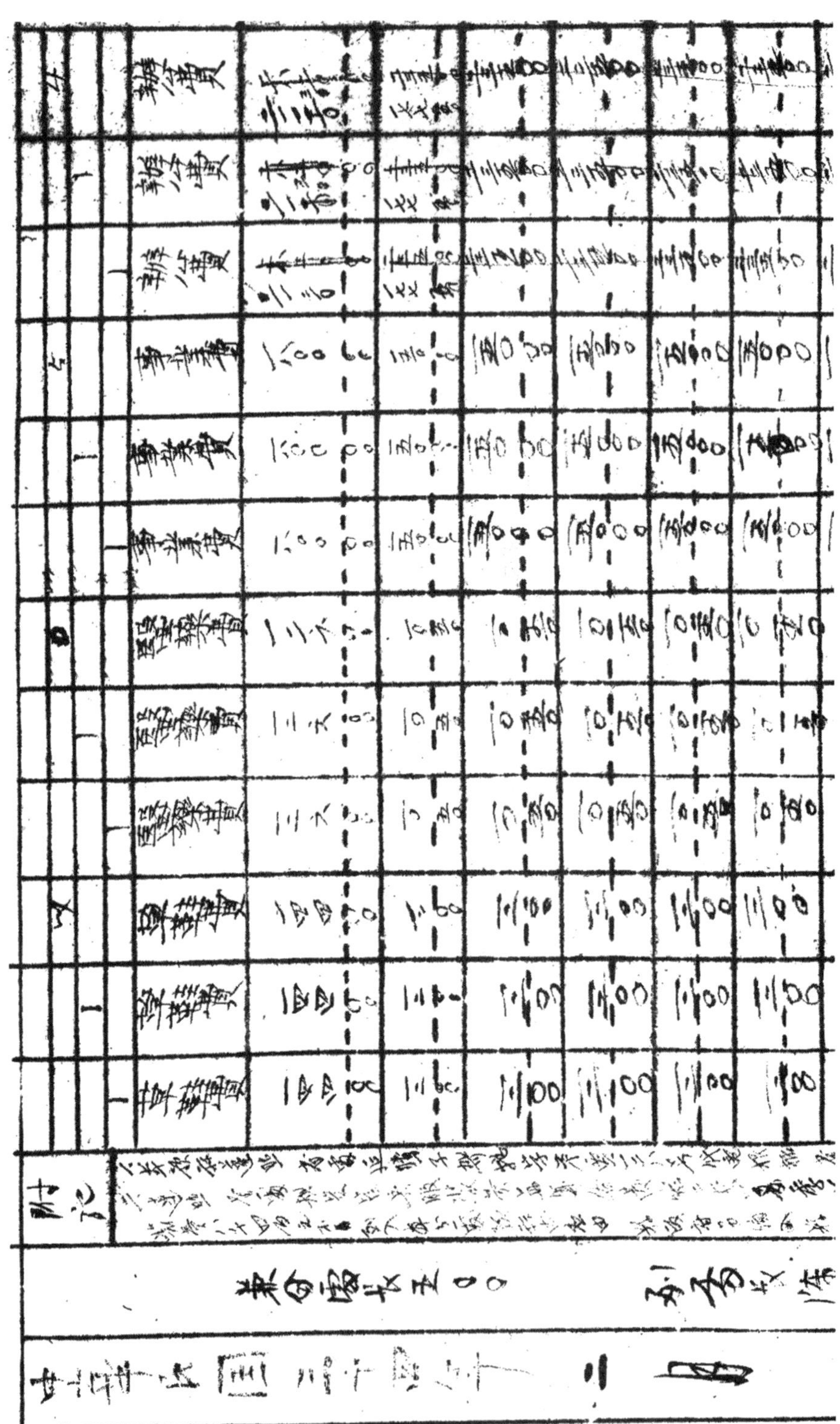

第三战区福建省福鼎县军民合作站指导分处民国三十四年度经常费分配预算表
(1945 年 2 月)a 面　G137-001-0001

第三战区福建省福鼎县军民合作站指导分处民国三十四年度经常费分配预算表

(1945 年 2 月)b 面　G137-001-0001

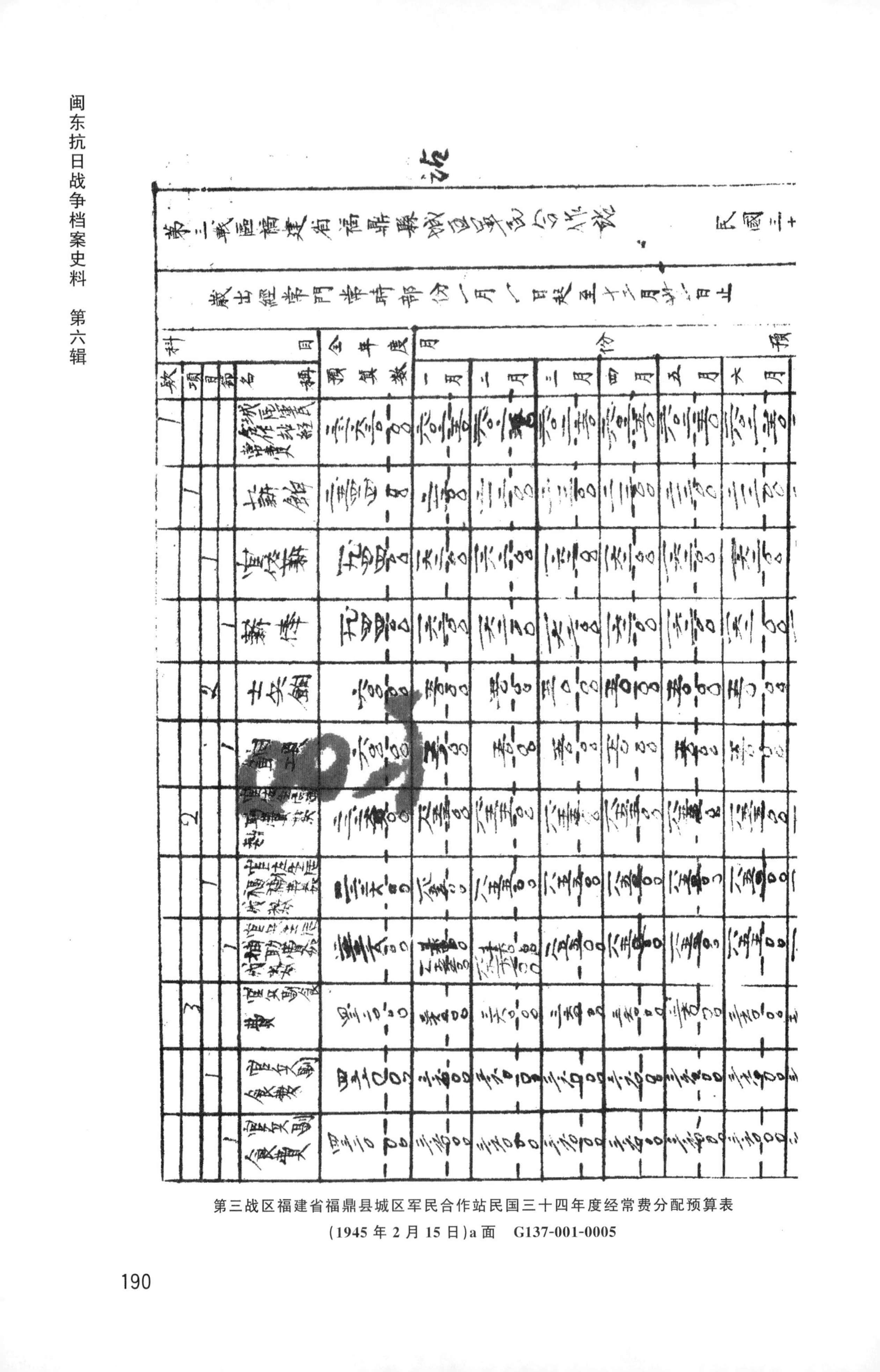

第三战区福建省福鼎县城区军民合作站民国三十四年度经常费分配预算表

(1945 年 2 月 15 日)a 面 G137-001-0005

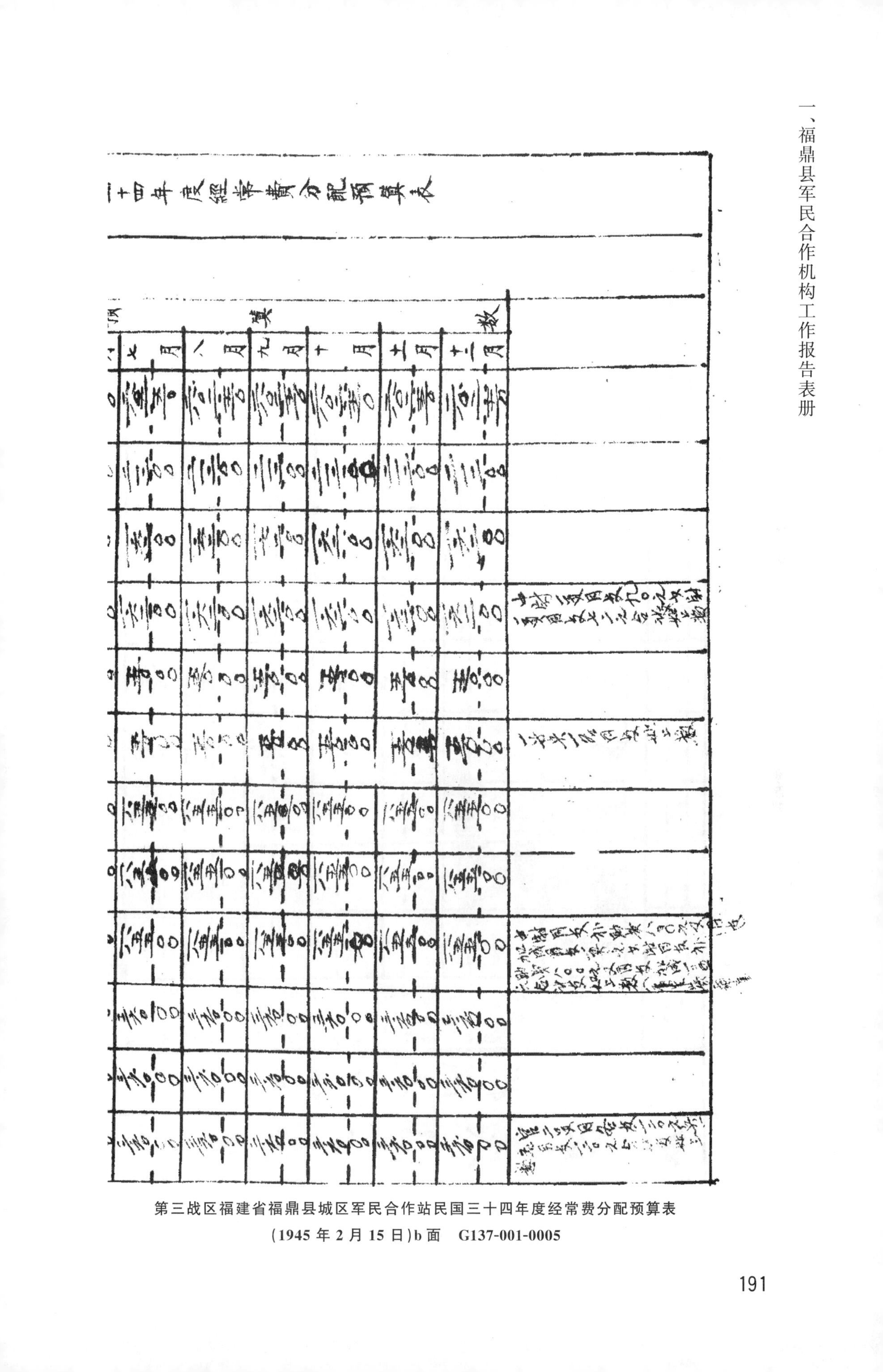

…十四年度經常費分配預算表

七月	八月	九月	十月	十一月	十二月	
[illegible]	[illegible]	[illegible]	[illegible]	[illegible]	[illegible]	
[illegible]	[illegible]	[illegible]	[illegible]	[illegible]	[illegible]	
[illegible]	[illegible]	[illegible]	[illegible]	[illegible]	[illegible]	
[illegible]	[illegible]	[illegible]	[illegible]	[illegible]	[illegible]	[illegible]
[illegible]	[illegible]	[illegible]	[illegible]	[illegible]	[illegible]	
[illegible]	[illegible]	[illegible]	[illegible]	[illegible]	[illegible]	[illegible]
[illegible]	[illegible]	[illegible]	[illegible]	[illegible]	[illegible]	
[illegible]	[illegible]	[illegible]	[illegible]	[illegible]	[illegible]	
[illegible]	[illegible]	[illegible]	[illegible]	[illegible]	[illegible]	[illegible]
[illegible]	[illegible]	[illegible]	[illegible]	[illegible]	[illegible]	
[illegible]	[illegible]	[illegible]	[illegible]	[illegible]	[illegible]	
[illegible]	[illegible]	[illegible]	[illegible]	[illegible]	[illegible]	[illegible]

第三战区福建省福鼎县城区军民合作站民国三十四年度经常费分配预算表

(1945年2月15日)b面　G137-001-0005

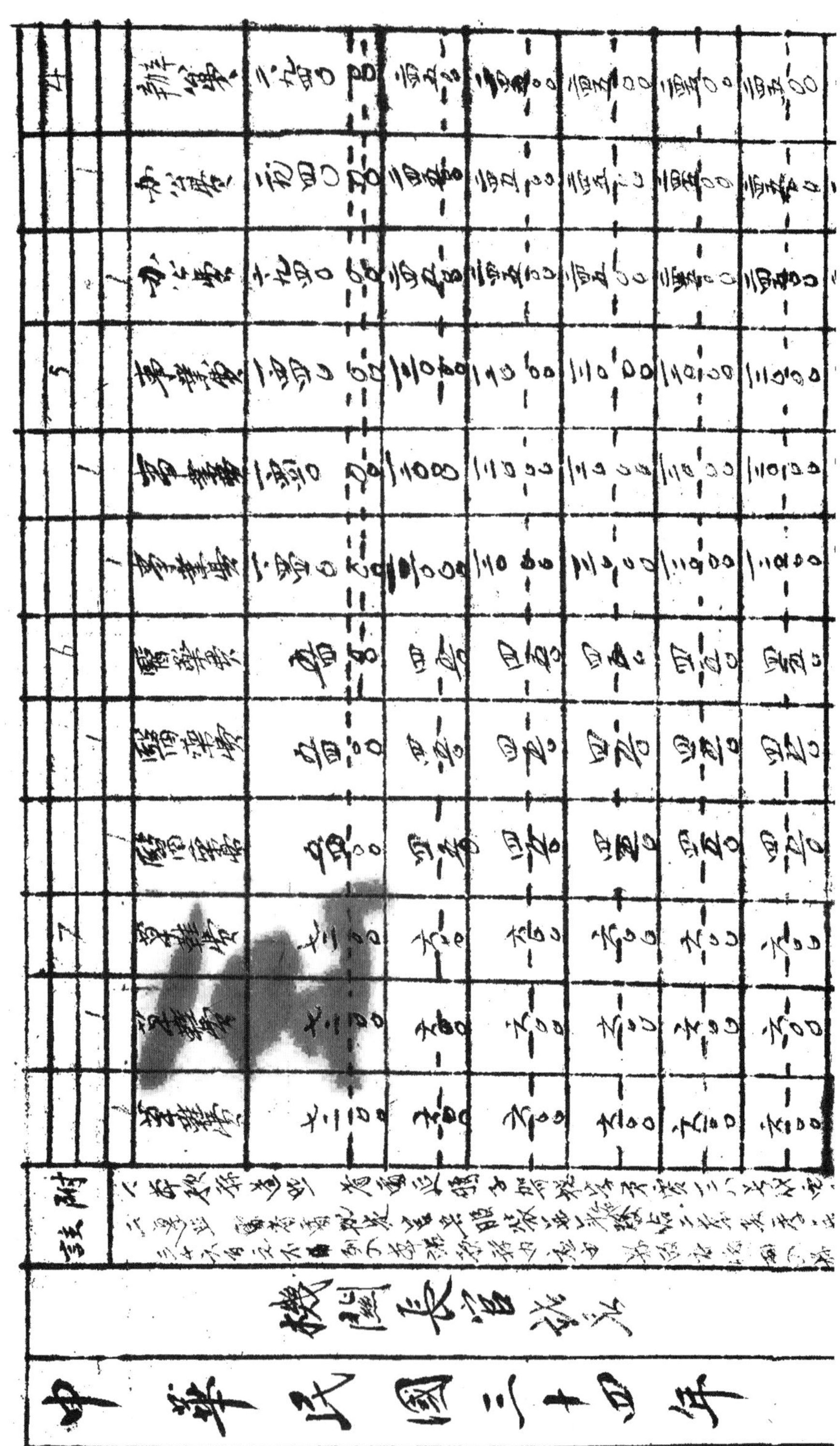

第三战区福建省福鼎县城区军民合作站民国三十四年度经常费分配预算表
(1945年2月15日)a面 G137-001-0005

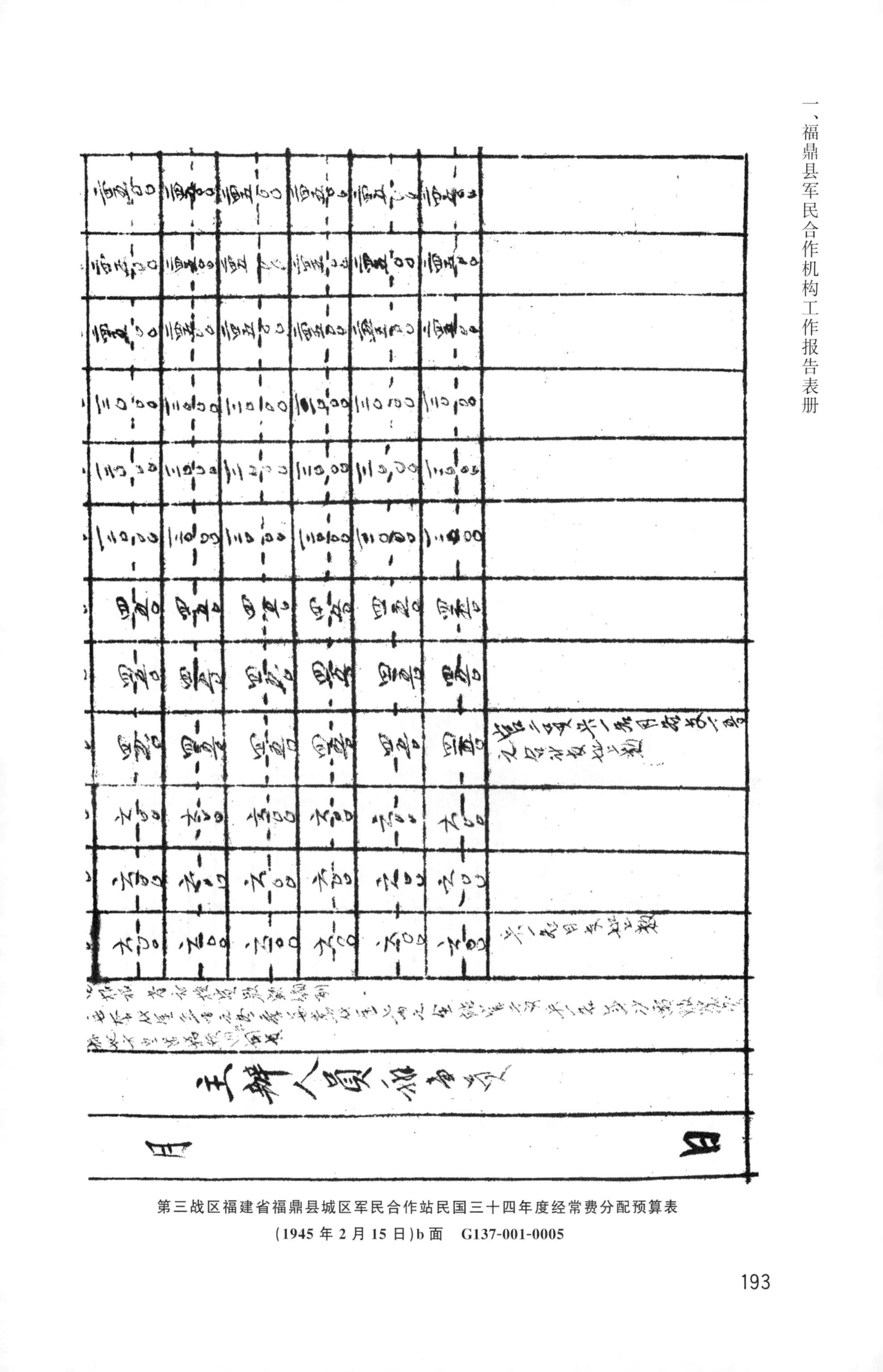

主辦人員

月　　　日

第三战区福建省福鼎县城区军民合作站民国三十四年度经常费分配预算表

(1945年2月15日)b面　G137-001-0005

第三战区福建省福鼎县军民合作站指导分处民国三十四年度经常费分配预算表

(1945 年 2 月 15 日)a 面　G137-001-0005

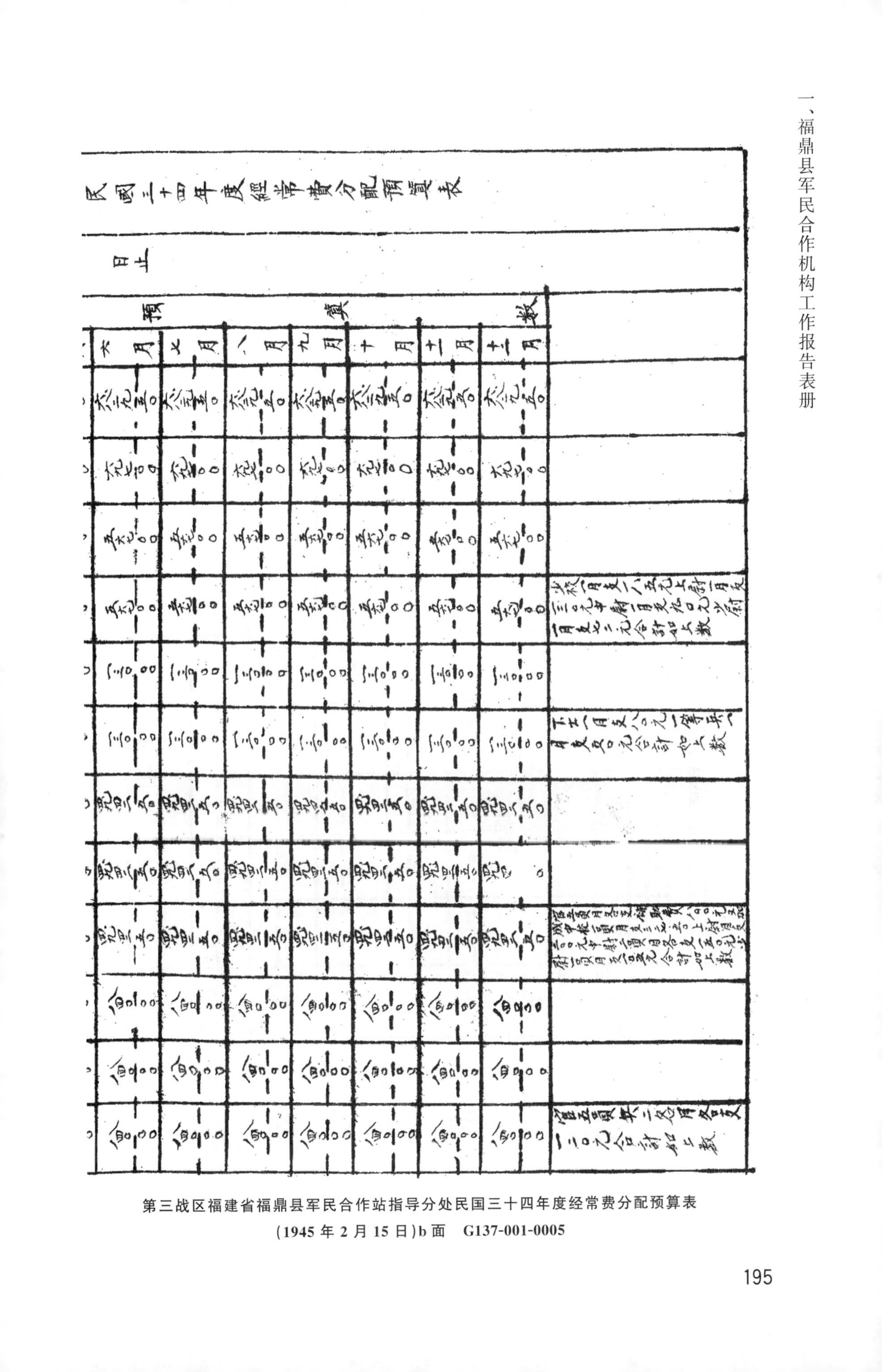

民國三十四年度經常費分配預算表

日止

預算數							
六月	七月	八月	九月	十月	十一月	十二月	
[illegible]	[illegible]	[illegible]	[illegible]	[illegible]	[illegible]	[illegible]	
[illegible]	[illegible]	[illegible]	[illegible]	[illegible]	[illegible]	[illegible]	
[illegible]	[illegible]	[illegible]	[illegible]	[illegible]	[illegible]	[illegible]	
[illegible]	[illegible]	[illegible]	[illegible]	[illegible]	[illegible]	[illegible]	[illegible]
[illegible]	[illegible]	[illegible]	[illegible]	[illegible]	[illegible]	[illegible]	
[illegible]	[illegible]	[illegible]	[illegible]	[illegible]	[illegible]	[illegible]	[illegible]
[illegible]	[illegible]	[illegible]	[illegible]	[illegible]	[illegible]	[illegible]	
[illegible]	[illegible]	[illegible]	[illegible]	[illegible]	[illegible]	[illegible]	
[illegible]	[illegible]	[illegible]	[illegible]	[illegible]	[illegible]	[illegible]	[illegible]
[illegible]	[illegible]	[illegible]	[illegible]	[illegible]	[illegible]	[illegible]	
[illegible]	[illegible]	[illegible]	[illegible]	[illegible]	[illegible]	[illegible]	
[illegible]	[illegible]	[illegible]	[illegible]	[illegible]	[illegible]	[illegible]	[illegible]

第三战区福建省福鼎县军民合作站指导分处民国三十四年度经常费分配预算表

(1945 年 2 月 15 日)b 面　G137-001-0005

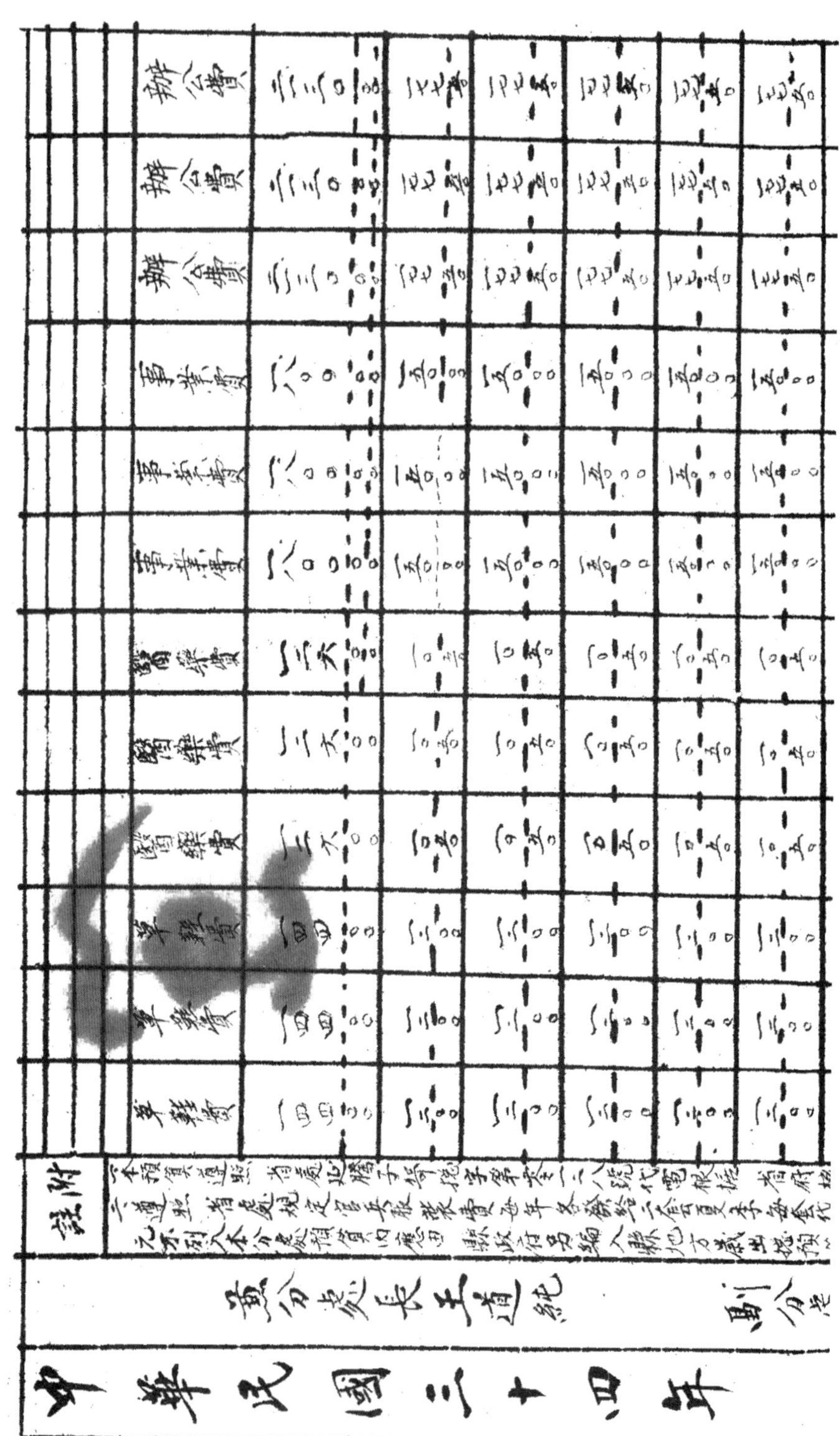

第三战区福建省福鼎县军民合作站指导分处民国三十四年度经常费分配预算表

(1945 年 2 月 15 日)a 面 G137-001-0005

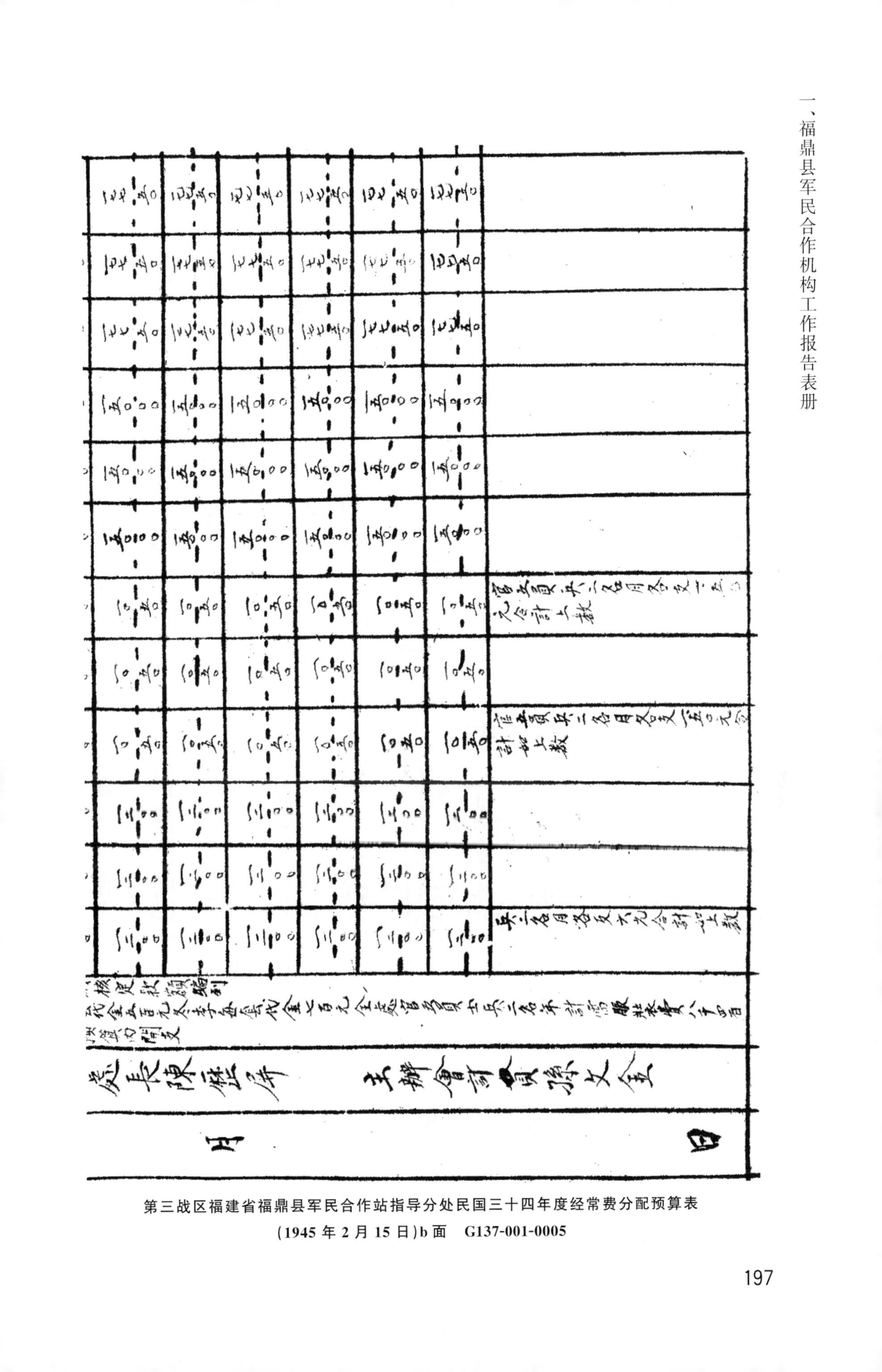

[illegible]	[illegible]	[illegible]	[illegible]	[illegible]	[illegible]	
[illegible]	[illegible]	[illegible]	[illegible]	[illegible]	[illegible]	
[illegible]	[illegible]	[illegible]	[illegible]	[illegible]	[illegible]	
[illegible]	[illegible]	[illegible]	[illegible]	[illegible]	[illegible]	
[illegible]	[illegible]	[illegible]	[illegible]	[illegible]	[illegible]	
[illegible]	[illegible]	[illegible]	[illegible]	[illegible]	[illegible]	
[illegible]	[illegible]	[illegible]	[illegible]	[illegible]	[illegible]	除去自二月至十二月每月[illegible]元合计上数
[illegible]	[illegible]	[illegible]	[illegible]	[illegible]	[illegible]	
[illegible]	[illegible]	[illegible]	[illegible]	[illegible]	[illegible]	除去自二月至十二月每月[illegible]元合计上数
[illegible]	[illegible]	[illegible]	[illegible]	[illegible]	[illegible]	
[illegible]	[illegible]	[illegible]	[illegible]	[illegible]	[illegible]	
[illegible]	[illegible]	[illegible]	[illegible]	[illegible]	[illegible]	自二月至十二月[illegible]合计上数

核定[illegible]
[illegible]

县长 [illegible]　　主办会计员 [illegible]

第三战区福建省福鼎县军民合作站指导分处民国三十四年度经常费分配预算表

(1945 年 2 月 15 日)b 面　G137-001-0005

第三战区福建省福鼎县军民合作站指导分处三十四年度岁出概算书

岁出经常门特部份

款	项	目	科目	年度概算数	每月概算数	备考
1			经常费	八〇九五四〇〇	六八〇九五〇	
	1		薪饷	八三六四〇〇	[illegible]	
		1	官佐薪	六八〇四〇〇	五六七〇〇	校一月支一八五元 上尉一月[illegible] 中尉二月各支九〇元 少[illegible] 一月支[illegible]元 合计如上数
		2	士兵饷	一五六〇〇〇	一三〇〇〇	下士一月支八[illegible]元 一等兵一月支六五〇元 合计如上数
	2		官佐生活补助费加成数	五九三一〇〇	四九四二五	本数系定年六〇〇〇〇元月五〇〇〇元 除开支生活补助加成数外月剩二五元拨充办公费合计如上数
		1	〃	五九三一〇〇	[illegible]	生活补助费官五员每员各支八〇〇元 加成数少校一月支二二〇元 上尉一月支二〇〇元 中尉二月各支一五〇元 少尉一月支一[illegible]元 合计如上数
	3		官兵副食费	一〇〇八〇〇	八四〇〇	
		1	〃	一〇〇八〇〇	八四〇〇	官五兵二月各支一二〇〇元 合计如上数
	4		办公费	二一三〇〇	一七七五	

(1945年2月15日)a面 G137-001-0005

	1	〃	二、三〇〇	00	一七	五〇	本數原定年一四〇〇元月支一二〇元因⋯⋯餘款撥入合計如上數
5		事業費	一八〇〇	00	一五〇	00	
	1	〃	一八〇〇	00	一五〇	00	
6		醫藥費	一二六	00	一〇	五〇	
	1	〃	一二六	00	一〇	五〇	官五兵二月各支一五元合計如上數
7		草鞋費	一四四	00	一二	00	
		〃	一四四	00	一二	00	兵二月各支六元合計如上數
		合計	八九五四	00	六八二九	五〇	

附註：1.本概算書表生活補助費及加成數概與縣政同樣編定之

2.官兵服裝每年發給二套夏季每套代金五〇〇元冬季每套代金一〇〇〇元代金數目向縣府洽領

第三战区福建省福鼎县军民合作站指导分处三十四年度岁出概算书

(1945年2月15日)b面　G137-001-0005

第三戰區福建省縣軍民合作站指導分處三十四年度月支經費概算表

職別	階級	人數	薪餉數	生活補助費及加成數	官佐副食費	合計	備攷
分處長		一					兼任不列級不支薪
[illegible]長	少校	一	一八五○○	一一三七五○	一二○○○	一四二五○	
幹事	上尉	一	一三○○○	一○○○○○	一二○○○	一二五○○○	
〃	中尉	二	一六○○○	一九○○○○	二四○○○	二三二○○	
司書	少尉	一	七二○○	九○五○○	一二○○○	一○九七○○	
[illegible]達	下士	一	八○○○		一二○○○	二○○○○	
工役		一	五○		一二○○○	一七○○○	
辦公費						三七○○	
[illegible]費						一五○○○	
醫藥費						一○五○	
草鞋費						一二○○	
合計						六八二九五○	

第三战区福建省军民合作站指导分处三十四年度月支经费概算表

（1945 年 7 月 24 日） G137-001-0005

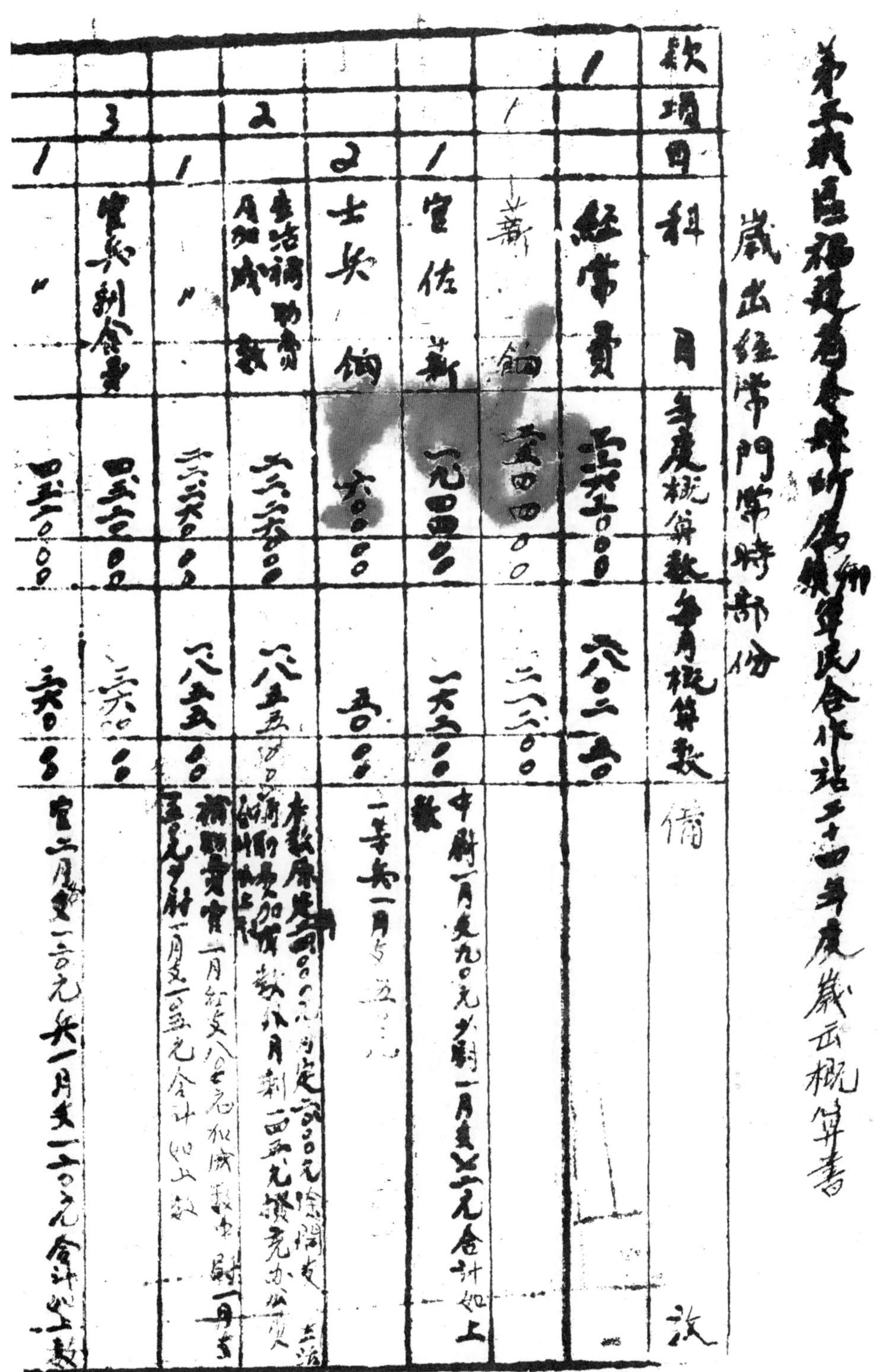

第三战区福建省各县所属乡镇军民合作站三十四年度岁出概算书

岁出经常门常时部份

款	项	目	科目	年度概算数	每月概算数	备考
1			经常费	[illegible]	[illegible]	
	1		薪饷	[illegible]	[illegible]	
		1	官佐薪	[illegible]	[illegible]	中尉一月支九〇元 少尉一月支七二元 合计如上
		2	士兵饷	[illegible]	[illegible]	一等兵一月支五〇元
	2		生活补助费 月加成数	[illegible]	[illegible]	[illegible]
		1	〃	[illegible]	[illegible]	[illegible]
	3		官兵副食费	[illegible]	[illegible]	
		1	〃	[illegible]	[illegible]	官二月支一〇〇元 兵一月支一〇〇元 合计如上数

第三战区福建省各县所属乡镇军民合作站三十四年度岁出概算书

(1945年7月24日)a面　G137-001-0005

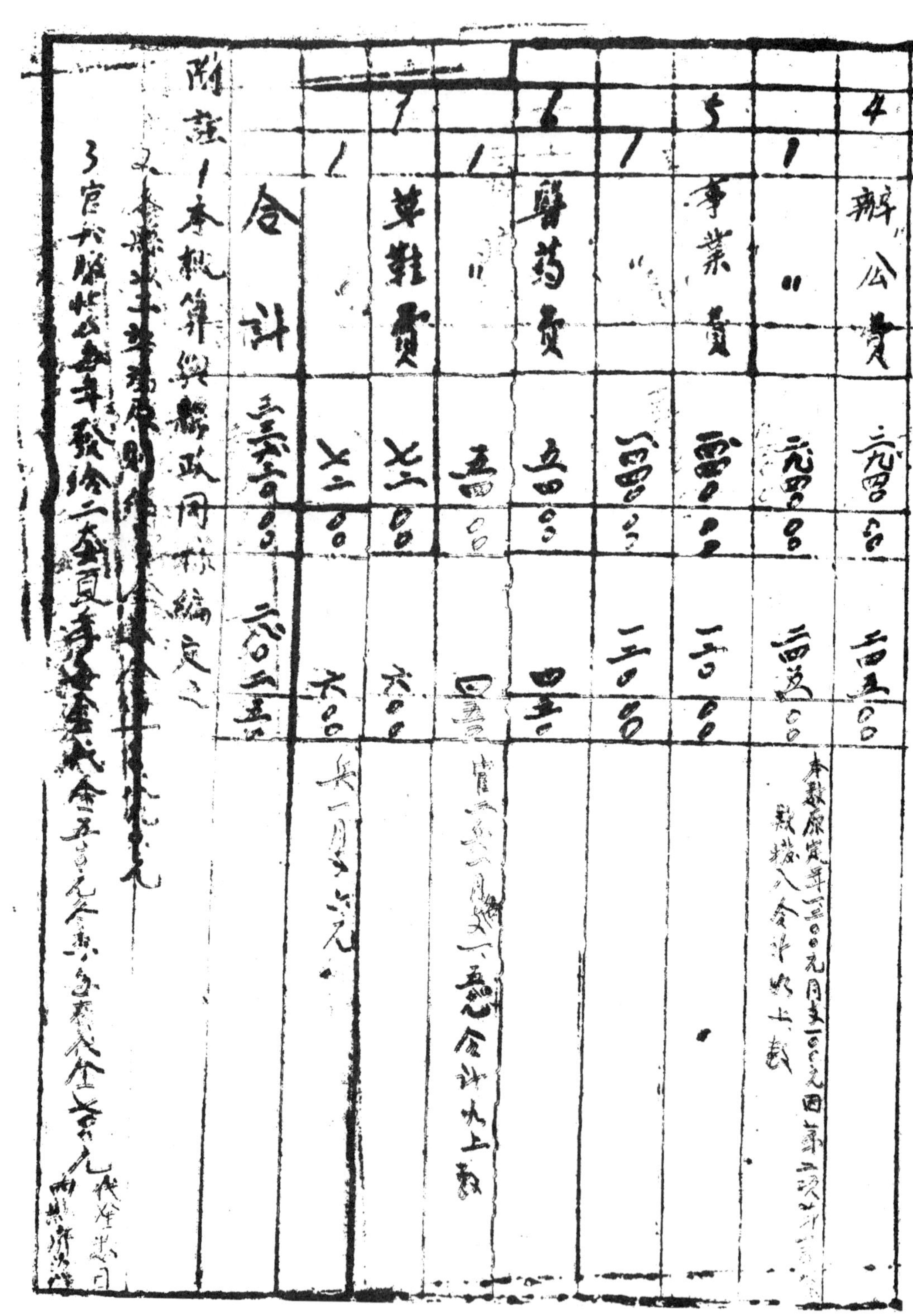

第三战区福建省各县所属乡镇军民合作站三十四年度岁出概算书

（1945 年 7 月 24 日）b 面　G137-001-0005

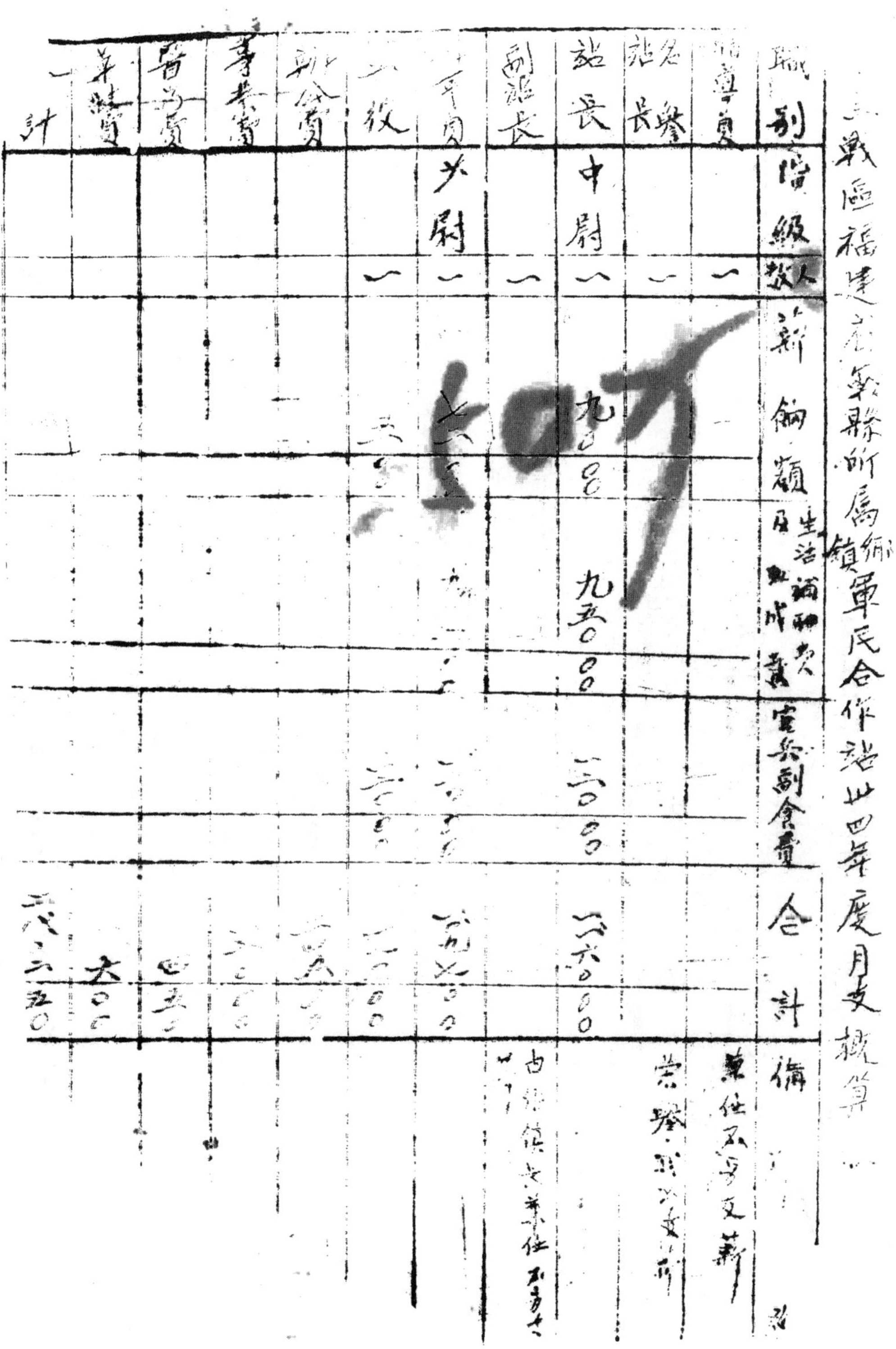

三战区福建省各县所属乡镇军民合作站卅四年度月支概算

职别	阶级	人数	薪饷额	生活补助费	主副食费	合计	备考
指导员		一					兼任不另支薪
站长		一					由乡镇长兼任不另支
站长	中尉	一	九〇	九五〇〇	二〇〇	一〇六〇〇	
副站长		一					由乡镇保安副队长兼任不另支
干事	少尉	一	[illegible]	[illegible]	二〇〇	[illegible]	
站役		一	三〇		二〇〇	二〇〇〇	
办公费						[illegible]	
事业费						三〇〇	
宣传费						四〇〇	
特别费						六〇〇	
合计						一六二五〇	

第三战区福建省各县所属乡镇军民合作站三十四年度月支概算表

（1945 年 7 月 24 日） G137-001-0005

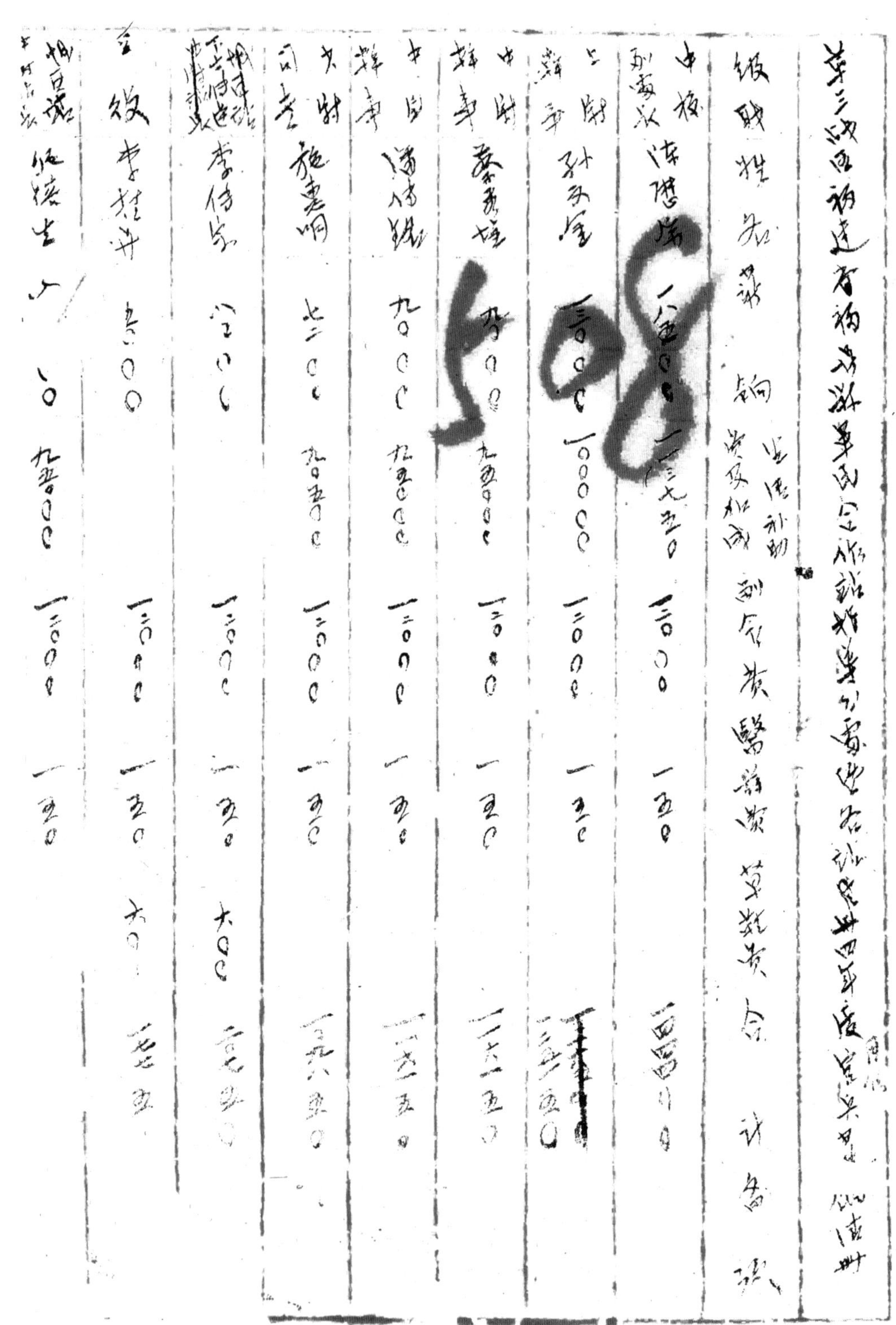

第三战区福建省福鼎县军民合作站指导分处及各站三十四年月份官兵薪饷清册

（1945 年 2 月 15 日） G137-001-0005

少尉办事员	[illegible]文兴	七[illegible]〇	九五〇	一二〇〇	一五〇	[illegible]
公役	林水云	五〇〇		一二〇〇	一五〇	六〇〇	二四五〇
安阳站站长	张文寿	九〇〇	九五〇	一二〇〇	一五〇		三二五〇
少尉办事员	李学年	七二〇	九五〇	一二〇〇	一五〇		三〇[illegible]〇
公役	张玉明	五〇〇		一二〇〇	一五〇	六〇〇	二四五〇
琳阳站站长	范[illegible]璘	九〇〇	九五〇	一二〇〇	一五〇		[illegible]二五〇
少尉办事员	陈礼林	七二〇	九五〇	一二〇〇	一五〇		三[illegible]五〇
公役	陈焕滉	五〇〇		一二〇〇	一五〇	六〇〇	二七七〇

翁霄站主任 [illegible]　　[illegible]霄站站长 [illegible]　　事务会计人员 [illegible]文笙

中华民国三十四年　月　日

第三战区福建省福鼎县军民合作站指导分处及各站三十四年月份官兵薪饷清册

（1945 年 2 月 15 日）　G137-001-0005

34.4.2.收0字34号

福建省军民合作站指导处训令　人腾字第1582号

由：令发工作调查简报表格式一份仰自一月份起按月填报由

令　县军合指导分处

兹制定工作统计调查简报表一种，各分处站应自本年一月份起，各按月份以二份由分处汇案转送处，以凭考核，至前颁之工作月报表应即作废。除分令外，合行附发简报表格式一份，令仰遵照并转饬所属遵照为要！

此令！

附发工作统计调查简报表格式一份

处长　郑

六、遵办

六、转饬各站认真遵办

第三战区福建省军民合作站指导处关于制发工作调查简报表格式并自一月份起按月填报的训令

（1945年3月20日）　G137-001-0006

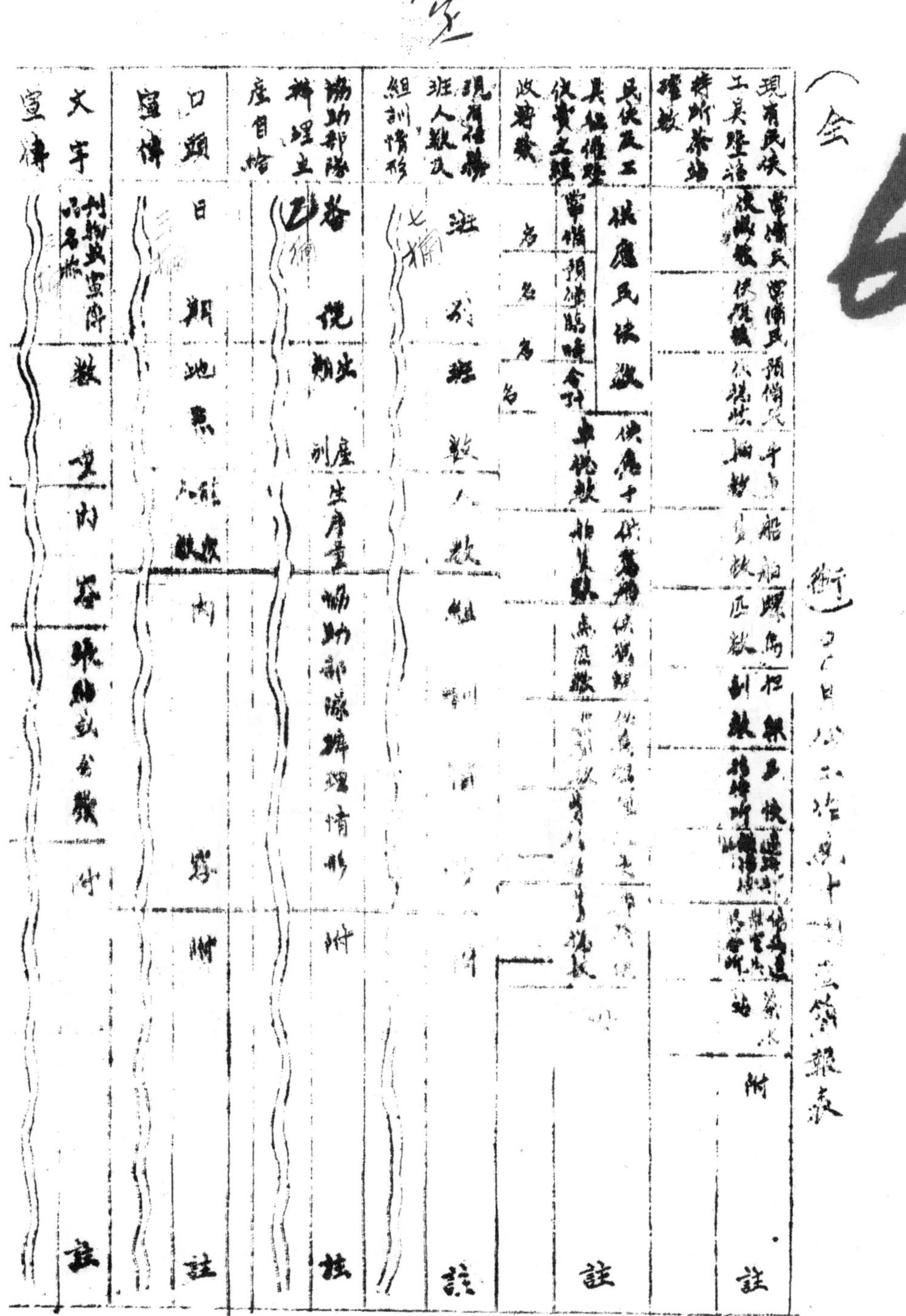

第三战区福建省××县军民合作站指导分处×月份工作统计调查简报表

(1945年3月20日)a面　G137-001-0006

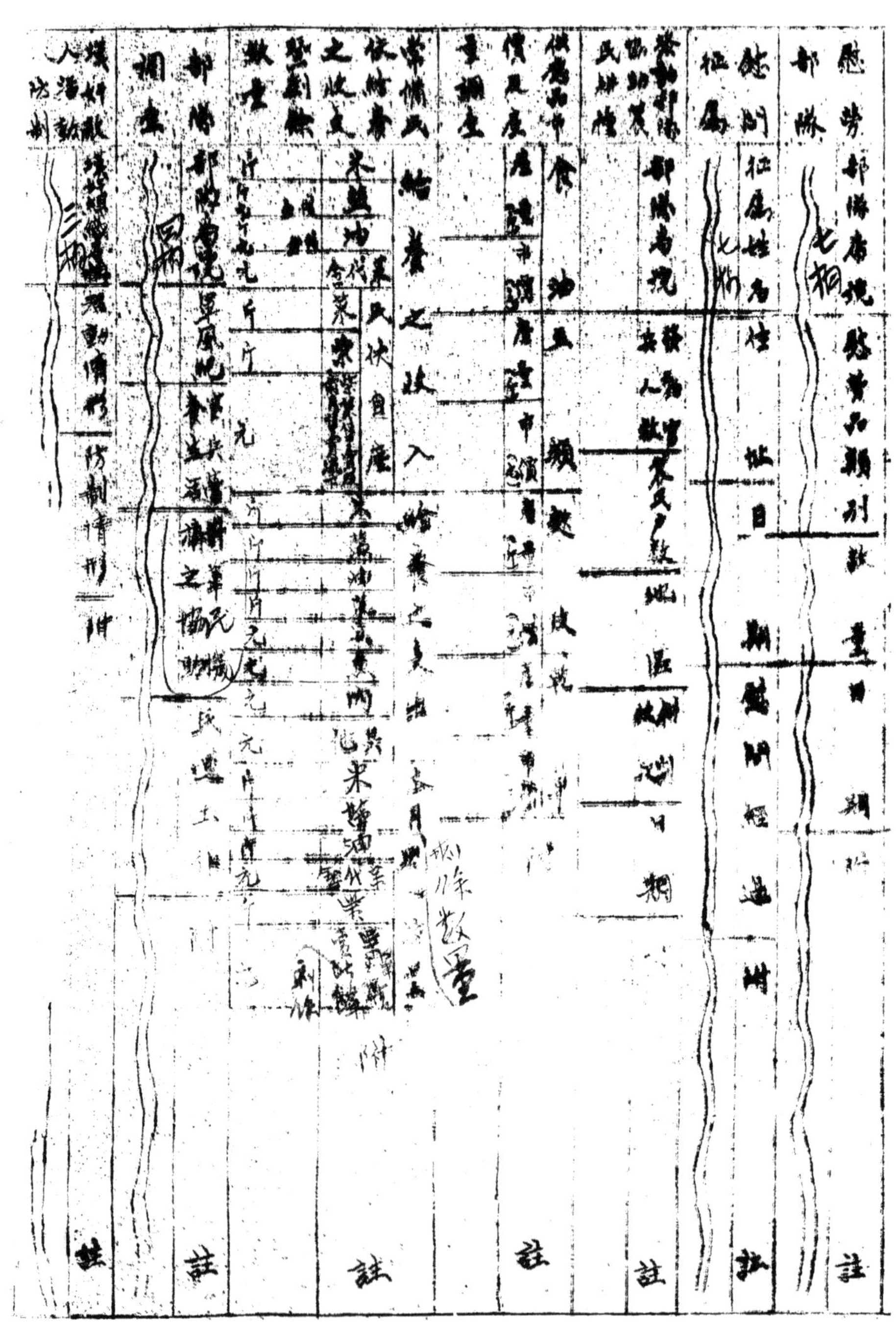

第三战区福建省××县军民合作站指导分处×月份工作统计调查简报表

(1945 年 3 月 20 日)b 面 G137-001-0006

第三战区福建省××县×乡镇军民合作站三十三年度×月份工作报告表

(1945 年 3 月 20 日)a 面　G137-001-0006

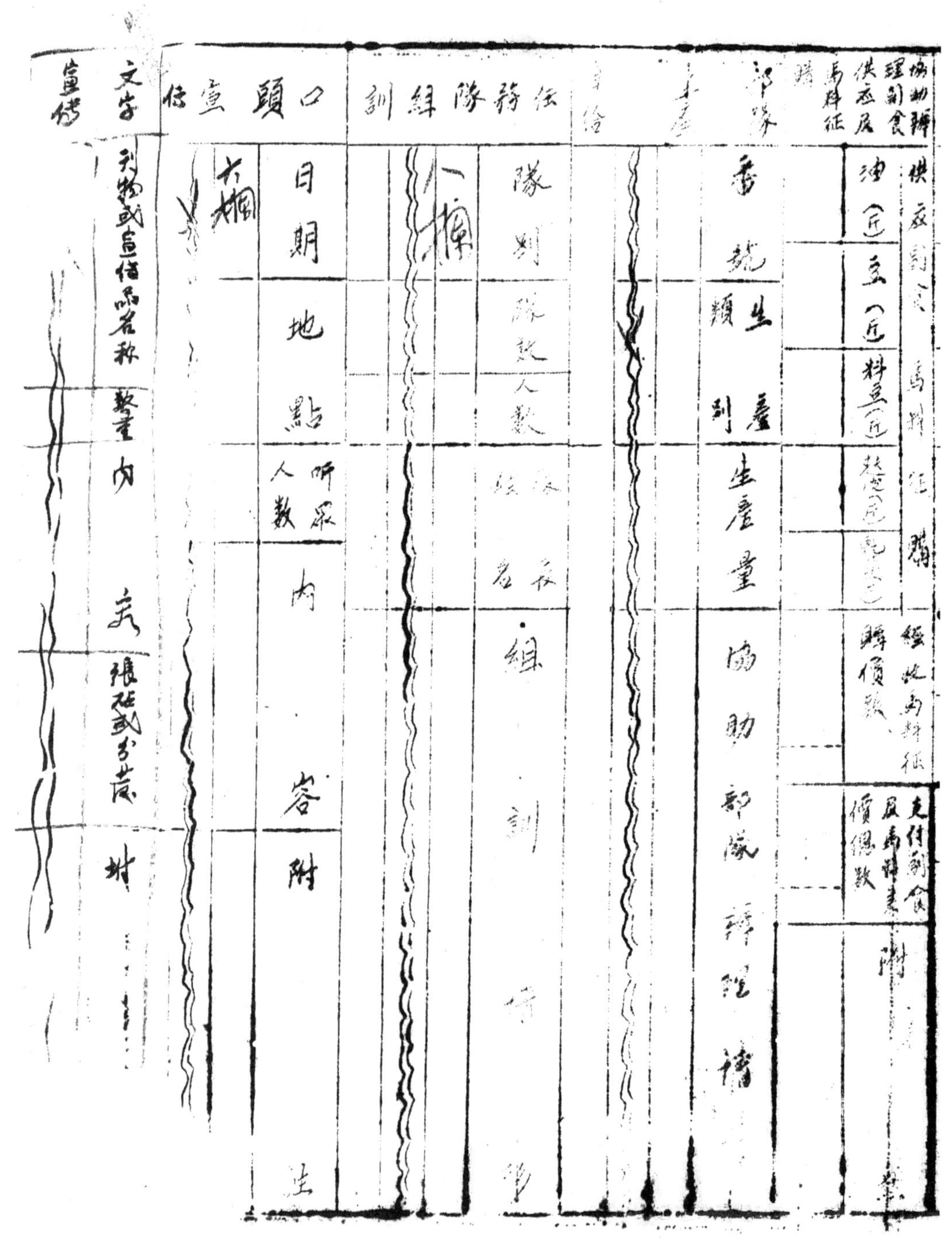

第三战区福建省××县×乡镇军民合作站三十三年度×月份工作报告表

（1945 年 3 月 20 日）b 面　G137-001-0006

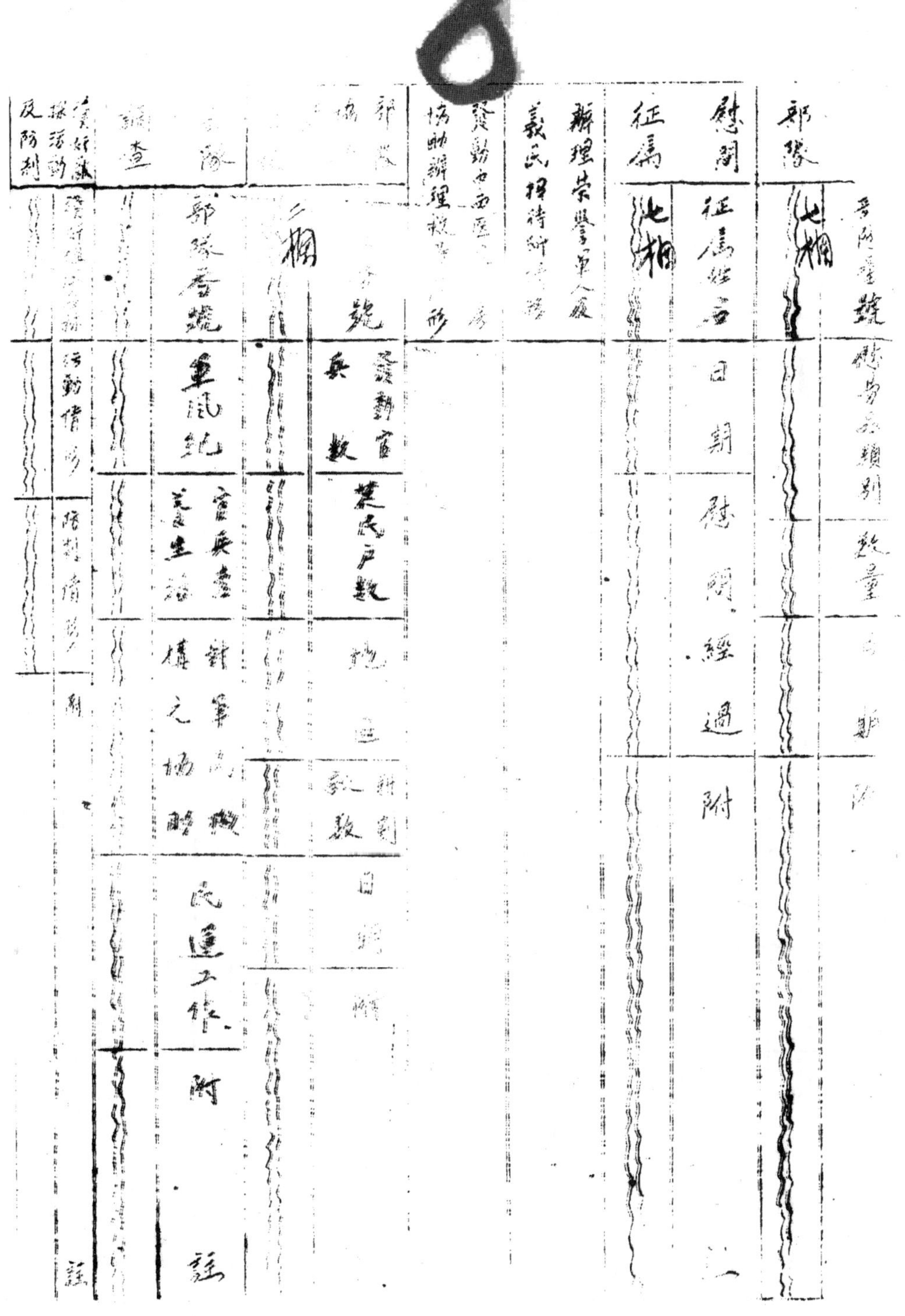
部隊 七柄 番號 慰勞品類別 數量 日期 部隊
慰問 征屬姓名 日期 慰問經過 附
征屬 七柄
辦理荣譽軍人家
義民招待所事務
發動由西區
協助辦理救濟
部隊 番號 發動官兵數 業民戶數 地區 工作類別 數數 日期
部隊 番號 軍風紀 官兵之言行 對軍民之協助 民運工作 附註
調查
漢奸敵探活動及防制 活動情形 防制情形 附註

第三战区福建省××县×乡镇军民合作站三十三年度×月份工作报告表

(1945年3月20日)a面 G137-001-0006

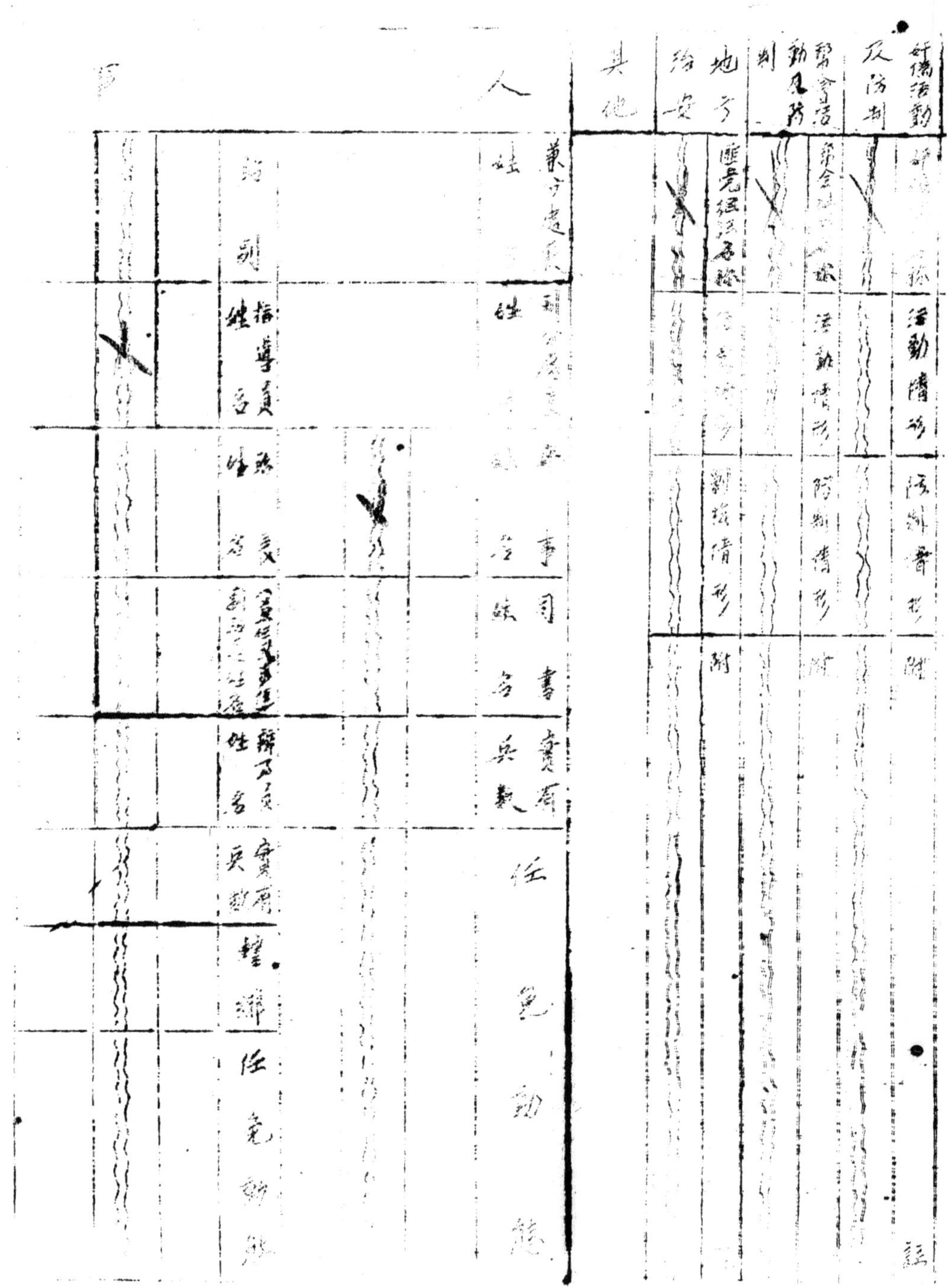

第三战区福建省××县×乡镇军民合作站三十三年度×月份工作报告表
（1945 年 3 月 20 日）b 面　G137-001-0006

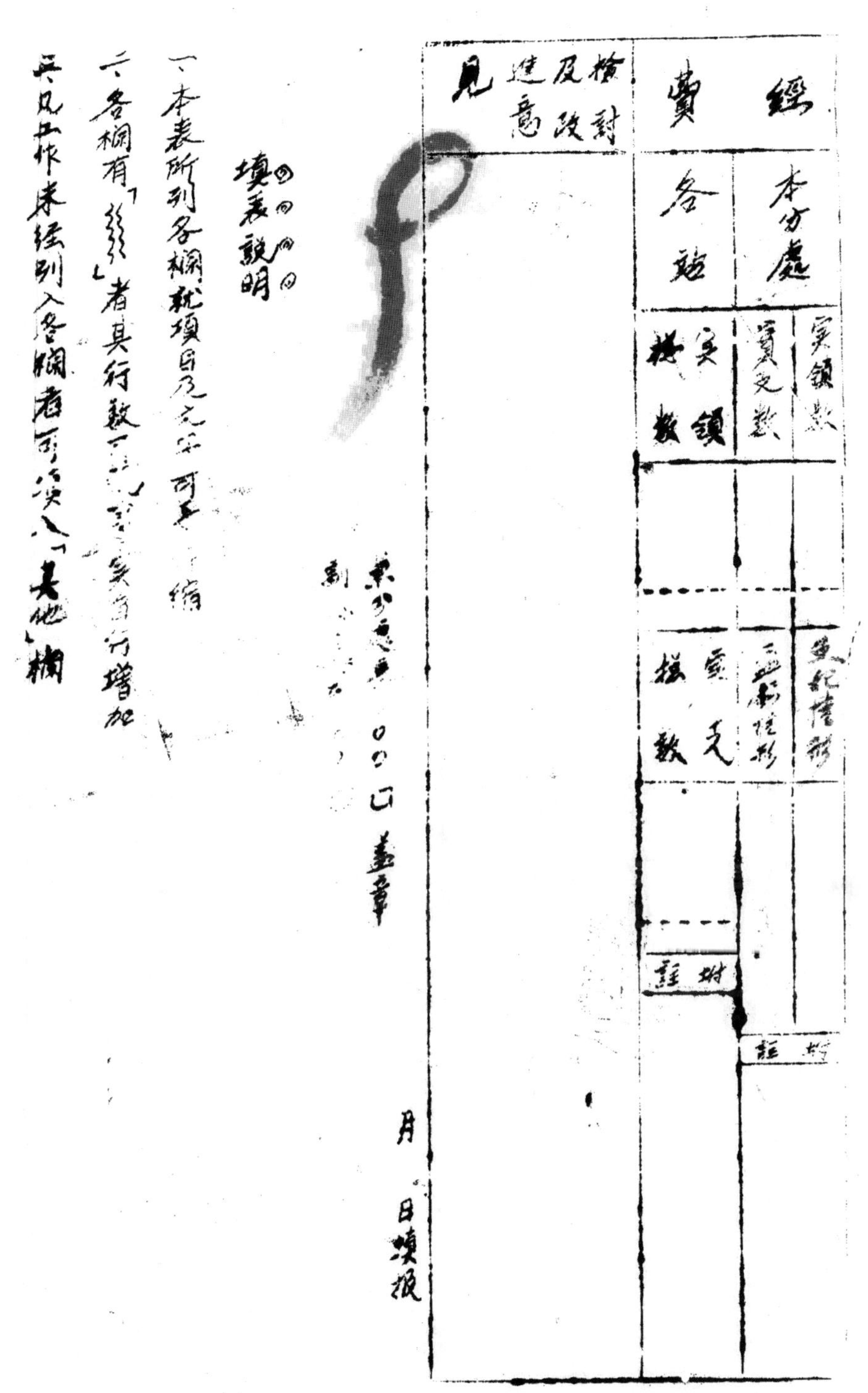

經費	
本分處	各站

檢討及改進意見

某分處主任 〇〇〇 蓋章

副……

月　日填報

填表說明

一、本表所列各欄就項目及文字可再編

二、各欄有「……」者其行數不敷時得自行增加

三、凡工作未經列入各欄者可填入「其他」欄

第三战区福建省××县×乡镇军民合作站三十三年度×月份工作报告表

(1945 年 3 月 20 日)a 面　G137-001-0006

四、就工作實施情况詳實填載不得遺漏空泛精數衔要責

五、概述欄應就工作預定計劃實施比較具体例舉以資叙述之

六、民伕及工具組织欄各項目係指現有數量而言

七、供應品市價及產量調查欄之產量係指該縣(市)所產總量而言鄉鎮站報告表則填該

該所轄各鄉鎮生產總量其各「市價」元為每斤之市價

八、人事欄之「鎮鄉」應將所轄鄉鎮名稱列出

九、經費欄各站收支係指各站收支總計數字

十、鄉鎮站按月填用之報告表式準照本表式惟表首縣分處處街應改為鄉鎮站站街表末县分处

長副分處長應改為站長副站長

十一、鄉鎮站準照本表式按人事欄所列分處項目可刪去經費欄之「各站實領經數實支總數暨附

註等」亦刪去而適用「本分站實領數實支數及收配情形並將情形暨附註等欄」本分處字

樣謂改為「本站」

縣分處按月應於次月五日前編填二份一份呈省指導處一份由省指導處彙呈戰區指導處

十月應於次月十日以前編填二份一份呈送縣分處一份由縣分處彙呈省指導處

式樣所列如有不合可將應刪應改者酌行刪改　免誤列者將其[illegible]頭

第三战区福建省××县×乡镇军民合作站三十三年度×月份工作报告表

(1945年3月20日)b面　G137-001-0006

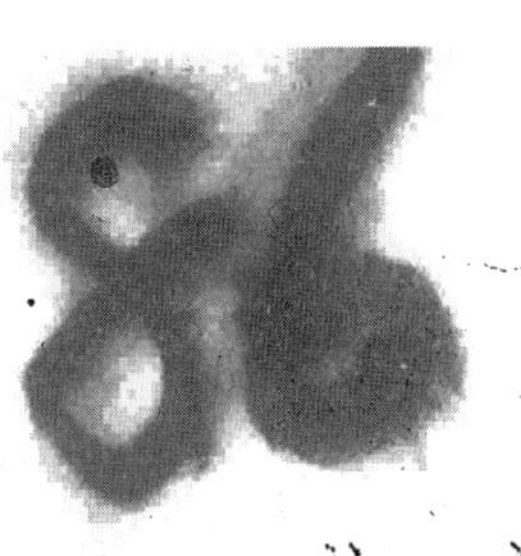

34.6.2收文(442)

第三戰區福建省軍民合作站指導處訓令　騰外寅指字 0659

事由：令飭一二兩月份工作報表及概述與檢討等限文到二日內填報呈核由

令福鼎縣軍合指導分處

查該分處一二兩月份工作報表及工作概述與檢討暨各種應報表冊迭令均未據報現上令一再催促急待彙轉合行令仰該文到二日內將之填送勿誤為要！

此令！

處長

第三战区福建省军民合作站指导处关于一、二月份工作报表及概述与检讨等限文到二日内填报呈核的训令(1945年4月7日)　G137-001-0007

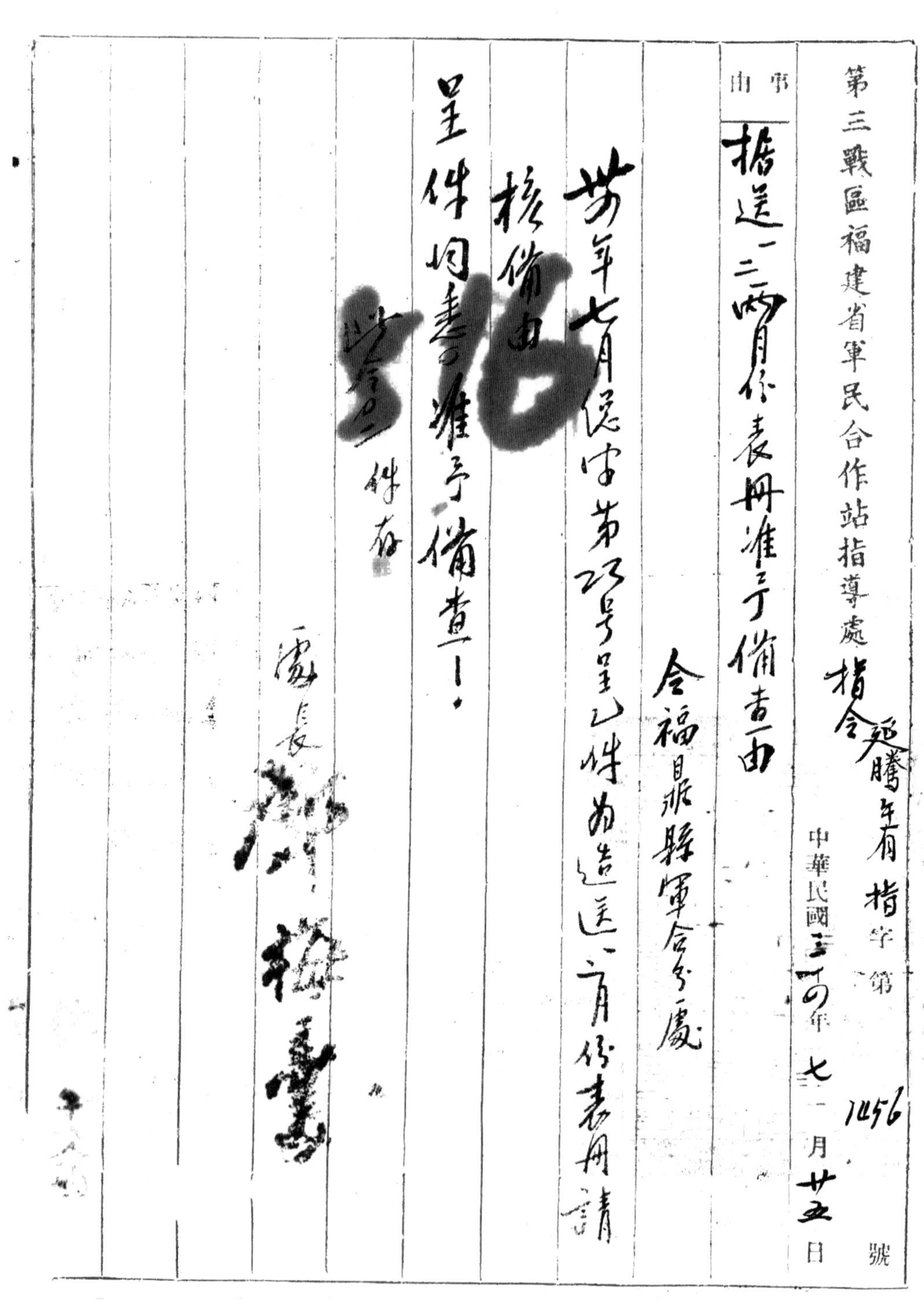

第三戰區福建省軍民合作站指導處指令

指字第1056號

中華民國三十四年七月廿五日

事由 指送一二兩月份表冊准予備查由

令福鼎縣軍合分處

卅四年七月總字第　號呈乙件為造送一、二月份表冊請核備由

呈件均悉，准予備查！此令。

處長

第三战区福建省军民合作站指导处关于一、二月份表册准予备查的指令

（1945 年 7 月 25 日） G137-001-0005

霞浙代电 转呈 军总字第021号 34.6.17 发021号

事由：为呈报此次霞浦敌寇窜犯本县，经我军截击追击

经过情形及本处站办理战时各种工作情形，祈

核由

第三战区福建省军民合作站指导处霞浦分处钧鉴：查此次据

速败敌寇，经闽东撤退，追过温州，本分处暨各站于五月廿日动员全

部官兵，协助各机关，并劝导城区政治县长、霞县长平诸大道

附近民众，将所有物资疏散于安全地区，续选派干员分赴各地

侦报敌情，其余工作人员办事务，以全力协助合办所处本理战

时工作。至[illegible]分处暨各站率领民众，指导城部追击敌寇，

迨六月三日，霞浦敌寇由龙亭 八都，经我截击，向四周原路窜

至周墩，于牙城、柘荣、王蒲、白琳、白琳寨、山头岩、点头、半岭亭、王

第三战区福建省福鼎县军民合作站指导分处关于此次霞浦敌寇窜犯本县，经我军截击、追击经过情形及本处站办理战时各种工作情形的代电（1945年6月17日） G137-001-0005

截敌攻击，十六时敌不支，全部沿县平大道向平阳北逃窜，我即入城，扑灭城北市区大火，办理善后。八日晨，我军续向北窜之敌追击，九时达到平阳桥墩，与敌后卫接触，敌向灵溪窜去，本县境内即无敌踪。惟当敌入城时，城内城南街档数处，住铺行栈[illegible]被奸将放火烧[illegible]，敌骑也最尤甚，[illegible][illegible]不及救，设法[illegible][illegible][illegible][illegible]长率领先事攻击全城[illegible]成焦土，[illegible][illegible][illegible][illegible]各界人士[illegible][illegible][illegible][illegible]道[illegible]，

拟请省政以励有功

惨敌肆其兽行，所到之处，[illegible]毁焚掠，无所不用其极，哀鸿遍野，厥状至惨，令人目击心伤。现本处已会同地方各界办理赈济及善后等事宜，[illegible][illegible]将经过情形[illegible]县文报请察核，县长萧○○叩

巳筱印

第三战区福建省福鼎县军民合作站指导分处关于此次霞浦敌寇窜犯本县，经我军截击、追击经过情形及本处站办理战时各种工作情形的代电（1945年6月17日） G137-001-0005

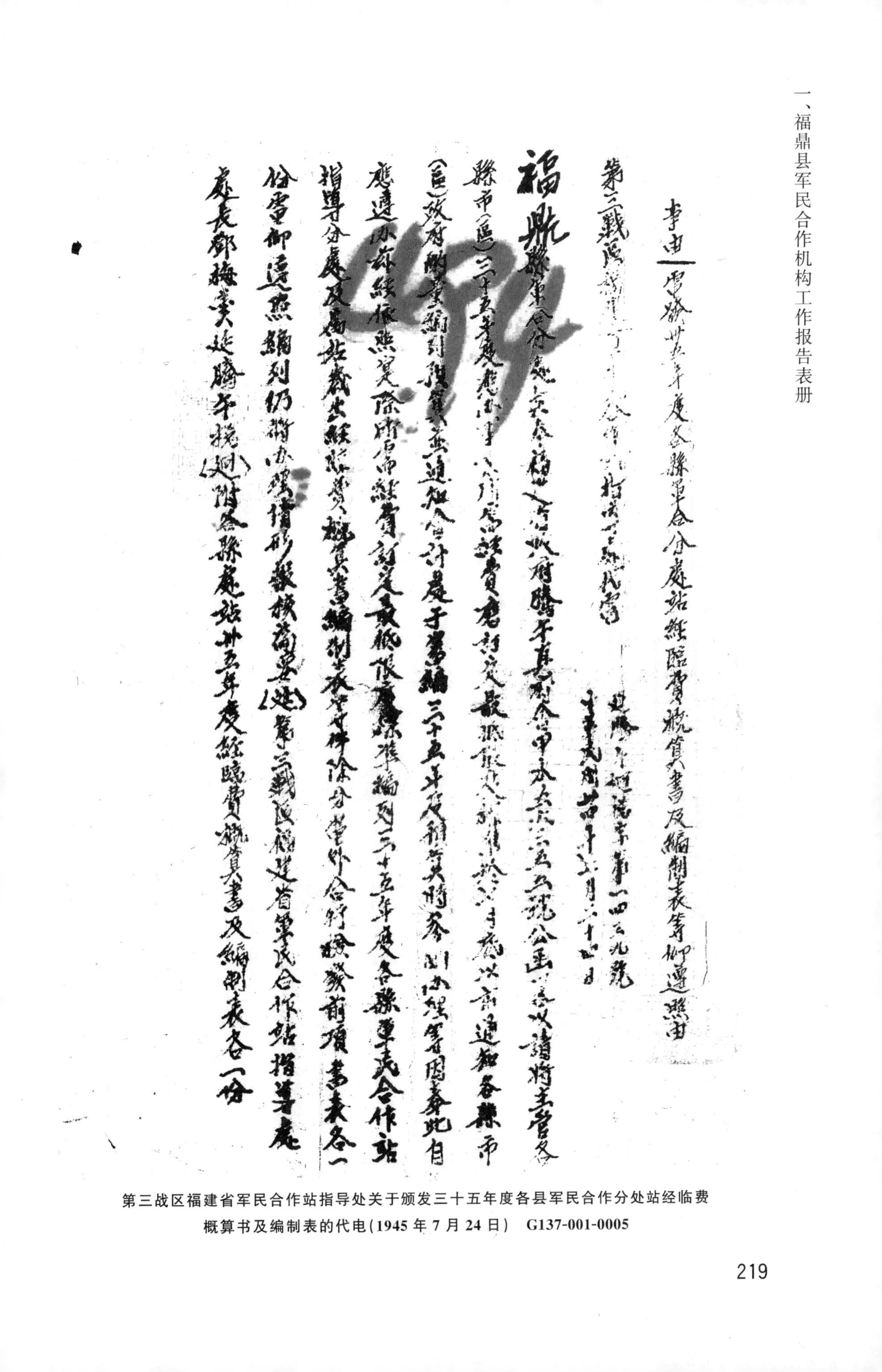

第三战区福建省军民合作站指导处关于颁发三十五年度各县军民合作分处站经临费概算书及编制表的代电(1945 年 7 月 24 日)　G137-001-0005

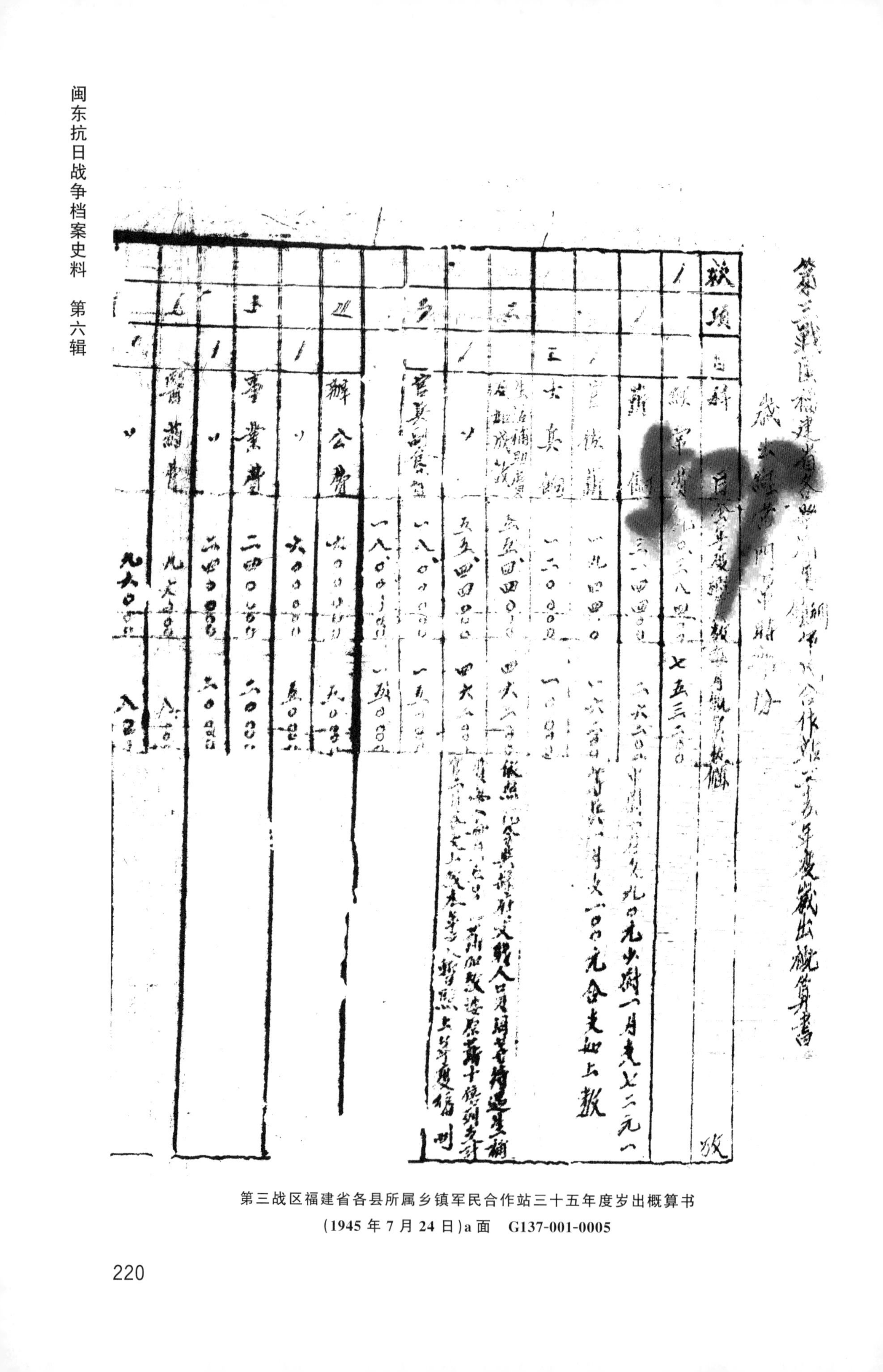

第三战区福建省各县所属乡镇军民合作站三十五年度岁出概算书

(1945 年 7 月 24 日)a 面　G137-001-0005

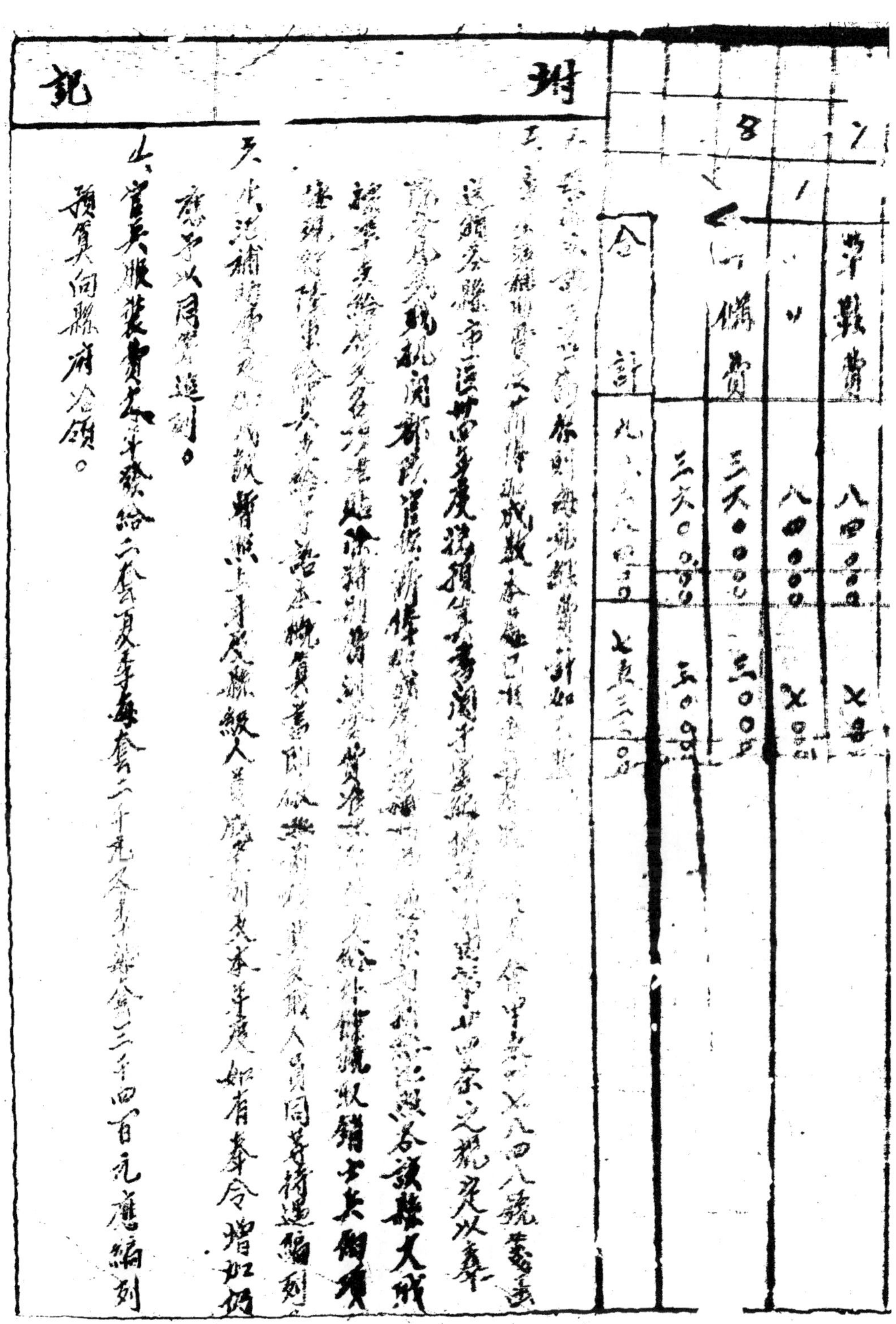

第三战区福建省各县所属乡镇军民合作站三十五年度岁出概算书

(1945 年 7 月 24 日)b 面　G137-001-0005

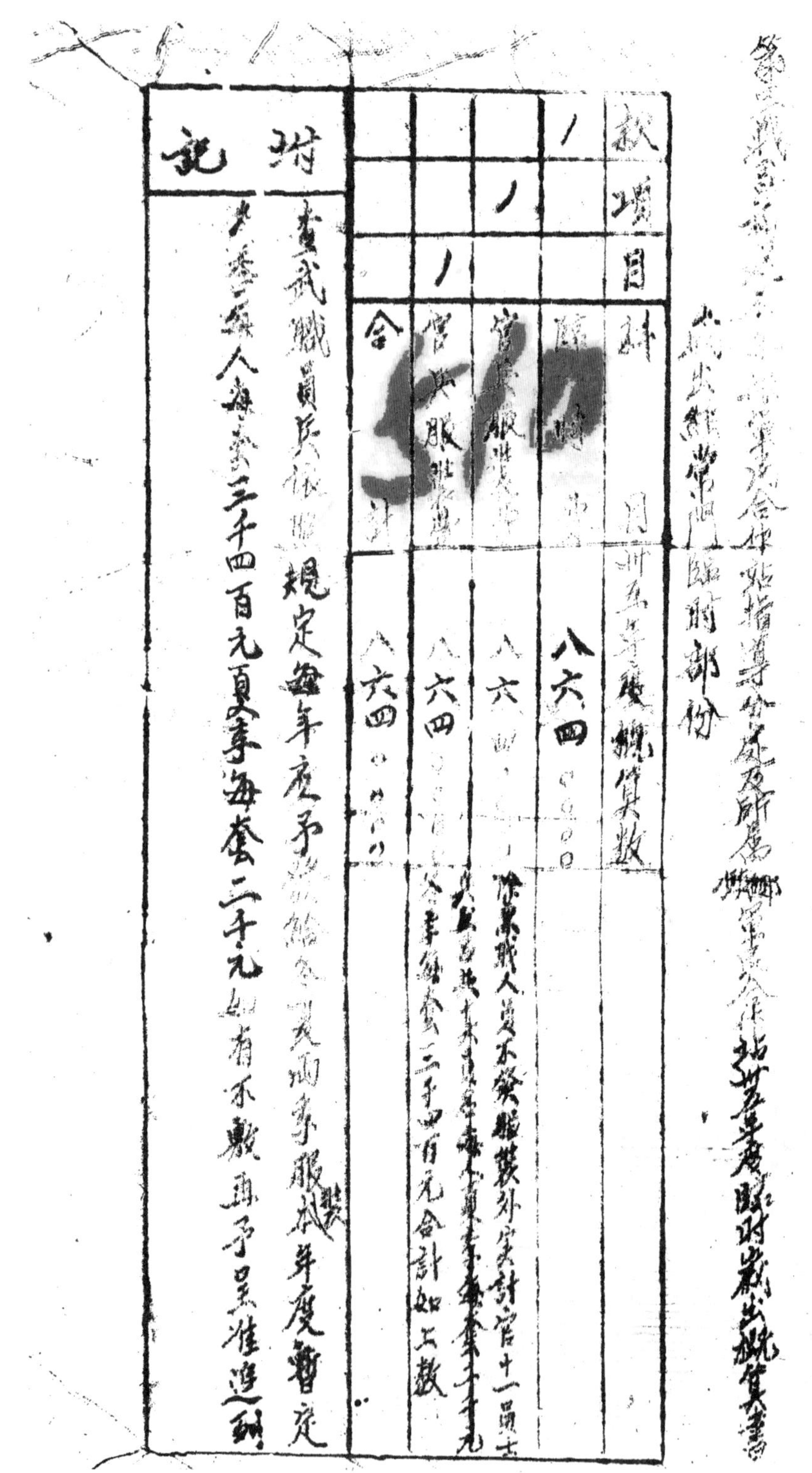

第三战区福建省各县军民合作站指导分处及所属乡镇军民合作站三十五年度临时岁出概算书(岁出经常门临时部分)(1945 年 7 月 24 日)　G137-001-0005

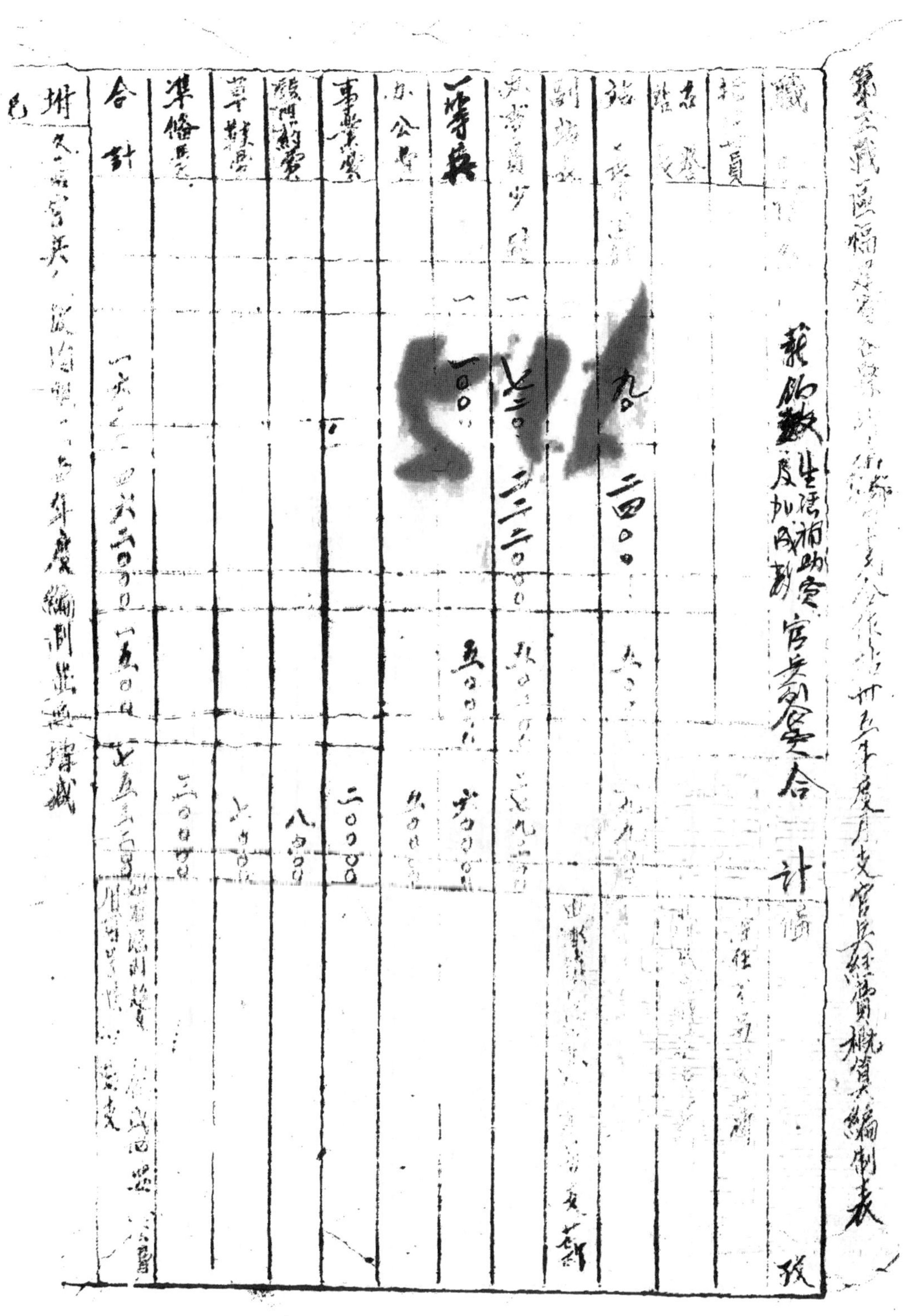

第三战区福建省各县所属乡镇军民合作站三十五年度月支官兵经费概算编制表

（1945 年 7 月 24 日） G137-001-0005

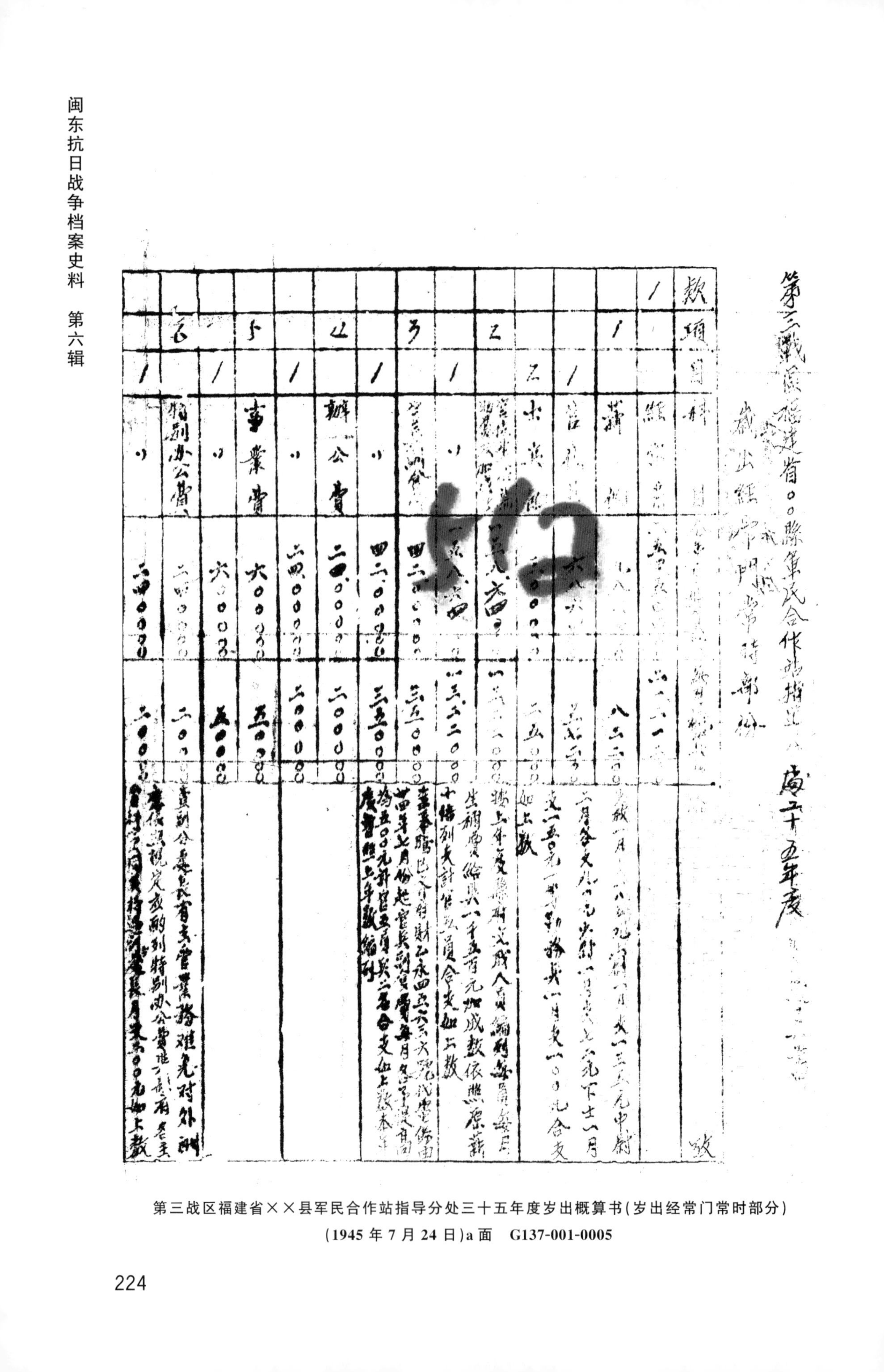

第三战区福建省××县军民合作站指导分处三十五年度岁出概算书(岁出经常门常时部分)

(1945 年 7 月 24 日)a 面 G137-001-0005

7		8		9		
	1		1		1	
醫藥費	〃	草鞋費	〃	準備費	〃	合計
二〇四〇〇〇	六〇四〇〇〇	一二〇〇〇〇	一二〇〇〇〇	八四〇〇〇〇	八四〇〇〇〇	二五四八五四四[illegible]
一八〇	一八〇〇〇	一〇〇	一〇〇〇〇	七〇〇〇〇〇	七〇〇〇〇〇	二八二一二[illegible]
		[illegible]五〇元合支如上數		[illegible]由此項下動支[illegible]		

附記

一、[illegible]生活補助費及薪俸[illegible]奉行政院[illegible]甲字第四七八四八號[illegible]送頒各縣市區卅四年度[illegible]奉 院令[illegible]依薪俸加[illegible]補助[illegible]縣文職標準[illegible]給[illegible]照原數[illegible]按現行[illegible]即依照前項[illegible]編列。

二、生活補助[illegible]如[illegible]照上年度縣級人員[illegible]如有奉令增加仍[illegible]遵列。

三、[illegible]服裝費[illegible]發給二套[illegible]季每套二千元[illegible]編列預算向縣府洽領。

第三战区福建省××县军民合作站指导分处三十五年度岁出概算书(岁出经常门常时部分)

(1945 年 7 月 24 日)b 面　G137-001-0005

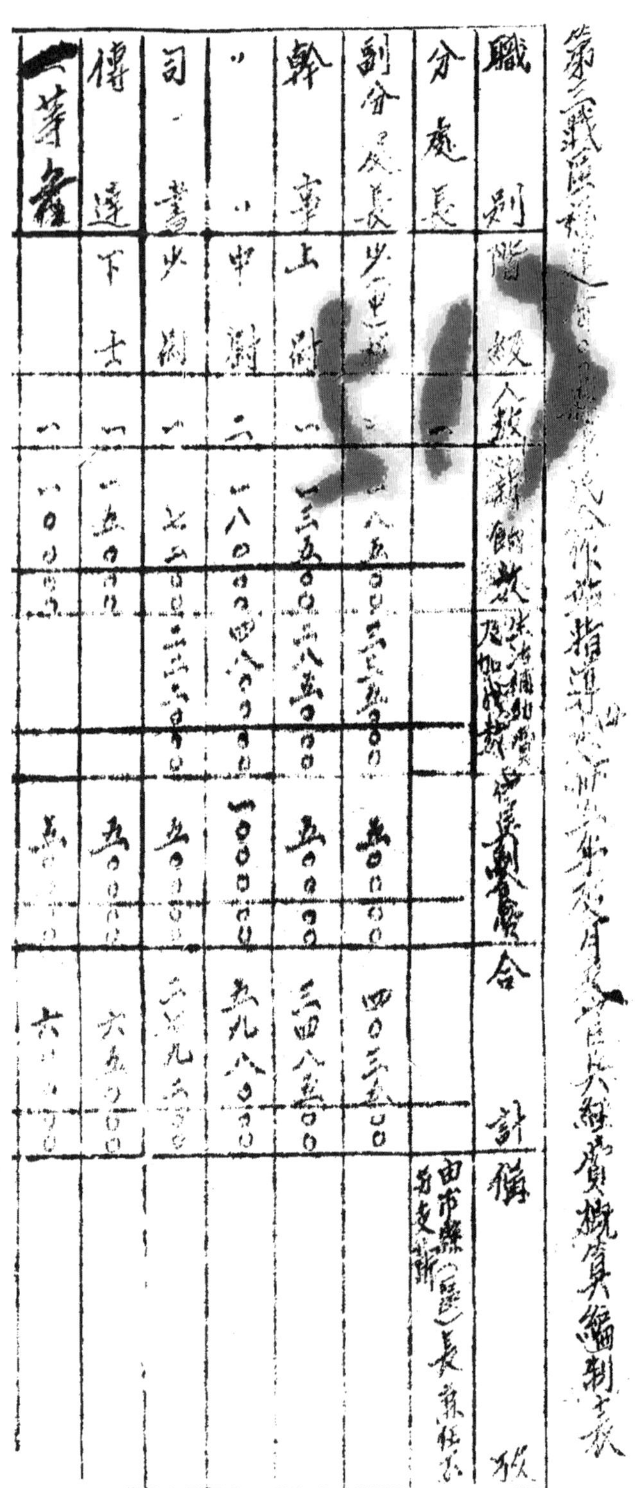

第三战区福建省××县军民合作站指导分处三十五年度月支官兵经费概算编制表

(1945 年 7 月 24 日)a 面 G137-001-0005

辦公費	事業費	特別辦公費	醫藥費	草鞋費	準備費	合計
						八二二〇〇
						一三二二〇〇〇
						三五〇〇〇〇
二〇〇〇〇	五〇〇〇〇	六〇〇〇〇	一〤〇〇	一〇〇〇〇	〤〇〇〇〇	二八八八二〇〇

附說

官兵人數均係依照三十四年度編制並無增減

第三战区福建省××县军民合作站指导分处三十五年度月支官兵经费概算编制表

(1945年7月24日)b面　G137-001-0005

福鼎县军民合作机构官兵供给

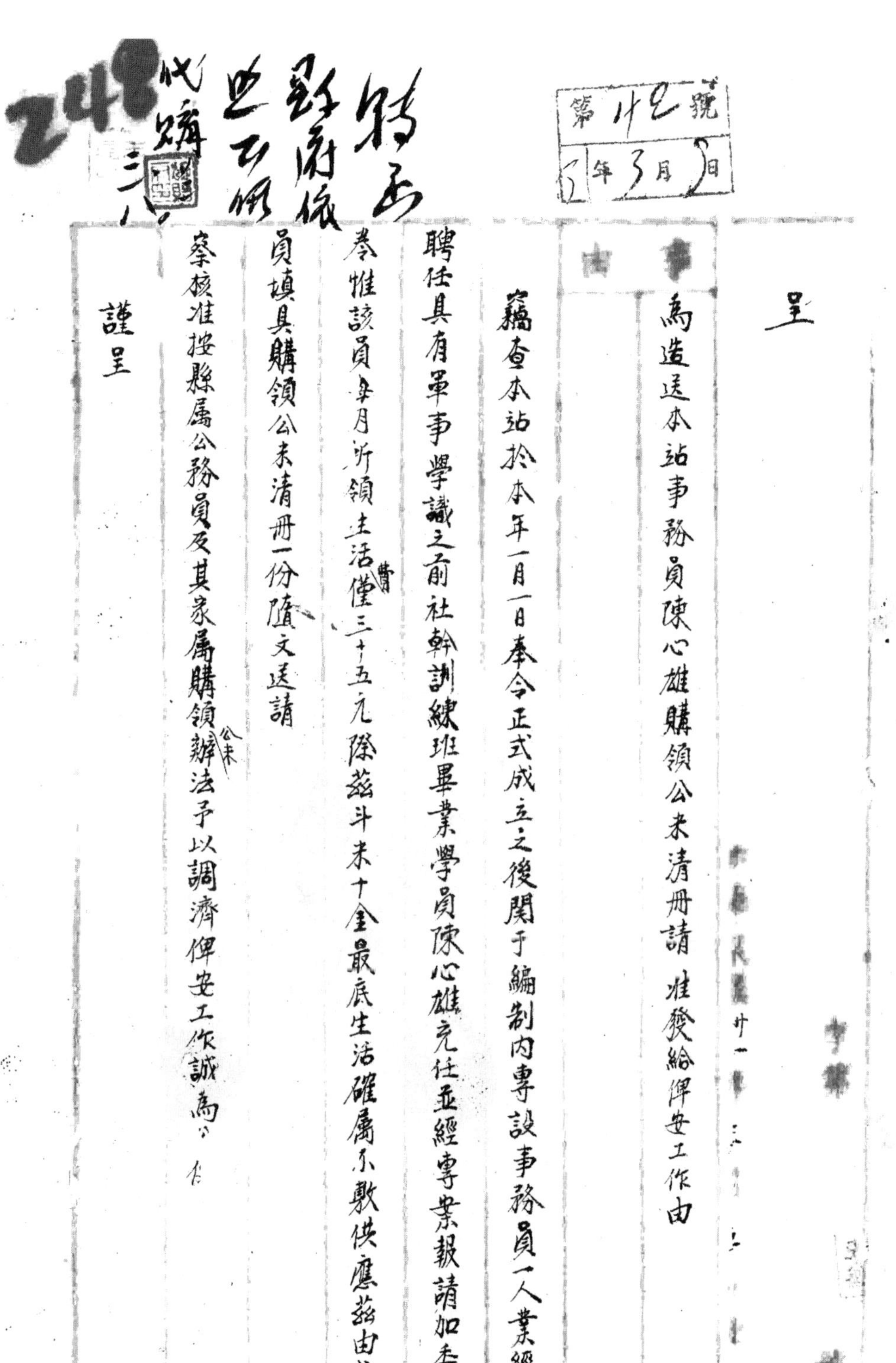

呈

為造送本站事務員陳心雄購領公米清冊請 准發給俾安工作由

竊查本站於本年一月一日奉令正式成立，之後關于編制内專設事務員一人，業經……聘任具有軍事學識之前社幹訓練班畢業學員陳心雄充任，並經專案報請加委在卷。惟該員每月所領生活費僅三十五元，際茲斗米十金，最底生活確屬不敷供應，茲由該員填具購領公米清冊一份，隨文送請

察核准按縣屬公務員及其家屬購領公米辦法予以調濟，俾安工作，誠為公便。

謹呈

福鼎县桐山镇军民合作站关于本站事务员陈心雄购领公米清册请准拨发的呈文

（1942年3月3日） G137-001-0010

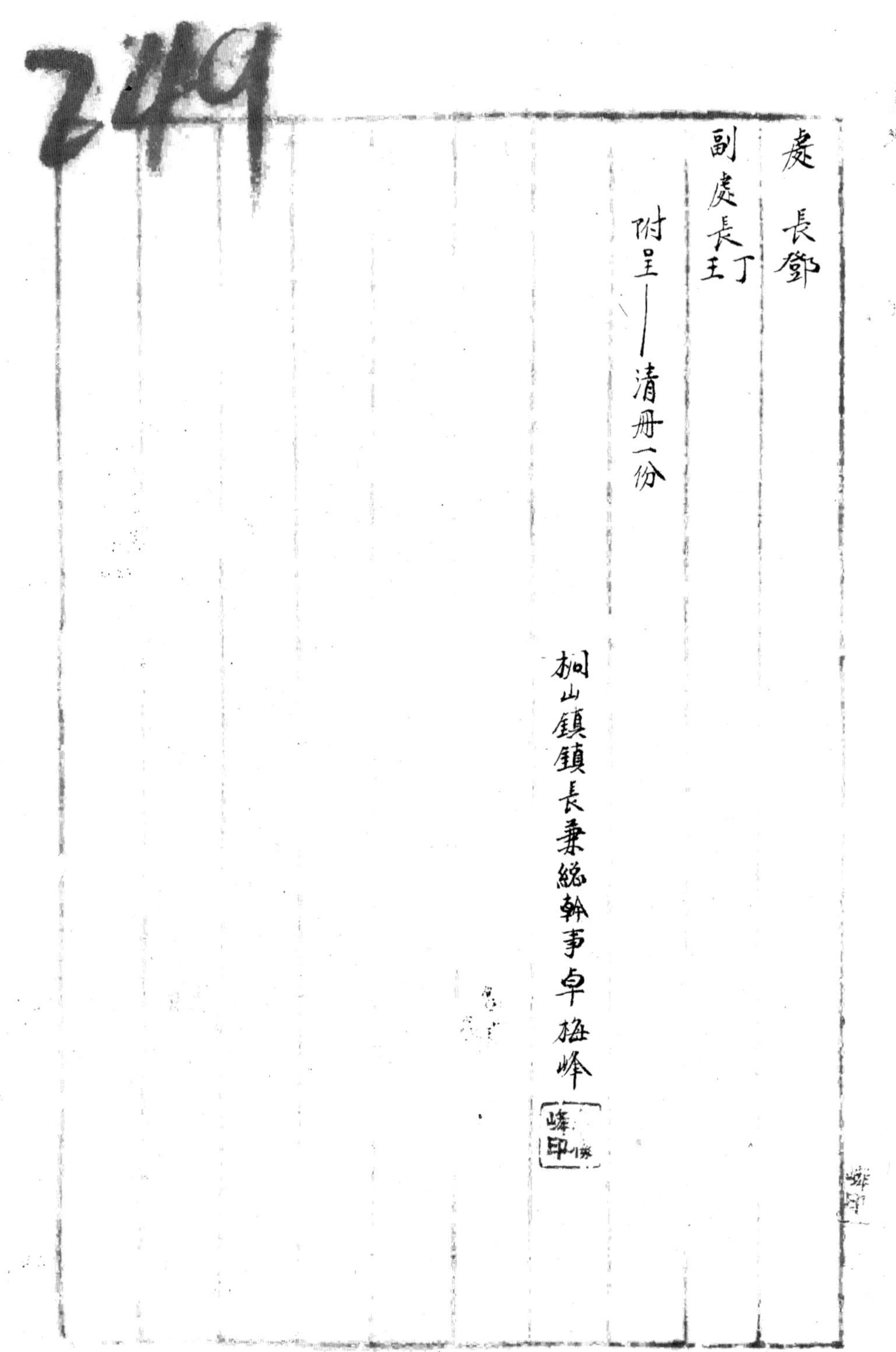
249

處長鄧
副處長丁王

附呈——清册一份

桐山镇镇長兼總幹事卓梅峰

福鼎县桐山镇军民合作站关于本站事务员陈心雄购领公米清册请准拨发的呈文
（1942年3月3日） G137-001-0010

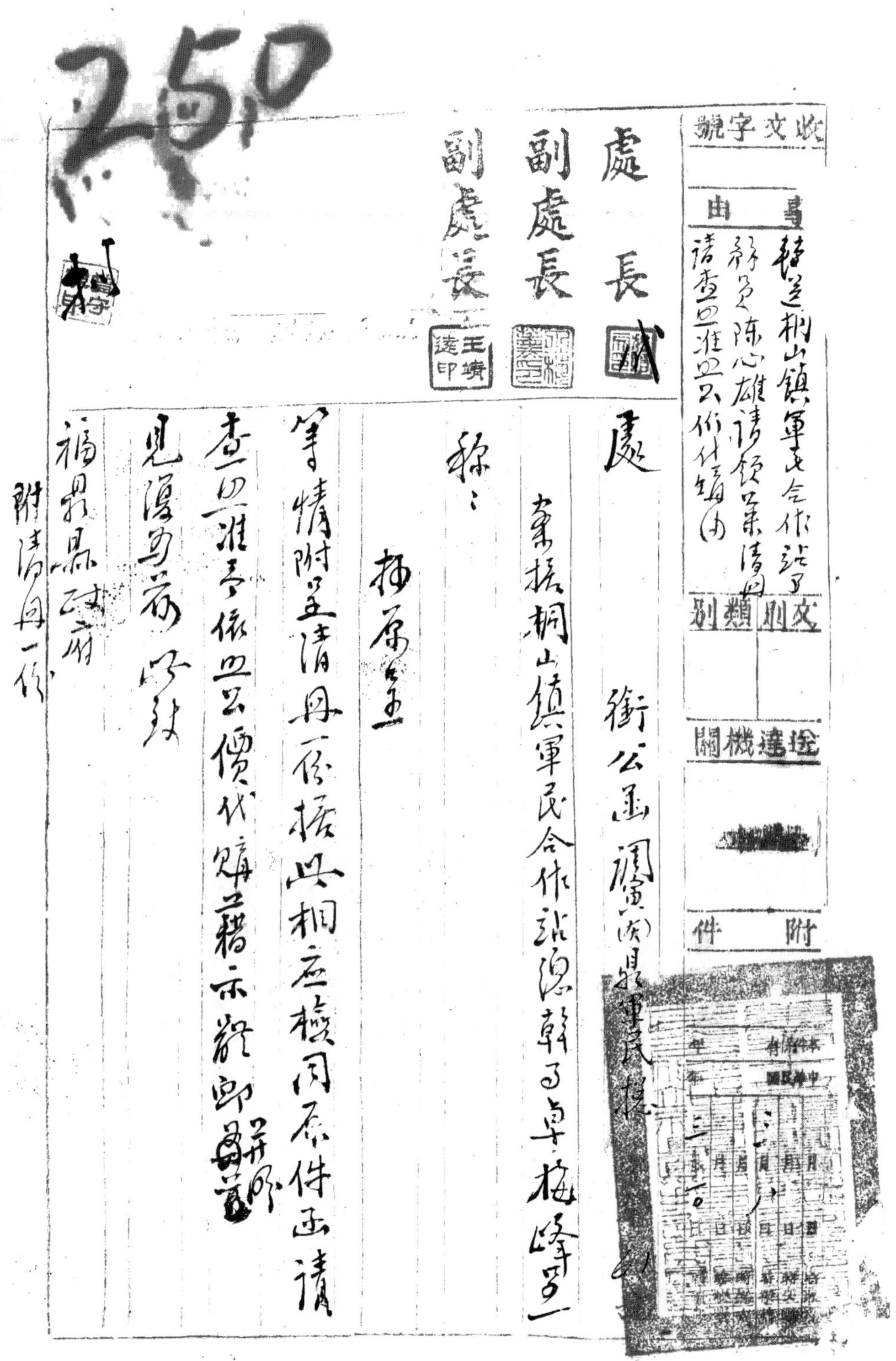

第二十五集团军总司令部军民合作站福鼎县指导处关于转送桐山镇军民合作站事务员陈心雄购领公米清册请准照公价代购的公函(1942 年 3 月 10 日) G137-001-0010

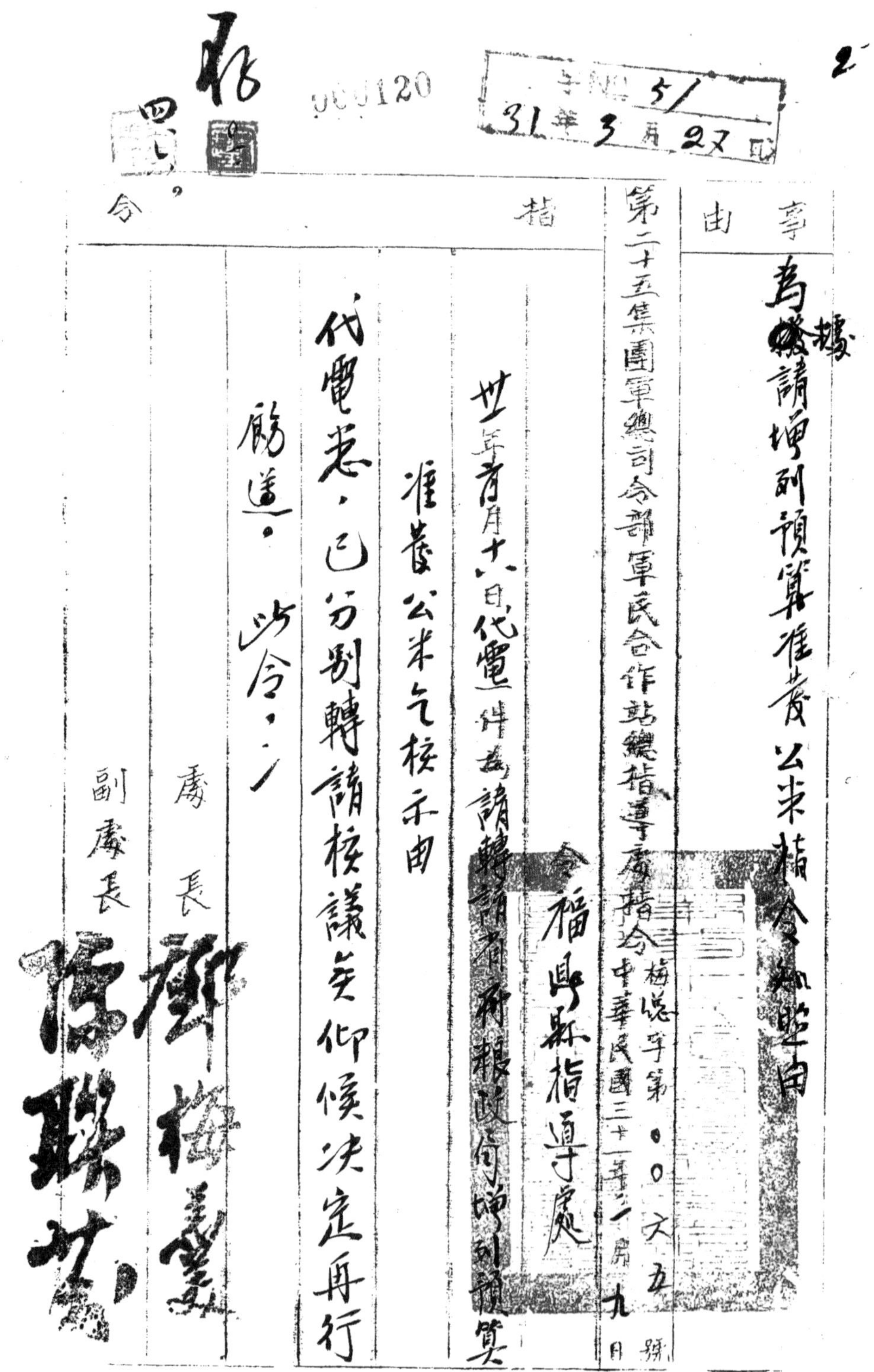
000120

收字第51號 31年3月27日

事由：為據請增列預算准發公米指令知照由

第二十五集團軍總司令部軍民合作站總指導處指令 梅總字第〇〇五號 中華民國三十一年三月九日

令福鼎縣指導處

卅一年二月十六日代電一件為請轉請增列預算准發公米乞核示由

代電悉，已分別轉請核議矣，仰候決定再行飭遵。此令。

處長

副處長

第二十五集团军总司令部军民合作站总指导处关于福鼎县指导处请增列预算准发公米之代电已分别转请核议候决定再行饬遵的指令(1942 年 3 月 9 日) G133-003-0120

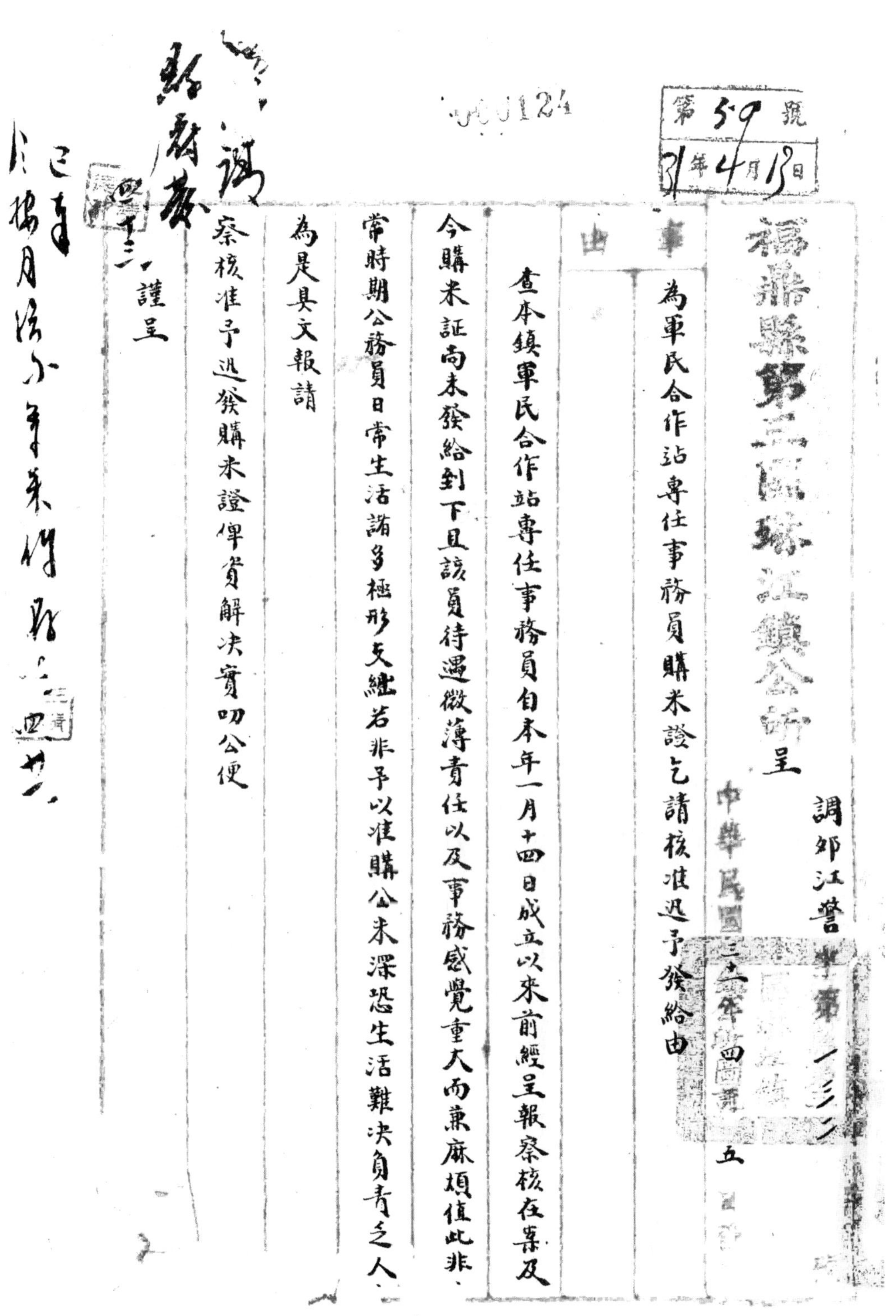

福鼎縣第三區琳江鎮公所呈

調琳江警字第一三二

中華民國三十一年四月五日

事由：為軍民合作站專任事務員購米證乞請核准迅予發給由

查本鎮軍民合作站專任事務員自本年一月十四日成立以來前經呈報察核在案及今購米証尚未發給到下且該員待遇微薄責任以及事務感覺重大而兼麻煩值此非常時期公務員日常生活諸多極形支絀若非予以准購公米深恐生活難決負責之人，為是具文報請

察核准予迅發購米證俾資解決實叨公便

謹呈

福鼎縣第三區琳江鎮公所呈文

福鼎县第三区琳江镇公所关于琳江军民合作站专任事务员购米证请核准迅发的呈文

（1942 年 4 月 5 日） G133-003-0121

兼處長鄭

兼總幹事張鐘靈

福鼎县第三区琳江镇公所关于琳江军民合作站专任事务员购米证请核准迅发的呈文

（1942 年 4 月 5 日）　G133-003-0121

第二十五集團軍總司令部軍民合作站福鼎縣指導處一至四月份員役領糧証明冊

職級	姓名	到差月日	在職日數	應領米量（市斤）	本人蓋章	備考
少校副處長	王靖遠		四個月	計一五二斤	王靖遠印	張
上尉組員	曾守璟		仝	一五二斤	曾守璟印	
准尉司書	李　光		仝	一五二斤	李光	高墉
傳令兵	馬俊磊		仝	一五二斤	[illegible]	
勤務兵	金振椿		仝	一五二斤	[illegible]	
桐山站事務員	陳心雄		仝	一五二斤	卓棣印 代	
曾浮站事務員	張益民		仝	一五二斤	[illegible]	
琳江站事務員	陳　璧		仝	一五二斤	[illegible]	

一二一六斤

專任副處長王靖遠（印）

三十一年四月　送

玫

第二十五集团军总司令部军民合作站福鼎县指导处一至四月份员役领粮证明册

（三十一年四月送　专任副处长王靖远）（1942 年 4 月）　G133-003-0121

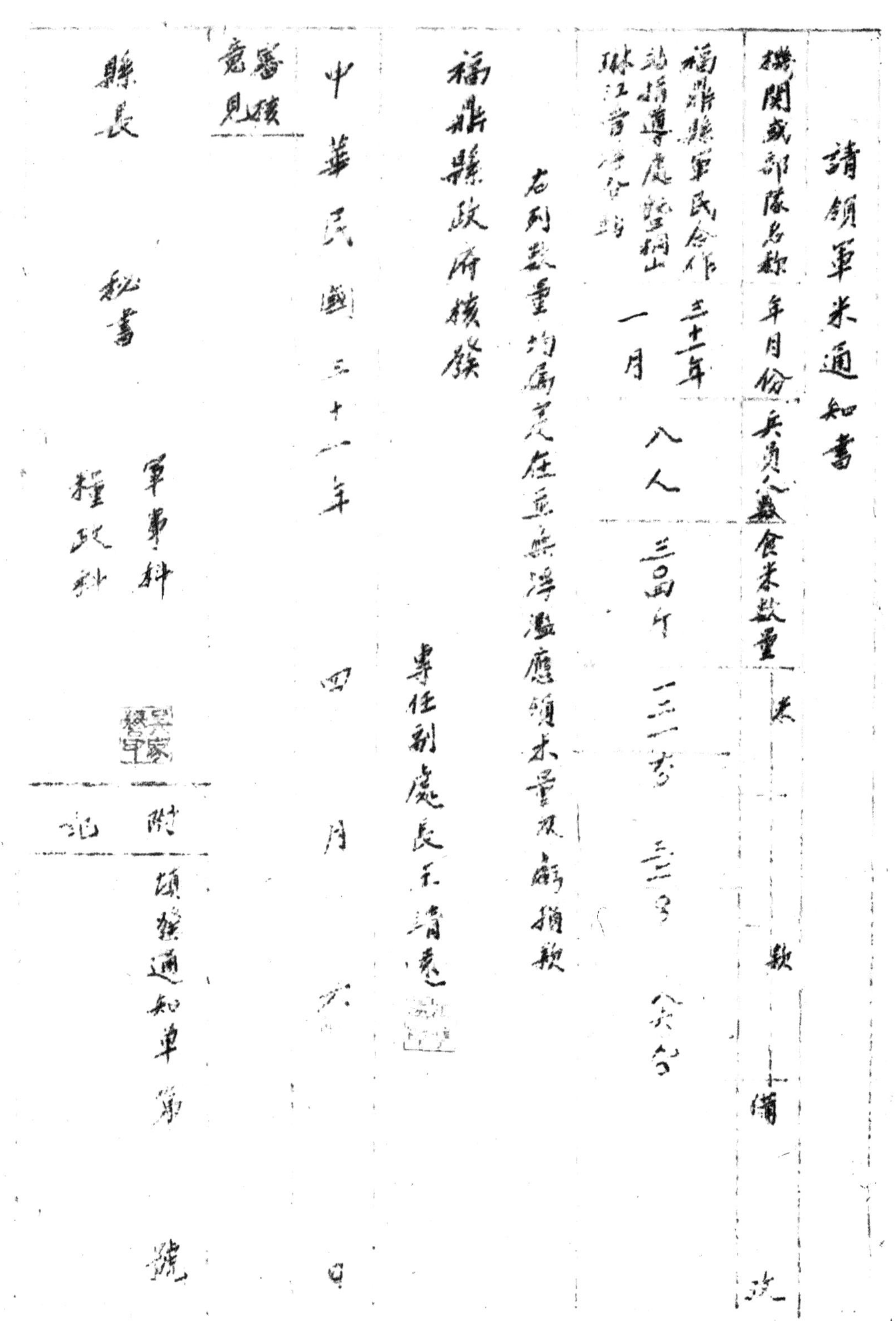

请领军米通知书

机关或部队名称	年月份	兵员人数	食米数量	米款	备考
福鼎县军民合作站指导处驻桐山、秦屿、点头、沙埕	三十一年一月	八人	三百斤	一三一元三角六分	

右列数量均属实在并无浮滥应领米量及解付款

福鼎县政府核发

专任副处长王靖远

中华民国三十一年四月六日

审核意见

县长　秘书　军事科　粮政科

附记　须发通知单第　号

第二十五集团军总司令部军民合作站福鼎县指导处请领军米通知书

（三十一年四月送　专任副处长王靖远）(1942年4月6日)　G133-003-0121

處長 副處長 副處長

事由

文別 類別

送達機關

附件

處

衔训令调印住林江军民合作站

令琳江军民合作站

案准

福鼎县政府调寅世粮字第3507号公函开：

……

据原函

等情，准此，合行令仰知照。

此令

第二十五集团军总司令部军民合作站福鼎县指导处关于准福鼎县政府调寅世粮字第3507公函给琳江军民合作站的训令(1942年4月9日) G133-003-0120

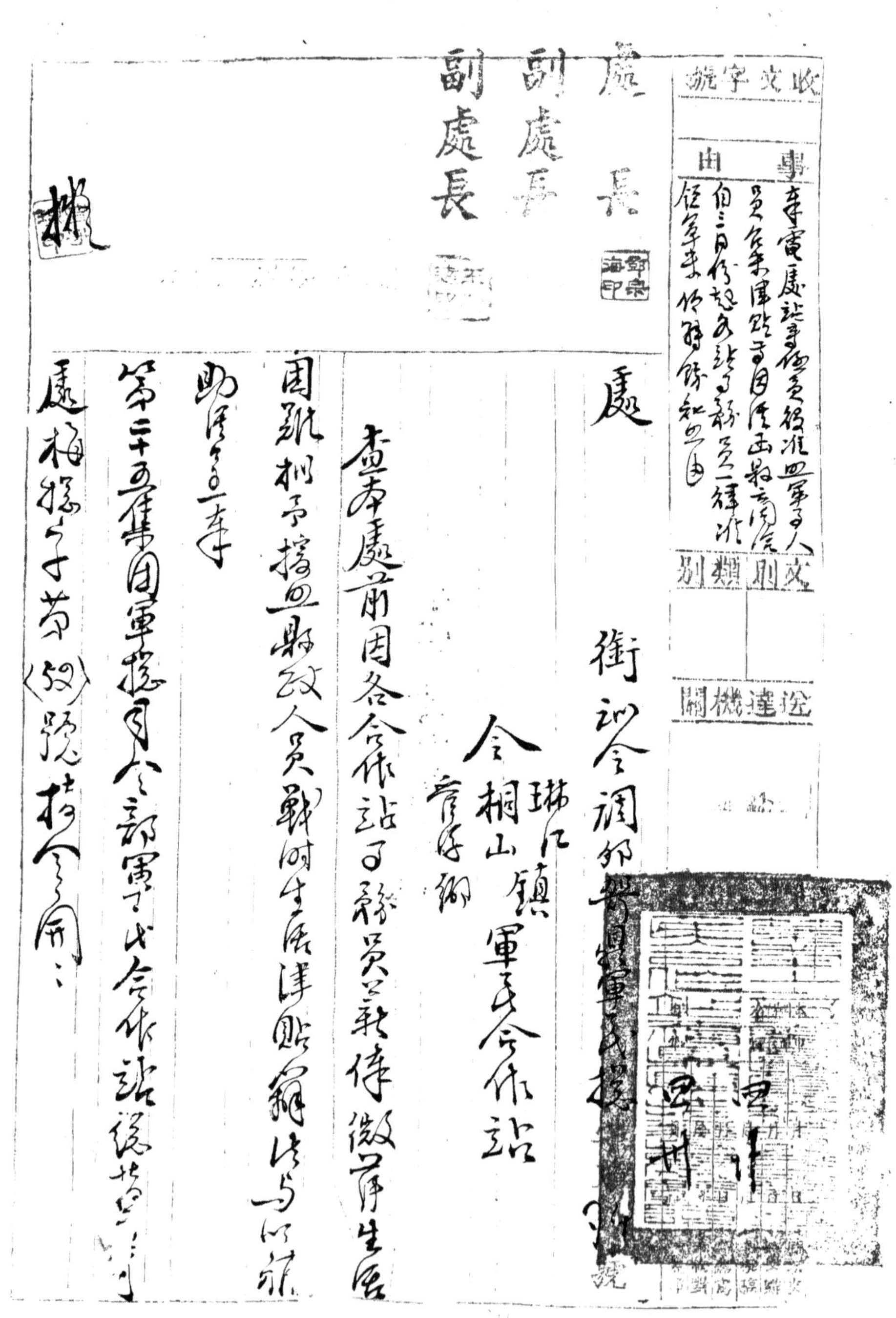

第二十五集团军总司令部军民合作站福鼎县指导处关于奉电处站专任员役准照军事人员公米津贴等因经函县商洽，自三月份起各站事务员一律准领军米仰转饬知照的训令

（1942年4月20日）　G133-003-0121

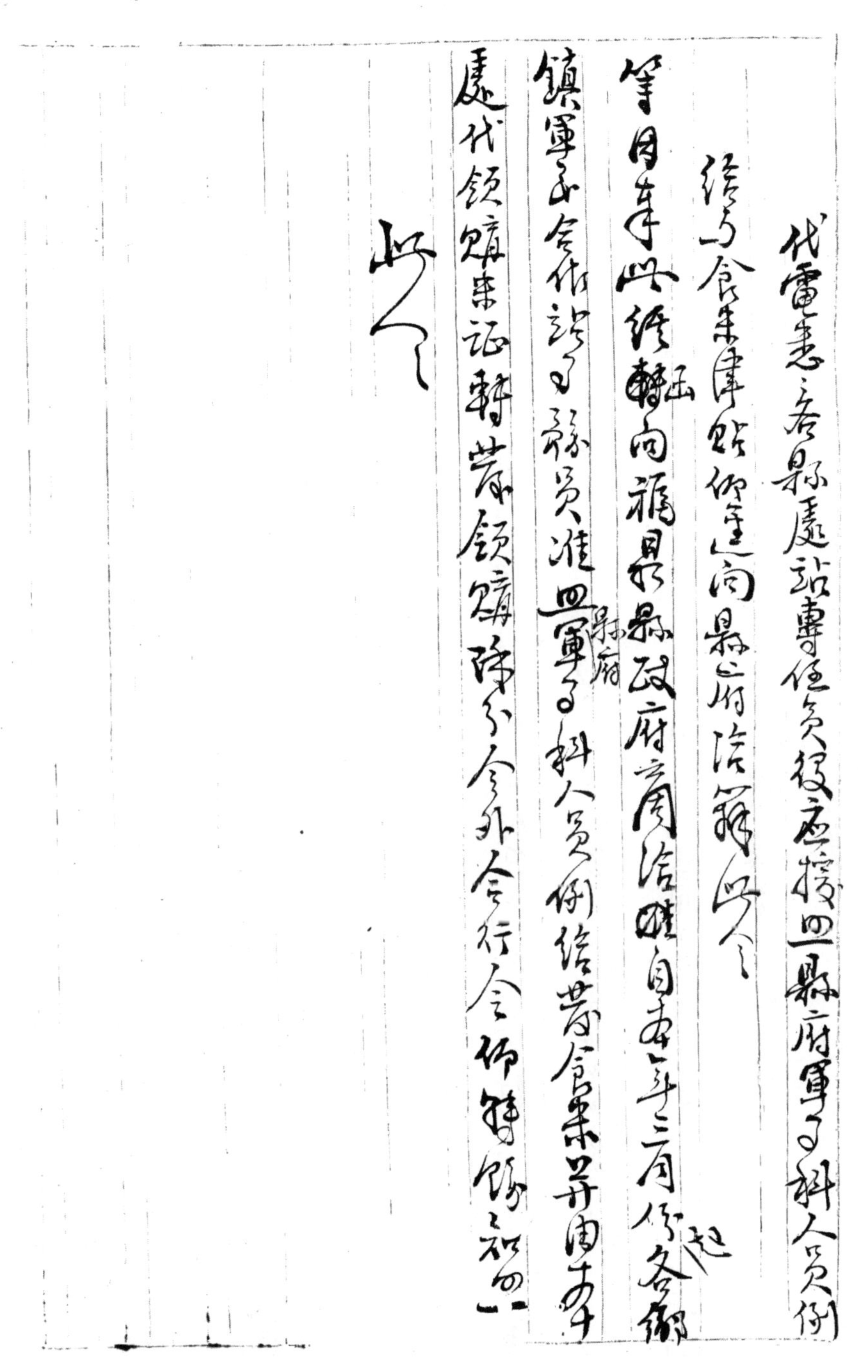

第二十五集团军总司令部军民合作站福鼎县指导处关于奉电处站专任员役准照军事人员公米津贴等因经函县商洽，自三月份起各站事务员一律准领军米仰转饬知照的训令

（1942年4月20日） G133-003-0121

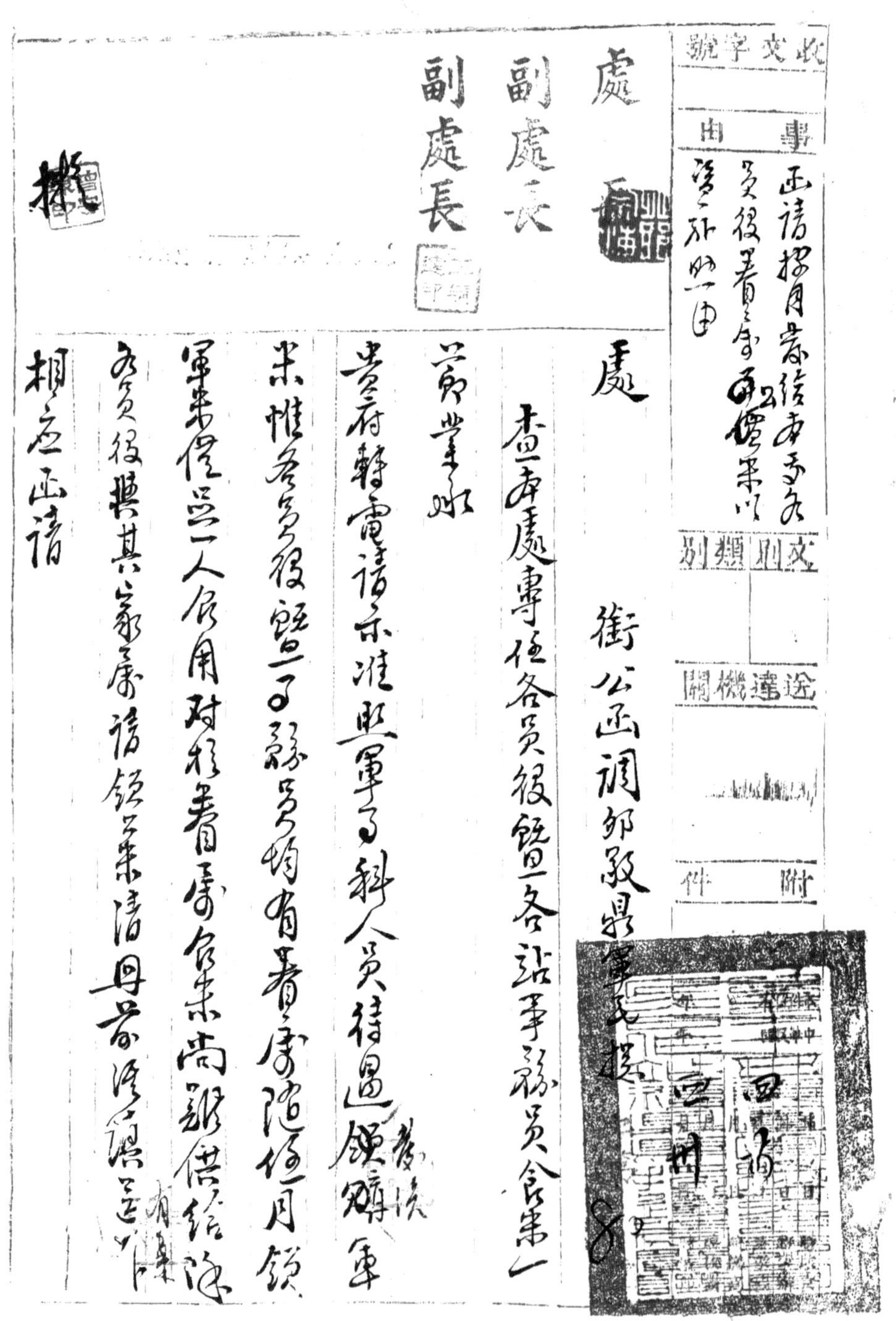

第二十五集团军总司令部军民合作站福鼎县指导处关于请按月发给本处各员役眷属公米以资补助致福鼎县政府的公函(1942 年 4 月 24 日)　G133-003-0120

查照准予按月领购平价米以资补助至纫公谊

此致

福鼎县政府

处长　张〇〇

副处长　丁〇〇

王〇〇

第二十五集团军总司令部军民合作站福鼎县指导处关于请按月发给本处各员役眷属公米以资补助致福鼎县政府的公函(1942年4月24日)　G133-003-0120

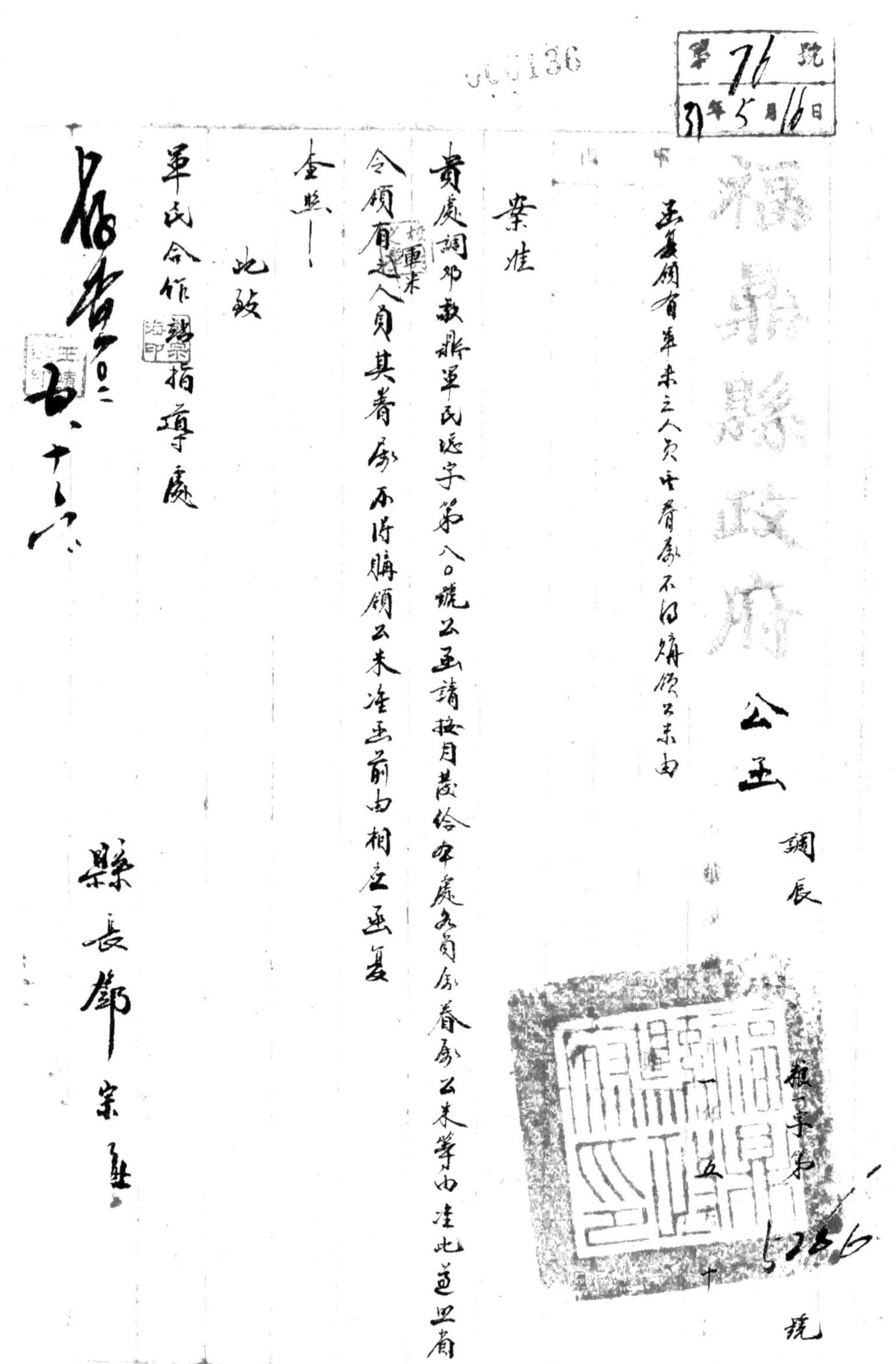

第76號
31年5月16日

福鼎縣政府公函

調長報字第　號

函復領有軍米之人員其眷屬不得購領公米由

案准

貴處調印款鼎軍民运字第八〇號公函請按月發給本處各員家眷屬公米等由准此查照

令頒有軍米之人員其眷屬不得購領公米准函前由相应函复

查照！

此致

軍民合作指導處

縣長鄭宗

福鼎县政府关于领有军米之人员，其眷属不得购领公米的复函

（1942年5月12日）　G133-003-0121

福鼎县政府公函　调辰　粮一字第　号

案奉
福建省粮政局调部军粮局粮甲五〇二八号代电开：「县政府奉省府交下该部三十一年三月不列字第5228号呈，以凡领有军米之武职员，其眷属不得购领军米，应即查照」等因奉此，除分令并函告外，合亟函达
查照。此致
军民合作站

中华民国三十一年五月　日
县长　邓
安涵

福鼎县政府关于奉转领有军米之武职人员，其眷属不得购领军米的公函
（1942年5月16日）　G133-003-0121

福鼎縣政府公函

調侯文糧店字第5222號
民國三十一年五月十三日

查各機關人員領到本府發給購米証或購米通知書多不按月提向粮食公店購米或提撥甚有存候市價高漲購領轉售以致各月供應數量難以估計故購供應乃呈不平衡之現象尤以各鄉鎮公所自收自撥多数未向粮食公店繳價轉賬殊屬不合茲决定各月份購米証在各月份內售撥為原則如有特殊情形應事先請准方得延緩至一至五月份購米憑証統限五月底前售撥清楚逾期一律作廢除分別函令外相應函請

查照并轉飭各員役知照！

此致

軍民合指導處

縣長　鄧崇海

福鼎县政府关于各月份购米证在各月份内售拨，一至五月份购米凭证统限五月底前售拨清楚，逾期作废的公函（1942 年 5 月 13 日）　G133-003-0121

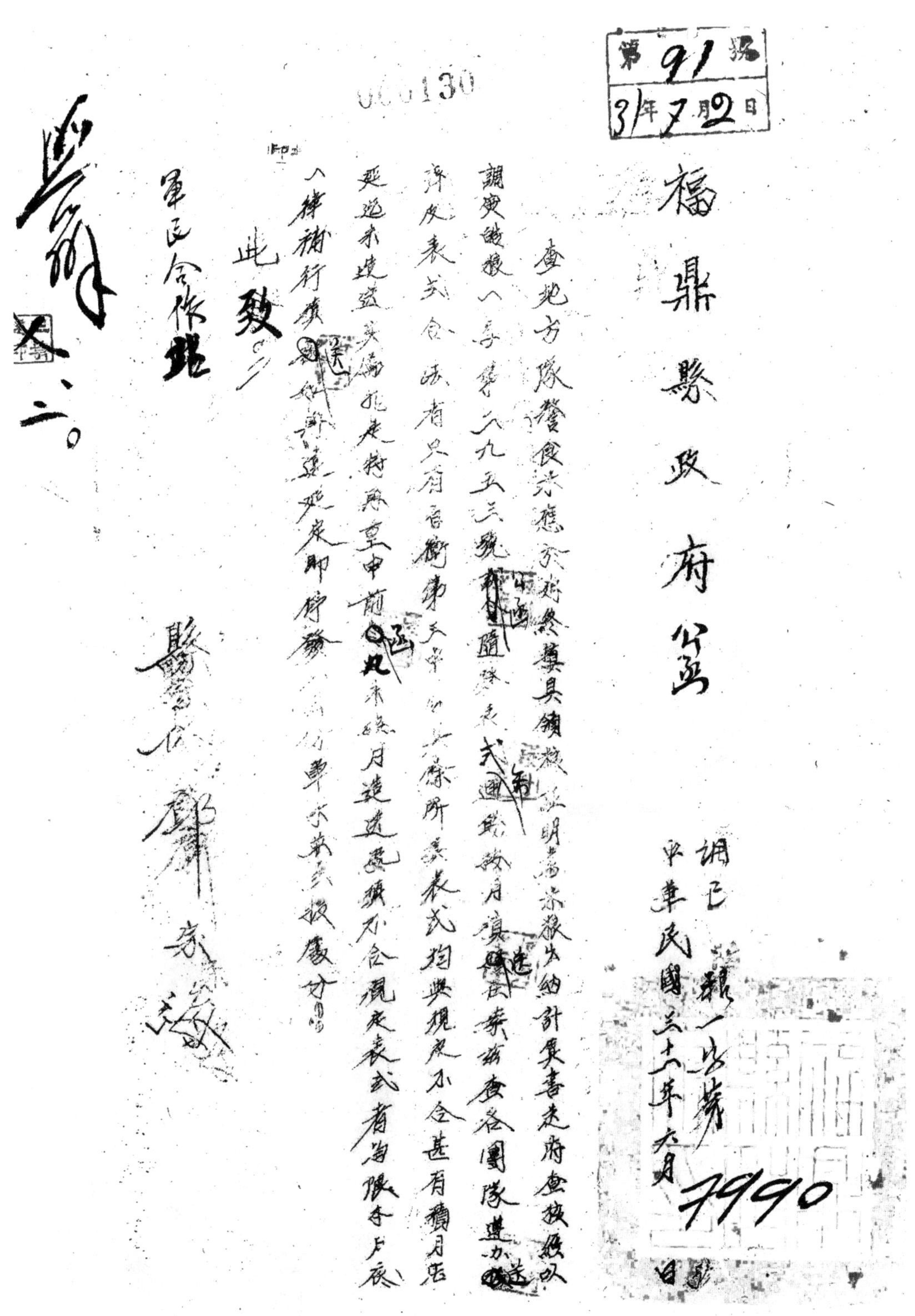

福鼎县政府关于重申地方队警食米应于月终填具领粮证明书，米粮出纳计算书，送府查核的公函

（1942年6月30日） G133-003-0121

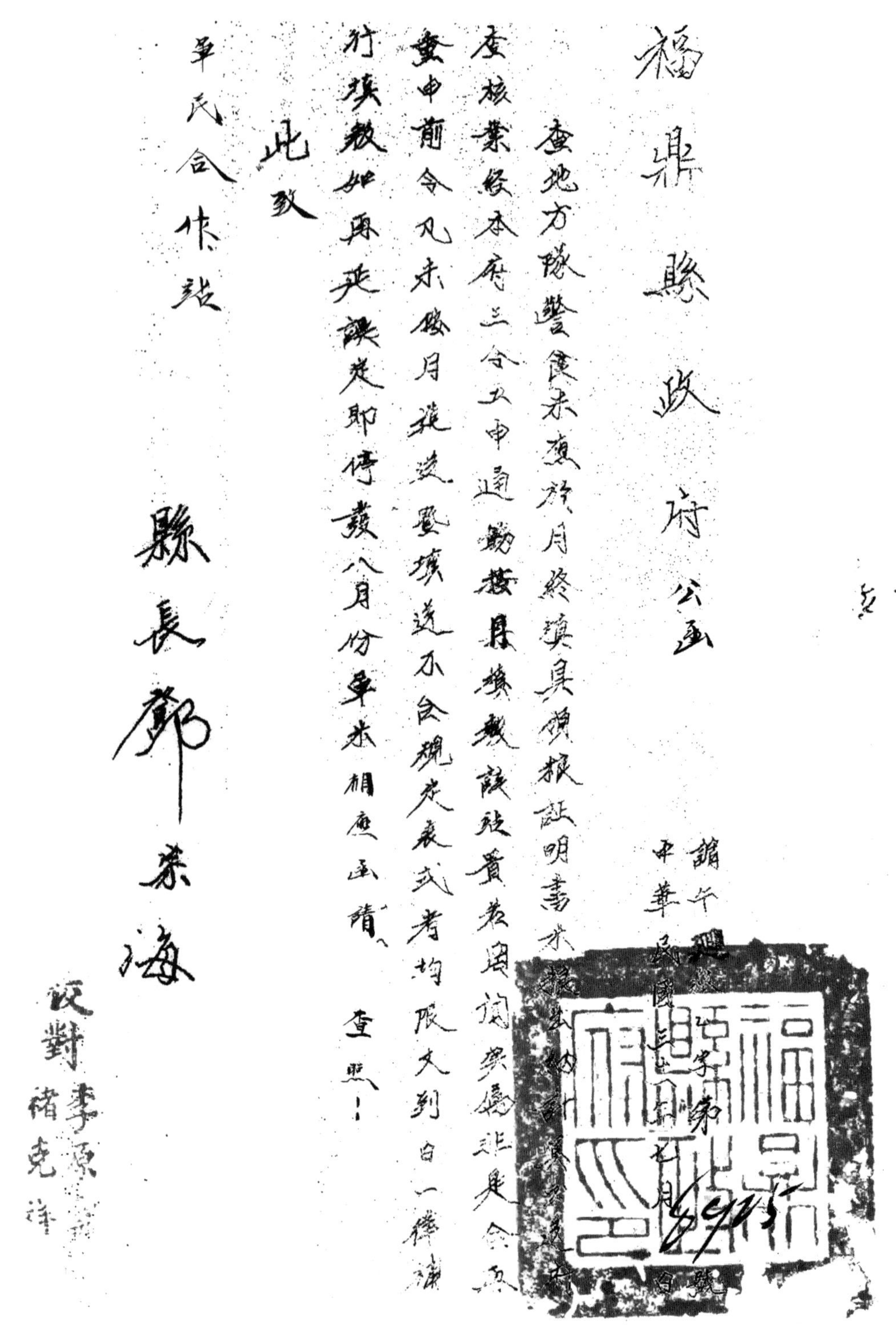

福鼎縣政府公函

查地方隊警食米應於月終填具領粮証明書求撥[illegible]

查核，業經本府三令五申通飭按月填報[illegible]

重申前令，凡未按月填送暨填送不合規定表式者，均限文到日一律補

行填報，如再延誤，定即停發八月份軍米，相應函請

查照！

此致

軍民合作站

縣長 鄭荣海

中華民國三十一年七月 日

福鼎县政府关于县军民合作站未按月造送领粮证明书，限文到日补行填报的公函

（1942 年 7 月 24 日） G133-003-0121

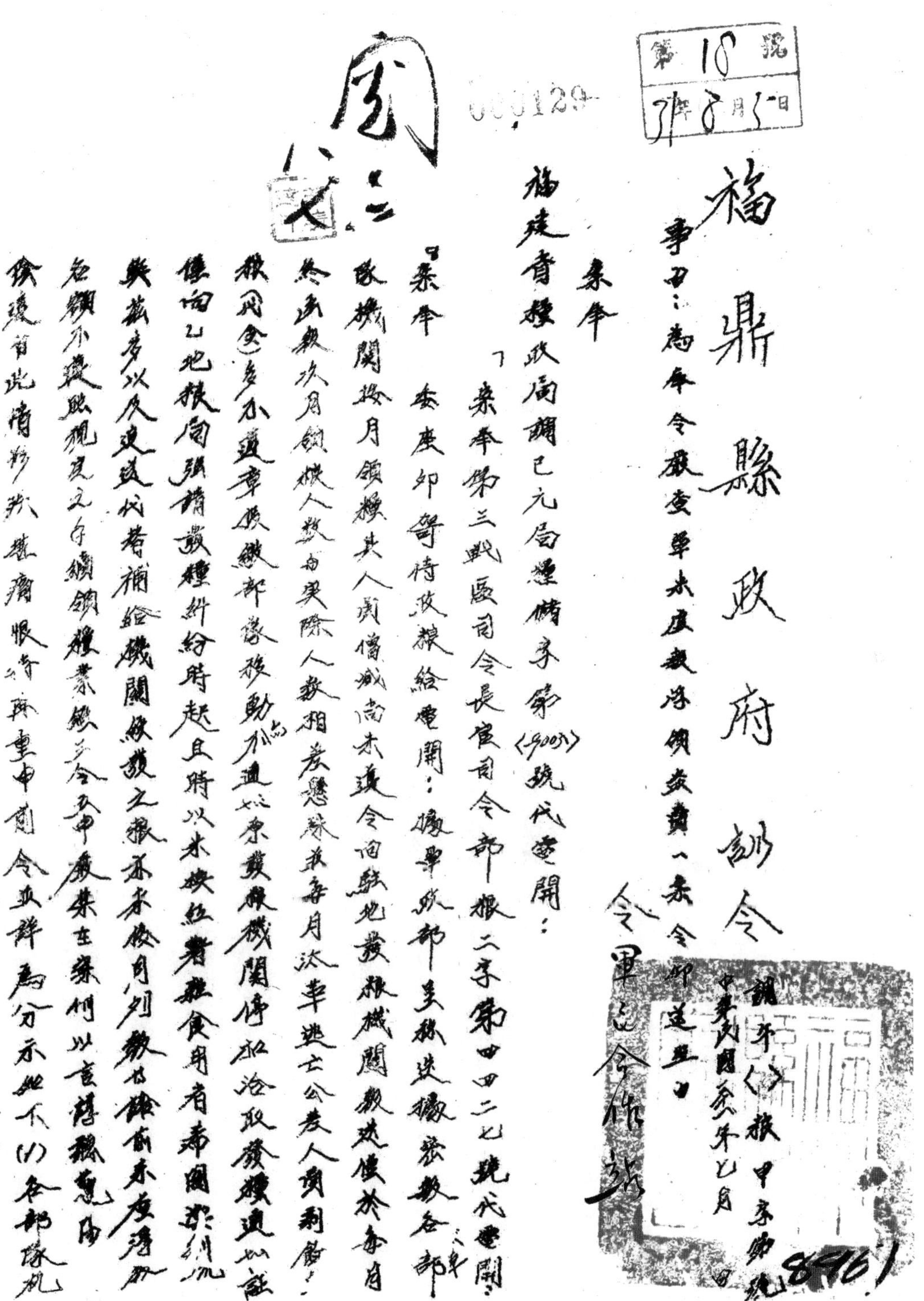

福鼎縣政府訓令

事由：為奉令嚴查軍米虛報浮領盜賣一案令仰遵照由

案奉

福建省糧政局調已元局糧儲字第（9003）號代電開：

「案奉第三戰區司令長官司令部糧二字第四四二七號代電開：

福鼎县政府关于奉令严查军米虚报、浮领、盗卖，饬属切实遵照的训令

(1942 年 7 月 25 日)a 面　G133-003-0121

關各屬各機關若干惡劣人員以若干虛造當月次第逃亡公發人數冒領形
務必從嚴遵照前令規定（1）遵照軍政部核令（而）分送當地縣糧機關核發糧
（2）軍糧估算應依規定限期以內編報不得逾限（3）剩餘軍米應於次月十五日
以前送由當地原發軍糧機關撤收次月份應領數內減列並呈軍政部備
案（4）部隊調動應照補給程序之規定手續將發糧憑証遞給乙地領糧申
報截抵（5）除機關醫院工廠等以外凡食米部隊及軍事學校主食米費業自本年
二月份起一律由當地縣府分配合給食米以米?市價足可飽食不得另有以米折價?
糧額情事否則即以貪污軍糧論罪以上五項仰各級主管及承辦經理人
員切實遵照倘有陽奉陰違仍有浮報冒領情事或克扣糧餉移用（或查出或被
告發）定以貪污治罪懲以極刑決不姑寬除由本會派員赴各地嚴查並飭軍
政部派員會同各糧局及各該主管隨時抽查各部隊機關人數查究發糧
分行外仰各一體切實遵照並轉飭所屬一體遵照為要等因除分電外仰即遵照並轉飭
照查案飭所屬一併遵照為要等因除分電外仰即遵照並轉飭所屬遵照。
等因奉此除分令外合行令仰該站長切實遵照為要！
此令。

縣長　鄧□海

福鼎县政府关于奉令严查军米虚报、浮领、盗卖，饬属切实遵照的训令

（1942 年 7 月 25 日）b 面　G133-003-0121

000128

處長鄭

副處長丁

副處長王

擬稿員 曾守琛

處

衔 並送調本县军民站第　號

案准上三十一年四至七月份官兵領粮證明冊計四本每本各三份米粮出纳計算表各三份函请

查照等由准此

福鼎县政府

附官兵領粮證明冊四本米粮出纳計算表十二份

第三战区司令长官司令部福建省福鼎县军民合作站指导处关于送本处三十一年四至七月份官兵领粮证明册四本的公函(1942 年 8 月 11 日)　G133-003-0121

258

福鼎縣軍民合作站指導處專任員役請領軍米名冊

民國三十一年五月三日

副處長王靖遠

職別	姓名	在職日數	需米數量	蓋章	備攷
少校副處長	王靖遠	三〇	三八		
上尉組員	曾守璟	三〇	三八		
准尉司書	李光	三〇	三八		
傳令兵	馬俊磊	三〇	三八		
勤務兵	張步銀	三〇	三八		
桐山站事務員	陳心雄	三〇	三八		
琳江站事務員	汪登雲	三〇	三八		
琳江站事務員	陳璧	三〇	三八		

福鼎县军民合作站指导处专任员役请领军米名册(民国三十一年五月三日副处长王靖远)

(1942年5月3日) G137-001-001

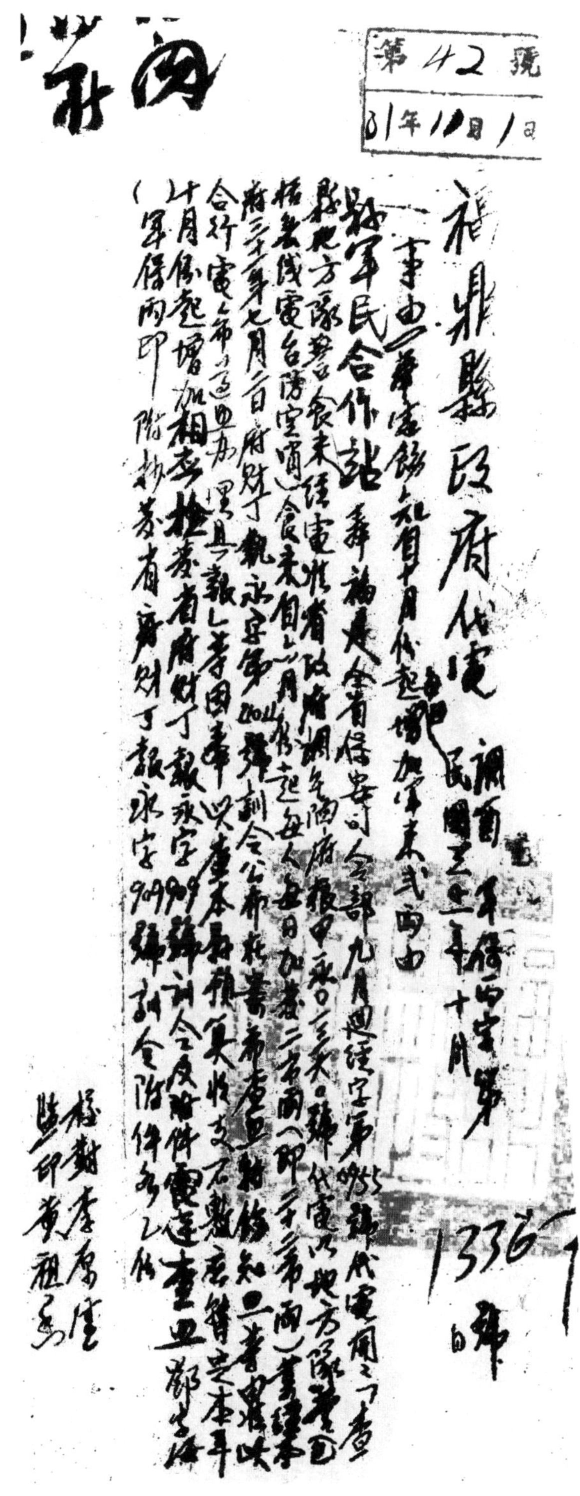

福鼎县政府关于奉电饬知自十月份起地方队警每日增加军米二两的代电

(1942 年 10 月 30 日)a 面　G137-001-0008

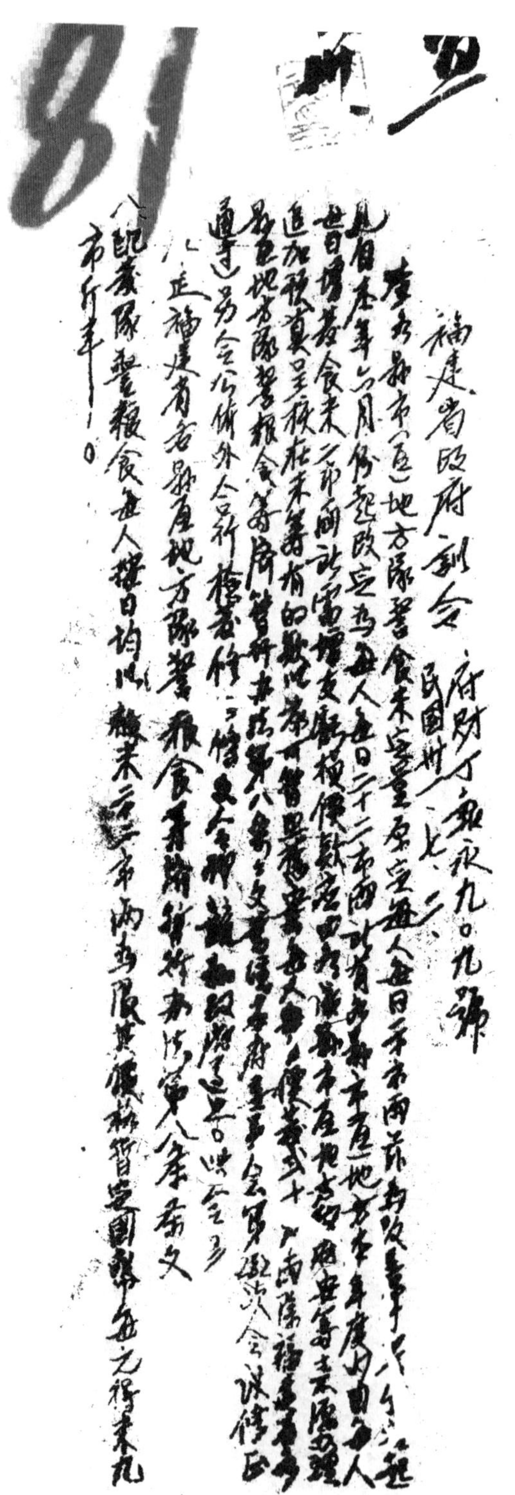

福建省政府关于自六月份起本省地方队警粮食改为每人每天二十二两的训令

(1942年7月2日)b面　G137-001-0008

福鼎縣軍民合作指導處官兵軍米清冊

職別	姓名	備攷
副處長	張篤行	
專任組員	林文丙	九月一日到差
司書	高墉	李雲鳳於十一月一日到差
傳令兵	程先生	
勤務兵	戴學禮	
桐山合作站事務員	陳心雄	
[illegible]合作站事務員	陳鳴鶴	
前岐合作站事務員	陳楚雲	

第二十五集团军总司令部军民合作站福鼎县指导处官兵军米清册

福鼎縣糧食公店公函

陽丑多業字第64號

民國三十二年二月二日

本店奉令辦理決算在本月起至十五日止辦理決算期間停止營業所有各機關學校未售縣米証及已繳價款未領米之提撥單并提米条特限十五日前送店登記後統籌供應逾期作廢除分函外相應函請查照為荷

此致

合作社

經理董業詩

福鼎县粮食公店关于本店奉令办理决算期间停止营业，未售购米证及已缴价款未领米之提拨单、提米条尽限15日前送店登记后统筹供应，逾期作废的公函（1943年2月2日） G133-003-0121

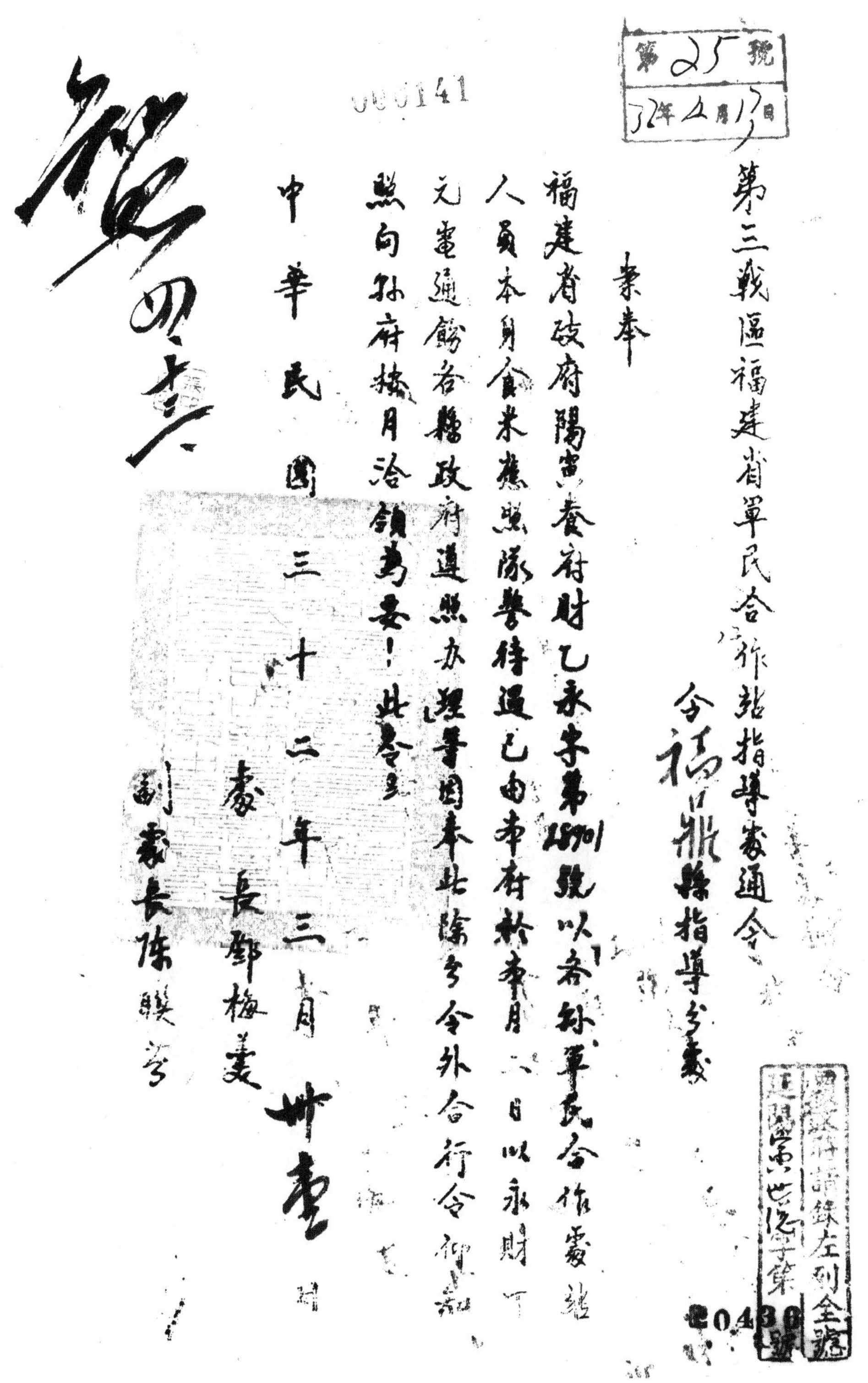

第25號
32年4月17日

第三戰區福建省軍民合作站指導處通令
令福鼎縣指導分處
案奉
福建省政府陽寅養府財乙永字第18901號以各縣軍民合作處站人員本身食米應照隊警待遇，已由本府於本月一日以永財丁元寅灰飭各縣政府遵照辦理等因。奉此，除分令外，合行令仰知照，向縣府按月洽領為要！此令。
處長鄧梅羹
副處長陳騤
中華民國三十二年三月卅一日

第三战区福建省军民合作站指导处关于各县军民合作站处人员本身食米应照队警待遇向县政府按月洽领的通令(1943 年 3 月 31 日) G133-003-0121

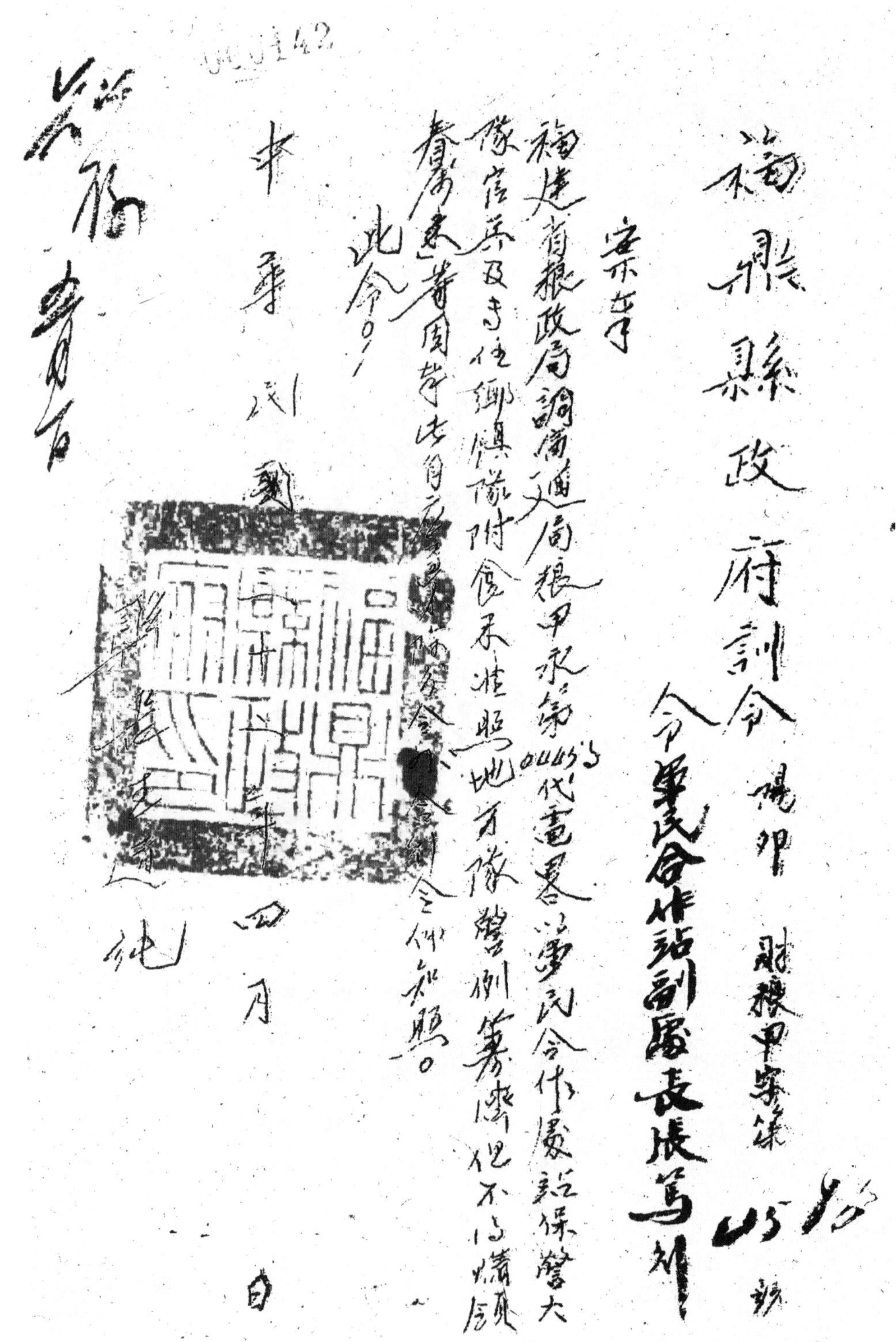

福鼎縣政府訓令

令軍民合作站副站長張篤祥

案奉
福建省粮政局調甫通甫糧甲永字第〇〇四五號代電略以：軍民合作處站保警大隊官兵及夫役、鄉鎮隊附食米准照地方隊警例籌濟，但不得購領眷屬米。等因，奉此，除分令外，合行令仰知照。
此令。

中華民國卅二年四月　日

福鼎县政府转省粮政局关于军民合作处站等食米准照地方队警例筹济但不得购领眷属米的训令

（1943 年 4 月）　G133-003-0121

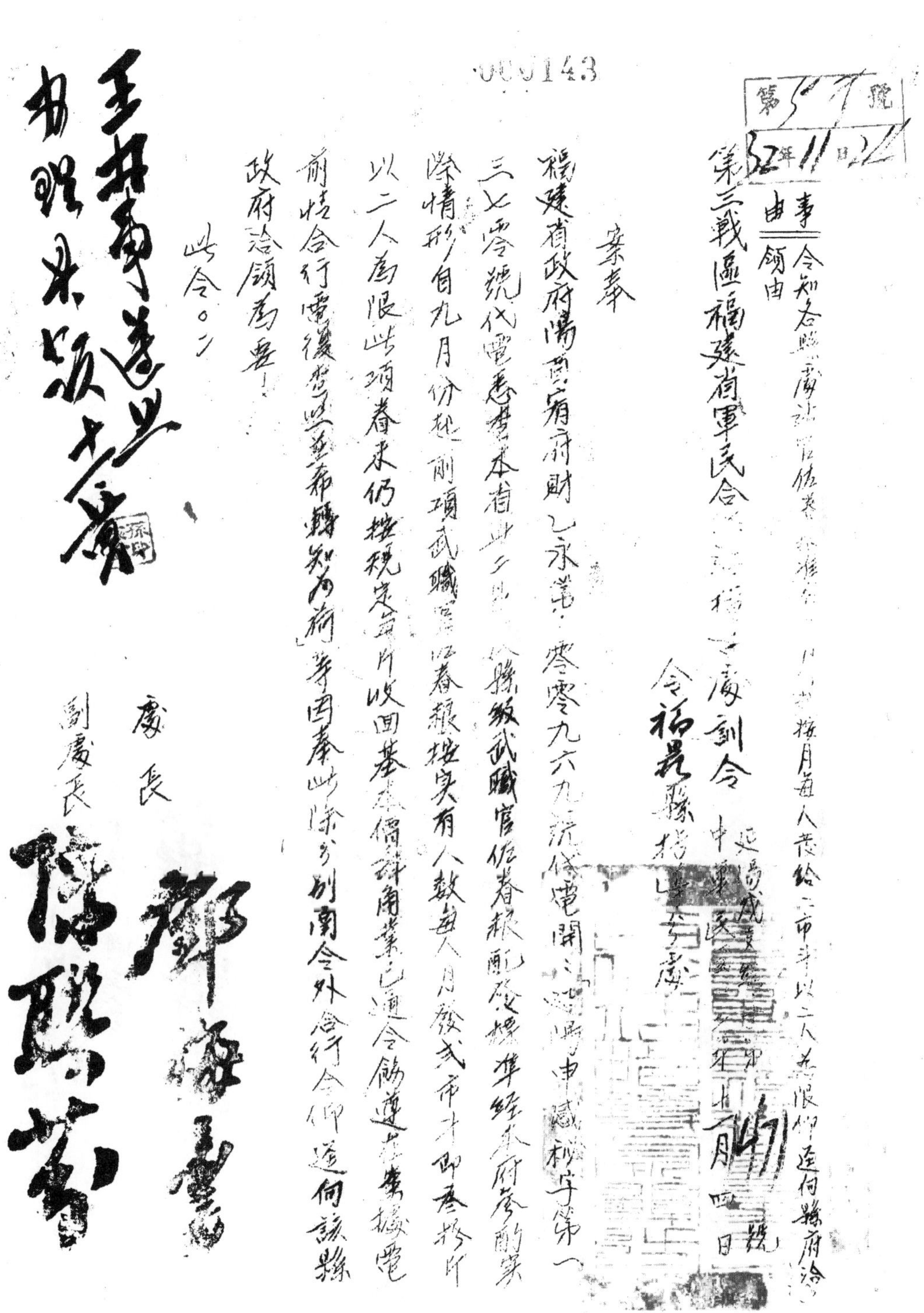

000143

事由：令知各縣處站官佐眷糧准自九月份起按月每人發給二市斗以二人為限仰逕向縣府洽領由

第三戰區福建省軍民合作站指導處訓令 延字第[illegible]號

中華民國三十二年十一月四日

令福鼎縣站指導處

案奉

福建省政府[illegible]府財乙永第三零零九六九號代電開：「[illegible]字第一三七零號代電[illegible]本省[illegible]縣級武職官佐眷糧配發標準經本府參酌實際情形，自九月份起，前項武職官佐眷糧按實有人數每人月發貳市斗，即參照[illegible]以二人為限。此項眷米仍按規定每斤收回基本價[illegible]角，業已通令飭遵在案。據電前情，合行電復知照並希轉飭所屬」等因。奉此，除分別函令外，合行令仰逕向該縣政府洽領為要！

此令。

處長 [illegible]

副處長 [illegible]

第三战区福建省军民合作站指导处关于奉省府代电各县处站官佐眷粮准自九月份起按月每人发给二市斗，以二人为限，径向县政府洽领的训令（1943年11月4日） G133-003-0121

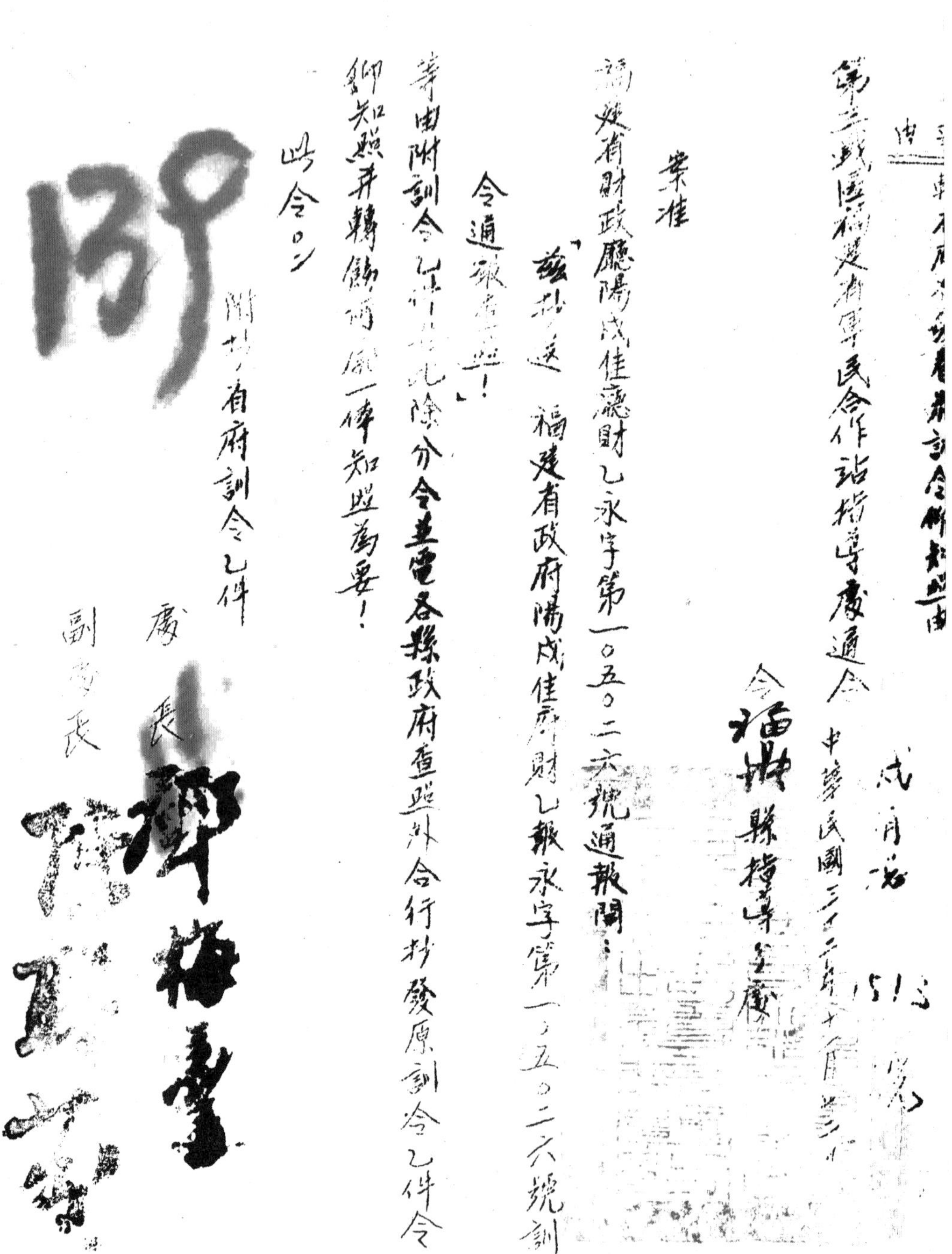

第三战区福建省军民合作站指导处关于转抄福建省财政厅阳戌佳财乙报永字105026号训令并饬所属一体知照的通令(1943年11月22日) G137-001-0007

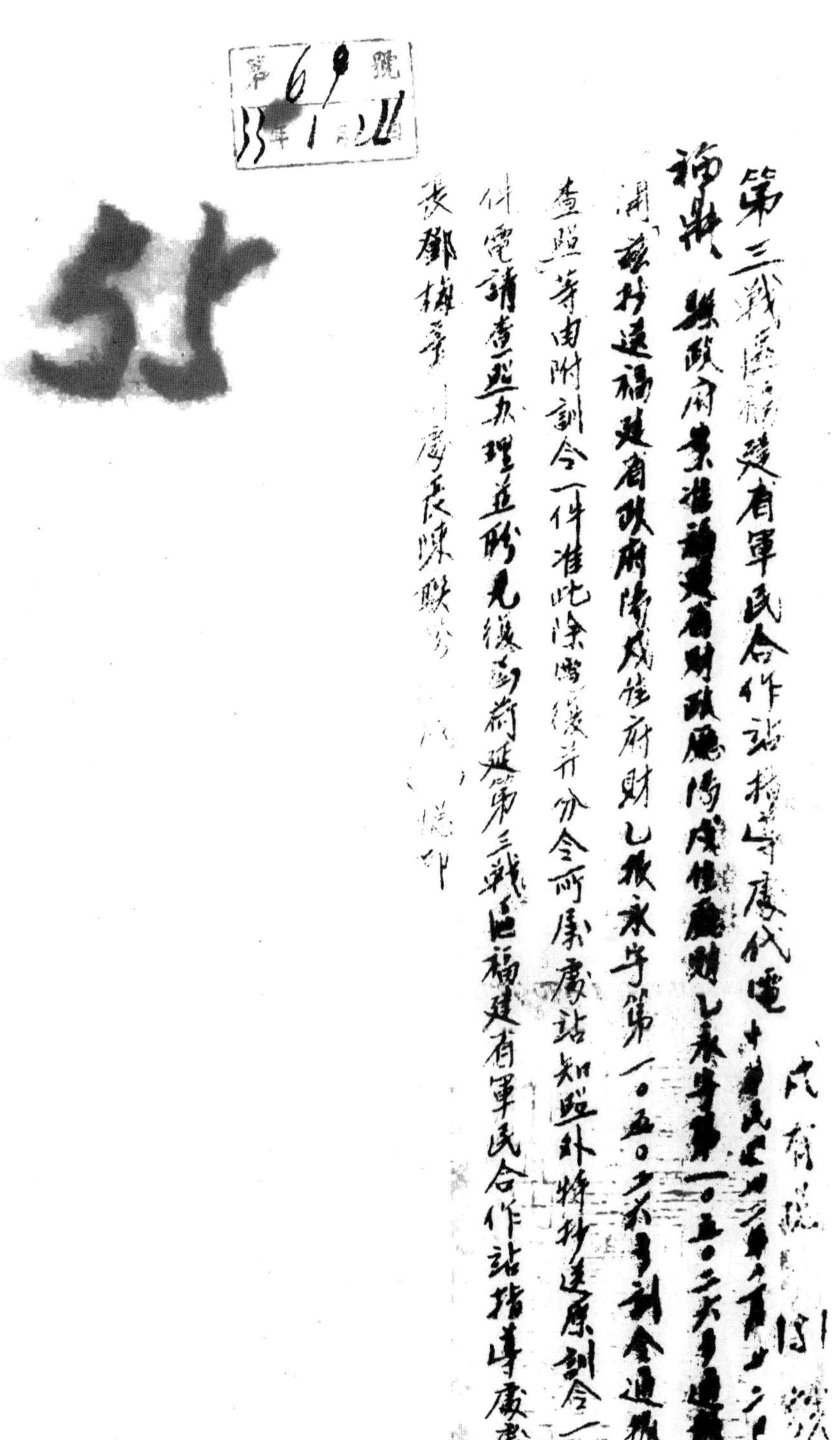

第三戰區福建省軍民合作站指導處代電

福鼎縣政府：案准福建省財政廳陽戌佳廳財乙永字第一〇五〇二六號代電開：茲抄送福建省政府陽戌佳府財乙振永字第一〇五〇二六號訓令，通飭查照等由，附訓令一件。准此，除電復并分令所屬處站知照外，特抄送原訓令一件，電請查照辦理並盼見復為荷。第三戰區福建省軍民合作站指導處處長鄭權（？）、副處長陳默 戌 總印

第三战区福建省军民合作站指导处关于抄送福建省政府阳戌佳第 105026 号训令请查照办理见复的代电(1943 年 11 月 22 日)　G137-001-0006

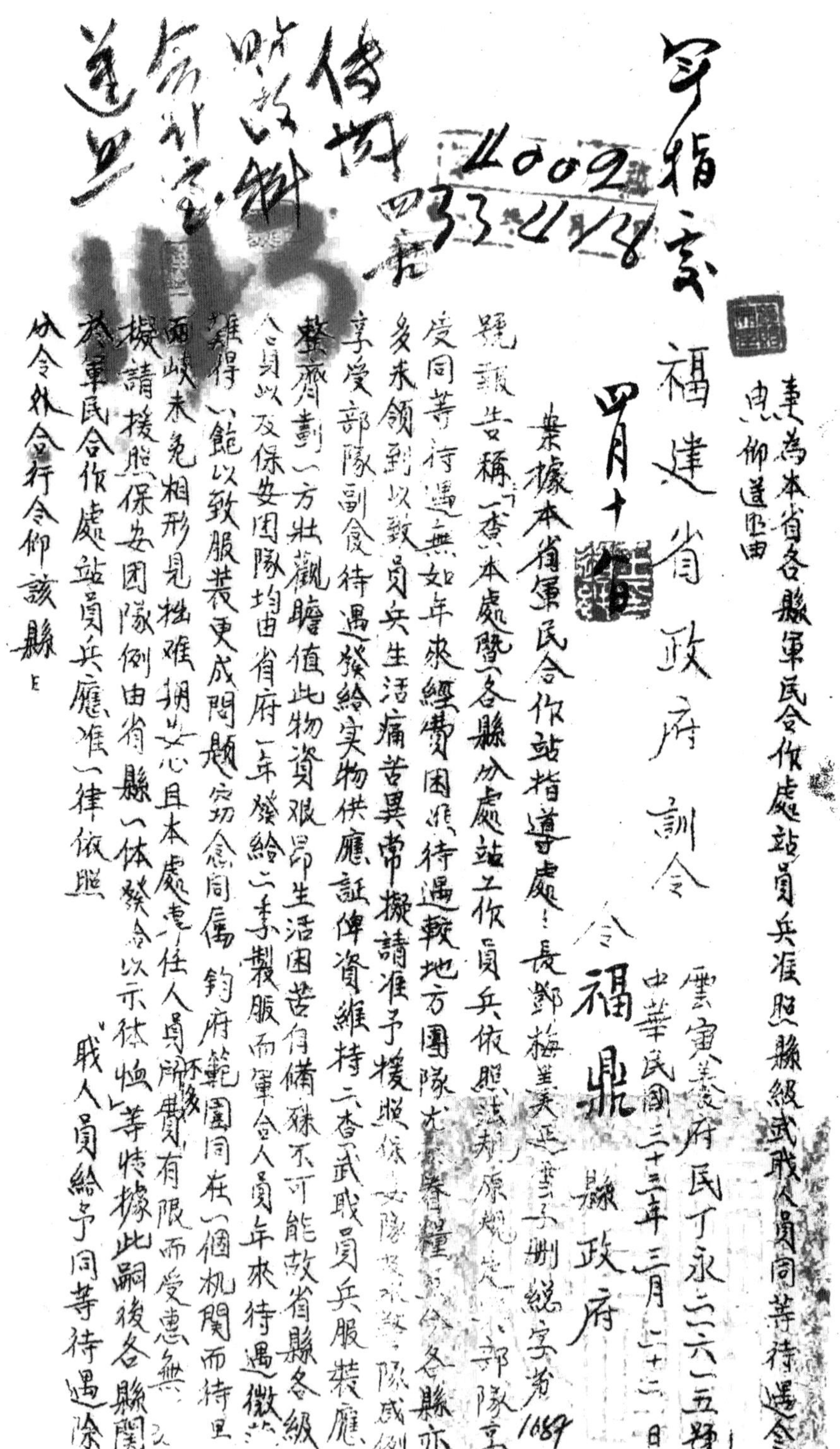

事為本省各縣軍民合作處站員兵准照縣級武職人員同等待遇令仰遵照由

福建省政府訓令　寅養府民丁永二六五號

中華民國三十三年三月二十二日

令福鼎縣政府

案據本省軍民合作站指導處處長鄭梅[illegible]字第1084號呈稱「查本處暨各縣分處站工作員兵依照法規原規定[illegible]部隊享受同等待遇無如年來經費困難待遇較地方團隊尤[illegible]各縣亦多未領到以致員兵生活痛苦異常擬請准予援照保安隊[illegible]隊成例享受部隊副食待遇發給實物供應証俾資維持二查武職員兵服裝應整齊劃一方壯觀瞻值此物資艱昂生活困苦自備殊不可能故省縣各級人員以及保安團隊均由省府一年發給二季製服而軍合人員年來待遇微薄難得以飽以致服裝更成問題究切念同屬鈞府範圍同在一個機關而待且兩岐未免相形見拙难期安心且本處專任人員不多所費有限而受惠無以擬請援照保安團隊例由省縣一体發給以示体恤」等情據此嗣後各縣關於軍民合作處站員兵應准一律依照武職人員給予同等待遇除分令外合行令仰該縣

福建省政府关于本省各县军民合作处站员兵准照县级武职人员同等待遇的训令

（1944年3月22日）　G137-001-0007

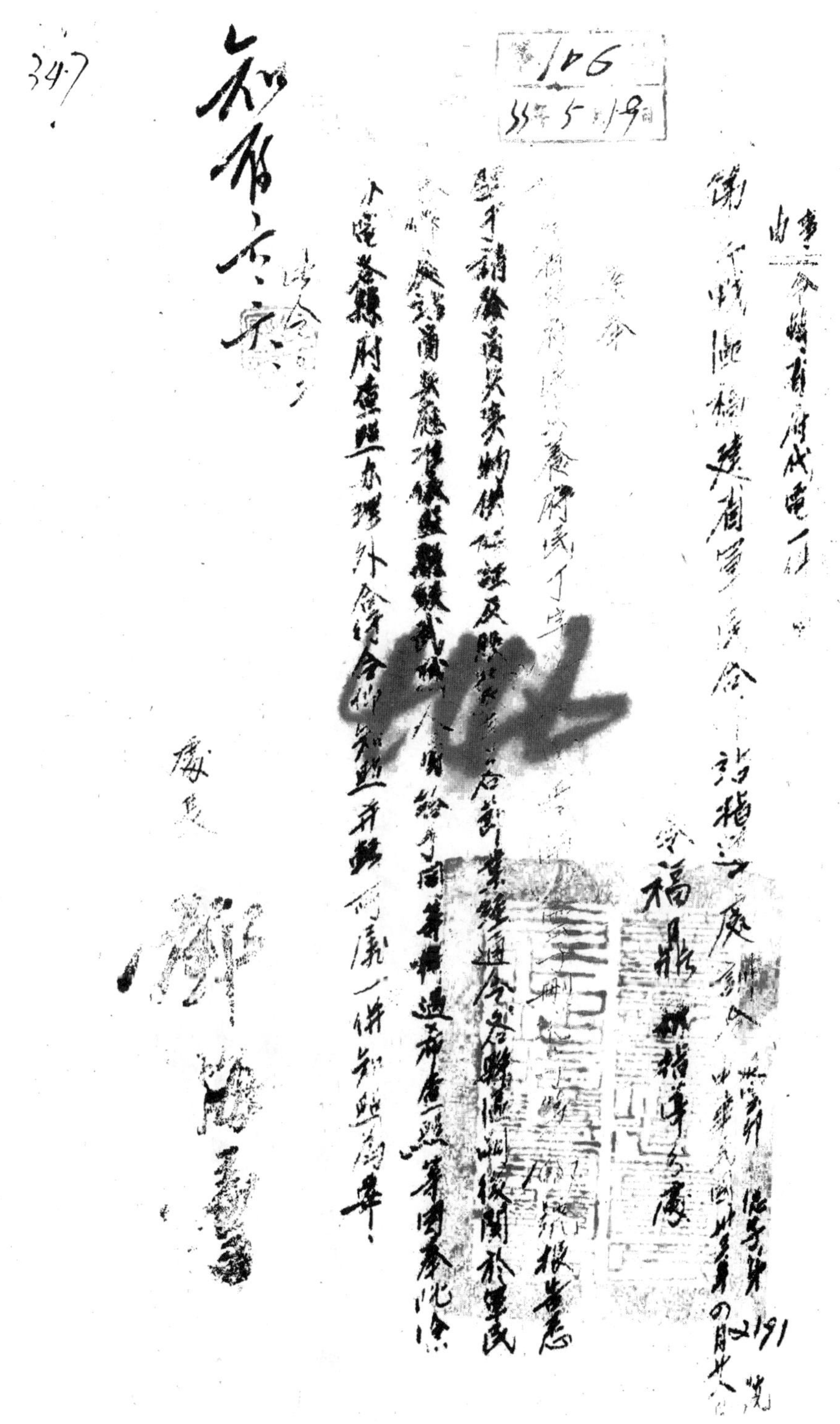

第三战区福建省军民合作站指导处关于转省府代电　军民合作处站员兵应准依照县级武职人员给予同等待遇的训令(1944 年 4 月 28 日)　G137-001-0004

第三战区福建省军民合作站指导处关于转省府财乙永字 31076 号代电　军民合作分处站职员食米系照县属公务人员发给的代电(1944 年 4 月 28 日)　G137-001-0004

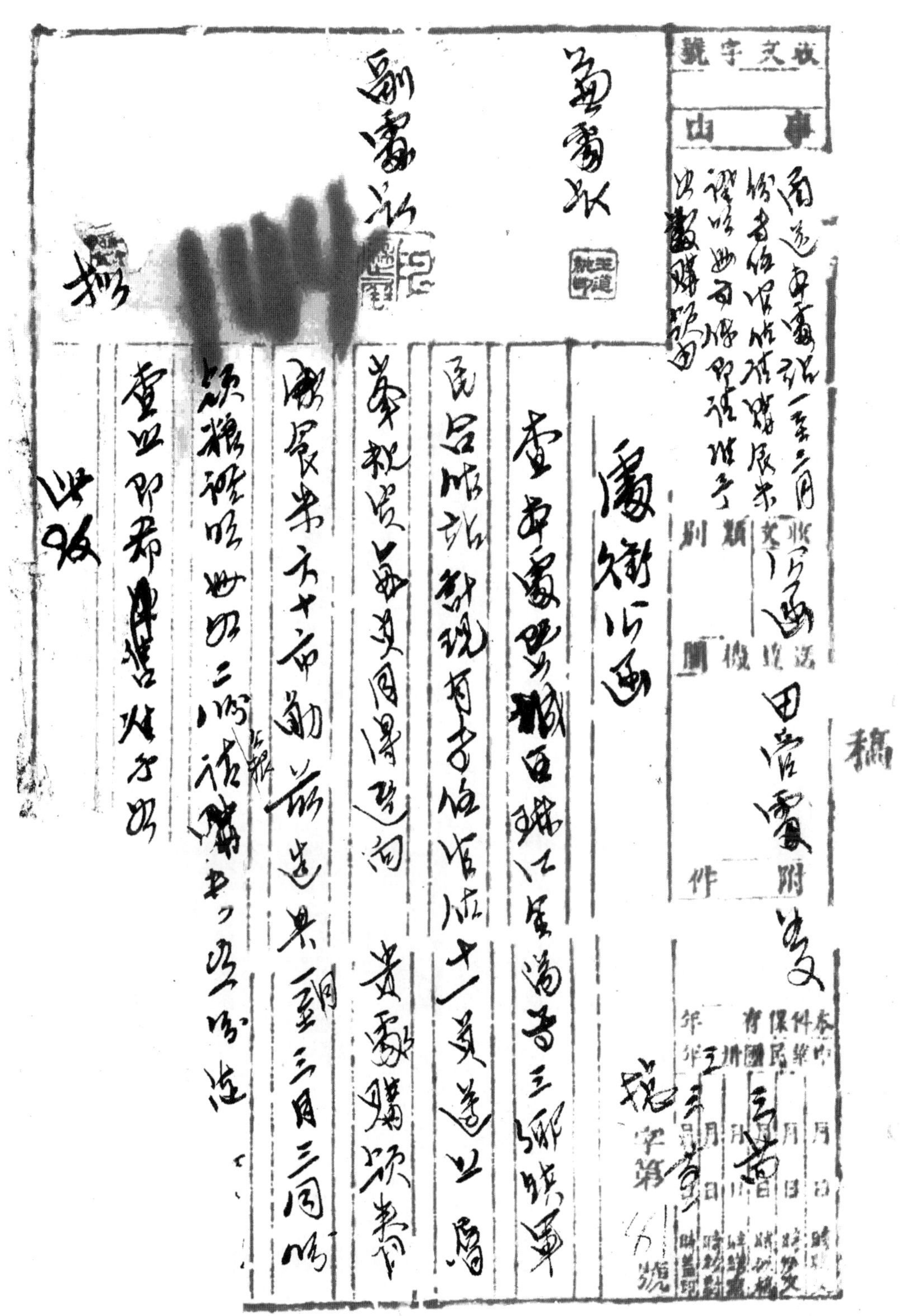

第三战区福建省福鼎县军民合作站指导分处关于报送本处站一至三月份专任官佐准购食米证明册等件即请准予如数购款的公函（1944 年 3 月 25 日） G137-001-0007

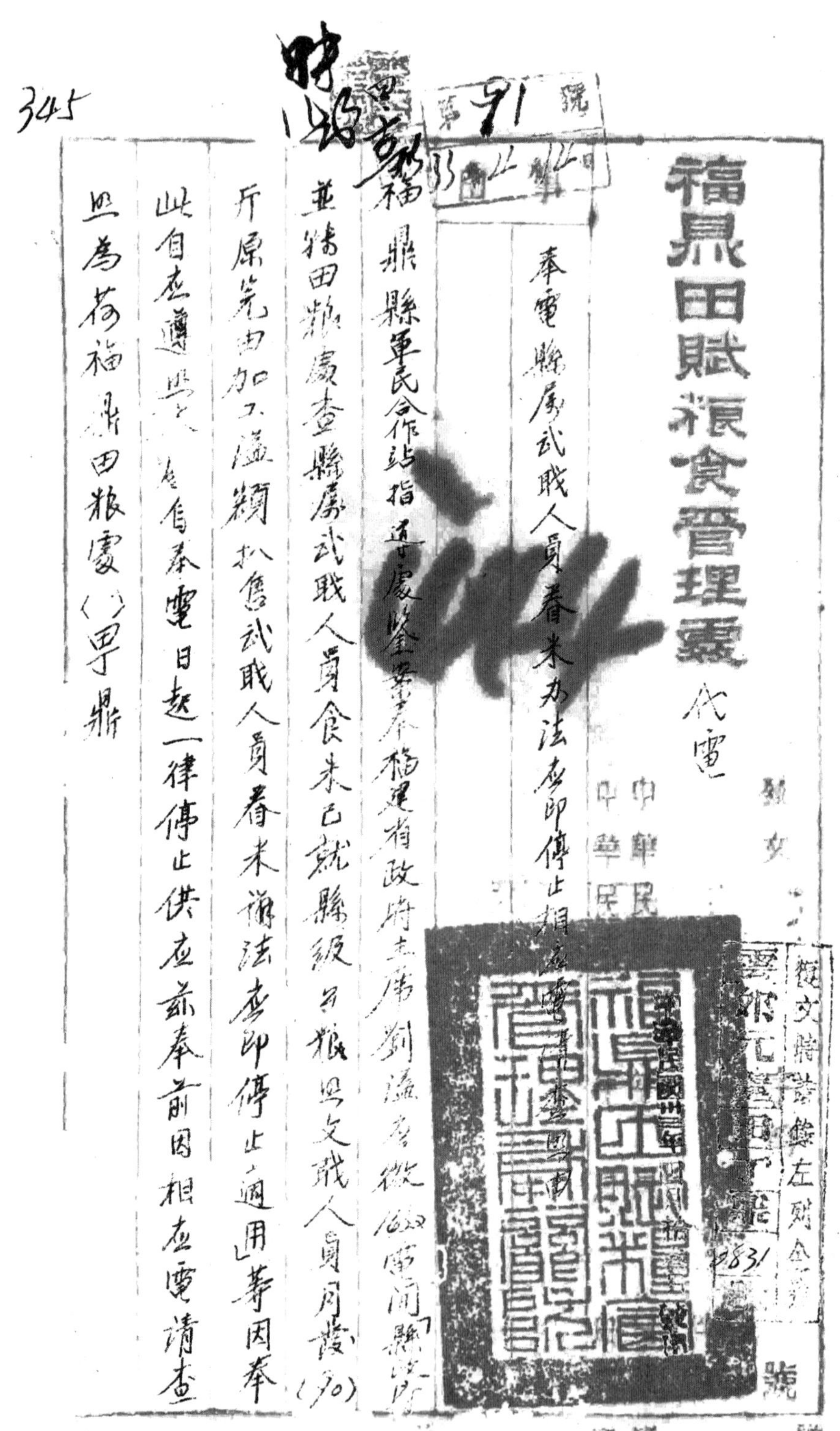

福鼎田賦糧食管理處代電

奉電縣屬武職人員眷米办法應即停止相應電請查照由

福鼎縣軍民合作站指導處鑒：案奉福建省政府主席劉[illegible]微[illegible]閩縣[illegible]並飭田糧處查縣屬武職人員食米已就縣級公糧與文職人員同發（70）斤，原定由加工溢額撥售武職人員眷米辦法應即停止適用等因。奉此，自應遵照，除自奉電日起一律停止供應並奉前因，相應電請查照為荷。福鼎田粮處（）[illegible]

福鼎田赋粮食管理处关于县属武职人员眷米办法应即停止相应电请查照的代电

（1944 年 4 月 13 日） G137-001-0004

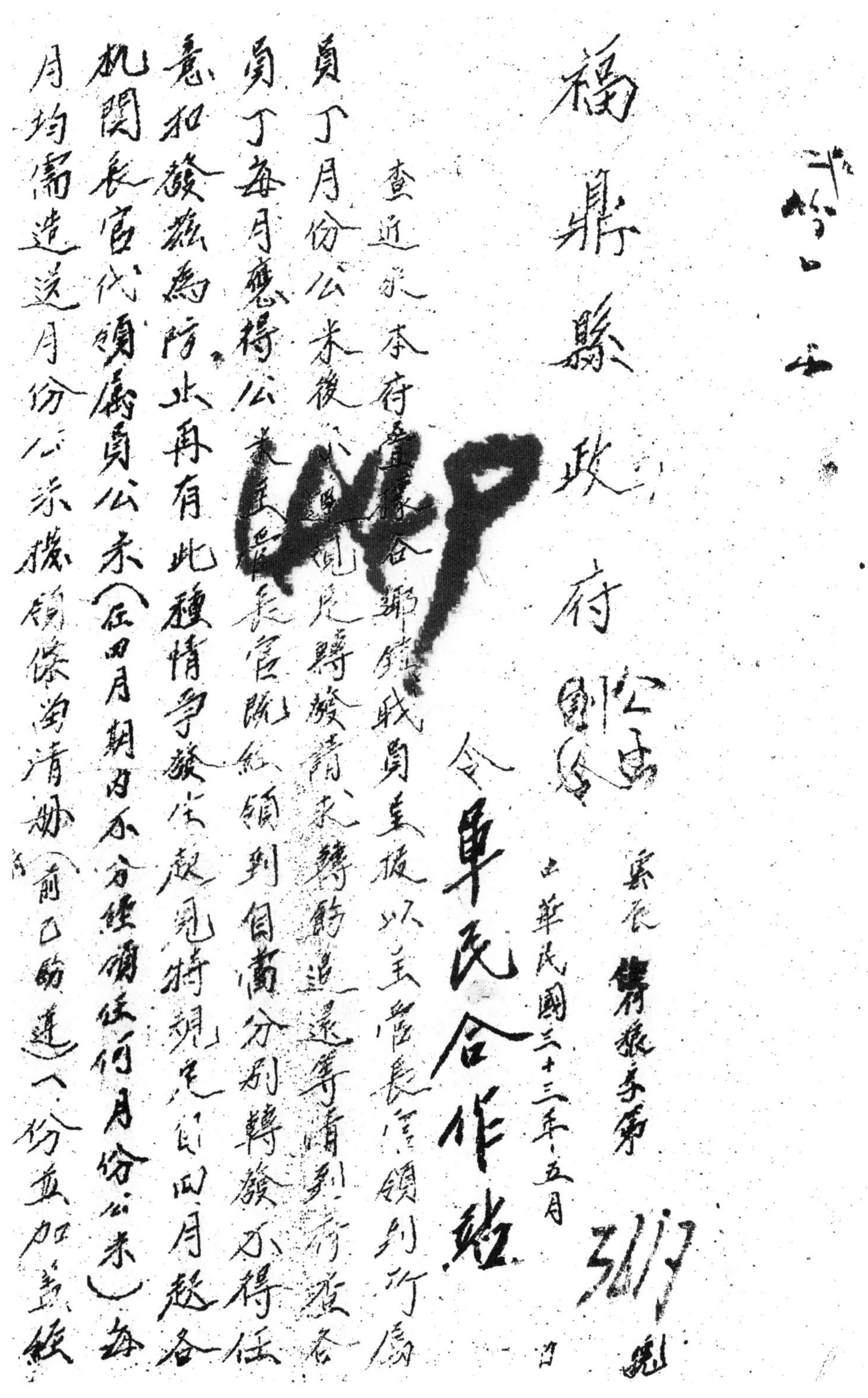

福鼎县政府关于自四月份起各机关长官代领属员公米每月均需造送月份公米拨领保留清册并加盖经领人私章的公函(1944年5月9日)a面 G137-001-0005

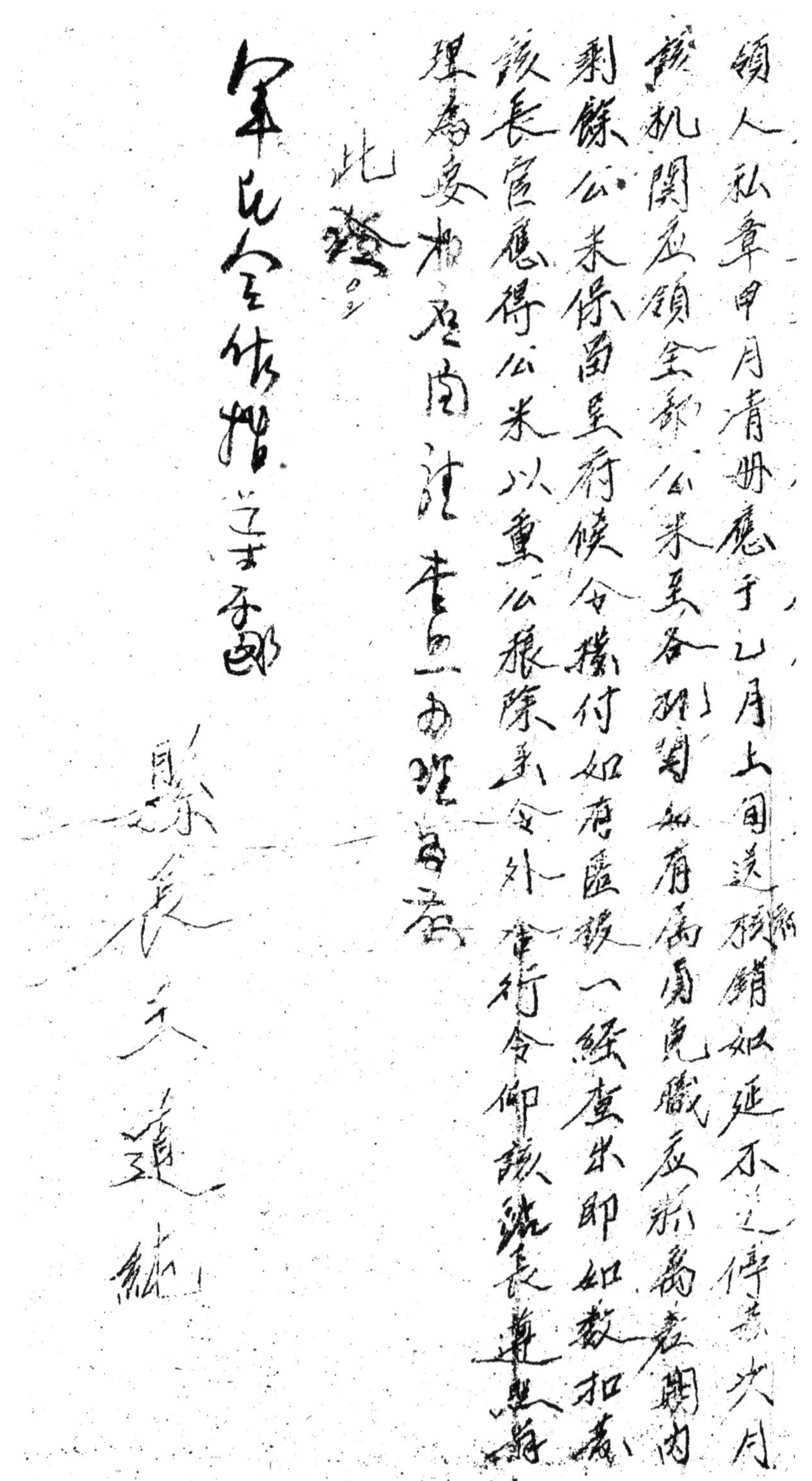
領人私章申月清册應于上月上旬送核銷如延不送停發次月該機關應領全部公米至各機關如有屬員既職應將前月內剩餘公米保留呈府俟令撥付如有匿報一經查出即如數扣發該長官應得公米以重公糧除呈令外合行令仰該鎮長遵照辦理為要相應函達查照辦理為荷

此致

軍民合作指導員[illegible]

縣長 [illegible]

福鼎县政府关于自四月份起各机关长官代领属员公米每月均需造送月份公米拨领保留清册并加盖经领人私章的公函(1944年5月9日)b面　G137-001-0005

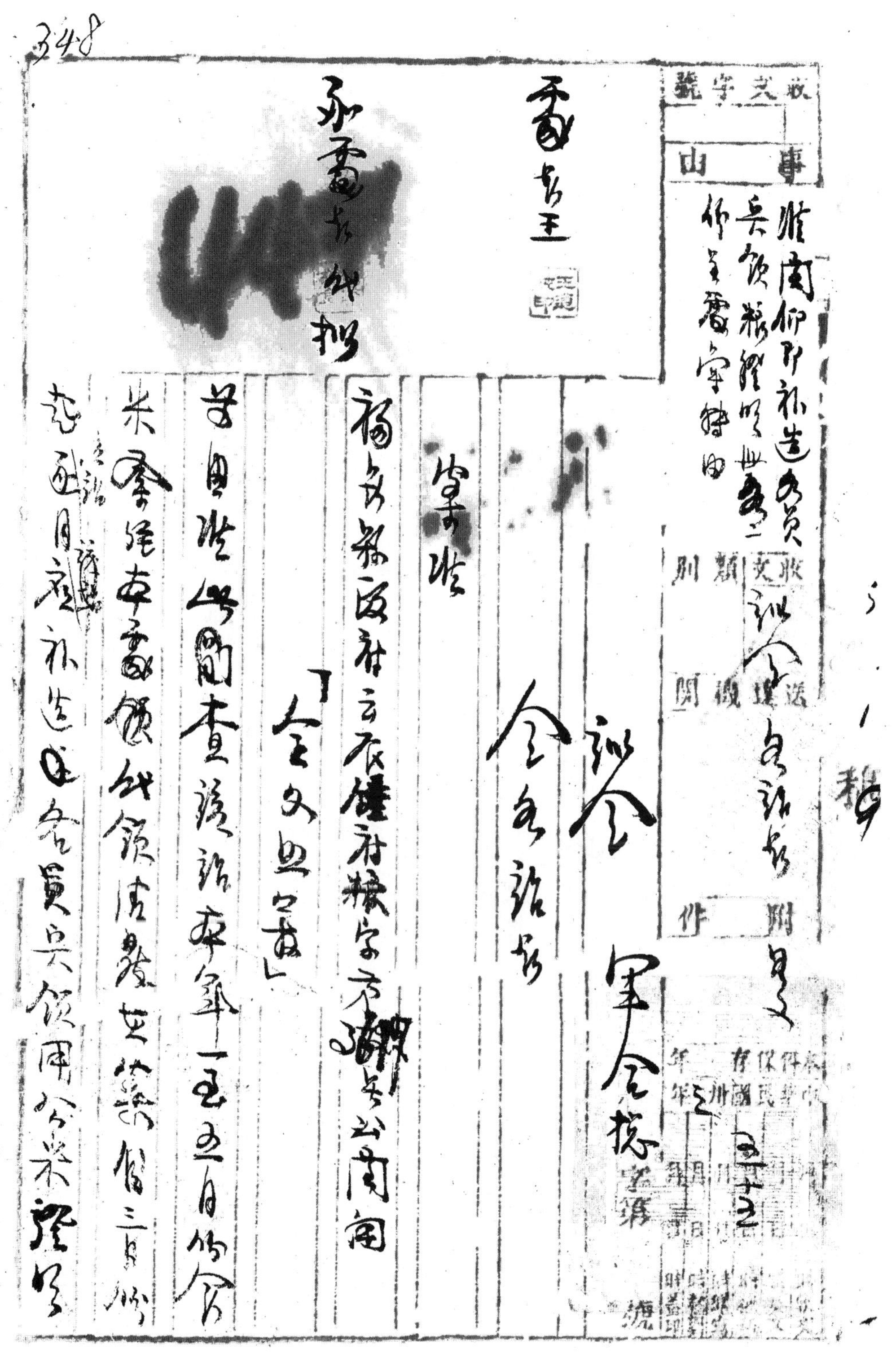

收文字号

事由

准闽[illegible]仰即补造各员兵领粮证明册呈处[illegible]由

收文类别：训令

送达机关：各站站长

附件：[illegible]

训令

令各站站长

案准

福鼎县政府[illegible]公函开

「全文照录」

等因。准此。[illegible]

军令总[illegible]

第三战区福建省福鼎县军民合作站指导分处关于各站迅即补造各员兵领粮证名册呈处汇转的训令

（1944 年 5 月 15 日） G137-001-0004

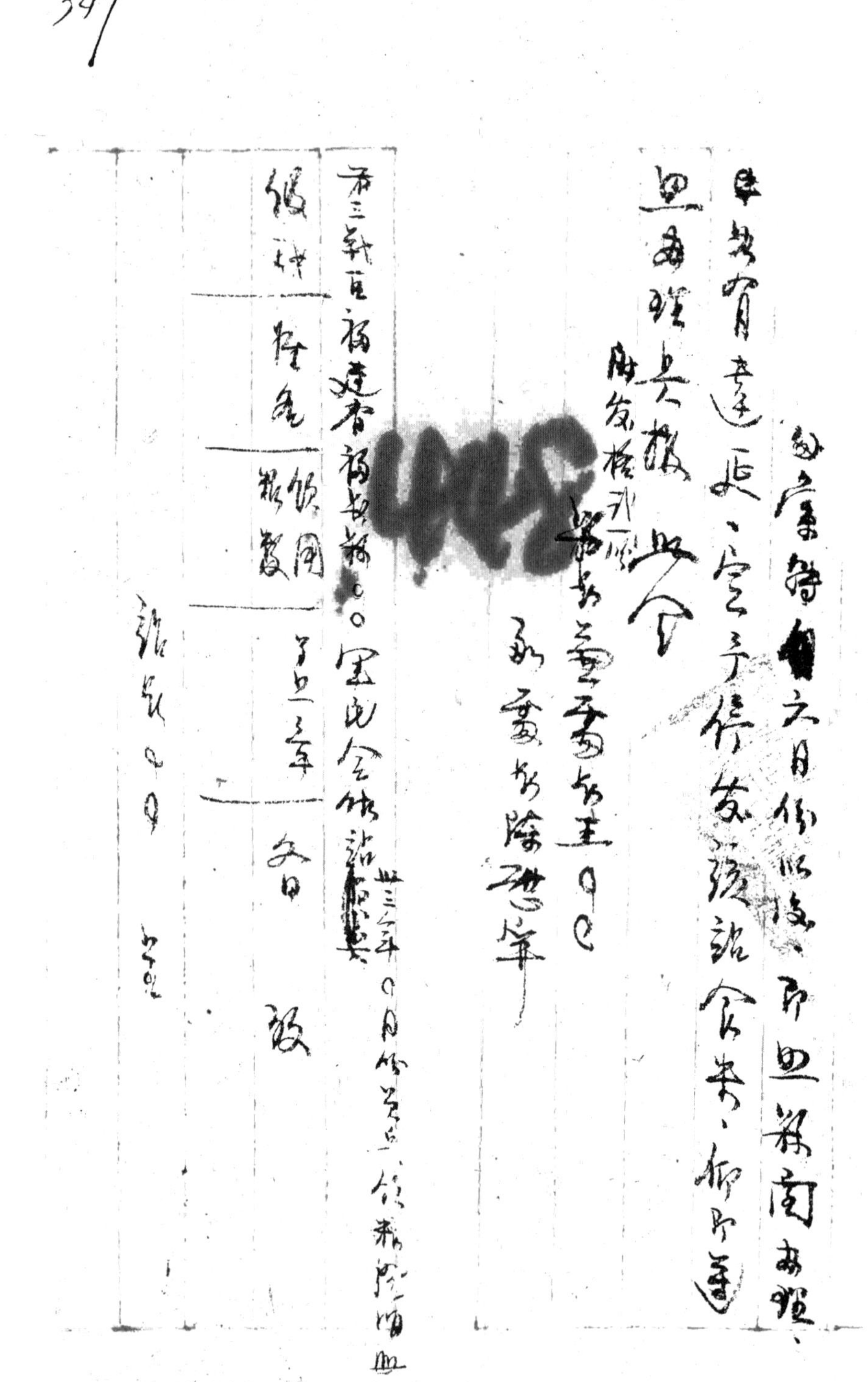

第三战区福建省福鼎县军民合作站指导分处关于各站迅即补造各员兵领粮证名册呈处汇转的训令

（1944 年 5 月 15 日） G137-001-0004

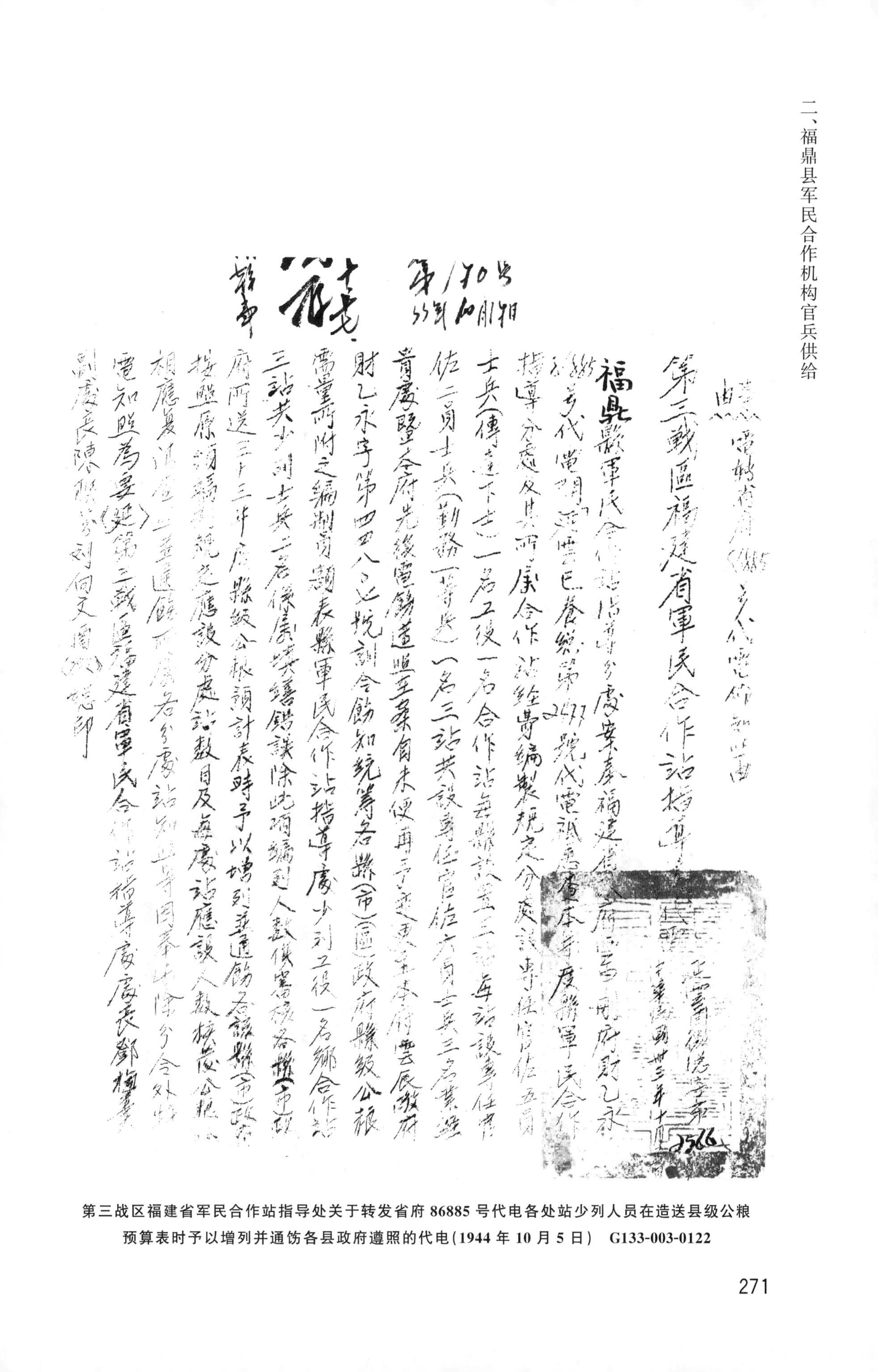

第三战区福建省军民合作站指导处关于转发省府 86885 号代电各处站少列人员在造送县级公粮预算表时予以增列并通饬各县政府遵照的代电(1944 年 10 月 5 日)　G133-003-0122

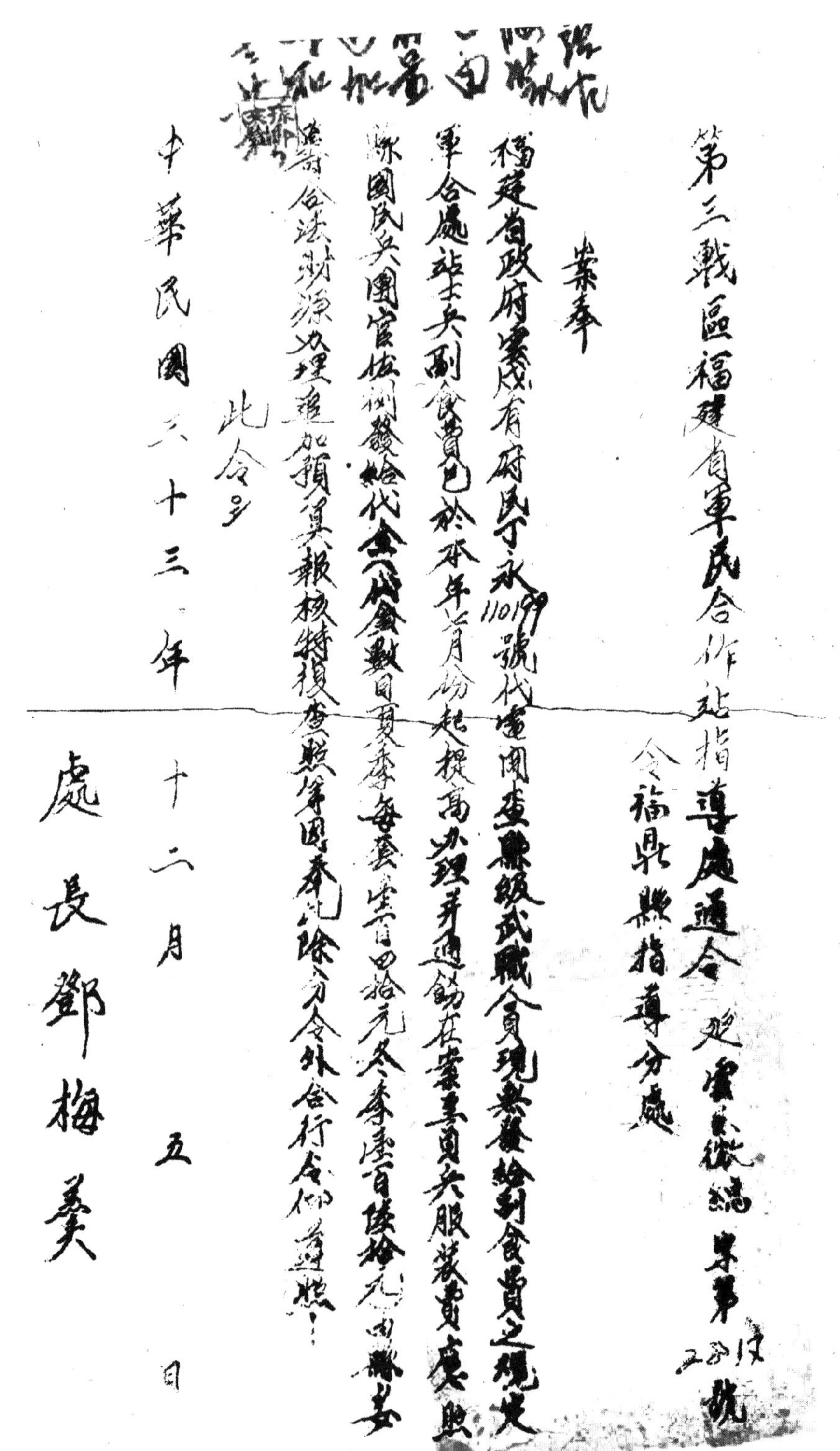

第三戰區福建省軍民合作站指導處通令 寅徵總字第2317號

令福鼎縣指導分處

案奉

福建省政府寅感府民丁永11019號代電開：查縣級武職人員現無發給副食費之規定，軍合處站士兵副食費已於本年十一月份起提高辦理，並通飭在案。至員兵服裝費應照縣國民兵團官佐例發給代金，代金數目夏季每套貳佰肆拾元，冬季每套陸佰陸拾元，由縣妥籌合法財源辦理，並加預算報核。特復查照。等因。奉此，除分令外，合行令仰遵照！

此令。

中華民國三十三年十二月五日

處長 鄧梅羹

第三战区福建省军民合作站指导处关于军民合作站员兵服装费由县妥筹办理的通令

（1944 年 12 月 5 日） G133-003-0123

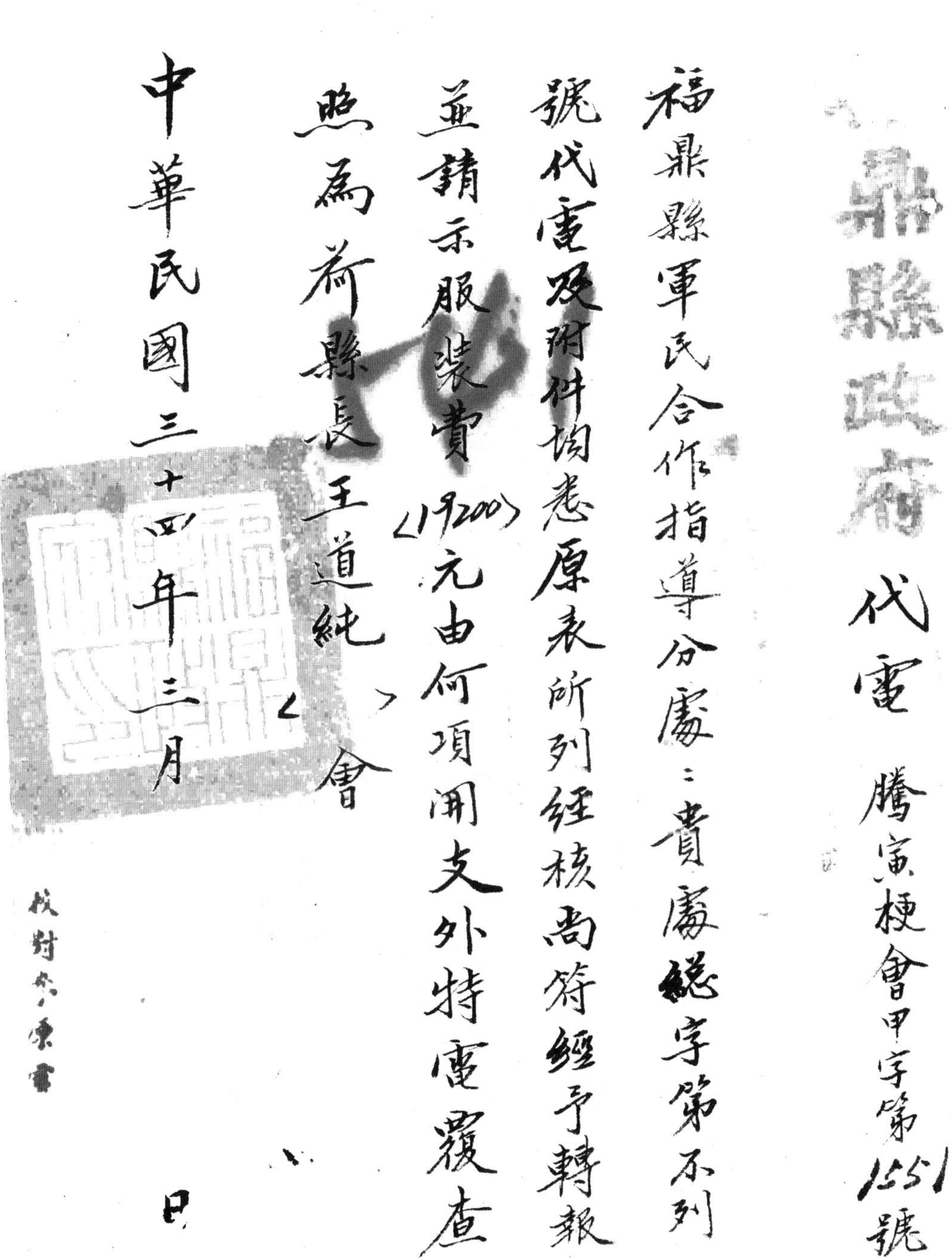
福鼎縣政府 代電 騰寅梗會甲字第1551號

福鼎縣軍民合作指導分處：貴處總字第不列號代電及附件均悉。原表所列經核尚符，經予轉報，並請示服裝費〈19200〉元由何項開支外，特電覆查照為荷。縣長王道純〈〉會

中華民國三十四年三月　日

校對：〔illegible〕

福鼎县政府关于准予转报并请示服装费由何项开支的代电

（1945 年 3 月 23 日） G137-001-0005

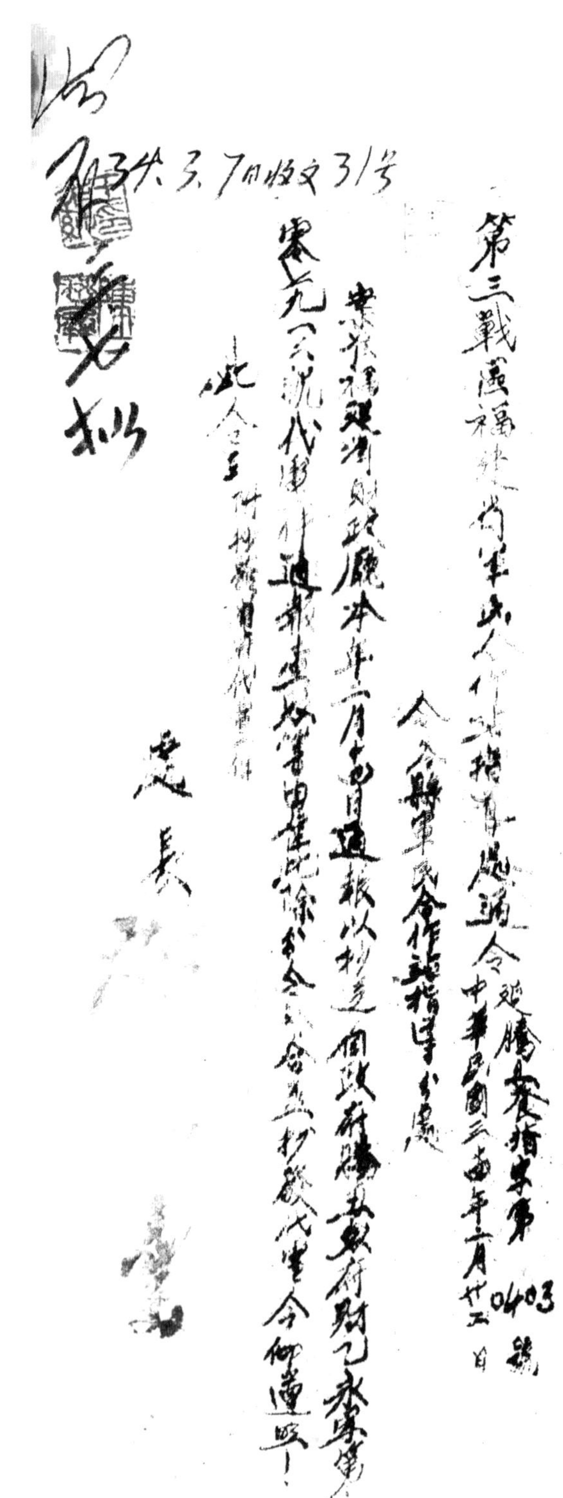

第三战区福建省军民合作站指导处关于抄发省政府腾丑鱼府财乙永字第07912号代电的通令

(1945年2月22日)a面　G137-001-0007

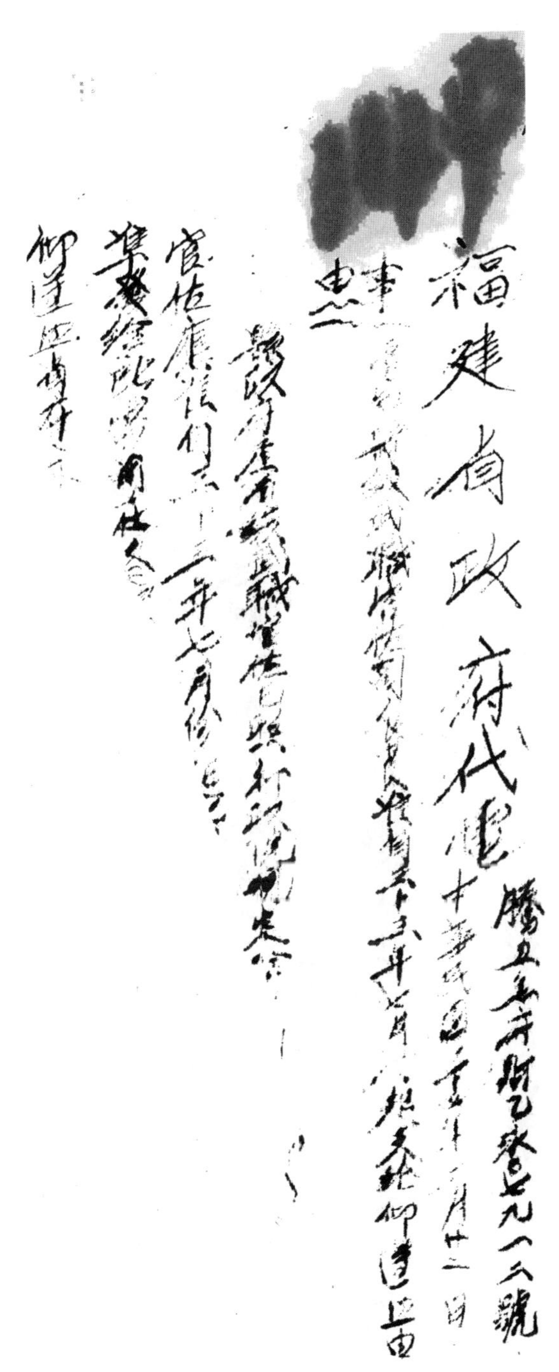
福建省政府代電 騰丑魚府財乙永字第七九一二號

附件：福建省政府腾丑鱼府财乙永字第 07912 号代电　关于县级武职官佐副食费准自三十三年七月份起支领的代电(1945 年 2 月 6 日)b 面　G137-001-0007

112

34.6.8 收文(4)

第三戰區福建省軍民合作站指導處通令　騰長佳延總字第〇八號

事由：令轉政治部總字2676號代電仰知照由

令各縣指導分處

案奉

第三戰區政治部總字2676號代電開：「奉司令長官顧亥下福建省政府則「戌二三一二號代電開卅三年度各縣（市）軍民合作分處站官兵食米已奉行政院及[illegible]四電核准在縣級公糧內支領至卅四年度各縣（市）（區）軍民合作分處站官兵公役食米已於統籌縣級公糧需量一併分配可資支養等由除電復外仰即知照并轉飭所屬一體知照為要」等因奉此除分令外仰即知照並飭屬一體知照為要。

此令。

處長　[signature]

中華民國卅四年五月九日

第三战区福建省军民合作站指导处转政治部总字 2676 号代电关于军民合作处站官兵食米由县级公粮内支领的通令（1945 年 5 月 9 日）　G137-001-0007

34.6.30. 收文(4)

第三戰區福建省軍民合作站指導處通令 中華民國三十四年六月十八日 騰巳巧指字第1105號

令福鼎縣指導分處

案據福建省政府財政廳騰巳齊府財乙永字第四五六三六號代電一件，等由，准此，除分令外，合行抄發原代電，令仰知照，仍向縣府洽商辦理具報為要！

此令。附抄發原代電一件

處長 鄭

事由：各縣武職官兵副食費自七月份起按商價發給標準，並同時停止副食實物請給，仰遵照由

福建省政府代電 騰巳齊府財乙永四五六三六號

民國三十四年六月　日

第三战区福建省军民合作站指导处关于转财政厅腾巳齐府财乙永45636号代电的通令

(1945年6月18日)a面　G137-001-0007

縣政府、省、各縣(市)(區)國民兵團團部、自衛隊(包括各行區
自衛大隊)鄉鎮隊、軍民合作總站、保安駐縣無線電台及福州南平
建甌永安長汀五縣市防護團官兵副食費一律比照省保安團隊待
遇)自本年七月份起每人每月改支五百元，所需經費由縣統籌整理各項
稅捐及公產收益依法收入之款辦理追加，並由各該部分造冊具領向市面按
市價採辦，各同業公會自應予以協助，一面將統籌縣鄉預算收支辦法第
二條廢止，如縣鄉預算無法追加，應由各該管專員公署統籌裁
減官兵，以資挹注，並限七月底以前整頓森嚴部隊，倘有假借名義
圖謀收費，一律查明嚴予懲處。業經本年六月七日本府委員談話會
議決通過，飭縣在案，應准自七月一日起實施，原頒統籌縣鄉預算收支
支辦法第二條關于副食費價格之規定，同時予以廢止，除分電外，合
亟電仰遵照。省政府永財乙〈〉印

第三战区福建省军民合作站指导处关于转财政厅腾巳齐府财乙永 45636 号代电的通令
(1945 年 6 月 18 日)b 面 G137-001-0007

福鼎县军民合作机构之业务

(一)军民合作运动宣传周与筹募闽军民合作号飞机

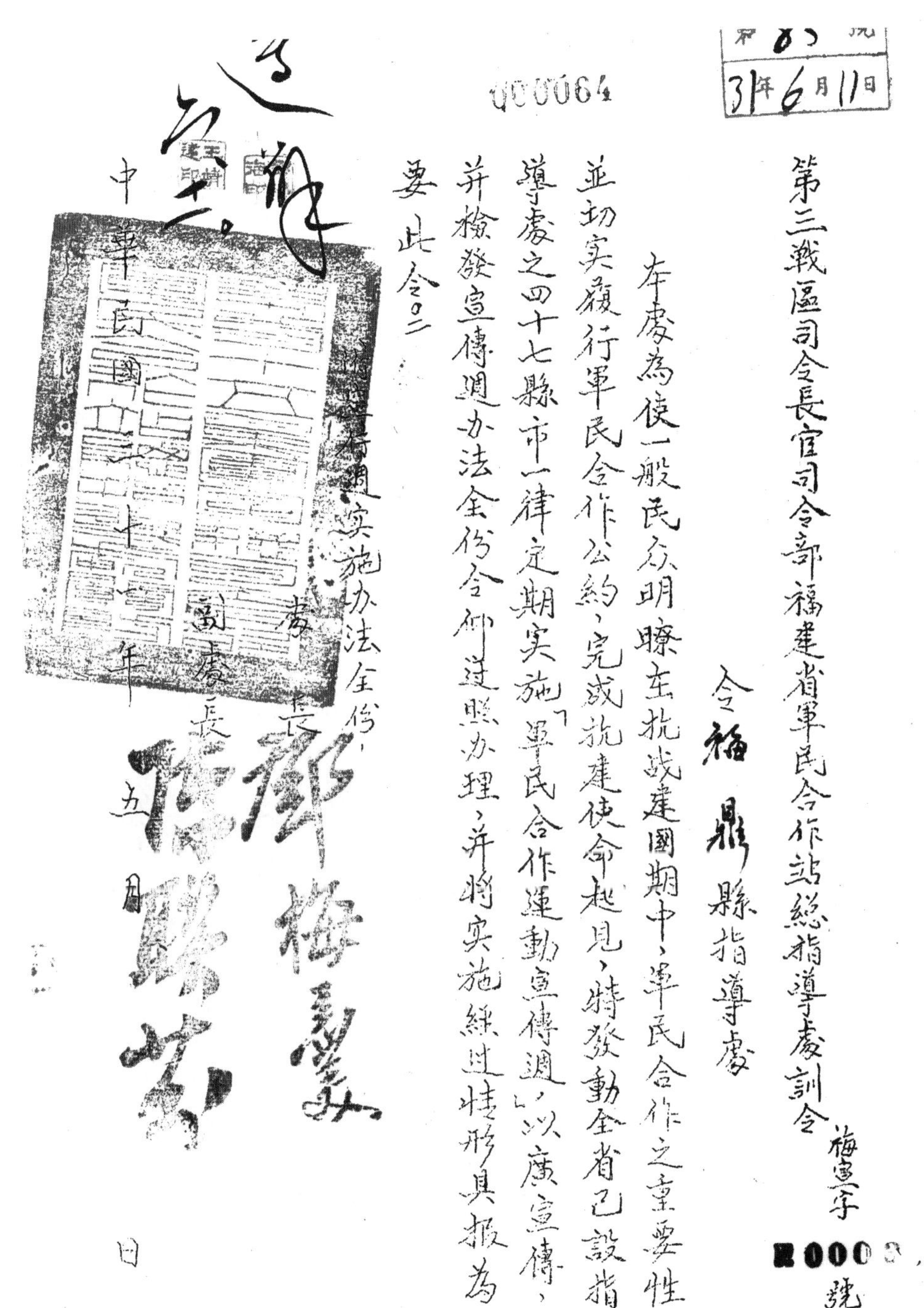

000064

第 85 號 31年6月11日

第三戰區司令長官司令部福建省軍民合作站總指導處訓令 梅宣字第000 號

令福鼎縣指導處

本處為使一般民众明瞭在抗戰建國期中、軍民合作之重要性並切实履行軍民合作公約，完成抗建使命起見，特發動全省已設指導處之四十七縣市一律定期实施「軍民合作運動宣傳週」，以廣宣傳，並檢發宣傳週办法全份，令仰遵照办理，並將实施經过情形具报為要。此令。

計發宣傳週实施办法全份

處長 鄧梅羹

副處長 陳聯芬

中華民國三十一年五月 日

第三战区司令长官司令部福建省军民合作站总指导处关于定期开展实施军民合作运动宣传周以广宣传的训令 （1942 年 5 月） G133-003-0120

軍民合作運動宣傳週實施辦法

（甲）實施目的——本處為使一般國民，明瞭抗战建國的過程中，軍民合作的重要性，促成軍民一體，切實合作，發動社會各階層熱烈参加軍民合作運動，建立軍民間的正常關係，特訂定本辦法，通令全省已設立指導處之各縣市，一体实施宣傳週，俾社會人士對于軍民合作運動由認識進而協助，然後共同實踐，使軍民合作之業務，得以逐步開展，達到理想的成果，完成協助抗战建國的使命。

（乙）實施時間——本宣傳週全省一律定三十一年六月廿九日開始至七月五日結束。

（丙）實施項目——本宣傳週以下列每日實施中心為原則。

六月廿九日——宣傳週開幕式

六月三十日——宣傳日

七月一日——慰問日

七月二日——座談日

七月三日——献金日

附件：军民合作运动宣传周实施办法（1942 年 5 月）a 面 G133-003-0120

七月四日—服務日

七月五日—聯歡日

(丁)實施方式、

(一)宣傳週開幕式、定名為「福建省○○縣軍民合作運動宣傳週開幕大會」(本日可召集駐軍部隊、國民兵隊、青年學生、民众等舉行檢閱式)由各縣指導處事前召集各有關機關、團体、學校、組織籌備會籌備一切事宜、屆期由縣指導處主持、是晚酌量當地情形、舉行火炬遊行、或其他活動。

(二)宣傳日

一、文字宣傳:(1)印發推行軍民合作運動告同胞書、及其他小型傳單、(2)繕貼街頭壁報標語、(3)書寫街頭墻壁宣傳文字、(4)商借當地報紙發行特刊(附發軍民合作公約及標語)。

二、口頭宣傳:(1)由當地學校學生、宣傳團隊、駐軍政訓單位、分組宣傳隊、出發街頭宣傳、(2)派員前往當地戲院演講、(3)延請當地黨政長官或士紳、假公開場

附件:军民合作运动宣传周实施办法(1942年5月)b面　G133-003-0120

所作專題講，（或在廣播電台播音演講）。

三、圖畫宣傳：(1)繪製街頭墻壁漫画，(2)舉行漫画展覽，(3)出版漫画特刊，(4)編繪漫画壁報。

四、戲劇及歌詠宣傳：(1)公演話劇，(2)舉行歌詠團。

(三)慰問日：組織慰問隊，分別向當地醫院傷病官兵及出征軍人家屬，作精神慰問，當地黨政机關如有慰勞品慰勞金等并可商撥一部作為物質慰勞。

(四)座談日：由縣指導處召集党政軍民各界代表舉行座談會，研討設計各該縣軍民合作運動之推進方案，作為縣指導處設施參考。

(五)獻金日：發動各界籌募「閩軍民合作號」飛机捐各縣配額另表，籌募方式由各縣處會同當地党政軍机關決定之（附發募捐辦法及配額表）。

(六)服務日：發動當地駐軍部隊學校學生舉行勞動服務，清潔掃除，並幫助民眾耕種，墾荒，及修補道路，並發動學生婦女為傷病官兵服務（如代寫書信，縫補洗濯衣服等）。

二

附件：军民合作运动宣传周实施办法(1942 年 5 月)a 面　G133-003-0120

(乙)聯歡日：發動所在地各界舉行軍民聯歡會，或軍民同樂會，互相聯絡，使軍民在歡樂中增進感情，提高合作之情緒，造成濃厚空氣，強化合作實踐。

二

(戊)實施要點：

1.宣傳全民抗战之真締。　2.闡述軍民合作之重要性。

3.宣揚設立軍民合作站之意義。　4.介紹軍民合作站之業務。

5.報導軍民合作之事蹟。　6.講解軍民合作公約。

7.研究軍民合作之有效方法。　8.籌募「軍民合作飛机捐」以表現福建軍民合作之精神。

附　則

一、各縣指導處應於宣傳週結束後一星期内，將実施情形，詳造報告（如籌募飛机捐款，該事一併解繳）呈送總指導處核备。

二、各縣指導處對宣傳週実施之成绩優劣列為考成之一，併分別呈報長官部福建省党部福建省政府備查。

附件：军民合作运动宣传周实施办法(1942年5月)b面　G133-003-0120

000067

軍民合作公約

軍隊方面：

一、非得民众同意不得擅入民房。

二、與民众接洽任何事件須佩帶證章整齊服裝。

三、與民众接洽任何事件態度要和平。

四、凡屬公事須按照當地政府決定手續不得擅向民众要挾或欺壓。

五、軍隊如萬不得已借用民物須得民众同意，如有損壞須照價賠償，出發時應原物歸還。

六、購買物品須用法幣現款交易不得故意賒欠。

七、軍隊僱用民伕牛馬須照價給予車伕馬費。

八、不得擅自寄存軍用品

军民合作公约(1942年5月)a面　G133-003-0120

民衆方面：

一、軍隊到时不得逃避。

二、與軍隊交易不得高抬物價。

三、軍隊借用物品須儘量借予不得故意不借

四、对無符號臂章士兵可不予接談任何事項。

五、與軍隊接談態度須要和平。

六、軍隊過境要送茶水。

七、非經本部隊長官許可不得寄存軍用品。

八、要儘量帮助軍隊尋覓住所購買物品並運給養子彈偵察敵情。

军民合作公约(1942年5月)b面　G133-003-0120

標語

設立軍民合作站；可以肅清敵探漢奸！

設立軍民合作站；是民众参加抗战的机會！

軍民合作站；是軍民間的橋樑！

軍民合作站；是組訓民众的机構！

軍隊要愛護民众；民众要幫助軍隊！

实行軍民合作；殲滅敵寇！

实行軍民合作；收復失地！

軍民合作站的設立，是適應抗战軍事之需要！

軍民合作站的任務，在協助抗戰軍事勝利！

幫助春耕秋割是軍隊对民众應尽的責任！

军民合作公约(1942 年 5 月)　G133-003-0120

福建省「軍民合作號」飛機募捐办法

甲、徵募動機：為表現本省軍民合作精神，充實國防設備，並發動籌募閩「軍民合作號」飛機運動。

乙、徵募款額：定本省款總額為二十萬元，由已設指導處之各縣（市）分配募足之（配額另表）。

丙、徵募機構：由各縣（市）指導處會同當地之黨政軍民機關團體決定之，必要時得組設籌募委員會，依配額及办法，積極進行徵募之。

丁、徵募方式：徵募工作可參酌當地情形，採用下列方式：

（1）各縣當地黨政軍民各界首長舉行座談會，請其提倡捐獻，以資倡導；

福建省军民合作号飞机募捐办法(1942 年 5 月)a 面　G137-001-0001

(2)由各该县中等以上学校学生组织劝募队向民众劝募之。

(3)在当地街市要冲地点设公共场所设捐献台献金箱等等。

(4)举行游艺会售卖入场券募捐之。

(5)发动各项义卖或其他方式。

(6)用竞赛方式于军警部队暨学校学生间征募之。

六、宣传办法：各县(市)于进行劝募之际，可举行扩大宣传，利用报纸刊物标语、图画、话剧、壁报、讲演等，使深入民间，发动大多数军民自动捐输（另备八宣件目发行）。

己、征募期限：各县(市)应照配额于三十一年七月底解缴福建省银行南平分行代收，汇呈第三战区长官部转呈军事委员会。

庚、其他：各县(市)应于劝募工作办理完竣时，编印征信录公布，并将办理情形详细呈报总指挥部备查。

福建省军民合作号飞机募捐办法(1942年5月)b面 G137-001-0001

劝募闽军民合作號飛机捐各縣(市)配額表

縣別	配額數		備攷
南平	一0,000	00	
莆田	一0,000	00	
三元	二,000	00	
建甌	一0,000	00	
晋江	一0,000	00	
長樂	四,000	00	
仙遊	五,000	00	
南靖	三,000	00	
長泰	二,000	00	
永春	六,000	00	

縣別	配額數		備攷
安溪	三,000	00	
尤溪	三,000	00	
永泰	二,000	00	
順昌	三,000	00	
霞浦	二,000	00	
寧德	二,000	00	
連江	二,000	00	
同安	四,000	00	
南安	一0,000	00	
惠安	三,000	00	

劝募闽军民合作号飞机捐各县市配额表(1942年5月)a面　G137-001-0001

縣名	配額	
沙縣	六,000	00
永安	一0,000	00
羅源	二,000	00
龍岩	六,000	00
海澄	四,000	00
閩侯	五,000	00
政和	二,000	00
連城	三,000	00
雲霄	二,000	00
古田	三,000	00
龍溪	八,000	00
漳浦	三,000	00
福安	二,000	00
建陽	四,000	00
福清	八,000	00
福鼎	六,000	00
屏南	二,000	00
華安	二,000	00
平和	二,000	00
東山	二,000	00
詔安	三,000	00
德化	三,000	00
大田	二,000	00
閩清	五,000	00
浦城	六,000	00
福州市	一0,000	00
長汀	二,000	00

劝募闽军民合作号飞机捐各县市配额表(1942年5月)b面　G137-001-0001

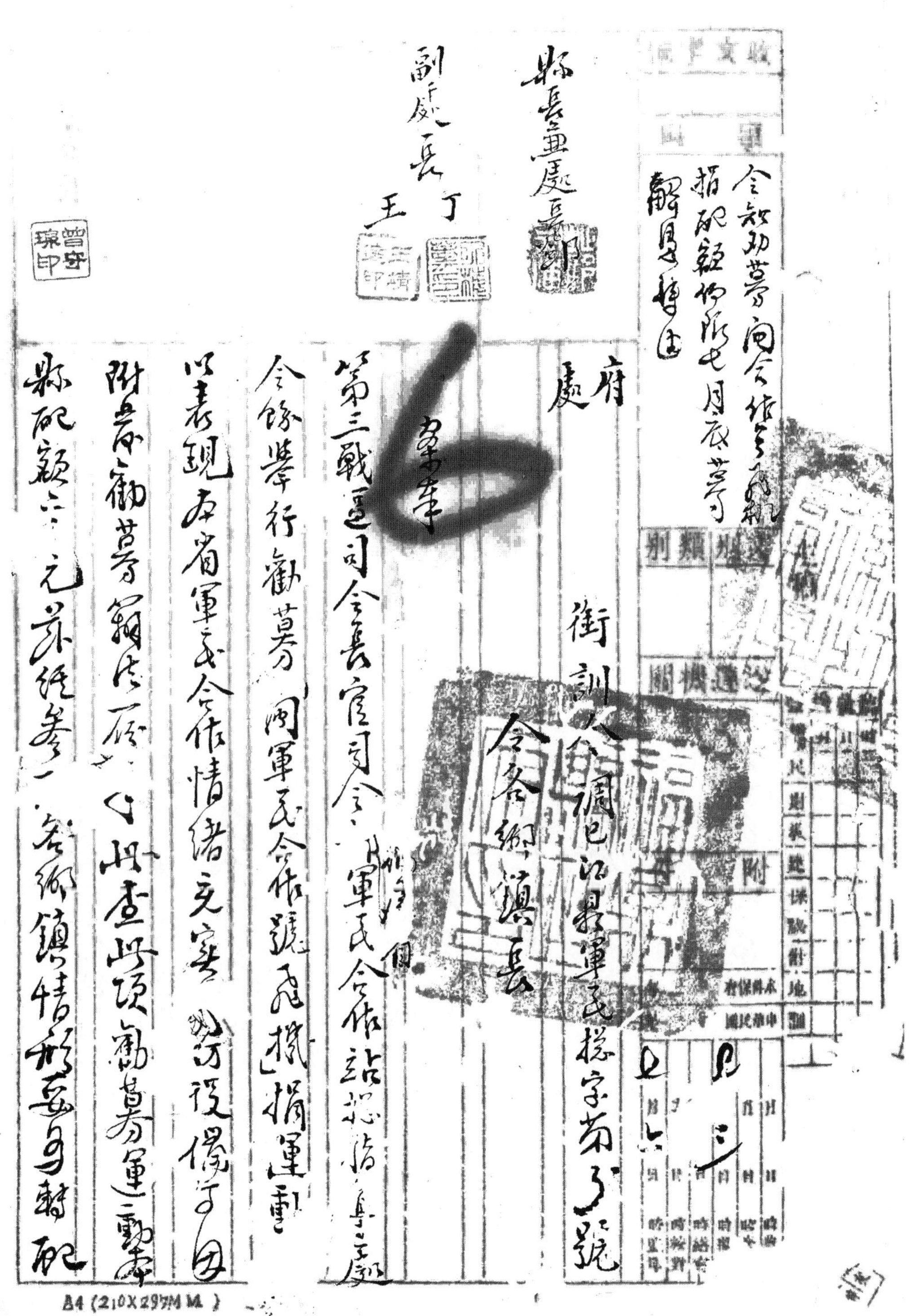

第三战区司令长官司令部福建省福鼎县军民合作站指导处关于劝募闽合作号飞机捐配额并限七月底募解凭转的训令（1942 年 6 月 3 日） G137-001-0001

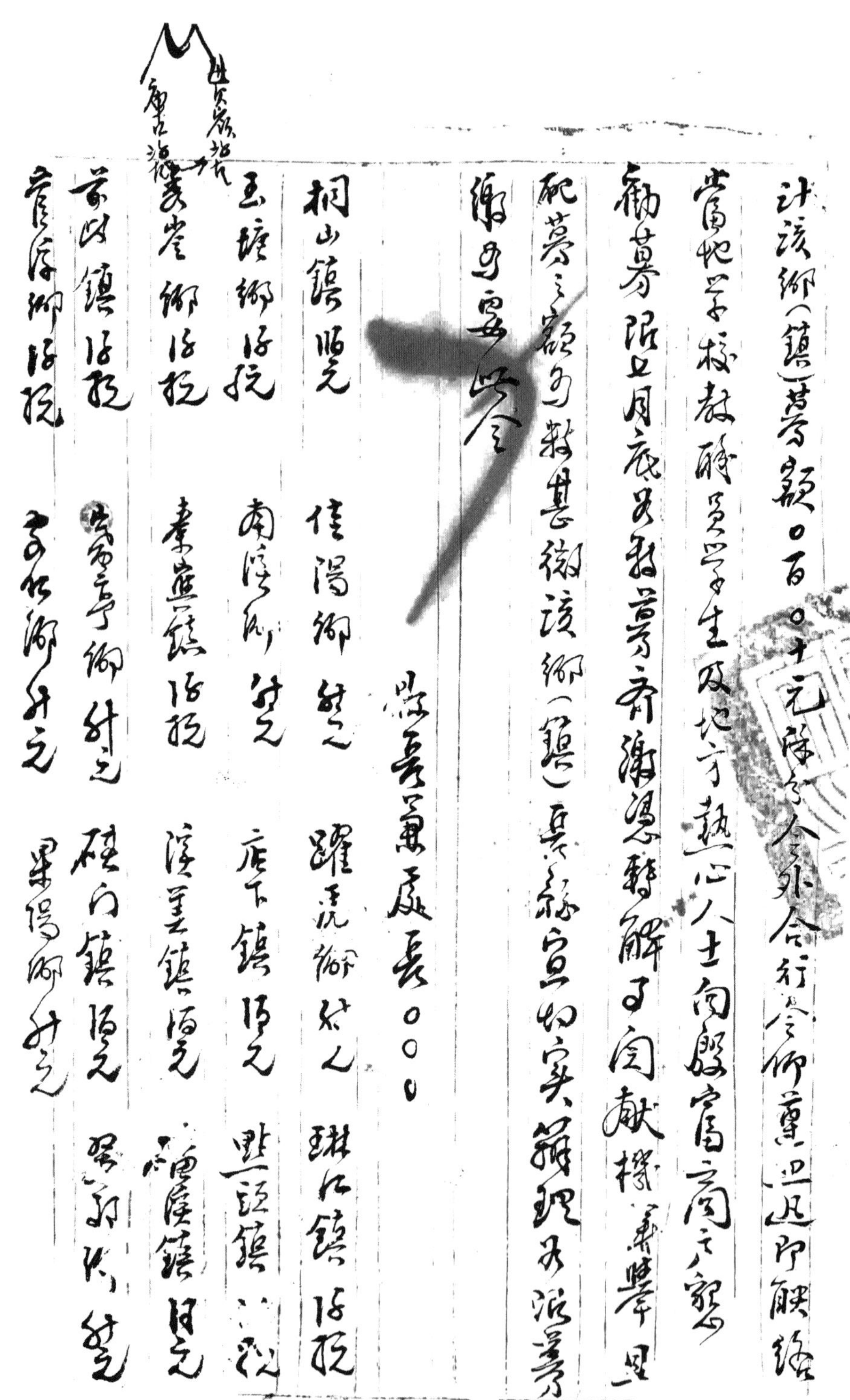
计该乡（镇）募额○百○十元除分令外合行令仰遵照迅即联络
当地学校教职员学生及地方热心人士向殷富商人广为
劝募限七月底以前募齐汇总转解勿因献机义举
配募之额为数甚微该乡（镇）长务宜切实办理不得[illegible]
[illegible]要此令
县长兼处长○○○

桐山镇长 佳阳乡长 蹯虎乡长 白琳镇长
玉塘乡长 南溪乡长 店下镇长 点头镇长
秦屿镇长 溪美镇长 [illegible]镇长
前岐镇长 [illegible]乡长 硖门镇长 [illegible]乡长
[illegible]乡长 [illegible]乡长 [illegible]乡长

第三战区司令长官司令部福建省福鼎县军民合作站指导处关于劝募闽合作号飞机捐配额并限七月底募解凭转的训令（1942年6月3日） G137-001-0001

宗海县长吾兄勛鑒：本處爲使一般民衆明瞭抗戰建國過程中軍民合作之重要性，特規定本月廿九日至七月五日爲「軍民合作運動宣傳週」，並檢發辦法頒飭各縣指導處一律如期舉行在案。現浙東戰事緊張，各戰場敵寇亦有蠢動模樣，在此千鈞一髮之時，吾人深知惟有軍民合作才能粉碎敵人進攻企圖，亦唯有軍民合作才能發揮偉大抗戰力量。但本省軍民合作事業尚屬創舉，半年來雖經同人共同努力，已樹相當基礎，唯欲求民衆較深刻之認識，仍有賴于擴大宣傳之必要，尤其閩浙比鄰，自金蘭湯龍淪陷後，戰事緣近閩疆。迭奉第三戰區政治部電令加强軍民合作機構與業務，自應遵辦，用特函達，尚希吾兄對于所屬各站機構力謀健全，并謀業務之開展，其「宣傳週」工作尤盼事先妥爲籌劃，俾獲圓滿效果，是爲至荷。專此順候

公綏

弟 鄧梅羹 啓

第二十五集團軍總司令部軍民合作站總指導處用箋

交副站長即辦

第三战区司令长官司令部福建省军民合作站总指导处关于规定六月二十九日至七月五日为军民合作运动宣传周，盼妥为筹划的公函（1942 年 6 月）　G133-003-0120

福鼎縣黨政籌備七七紀念會

時間：三十一年七月二日上午七時

地點：縣政府會客廳

出席：楊懋勛　施從九　施春年　張大觀　余耆祿　陳伯琳

汪子祥　陳守箴　李慕韓　劉瑞淳　高定芳　鄭榮海

主席：鄭縣長　　紀錄：林文天

行禮如儀

報告事項

討論事項

一、關於七七紀念大會公祭地點時間如何決定案

議決：時間定是日下午三時在公共體育場舉行七七紀念大會并舉行公祭由縣黨部縣政府會同通知各機關學校團體備花圈到會參加

二、關於七七紀念當日應如何點綴案

福鼎县政府关于福鼎县党政筹备七七纪念会记录

（1942 年 7 月 2 日）a 面　G133-003-0120

議決：(一)口頭宣傳由縣黨部、全體職員及中學中心學校學生分組宣傳隊分赴城廟及各鄉鎮
(二)文字宣傳分傳單標語，由縣黨部編製，漫畫由社會服務處繪製
(三)化裝宣傳由中學及中心學校負責，是日下午散會後舉行

(六)關於各鄉鎮應如何普遍舉行紀念案
議決：由縣政府飭區署各鄉鎮籌備舉行

(七)關於慰勞隊應如何組織案
議決：由縣政府、縣黨部以及各機關學校團體推舉代表組織慰勞隊(代表姓名在本晚送會)分赴城廟附鄉慰問抗屬并贈送慰問品(抗屬姓名冊由鎮公所本月五日以前列冊送會并通知抗屬到會具領)

(八)關于各界慰勞品應如何募集案
議決：由縣黨部、縣政府、動員會、婦女會、商會之同負責勸募最低額參百元，以縣署會集款分贈抗敵人家屬募集在本月一

福鼎县政府关于福鼎县党政筹备七七纪念会记录

(1942年7月2日)b面　G133-003-0120

000071

丙、關於「七七」獻金應如何舉行案

議決：獻金數目預定壹仟元分配各鄉鎮勸募，限本月二十五日以前繳會彙解

丁、關於「七七」紀念會應否合併舉行其他紀念會案

議決：應合併舉行七月份國民月會、軍民合作擴大宣傳會、擴大節約宣傳大會

戊、關於紀念會之場佈置應由何人負責案

議決：由縣黨部及縣動員會各派一人負責佈置之

鄭宗海

福鼎县政府关于福鼎县党政筹备七七纪念会记录

（1942年7月2日） G133-003-0120

為推行軍民合作運動告同胞書

親愛的同胞們：

現代戰爭，是由平面戰爭，進為立體戰爭。所以要求民族生存，國土完整，就要全民力量保衛國家整個[illegible]！

我國抗戰到現在快滿五年，在這民族存亡千鈞一髮的時候當中，全國總動員，抵抗外侮，固屬是當然的；而軍民合作互相為用，尤其是當前最需要的了。

本來民衆是尚未武裝的軍隊，軍隊是已經武裝的民衆。自從募兵制實施以後，漸漸形成軍隊職業化，軍民之間造成一個天然的鴻溝，積習相沿，愈趨愈遠。如果不把這個軍民界限打

福鼎县政府、第三战区司令长官司令部福建省福鼎县军民合作站指导处为推行军民合作运动告同胞书（1942 年 7 月 2 日） G133-003-0120

2

破。抗战当前，实为紧要。我国军政当局有鉴及此，力谋促进我军民融合，苦撑共同奋斗完成抗建使命。军民合作站之组织遂由是产生。

军民合作站的工作有两大要领：第一对军队方面，促使军人自动的遵守纪律，爱护民众，进而成为民众的武力。对民众方面，激发民众抗建情绪，使能全民动员，帮助军队，协助抗战。

记得民国十五年革命军出师北伐，军队所到之处，民众无不箪壶劳渴，欢欣鼓励，给予官兵莫大的安慰与同情。那时一班革命军人，不独纪律严明，秋毫无犯，而且作战的勇气百倍，卒能以少胜多，势如破竹。这是军民合作收效显著的一个例证。

自日侵略我国，战祸辗转五年，凡属中华民国国民，无论

福鼎县政府、第三战区司令长官司令部福建省福鼎县军民合作站指导处为推行军民合作运动告同胞书（1942年7月2日）　G133-003-0120

民众每个人要认识祖国不至沦亡，子孙不可以奴隶，都应该觉悟除了对于军队怨恨畏惧思想的错误观念和心理切实起来帮助军队抗战，达到最后胜利目的。我们军事委员会经常的军民合作的目的，这便须在各方面给我们大家共同遵守。

军队方面：

(1)非得民众同意不得擅入民房，(2)对民众接洽任何事件须待(?)平等(?)，态度和蔼说服(?)，(3)与民众接洽任何事件态度须和平，(4)凡属军需须按照当地政府决定价债，不得抗向民众要挟或欺压，(5)军队如有不得已借用民物须向民众商量，如有损坏须照价赔偿，出发时应将物归还，(6)购买物品须用法币现款，不易不可故意拖欠，(7)军队雇用民夫车马须照价给与车使

福鼎县政府、第三战区司令长官司令部福建省福鼎县军民合作站指导处为推行军民合作运动告同胞书(1942年7月2日)　G133-003-0120

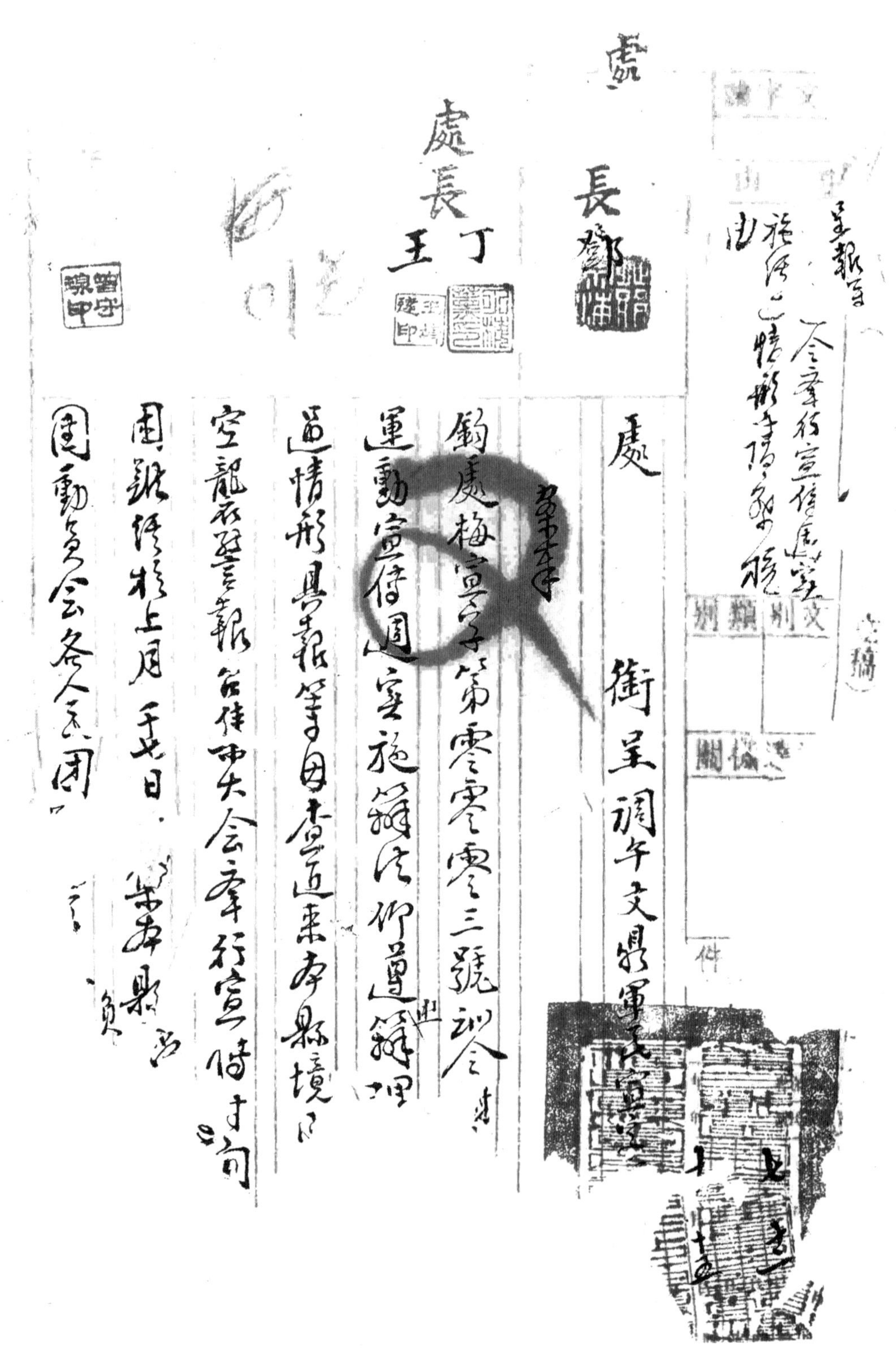

第三战区司令长官司令部福建省福鼎县军民合作站指导处关于举行宣传周实施经过情形的呈文

（1942 年 7 月 12 日） G137-001-0001

關進行議決各事項如次（一）宣傳周（於）募集期間改定七七紀念日
行（二）由縣立初中桐山鎮中心學校桐北桐南國民學校等分別組
織宣傳隊分赴宣傳并由指導處編印傳單標語分發各界應用
（三）由指導處協同縣動員會向各機關捐募現金[illegible]
分贈征人家屬并加慰問（四）由指導處定期召集各機關黨政軍民各
界代表舉行座談會（五）向軍民合作號召各鄉募銷[illegible]千元由指導
處會同縣政府參酌各鄉鎮情形轉配[illegible]
勸募於七月底集繳指導處彙解並紀錄在案
財[illegible]黨政各機關及縣商會農會[illegible]教職員暑期[illegible]
學校桐北桐南國民學校教職員學生暨各保保甲長[illegible]

第三战区司令长官司令部福建省福鼎县军民合作站指导处关于举行宣传周实施经过情形的呈文

（1942 年 7 月 12 日） G137-001-0001

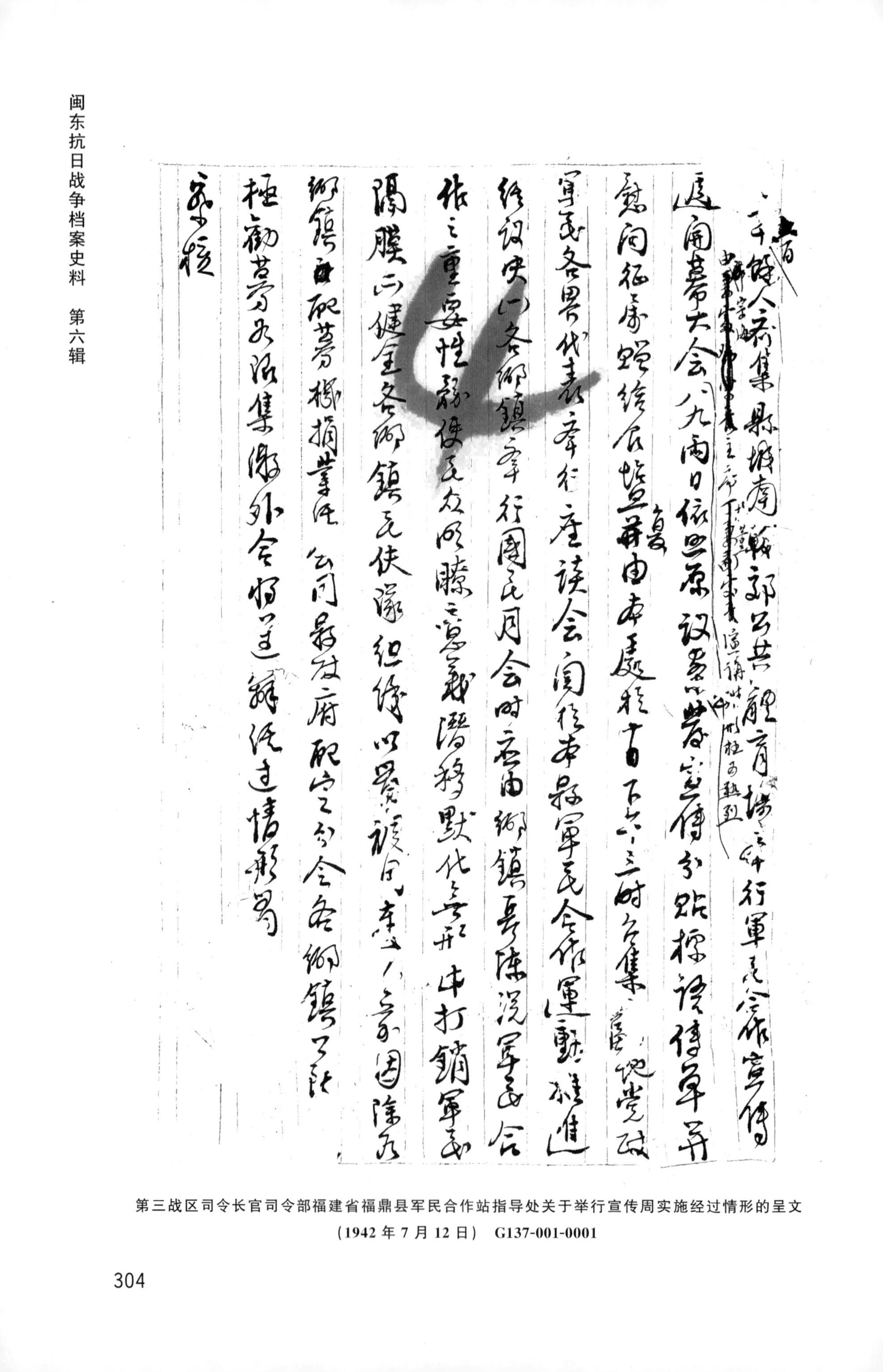

第三战区司令长官司令部福建省福鼎县军民合作站指导处关于举行宣传周实施经过情形的呈文

（1942年7月12日）　G137-001-0001

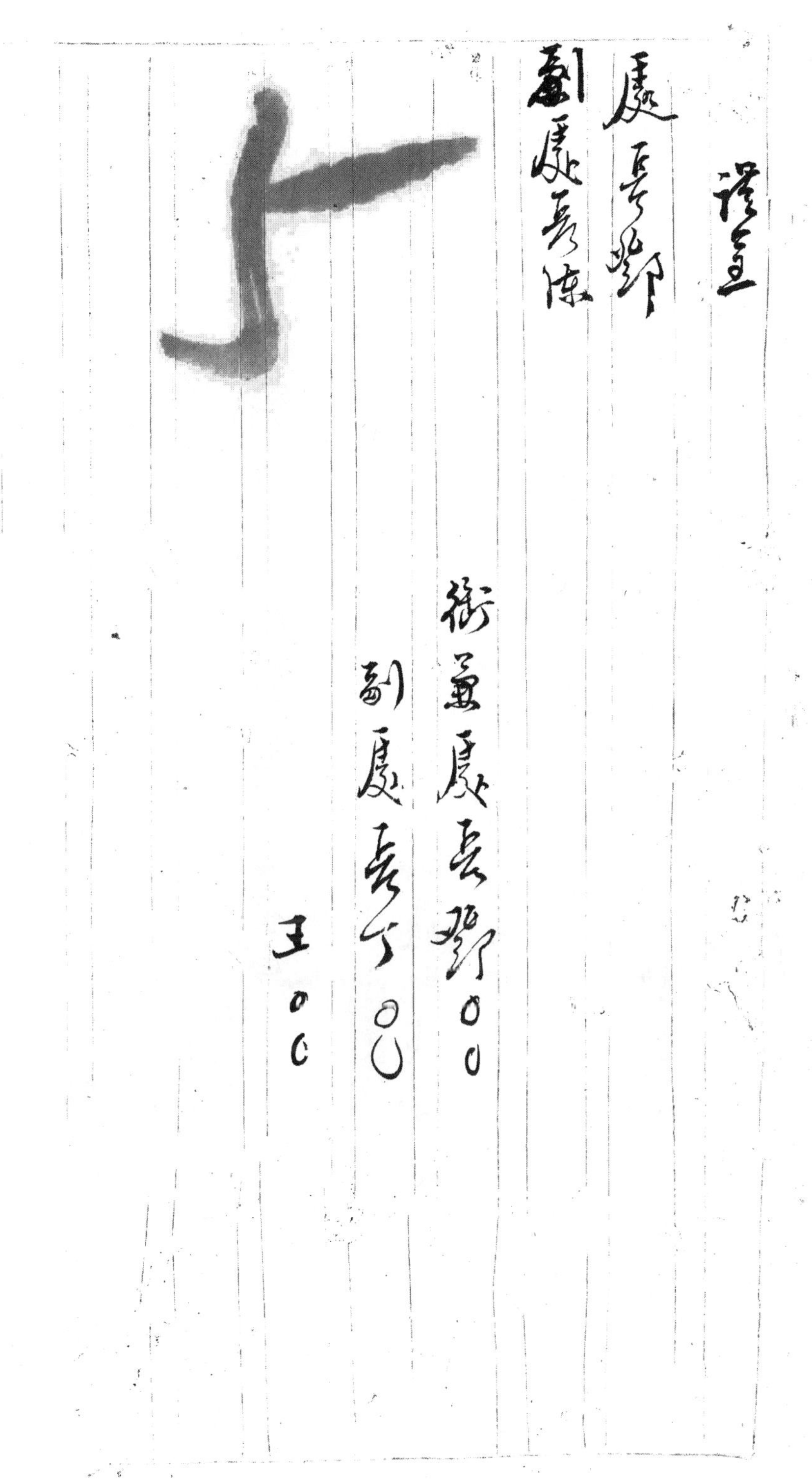

謹呈
處長鄭
副處長陳
上

銜 兼處長鄭〇〇
副處長丁〇〇
王〇〇

第三战区司令长官司令部福建省福鼎县军民合作站指导处关于举行宣传周实施经过情形的呈文

（1942 年 7 月 12 日） G137-001-0001

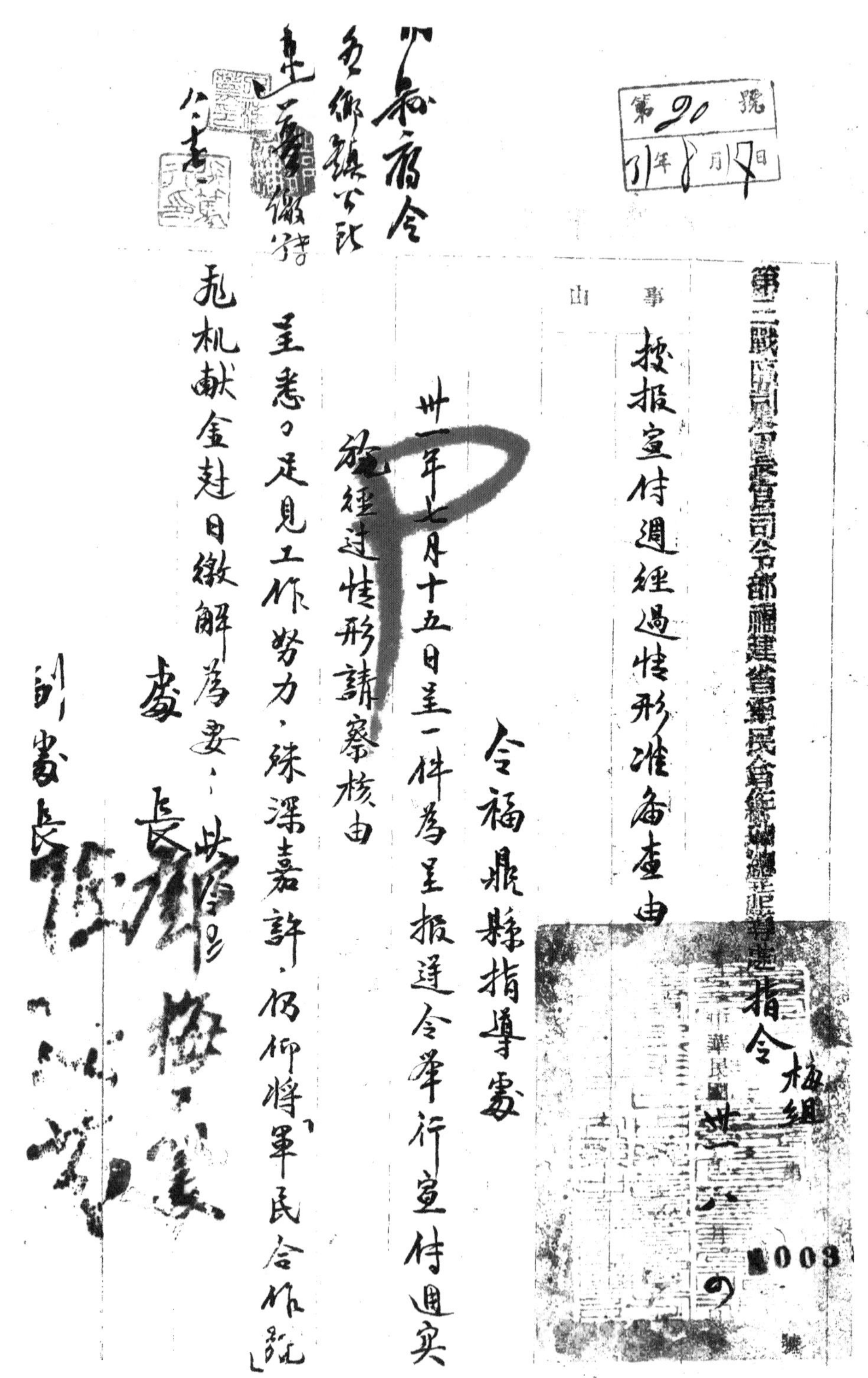
第三戰區司令長官司令部福建省軍民合作站總指導處指令　梅組

事由：據報宣傳週經過情形准備查由

令福鼎縣指導處

卅一年七月十五日呈一件為呈報遵令舉行宣傳週實施經過情形請察核由

呈悉，足見工作努力，殊深嘉許，仍仰將軍民合作站飛機獻金趕日繳解為要。此令。

處長

副處長

第三战区司令长官司令部福建省军民合作站总指导处关于福鼎县指导处所报宣传周经过情形准备查的指令（1942年8月4日）　G137-001-0001

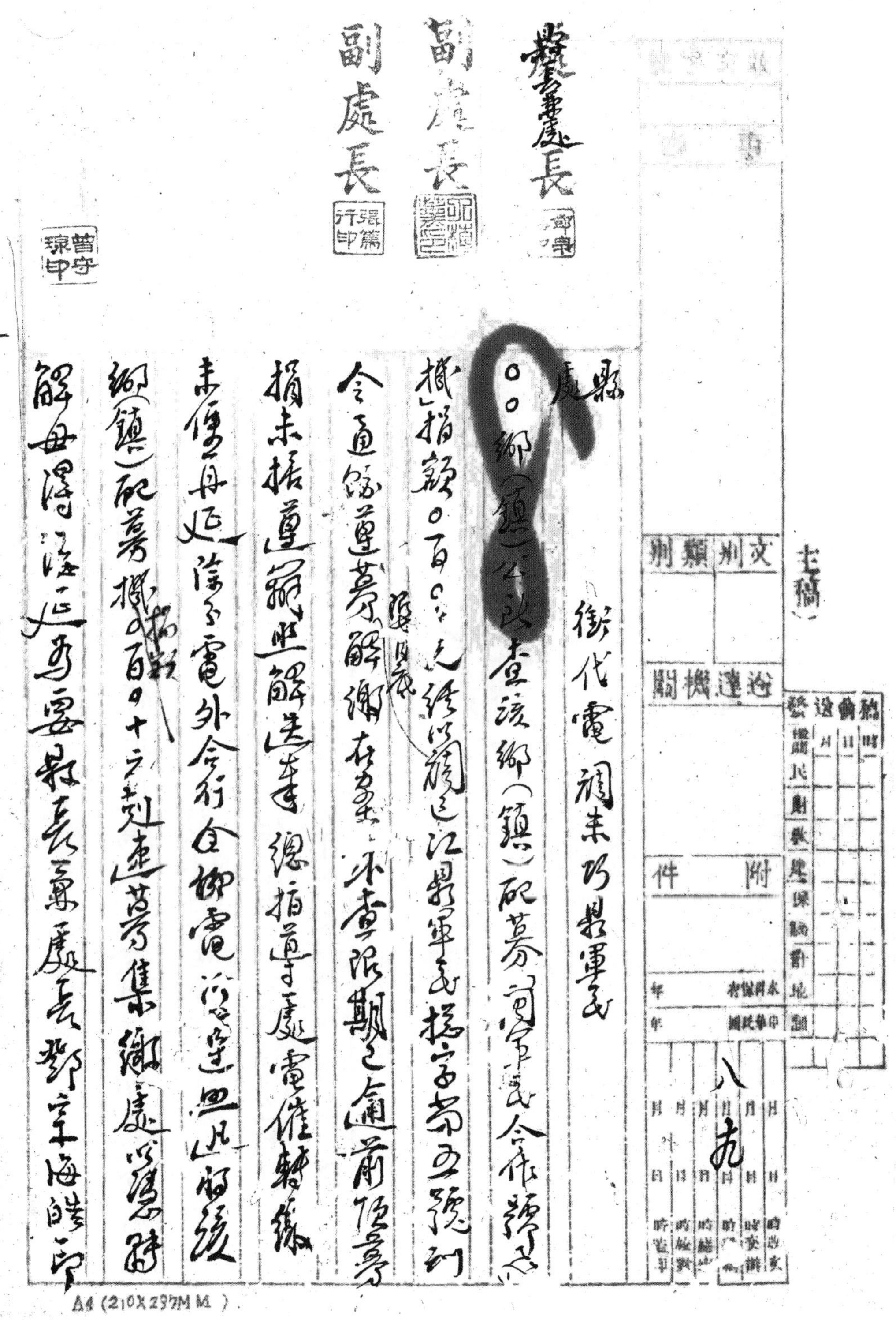

第三战区司令长官司令部福建省福鼎县军民合作站指导处关于迅将该乡镇配募闽军民合作号飞机捐款克速募集缴处的代电(1942 年 8 月 19 日)　G137-001-0001

簽呈 八月二十九日

查本處奉令籌募「閩軍民合作號飛機」捐款，前經分配各鄉鎮轉募在案，迄今逾限已久，各鄉鎮均未遵照辦理，擬由本處印製募捐收据六百張分發各鄉鎮應用，俾得着手舉行，估值工料價一十五元，並擬由事業費項下開支，是否有當，理合檢同擬定收据式樣一紙，簽懇

察示

謹呈

處長鄧

附收据式樣一紙

職張篤行

A4(210X297mm)

第三战区司令长官司令部福建省福鼎县军民合作站指导处关于印制募捐收据，工料价款拟由事业费项下开支当否的签呈(1942年8月29日) G137-001-0001

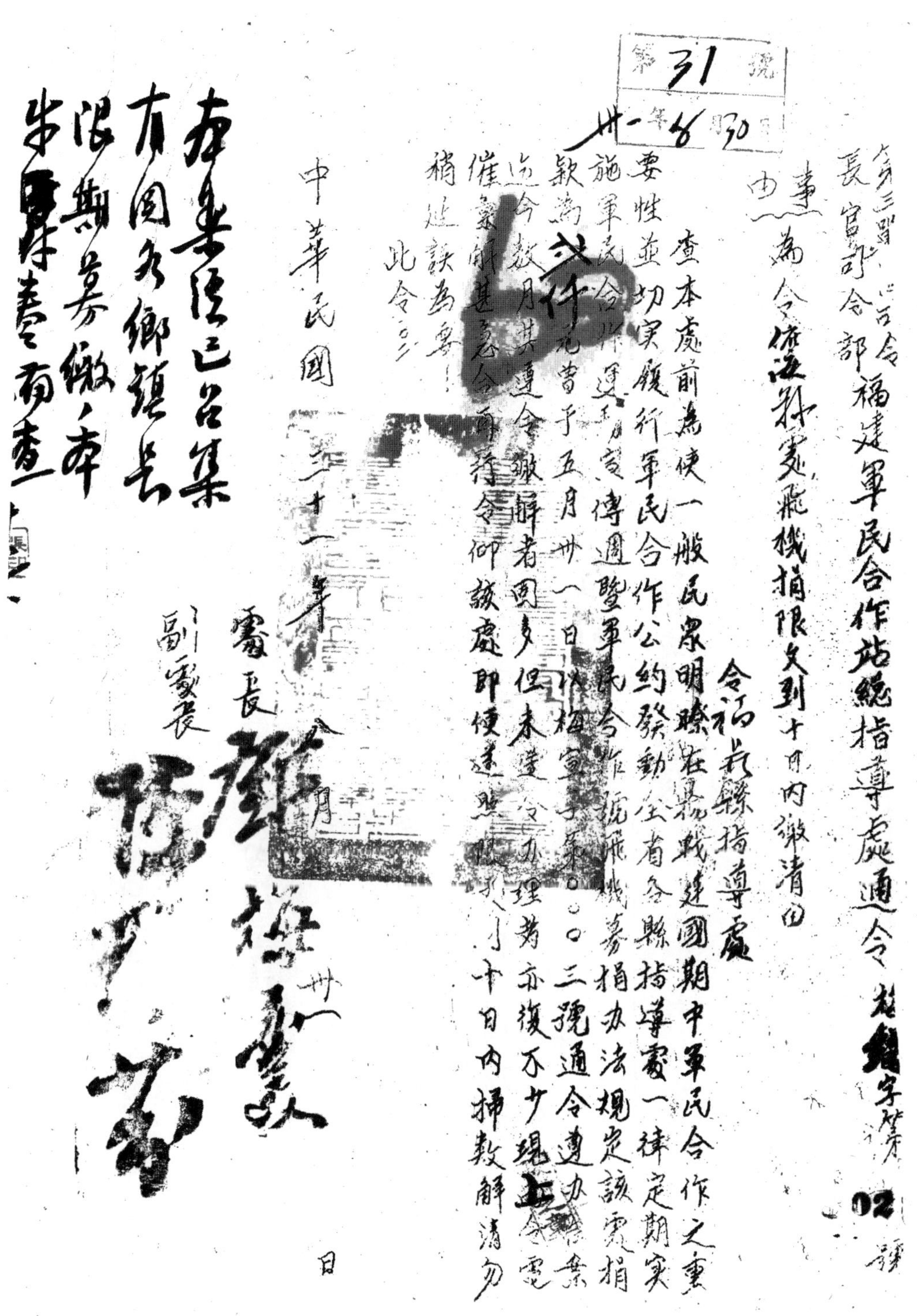

第三戰區司令長官司令部福建軍民合作站總指導處通令 總字第02號

事由：為令催該縣飛機捐限文到十日內繳清由

令福鼎縣指導處

查本處前為使一般民眾明瞭在抗戰建國期中軍民合作之重要性並切實履行軍民合作公約發動全省各縣指導處一律定期實施軍民合作運動宣傳週暨軍民合作號飛機募捐辦法規定該項捐款為弍仟元曾于五月卅一日以梅字第〇〇三號通令遵辦在案迄今數月其遵令繳解者固多但未遵令辦理者亦復不少現值催繳解甚急合再行令仰該處即便遵照限於十日內掃數解清勿稍延誤為要

此令

中華民國三十一年八月卅一日

處長

副處長

存查 已召集有關各鄉鎮長限期募繳

第三战区司令长官司令部福建省军民合作站总指导处关于令催该县处飞机捐限文到十日内缴清的通令(1942 年 8 月 31 日) G137-001-0001

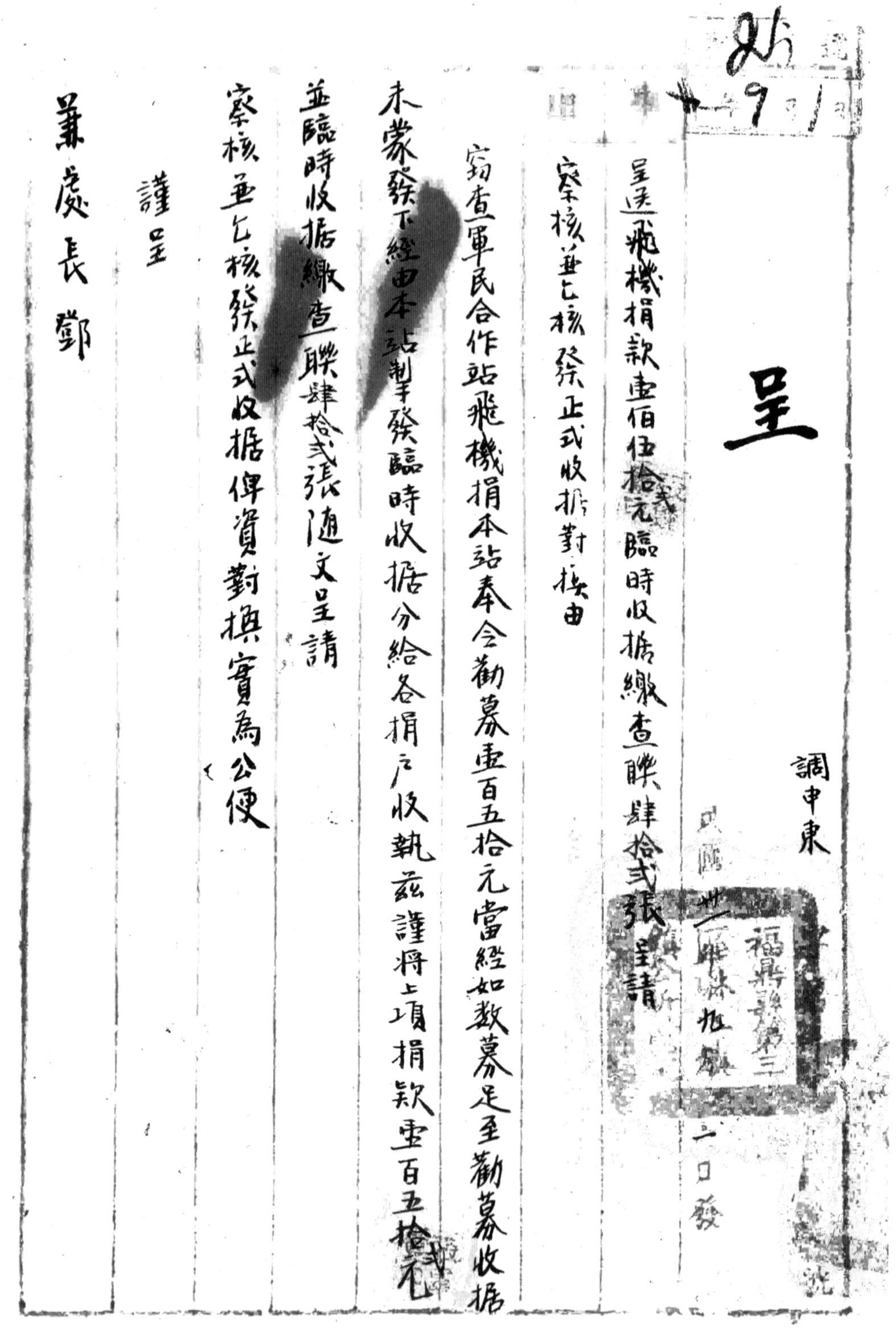

呈

呈送飛機捐款壹佰伍拾弍元臨時收據繳查聯肆拾弍張呈請

察核並乞核發正式收據對換由

竊查軍民合作站飛機捐本站奉令勸募壹百五拾元當經如數募足至勸募收據未蒙發下經由本站制発臨時收据分給各捐户收執茲謹將上項捐欵壹百五拾弍元並臨時收据繳查聯肆拾弍張隨文呈請

察核並乞核發正式收据俾資對換實為公便

謹呈

縣長鄧

福鼎縣……

福鼎县第三区琳江镇公所解送飞机捐款一百五十二元及临时收据缴查联四十二张的呈文

（1942 年 9 月 1 日）　G137-001-0001

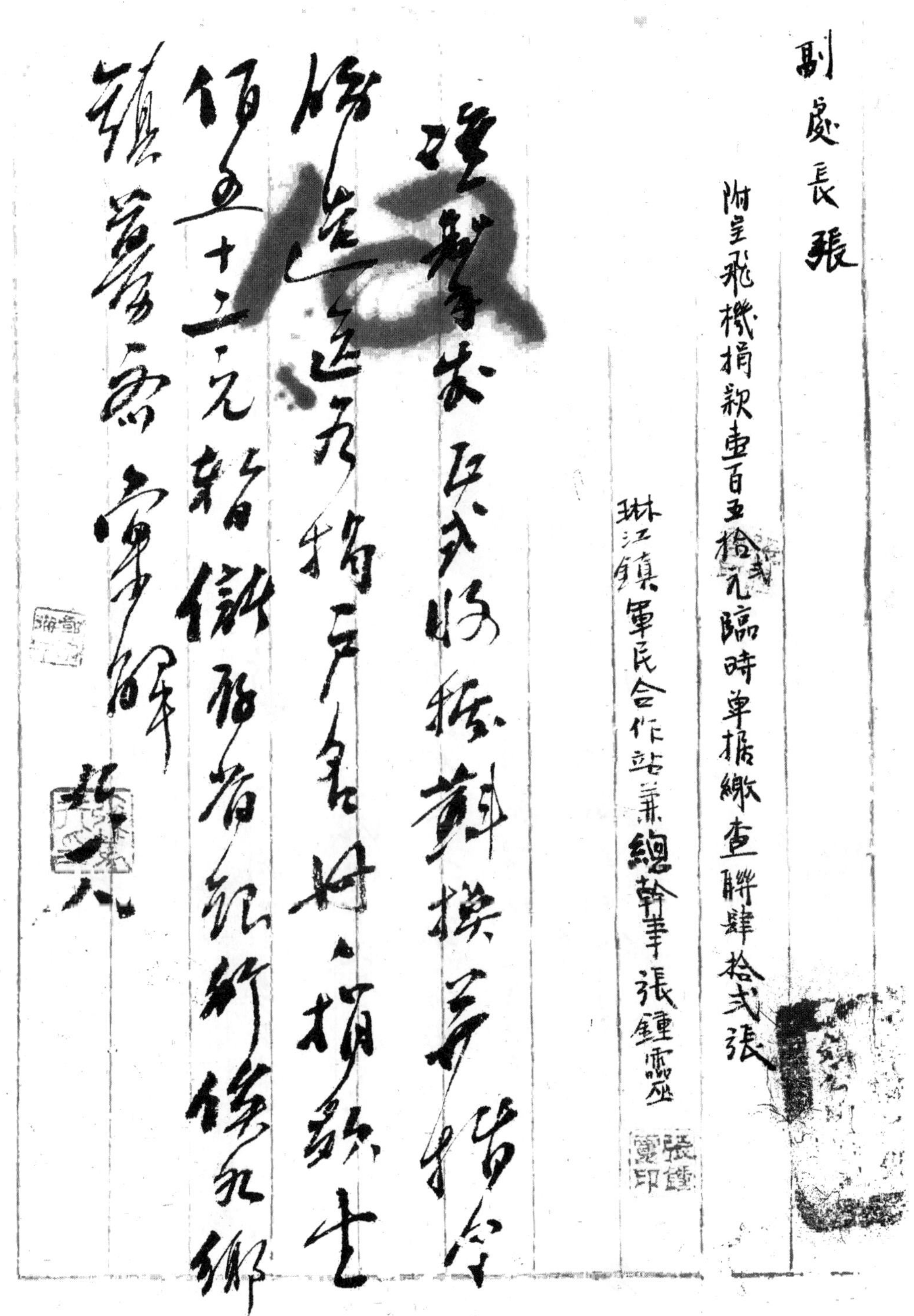
副處長張

附呈飛機捐款壹百五拾貳元臨時單據繳查聯肆拾貳張

琳江鎮軍民合作站兼總幹事張鍾靈

福鼎县第三区琳江镇公所解送飞机捐款一百五十二元及临时收据缴查联四十二张的呈文

（1942 年 9 月 1 日） G137-001-0001

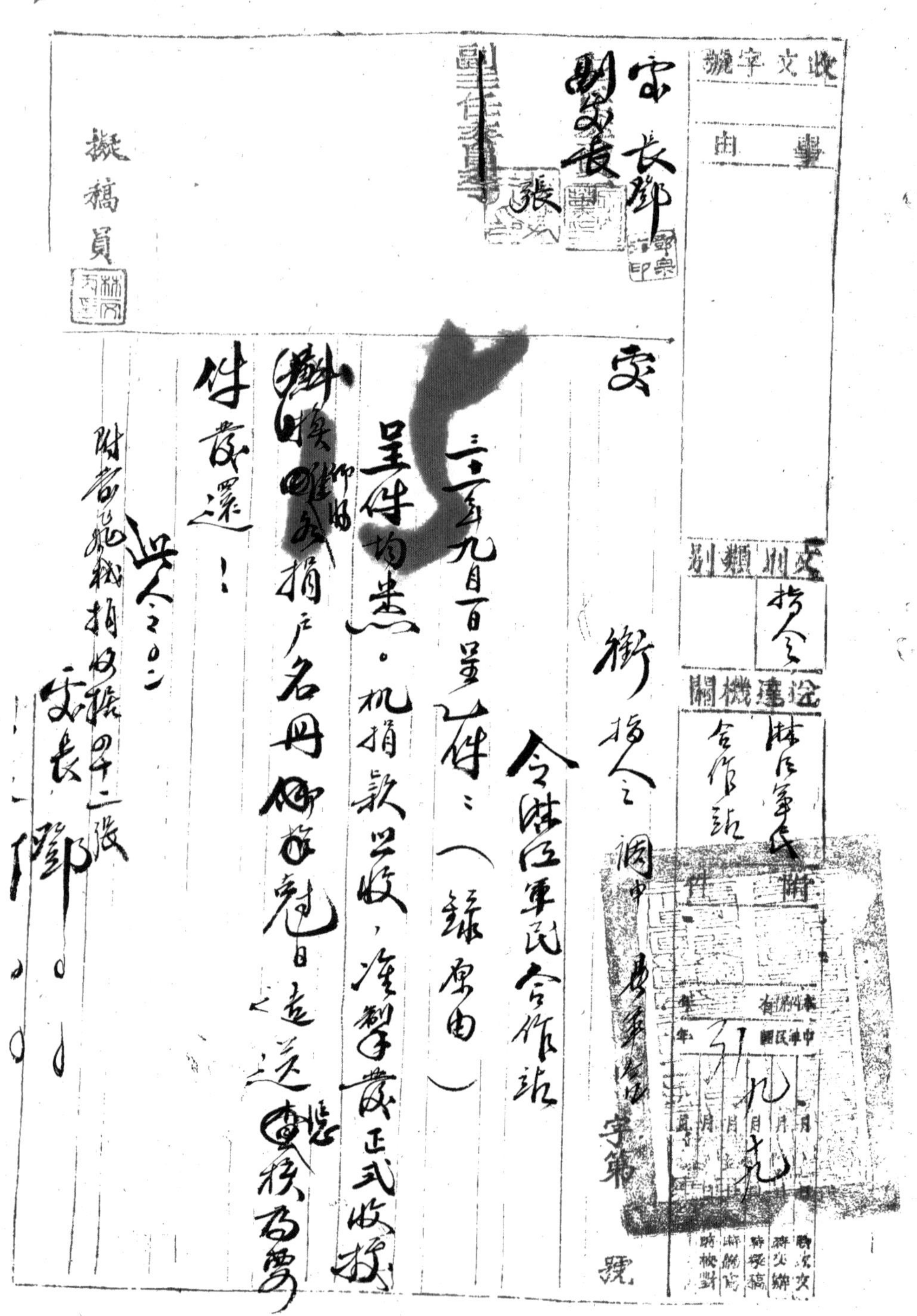

收文字號

事由

文別 指令

送達機關 琳江軍民合作站

令琳江軍民合作站

三十一年九月十日呈一件(錄原由)

呈件均悉。机捐款已收,准製發正式收據

捐户名册仰克日造送核為要

件發還!

此令

附發机捐收據四十二張

站長 鄧

第三战区司令长官司令部福建省福鼎县军民合作站指导处关于琳江军民合作站机捐款收悉各捐户名册克日造送的指令(1942 年 9 月 19 日) G137-001-0001

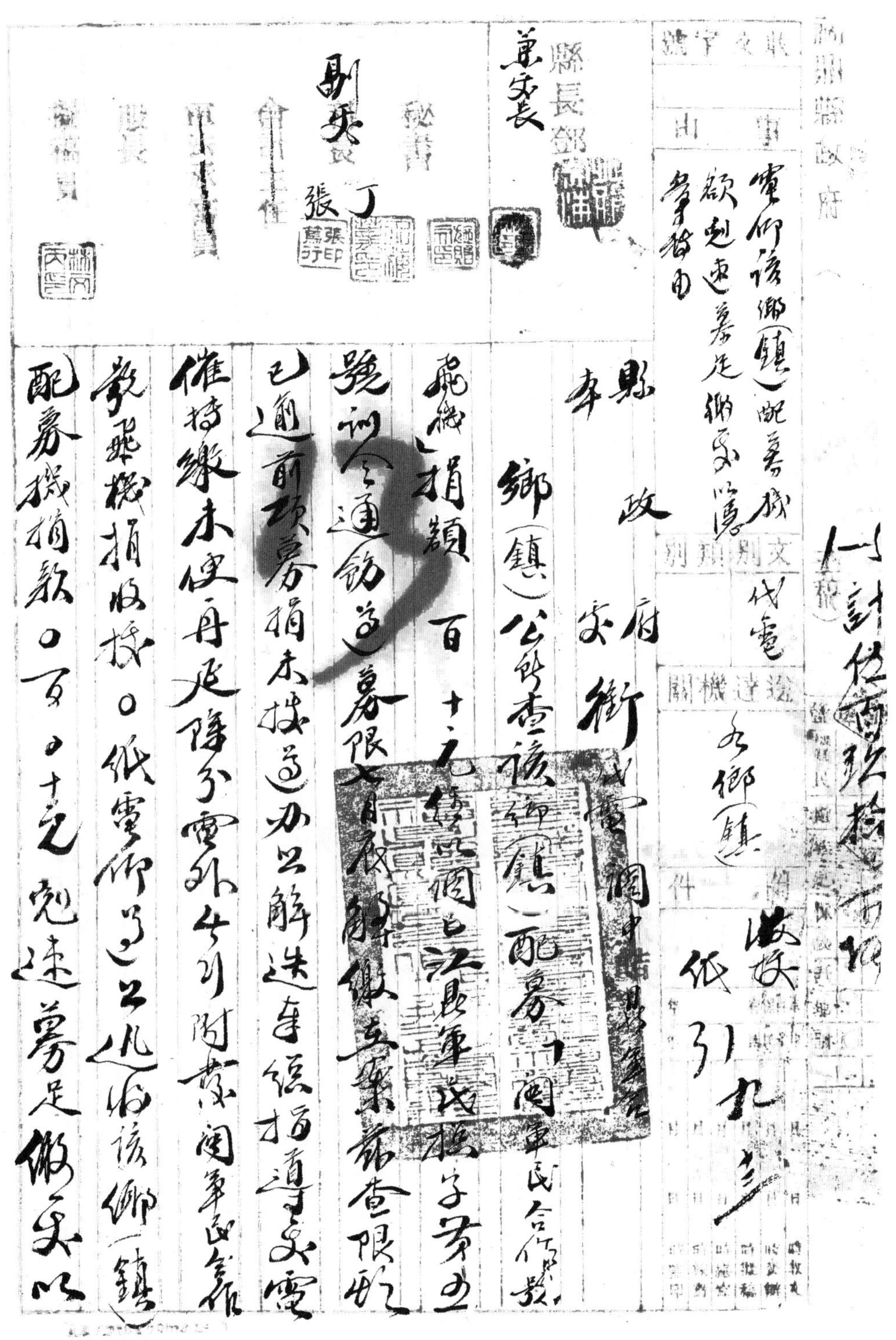

福鼎县政府、第三战区司令长官司令部福建省福鼎县军民合作站指导处关于该乡镇配募机额克速募定缴处以凭汇转的代电(1942 年 9 月 19 日)　G137-001-0001

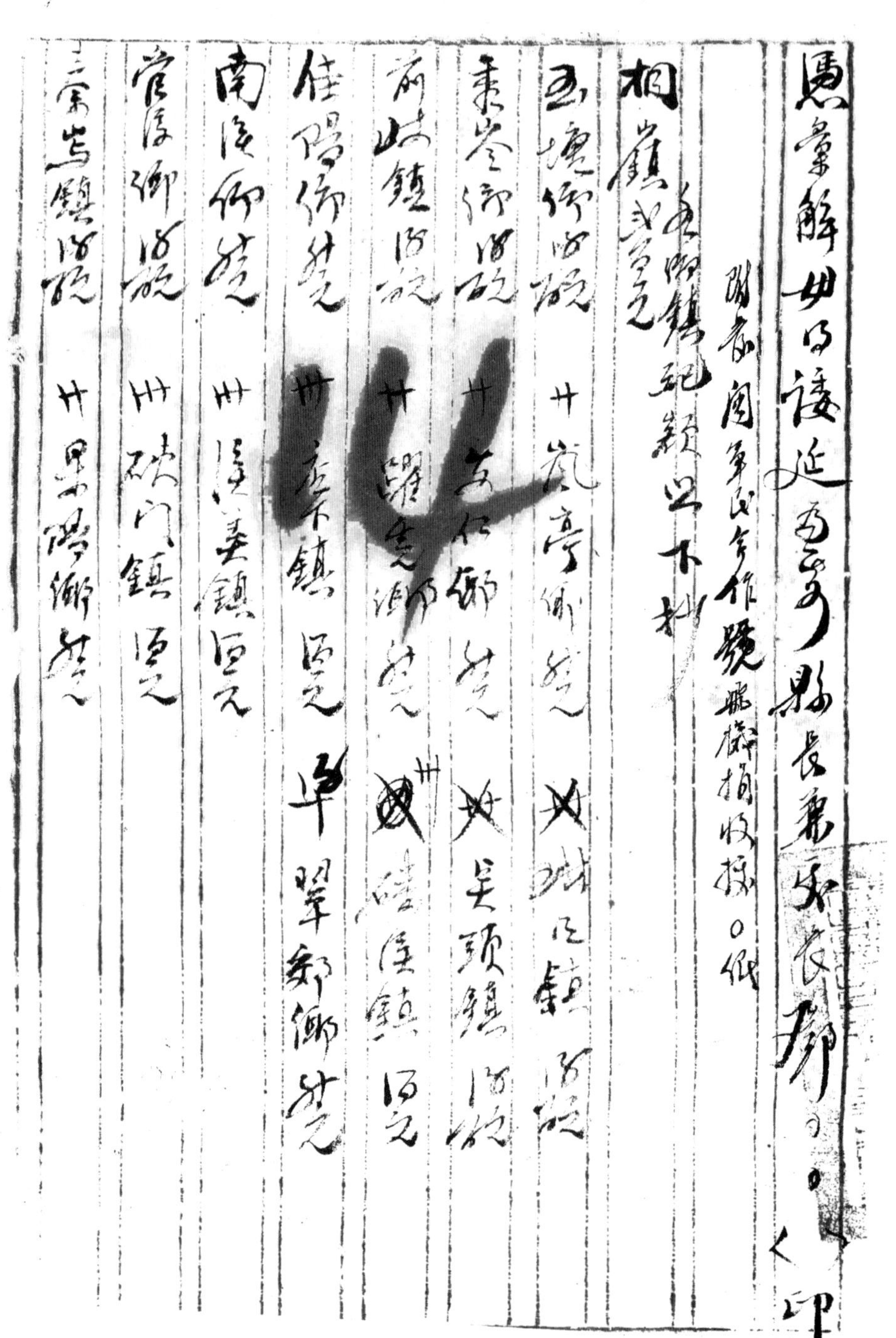

福鼎县政府、第三战区司令长官司令部福建省福鼎县军民合作站指导处关于该乡镇配募机额克速募定缴处以凭汇转的代电(1942 年 9 月 19 日) G137-001-0001

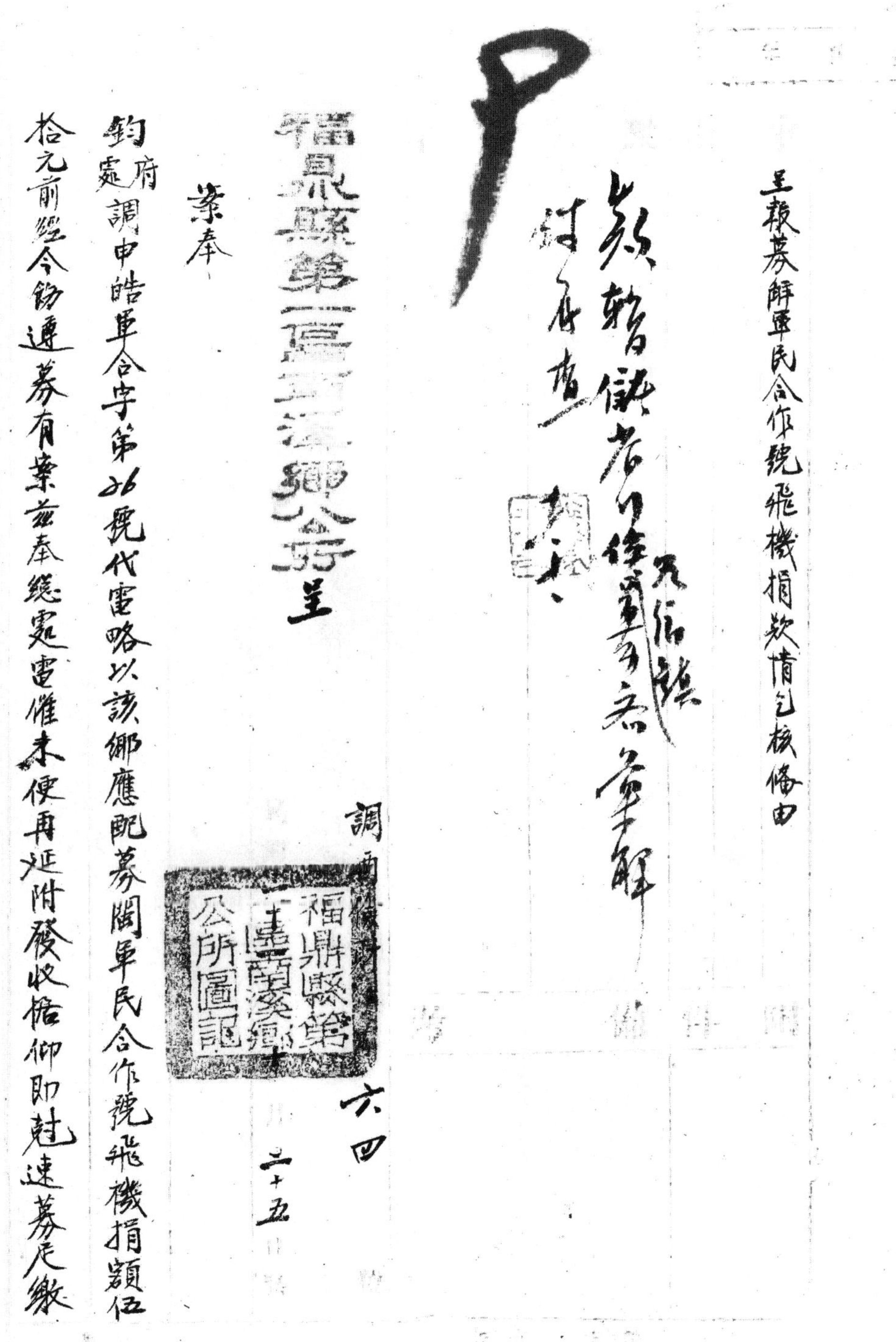

福鼎县第一区南溪乡公所关于募解军民合作号飞机捐款情形的呈文

(1942 年 10 月 25 日)a 面　G137-001-0001

處轉解為要等因附發201號至220號收據二十紙奉此查此案當經本月二十日第二次鄉務會議決定配額開始勸募茲緣　鈞處彙解在即業由本所提前募足伍拾元並將原捐款之拾元交由本鄉副鄉長周光鼎直接送繳外並將收據存根一併保各保長送齊另行彙報奉令前因理合備文呈乞

察核備查

謹呈

福鼎縣政府縣長

福鼎縣軍民合作指導處處長　鄒

南溪鄉長朱學道

福鼎县第一区南溪乡公所关于募解军民合作号飞机捐款情形的呈文

(1942年10月25日)b面　G137-001-0001

呈為補送合作號飛機捐收據及存根報乞核銷由

福鼎縣第一區南溪鄉公所 呈

案查本所前奉 鈞會勸募合作號飛機捐伍拾元遵經如數募繳在案唯奉頒收據除填用拾叁張外尚有餘留七張自應補核銷以清手續理合備文連同未用收據及存根呈送

福鼎县第一区南溪乡公所关于补送合作号飞机捐收据及存根的呈文

(1942 年 12 月 9 日)a 面　G137-001-0001

発交備案

謹呈

福鼎縣軍民合作指導處

計呈送收据七張存根十三紙

南溪鄉鄉長朱學通

朱學通印

福鼎县第一区南溪乡公所关于补送合作号飞机捐收据及存根的呈文

(1942年12月9日)b面 G137-001-0001

存根

溪柳保鄉（鎮）劉秉霖先生捐國幣肆元正

中華民國三十一年 月 日

存根

香山保鄉（鎮）李思文先生捐國幣捌元正

中華民國三十一年 月 日

附件：福鼎县第一区南溪乡公所报送合作号飞机捐收据及存根

（1942 年 12 月） G137-001-0001

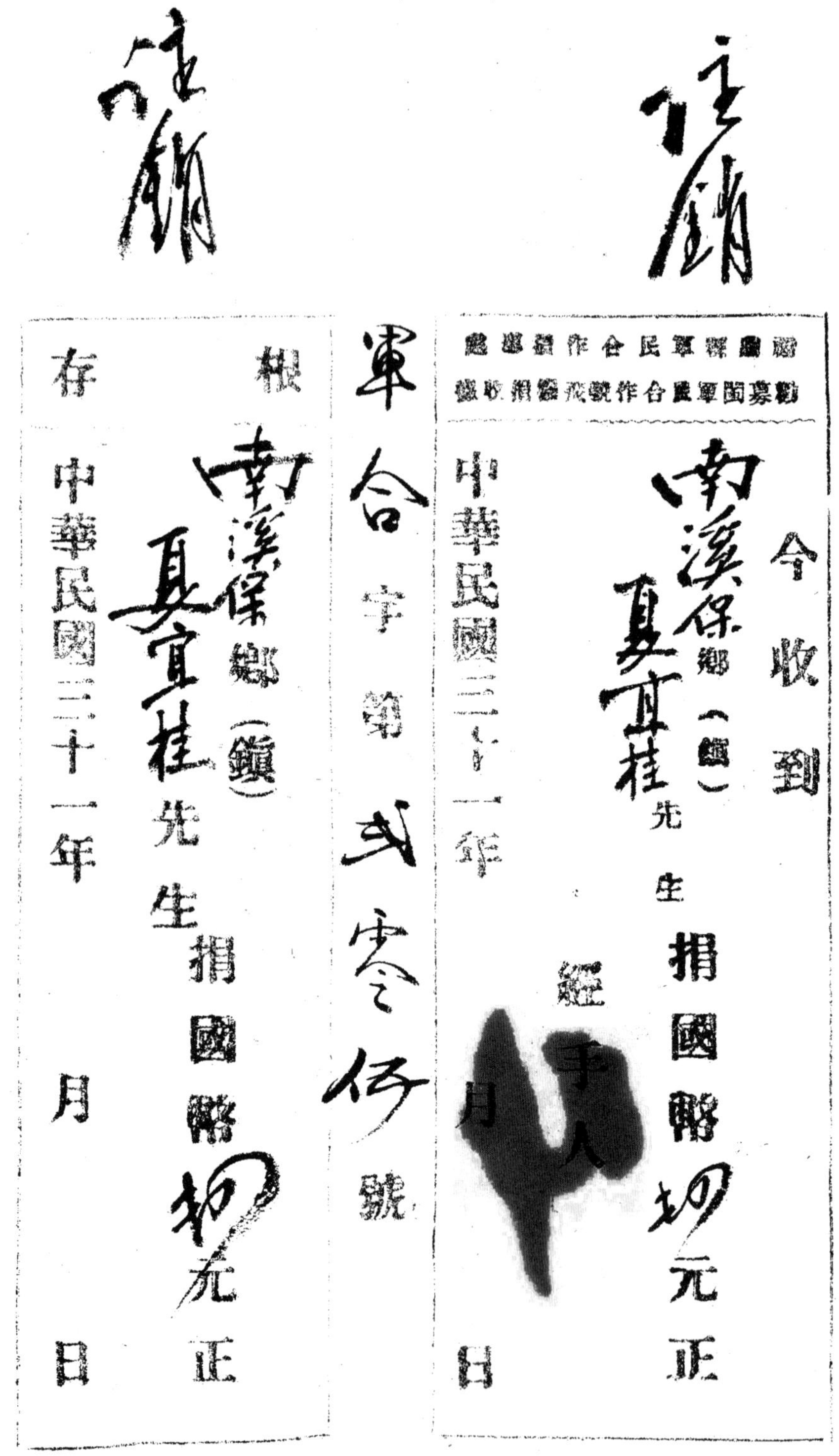

注銷

存根

中華民國三十一年 月 日

南溪保鄉(鎮)夏宜桂先生捐國幣[illegible]元正

軍合字第貳零伍號

注銷

福鼎縣軍民合作[illegible]

勸募閩軍民合作號飛機捐收據

令收到南溪保鄉(鎮)夏宜桂先生捐國幣[illegible]元正

經手人

中華民國三十一年 月 日

附件：福鼎县第一区南溪乡公所缴回合作号飞机捐存根（1942 年 12 月） G137-001-0001

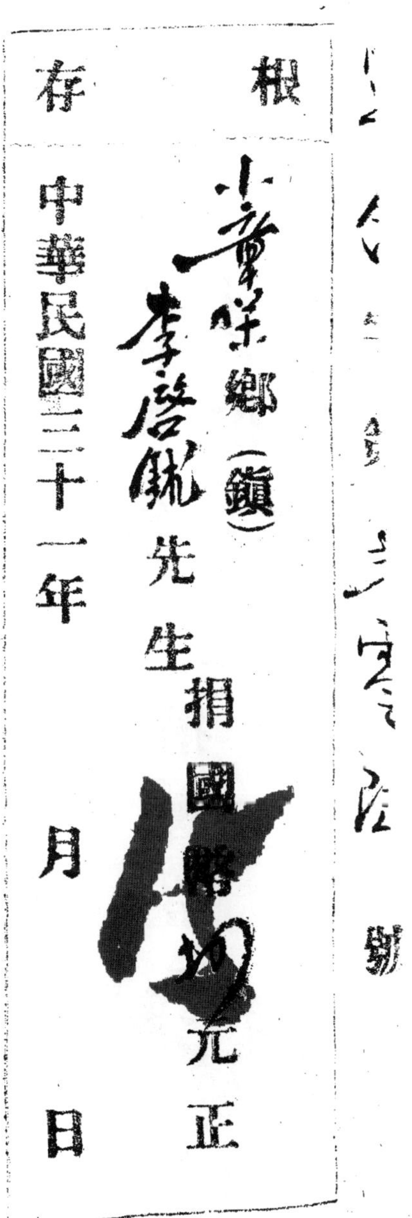
存根

小章保鄉(鎮)李啓銳先生捐國幣[illegible]元正

中華民國三十一年 月 日

存根

理澄保鄉(鎮)鄭慶球先生捐國幣[illegible]元正

中華民國三十一年 月 日

附件:福鼎县第一区南溪乡公所缴回合作号飞机捐存根(1942 年 12 月) G137-001-0001

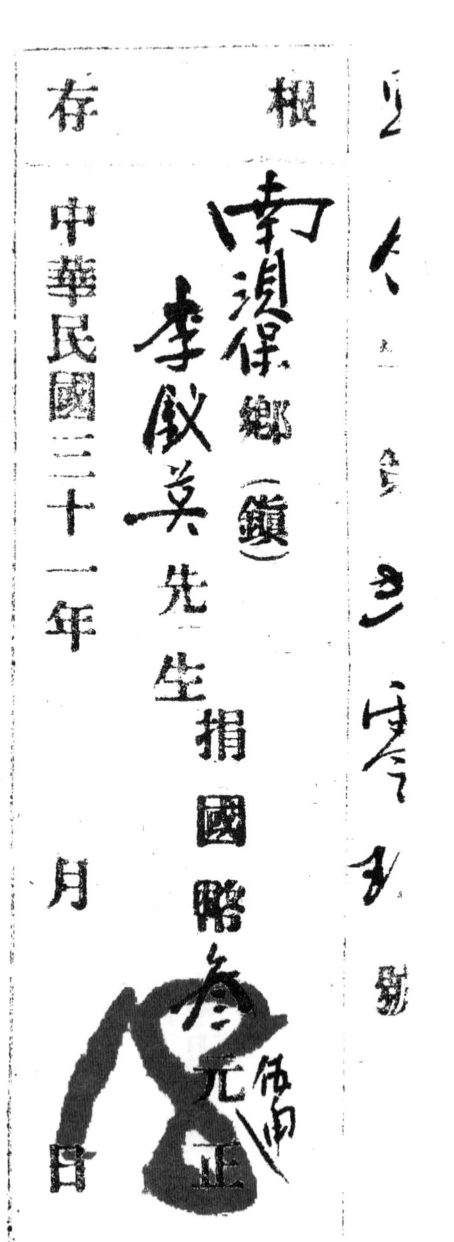

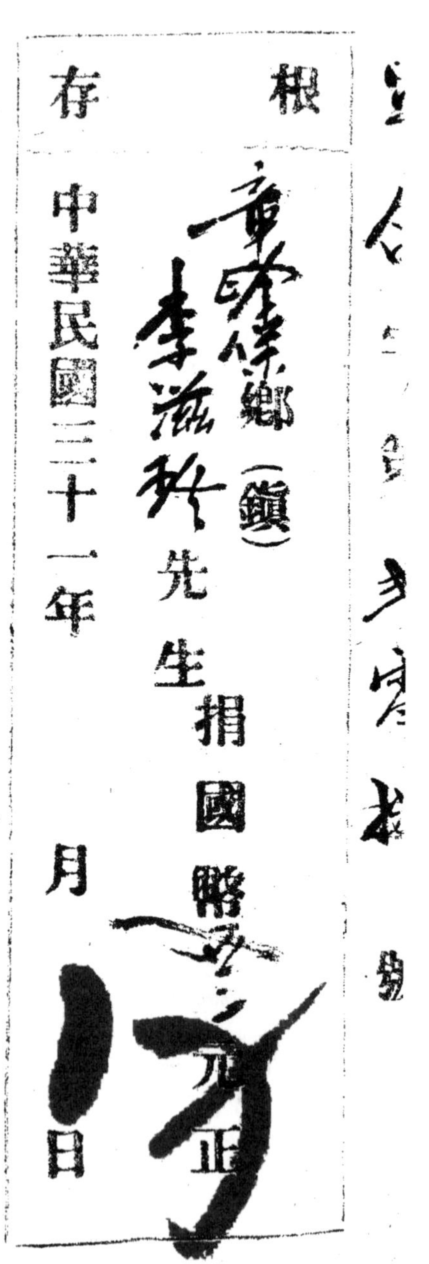

附件：福鼎县第一区南溪乡公所缴回合作号飞机捐存根（1942 年 12 月） G137-001-0001

存根

菱陽保鄉(鎮)林德遇先生捐國幣[illegible]元正

中華民國三十一年　月　日

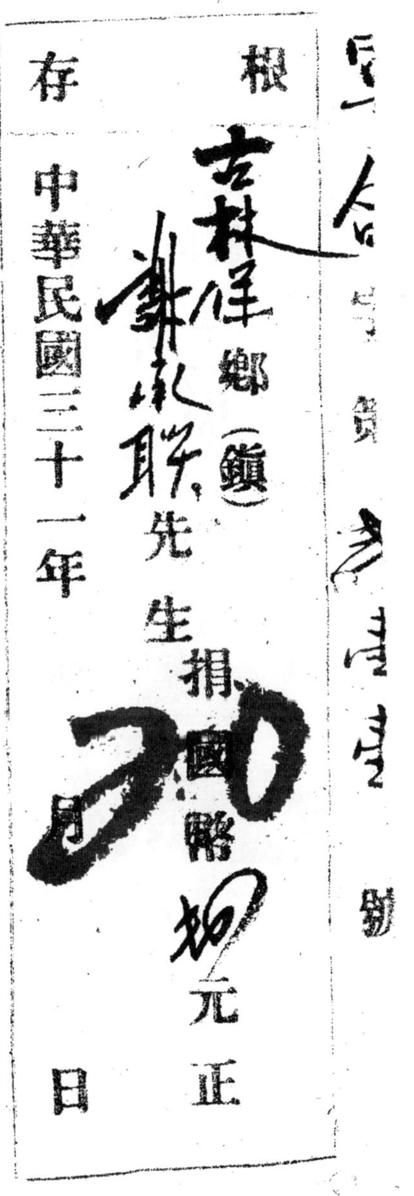

存根

古林保鄉(鎮)劉永聯先生捐國幣[illegible]元正

中華民國三十一年　月　日

附件:福鼎县第一区南溪乡公所缴回合作号飞机捐存根(1942 年 12 月)　G137-001-0001

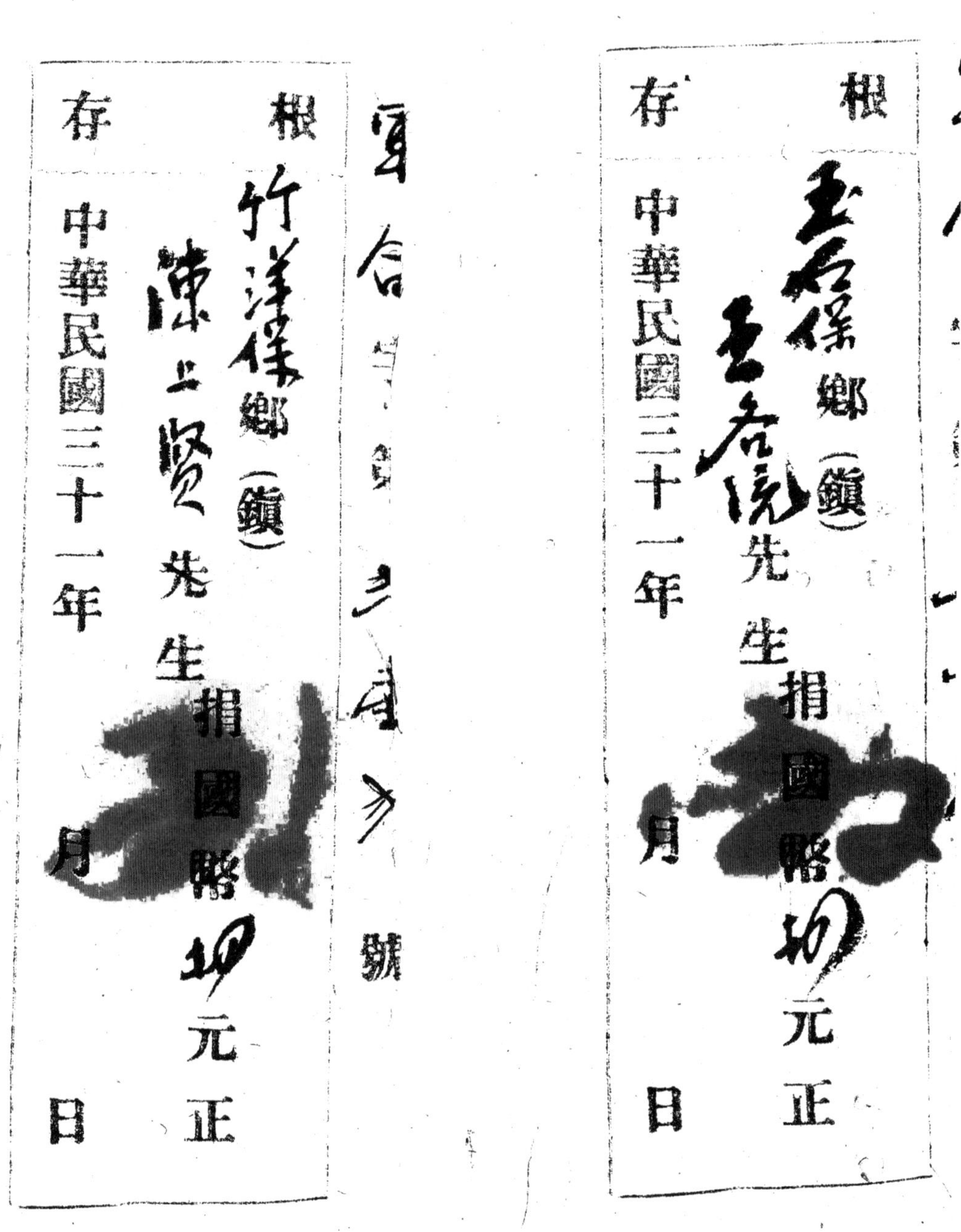
存根

竹洋保乡(镇)

陈上贤先生

捐国币 [illegible] 元正

中华民国三十一年 月 日

存根

[illegible]保乡(镇)

[illegible]先生

捐国币 [illegible] 元正

中华民国三十一年 月 日

附件:福鼎县第一区南溪乡公所缴回合作号飞机捐存根(1942 年 12 月) G137-001-0001

軍合字第乡壹和一號

根 鼓嵐保鄉（鎮）吳明甘先生捐國幣叁伍佰元正

存 中華民國三十一年 月 日

附件：福鼎县第一区南溪乡公所缴回合作号飞机捐存根（1942 年 12 月） G137-001-0001

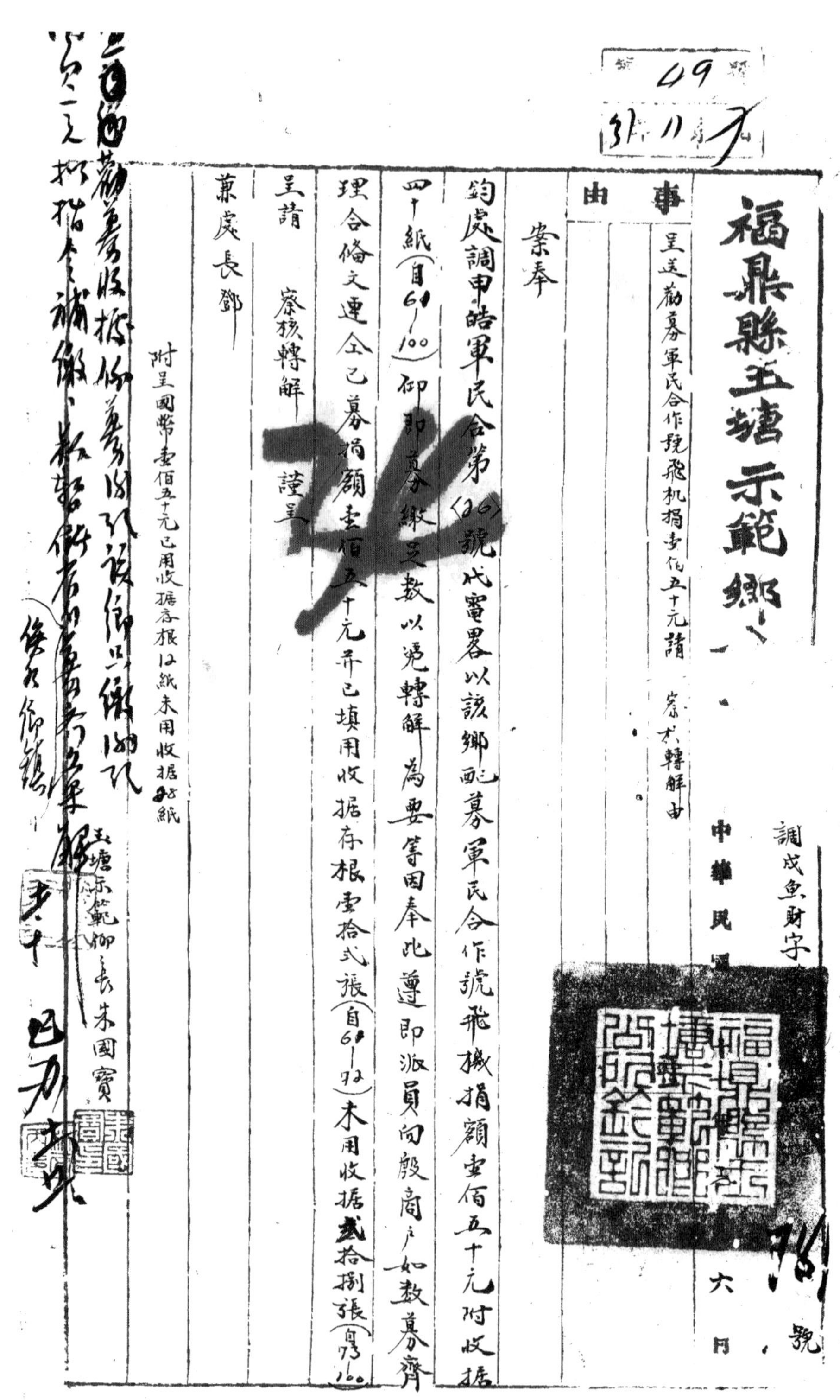

福鼎县玉塘示范乡公所关于解送劝募军民合作号飞机捐一百五十元的呈文

（1942 年 11 月 6 日）　G137-001-0001

福鼎縣軍民合作站鄉鎮

勸募閩軍民合作號飛機捐收據

今收到

鄉（鎮）

先生

捐國幣　　　　元正

經手人

中華民國三十一年　　月　　日

軍合字第壹零零號

根存

鄉（鎮）

先生

捐國幣　　　　元正

中華民國三十一年　　月　　日

附件：福鼎县玉塘示范乡公所缴回劝募军民合作号飞机捐空白收据及存根

（1942年11月6日）　G137-001-0001

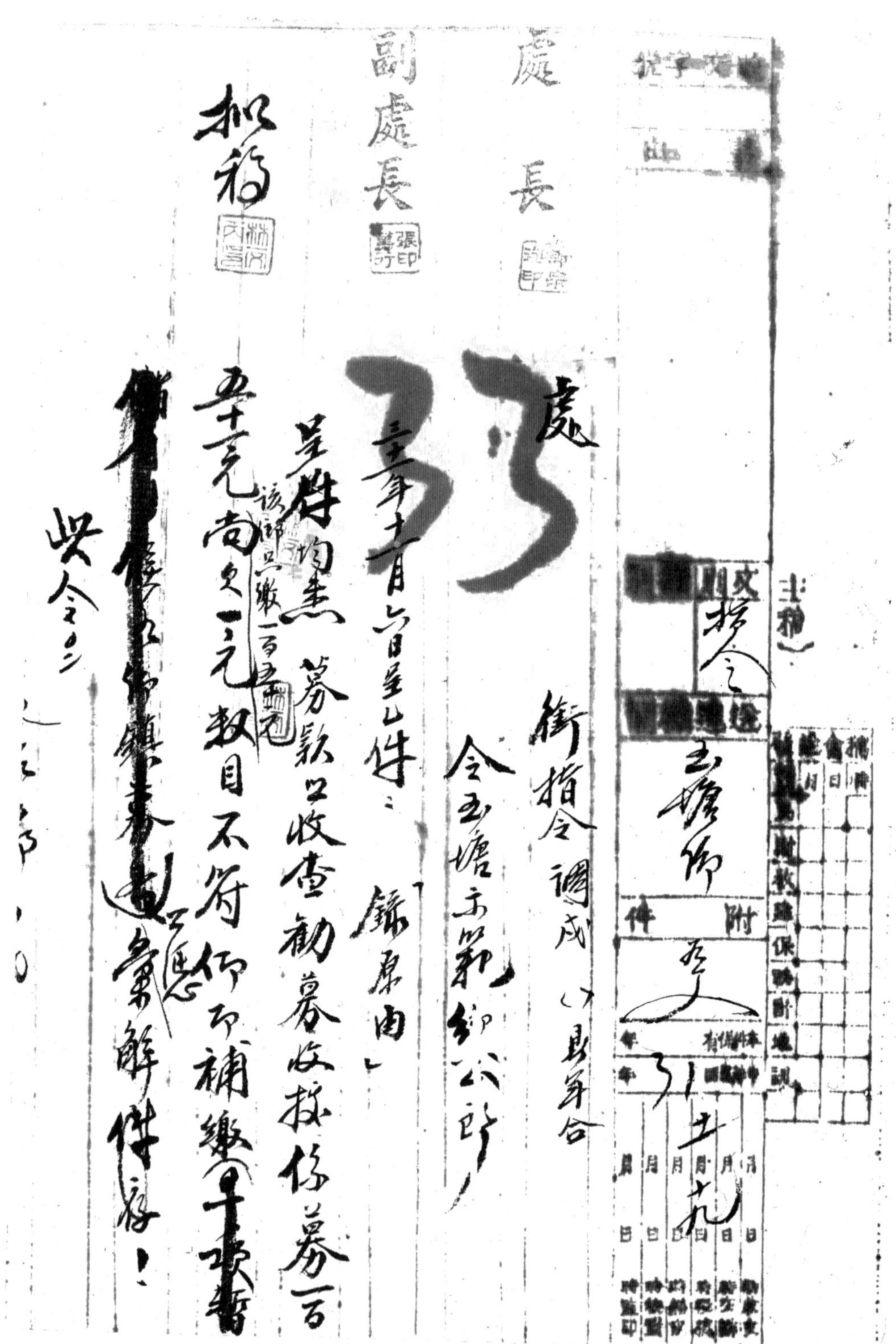

第三战区司令长官司令部福建省福鼎县军民合作站指导处关于玉塘乡公所募款一百五十一元收悉收据补缴的指令(1942 年 11 月 19 日)　G137-001-0001

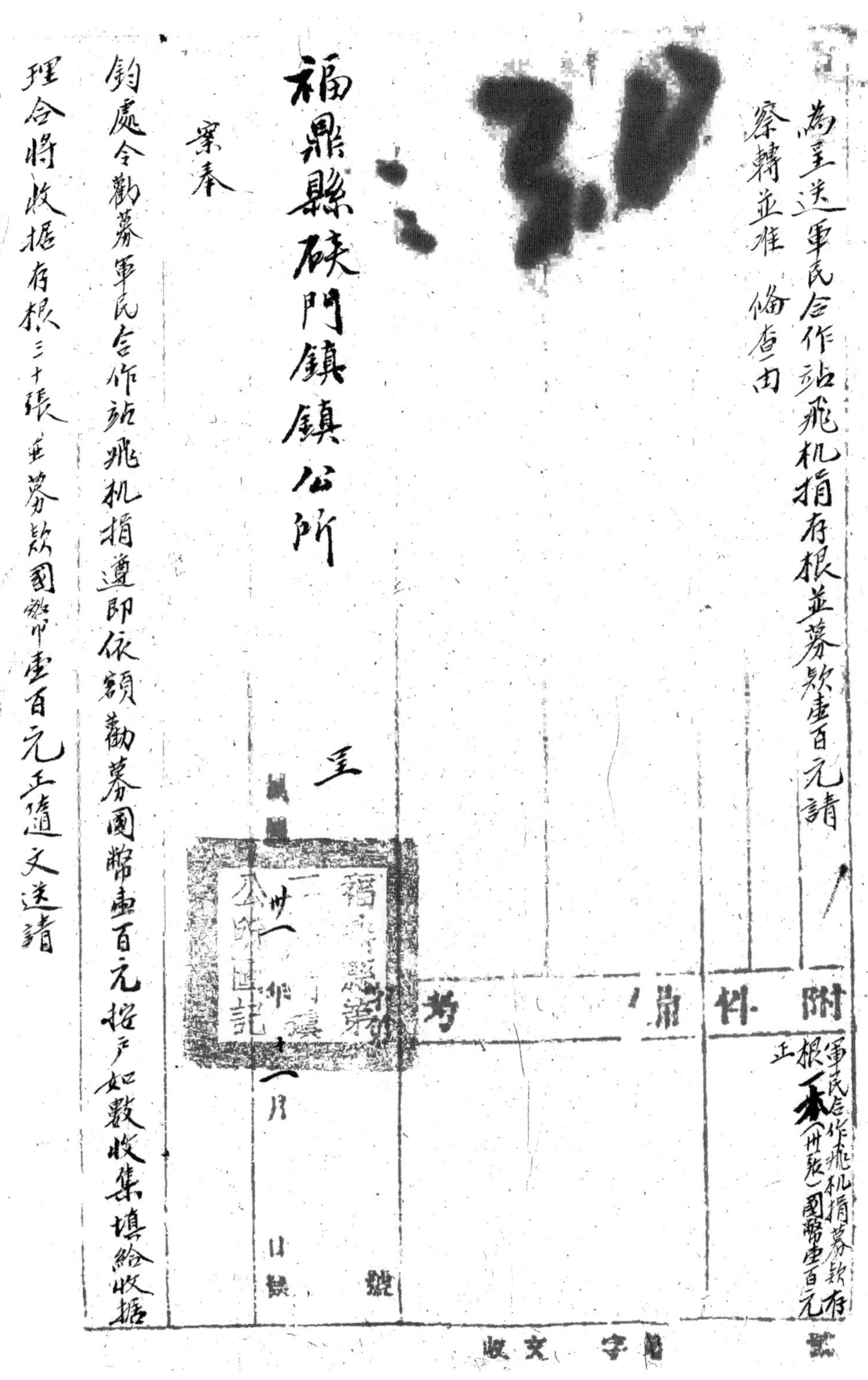
為呈送軍民合作站飛机捐存根並募款壹百元請
察轉並准 備查由
福鼎縣硤門鎮鎮公所 呈
案奉
鈞處令勸募軍民合作站飛机捐遵即依額勸募國幣壹百元按户如數收集填給收据
理合將收据存根三十張並募款國幣壹百元正備文送請
附件：軍民合作站飛机捐募款存根一本(卅張) 國幣壹百元

福鼎县第二区硖门镇公所关于解送军民合作站飞机捐募款一百元与存根的呈文

(1942年11月) G137-001-0001

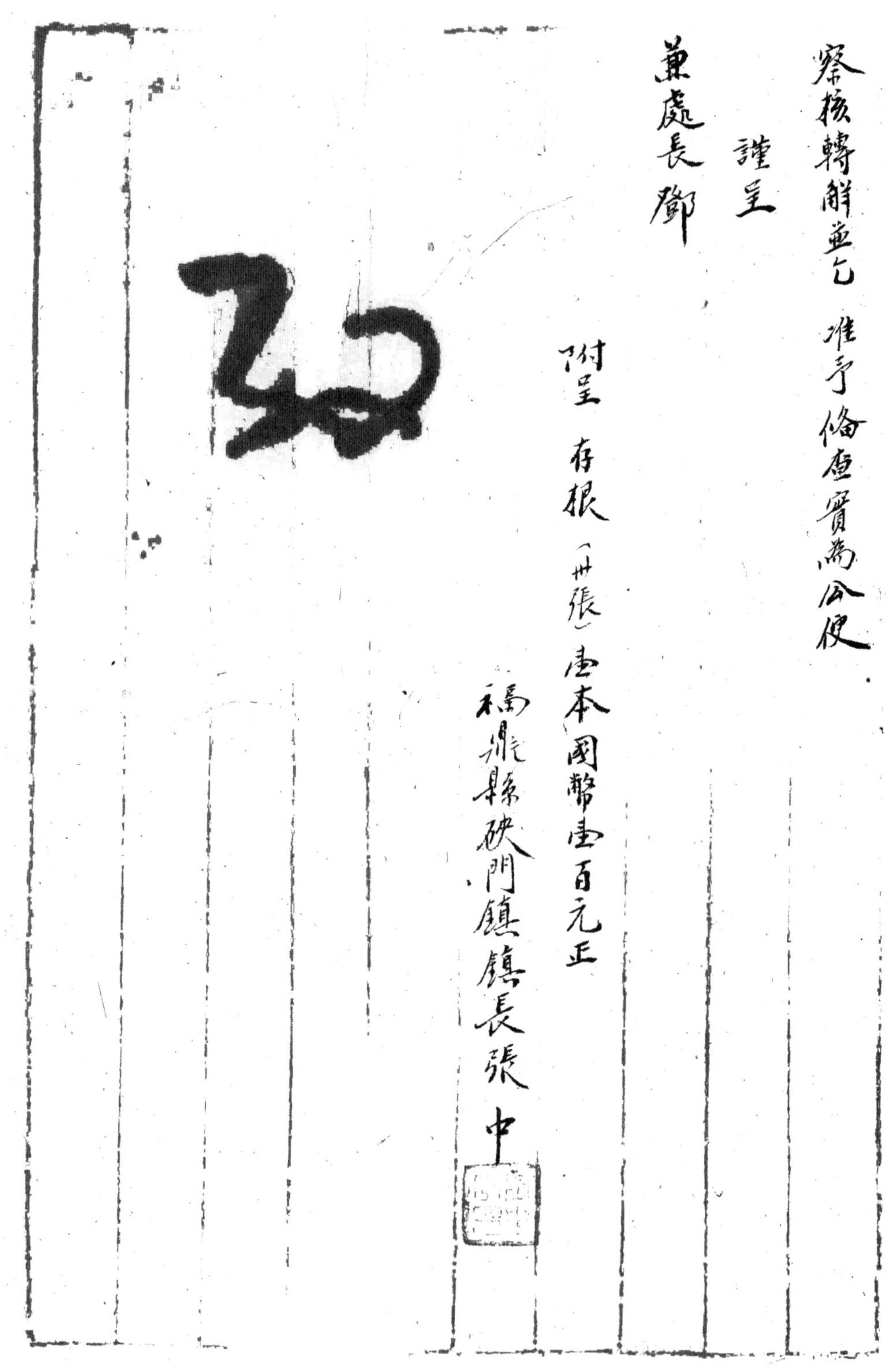
察核轉解並乞　准予備查實為公便

謹呈

兼處長鄧

附呈　存根（卅張）壹本　國幣壹百元正

福鼎縣硤門鎮鎮長張　中

福鼎县第二区硖门镇公所关于解送军民合作站飞机捐募款一百元与存根的呈文

（1942 年 11 月）　G137-001-0001

軍合字第叁弍捌號

根

桐山鄉(鎮)

謝瑞丹先生

捐國幣壹元正

存

中華民國三十一年　月　日

福鼎县桐山镇公所缴回合作号飞机捐存根　G137-001-0001

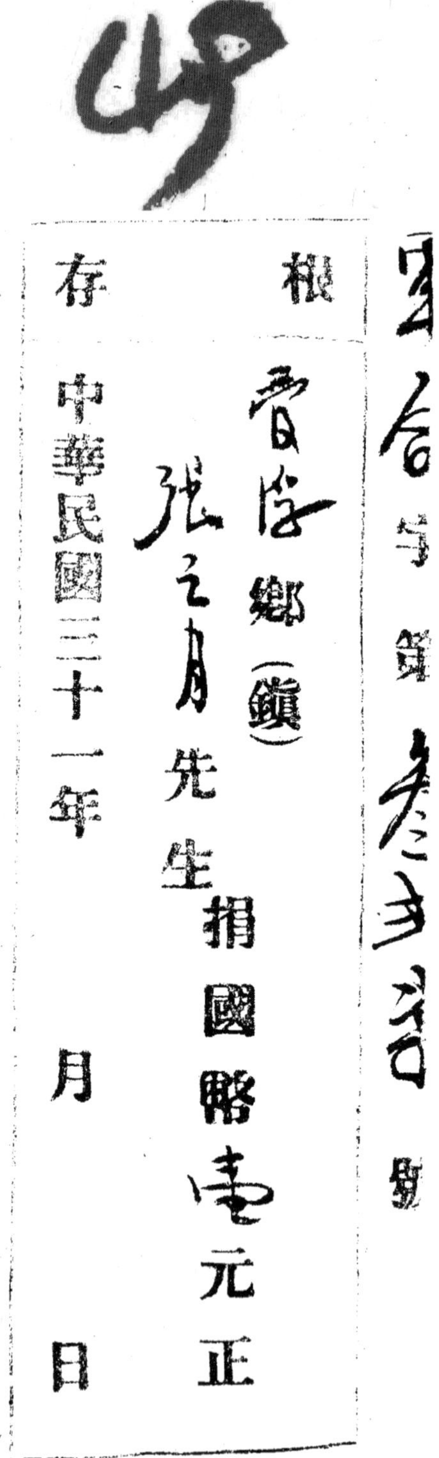

回合字第[illegible]號

根存

管浮鄉（鎮）張之月先生捐國幣[illegible]元正

中華民國三十一年　月　日

福鼎县管浮乡公所缴回合作号飞机捐存根　G137-001-0001

存根

軍合字第浮乡自號

管浮鄉（鎮）張之光先生捐國幣弍元正

中華民國三十一年　月　日

福鼎县管浮乡公所缴回合作号飞机捐存根　G137-001-0001

宣合字第叁千叁號

存根

果陽鄉(鎮)宋作彪先生捐國幣貳元正

中華民國三十一年　月　日

福鼎县果阳乡公所缴回合作号飞机捐存根　G137-001-0001

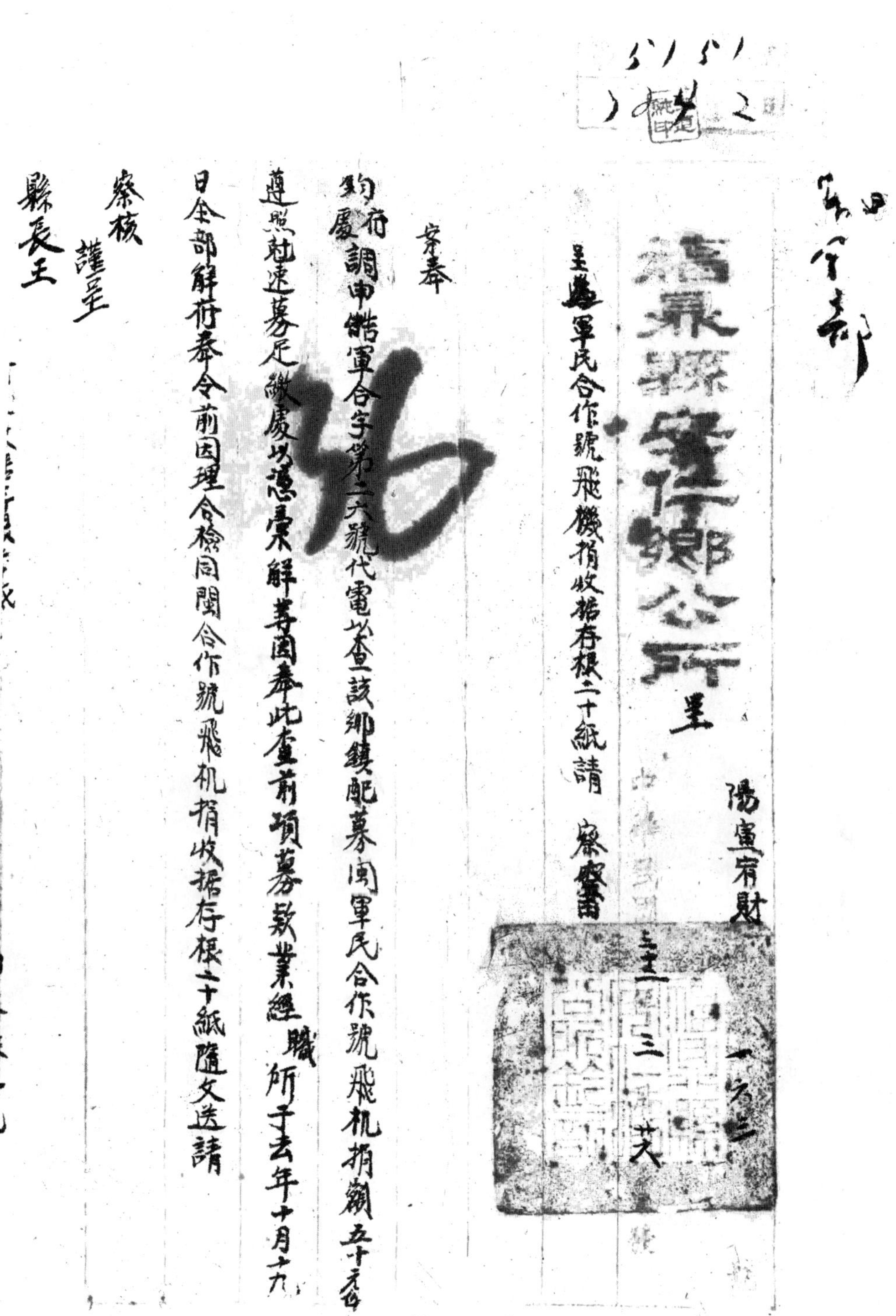

福鼎县安仁乡公所呈
呈送军民合作號飛機捐收据存根二十紙請
察核由
案奉
鈞府處調申皓軍合字第二六號代電以查該鄉鎮配募閩軍民合作號飛机捐款五十元合
遵照赴速募足繳處以憑彙解等因奉此查前項募款業經職所于去年十月十九
日全部解府奉令前因理合檢同閩合作號飛机捐收据存根二十紙隨文送請
察核
謹呈
縣長王

福鼎县安仁乡公所关于送缴军民合作号飞机捐收据及存根的呈文

（1943 年 3 月 26 日） G137-001-0001

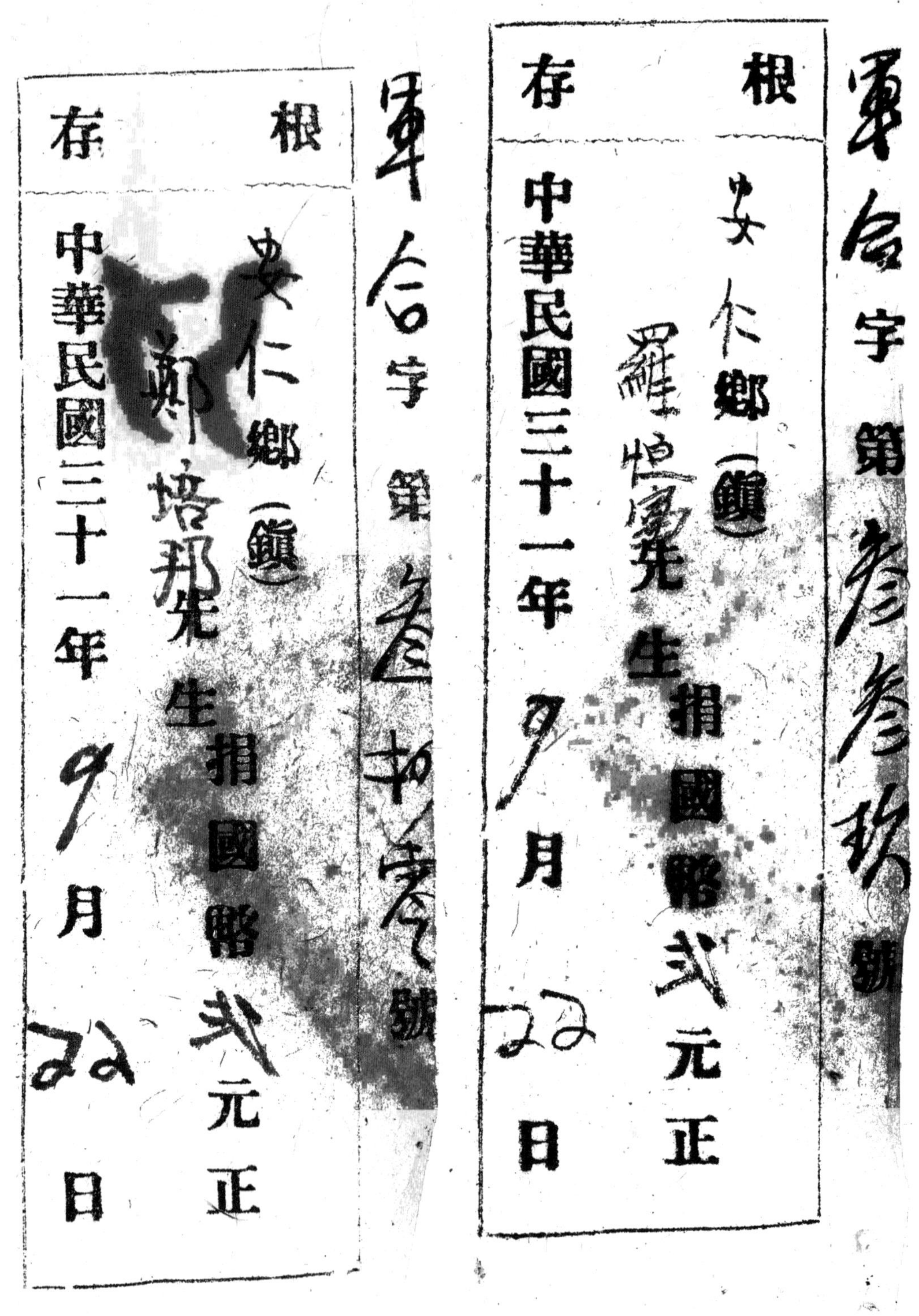

根存

安仁鄉（鎮）鄭培邦先生捐國幣弍元正

中華民國三十一年9月22日

軍合字第叁拾叁號

根存

安仁鄉（鎮）羅伯寬先生捐國幣弍元正

中華民國三十一年9月22日

軍合字第叁叁玖號

附件：福鼎县安仁乡公所缴回军民合作号飞机捐存根（1943 年 3 月）　G137-001-0001

根存

安仁鄉（鎮）吳蔡記先生捐國幣弍元正

中華民國三十一年9月22日

軍合字第　號

根存

安仁鄉（鎮）金南[illegible]先生捐國幣壹元正

中華民國三十一年9月22日

軍合字第　號

附件：福鼎县安仁乡公所缴回军民合作号飞机捐存根（1943 年 3 月）　G137-001-0001

根存

安仁鄉(鎮)陳慶邦先生捐國幣伍元正

中華民國三十一年九月廿日

根存

安仁鄉(鎮)陳彥先生捐國幣伍元正

中華民國三十一年九月廿一日

附件:福鼎县安仁乡公所缴回军民合作号飞机捐存根(1943 年 3 月)a 面　G137-001-0001

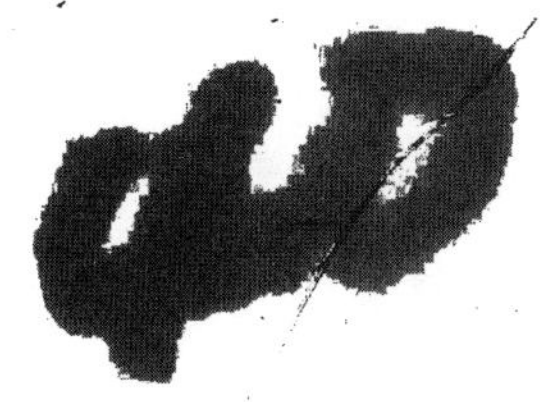

根存

安仁鄉（鎮）[illegible]先生捐國幣伍元正

中華民國三十一年九月廿八日

根存

安仁鄉（鎮）吴宝铃先生捐國幣贰元正

中華民國三十一年九月廿八日

附件：福鼎县安仁乡公所缴回军民合作号飞机捐存根（1943年3月）b面　G137-001-0001

存根

安仁鄉（鎮）馬驯先生捐國幣叁元正

中華民國三十一年九月 日

存根

安仁鄉（鎮）馬[illegible]金先生捐國幣五元正

中華民國三十二年一月 日

附件：福鼎县安仁乡公所缴回军民合作号飞机捐存根（1943 年 3 月）　G137-001-0001

存根

安仁乡（镇）[illegible]先生捐国币[illegible]元正

中华民国三十二年 月 日

军合字第[illegible]号

存根

安仁乡（镇）李大凤先生捐国币五元正

中华民国三十一年 月 日

军合字第[illegible]号

附件：福鼎县安仁乡公所缴回军民合作号飞机捐存根（1943 年 3 月） G137-001-0001

字第　　號

根存

安仁鄉(鎮)

汪康生先生捐國幣壹元正

中華民國三十一年　月　日

附件:福鼎县安仁乡公所缴回军民合作号飞机捐存根(1943 年 3 月)　G137-001-0001

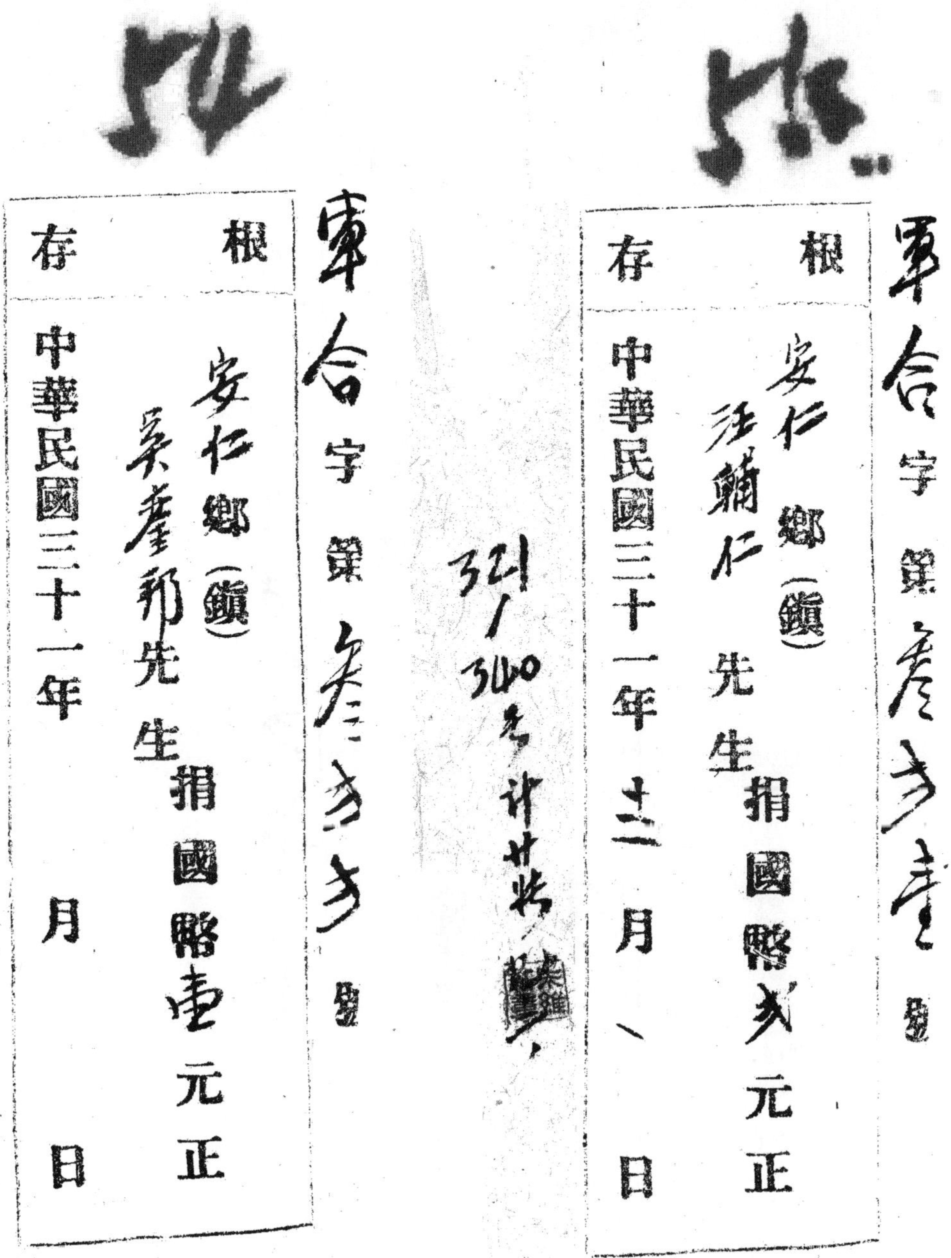
存根

軍合字第 [illegible] 號

安仁鄉(鎮)吳奎邦先生捐國幣壹元正

中華民國三十一年 月 日

存根

軍合字第 [illegible] 號

安仁鄉(鎮)汪輔仁先生捐國幣叁元正

中華民國三十一年十二月 日

附件：福鼎县安仁乡公所缴回军民合作号飞机捐存根(1943年3月)a面　G137-001-0001

根　存

安仁乡(镇)

吴雍邦先生捐国币壹元正

中華民國三十一年　月　日

軍合字第清乡机八號

附件：福鼎县安仁乡公所缴回军民合作号飞机捐存根(1943 年 3 月)b 面　G137-001-0001

第三战区福建省福鼎县军民合作站指导分处关于解缴劝募军民合作号飞机捐一千九百二十四元六角的代电(1943 年 6 月 17 日)　G137-001-0001

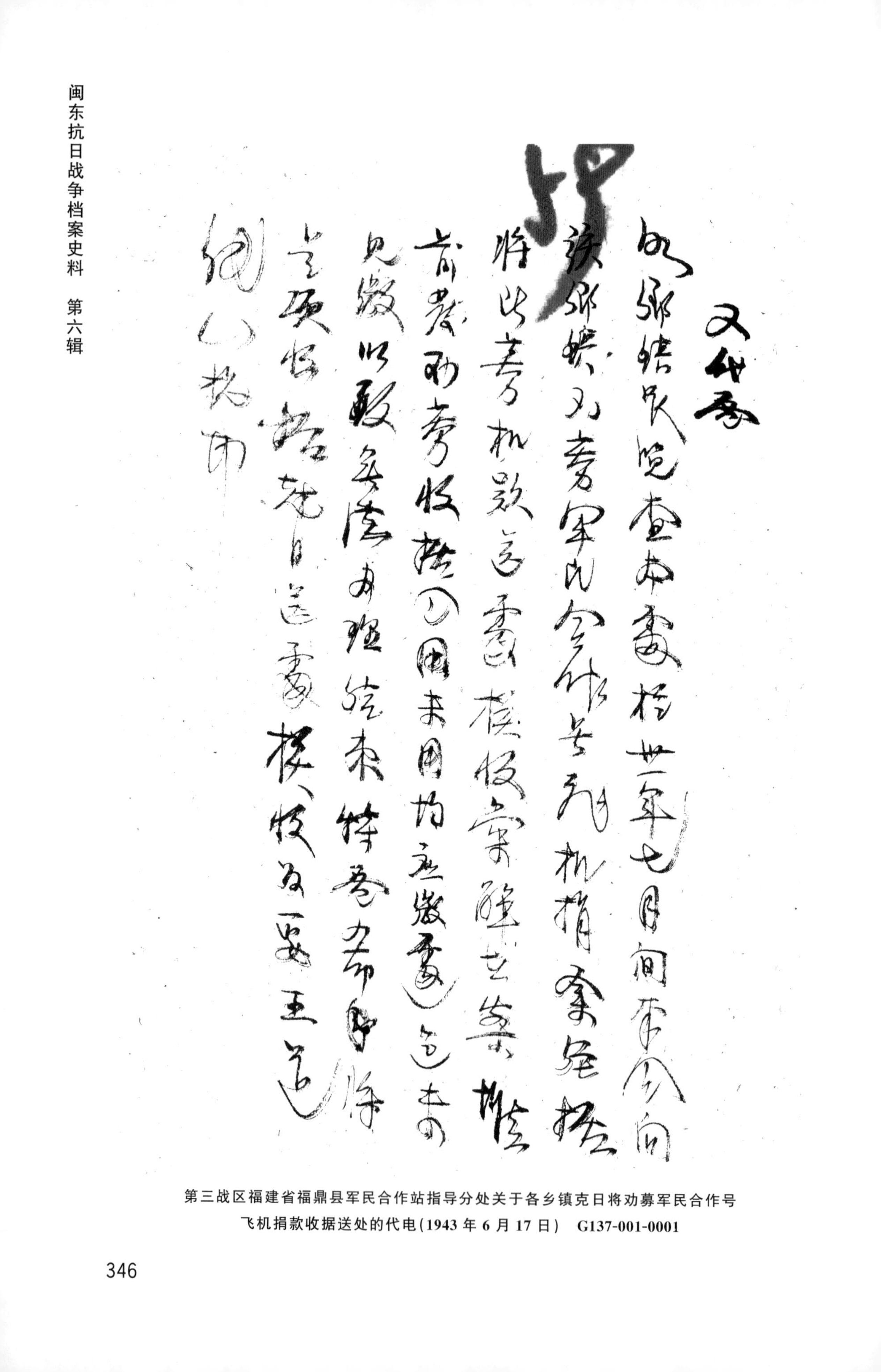

文代电

第三战区福建省福鼎县军民合作站指导分处关于各乡镇克日将劝募军民合作号飞机捐款收据送处的代电(1943 年 6 月 17 日)　G137-001-0001

福鼎縣軍民合作站指導分處三十一年勸募閩軍民合作號飛機捐款機關及數目清冊

捐款機關	應募數	已繳數	未繳數	備考
桐山鎮公所	二〇〇〇〇	二〇〇〇〇		
玉塘鄉公所	一五〇〇〇	一五〇〇〇		
貫嶺鄉公所	七五〇〇	七五〇〇		
庫口鄉公所	七五〇〇	七五〇〇		
前岐鎮公所	一五〇〇〇	一五〇〇〇		
疊石鄉公所	一五〇〇〇	一五〇〇〇		
佳陽鄉公所	五〇〇〇	五〇〇〇		
南溪鄉公所	五〇〇〇	五〇〇〇		

第三战区福建省福鼎县军民合作站指导分处三十一年劝募闽军民合作号飞机捐款机关及数目清册

(1943年6月17日)a面　G137-001-0001

秦屿镇公所	一五〇〇〇	一五〇〇〇
岚亭乡公所	五〇〇〇	五〇〇〇
安仁乡公所	五〇〇〇	五〇〇〇
踞虎乡公所	五〇〇〇	五〇〇〇
店下镇公所	一〇〇〇〇	一〇〇〇〇
溪美镇公所	一〇〇〇〇	一〇〇〇〇
[illegible]镇公所	一〇〇〇〇	一〇〇〇〇
果阳乡公所	五〇〇〇	五〇〇〇
琳江镇公所	一五〇〇〇	一五二〇〇
点头镇公所	一五〇〇〇	一五〇〇〇

该镇超[illegible]之元

第三战区福建省福鼎县军民合作站指导分处三十一年劝募闽军民合作号飞机捐款机关及数目清册

(1943年6月17日)b面 G137-001-0001

第三战区福建省福鼎县军民合作站指导分处三十一年劝募闽军民合作号飞机捐款机关及数目清册

（1943 年 6 月 17 日） G137-001-0001

(二)征派御寒稻草

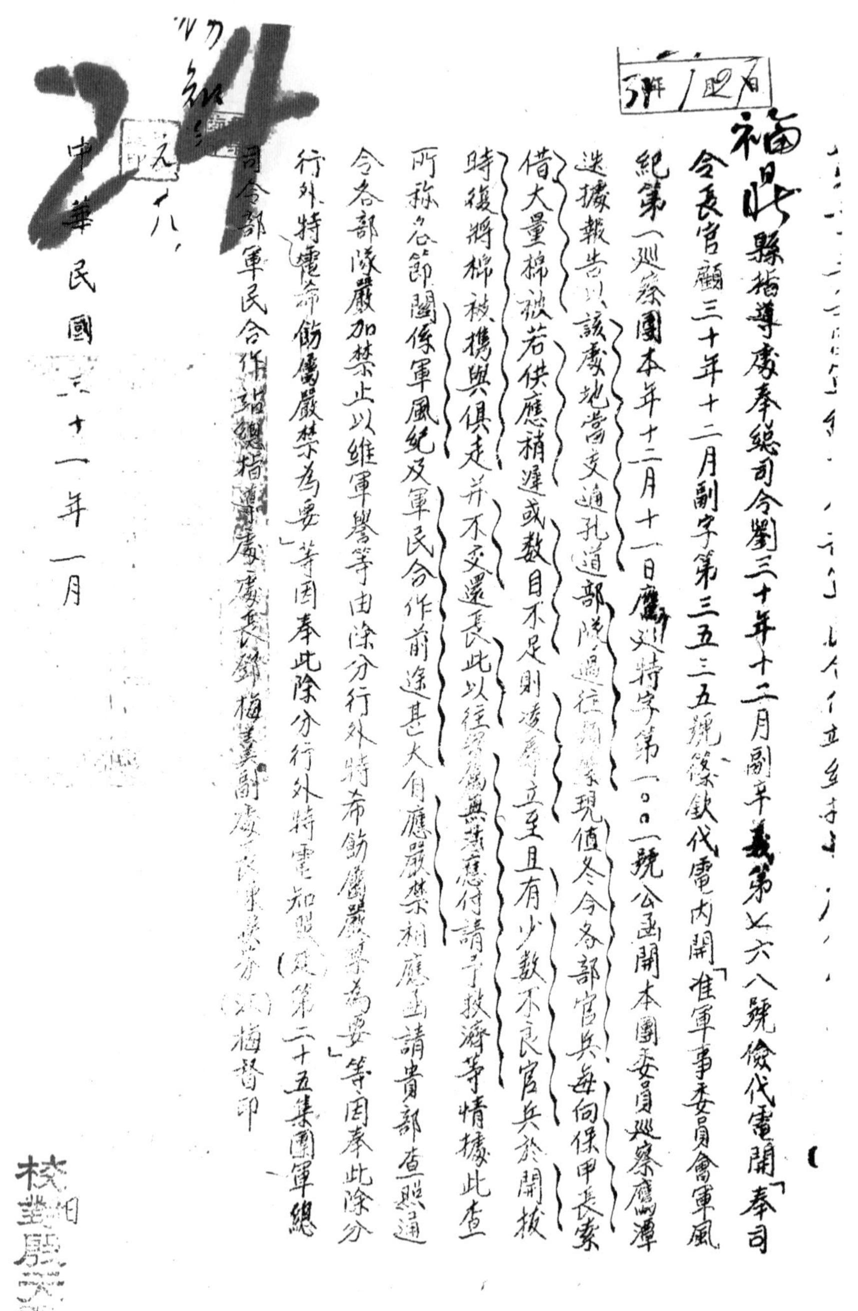

福鼎縣指導處奉總司令劉三十年十二月副平義第七六八號儉代電開「奉司
令長官顧三十年十二月副字第三五三五號篠欽代電內開「准軍事委員會軍風
紀第一巡察團本年十二月十一日鷹巡特字第一〇〇一號公函開本團委員巡察鷹潭
迭據報告以該處地當交通孔道部隊過往頻繁現值冬令各部官兵每向保甲長索
借大量棉被若供應稍遲或數目不足則凌辱立至且有少數不良官兵於開拔
時復將棉被攜與俱走并不交還長此以往殊屬無法應付請予救濟等情據此查
所稱各節關係軍風紀及軍民合作前途甚大自應嚴禁相應函請貴部查照通
令各部隊嚴加禁止以維軍譽等由除分行外特布飭屬嚴禁為要」等因奉此除分
行外特電希飭屬嚴禁為要」等因奉此除分行外特電知照第二十五集團軍總
司令部軍民合作站總指導處處長鄧梅羹副處長梅督印

中華民國三十一年一月

第二十五集团军总司令部军民合作站总指导处关于严禁各部官兵向保甲长索借大量棉被的代电

(1942 年 1 月 3 日)　G137-001-0008

23

收文字号

事由：转电严禁部队索借大量棉被仰知照由

文别：代电

主稿

处长邓
副处长丁
副处长王

桐山、点头、秦屿、店下……乡（镇）军民合作站：

奉第二十五集团军总司令部军民合作站福鼎县指导处梅支代电开：“原电照录”等因，奉此，除分行外，特电知照。

福鼎县军民合作站指导处处长邓宗海 副处长丁梅三 王靖远

第二十五集团军总司令部军民合作站福鼎县指导处关于转发严禁部队索借大量棉被的代电

（1942 年 2 月 18 日） G137-001-0008

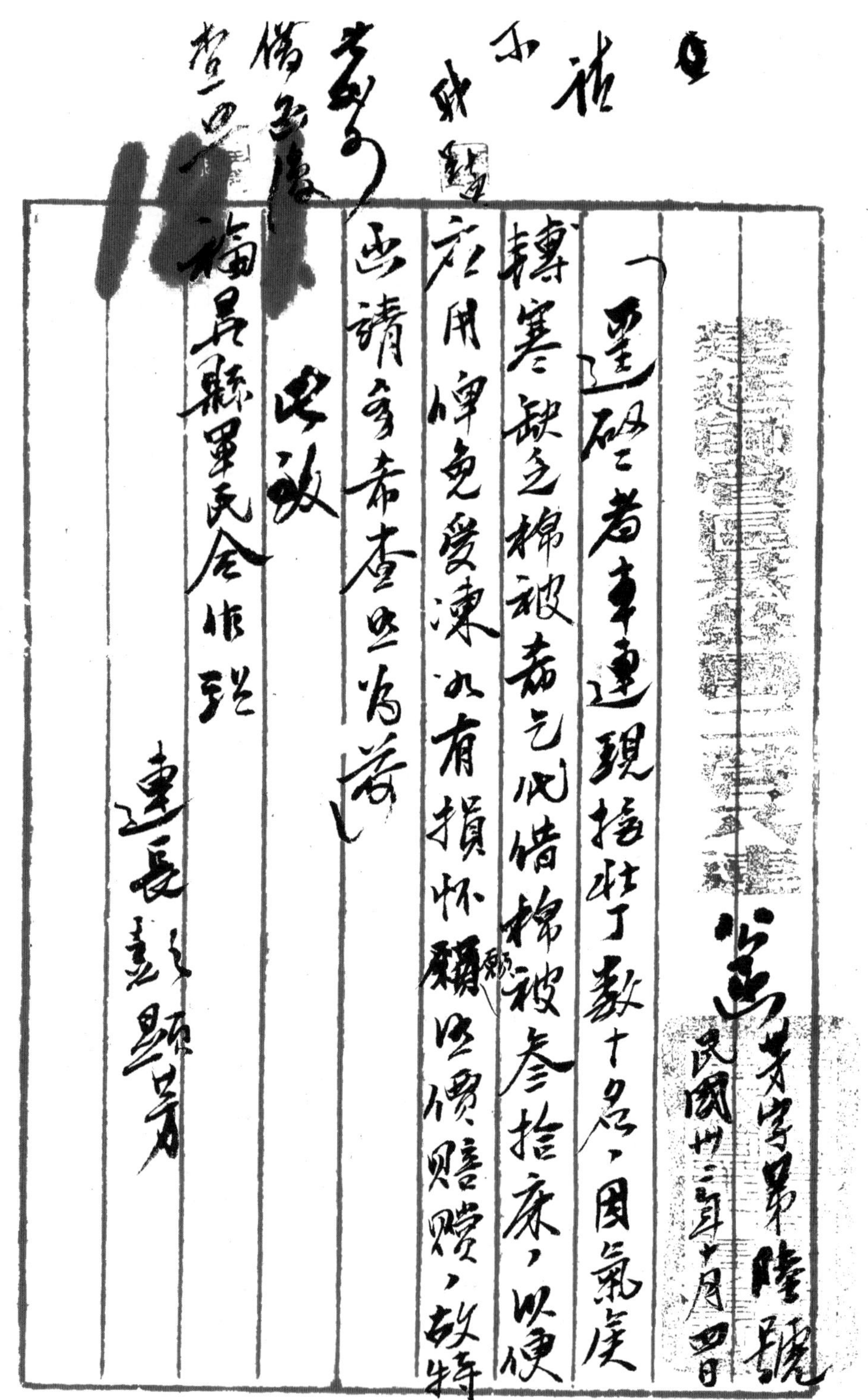

逕啓者：本連現接壯丁數十名，因氣候轉寒，缺乏棉被，希乞代借棉被叁拾床，以便應用，俾免受凍，如有損壞，照價賠償，故特函請貴希查照為荷。

此致

福昌縣軍民合作站

連長 彭顯芳

民國卅二年十月四日

建延师管区基干团二营八连关于天气转寒希代借棉被三十床的公函

（1943 年 10 月 4 日） G137-001-0009

179

别	公函
字號	按字第54號
送達機關	贵族八连
附件	
類別	

中華民國三十二年十月五日擬稿 月 日繕寫 月 日校印 十月五日封印

兼分處長 副分處長 幹事 司書 校印

事由：准函嘱代借棉被三十床等由经向各保征借不到请查照

公函 字第 号

案准

贵连营字第六号公函开：

照叙

等由，准此，查来函嘱代借棉被三十床，供作新兵御寒之，

足见贵连爱护新兵，关怀备至，本处自当照办，经即向各

保长搜借，均无法借到，有负雅意，案经数次，准函

第三战区福建省福鼎县军民合作站指导分处关于贵连嘱代借棉被三十床等，经向各保征借，无法借到的公函(1943 年 10 月 5 日) G137-001-0009

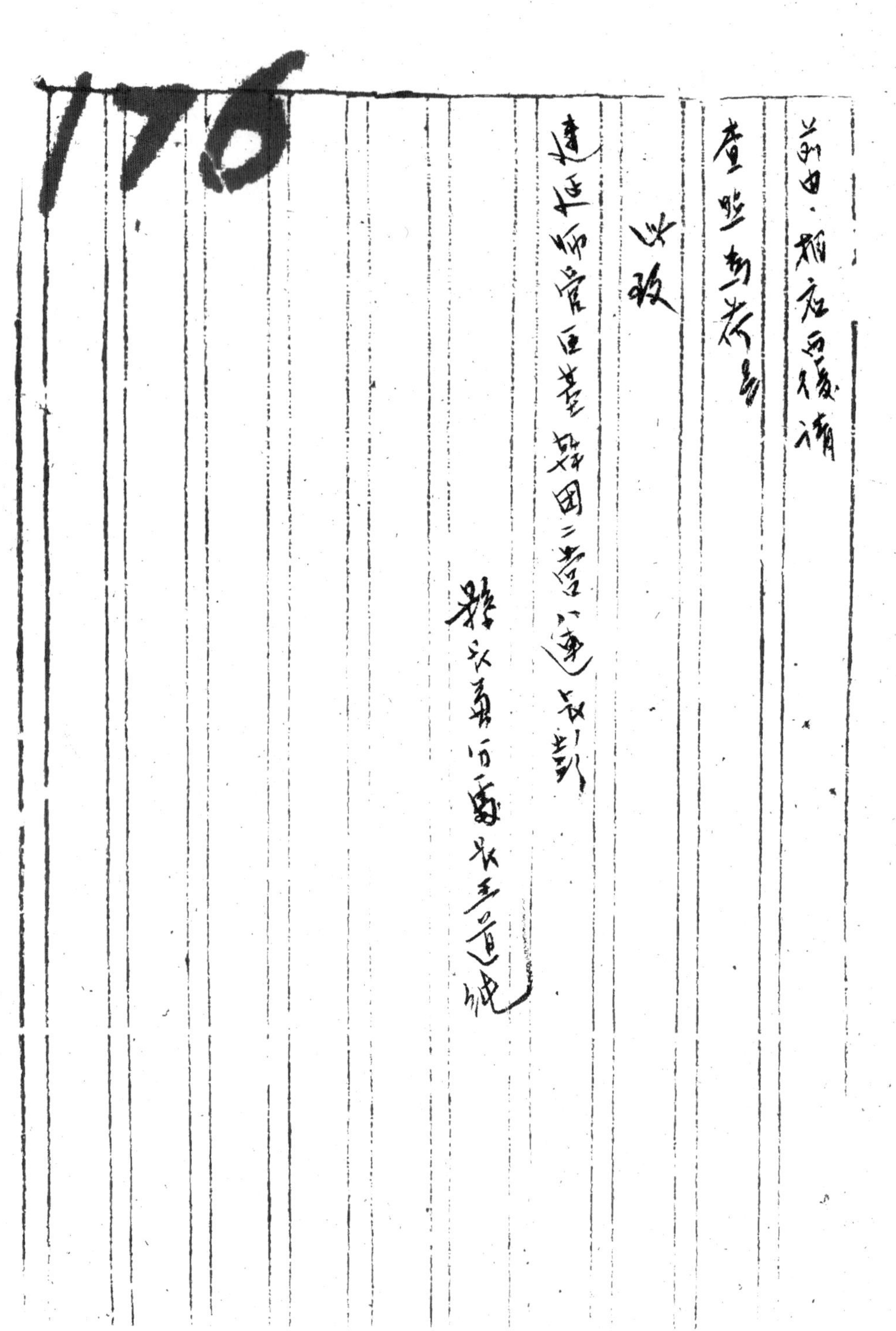
176

前由，稍后再复补

查照为荷

此致

建阳师管区基干团二营六连连长彭

县长兼分处长王道纯

第三战区福建省福鼎县军民合作站指导分处关于贵连嘱代借棉被三十床等，经向各保征借，无法借到的公函(1943年10月5日)　G137-001-0009

福鼎縣政府 代電

事由：奉转建瓯县征集稻草办法特电抄附希查照由

福鼎军民合作指导处鉴：奉福建省政府寅保(辛)字第(?)号代电开：据建瓯县军运代办所呈，以稻草为军队必需，值兹气候特寒，无论驻境或过境军队需要尤为迫切，若不预为筹措，深恐临时不能供给周全。为征集便利起见，经拟订征集稻草暂行办法，拟请察查等情，附呈征集稻草暂行办法一份。据此，查所拟尚属可行，除指令准予备查外，合行检抄原办法一份，电仰该县长遵照，并转饬所属知照，等因。附办法一份。奉此，除分电各乡镇长外，特抄原办法一份，电希查照。县长郑宗海。子军保甲。附办法一份。

附件：如文

中華民國三十一年一月 日

福鼎县政府关于奉转建瓯县征集稻草办法并饬所属知照的代电

(1942年1月24日) G137-001-0008

建瓯县军运代办所征集稻草暂行办法

一、本所为供给驻境或过境军队之稻草需要与征集便利起见特订定本办法

二、稻草之征集按照部队实际需要由本所会同县政府随时通令各乡镇摊派并指定送交地点

三、摊派之稻草由民众运送本所指定地点者每百市斤须缴运力费一元由本所制给收据其由本所雇车或部队士兵至指定地点挑运者概不收费

四、军队以运输车往本所运送者委托本所代办之数目不得超过四百市斤

五、驻境或过境军队委托本所代办稻草在五千斤以内者须于三日前通知在一万斤以内者须一周前通知

七、部队委托本所代办稻草如遇天雨或其他原因不能征集者全时本所得商请改定

八、征集后如无自愿将征集稻草数目与收付运费列成统计呈核

九、本办法经县长核准施行并呈报上级机关备查

附件：建瓯县军运代办所征集稻草暂行办法

（1942年1月24日）　G137-001-0008

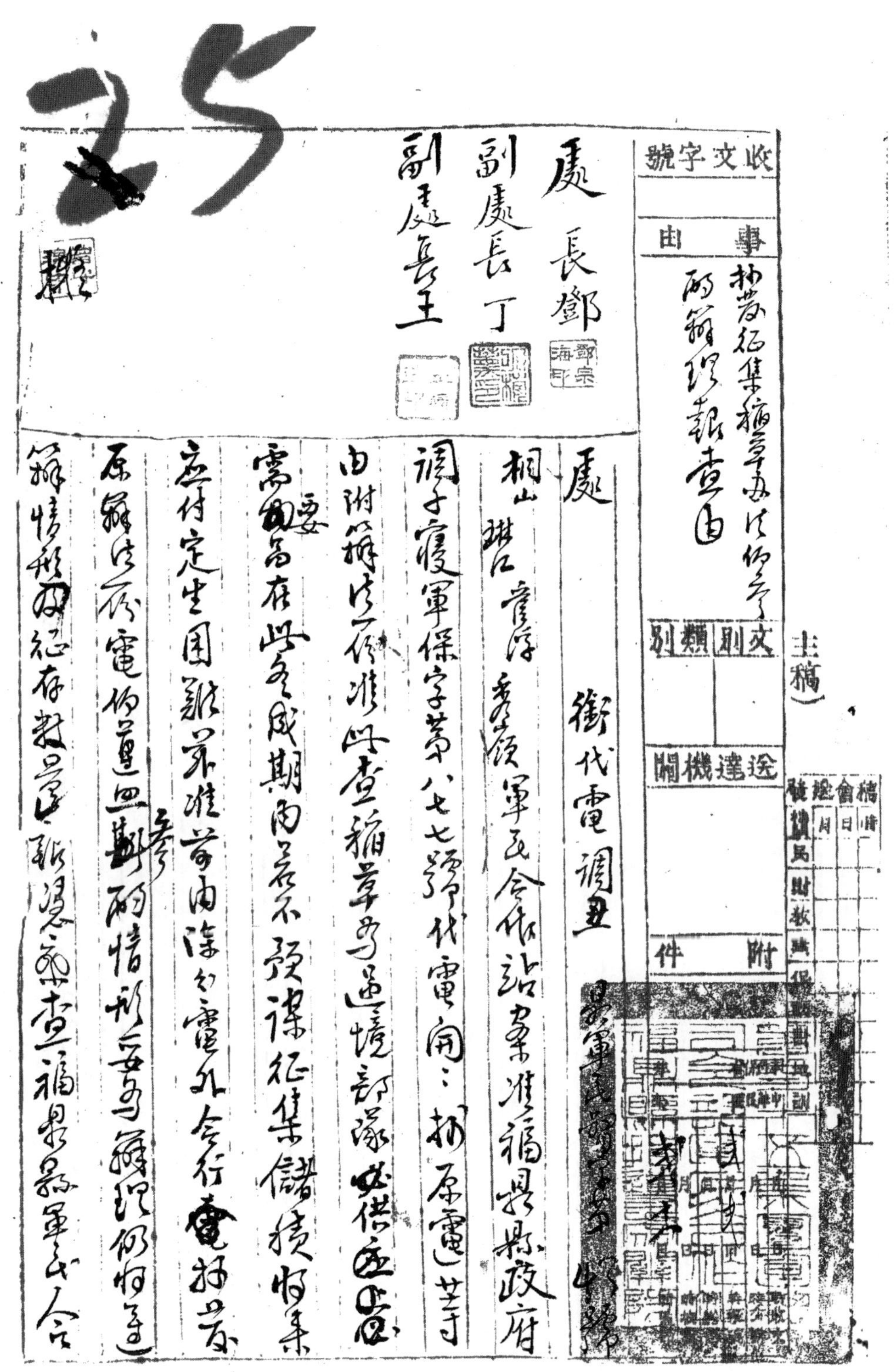

第二十五集团军总司令部军民合作站福鼎县指导处关于抄发征集稻草办法仰参酌办理报查的代电

（1942 年 2 月 11 日） G137-001-0008

第二十五集团军总司令部军民合作站福鼎县指导处关于抄发征集稻草办法仰参酌办理报查的代电

（1942 年 2 月 11 日）　G137-001-0008

收文字號

事由

電仰征集稻草　仟斤運處點撥由

文別類別

主稿

送達機關

附件

處長鄭

副處長丁

副處長王

處

銜代電渭丑感縣軍民魁字第　號

玉塘實驗鄉朱鄉長查本處供應過境部隊刻需稻草叁仟斤特電照數征集限本日下午運處點撥毋誤為要處長鄭宗海副處長丁梅兰、王清吉還感印

第二十五集团军总司令部军民合作站福鼎县指导处关于令玉塘乡征集稻草三千斤运处点拨的代电

（1942年2月28日）　G137-001-0008

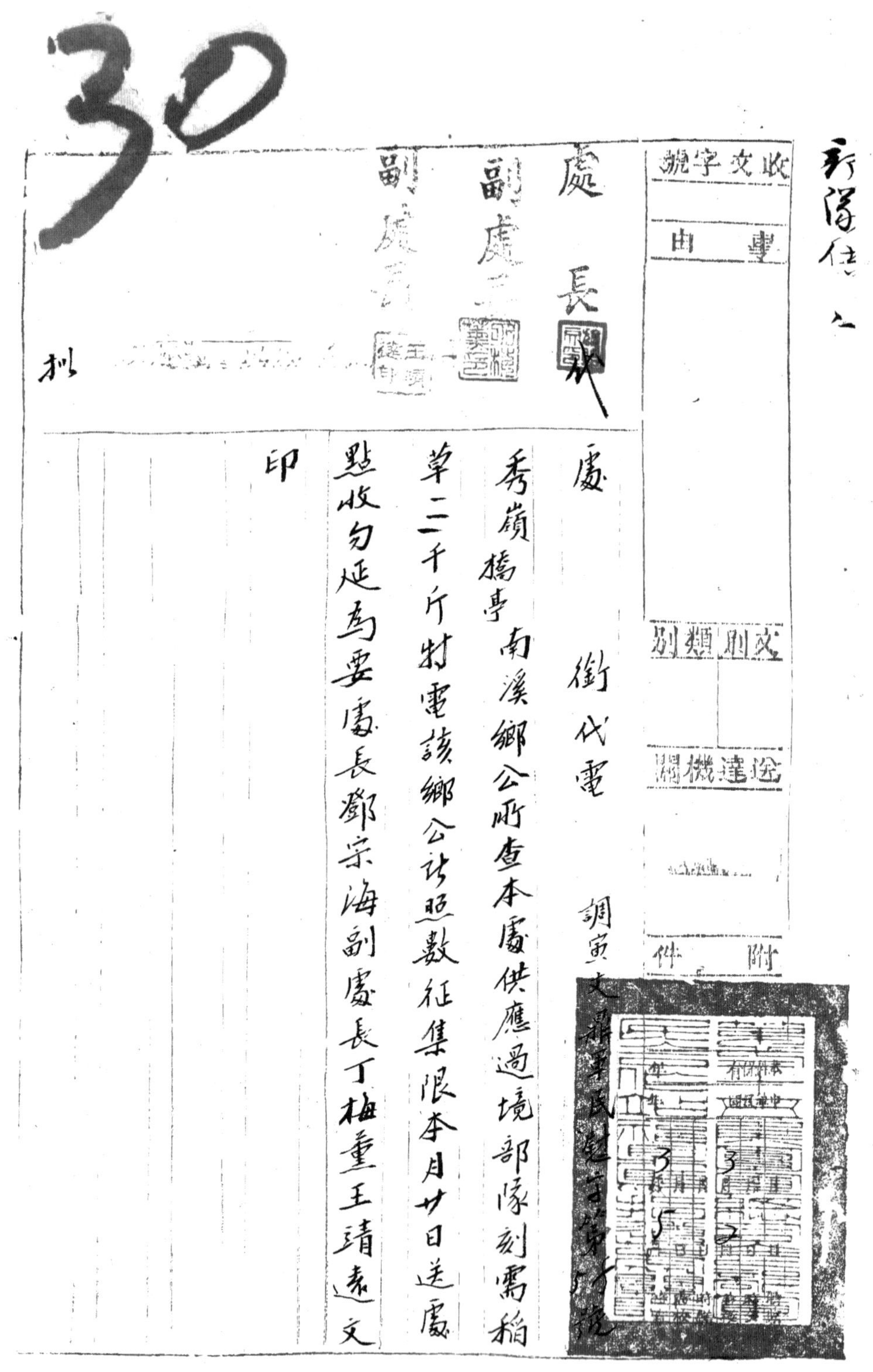
處長 副處長 副處長

處 銜代電

秀嶺、橋亭、南溪鄉公所：查本處供應過境部隊，刻需稻草三千斤，特電該鄉公所照數征集，限本月廿日送處點收，勿延為要。處長鄭宗海 副處長丁梅壷 王靖遠 文印

第二十五集团军总司令部军民合作站福鼎县指导处关于供应过境部队，刻需稻草三千斤，限秀岭、桥亭、南溪乡公所于本月二十日内送处点收的代电(1942 年 3 月 12 日)　G137-001-0008

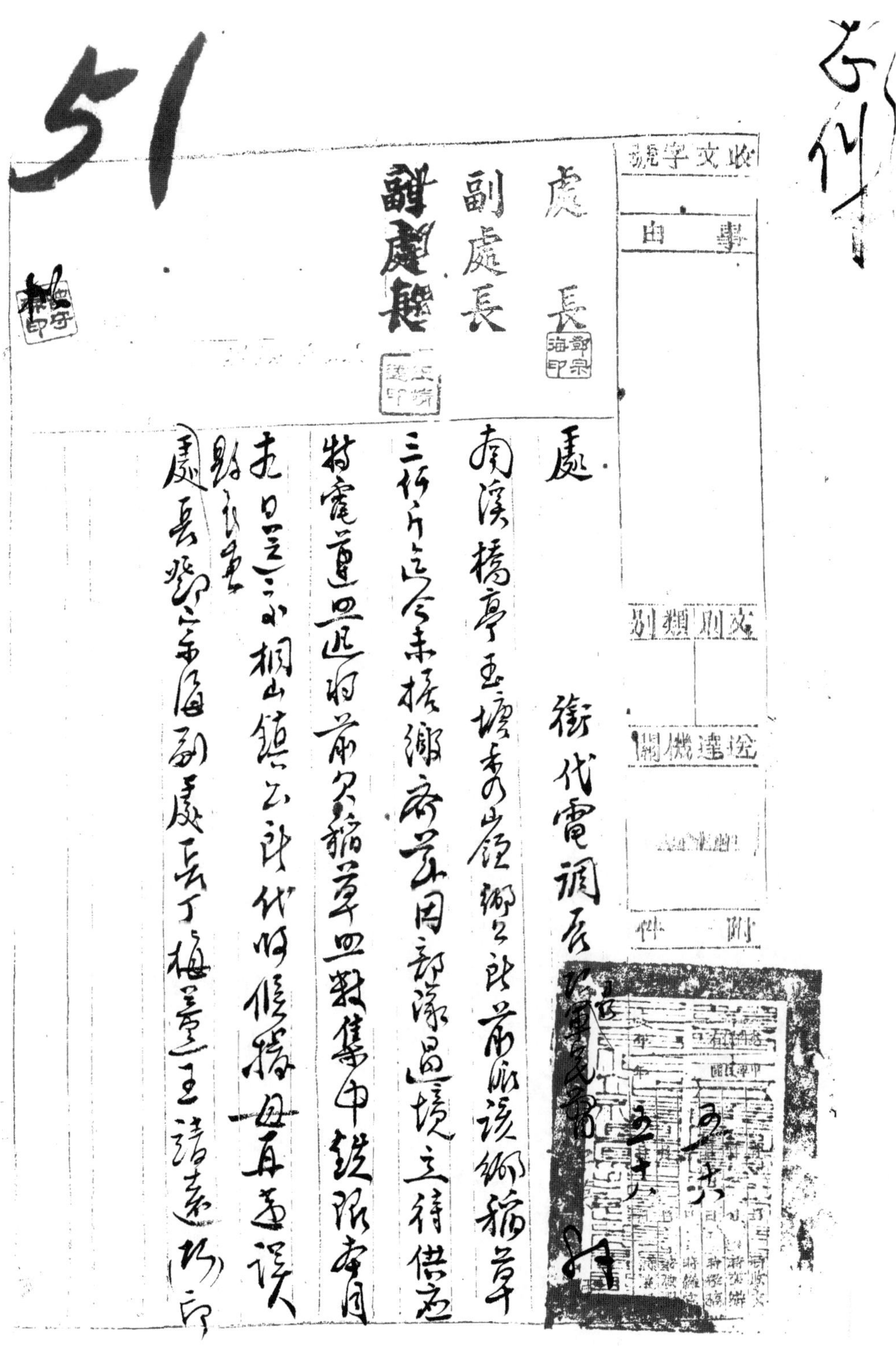
51

收文字號

事由

處長

副處長

副處長

處

南溪橋亭玉塘秀嶺鄉公所

第二十五集团军总司令部军民合作站福鼎县指导处关于催南溪、桥亭、玉塘、秀岭乡缴稻草三千斤，铁限本月十九日送交桐山镇公所的代电(1942 年 5 月 18 日)　G137-001-0008

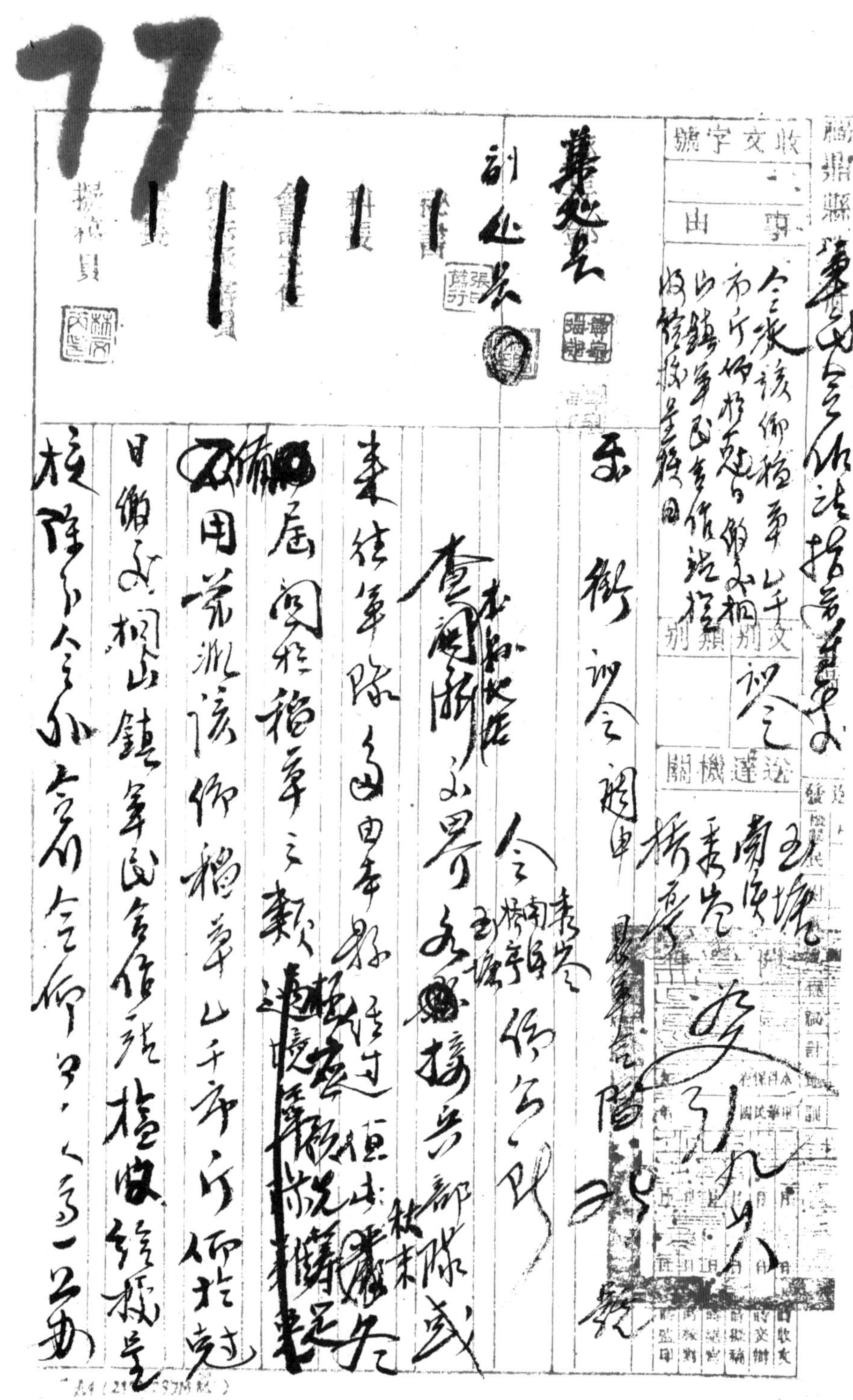

第三战区司令长官司令部福建省福鼎县军民合作站指导处关于派秀岭、南溪、桥亭、玉塘乡稻草各一千斤，仰克日缴交桐山镇军民合作站检收的训令(1942 年 9 月 30 日) G137-001-0008

第三战区司令长官司令部福建省福鼎县军民合作站指导处关于催秀岭、南溪、桥亭、玉塘等乡速征送稻草各一千斤，径缴交桐山镇军民合作站检收的代电（1942 年 10 月 23 日） G137-001-0008

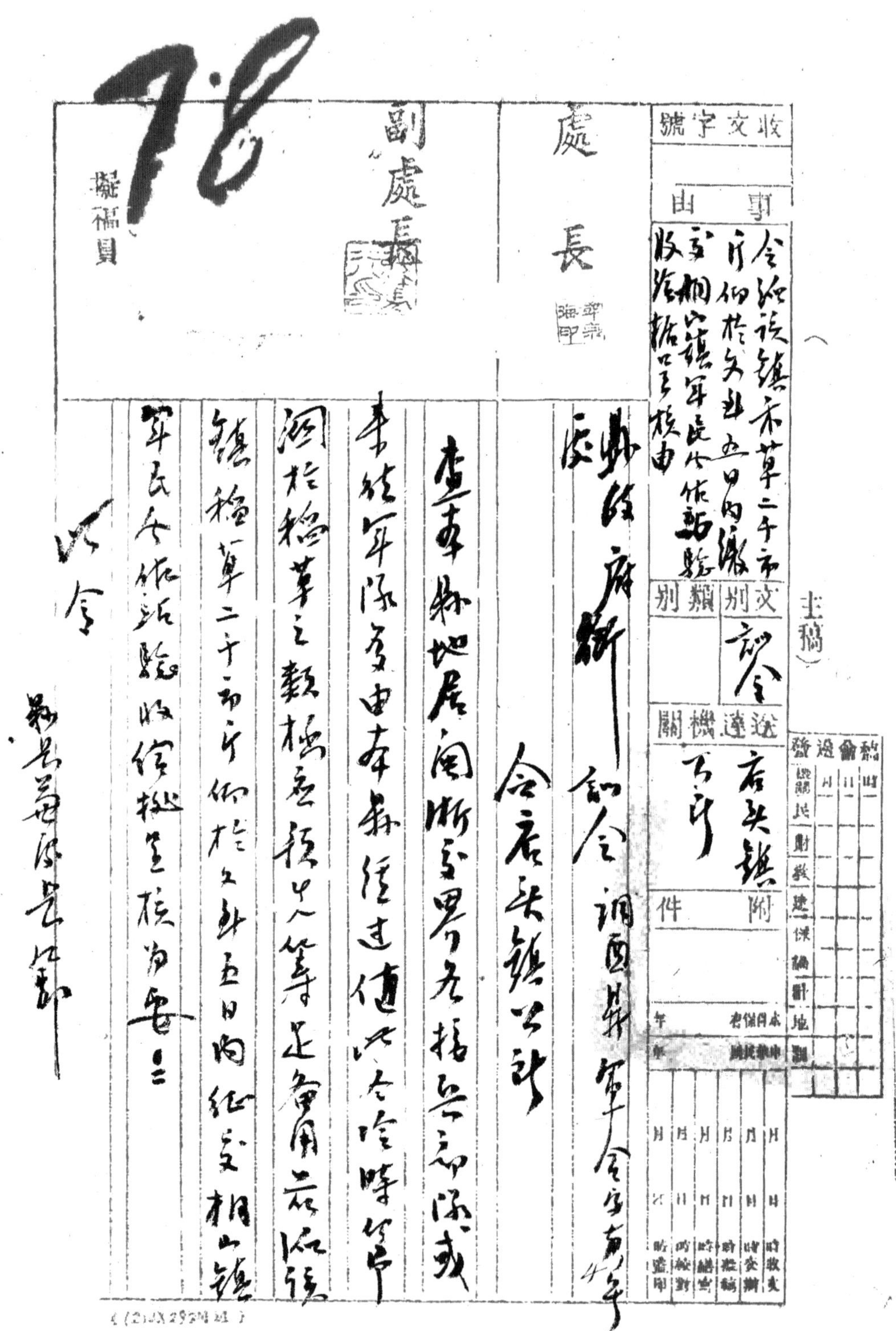

78

處長

副處長

擬稿員

收文字號

事由：令派店頭鎮禾草二千市斤仰於文到五日內繳交桐山鎮軍民合作站驗收繳收洽核由

文別：訓令

送達機關：店頭鎮 下行

福鼎縣政府訓令

令店頭鎮公所

查本縣地居閩浙交界為接兵部隊或來往軍隊多由本縣經過值此冬冷時節關於稻草之數極感缺乏等足需用兹派該鎮稻草二千市斤仰於文到五日內繳交桐山鎮軍民合作站驗收仍擬呈核為要

此令

縣長

福鼎县政府、第三战区司令长官司令部福建省福鼎县军民合作站指导处关于派店头镇稻草两千斤，仰于文到五日内缴交桐山镇军民合作站检收的训令(1942 年 10 月)　G137-001-0008

已办 十月 [illegible]

請配飭玉塘等各鄉運送稻草來城應付兵需由

送張副縣長會核意見 十廿五

查玉塘、秦嶼、南溪、[illegible]等區均[illegible]稻草[illegible]

[illegible]

十廿五

福鼎縣桐山鎮公所呈

竊本鎮係閩浙孔道過境軍隊紛至沓來應付兵需每感乏術現社令近冬天氣漸冷過去營宿士兵諸多來所索取稻草禦寒且城廂非農業區應付殊艱值茲秋收時屆鄉間稻草[豐]足若不多量集備難[免]失措於

調酉馬 簽

三十一 十 廿一

福鼎县桐山镇公所关于请配饬玉塘等各乡运送稻草来城应付兵需的呈文

(1942年10月21日)a面 G137-001-0008

将来除分配所属附乡各保派出六十担外理合报乞
察核迅予分别配饬玉塘齐岺南溪桥亭枭坪各乡公所速即运送弍
仟担来城照收备用实为公便！

谨呈

县长邹

桐山镇镇长陶肇锐

福鼎县桐山镇公所关于请配饬玉塘等各乡运送稻草来城应付兵需的呈文

(1942年10月21日)b面　G137-001-0008

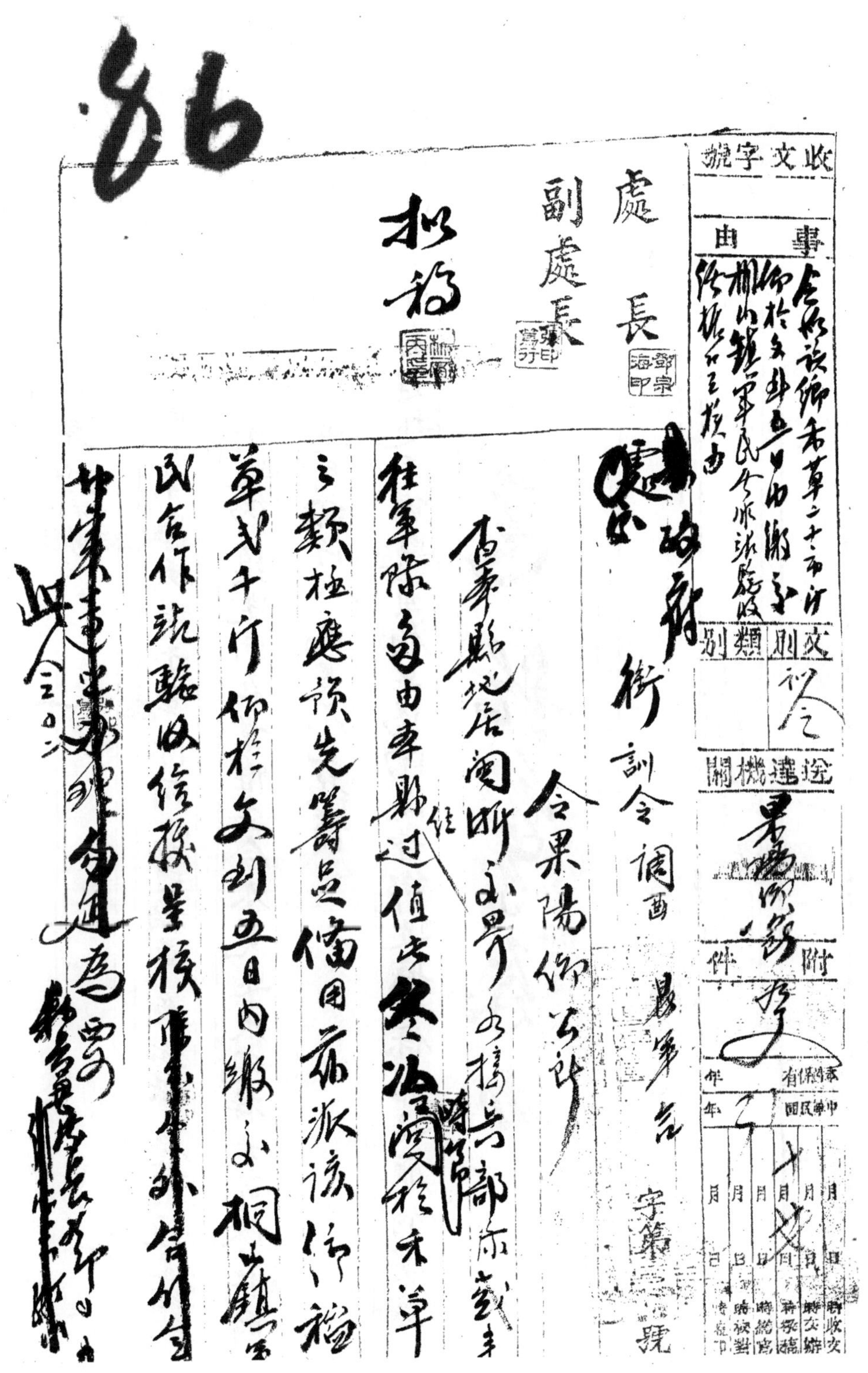

福鼎县政府、第三战区司令长官司令部福建省福鼎县军民合作站指导处关于派果阳乡稻草两千斤，仰于文到五日内缴交桐山镇军民合作站检收的训令(1942 年 10 月 27 日)　G137-001-0008

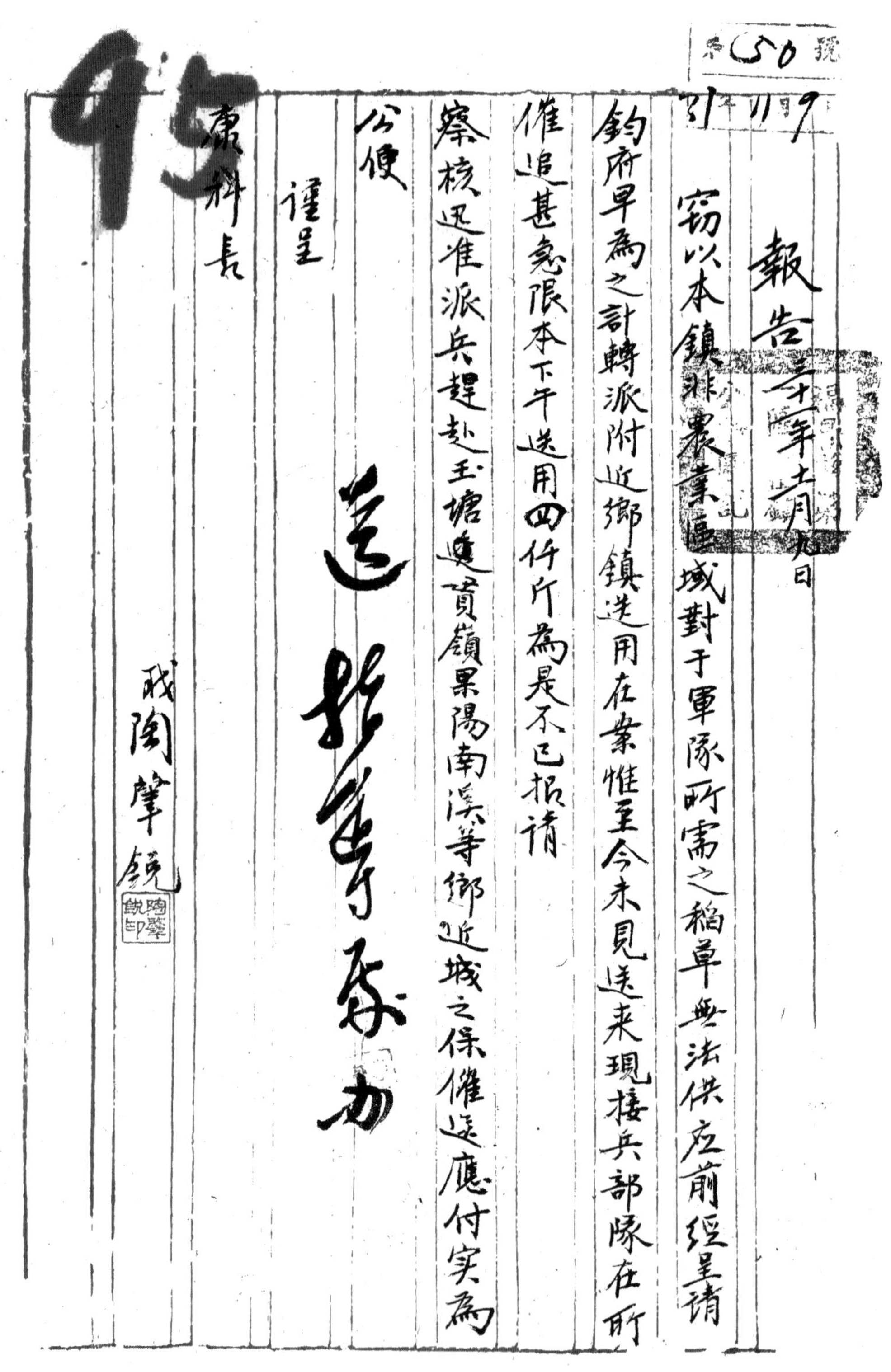
報告　三十一年十一月九日

竊以本鎮非農業區域對于軍隊所需之稻草無法供應前經呈請
鈞府早為之計轉派附近鄉鎮送用在案惟至今未見送來現接兵部隊在所催追甚急限本下午送用四仟斤為是不已報請
察核迅准派兵趕赴玉塘進貢嶺果陽南溪等鄉近城之保催送應付實為
公便
謹呈
康科長
職陶肇銳

福鼎县桐山镇公所关于迅准派兵赶赴玉塘、果阳等乡近城之保催送稻草到站以应军需的报告

（1942 年 11 月 9 日）　G137-001-0008

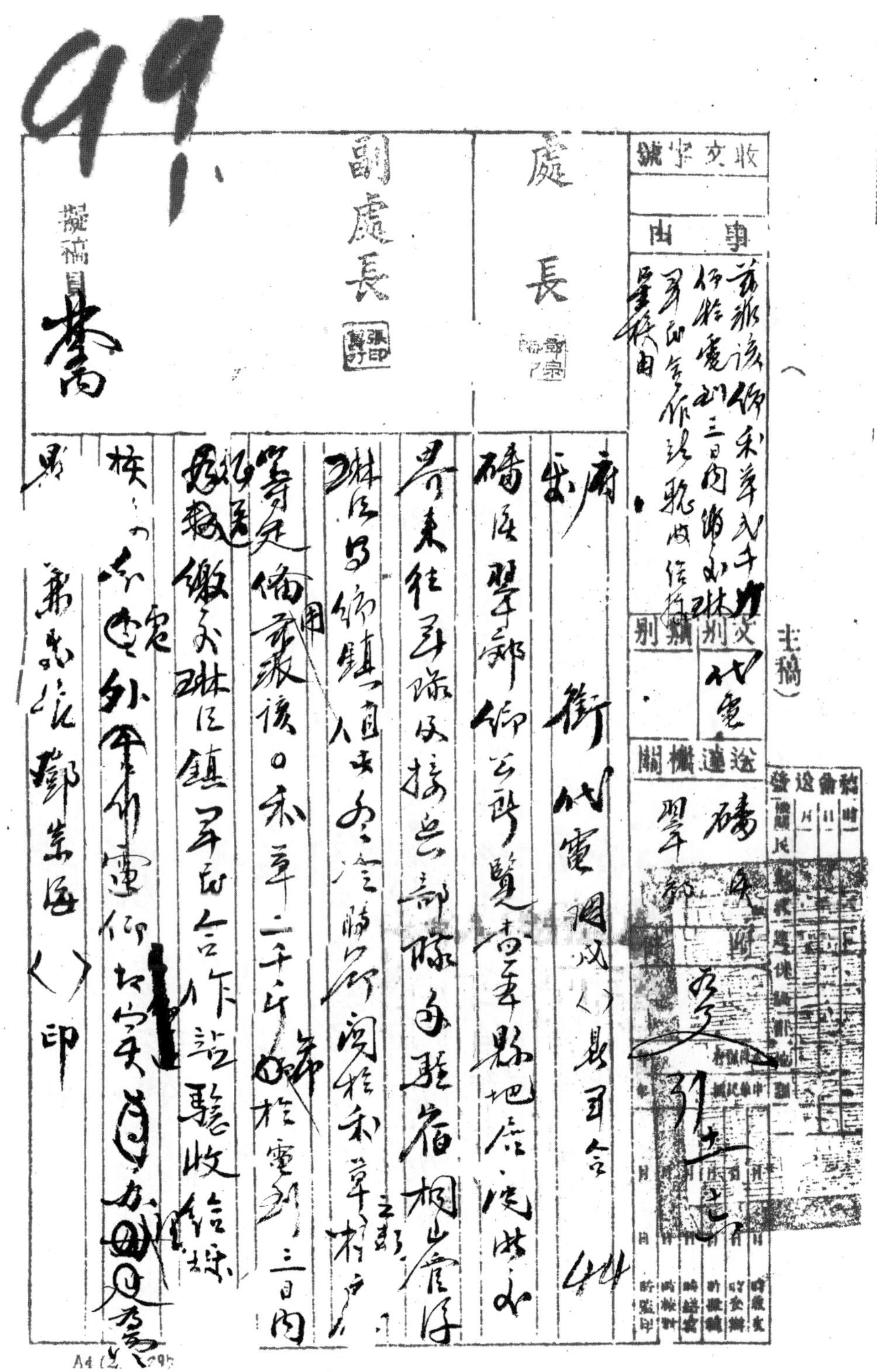

收文字號

事由：前派該鄉稻草弍千斤仰於電到三日內繳交琳江軍民合作站驗收給據呈核由

文別：代電

類別

送達機關：磻溪、翠郊鄉

處長

副處長

擬稿員

[illegible]

福鼎县政府、第三战区司令长官司令部福建省福鼎县军民合作站指导处关于派磻溪、翠郊乡稻草各两千斤，仰于电到三日内缴交琳江军民合作站检收的代电(1942 年 11 月 16 日)　G137-001-0008

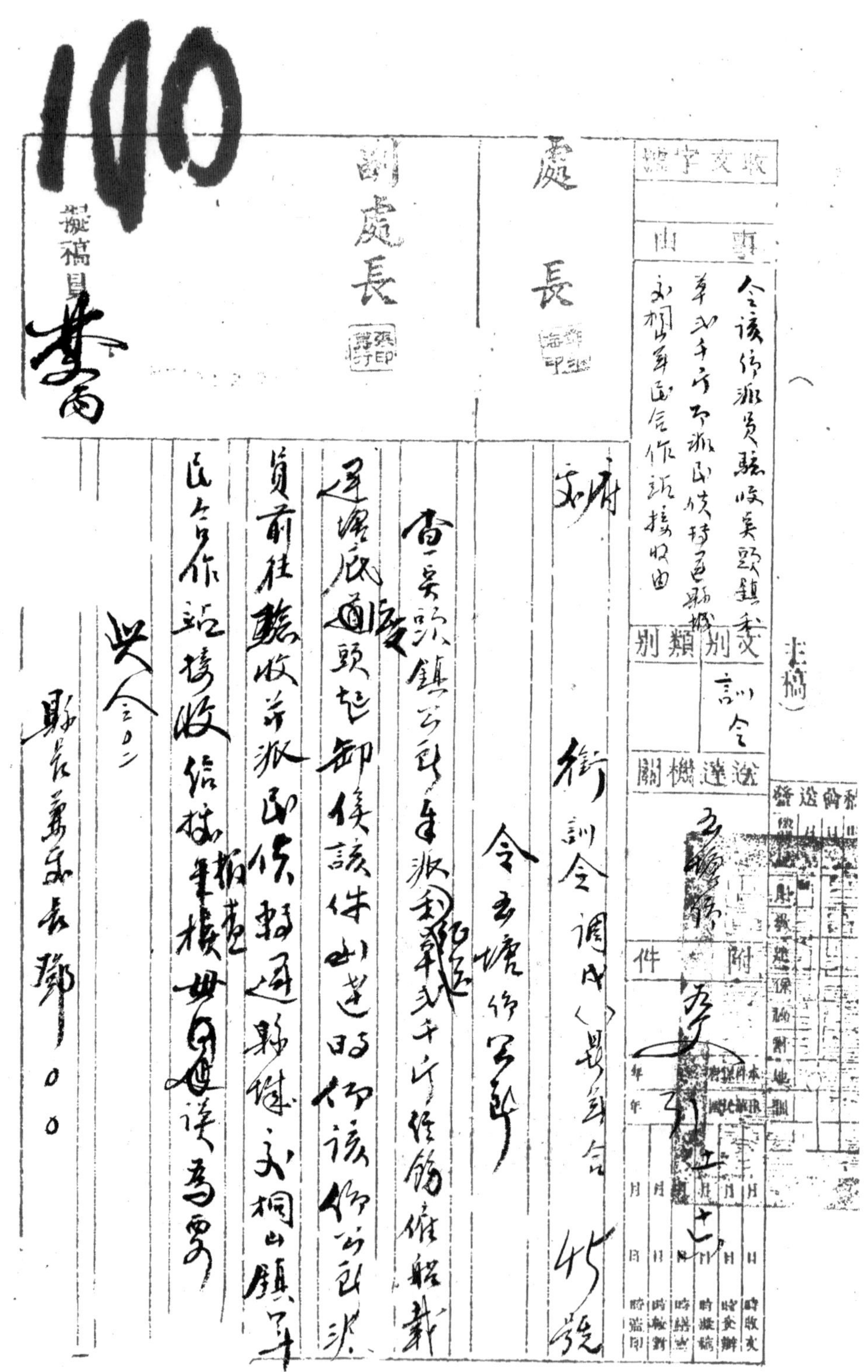

福鼎县政府、第三战区司令长官司令部福建省福鼎县军民合作站指导处关于令玉塘乡派员验收店头镇稻草两千斤，并即派民夫转运县城，交桐山军民合作站接收的代电（1942 年 11 月 16 日）　G137-001-0008

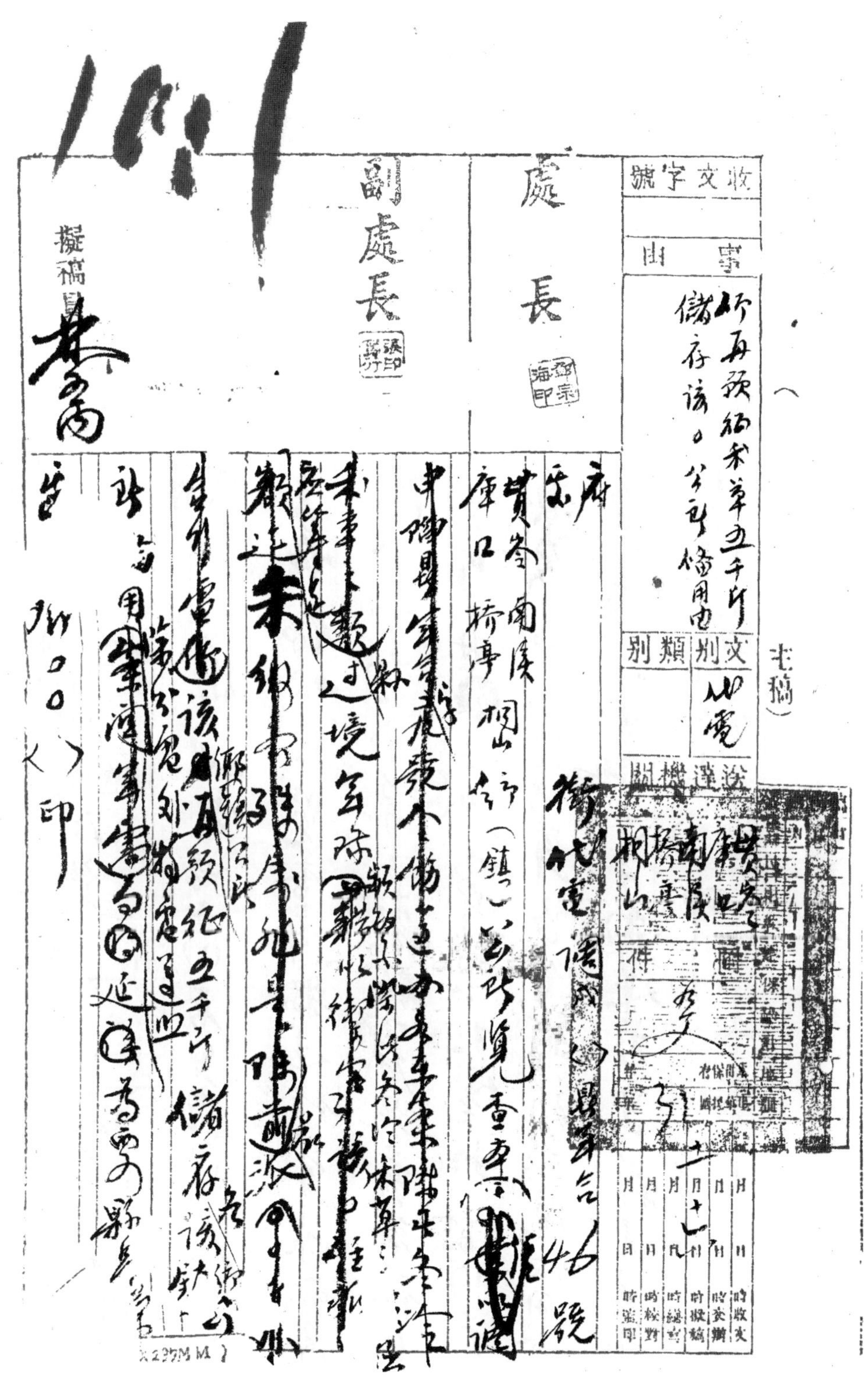

福鼎县政府、第三战区司令长官司令部福建省福鼎县军民合作站指导处关于令贯岭、库口、南溪、桥亭、桐山等乡镇再预征禾草五千斤储存备用的训令(1942 年 11 月 16 日)　G137-001-0009

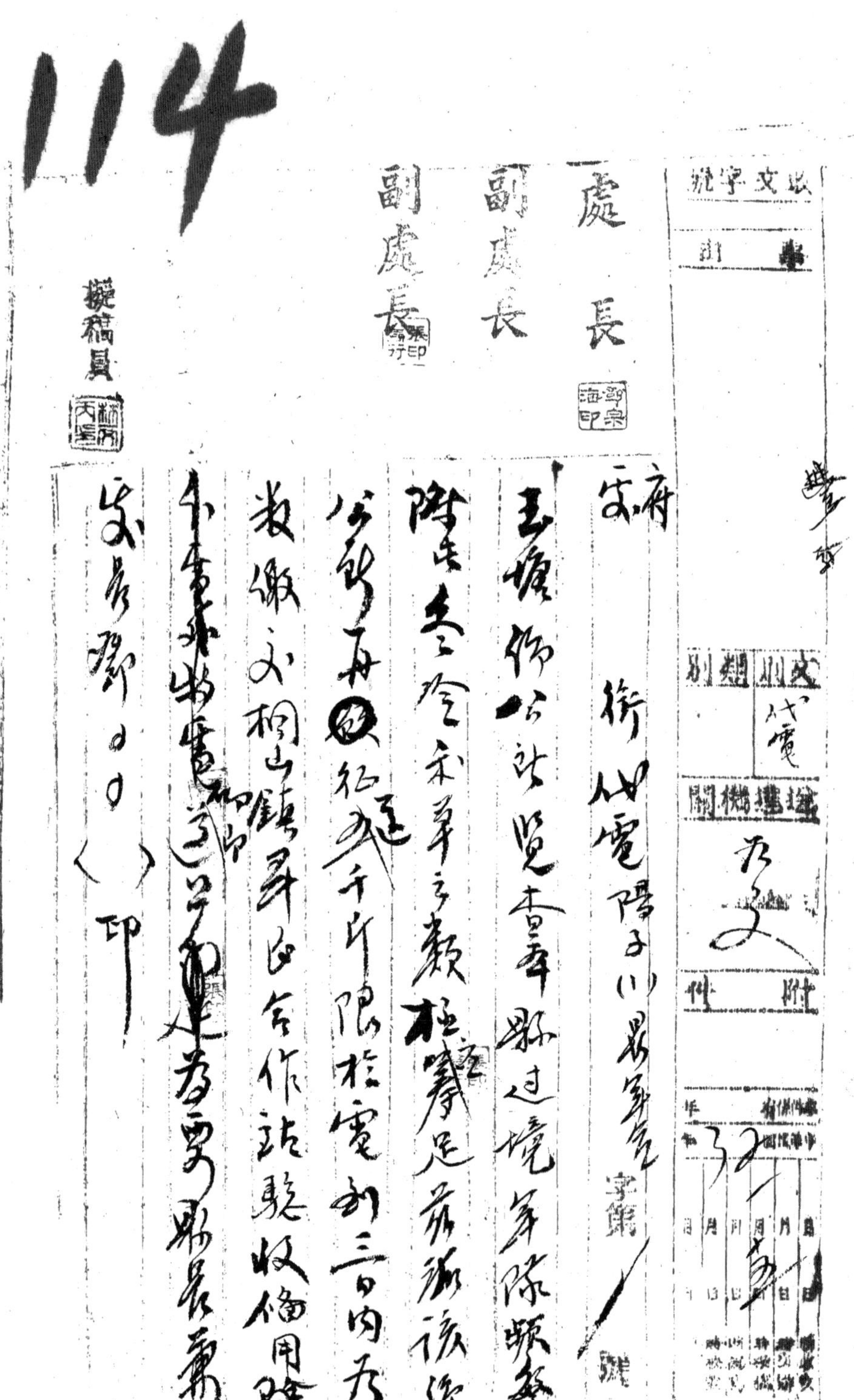

福鼎县政府、第三战区司令长官司令部福建省福鼎县军民合作站指导处关于派玉塘乡再征送禾草五千斤缴交桐山镇军民合作站的代电(1943 年 1 月 15 日)　G137-001-0008

處長
副處長
副處長
擬稿員

稿

訓令 陽子 [illegible] 號

令桐山鎮軍民合作站事務員陳心雄

茲派該員剋日前往南溪、庫口、貫嶺、橋亭、西塘等鄉催繳禾草（各鄉鎮欠繳數計在下列）仰於一星期內掃數催齊集中桐山鎮軍民合作站備用并將催繳情形具報為要

此令

縣長兼主任 [illegible]

福鼎县政府、第三战区司令长官司令部福建省福鼎县军民合作站指导处关于派桐山镇军民合作站事务员陈心雄克日前往南溪等乡催缴禾草并将催缴情形具报的训令（1943 年 1 月 15 日） G137-001-0008

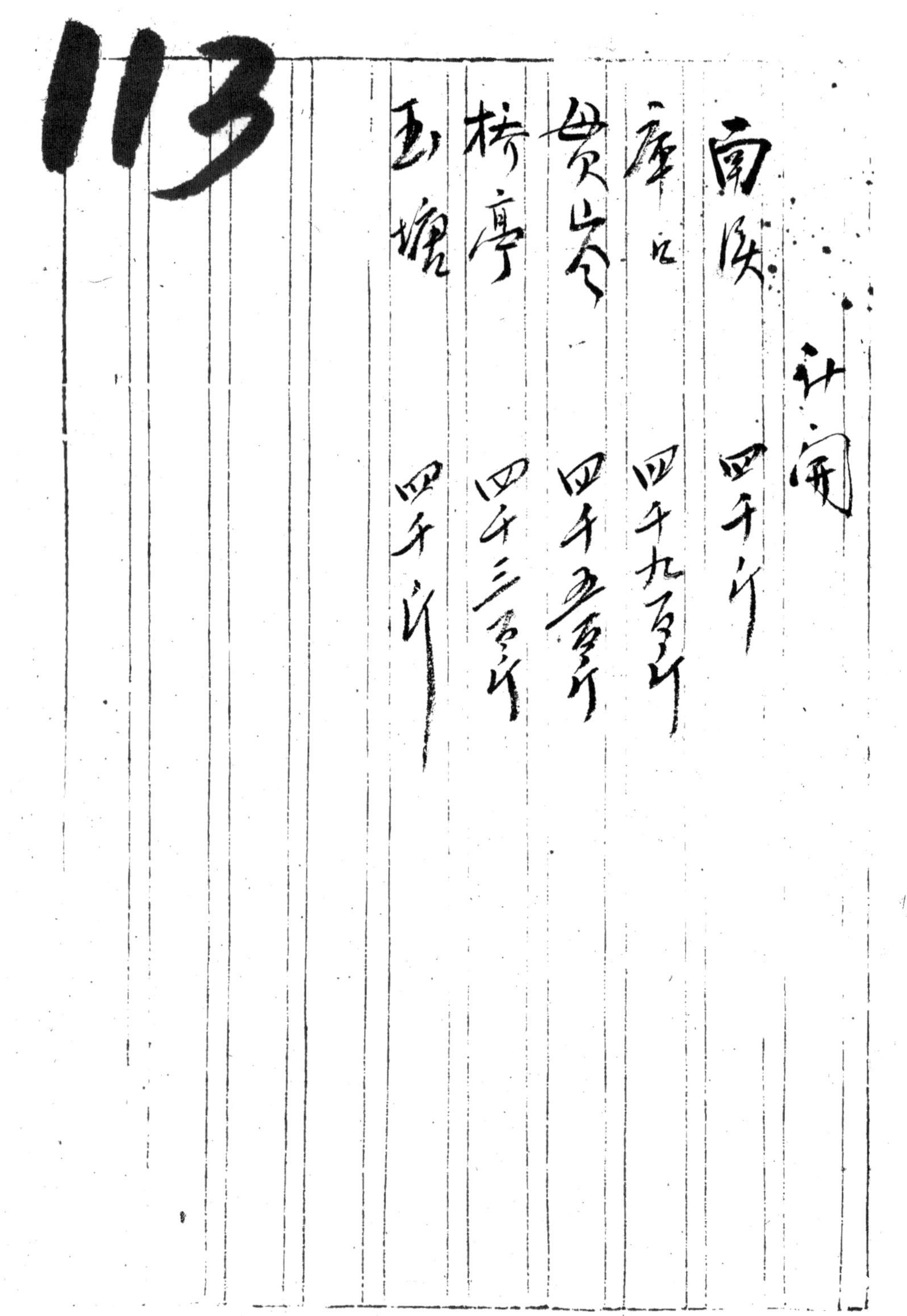
113

計開

南溪　四千斤

库口　四千九百斤

貫岭　四千五百斤

桥亭　四千三百斤

玉塘　四千斤

福鼎县政府、第三战区司令长官司令部福建省福鼎县军民合作站指导处关于派桐山镇军民合作站事务员陈心雄克日前往南溪等乡催缴禾草并将催缴情形具报的训令(1943 年 1 月 15 日)　G137-001-0008

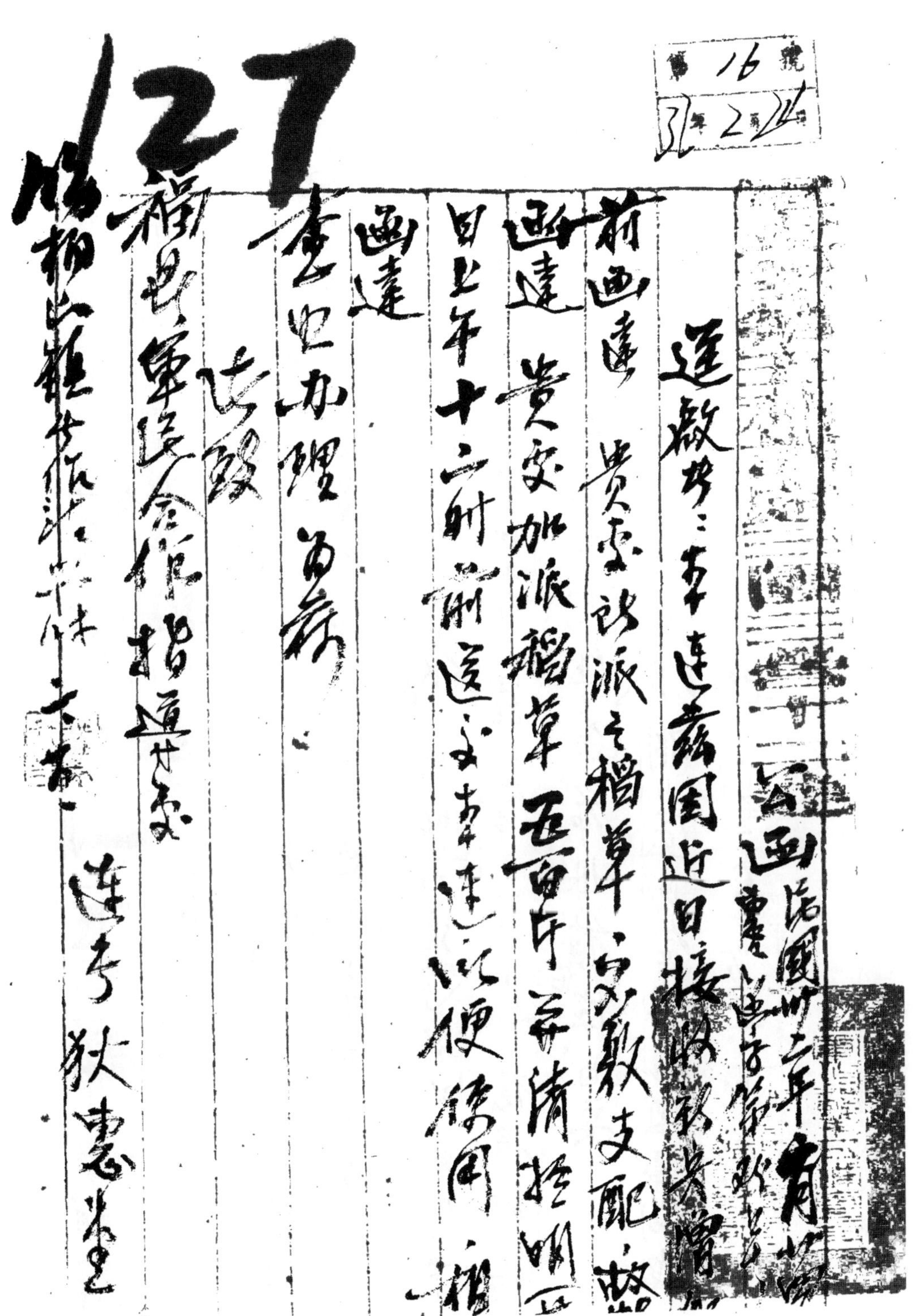

军政部第五补充兵训练处三团三营十二连关于请加派稻草五百斤的公函

（1943 年 2 月 24 日） G137-001-0009

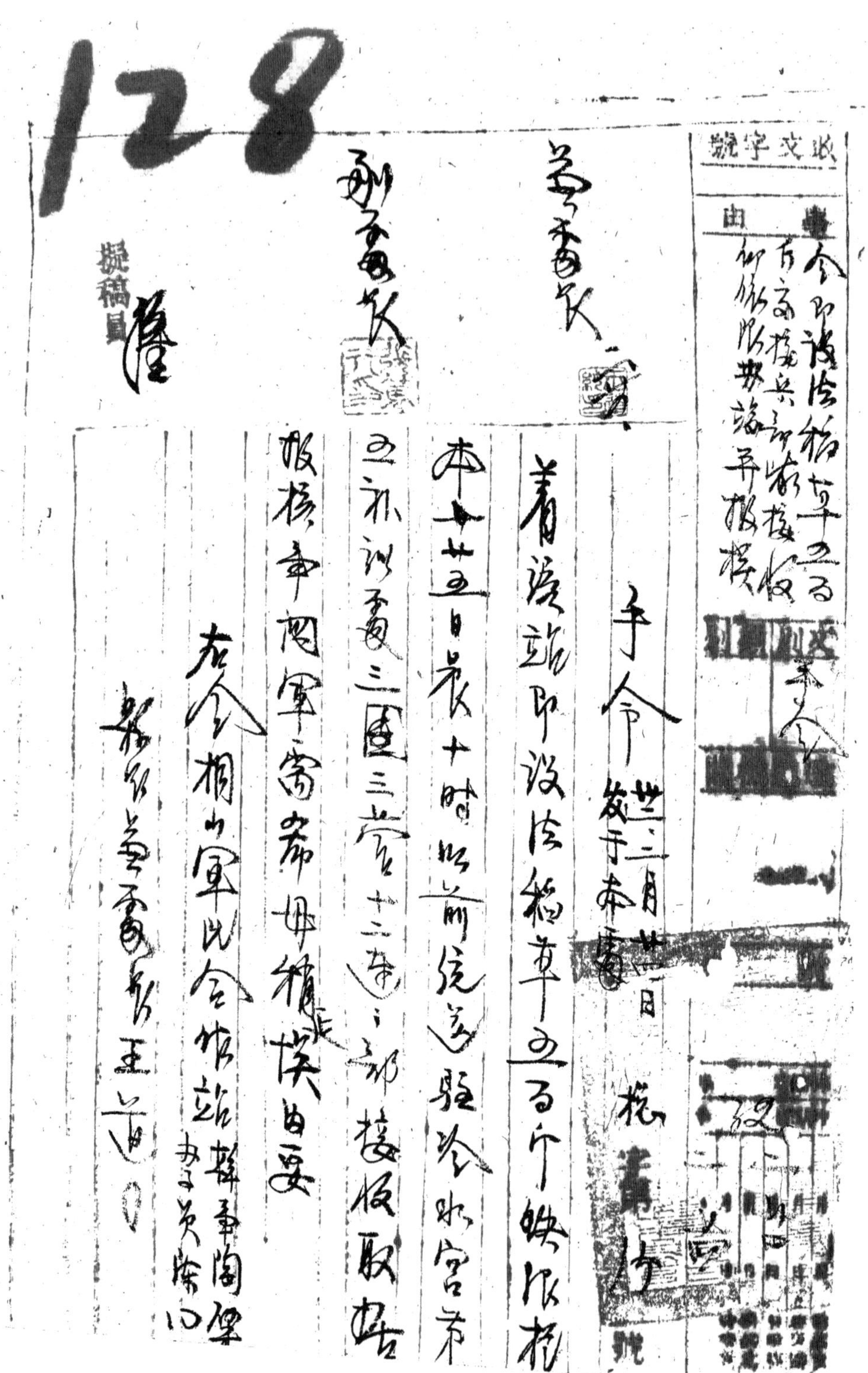
手令
着该站即设法征稻草五百斤限于
本月廿五日晨十时以前送驻[illegible]
五补训处三团三营十二连之部接收取据
报核本关军需部毋稍稽延为要
右令桐山军民合作站

第三战区司令长官司令部福建省福鼎县军民合作站指导处关于令桐山镇军民合作站即设法征稻草五百斤交接兵部队接收的手令（1943 年 2 月 24 日）　G137-001-0009

144

逕啟者：秋風已起，氣候漸寒，本連新兵需用稻草孔急，相應函達，希查照代為辦理為荷！

此致

福鼎縣軍民合作站

連長 徐國璋

卅二年九月二十一日

关于新兵需用稻草孔急希代为办理的公函(1943 年 9 月 21 日)　G137-001-0009

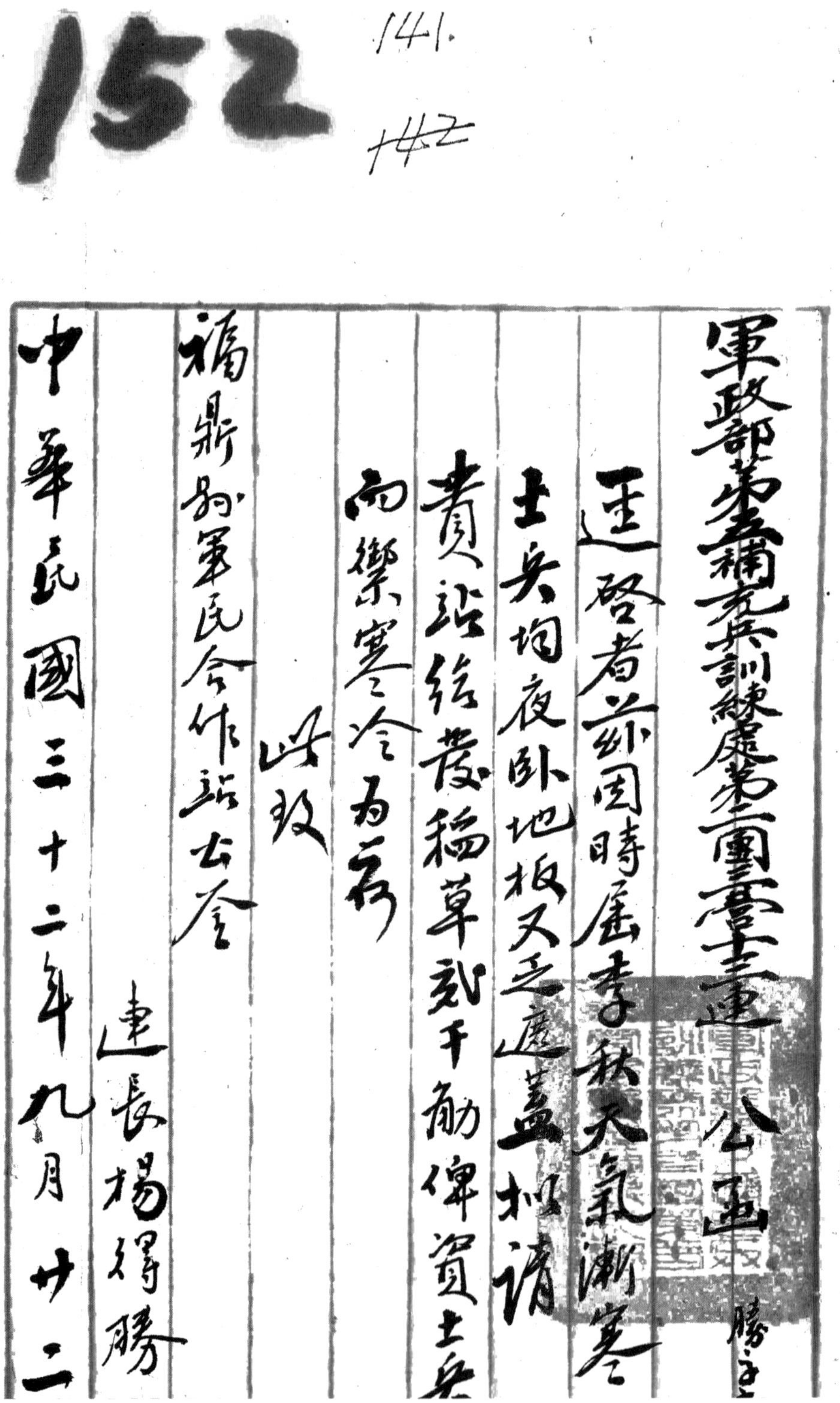

152

141

142

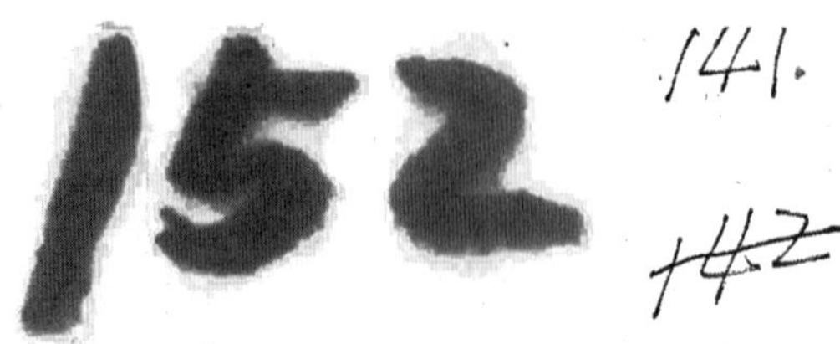

軍政部第五補充兵訓練處第二團第三營十三連公函

勝字

逕啓者茲因時屆秋天氣漸寒士兵均夜臥地板又乏遮蓋擬請貴站給發稻草貳千觔俾資士兵而禦寒冷為荷

此致

福鼎縣軍民合作站公鑒

連長楊得勝

中華民國三十二年九月廿二

军政部第五补充兵训练处第二团第三营十三连关于请给发稻草两千斤俾资士兵御寒的公函

（1943 年 9 月 22 日）　G137-001-0009

别 手令 字 號

中華民國三十二年九月廿四日擬稿

兼分處長 王逸純印

副分處長

幹事

司書

送達機關 店下鎮

附件

類別

事由 急

手令

著店下鎮長迅派稻草叁千斤限於本月廿五日以前運至水流美報兵站，以便應付過境部隊應用，勿得違延切切。

右令店下鎮長吳綿昭

兼分處長王逸純

第三战区福建省福鼎县军民合作站指导分处关于着店下镇迅派稻草三千斤限于本月25日前运至水流美的手令(1943年9月24日)　G137-001-0009

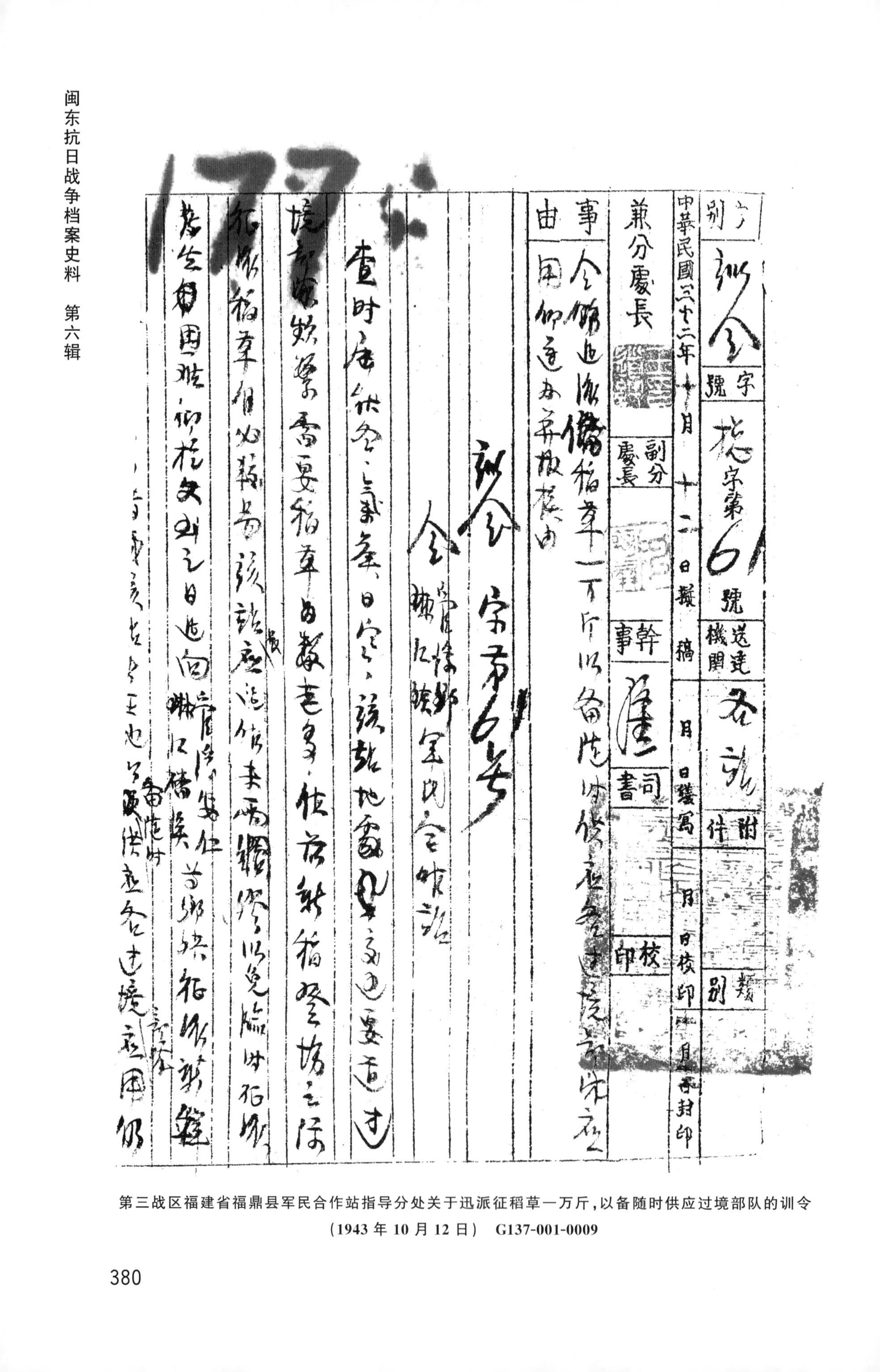

第三战区福建省福鼎县军民合作站指导分处关于迅派征稻草一万斤，以备随时供应过境部队的训令

（1943 年 10 月 12 日） G137-001-0009

第三战区福建省福鼎县军民合作站指导分处关于迅派征稻草一万斤，以备随时供应过境部队的训令
（1943 年 10 月 12 日） G137-001-0009

第三战区福建省福鼎县军民合作站指导分处关于令店下等乡镇征派稻草五千斤于十月底送交水流美保长收储的手令(1943 年 10 月 12 日)　G137-001-0009

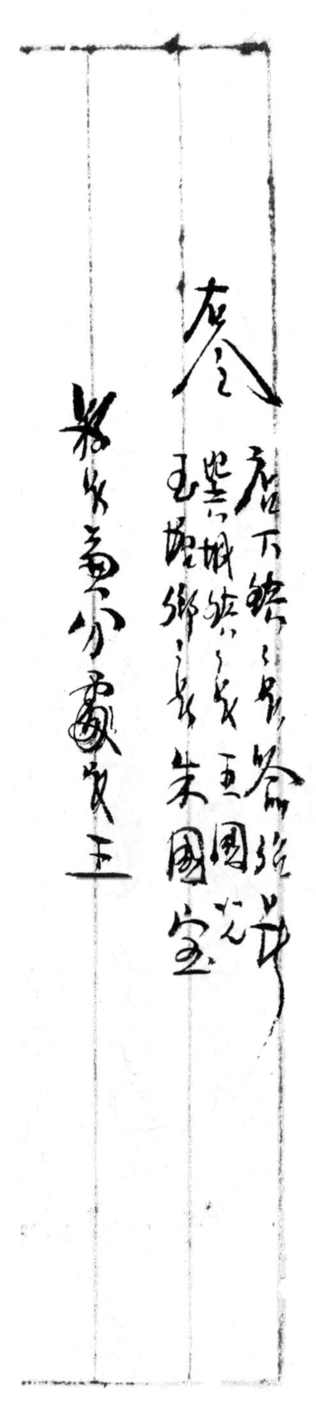
令
店下镇镇长[illegible]
关城镇镇长王国光
玉坊乡乡长朱国宝
[illegible]

第三战区福建省福鼎县军民合作站指导分处关于令店下等乡镇征派稻草五千斤于十月底送交水流美保长收储的手令(1943 年 10 月 12 日)a 面　G137-001-0009

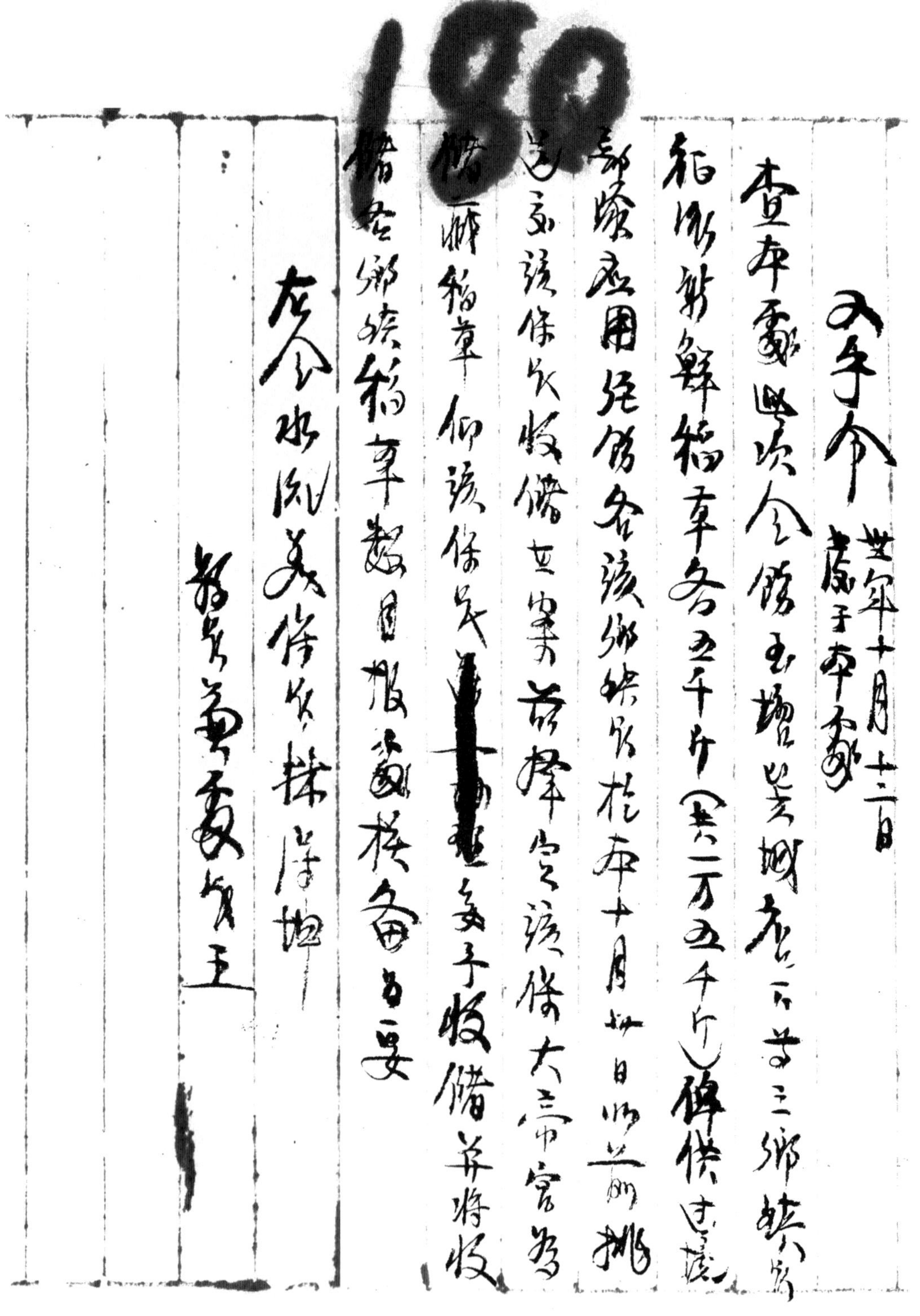

180

手令　卅二年十月十二日 于本处

查本处照令饬玉塘、照城、店下等三乡镇公所稻秆、新鲜稻草各五千斤（共二万五千斤）俾供过境部队应用，经饬各该乡镇公所于本十月廿日以前所挑送之稻草，须交该保长收储在案。兹择定该保大帝宫为储藏稻草，仰该保长[illegible]妥予收储，并将收储各乡镇稻草数目报处核备为要。

右令水流美保保长林[illegible]

指导员兼处长[illegible]王

第三战区福建省福鼎县军民合作站指导分处关于择定水流美保大帝宫储藏稻草并将收储数目报处核备的手令(1943 年 10 月 12 日)b 面　G137-001-0009

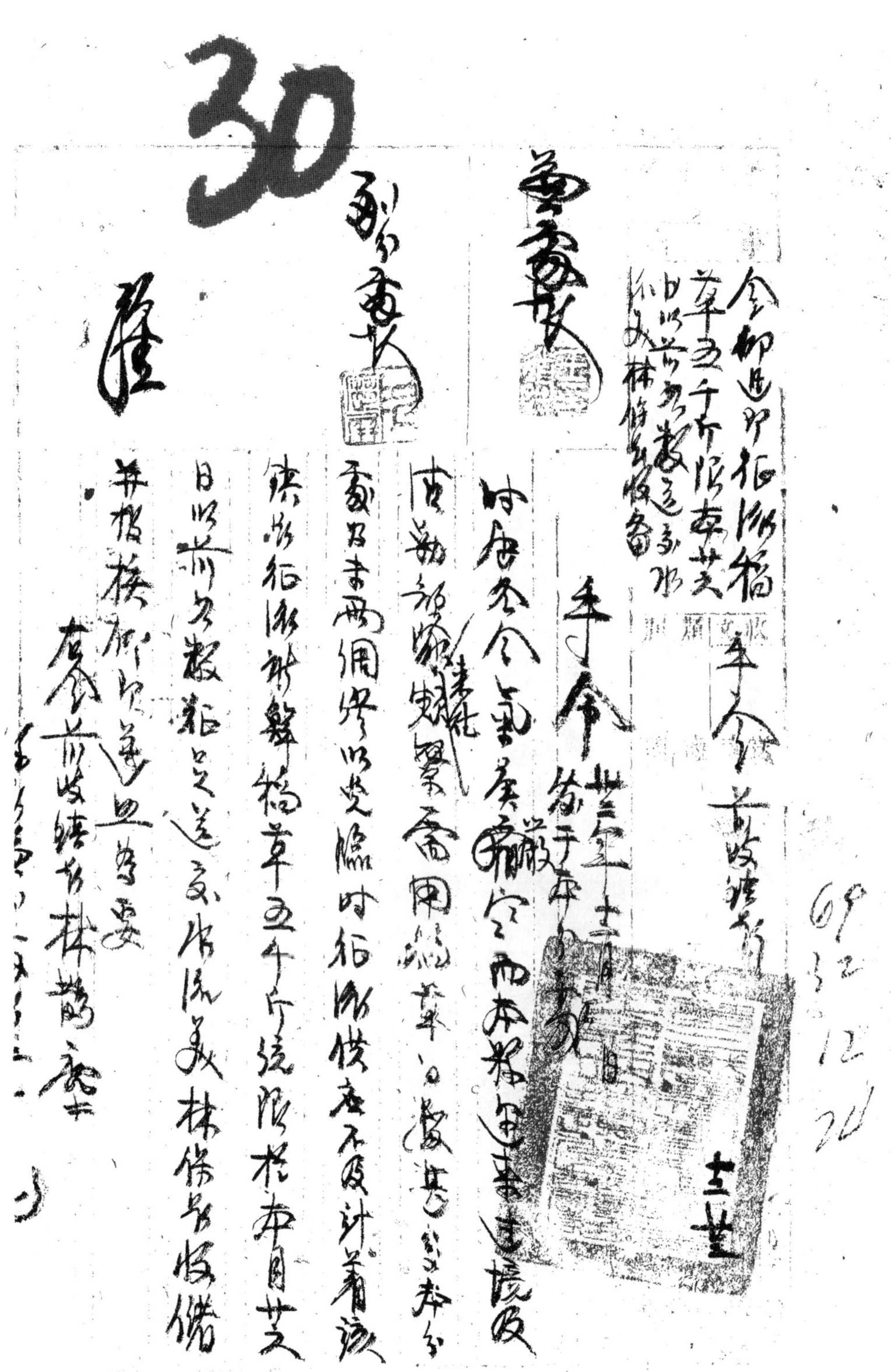

第三战区福建省福鼎县军民合作站指导分处关于前岐镇迅即征派稻草五千斤，限本月二十六日前送水流美林保长收的手令（1943 年 12 月 23 日） G137-001-0006

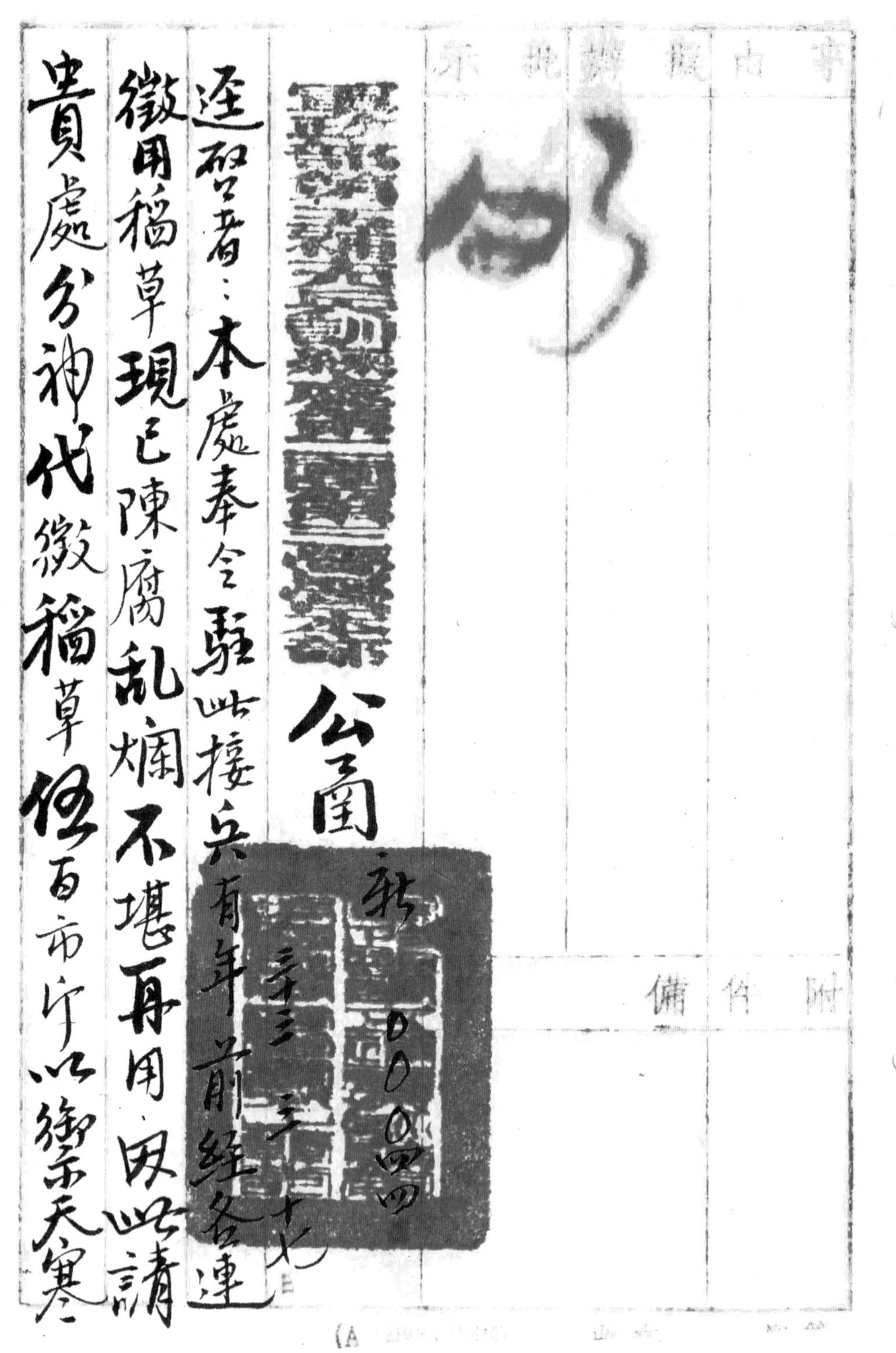
公函

逕啓者：本處奉令駐此接兵有年，前經各連徵用稻草現已陳腐亂爛不堪再用，因此請貴處分神代徵稻草伍百市斤以禦天寒

军政部第五补充兵训练处第一团第三营营本部关于代征稻草五百市斤，十八日前征齐勿误的公函

（1944年3月17日）a面　G137-001-0002

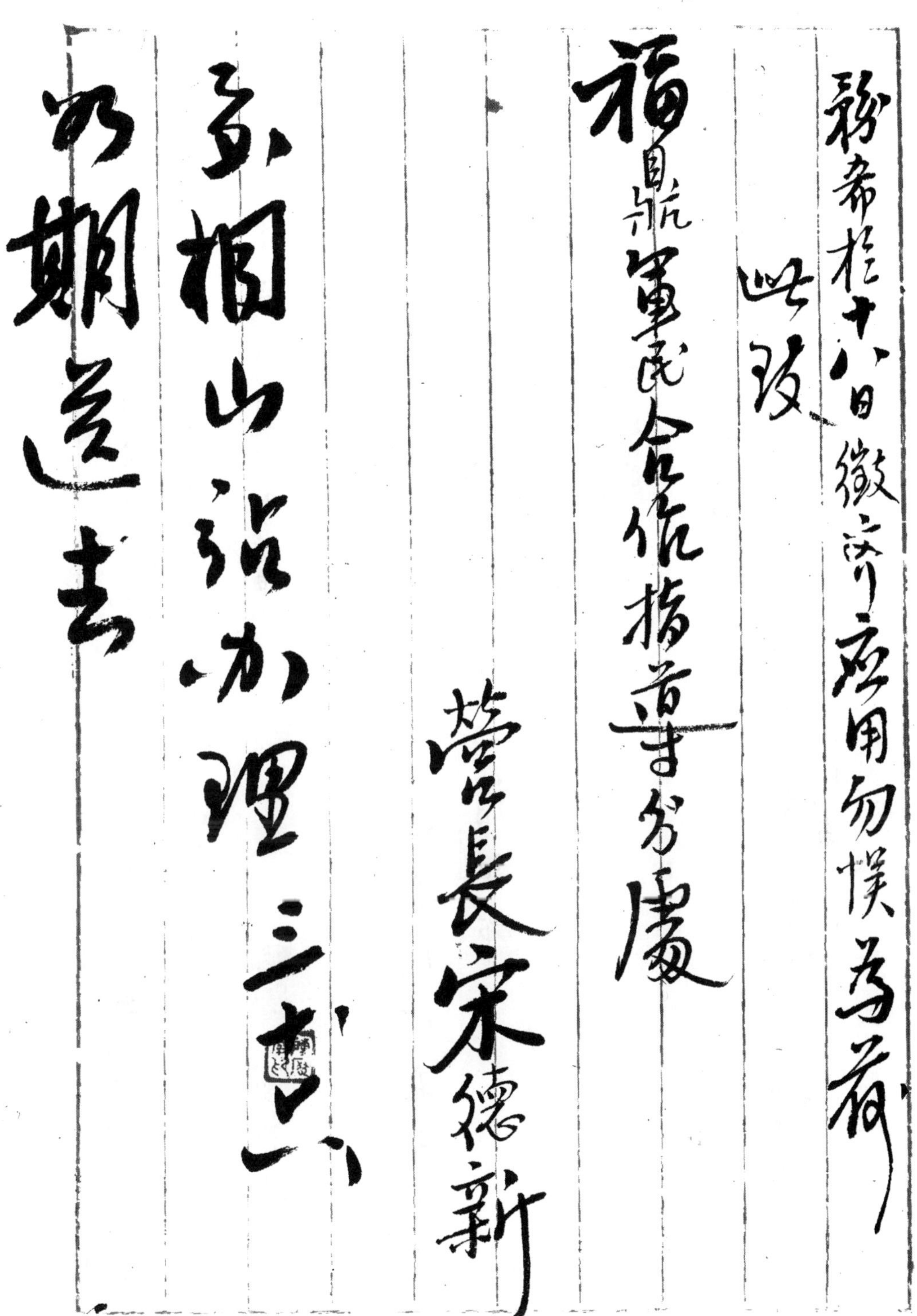
務希於十八日徵齊應用勿悞為荷
此致
福鼎縣軍民合作指導處
營長宋德新
于桐山鎮辦理三一七
以期逕去

军政部第五补充兵训练处第一团第三营营本部关于代征稻草五百市斤，十八日前征齐勿误的公函

（1944年3月17日）b面　G137-001-0002

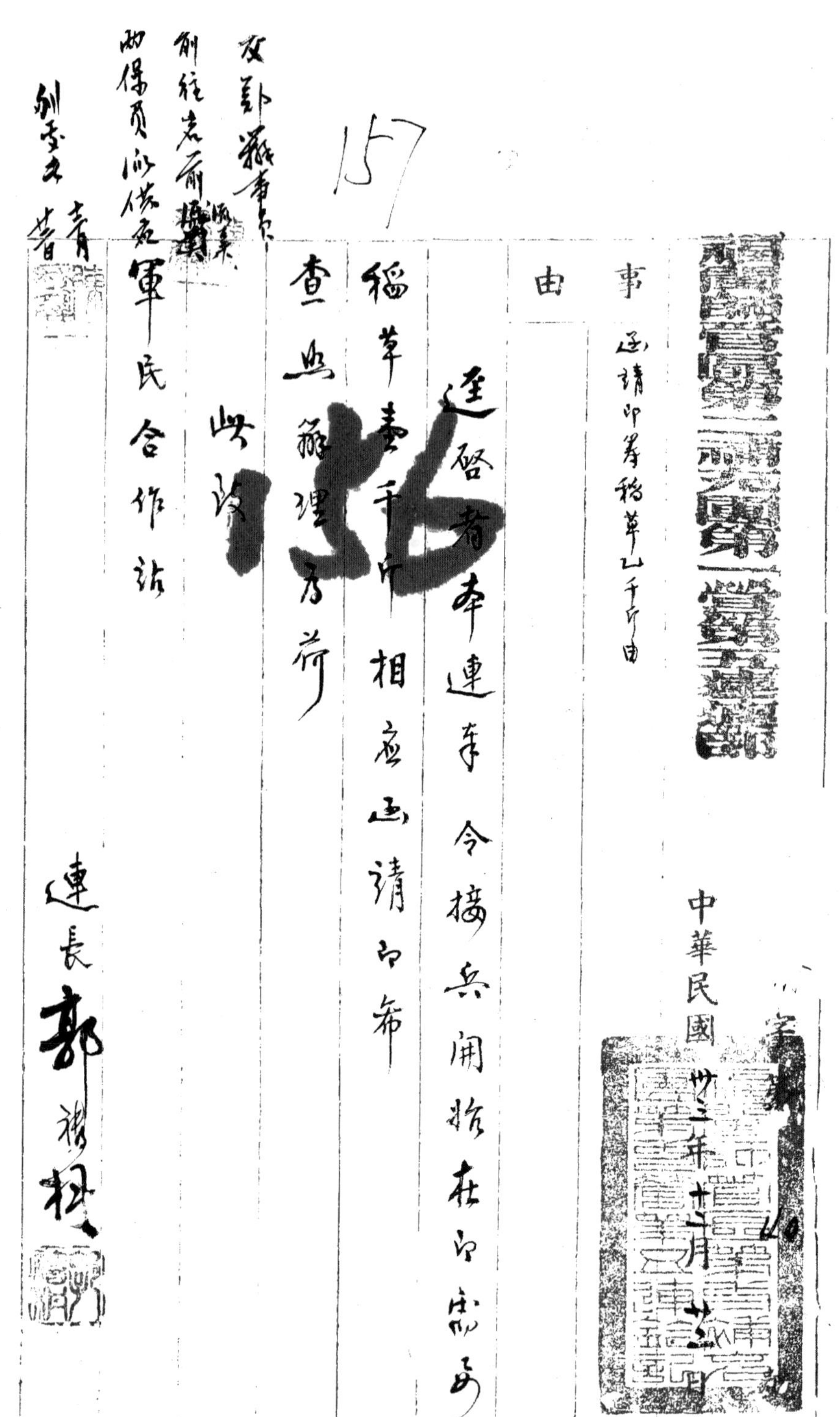

事由：函请即筹稻草一千斤由

逕启者：本连奉令接兵开拔在即，急需稻草壹千斤，相应函请即希查照办理为荷。

此致

军民合作站

连长 郭

中華民國卅三年十二月廿二日

福闽师管区第二补充团第一营第五连连部关于请即筹稻草一千斤的公函

（1944年12月22日） G137-001-0002

(三)劳军慰军与军民关系

1.茶水站

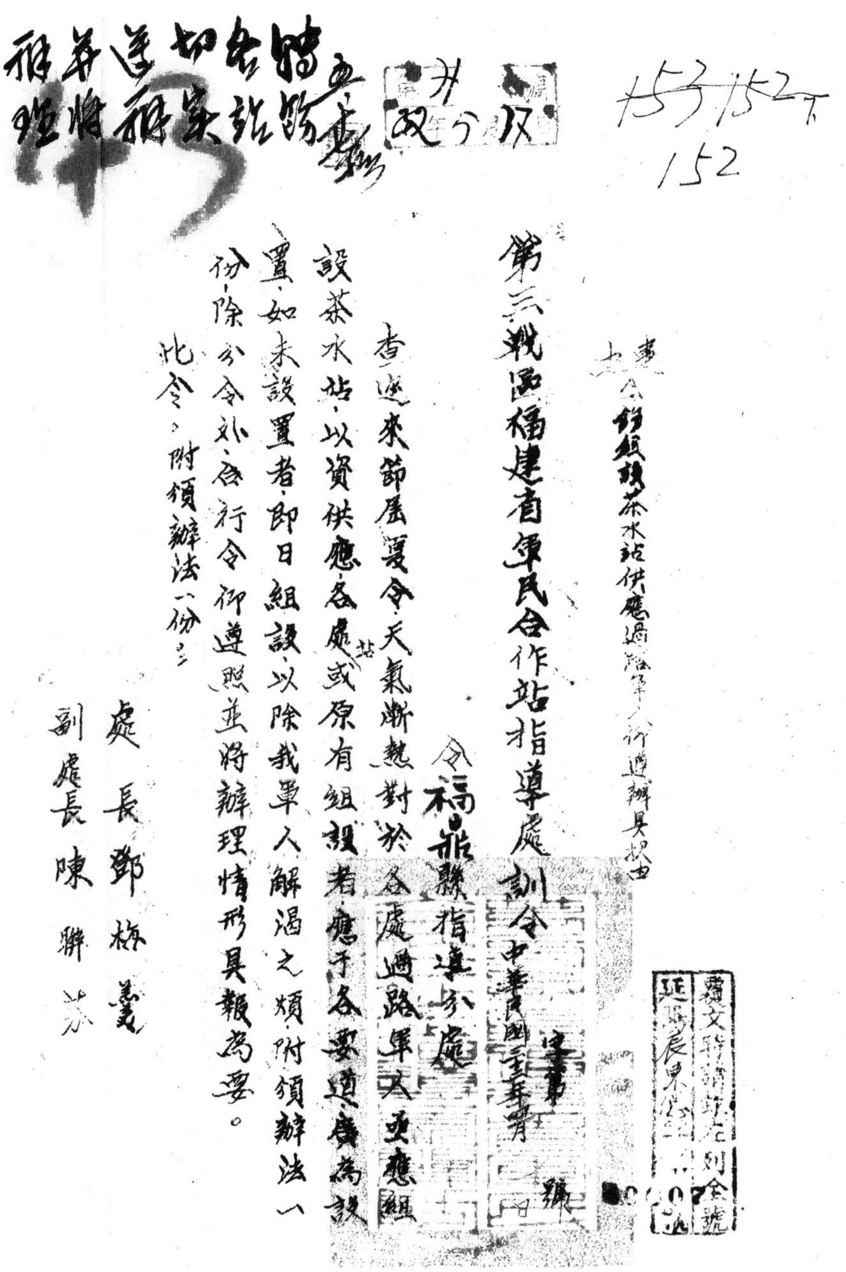

事由：令飭組設茶水站供應過路軍人仰遵辦具報由

第三戰區福建省軍民合作站指導處訓令　中華民國三十二年五月　日　號

令福鼎縣指導分處

查近來節屆夏令，天氣漸熱，對於各處過路軍人，亟應組設茶水站，以資供應。各處站或原有組設者，應于各要道廣為設置，如未設置者，即日組設，以除我軍人解渴之煩。附頒辦法一份，除分令外，合行令仰遵照，並將辦理情形具報為要。

此令。附頒辦法一份

處長　鄧

副處長　陳

第三战区福建省军民合作站指导处关于令饬组设茶水站供应过路军人,仰遵办具报的训令

(1943 年 5 月 1 日)a 面　G137-001-0009

第三戰區福建省軍民合作站指導處各縣軍民合作站設立

軍民茶水站暫行辦法

一、本辦法依據軍委會政治部訂定軍民合作站設立辦法第八條第六項之規定訂定之

二、本辦法除别有規定者外悉依本辦法行之

三、各縣軍民合作站設立茶水站之位置應設置在車站涼亭碼頭城門邊通衢三叉口等各要道綫上

四、茶水站之數量應由各軍民合作站斟酌當地需要情形決定之但最少每站須設三站以上為原則

五、茶水站所用之茶桶應設置罩蓋上面書明該站番號字樣另置茶碗若干個但須放置可以遮避風雨且能絕對保持清潔之地點為適當

茶水站每月經費不得超過□元專設者由各軍民合作

附件：第三战区福建省军民合作站指导处各县军民合作站设立军民茶水站暂行办法
(1943年5月1日)b面　G137-001-0009

於費項下開支

七、茶水站所備之茶應[隨時燒開]不可用冷水或半開水隔日剩茶應行作廢

八、各軍民合作站應儘量發動[慈善團體]或商店富户自動設立義務茶水站若干處以輔助之

九、每一茶水站自設立後應整日切實供應不得間斷并應時常派員檢查清潔并調查設施情形

十、各茶水站俟冬令結束時均應由各軍民合作站將辦理情形填表二份呈報各縣指導分處彙轉省指導處核備（表另附）

本辦法如有未盡事宜得隨時呈請修正之

一、本辦法經呈報戰區軍民合作站指導室核備施行

附件：第三战区福建省军民合作站指导处各县军民合作站设立军民茶水站暂行办法（1943年5月1日）a面　G137-001-0009

150

表（一）

縣 鄉（鎮）軍民合作站設立軍民茶水站報告表

名稱	設置地點	專設或捐設之機關及姓名	設立年月日	設備情形	備
第 站					

致

表（二）

縣 鄉（鎮）軍民合作站所屬軍民茶水站辦理結束報告表

名稱	設置地點	結束月日	設立期間	現存設備	辦理經過情形	備
第 站						

致

附件：第三战区福建省军民合作站指导处各县军民合作站设立军民茶水站暂行办法

(1943 年 5 月 1 日)b 面 G137-001-0009

142

75415

令

应设立茶水站统限於五月底设立完成并将办理情形列表二份报处以凭汇案报本部军民合作处备查为要　此令

附抄发办法一份

第三战区司令长官司令部福建省福鼎县军民合作站指導處便用牋

第三战区福建省福鼎县军民合作站指导分处关于抄发军民合作站设立茶水站暂行办法并将办理情形列表报处的手令(1943 年 5 月)　G137-001-0009

2.伤兵招待站与伤散官兵收容

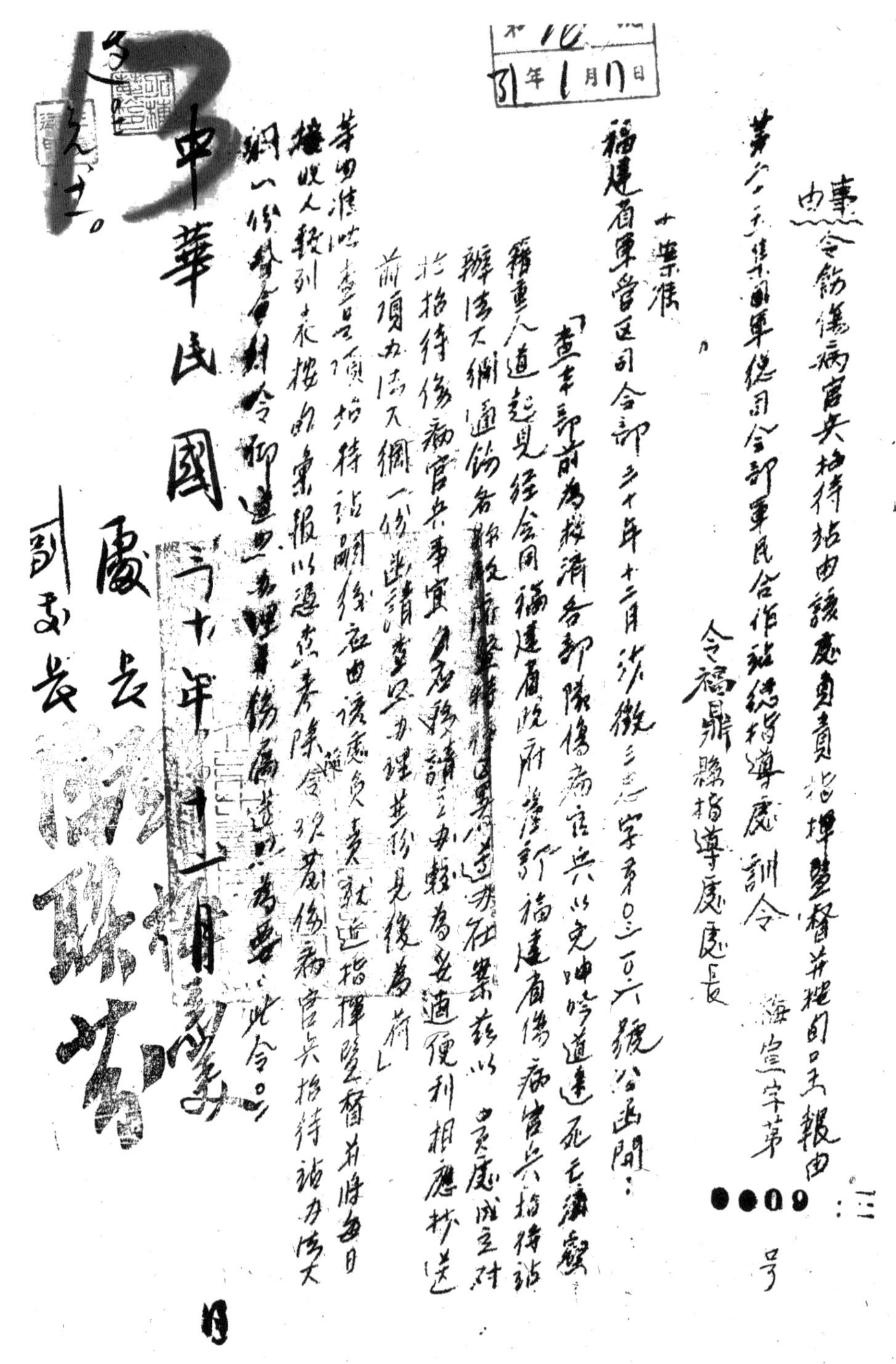

事由：令飭傷病官兵招待站由該處負責指揮監督并按旬呈報由

第二十五集團軍總司令部軍民合作站總指導處訓令 海宣字第 0009 號

令福鼎縣指導處處長

案准

福建省軍管區司令部三十年十二月[illegible]字第0三一0六號公函開：

「查本部前為救濟各部隊傷病官兵，以免[illegible]道途，死亡溝壑，藉重人道起見，經會同福建省政府簽訂福建省傷病官兵招待站辦法大綱，通飭各[illegible]迅予成立，對於招待傷病官兵事宜，[illegible]前項辦法大綱一份，函請查照辦理，並希見復為荷」

等由准此，查是項招待站[illegible]由該處負責就近指揮監督，并將每日接收人數列表按旬彙報，以憑[illegible]除令[illegible]傷病官兵招待站辦法大綱一份[illegible]為要，此令。

中華民國三十年十二月

處長

副處長

第二十五集团军总司令部军民合作站总指导处关于饬伤病官兵招待站由该处负责指挥监督并按旬呈报的训令(1941 年 12 月)　G137-001-0008

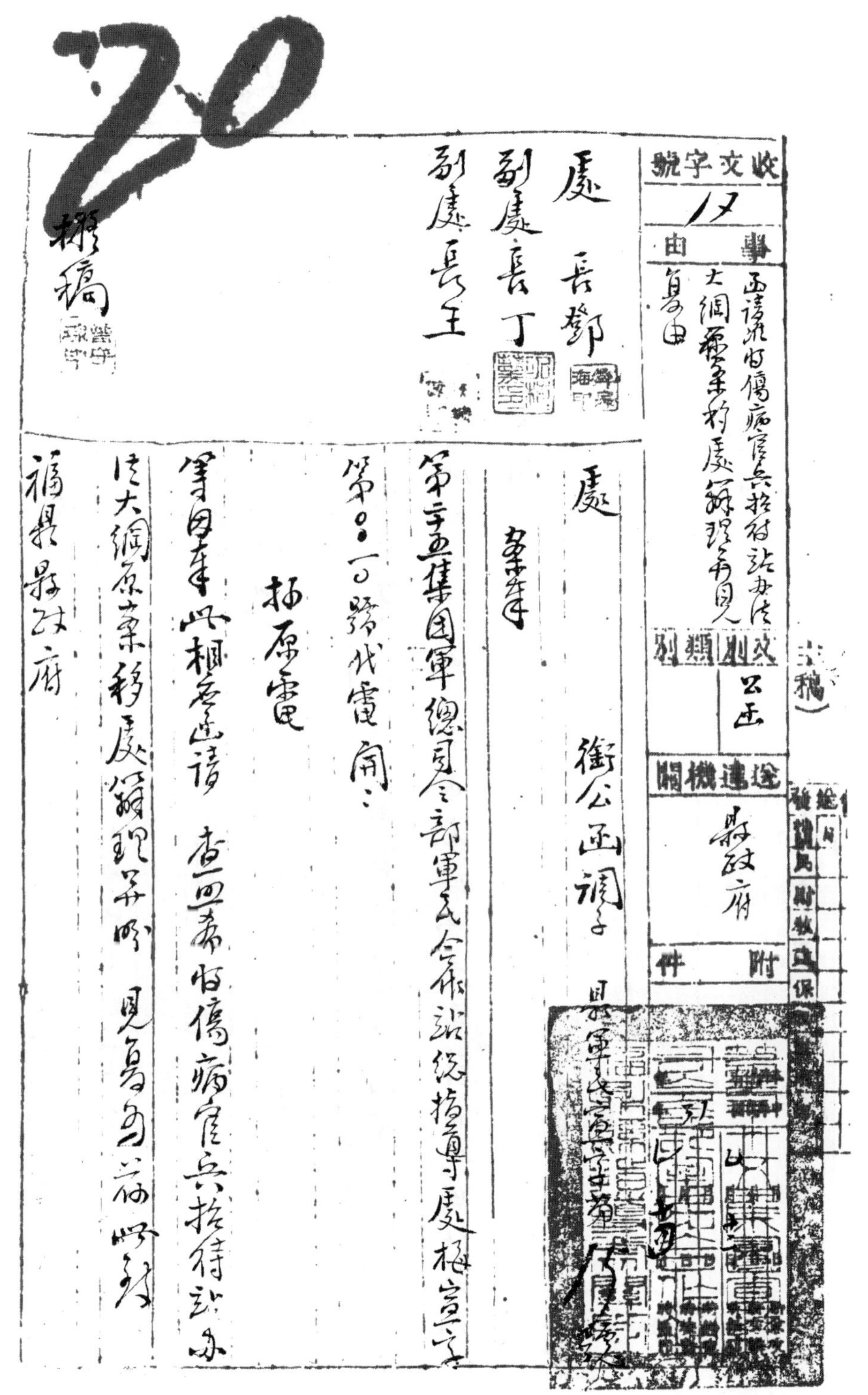
收文字號 17

事由 函請准將傷病官兵招待站辦法大綱原案移處辦理并見復由

文別 公函

送達機關 縣政府

處長 鄧 副處長 丁 副處長 王

處

案准

第二十五集團軍總司令部軍民合作站總指導處梅字第〇一〇號代電開：

抄原電

等因奉此，相應函請 查照前將傷病官兵招待站辦法大綱原案移處辦理并見復為荷！此致

福鼎縣政府

第二十五集团军总司令部军民合作站福鼎县指导处关于请准将伤病官兵招待站办法大纲原案移处办理并见复的公函(1942 年 1 月 14 日)　G137-001-0008

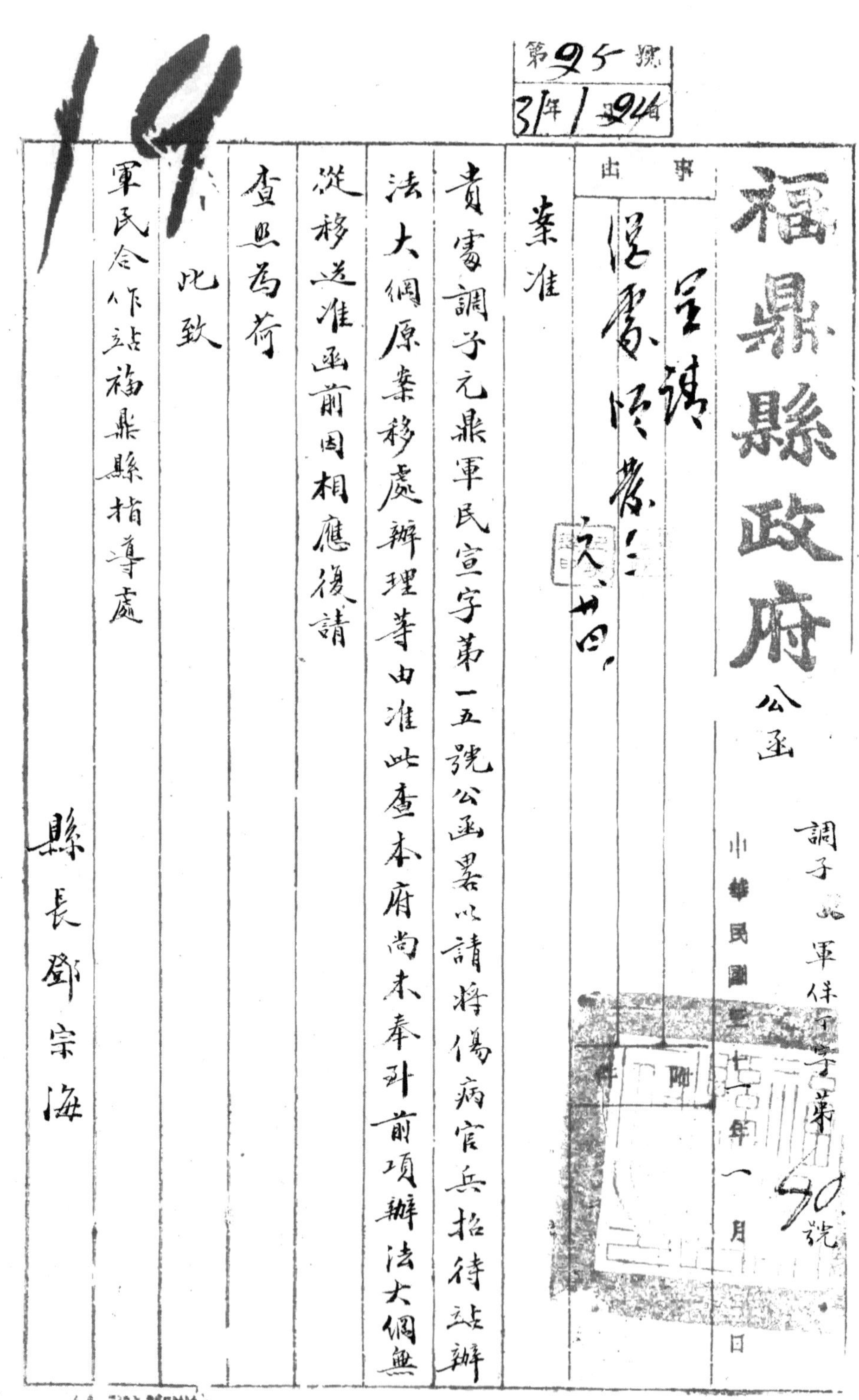

福鼎縣政府公函

調子鼎軍保字第50號

中華民國三十一年一月 日

事由：呈請 逕覆陳照案

案准

貴處調子元鼎軍民宣字第一五號公函略以請將傷病官兵招待站辦法大綱原案移處辦理等由准此查本府尚未奉到前項辦法大綱無從移送准函前因相應復請

查照為荷

此致

軍民合作站福鼎縣指導處

縣長鄧宗海

福鼎县政府关于本处尚未奉到伤病官兵招待站办法大纲，无从移送的公函

（1942 年 1 月 23 日） G137-001-0008

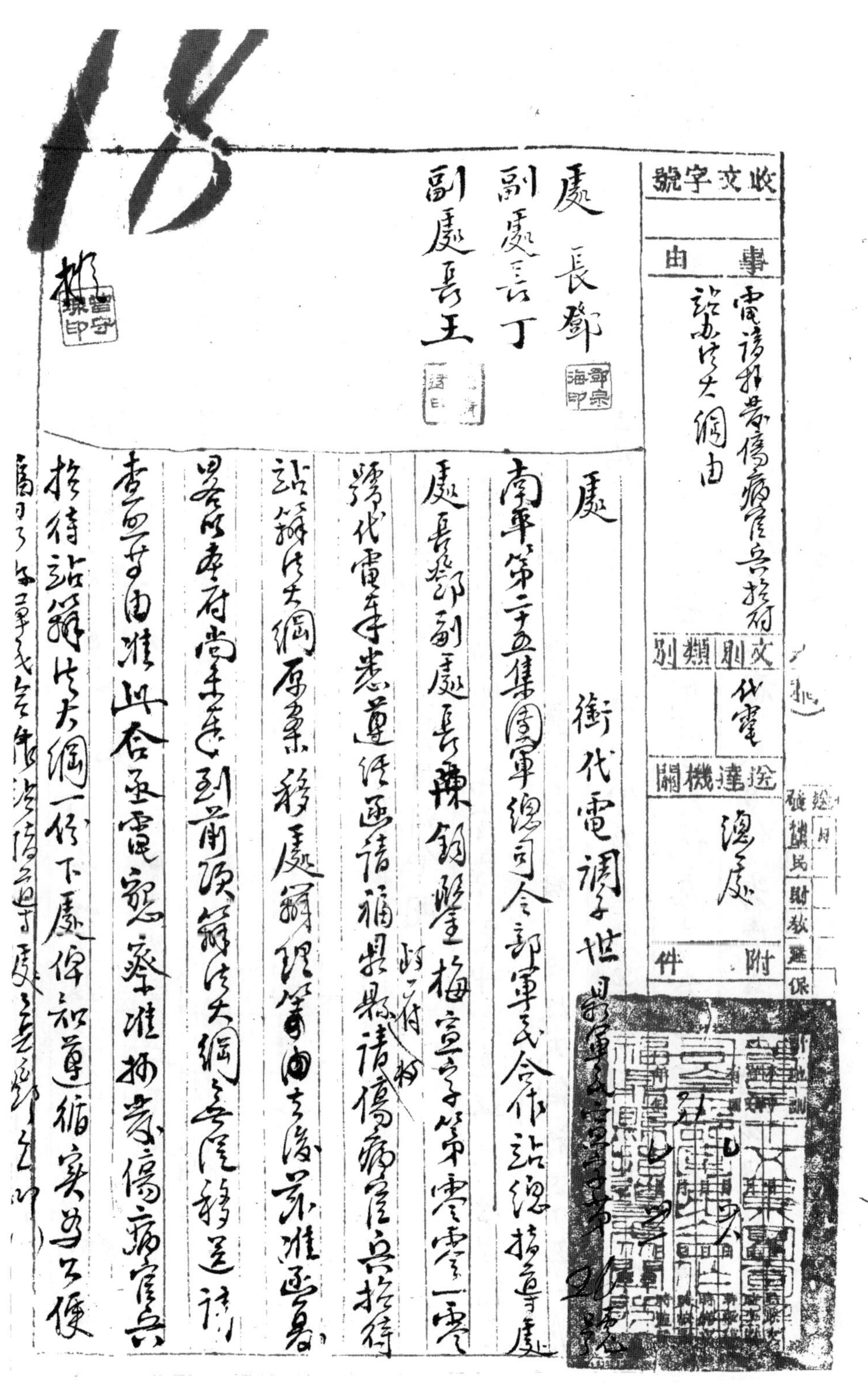

收文字號

事由：電請轉發傷病官兵招待站辦法大綱由

文別：代電

發達機關：總處

附件

處長鄧　副處長丁　副處長王

處

衛代電調字世號

南平第二十五集團軍總司令部軍民合作站總指導處

處長鄧副處長丁鍾璧梅宣字第一零一零一零

號代電奉悉遵經函請福鼎縣政府轉請傷病官兵招待

站辦法大綱原案移處辦理等由去後茲准函覆

略以本府尚未奉到前項辦法大綱無從移送請

查照等由准此合亟電覆敬希准將前發傷病官兵

招待站辦法大綱一份下處俾知遵循實為公便

福鼎縣軍民合作站指導處主任叩

第二十五集团军总司令部军民合作站福鼎县指导处关于电请转发伤病官兵招待站办法大纲的代电

（1942 年 1 月 31 日）　G137-001-0008

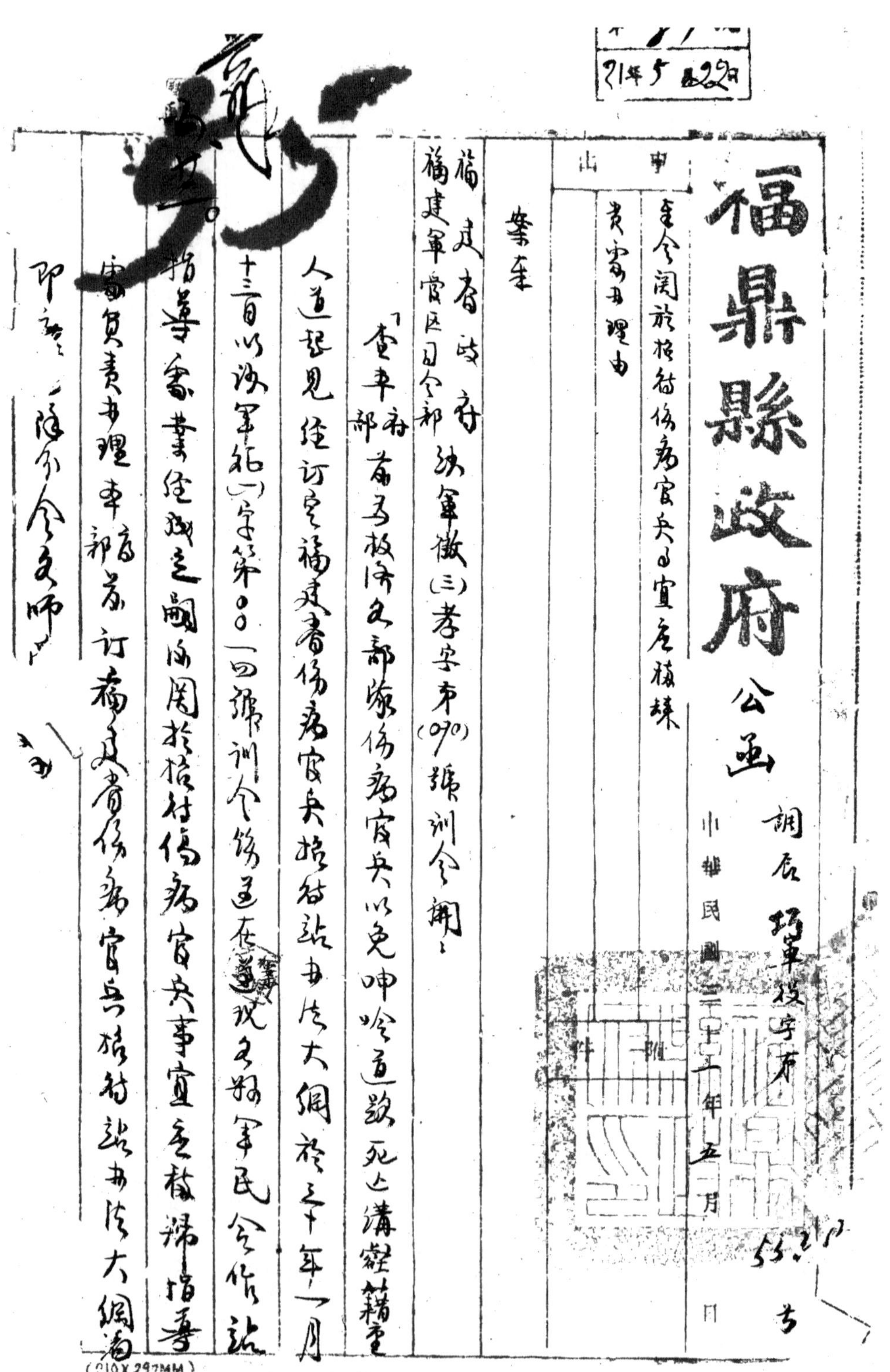

福鼎縣政府公函

事由：奉令関於招待傷病官兵事宜應移歸核辦貴處办理由

福建省政府
福建軍管區司令部 汲軍徵(三)孝字第(090)號訓令開：

「查本府部前為救濟各部隊傷病官兵以免呻吟道路致死亡溝壑籍重人道起見經訂定福建省傷病官兵招待站办法大綱於三十年一月十三日以汲軍徵(一)字第00一四號訓令飭遵在案現各縣軍民合作站指導處業經成立嗣後関於招待傷病官兵事宜應移歸指導處負責办理本部府訂福建省傷病官兵招待站办法大綱通印發……除分令各師管……

中華民國三十一年五月　日

福鼎县政府关于奉令招待伤病官兵事宜应移归军民合作指导处办理的公函

（1942 年 5 月 18 日）　G137-001-0008

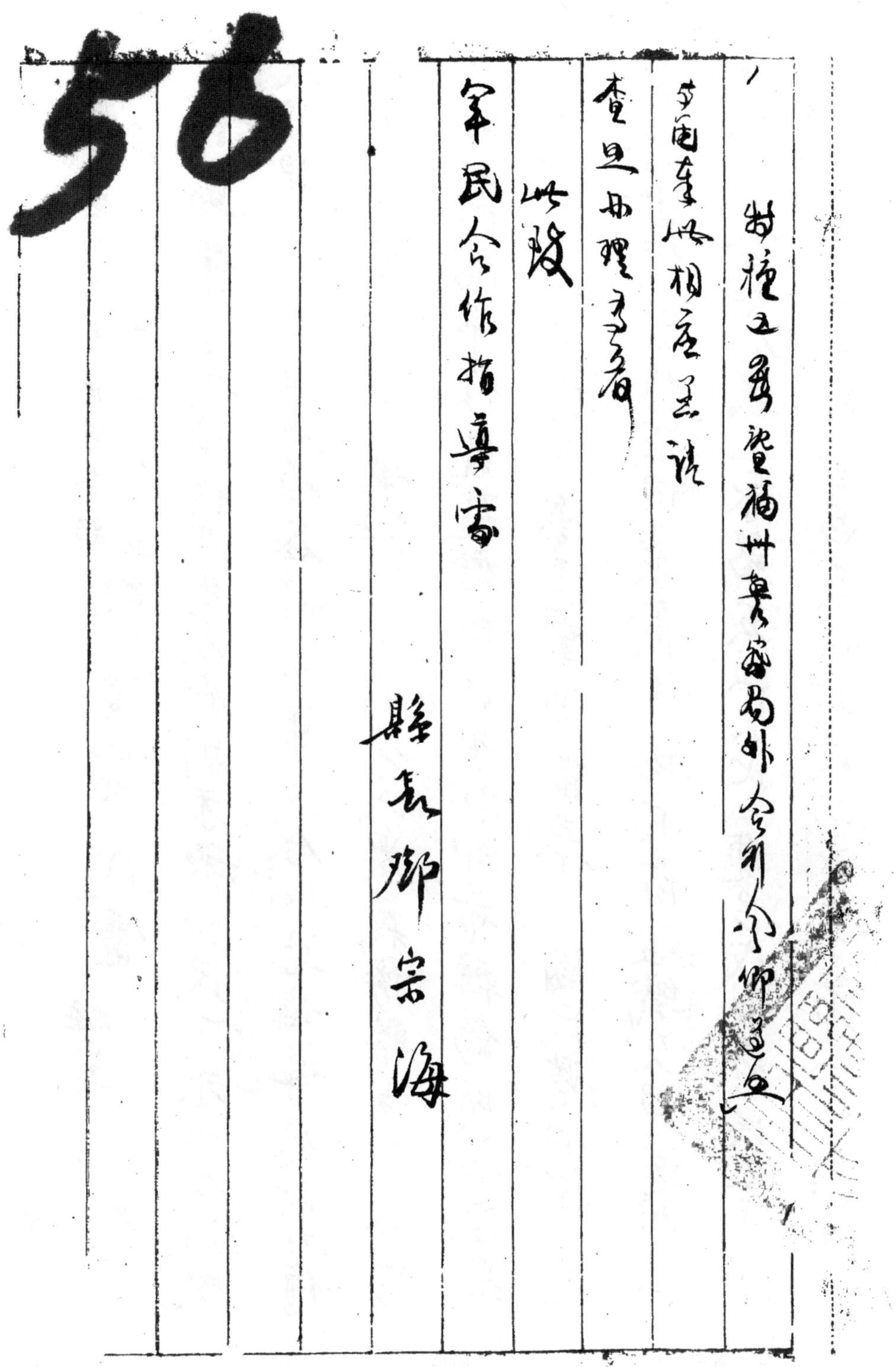

福鼎县政府关于奉令招待伤病官兵事宜应移归军民合作指导处办理的公函

（1942 年 5 月 18 日） G137-001-0008

第三戰區司令長官司令部
福建省軍民合作站總指導處　代電　梅宣字第[illegible]號

福各縣指導處奉福建省政府調未歆府民丁永字第80672號代電開所送福建省各縣市軍民合作站指導處附設傷病官兵招待所組織辦法大綱及民眾義務輸送傷病官兵辦法經酌予修改隨電附送查收即希轉飭所屬遵照辦理再查民眾協助傷運事項前奉　國民政府軍事委員會頒發修正民眾輸送傷兵隊組織及運送辦法經以呂辰馬府民乙永第五二六七一號呂戌敬府民乙永字第一一九九九八號暨呂亥世府民乙永字第一三五四八六

第三战区司令长官司令部福建省军民合作站总指导处关于酌予修改后随电附发福建省各县市军民合作站指导处附设伤病官兵招待所暂行办法及福建省各县市民众义务输送伤病官兵暂行办法的代电（1942年9月19日）a面　G137-001-0008

號訓令通飭各縣政府特種區署遵行在案茲檢送上項办法一份併希查收参攷」等因附發福建省各縣市軍民合作站指導處附設傷病官兵招待所暫行办法及福建省各縣市民衆義務輸送傷病官兵暫行办法修正民衆輸送傷兵隊組織及運送办法各一份奉此除遵將修正民衆輸送隊組織辦法存處参攷外合行抄發該暫行办法二份電仰該縣属轉飭所属遵照為要延第三戰區司令長官司令部福建省軍民合作站總指導處處長鄧梅羨副處長陳騤分申（皓）梓宣印附發福建省各縣市軍民合作站附設傷病官兵招待所暫行办法及福建省各縣市民众義務輸送病官兵暫行办法各一分

第三战区司令长官司令部福建省军民合作站总指导处关于酌予修改后随电附发福建省各县市军民合作站指导处附设伤病官兵招待所暂行办法及福建省各县市民众义务输送伤病官兵暂行办法的代电（1942年9月19日）b面　G137-001-0008

福建省各縣(市)軍民合作站指導處附設傷病官兵招待所暫行辦法

(甲)總則

一、本處各縣(市)軍民合作站指導處為徹底救濟各[illegible]散傷病官兵俾免呻吟道路死亡溝壑藉重人道而利役政起見特設傷病官兵招待所(以下簡稱招待所)

二、各縣(市)軍民合作站指導處均應於各該縣城區所在地設立招待所必要時並得視其所轄各軍民合作站交通情形設立分所

三、招待所管理傷病官兵關於運送事務得另行組織傷病官兵[illegible]民衆義務輸送隊辦理之但須與招待所切實取得連繫

前項民衆義務輸送傷病官兵辦法另定之。

(乙)組織

四、招待所及其分所除由各縣(市)軍民合作站指導處及其所轄各站分別主持外並應地黨部國民兵團衛生院(所)陸軍醫院兵站醫院榮譽軍人招待所收容所兵站派出所商會慈善機關公私立醫院學校社團暨地方熱心公益人士等均應予以協助辦理。

五、招待所設主任副主任各一人由各縣(市)軍民合作站指導處處長及副處長分別兼任之

六、招待所及其分所設理事及辦事員各若干人均由各縣(市)軍民合作站指導處人員調兼或商請當地有關機關遴派人員辦理必要時得指定人員常川駐所辦公

(丙)設備

七、招待所及其分所附設於新兵招待所或過境軍隊招待所為無法容納時得臨時借用其他清潔之寺廟祠宇

附件:福建省各县市军民合作站指导处附设伤病官兵招待所暂行办法

(1942年8月5日)a面　G137-001-0008

八、招待所之内部之设备如寝室之床铺被帐桌灯膳堂之食具椅桌等均利用新兵招待所原有之用具不敷时得向慈善机关借用或由所向县商会及慈善机关人士捐募之

九、伤病官兵如遇天气寒冷身无棉衣时应由所迅速设法募集之

（丁）收容及遣送

十、凡接收战场或部队之落伍病兵呻吟道路者为[illegible]军警应即通知招待所人民如有发觉者得就近报告保甲长转报招待所设法收容

十一、病官兵带有证件（优待证、伤残证、病兵单等）或符号者应一律予以救济即无证件而戴军帽或军章者亦应查明救济之

十二、本所及其分所救济伤病官兵应按其情形分别遣送回籍或转送各陆军医院或收容所及有病床设备足资收容之县卫生院收容医治之

在县卫生院收容医治伤病官兵之伙食仍由招待所供给

十三、各部队遣散伤病官兵时应于事前将部队番号及伤病官兵姓名籍贯造册由第三战区司令长官司令部福建省军民合作站总指导处转饬各招待所准备招待为因时间急促得将以上名册分送各该县（市）区民合作站指导处以资迅捷

（戊）经费开支

十四、招待所每月津贴办公费二十元分所津贴办公费十元但全月无伤病官兵招待时该办公费不得开支

十五、伤病官兵在所之治疗由卫生院与国民兵团军医负责所需药品由卫生院核拨依照本省各市县卫生医疗机关优待军警及限制办法收费

十六、伤病官兵在所茶水伙食均由所供给

附件：福建省各县市军民合作站指导处附设伤病官兵招待所暂行办法

(1942年8月5日)b面　G137-001-0008

十七、本办法第十四第十五第十六各条规定所需费用均由各县（市）军民合作站指导处迳请县政府先行垫拨并依照省府保军忠永第0261号代电本年粮军委会桂林办公厅卅年十月份桂办务（辛）字第0506号代电第二项之规定备文呈中央核还

十八、招待所办理伤病官兵招待情形应按月列表三份（表三）由该管县（市）军民合作站指导处核转第三战区司令长官司令部福建省军民合作站总指导处备查

（表式附后）

（巳）附则

十九、招待所救济伤病官兵除依照本办法之规定外并得参照军政部颁发之救济各交通路线流落伤病官兵及患病壮丁暂行办法办理、

廿、本办法适用于本省各特种区

廿一、本办法自呈奉核准之日施行

附件：福建省各县市军民合作站指导处附设伤病官兵招待所暂行办法

（1942年8月5日）　G137-001-0008

福建省各縣(市)民眾義務輸送傷病官兵暫行辦法

一、本辦法依福建省各縣(市)軍民合作站指導處附設傷病官兵招待所暫行辦法第三條之規定訂定之

二、本省各縣(市)民眾義務輸送傷病官兵以各縣(市)為單位組織輸送隊名為○縣(市)傷病官兵民眾義務輸送隊(以下簡稱輸送隊)由各該縣(市)軍民合作站指導處負責指導組織在各指導處所在地設立一中隊部各軍民合作站所在地設立一分隊部中隊部設中隊長一人由本縣(市)軍民合作站指導處專員兼任分隊部設分隊長一人由各軍民合作站總幹事兼任均為無給職

三、各縣(市)輸送隊每一中隊部最少應有輸送壯丁六十名並配備担架二十付至三十付每一分隊最少應有輸送壯丁三十名并配備担架床十付如臨時壯丁不敷應用時得務集民伕補充如担架床不敷分配時并得以門板竹轎等代替應用

四、各縣(市)輸送隊中隊長分隊長壯丁由各該縣(市)軍民合作站指導處發給符號專供輸送傷病官兵不得移作他用平時散駐各地臨時由軍民合作站指導處商准駐軍規定傷病官兵集合地劃定輸送路線將全縣輸送隊集中指定地點以十五里(或二十里)為担架交換地點接運輸送并與鄰縣輸送隊取得聯絡以期運送[illegible]衛生機關

五、各縣(市)輸送隊編成後應將中隊部及分隊部駐在地點隊長姓名及現有輸送壯丁人數名冊及担架床數量呈報第三戰區司令長官司令部福建[illegible]備查

附件:福建省各县市民众义务输送伤病官兵暂行办法

(1942年8月5日)a面　G137-001-0008

六、各县（市）输送队每一中队部每月发给办公费十元，每一分队部每月发给办公费五元

七、各县（市）输送队之看护救药事宜除由各该县（市）军事卫生机关及卫生院（所）派员负责办理外，并得设立临时看护所，指定当地开业医师及护士担任之

八、各县（市）输送队所需担架床及卫生材料药品由各该县（市）军民合作站指导处及军民合作站妥当拨办

九、各县（市）军民合作站指导处及军民合作站对于当地开业之医师及材料卫生药品等平时应予以调查及组织，至需要时得依照非常时期卫生人员暨卫生材料统制及征用办法征用之

十、伤病官兵在输送途中住宿如无招待所设备之地，得借住无人居住之民房或祠庙，请居民代办给养，以每官每日四元、每兵每日三元之代价支给之，并取具收据以备证明

十一、各县（市）输送队于输送期间所有办理输送人员及壮丁之津贴、伙食、茶水等费每人每日得酌给[illegible]元

十二、各县（市）军民合作站指导处及军民合作站于输送伤病官兵时应于每隔十五里之处设茶水站供给伤病官兵及壮丁之茶水

十三、本办法第六、八条至十二条规定所需费用均由各县（市）军民合作站指导处商请县政府先行垫发，并依照省府保军壬永〇〇六一号代电奉转军委会桂林办公厅三十年十月份续务（军）字第〇〇号代电第二项之规定，层呈中央核递

十四、各县（市）输送队每星期最小应训练一次

十五、各县（市）训练壮丁时应协助编组列各该县（市）输送队之责

十六、各县（市）军民合作站指导处及军民合作站办理输送伤病官兵作为工作考绩之一，依法分别予以……惩

十七、本办法适用于本省各特地区

十八、本办法自……之日施行

附件：福建省各县市民众义务输送伤病官兵暂行办法

（1942年8月5日）b面 G137-001-0008

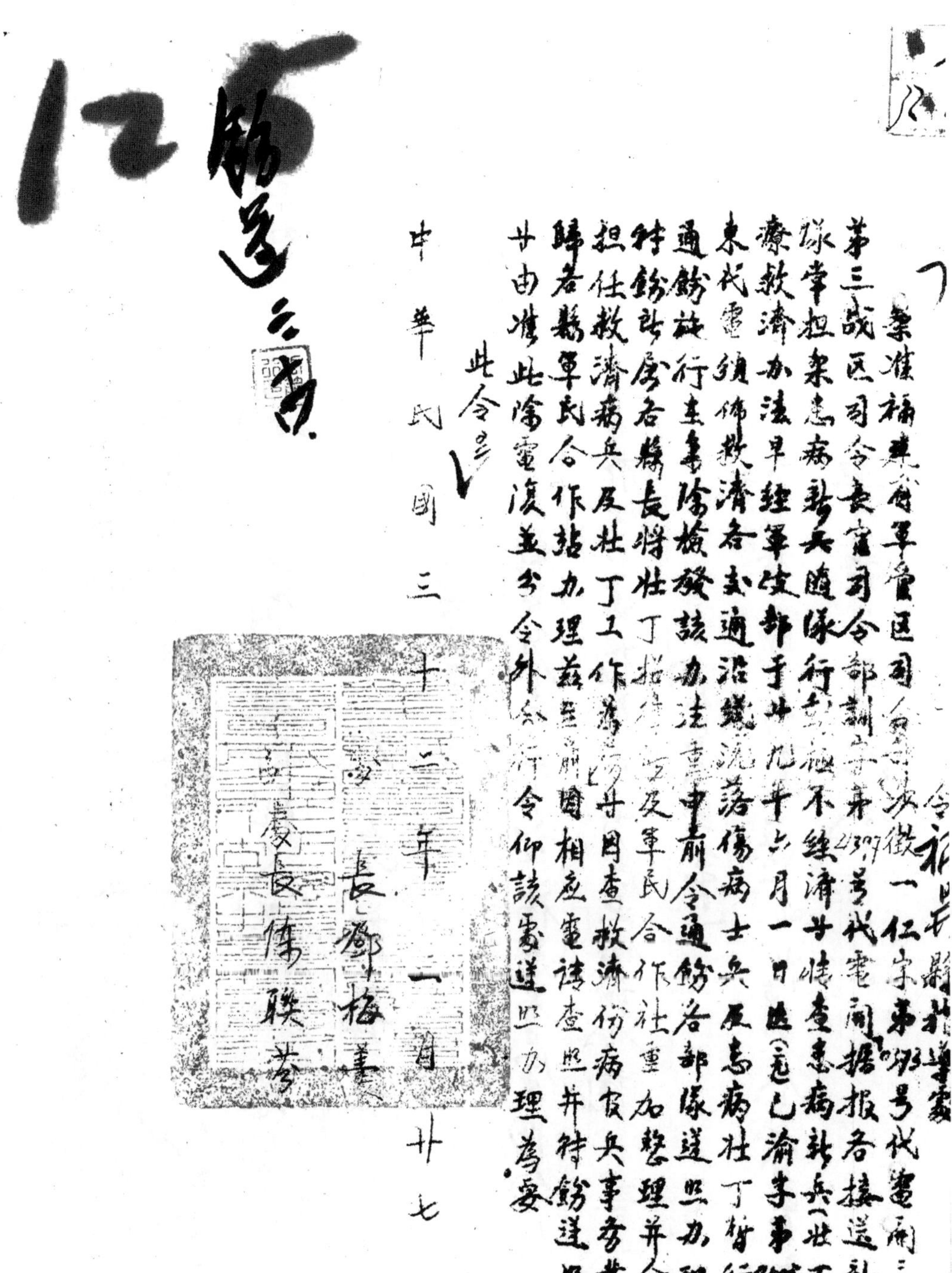

令福鼎县指导处
案准福建省军管区司令部戌徵一仁字第[illegible]号代电开："案奉
第三战区司令长官司令部训二字第4307号代电开：据报各接送新兵部
队常担架患病新兵随队行动，殊不经济，并恐患病新兵（壮丁）之治
疗、救济办法早经军政部于廿九年六月一日以渝役字第2005号已
东代电颁布救济各式通沿线流落伤病士兵及患病壮丁暂行办法
通饬施行在案，除检发该办法重申前令通饬各部队遵照办理外，希
特饬所属各县长将壮丁招待所及军民合作社重加整理，并令切实
担任救济病兵及壮丁工作为要"等因。查救济伤病官兵事务业经划
归各县军民合作站办理，并经[illegible]，相应电请查照，并特饬遵照为要"
等由，准此，除电复并分令外，合行令仰该处遵照办理为要。
此令。

中华民国三十二年一月廿七日

处长 邓梅羹
副处长 陈联芳

第三战区司令长官司令部福建省军民合作站总指导处关于救济伤病官兵事务业经划归各县军民合作站办理并各分处遵照办理为要的训令（1943年1月27日） G137-001-0009

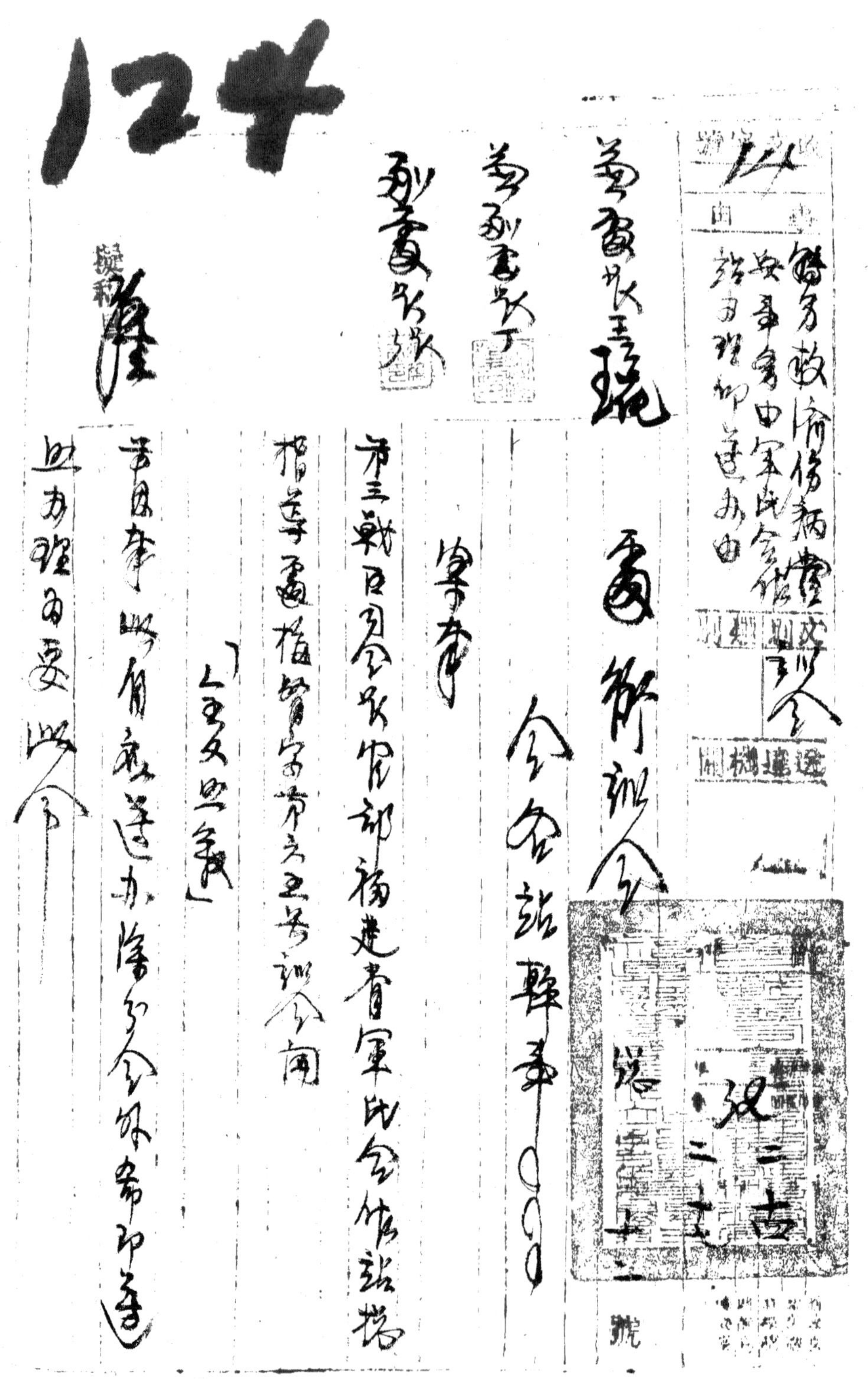

第三战区司令长官司令部福建省福鼎县军民合作站指导处关于救济伤病官兵事务由军民合作站办理的训令(1943 年 2 月 17 日)　G137-001-0009

第三戰區獨立兵站支部代電 參衛字 3603 號

事由：為重抄發民眾輸送傷兵隊組織辦法由

福鼎縣縣長王：

頃奉 軍事委員會本年九月十八日政醫醫（世）申渝字第二六六八號代電開：案查民眾輸送傷兵隊組織及運送辦法業經三十年政醫（二）[illegible]渝字第四四〇〇號寅孫政醫代電修正頒行在卷。查原定傷運辦法已不適用，茲再修正該辦法第六第八兩條，並自本年十月一日起實施。除令[illegible]發民眾輸送傷兵隊組織及運送辦法電希查照並轉照飭屬遵照。等因，奉此，除分電外，茲特抄發原辦法一份，電希查照，並轉飭所屬一體遵照。等因，奉此，查該項辦法早經電請查照在卷。目下敵情將有變化，對於是項編組至為重要，即希加緊組訓，以利傷運。除分電所屬并呈報省府外，特再抄發原辦法一份，電請查照。周臨支團佳參衛

附辦法一份

中華民國……日

第三战区独立兵站支部关于重抄发民众输送伤兵队组织办法的代电

(1943 年 10 月 9 日)a 面 G137-001-0005

修正民衆輸送傷兵隊組織及運送辦法　民國三十一年九月第三次修正十月份起實行

(一)為適應交通狀況減少傷病官兵痛苦早達安全地點起見由各縣組織民衆輸送傷兵隊協助輸送

(二)各縣應準備民衆輸送傷兵隊至少六隊每隊設隊長副隊長各一員班長十名民伕二百名輸送工具(如門板鋪板竹轎等均可應用有担架更佳)六百付每民伕二名發輸送工具一副由各縣鄉長負責組織之

(三)民衆輸送傷兵之隊長副隊長班長及民伕應由各縣預定各保甲長應徵集之民衆飭由各保甲長隨時充分準備平時各就本業遇有傷兵到達需要輸送時由各保甲長立時召集使用

(四)軍醫院(或其他收容傷兵之衛生機關)需要民伕輸送傷兵時可將運輸傷兵人數及需要民伕人數通知縣政府由縣長就民衆輸送傷兵隊負責指撥

修正民众输送伤兵队组织及运送办法(民国三十一年九月第三次修正,十月份起实行)

(1943年10月9日)b面　G137-001-0005

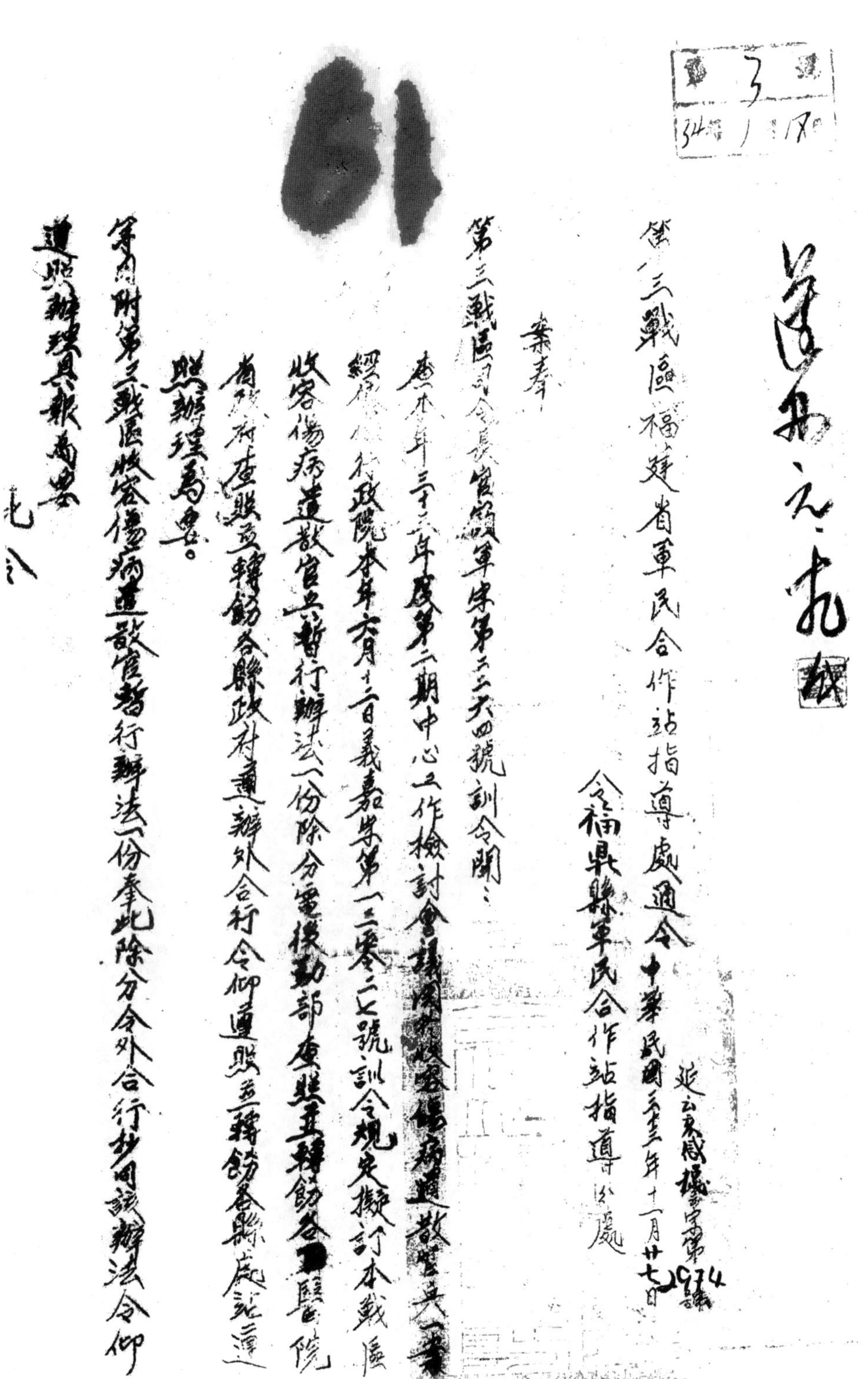
第三戰區福建省軍民合作站指導處通令
令福鼎縣軍民合作站指導處
中華民國三十三年十二月廿七日 延云秉感機字第2974號

案奉
第三戰區司令長官顧軍字第一三六四號訓令開：
查本年三十三年度第二期中心工作檢討會議決收容傷病遣散官兵
經簽奉行政院本年六月十二日義嘉字第一三零二七號訓令規定擬訂本戰區
收容傷病遣散官兵暫行辦法一份除分電後勤部查照並轉飭各醫院
省政府查照並轉飭各縣政府遵辦外合行令仰遵照並轉飭各縣府遵
照辦理為要。
等因附第三戰區收容傷病遣散官兵暫行辦法一份奉此除分令外合行抄同該辦法令仰
遵照辦理具報為要
此令

第三战区福建省军民合作站指导处抄发第三战区收容伤病遣散官兵暂行办法仰遵办具报的通令

（1944 年 12 月 27 日） G137-001-0006

第三戰區收容傷病遣散官兵暫行辦法

一、各縣(市)軍民合作站(以下簡稱縣(市)站)應設立收容傷病遣散官兵收容所一處,其設備費依據行政院卅三年六月十二日義嘉字第一三零二七號訓令規定由縣政府墊支

二、各縣(市)鄉(鎮)如發覺過境有傷病遣散官兵(包括遣散兵夫及新兵壯丁)無論其有無符號均應指送縣(市)站所設收容所收容,如在過境發現是項官兵,應由鄉(鎮)合作站護送縣(市)站所設收容所收容(如有縣(市)站所設收容所較近之傷病官兵收容所(軍醫署所設)或軍醫院、兵站醫院,應逕送收容,不必由縣(市)站轉送)不得任其流落,以致影響役政與地方秩

三、各縣(市)站對收容傷病遣散官兵應給以證明書(格式附后)並處置辦法及收容期間所用各費均依據行政院義嘉字第一三零二七號訓令規定辦理,若縣(市)站距離傷病官兵收容所或軍醫院較遠者,或病重不便遞送者,暫在縣(站)所設收容所,由縣衛生機關免費治療,至可能遞送時再予遞送傷官兵收容所、軍醫

附件:第三战区收容伤病遣散官兵暂行办法(1944年12月27日)a面　G137-001-0006

院收容

四、各傷病官兵收容所及軍醫院對縣(市)站以及黨政軍憲警備具手續送來治療之傷病遺散官兵,經查明確屬部隊遺棄或因故流落應准住院治療

五、各傷病官兵收容所及軍醫院收容前項之傷病遺散官兵無符號及証明文件証明其階級者其待遇依照卅三年五月修正軍政部戰時各醫院領發傷病官兵薪餉暨口糧費暫行辦法辦理(每月造具報銷時應另分案負檢附轉送機關証件以憑核算)治愈後依照現行出院暫行規則辦理

六、本辦法頒佈實施後如在城市鄉鎮發現流落失散之傷病兵該地方黨政軍憲警機關應分負責任

七、本辦法自公佈之日施行

附件:第三战区收容伤病遗散官兵暂行办法(1944年12月27日)b面 G137-001-0006

34.6.2(37)

第三戰區福建省軍民合作站指導處訓令

事由 為奉令轉發行政院13027號訓令等仰遵照由

令 縣軍合指導分

案查本處前奉

長官部須發辦理收容傷病逃散官兵辦法業經本處延指字二九七四號令飭遵照在案茲又奉政治部卅四年三月十二日寅齊三五八六號代電略發各級軍合處站辦理收容傷病官兵有關法令各一本一体遵照辦理為要等因附抄行政院卅三年義嘉

第三战区福建省军民合作站指导处关于奉令转发行政院义嘉字13027号训令的训令（1945年4月）a面　G137-001-0007

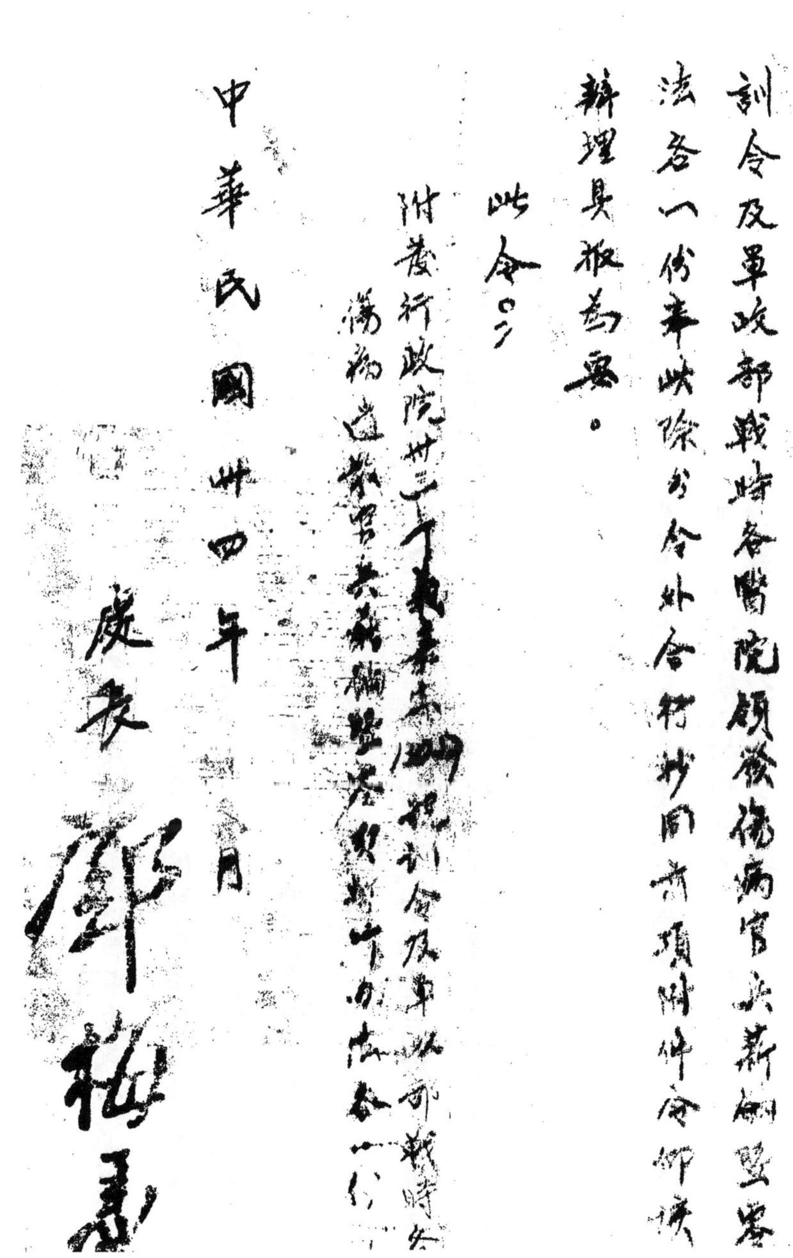
訓令及軍政部戰時各醫院傷病官兵薪餉暨零
法各一份奉此除分令外合行抄同前項附件令仰該
辦理具報為要。
此令。
附發行政院卅三（四）年義嘉字一三〇二七號訓令及軍政部戰時各
湯病官兵薪餉暨零用辦法各一份
中華民國卅四年　月
處長　鄧梅□

第三战区福建省军民合作站指导处关于奉令转发行政院义嘉字 13027 号训令的训令

(1945 年 4 月)b 面　G137-001-0007

案奉行政院卅三年[illegible]義嘉字第[illegible]號訓令一件

案准

軍事委員會卅二年十二月二十[illegible]日及卅三年一月六日先後函為普設縣市軍民合作機構及統一收容傷散官兵組織請查照辦理各等由經函集有關機關審查並據報告審查意見提出本院第六四七次會議決議關於普設軍民合作站部份每縣已多設立五站每站經費月支一千五百元在縣預算內開支緩方各省無軍事上必要者暫緩設立另新設軍民合作站除在卅一年十二月以前已經設立者外不准再設如有必要呈由處級明事實專案呈核至收容傷散官兵應由軍民合作站辦理不另設立收容所其所需收容設備費用由軍務費項下撥發除分行軍事委員會主計處及各部軍政部財政部外合行令仰遵照並轉飭遵照。

軍政部規定各[illegible]院[illegible]發給傷病官兵薪餉暨零費暫行辦法

軍委會办公廳[illegible]渝字第四四二[illegible]代電轉奉

准備案 民國三十二年五月

[illegible]傷病官兵[illegible]之薪餉暨零費(以下簡稱餉零費)

国民政府行政院三十三年义嘉字13027号训令:收容伤散官兵由军民合作站办理不另设机构(1944年1月)a面 G137-001-0007

依照本辦法辦理之。

第二條 傷病官兵餉零費照暨陸軍暫行給與表所規定按月發給惟負傷尉級官佐每月每員加發生活補助費十元（此項生活補助費如變更時應照新規定辦理）負傷士兵加發榮譽加給每人每月四元。

第三條 發給餉零費不論大小月一律以三十天計算。

第四條 傷病官兵餉零費起發計算辦法依照傷病官兵開補規則由各原隊最初送入本部所屬各院所之日計算其上半月間入院者自下半月十六日起其下半月間入院者次月一日起算至出院離隊傷票或其他證件上所註出院日期補發途中欠餉。

第五條 士兵以上傷病官佐及後方各軍事機關學校派往後方受訓或担任警衛等後送醫院各部隊傷病官兵仍由原機關或原部隊發給薪餉如原機關或原部隊屬待遇為短期不能痊愈或住院過久必須開補者上校以上傷病官佐應呈請軍政部核准開補日期分飭隊院兩方遵照辦理後方各軍事機關或部隊傷病官兵應由原屬最高長官將開補日期正式通知醫院以憑單收部轉報由院停止發給餉零費。

军政部战时各医院领发伤病官兵薪饷暨零费暂行办法（军委会办公厅办制渝字第 4420 号代电转奉准备案）（1943 年 5 月）b 面　G137-001-0007

115

第六條 傷病官兵出院歸隊[illegible]所有餉零費清發办法依照規定办理即上半月間出院者[illegible]發給上半月之餉零費下半月間出院者由院發給本月份之餉零費。

第七條 傷病官兵經由本部各醫院互相轉送者其餉零費應以入院之日起發之但須與轉送醫院所發餉零費截止日期衔接辦理不無於轉院冊內註明止餉日期以便衔接辦理。

第八條 各院應發之餉零費准予按期預發一個月即于前一月二十五日（例如四月份之餉零費可於三月二十五日請領）並以此月住院人数為次月之標準）住院人数推算其次一個月所需之款額電請直屬之軍醫署轉事處或兵站衛生處發給之以便次月隨時清發出院轉院者住院期間之餉零費其仍行留院醫治者則於每月末一日發放清結如屆時本人不到不論[illegible]情被其否一概不准補發或代領如人数增加不敷發時准予續請增發。

第九條 各院發放餉零費時應先造具證明冊（冊式附後）一份會同當地組織之監放委員公共發放並飭各該傷病官兵在此證明冊上分別加蓋印章

军政部战时各医院领发伤病官兵薪饷暨零费暂行办法(军委会办公厅办制渝字第 4420 号代电转奉准备案)(1943 年 5 月)a 面　G137-001-0007

亦據情樣無故久[illegible]具表於證明冊之冊應將其實發之號數並簽名蓋章。

第十條 餉券費暨按據填於十月內由院加造附屬冊（冊式同證明冊）二份連同證明冊一份呈報核銷至卅二年度起按新頒費則列入經常費計算內具報。

第十一條 本部所屬各收容所及衛生大隊所收容傷病官兵之餉券費得由各該所隨填給欠發餉券費證明書（式樣附後）交其他醫院等遇有特殊情形領發困難時亦准填給欠發餉券費證明書交由接收醫院照領發後檢同證明冊一份附屬冊二份並將欠發餉費證明書順序粘貼於冊一併呈報核銷如該員兵本條出院歸隊或轉移者亦可出具此項證明書交由接收部隊核發[illegible]該部隊[illegible]證明冊一份附屬冊一份及此項證明書粘貼統籌呈請軍政部核發[illegible]（[illegible]餉[illegible]）[illegible]規定[illegible]傷運[illegible]衛生[illegible]等[illegible]欠發[illegible]證明書）

第十二條 [illegible]傷病官兵[illegible]如原[illegible]發為[illegible]其[illegible]公出[illegible]明者[illegible]傷病官兵給與官佐標準級支給士兵則以[illegible]軍人等兵相當於陸軍上等兵[illegible]軍[illegible]等兵相當於陸軍一等兵[illegible]軍士等兵[illegible]一二等[illegible]兵相當於陸軍二等兵[illegible]理[illegible]及[illegible]兵

军政部战时各医院领发伤病官兵薪饷暨零费暂行办法（军委会办公厅办制渝字第 4420 号代电转奉准备案）（1943 年 5 月）b 面　G137-001-0007

……機關官士之住院……者，仍各該原機關規定辦法，不發餉零費。

第十三條　住院役工人員由原機關發給薪餉，如原機關業已裁併薪餉無着者，得由醫院呈報軍政部查明核准發給，至軍事機關及部隊住院之雇工人員亦由原機關發給薪餉，如住原機關無法負責證明已開補者，得由醫院衛護發給餉零費。

第十四條　各省市縣保安隊及地方團隊（包括忠義救國軍、江南挺進縱隊、東北四省抗遊軍等游擊隊、[illegible]、國民兵團、浙江[illegible]自衛團等官兵）因抗戰或協助負傷患病住院者（以有關抗戰者為限，其開補辦法應[illegible]，須經原隊證明開補），均比照階級發給餉零費及副食費（[illegible]）。服公務之特員在淪陷區抗戰而受傷患病住院者，准照士兵最低級例發給餉零費，惟流落傷病士兵及患病壯丁住院者，一律照二等兵發給零費。

第十五條　住院列兵[illegible]病兵，歸送兵役機關，根據其有無兵籍、兵役目錄等情況無從區別，又無其他證件足資證明者，一律二等兵發給餉零費。

第十六條　路警憲兵住院者不發餉零費，惟於入院後核與原主管機關[illegible]得呈准自其入院之次月起為住院期間[illegible]例支給，準士兵例二等兵例發給餉零費。

军政部战时各医院领发伤病官兵薪饷暨零费暂行办法（军委会办公厅办制渝字第4420号代电转奉准备案）（1943年5月）a面　G137-001-0007

第十七條 凡臨時救養院及救養官兵送入医院留治者不扣除補不發餉零費。

第十八條 凡友出部隊傷病官兵送院医治者一律按照原階級發給零費至俘虜之敵偽官兵留院医治者不發餉零費。

第十九條 住院參謀人員及技術人員未經原部隊開缺者由原部隊發給薪餉及參謀加薪或技術加薪如經原部隊開缺者医院僅發餉零費，謀加薪或技術加薪。

第二十條 運輸總部所屬患病官兵司机等及中國紅十字会救護隊傷病員兵留院医治者不發餉零費。

第二十一條 住院傷病官兵遠戚化所屬化者仍由原院發給餉零費惟官佐支依一級薪士兵支原餉或零費不發伙食費加給。

第二十二條 住戰場內凍傷足趾脫落五個以上者手指脫落大姆指或其他二指以上者准按負傷待遇舊傷復發者如係現役軍人按照受傷時階級以傷待遇非現役軍人（已脫离院籍或經遣者）以病待遇。

第二十三條 中毒氣傷表傷壓傷及挫傷等均按負傷待遇。

第二十四條 住院負傷官兵階級以受傷時階級為標準在傷後升遷者一律無效（應遵照本部二十九年四月匠二傷（二七）字第（三〇二）號訓令各項規定辦理之）

第二十五條 至充當兵官兵同犯罪走案准予看管即于之日起停發餉給（膳費

军政部战时各医院领发伤病官兵薪饷暨零费暂行办法（军委会办公厅办制渝字第4420号代电转奉准备案）（1943年5月）b面 G137-001-0007

3.战时任务队

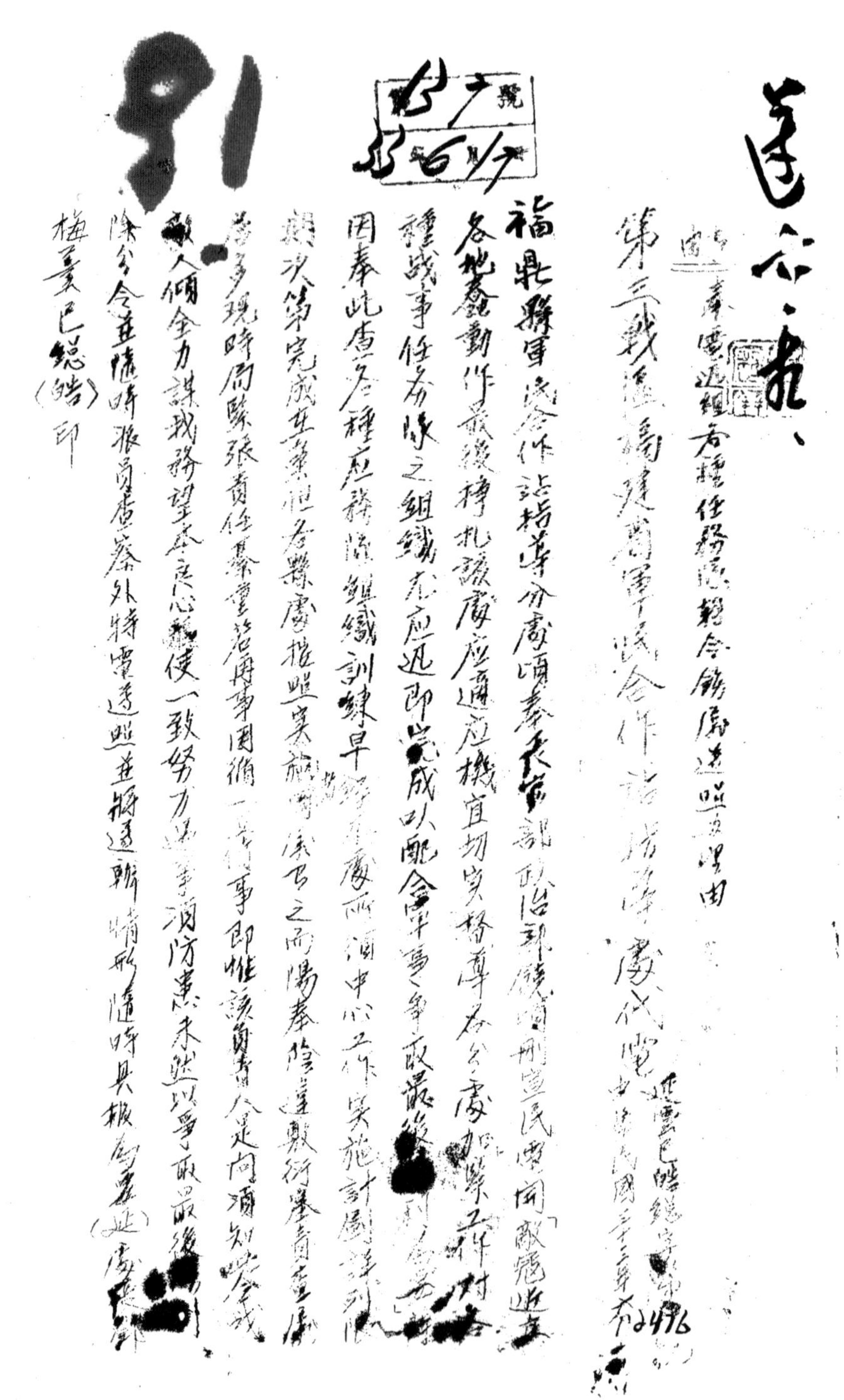

第三战区福建省军民合作站指导处关于迅组各种任务队转令饬属遵照办理的代电

（1944 年 6 月 19 日）　G137-001-0007

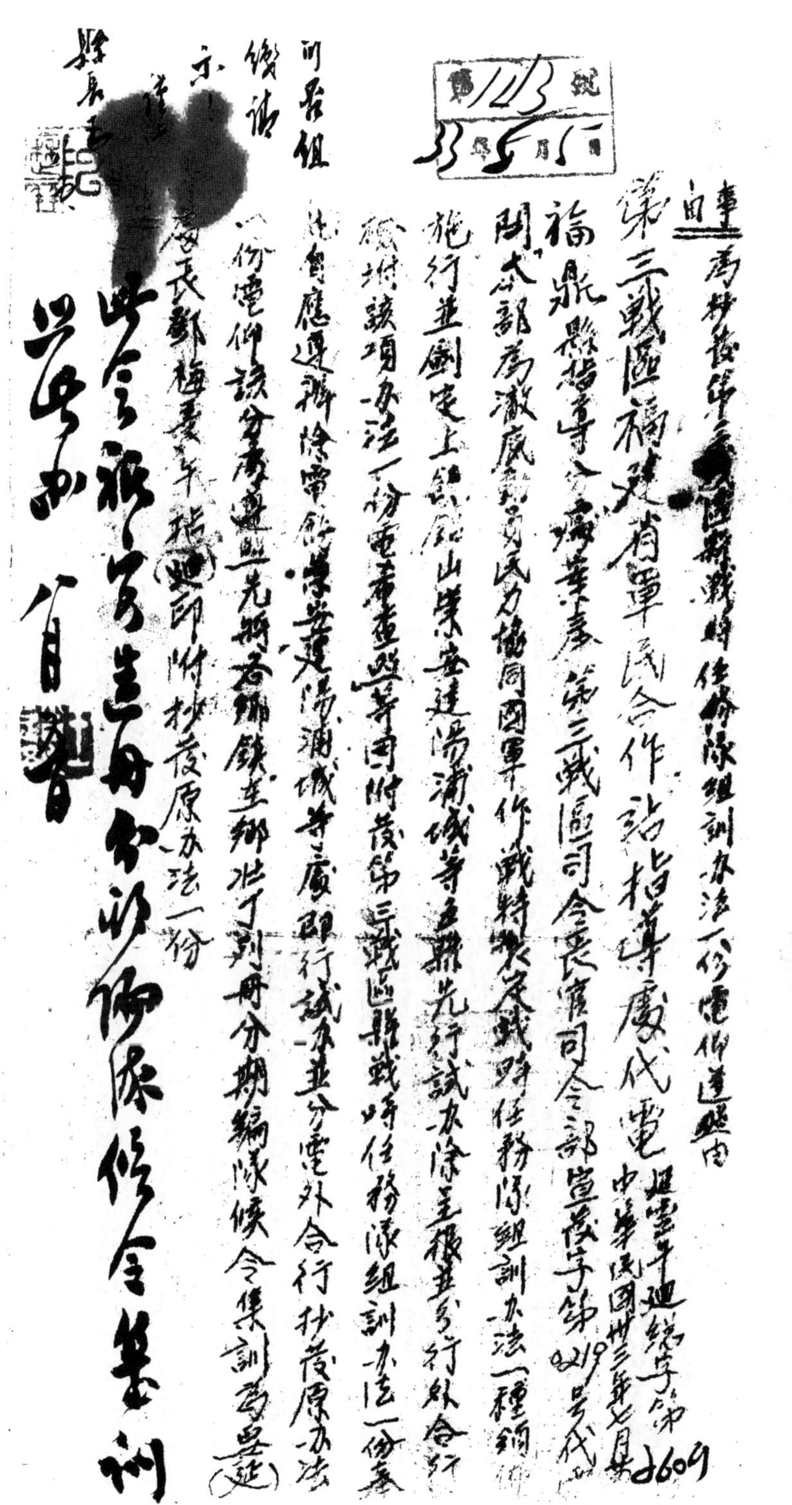
事由：为抄发第三战区县战时任务队组训办法一份电仰遵照由

第三战区福建省军民合作站指导处代电 中华民国卅三年七月 字第3609

福鼎县指导分处叶主任：奉第三战区司令长官司令部宣发字第0219号代电

开：本部为彻底动员民力协同国军作战特订定战时任务队组训办法一种

施行并划定上饶铅山崇安建阳浦城等五县先行试办除呈报并分行外合行

检附该项办法一份电希查照等因附发第三战区县战时任务队组训办法一份奉

此自应遵办除电饬崇安建阳浦城等县即行试办并分电外合行抄发原办法

一份电仰该分处遵照先将各乡镇壮丁列册分期编队候令集训为要

处长郑梅羹 附抄发原办法一份

第三战区福建省军民合作站指导处关于抄发第三战区县战时任务队组训办法的代电

（1944年7月24日） G137-001-0007

第三战区县战时任务队组训办法

一、本办法遵照　军事委员会国军作战准备[illegible]加强民众组训适应作战需要之规定订定之

二、凡本战区各县均应成立战时任务队担任输送担架防护救护等勤务

三、战时任务队每县成立一大队每乡镇一中队[illegible]区队每区队辖三小队每小队以队员十六人组成之[illegible]以各该保甲内壮丁充之[illegible]以二区队担任输送一区队担任担架一区队为混合队以二小队担任防护一小队担任[illegible]

四、以战地情形之各县[illegible]分为甲乙丙三种[illegible]其他战区内各县为丙种

五、各县战时任务队[illegible]中队应[illegible]召集至少一中队[illegible]输勤务战时[illegible]驻军[illegible]命令征调或全部或一部调集运用之

六、战时任务大队长由县长兼任副大队长[illegible]军民合作[illegible]中队长由乡镇长兼任中队附[illegible]区队长[illegible]小队长[illegible]由大队长加委

七、战时任务队大中队[illegible]以该县市乡镇名称[illegible]以下以数字分别之如某县战时任务队某乡镇中队第某区队第某小队

八、战时任务队之服务[illegible]每三个月为一期以[illegible]规定人数轮流[illegible]抽调为原则

九、凡调集服务期内应予以军事管理及训练[illegible]除军事基本训练及推行政令教育与抗战常识外并以实地演习为主

十、实施训练所需教官由各大队长聘地方人士及驻军干部担任并由驻军政治部督导协助

十一、战时任务队之运用[illegible]属各该县[illegible]合作站指导分配战时业务[illegible]之最高指挥官[illegible]

十二、战时任务队服勤[illegible]之给养[illegible]补助[illegible]

十三、实行本办法[illegible]有因[illegible]临时[illegible]一律[illegible]

十四、本办法如有未尽事宜得呈请修正之

十五、本办法呈请　军事委员会核准后施行

附件：第三战区县战时任务队组训办法（1944 年 7 月 24 日）　G137-001-0007

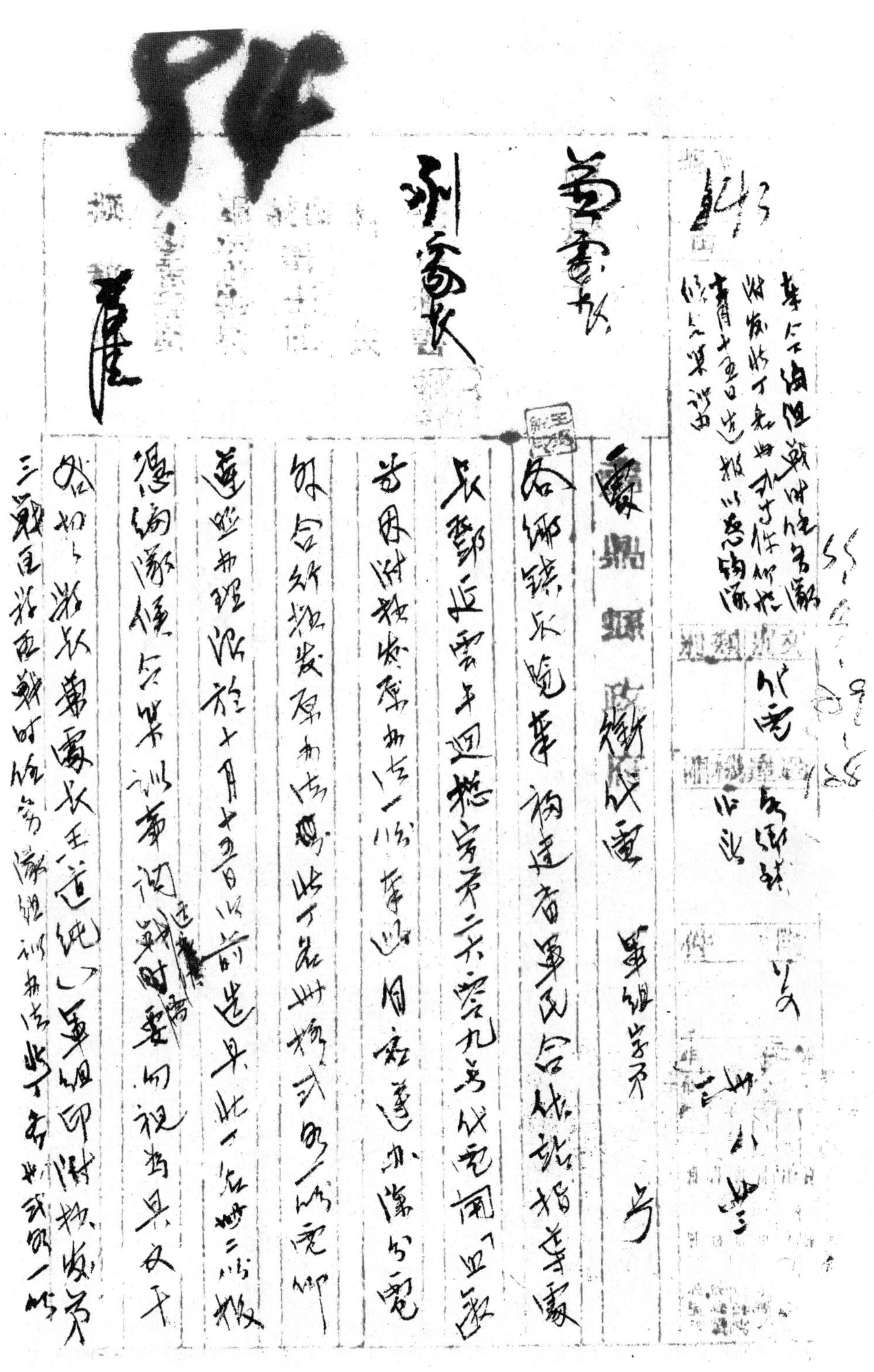

第三战区福建省福鼎县军民合作站指导分处关于奉令编组战时任务队，附发壮丁名册式，并于十月十五日前造报的代电（1944 年 8 月 23 日） G137-001-0007

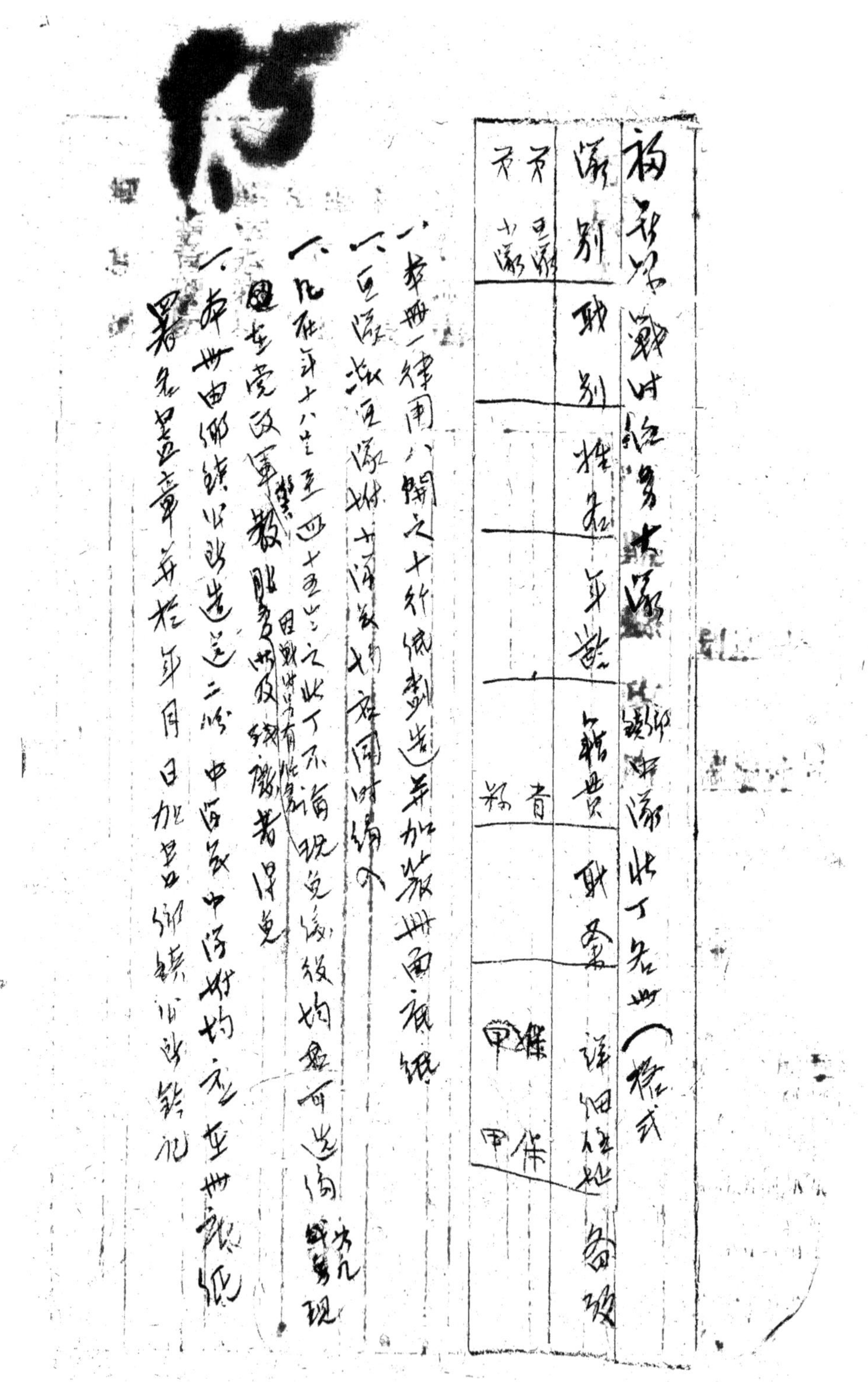

福鼎县战时任务大队　乡镇　中队壮丁名册（格式）

队别	职别	姓名	年龄	籍贯	职业	详细住址	备考
第　区队				省		保　甲	
第　小队				县		保　甲	

一、本册一律用八开之十行纸划造并加装册面纸
一、区队长区队附小队长均应同时编入
一、凡在年十八岁至四十五岁之壮丁不论现免缓役均应造入（因战时需有作战经验者）如现但在党政军警教职及残废者得免
一、本册由乡镇公所造送二份中队长中队附均应在册面纸署名盖章并于年月日加盖乡镇公所钤记

附件：福鼎县战时任务大队××乡（镇）中队壮丁名册（格式）

（1944 年 8 月 23 日）　G137-001-0007

第1668號
33年10月7日

事由：電仰加緊組訓任務隊由

第三戰區福建省軍民合作站指導處代電 延雲齊徵指字第665號 中華民國卅三年十月五日

福鼎縣指導分處覽查本處前奉司令長官部令須第三戰區抗戰時任務隊組訓辦法曾以延雲平嚴指字第2609號代電轉發各分處飭先將各鄉鎮在鄉壯丁列冊分期編隊候令集訓在案現敵已窺犯閩海尾沿海及鄰近戰區分處應即遵照前頒辦法加緊組訓以配軍事行動除分電外合亟電仰遵照辦理具報為要延處長鄧□□副處長陳聯勞劉何文同指（徽）印

第三战区福建省军民合作站指导处关于加紧组训任务队的代电

（1944年10月5日） G133-003-0123

福鼎县前岐镇公所关于战时任务队组织办法内每中队辖几区队未蒙明白规定，乞示遵的呈文

(1944年10月6日)a面 G133-003-0123

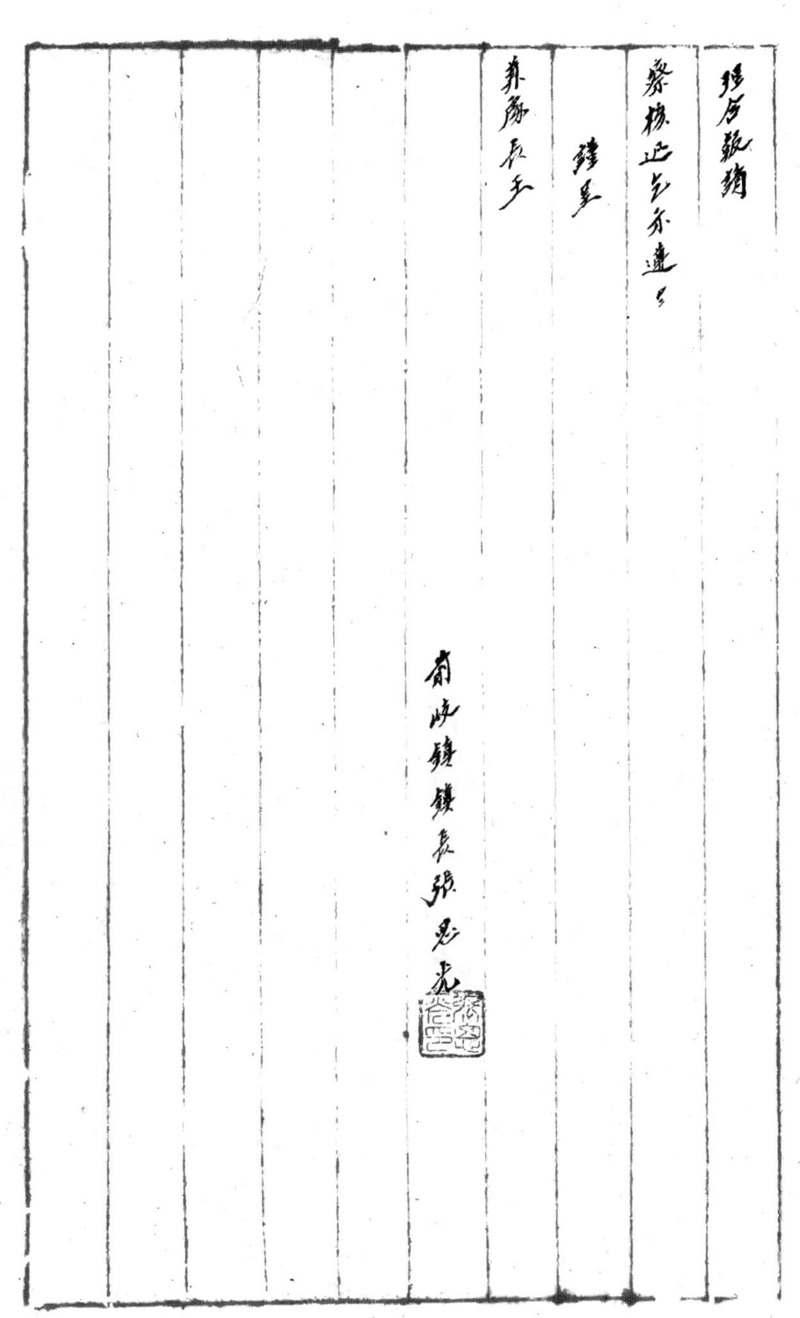
理合報請
察核迅乞示遵為
謹呈
兼縣長王
前岐鎮鎮長張思光

福鼎县前岐镇公所关于战时任务队组织办法内每中队辖几区队未蒙明白规定，乞示遵的呈文
(1944 年 10 月 6 日)b 面　G133-003-0123

第三战区福建省福鼎县军民合作站指导分处关于组织战时任务大队与福建省县市国民抗敌自卫团各种任务班略有抵触，应如何处置，乞迅电示的代电（1944 年 10 月 20 日）a 面　G133-003-0123

294

保为单位，其人数依下列标准：（一）队
每班人数长夫十名；又交通班每班长夫二十
名；（三）运工护班每班长夫三十名，并配担架床
六付；兵营慰劳班每班长夫五名；以上各班于征
集后担任战时各种任务，案经编报在案，
府命令，国民兵团部召集各乡镇长遵办，嗣
于本年十月廿三日编组完竣，造册报核，并责成
各该备队加紧训练，务在案。现奉前途
令：照前颁第三战区战时任务队组训
办法，责成各乡镇从速加紧组训，限令到五日内启

第三战区福建省福鼎县军民合作站指导分处关于组织战时任务大队与福建省县市国民抗敌自卫团各种任务班略有抵触，应如何处置，乞迅电示的代电（1944年10月20日）b面　G133-003-0123

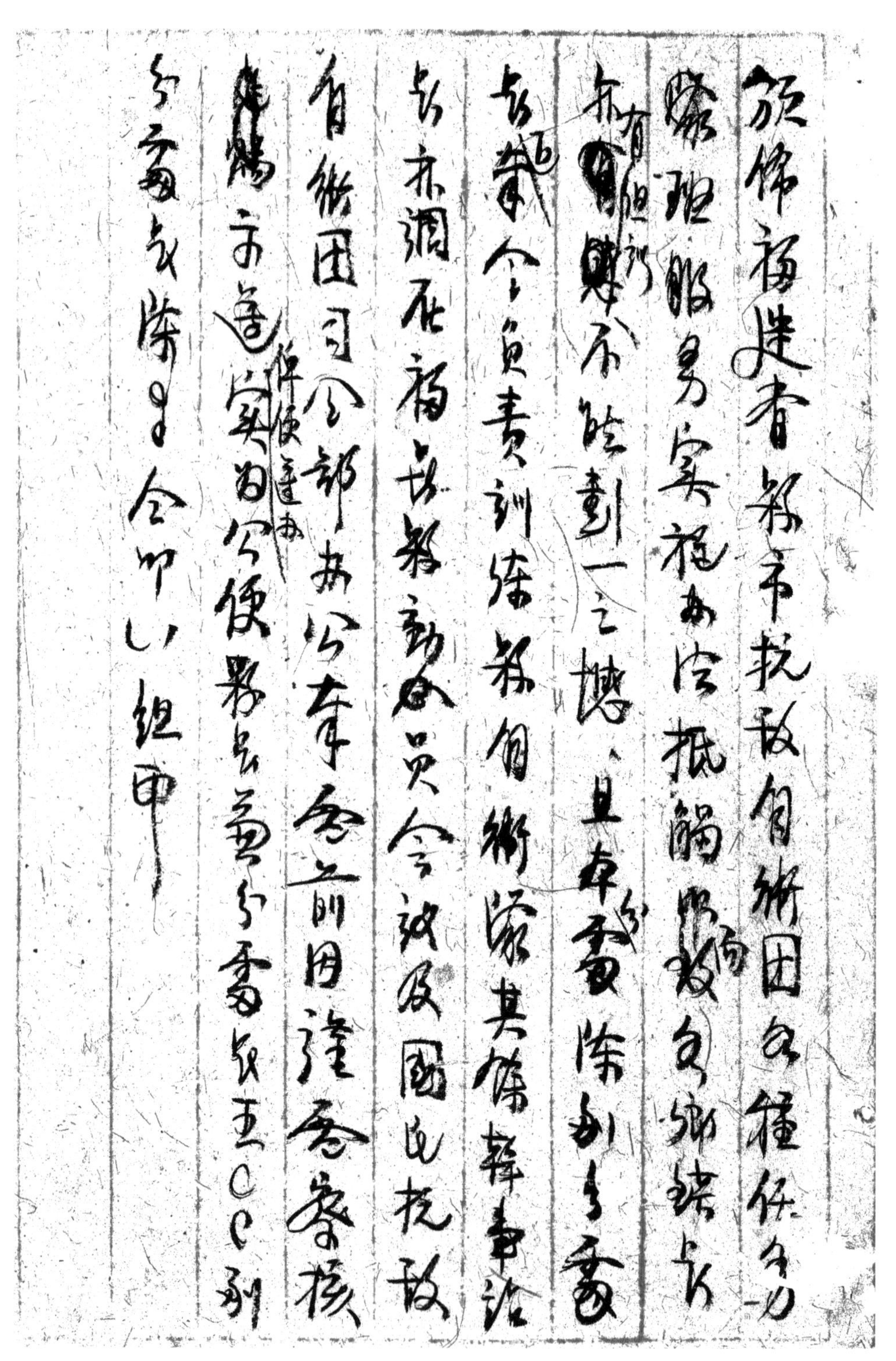

第三战区福建省福鼎县军民合作站指导分处关于组织战时任务大队与福建省县市国民抗敌自卫团各种任务班略有抵触，应如何处置，乞迅电示的代电（1944 年 10 月 20 日）　G133-003-0123

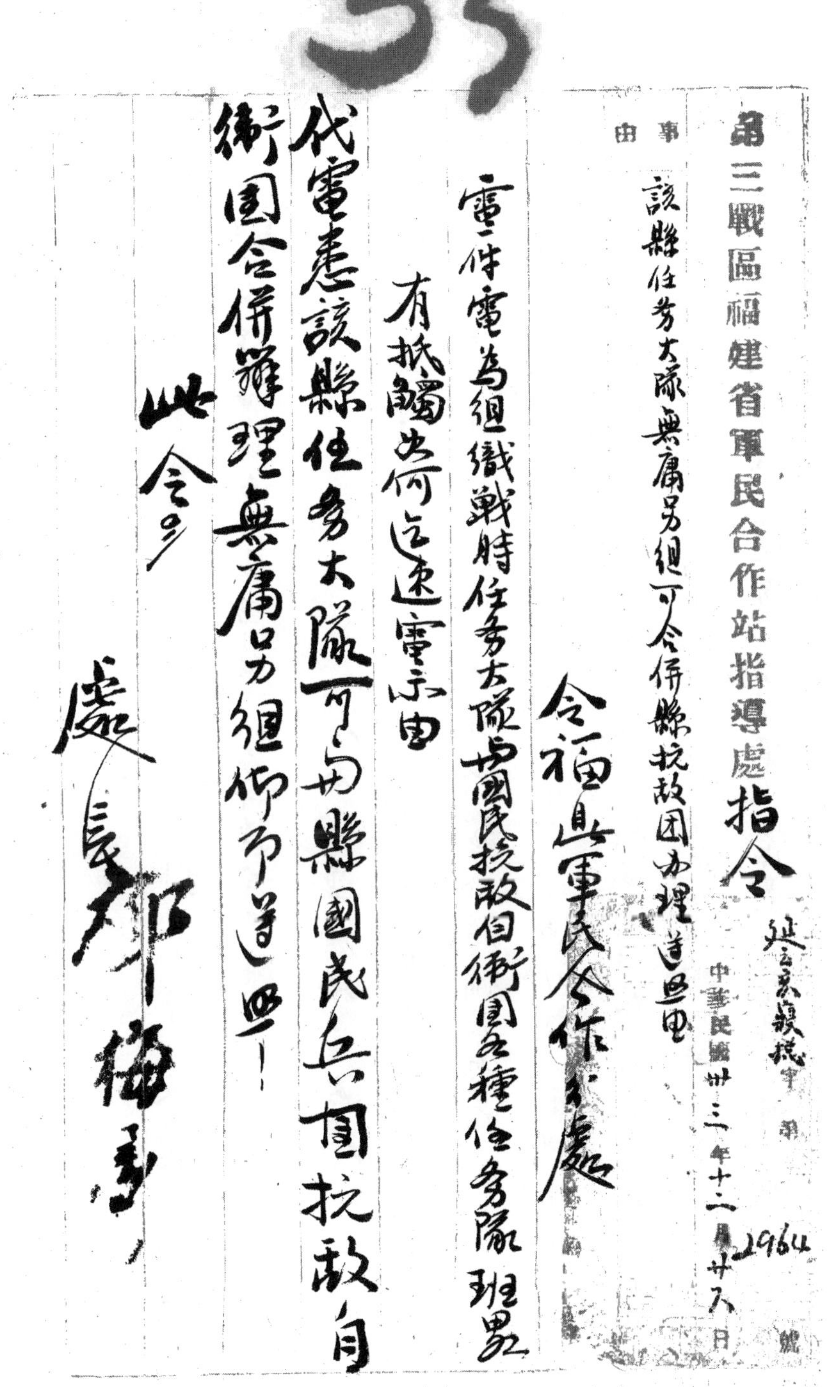
53

第三戰區福建省軍民合作站指導處指令

處合親稿字第 號

中華民國卅三年十二月廿六日

2964

事由：該縣任務大隊毋庸另組可合併縣抗敵團办理希遵照由

令福鼎縣軍民合作分處

電一件電為組織戰時任務大隊與國民抗敵自衛團各種任務隊班是否有抵觸應如何迅速電示由

代電悉該縣任務大隊可與縣國民兵團抗敵自衛團合併辦理毋庸另組仰即遵照！

此令

處長 鄧[illegible]

第三战区福建省军民合作站指导处关于该县任务大队毋庸另组，可合并县抗敌团办理的指令

（1944 年 12 月 26 日） G137-001-0006

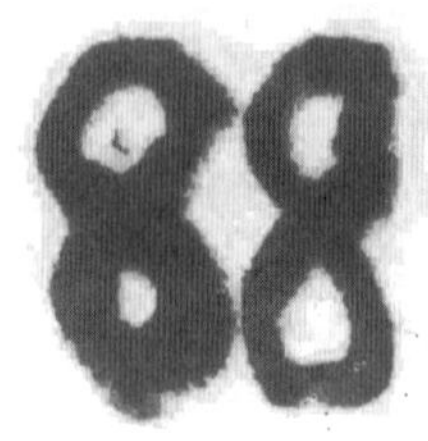

第三戰區福建省軍民合作站指導處訓令 號

由：頒發修改軍民合作義務站辦法令仰遵照由

令各縣軍合指導分處

查設置軍民合作義務站辦法前經本處於本年三月廿日以延指字第0571號令飭遵照辦理並報第三戰區政治部核備在案茲奉第三戰區政治部三十四年三月十七日寅宥字第3774號代電將原擬辦法修正發還令仰重繕報查等因奉此查辦法共修改四條第二條修改為：各縣分處除照編制設置軍民合作站三建制站外對於軍事上需要于其他交通要衝或補給線上之鄉鎮得設軍民合作義務站。第四條修改為：義務

第三战区福建省军民合作站指导处关于颁布修改军民合作义务站办法的训令

(1945年4月1日)a面　G137-001-0007

站站長由鄉（鎮）長兼任，副站長由副鄉（鎮）長兼任或地方熱心人士擔任，辦事員由鄉鎮公所職員兼任，均為無給職，由縣指導分處報請本處委任之。第七條修改為：「義務站不許經常徵用民伕，如遇急要軍運時得臨時徵伕以伕應之，事後並應將徵伕記件送縣分處備查。」第十條修改為：「本辦法自公佈日施行，並呈報戰區主管機關備查，修正時亦同。」除呈報並分令外，合行令仰遵照修改為要。

此令。

處長 鄭[illegible]

中華民國三十四年四月一日

第三战区福建省军民合作站指导处关于颁布修改军民合作义务站办法的训令

(1945年4月1日)b面　G137-001-0007

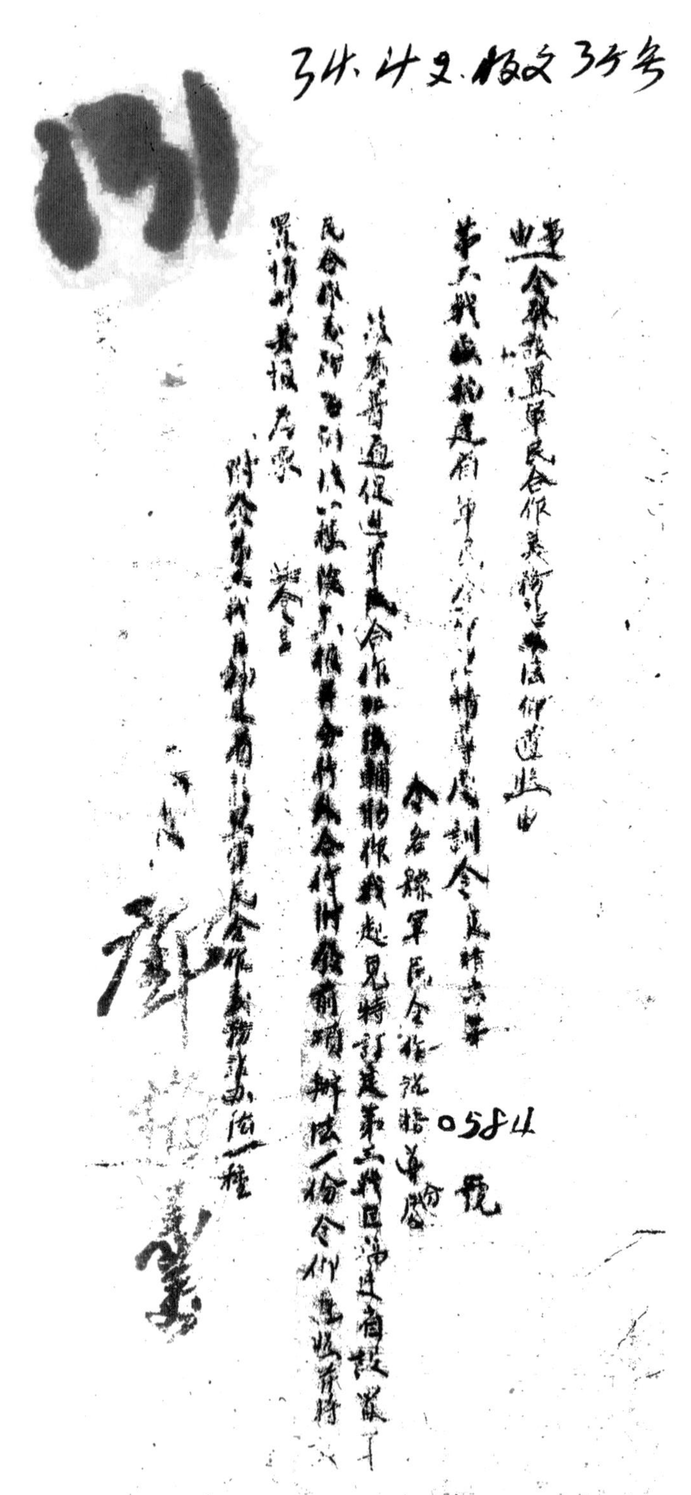

第三战区福建省军民合作站指导处关于奉发设置军民合作义务站办法的训令
(1945年3月)a面　G137-001-0007

第三战区福建省设置军民合作义务站办法

一、第三战区福建省[illegible]军民合作站[illegible]订定本办法

二、各县除依照编制[illegible]军民合作站之正式站外，得按军事之需要于其他交通冲要之乡镇设置军民合作义务站（以下简称义务站）。

三、义务站之名称应定为第三战区福建省某某县某某乡镇军民合作义务站。

四、义务站站长由乡镇长兼任，副站长由副乡镇长兼任或地方热心人士义务担任之。

[illegible]由乡镇公所干事或[illegible]兼任，概系义务职，由县府分层报请本府委任。

五、义务站应受[illegible]所属之监督指挥。

六、义务站工作人员由乡镇公所[illegible]兼任，不另支薪，[illegible]办公费用得由乡镇公所开支。

[illegible]经费自行筹措之。

七、义务站不得组织常备民伕队，但因军事需要临时征集者不在此限。

八、军民合作站之一切服务章则规程暨各项应行呈报之表册单据等均适用于义务站。

九、本办法如有未尽事宜得随时修正之。

十、本办法自公布日施行并呈报第三战区司令长官部政治部备案，修正时亦同。

附件：第三战区福建省设置军民合作义务站办法（1945年3月）b面　G137-001-0007

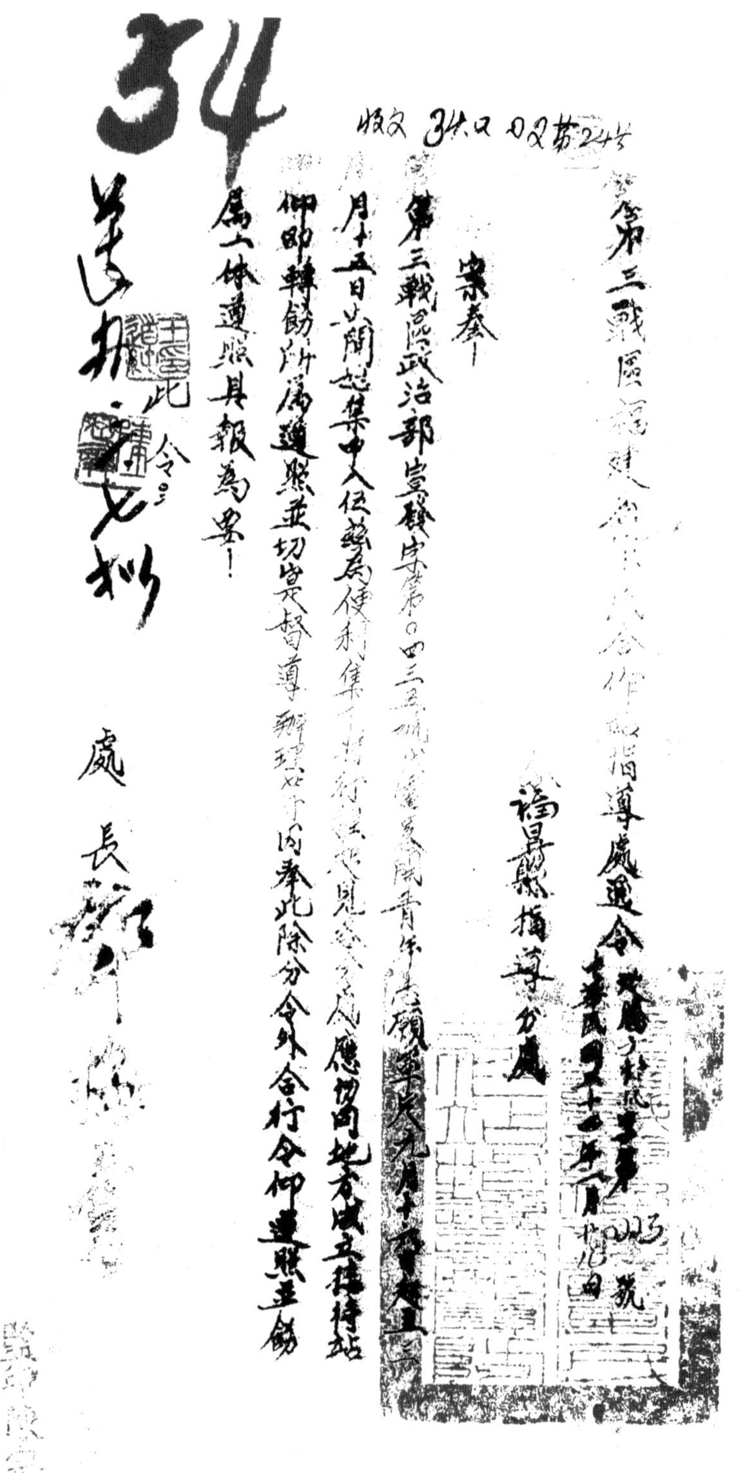

第三战区福建省军民合作站指导处关于为便利青年志愿军集中，各分处应协同地方成立接待站的通令
(1945 年 1 月 29 日) G137-001-0006

334

霞三五

函請青年軍起程路線是否由本縣經過希見告由

公函

軍合

三十四年三月七日

案奉

總處延騰子艷捻字第叁二二三號通令開：「案奉第三戰區政治部亘發字第零四三五號代電略開青年志願軍定元月十六日起至三月十五日止開始集中入伍茲為便利集中時行程起見各分處應協同地方成立接待站仰即轉飭所屬遵照並切實督導辦理等因奉此除分令外合行令仰遵照並飭屬一体遵照具報為要」等因奉此查福鼎青年志願軍起程路線是否由霞浦經過或從福安相應函請

查照即希見復為荷！

此致

第三戰區福建省福鼎縣軍民合作站指導分處

兼處長 戴啟熊

第三战区福建省霞浦县军民合作站指导分处关于函询青年军起程路线是否由本县经过，希见告的公函

（1945 年 3 月 7 日） G137-001-0004

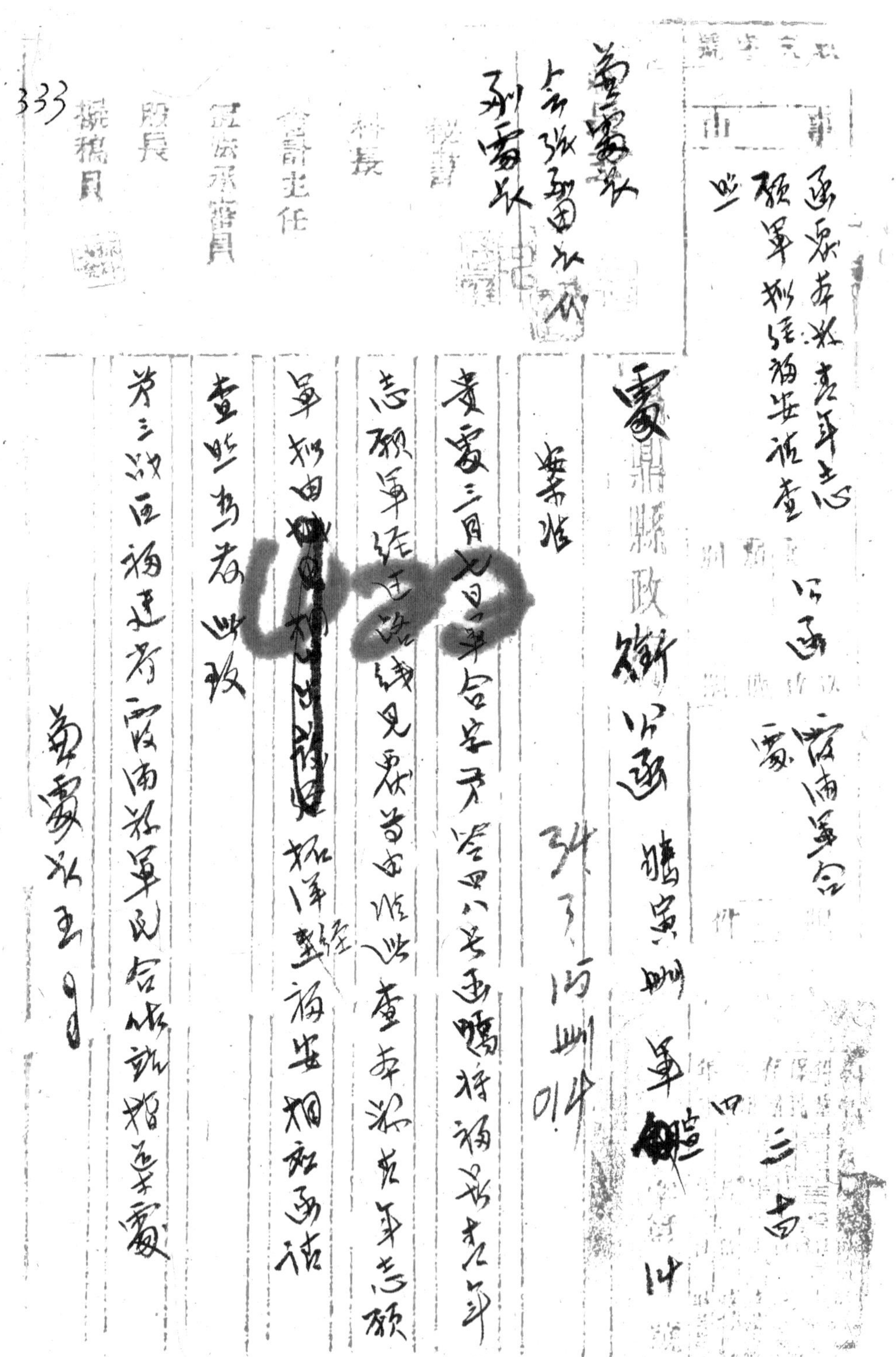

第三战区福建省福鼎县军民合作站指导分处关于本县青年志愿军拟经福安的公函

（1945 年 3 月 15 日） G137-001-0004

4.军风纪

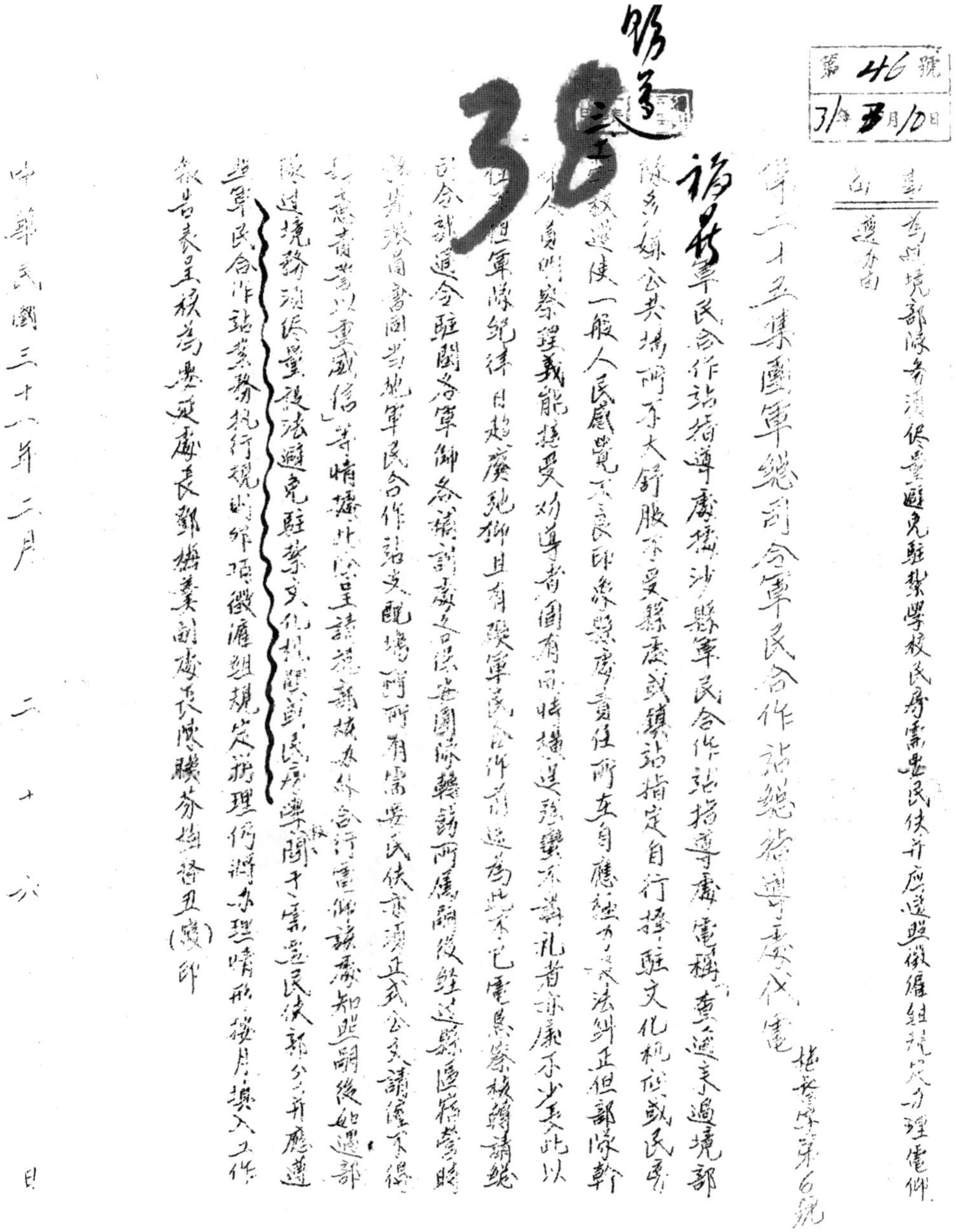

第46號
31年3月10日

事由：為過境部隊務須儘量避免駐紮學校民房需要民伕並應遵照徵僱組規定辦理電仰遵辦由

第二十五集團軍總司令部軍民合作站總指導處代電　指發字第6號

福安軍民合作站指導處：據沙縣軍民合作站指導處電稱：「查近來過境部隊多擇公共場所不大舒服，不要縣處或鎮站指定，自行擇駐文化機關或民房，致使一般人民感覺不良，即係縣處責任所在，自應盡力依法糾正，但部隊幹部人員明察理義能接受勸導者固有，而時遇蠻橫無禮者亦屬不少，長此以往，軍隊紀律日趨廢弛，抑且有礙軍民合作前途，為此不已電懇察核轉請總司令部通令駐閩各軍師各旅團各游擊團隊轉飭所屬部隊經過縣區宿營時，務先派員會同當地軍民合作站交涉場所，所有需要民伕應須正式公文請縣府，不得私自意責，以重威信」等情。據此，除呈請總部核示外，合行電仰該處知照，嗣後如遇部隊過境，務須儘量設法避免駐紮文化機關、民房、學校，至需要民伕部分，並應遵照軍民合作站業務執行規則第六項徵僱組規定辦理，仍將辦理情形按月填入工作報告表呈核為要。總處長鄧樹美　副處長陳騰芬　丑（寢）印

中華民國三十一年二月二十六日

第二十五集团军总司令部军民合作站总指导处关于过境部队务须尽量避免驻扎学校、民房，需要民夫并应遵照征雇规定办理的代电(1942 年 2 月 26 日)　G137-001-0008

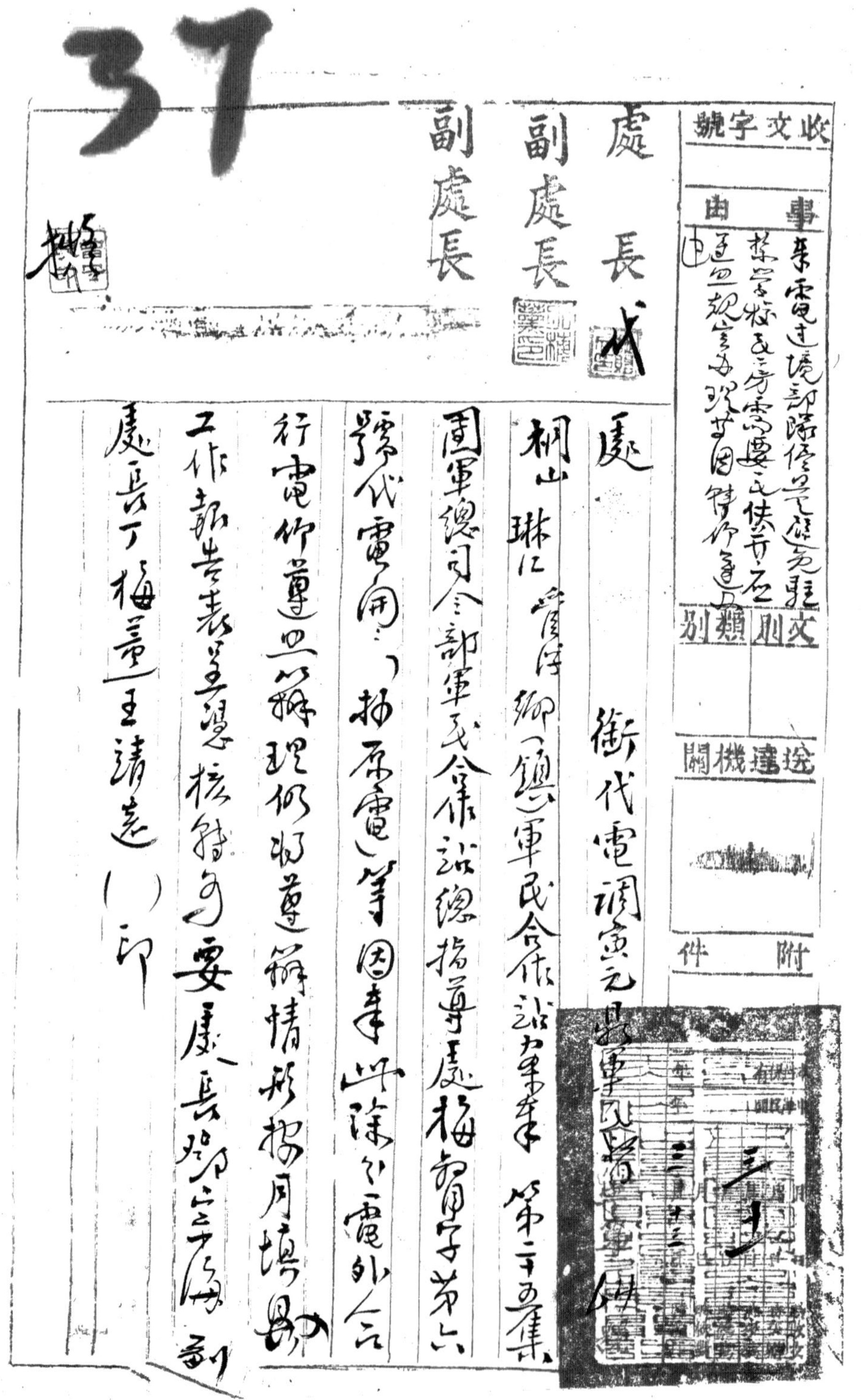

收文字號

事由：來電過境部隊停留應盡量避免駐紮學校民房需要民夫應遵照規定辦理並將遵辦情形按月填入工作報告表核轉由

文別 類別

送達機關

附件

處長

副處長

副處長

處衔代電

福鼎县軍民合作站

桐山 琳江 …… 鄉（鎮）軍民合作站站長：第二十五集團軍總司令部軍民合作站總指導處梅翁字第六號代電開：……抄原電……等因。奉此，除分電外，合行電仰遵照辦理，仍將遵辦情形按月填入工作報告表呈送核轉為要。處長……副處長丁梅……王……（ ）印

第二十五集团军总司令部军民合作站福鼎县指导处关于过境部队尽量避免驻扎学校、民房，需要民夫应遵照规定办理，并将遵办情形按月填入工作报告表核转的代电(1942 年 3 月 13 日) G137-001-0008

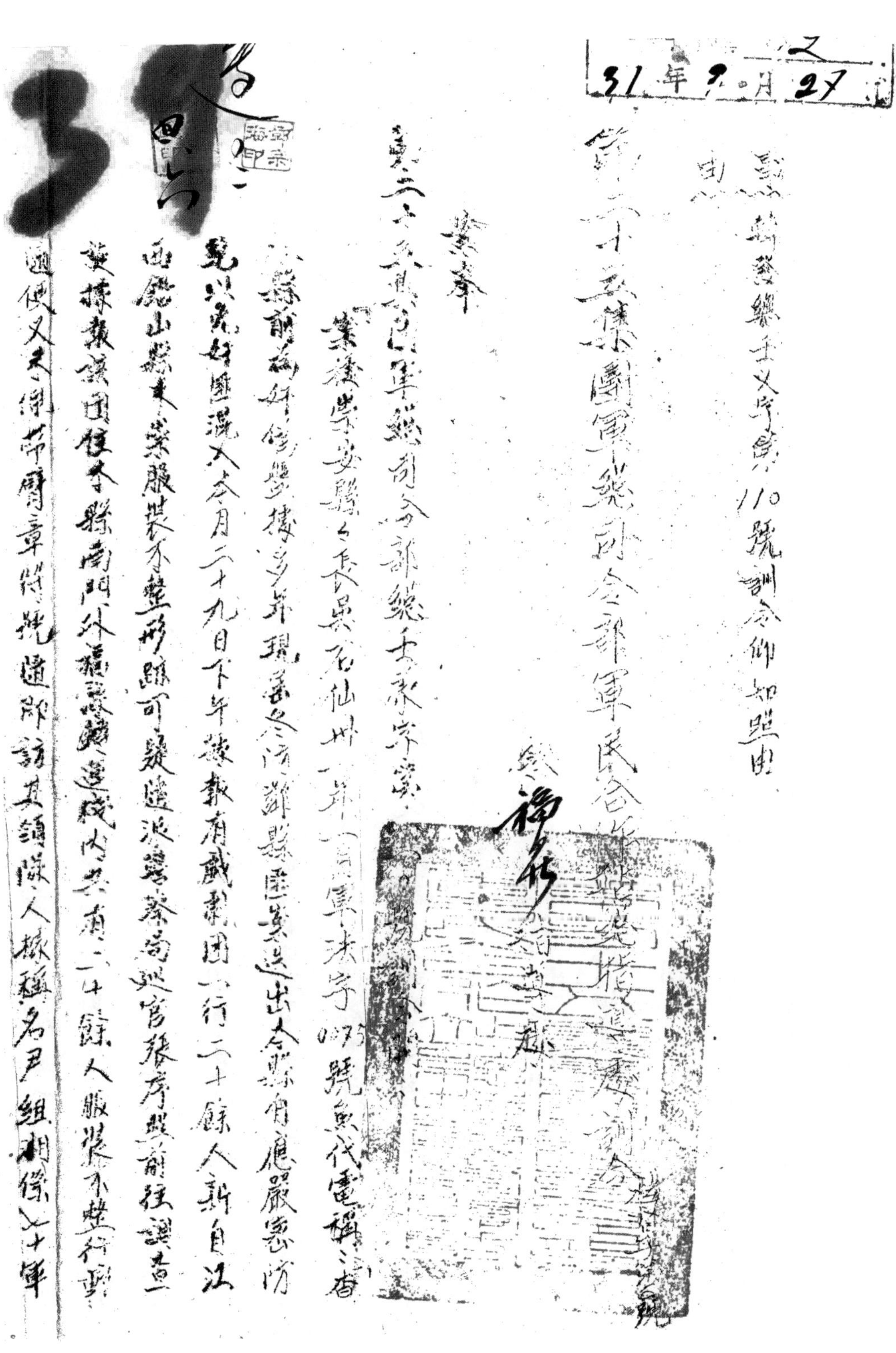

第二十五集团军总司令部军民合作站总指导处关于转发总壬义字第 110 号训令(通令各部队嗣后不论官佐士兵假出或公出均需佩戴臂章符号)的训令(1942 年 3 月)a 面　G137-001-0008

一暫七師三一九團運輸連中樑排長令閩部應駐錫山一帶後開赴福州

將留戲劇團在君山表演此次團長命我們押運頭等語但查其護照僅

有該排長令人及隨帶傳令兵一名其餘各人既無差假証又無其他証明文

件且携帶短槍三枝並有步槍数鋼[illegible]負殺十枝均無運槍護照等情前

來隨即以電話向錫山縣政府查詢據錫縣長電話告云此無戲劇團演

出[illegible]聞本縣轄下有土匪假借戲劇為名意圖洪胡[illegible]滲[illegible]趕[illegible]光澤方面用去請

注意等語核與該尹排長所言不相符合更屬可疑縣長因地方治安関係

不得不[illegible]遣後派本府[illegible]新軍[illegible]科長黎良訓暨警察局長

徐劉邀向七八團領隊之尹排長來府詢問一〇七師三一九團駐崇留守處

鄭連長當証明該劇團係其團部組織槍枝係留守處所有移存福縣

轉運棧待運福州自經証明後亦即未予檢查翌日(十二月三十日)上午該留

守處劉連長暨尹排長相率服裝不整人員二名來府要挾態蹤稱根告入

[illegible]詢何其道歉未[illegible]光光不可理喻縣長延入會客室和顏禮待與之一再解

說注意治安及檢查過路軍人之其槍彈等係奉層峯命令遵辦等語歷

第二十五集团军总司令部军民合作站总指导处关于转发总壬义字第 110 号训令(通令各部队嗣后不论官佐士兵假出或公出均需佩戴臂章符号)的训令(1942 年 3 月)b 面　G137-001-0008

第二十五集团军总司令部军民合作站总指导处关于转发总壬义字第110号训令(通令各部队嗣后不论官佐士兵假出或公出均需佩戴臂章符号)的训令(1942年3月)a面　G137-001-0008

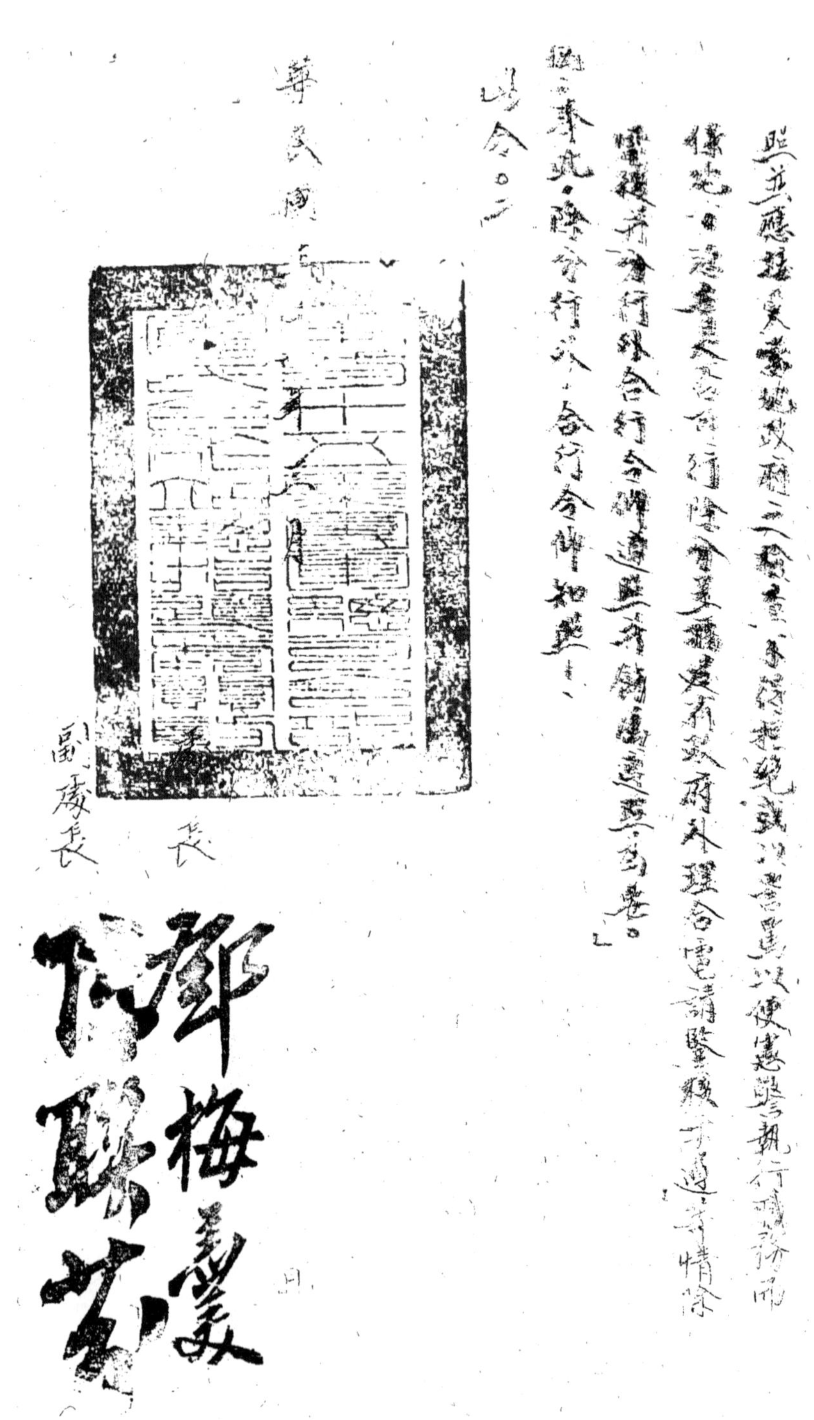

第二十五集团军总司令部军民合作站总指导处关于转发总壬义字第 110 号训令(通令各部队嗣后不论官佐士兵假出或公出均需佩戴臂章符号)的训令(1942 年 3 月)b 面　G137-001-0008

福鼎縣政府公函

軍保一字第552號

中華民國三十一年五月 日

事由：奉以各省團管區取銷嗣後接兵部隊軍風紀由師管區糾察請查照由

案奉

福建全省保安司令衛壬字第533號代電開：

「案奉軍事委員會渝督渝字第919號訓令開：各省團管區業已撤銷，嗣後接兵部隊之軍風紀由師管區司令負責糾察。除分電外，仰即轉飭遵照為要。」

等因，奉此，相應函請

查照為荷。

此致

[illegible]

福鼎县政府关于奉省保安司令卫壬字第533号代电（各省团管区取消嗣后接兵部队军风纪由师管区纠察管理）的公函（1942年5月20日） G137-001-0008

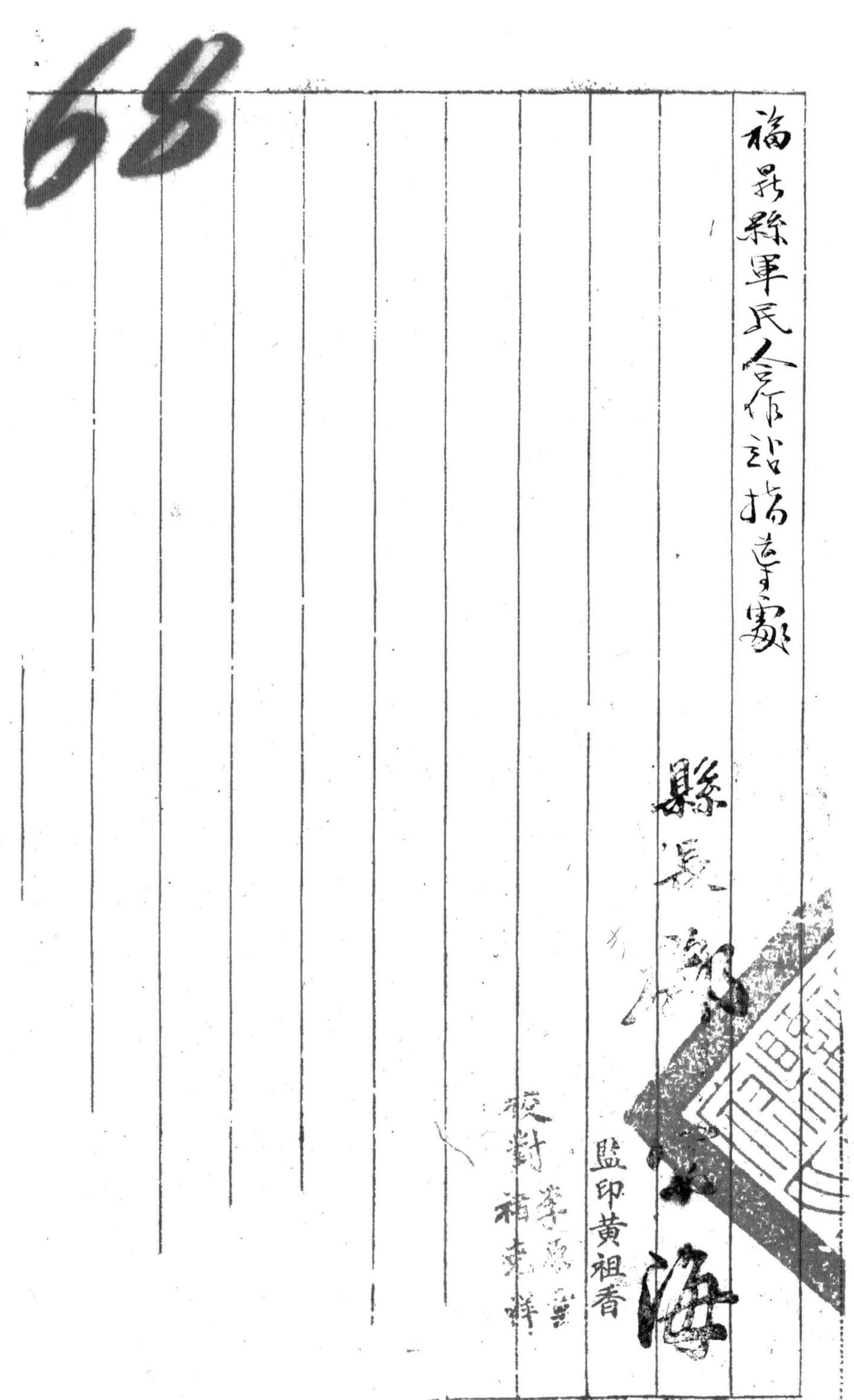

福鼎縣軍民合作站指導處

縣長

監印黃祖香

校對

福鼎县政府关于奉省保安司令卫壬字第533号代电(各省团管区取消嗣后接兵部队军风纪由师管区纠察管理)的公函(1942年5月20日)　G137-001-0008

存之

呈

事由　為新兵陳十二無故將氏家物件搬走懇請轉函將失物追還由

竊氏居住本縣桐山鎮中正保氏夫吴亞仙於早年被徵入營至今尚無音信緣日中午駐於本縣之第部第五補訓處二团七連新兵陳十二忽率同該兵名將氏家房門破開氏当場嚷而避走該新兵陳十二等竟將室空為是不已懇請

鈞長准予轉函該隊部將物件追回嚴办实为公便

謹呈

县長鄧

附呈失物清單乙紙

中華民國三十一年六月廿三

附件

福鼎县桐山镇中正保征属吴亚仙关于新兵陈十二无故将氏家物件搬走，恳请将失物追还的呈文

(1942年6月23日)a面　G137-001-0008

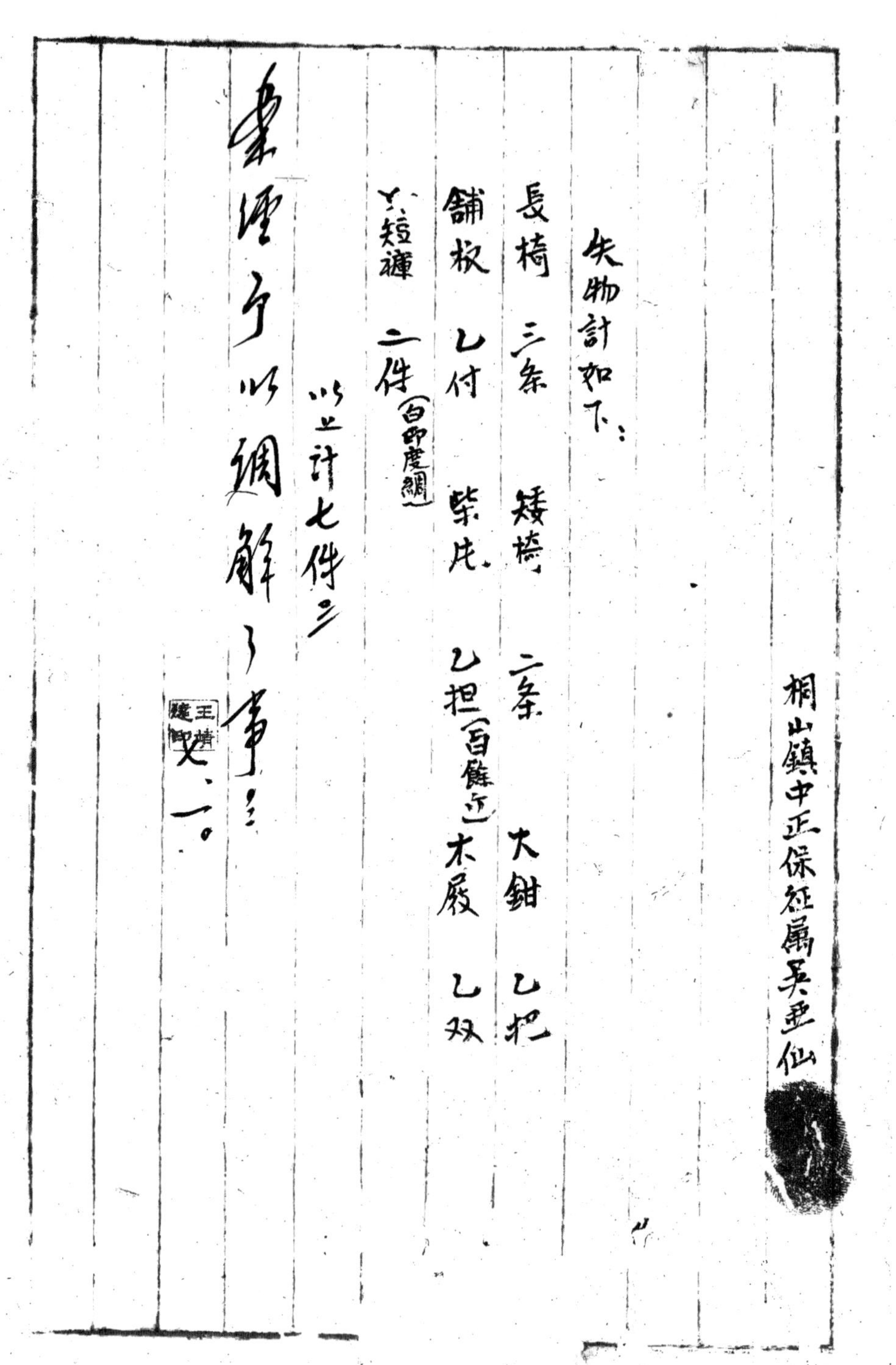
桐山镇中正保征属吴亚仙

失物計如下：

長椅　三条　矮椅　二条　大鉗　乙把

舖板　乙付　柴片　乙担（白餘斤）木屐　乙双

大、短褲　二件（白印度綢）

以上計七件。

乘便予以調解了事。

王炳瀍印

七、一。

福鼎县桐山镇中正保征属吴亚仙关于新兵陈十二无故将氏家物件搬走，恳请将失物追还的呈文
(1942年6月23日)b面　G137-001-0008

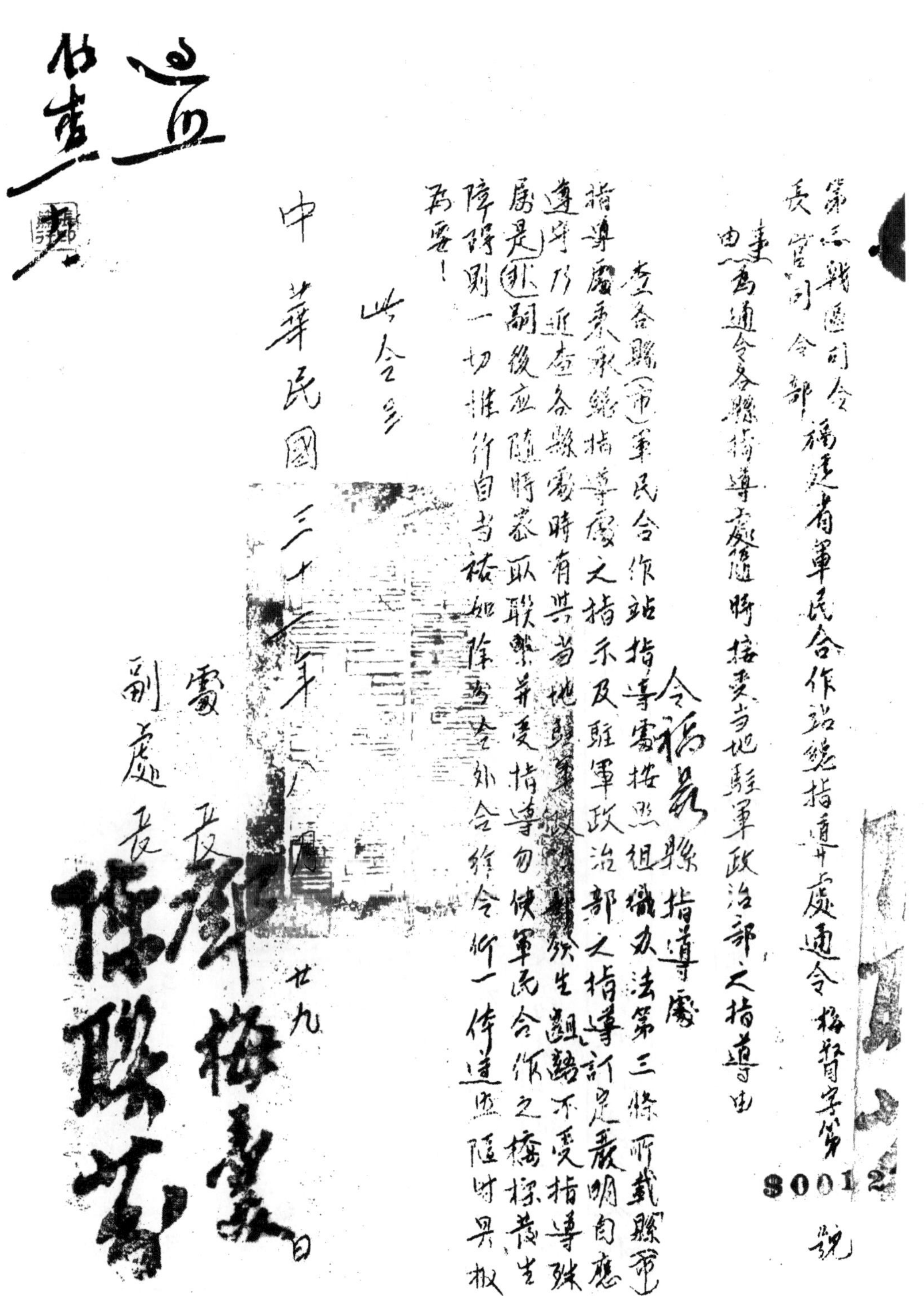

第三戰區司令長官司令部福建省軍民合作站總指導處通令　梅發字第　號

事由：為通令各縣指導處隨時接受當地駐軍政治部之指導由

令福鼎縣指導處

查各縣（市）軍民合作站指導處按照組織辦法第三條所載縣（市）指導處秉承總指導處之指示及駐軍政治部之指導，計定嚴明，自應遵守。乃近查各縣處時有與當地駐軍政治部發生齟齬，不受指導，殊屬非是。嗣後應隨時密取聯繫，並受指導，勿使軍民合作之機構發生障礙，則一切推行自易。除分令外，合行令仰一体遵照，隨時具報為要！

此令。

中華民國三十一年八月廿九日

處長　鄧梅羹

副處長　陳聯芬

第三战区司令长官司令部福建省军民合作站总指导处关于各县指导处随时接受当地驻军政治部之指导的通令（1942 年 8 月 29 日）　G137-001-0008

福鼎縣政府公函

調申銑田甲字第807號

中華民國三十一年九月十六日

事由：據琳江經征分處呈為軍隊過境往往住宿本處乞示禁並飭琳江鎮公所兼辦軍民合作站人員切實負責辦理兵差等情函請查照轉飭由

案據琳江經征分處主任稽征員李俊海呈略稱：「以本處駐地時有過境隊伍侵入處內住宿，一時擁擠紛亂難堪，更處內器具非僅受其踐踏，即廚房等處竟夜火燭不息，深屬危險。為此呈乞鈞長察核，迅予示禁止，並嚴飭琳江鎮公所兼辦軍民合作站人員切實負責辦理兵差，以免紛擾而重征實機關，而便公務」等情。據此，查征實倉庫迭奉層令禁止駐兵在案，相應函請查照轉飭切遵為荷。

福鼎县政府关于据琳江经征分处报告，军队过境往往住宿本处乞示警告，并严饬琳江镇公所兼办军民合作站人员切实负责办理兵差的公函（1942 年 9 月 16 日） G137-001-0008

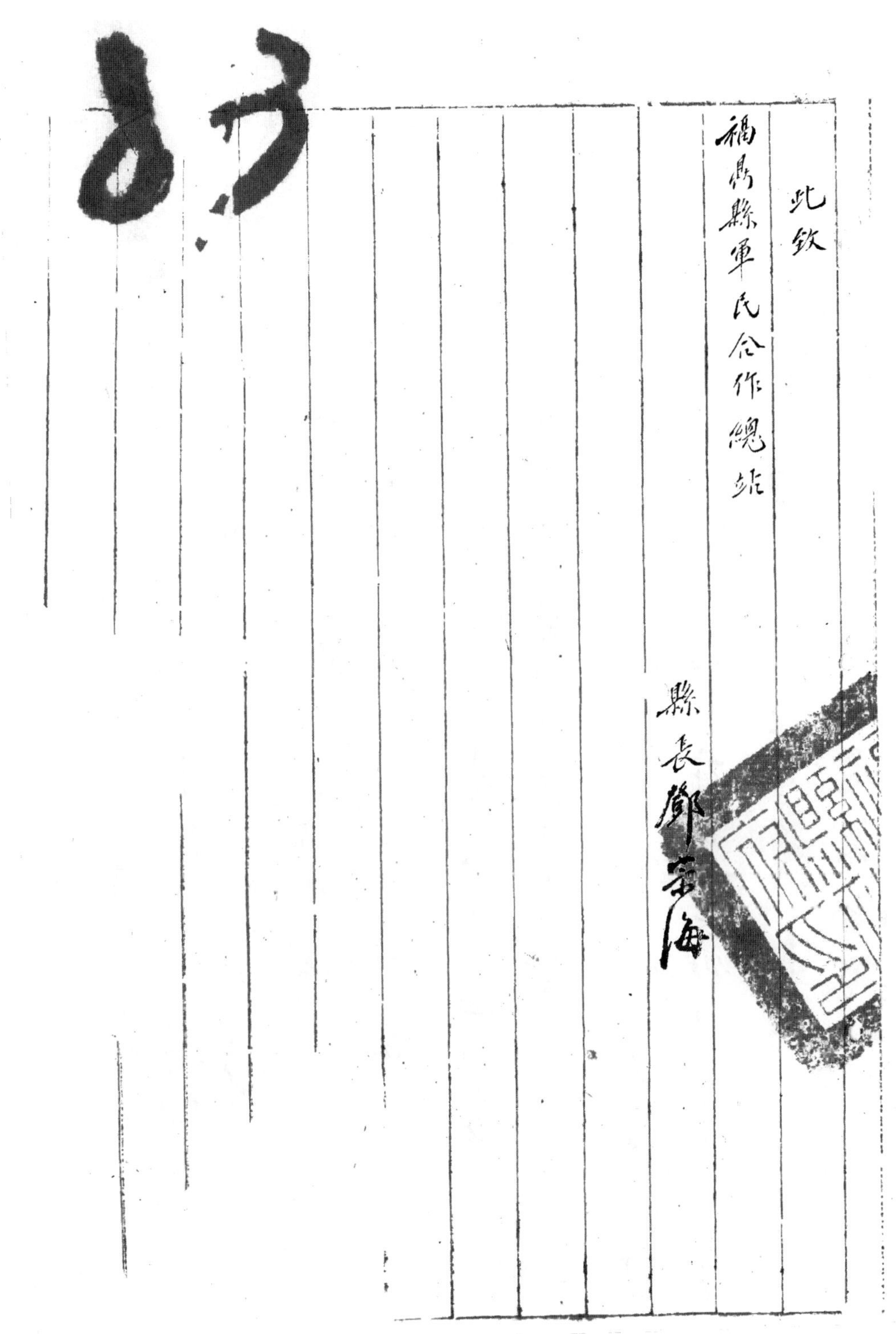
此致
福鼎县军民合作总站
县长 邓[illegible]海

福鼎县政府关于据琳江经征分处报告，军队过境往往住宿本处乞示警告，并严饬琳江镇公所兼办军民合作站人员切实负责办理兵差的公函（1942 年 9 月 16 日） G137-001-0008

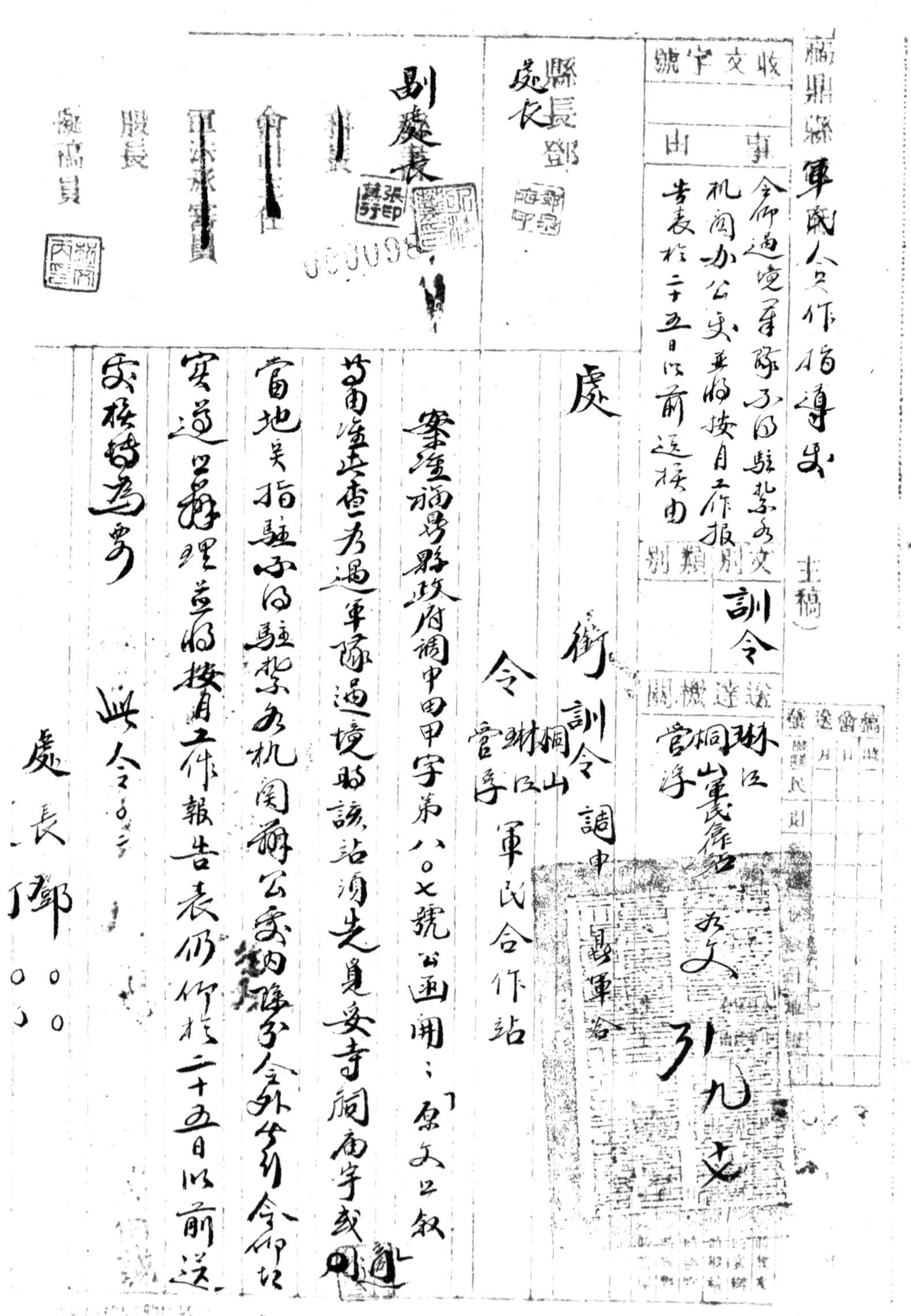
福鼎縣軍民合作指導處

收文字號

事由：令仰過境軍隊不得駐紮各機關辦公處並將按月工作報告表於二十五日以前送核由

文別：訓令

主稿

副處長

處銜訓令

令桐山、秦嶼、江、管陽軍民合作站

案准福鼎縣政府調中田甲字第八〇七號公函開：「原文照叙」等由。准此，查各過境軍隊過境時，該站須先覓妥寺廟祠宇或當地民房指駐，不得駐紮各機關辦公處。除分令外，合行令仰該站遵照辦理，並將按月工作報告表仍仰於二十五日以前送處核轉為要。

此令。

處長　鄭〇〇

第三战区司令长官司令部福建省福鼎县军民合作站指导处关于令过境军队不得驻扎各机关办公处，并将按月工作报告表于25日前报送的训令（1942年9月17日）　G133-003-0120

87

福鼎縣農會公函

事由：為會址正在改建碍難紮兵函請另覓紮所以利會務由

查城內河墘張氏宗祠前由本會向該祠管事人訂約租用為會址正擬派工前往改張機關規模以便推行會務不意本早貴處飭鎮公所所丁前來本會門首揭貼第五補訓處紮兵字條惟是本會正在興工修建倘經紮兵未免妨及工作阻碍會務之進行相應函請

查照即希他覓相當紮所以利會務至紉公誼

中華民國三十一年十一月五日

福鼎县农会关于会址正在改建，碍难驻兵，请他觅扎所以利会务的公函

（1942年11月5日） G137-001-0008

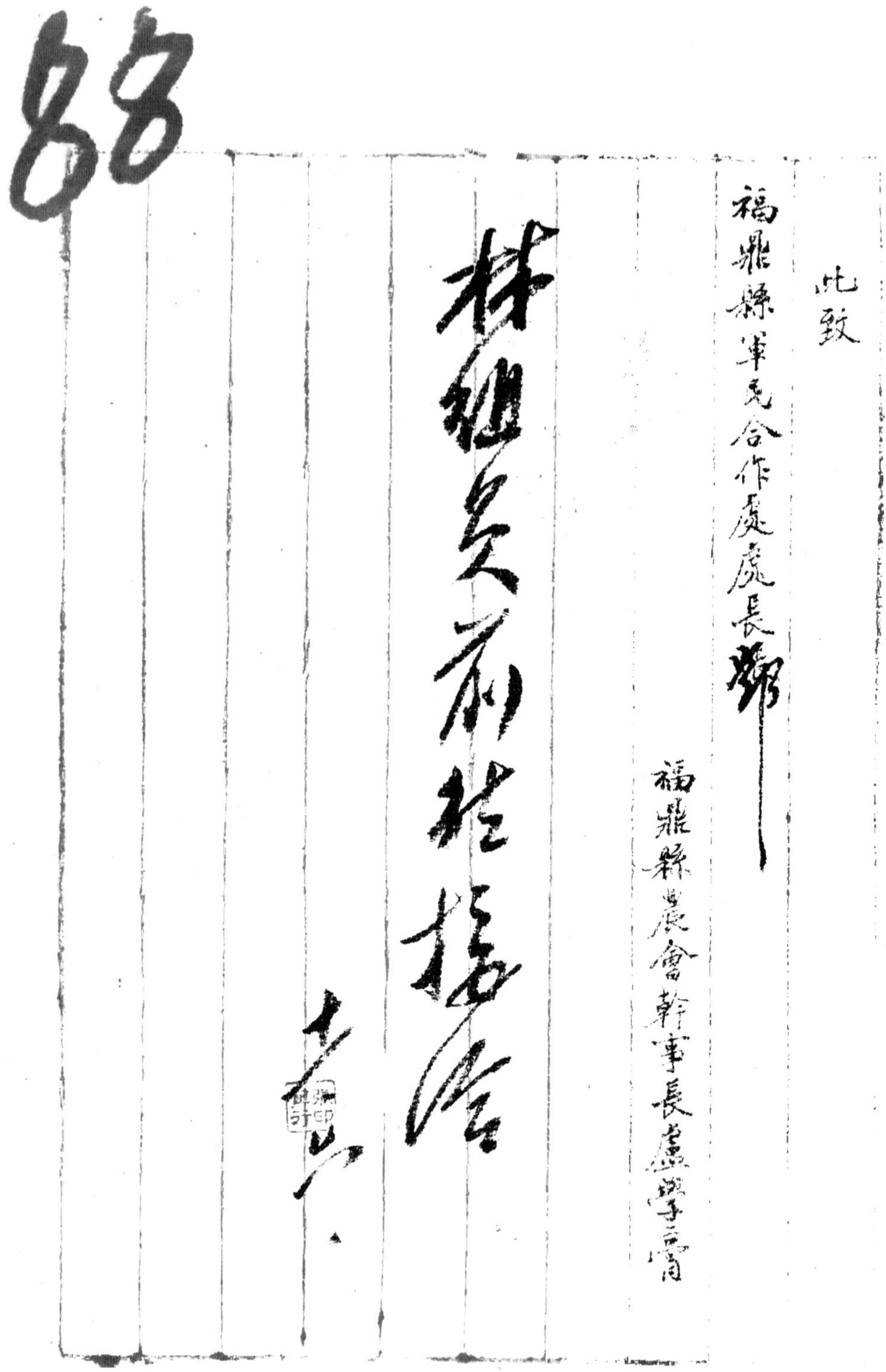
此致
福鼎县军民合作处处长郑
福鼎县农会干事长卢[illegible]
林继良前程梧启
十一月五日

福鼎县农会关于会址正在改建，碍难驻兵，请他觅扎所以利会务的公函

（1942 年 11 月 5 日） G137-001-0008

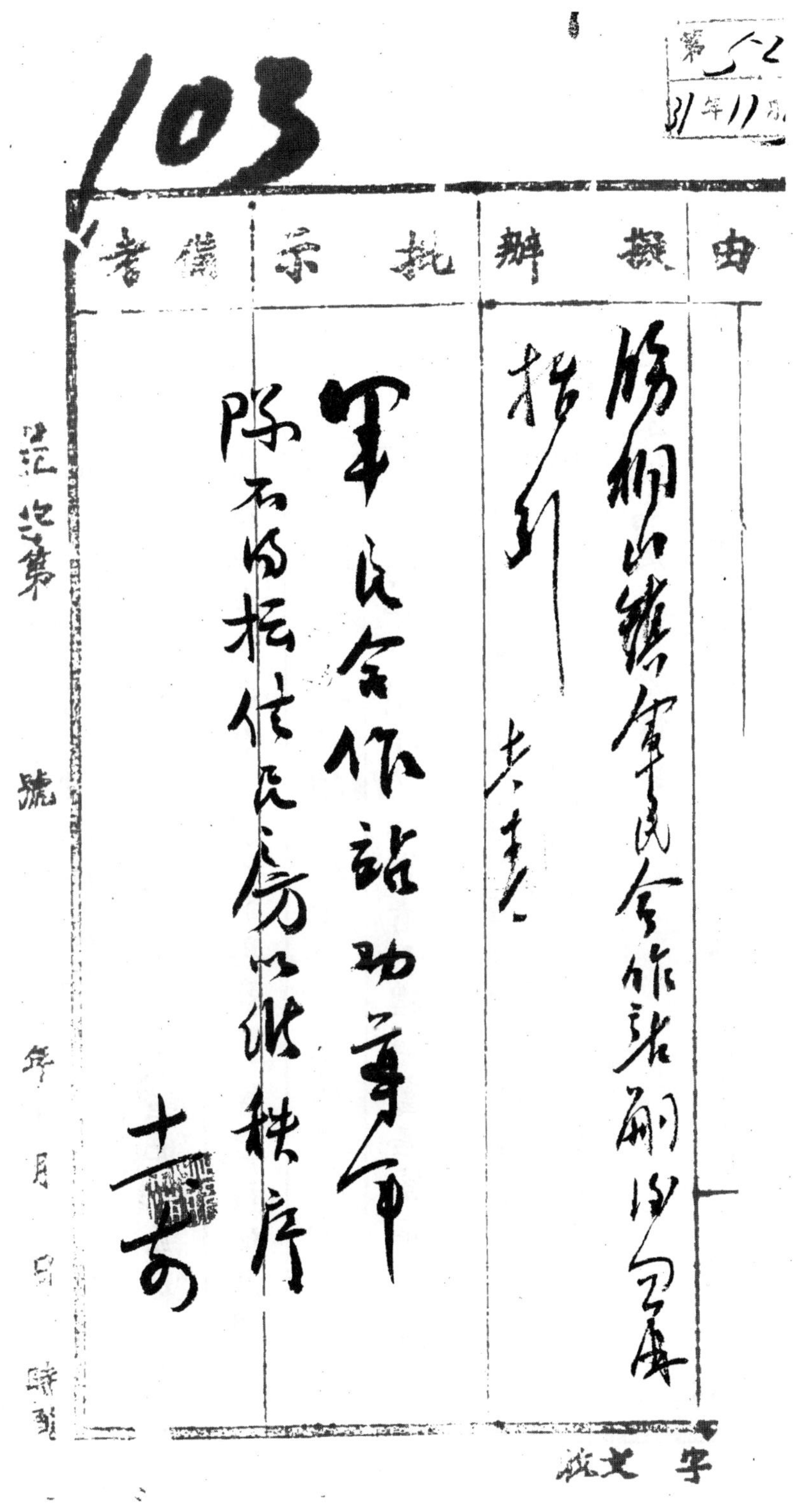
103

由 擬辦 批示 備考

第 號

年 月 日 時到

字

福鼎县桐山镇张君荣关于请饬镇公所及军民合作站嗣后勿再指引军队入驻民房的呈文

(1942 年 11 月 12 日)a 面　G137-001-0008

竊查過去一般軍隊過境因強借民房居住故民居屋被過境軍隊駐紮本年迄今已達五次之多一切損失不可思議詎此次海軍陸戰隊來縣又復進民屋勒令將店中一切及家具臥室等遷移他處讓其居住本店開張營業並無空曠房間且地方公共場所如關帝廟天王廟七聖宮鎮邊宮等均皆空閒可以駐紮請予體恤當據答稱軍隊駐紮場所係承鎮公所指定自難更易云云伏查軍隊不得駐紮民房叠經軍政部明令公佈有案民屋現已開張營業而家有眷口婦孺與軍隊雜處殊屬絕大不便為是不已瀝情懇乞

鈞長察核准飭鎮公所暨軍民合作站嗣後勿再指引軍隊入住民

福鼎县桐山镇张君荣关于请饬镇公所及军民合作站嗣后勿再指引军队入驻民房的呈文

(1942年11月12日)b面　G137-001-0008

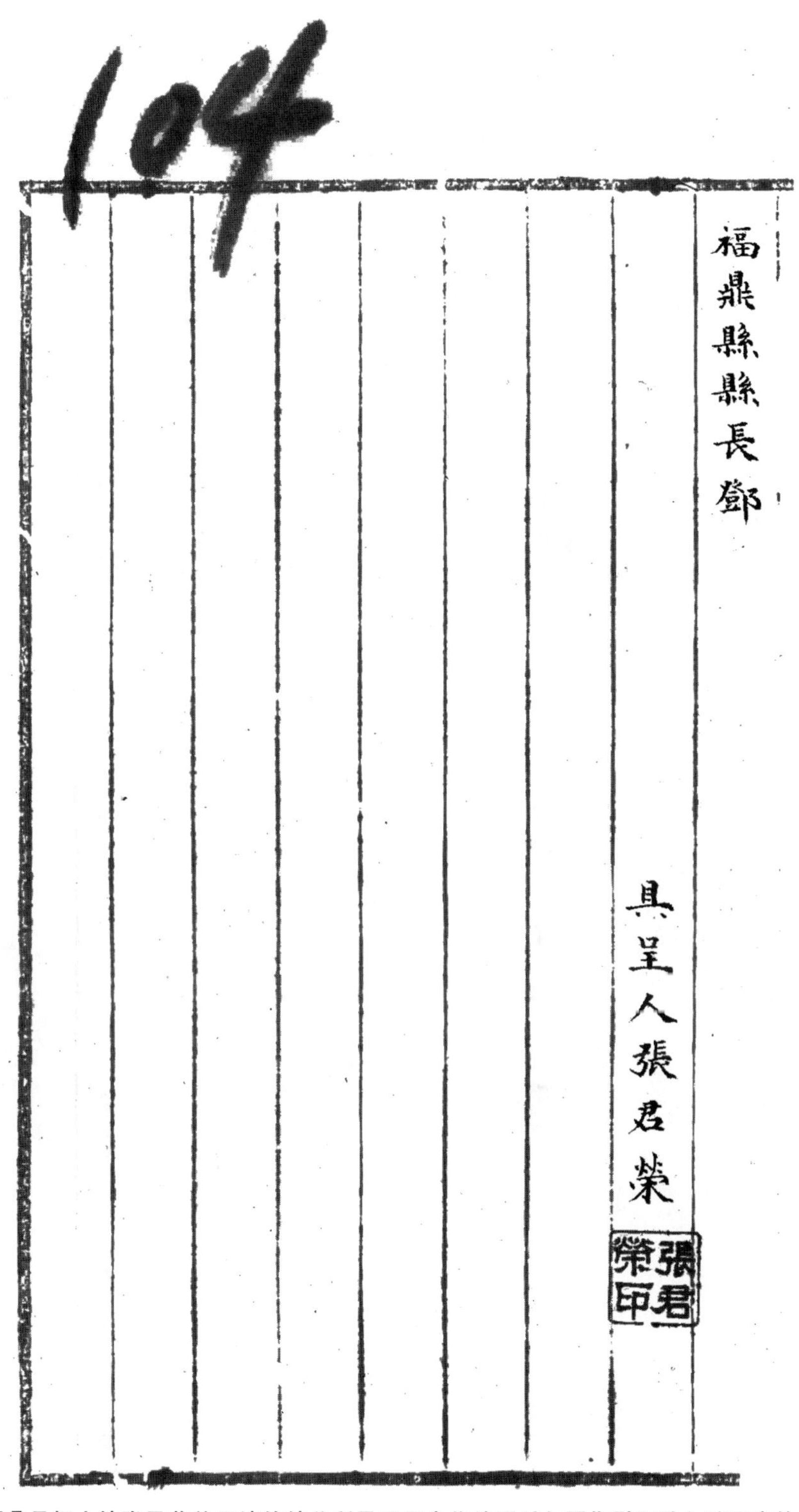
104

福鼎縣縣長鄧

具呈人張君榮

張君榮印

福鼎县桐山镇张君荣关于请饬镇公所及军民合作站嗣后勿再指引军队入驻民房的呈文

(1942年11月12日)a面　G137-001-0008

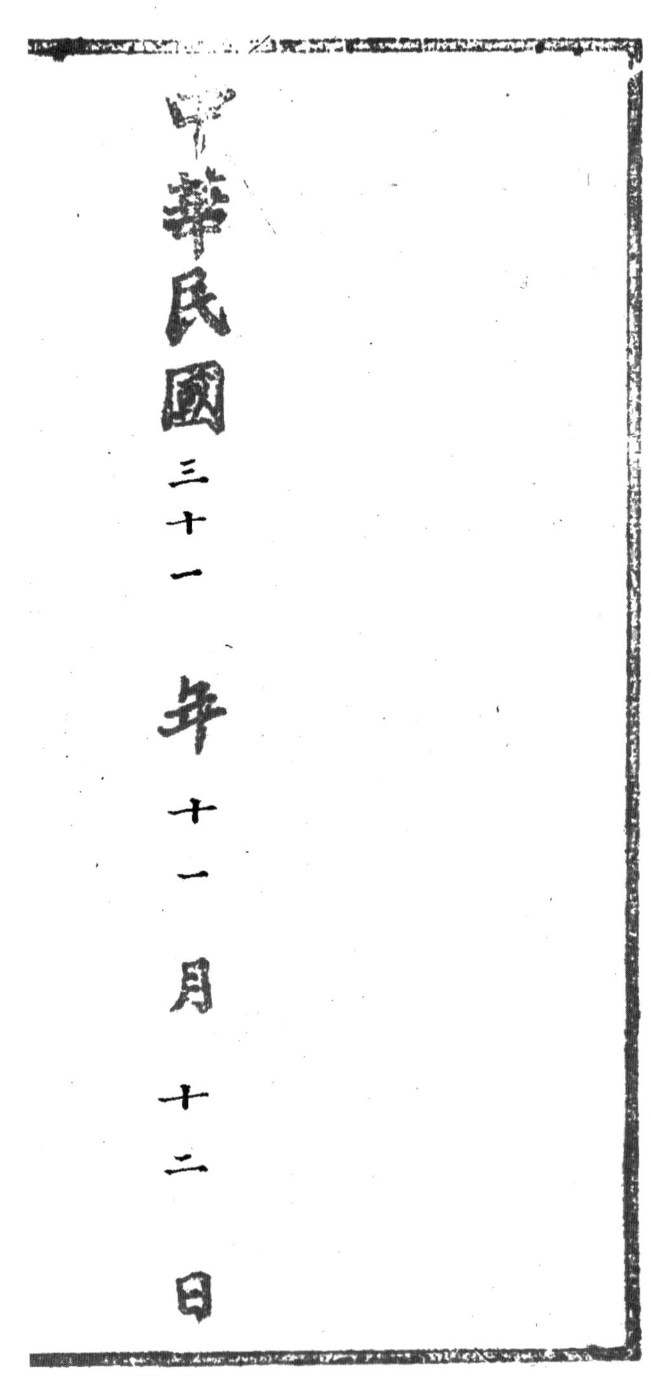
中華民國三十一年十一月十二日

福鼎县桐山镇张君荣关于请饬镇公所及军民合作站嗣后勿再指引军队入驻民房的呈文

(1942 年 11 月 12 日)b 面 G137-001-0008

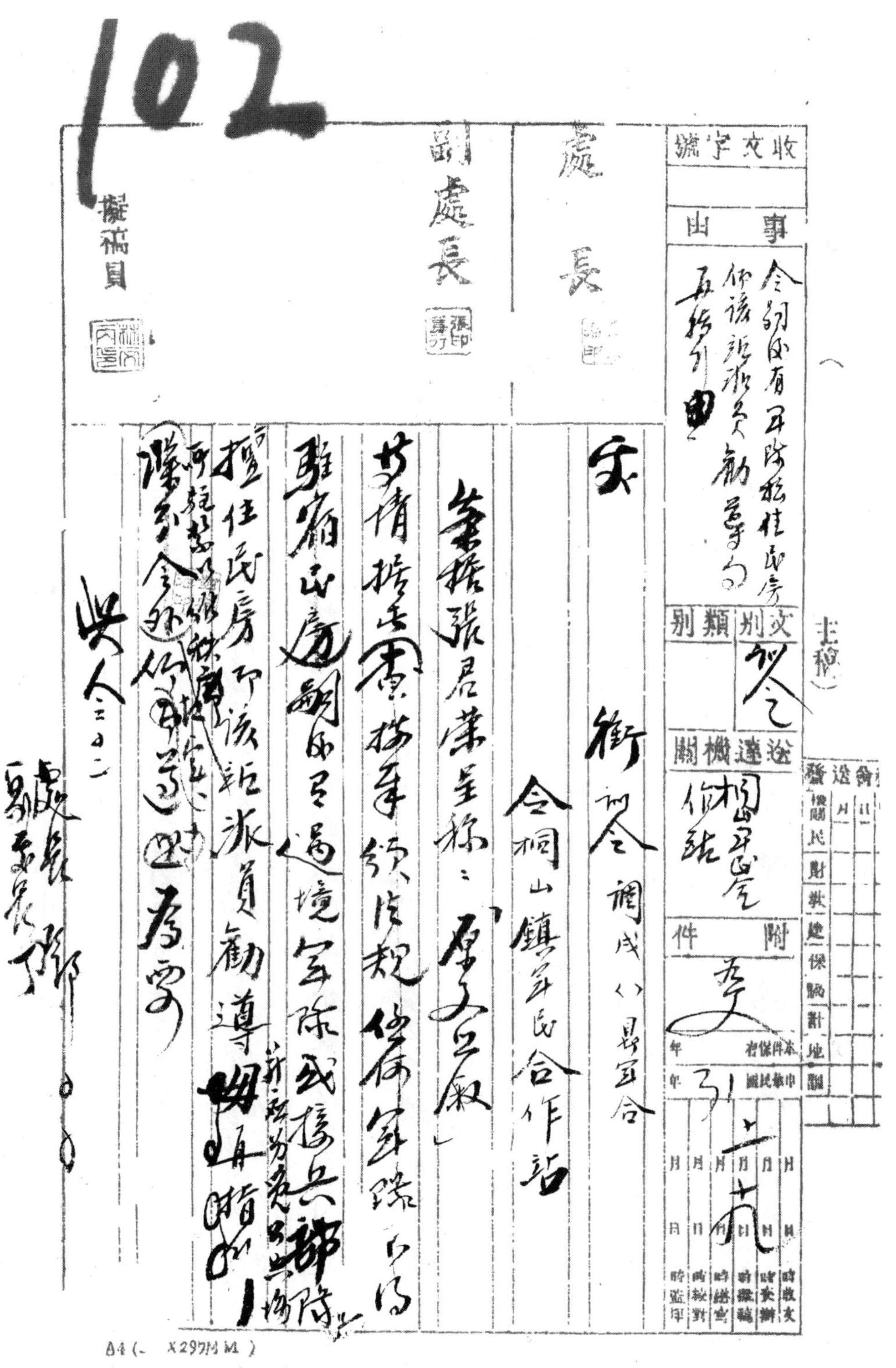

第三战区司令长官司令部福建省福鼎县军民合作站指导处关于嗣后如有军队擅住民房，仰桐山站派员劝导，勿再指引的训令（1942 年 11 月 19 日）　G137-001-0008

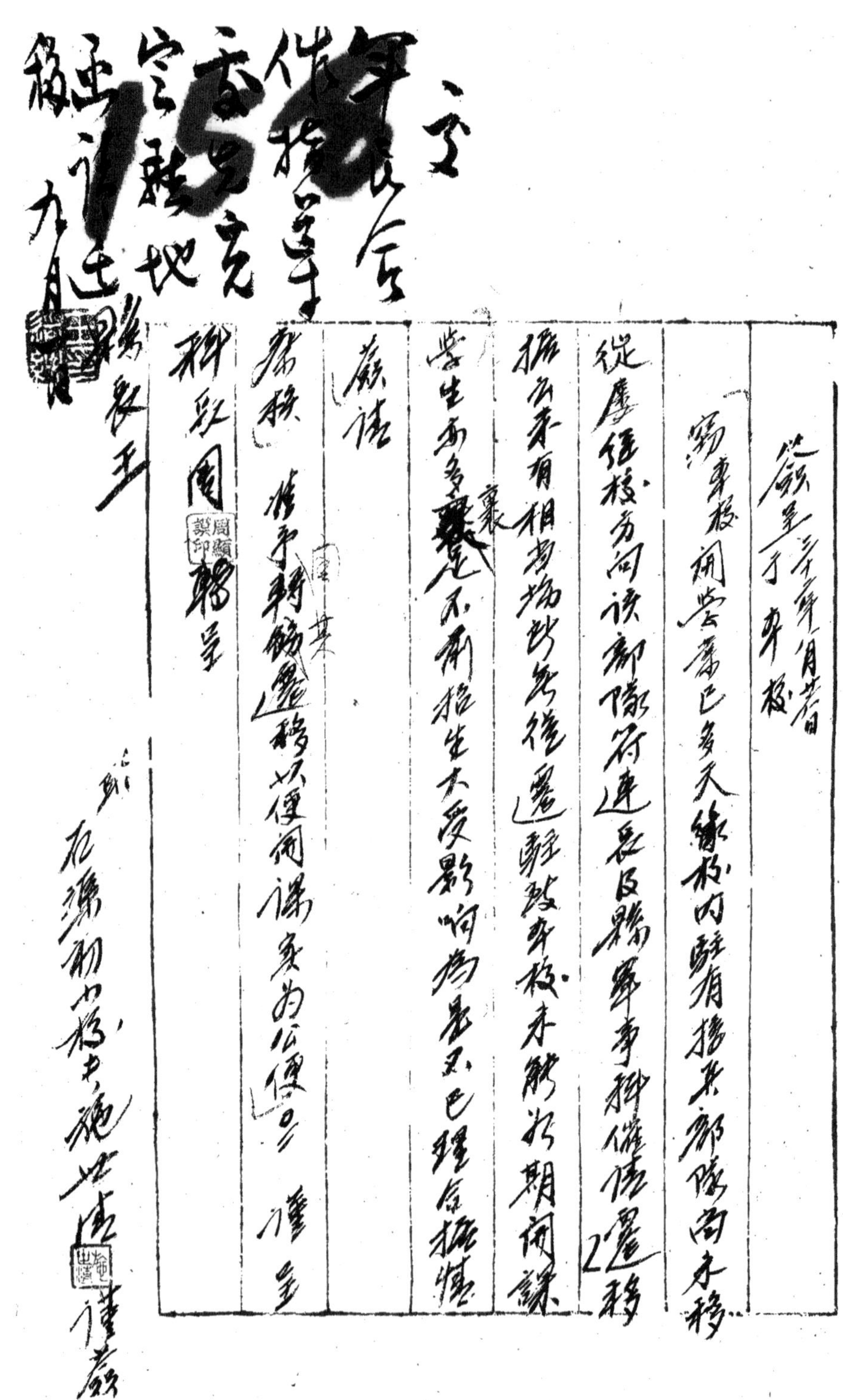

福鼎县石渠初级小学校长施世清关于校内驻有接兵部队，准予转饬迁移，以便开课的签呈

(1943年8月26日) G137-001-0009

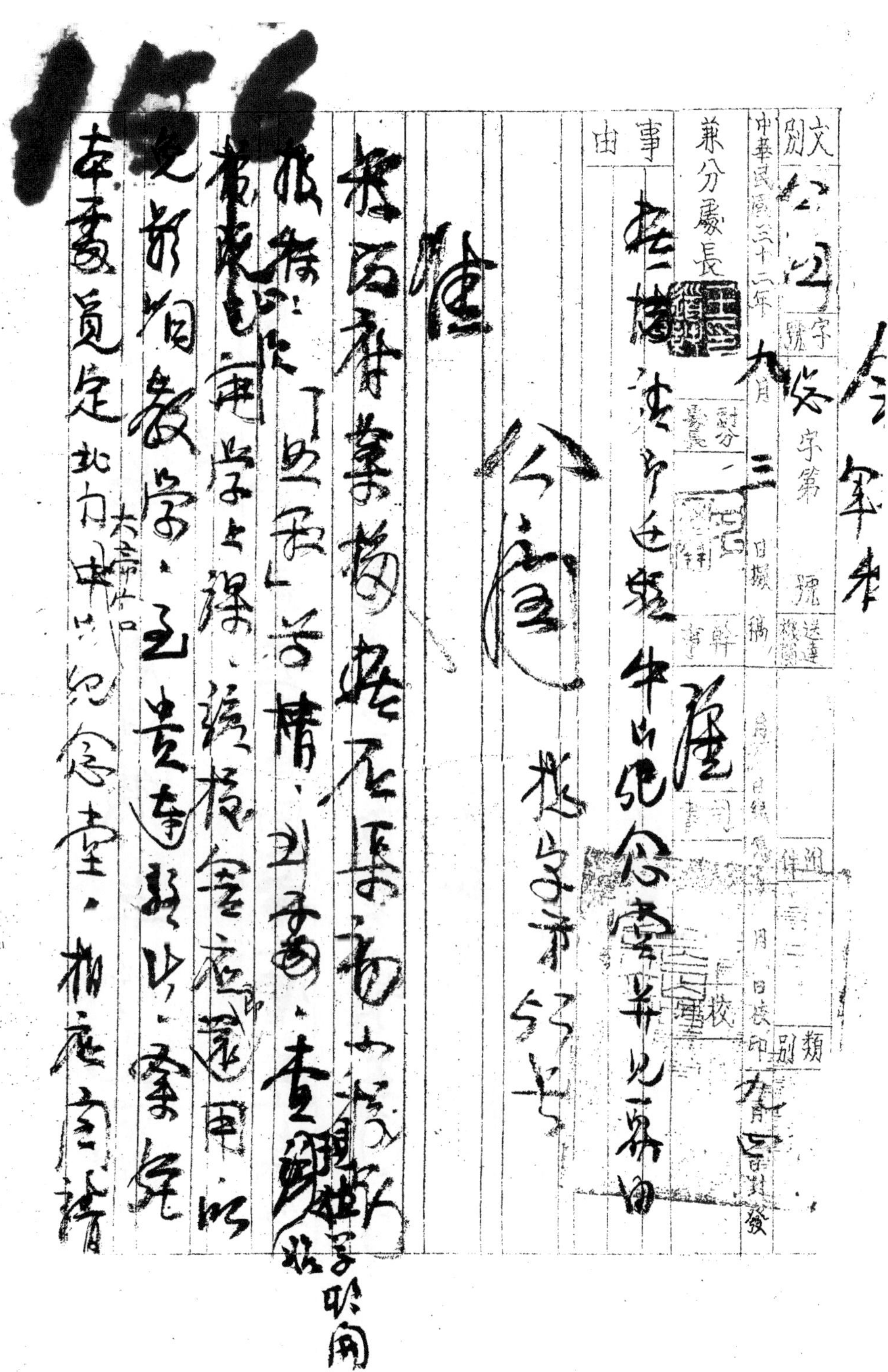

福鼎县政府、第三战区福建省福鼎县军民合作站指导分处关于请建延师管区基干团某连迁驻中山纪念堂的公函（1943 年 9 月 4 日） G137-001-0009

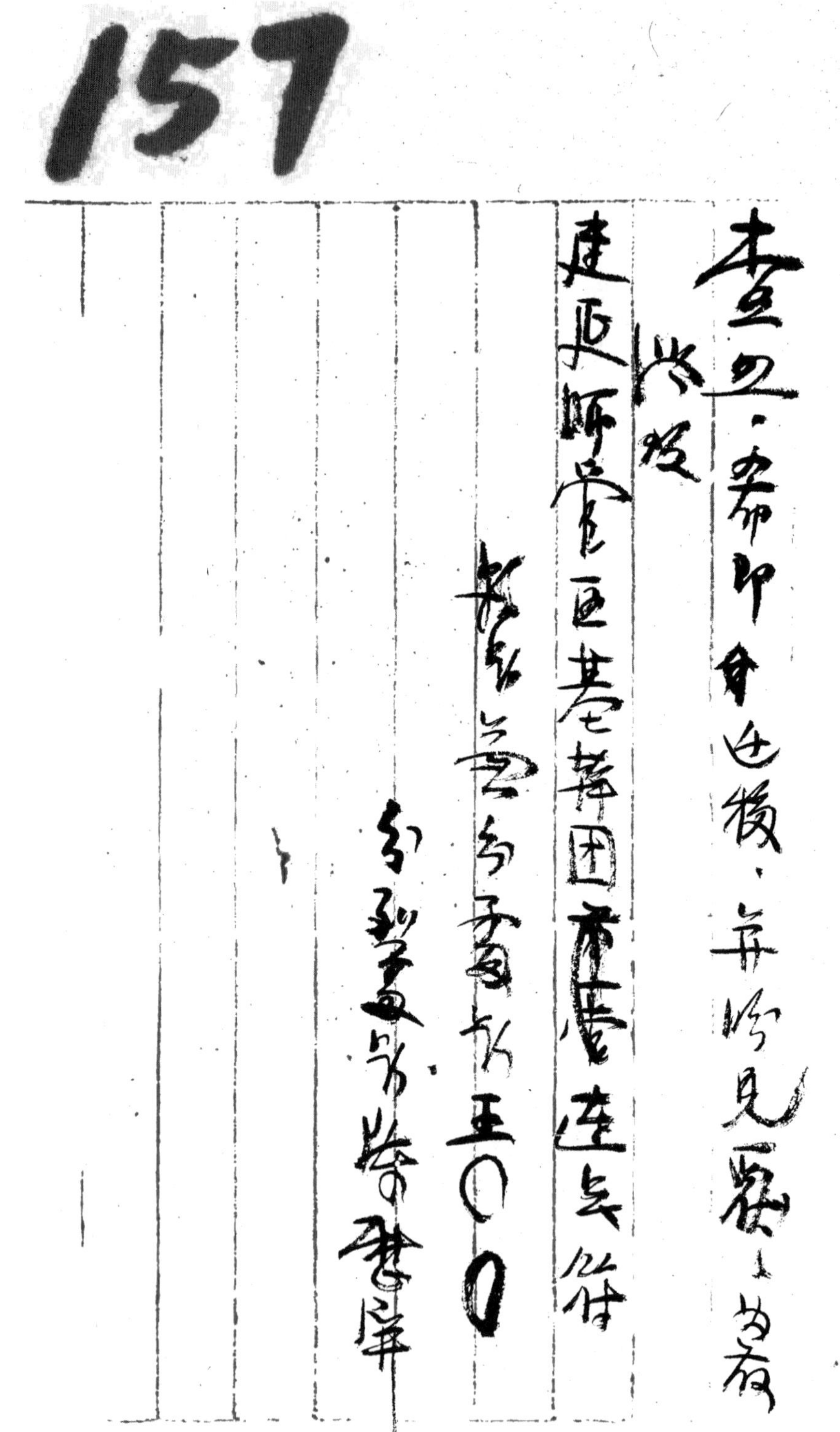

157

查照，希即令迁移，并盼见复为荷

此致

建延师管区基干团营连长

福鼎县县长兼主任王〇〇

分站指导分处[illegible]

福鼎县政府、第三战区福建省福鼎县军民合作站指导分处关于请建延师管区基干团某连迁驻中山纪念堂的公函(1943 年 9 月 4 日)　G137-001-0009

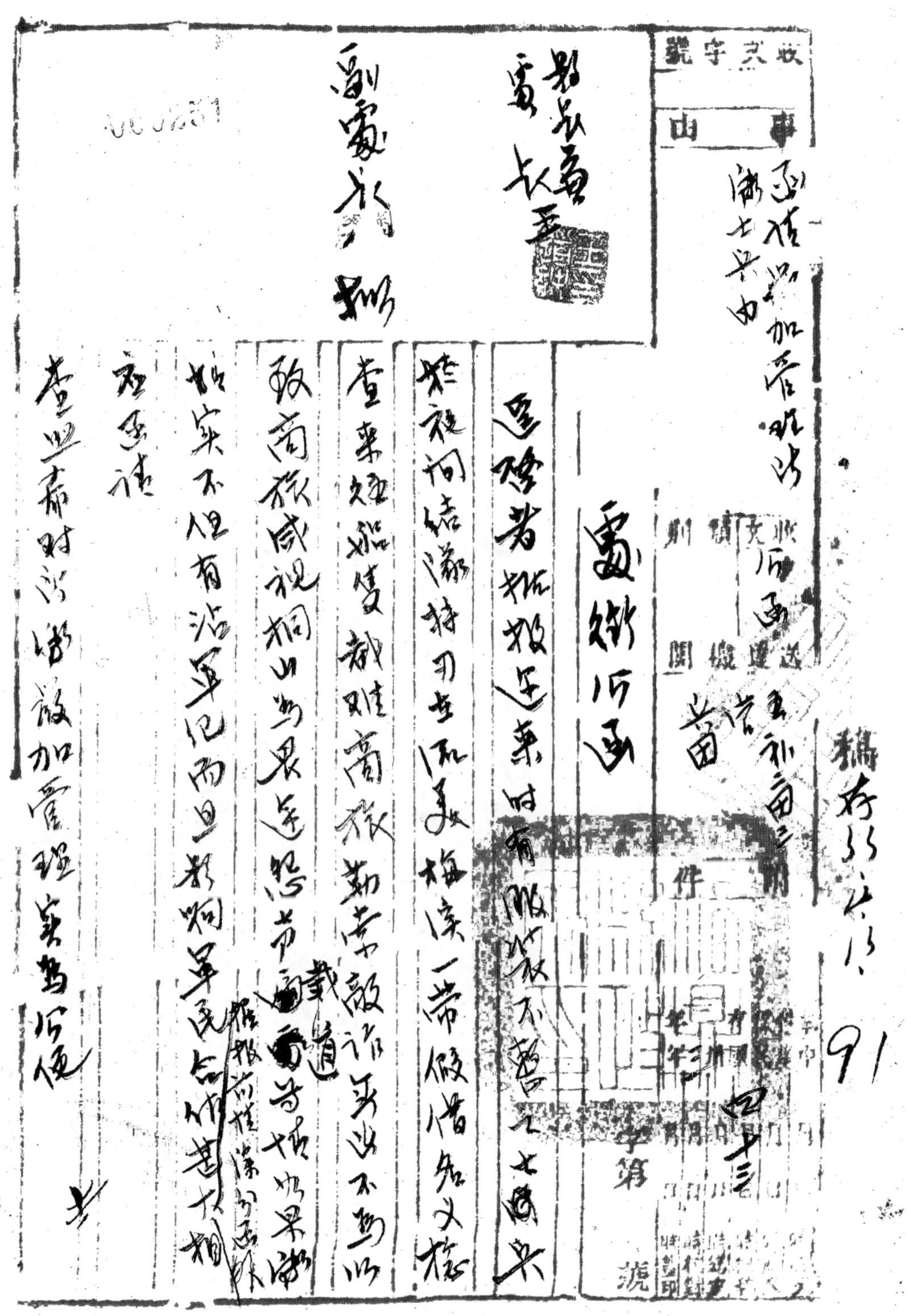

第三战区福建省福鼎县军民合作站指导分处关于请增加管理所属士兵致军政部第五补训处二团三营的公函(1944 年 4 月 13 日)　G133-003-0123

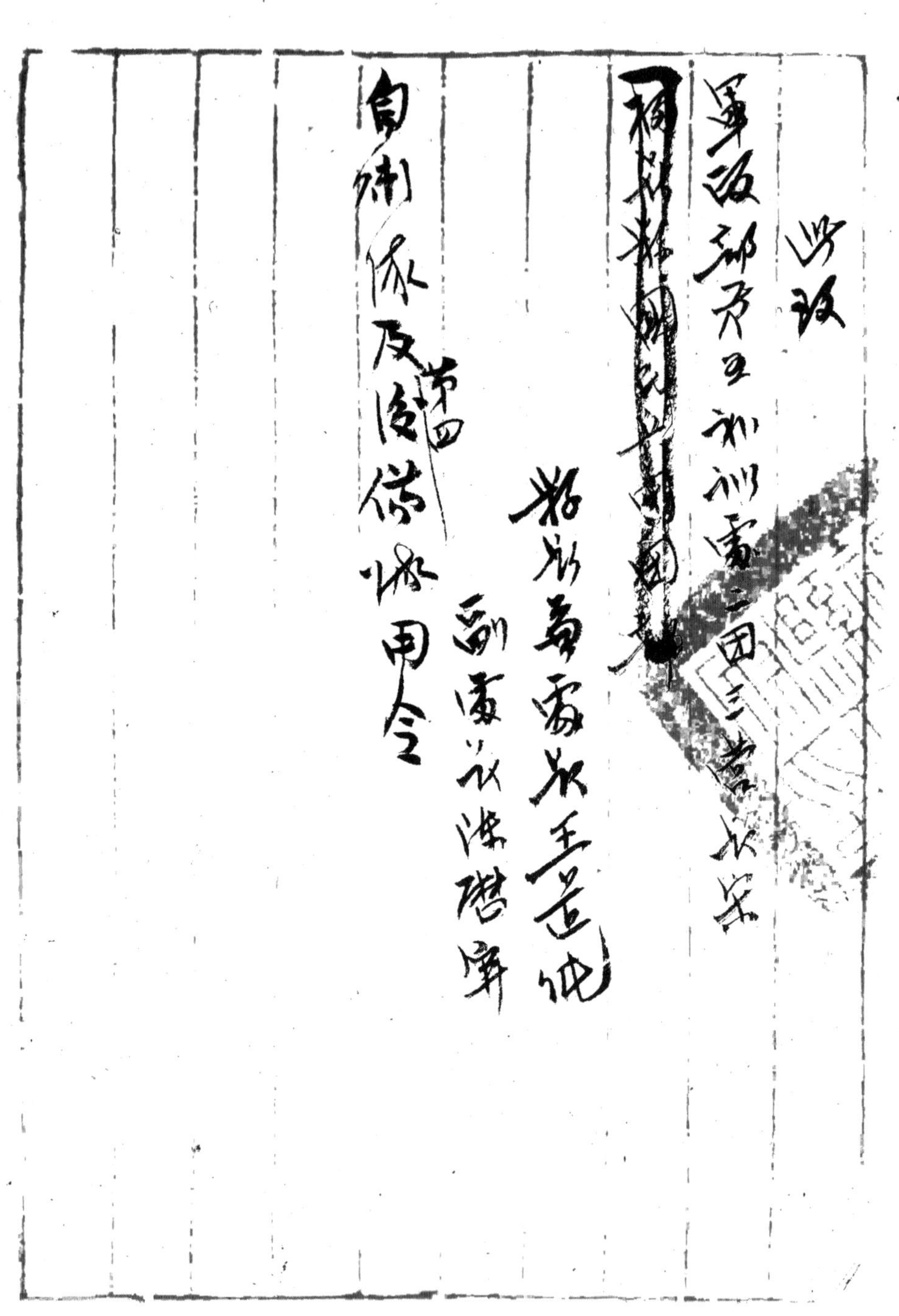

第三战区福建省福鼎县军民合作站指导分处关于请增加管理所属士兵致军政部第五补训处二团三营的公函(1944年4月13日)　G133-003-0123

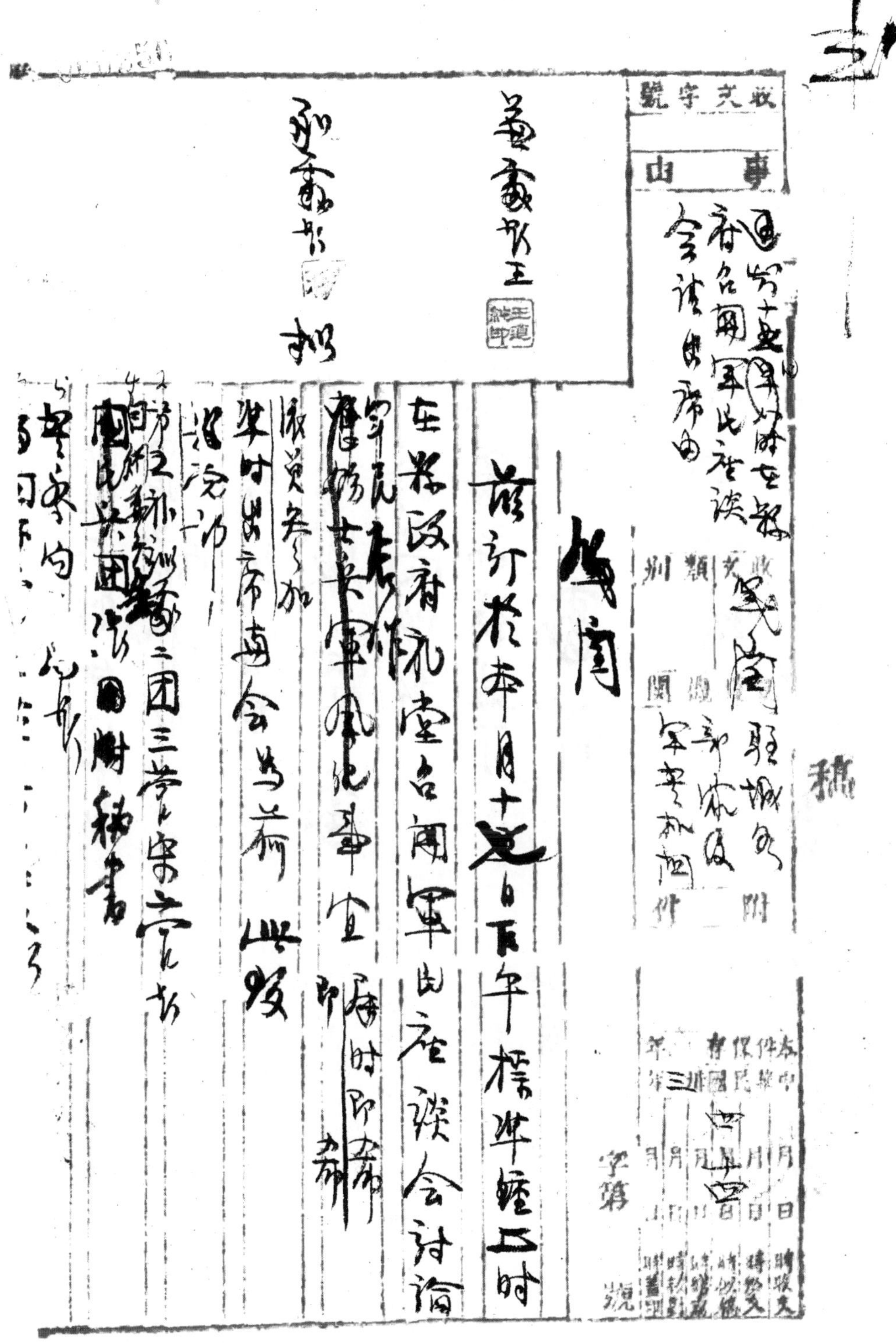

兹订于本月十七日下午标准钟三时

在县政府礼堂召开军民座谈会讨论

第三战区福建省福鼎县军民合作站指导分处关于十七日在县政府召开军民座谈会请出席的公函

（1944 年 4 月 13 日） G133-003-0123

自卫第一中队王将中队长
第四后备队陈立纪队长
防空监视哨陈哨长
保八团第一大队留守处
福鼎查缉所高所长
军民合作站处孙干事

处衔 启

四月十四日

拟提会议题

一、关于各部队军风纪应如何严加整饬

第三战区福建省福鼎县军民合作站指导分处关于十七日在县政府召开军民座谈会请出席的公函
(1944年4月13日)a面 G133-003-0123

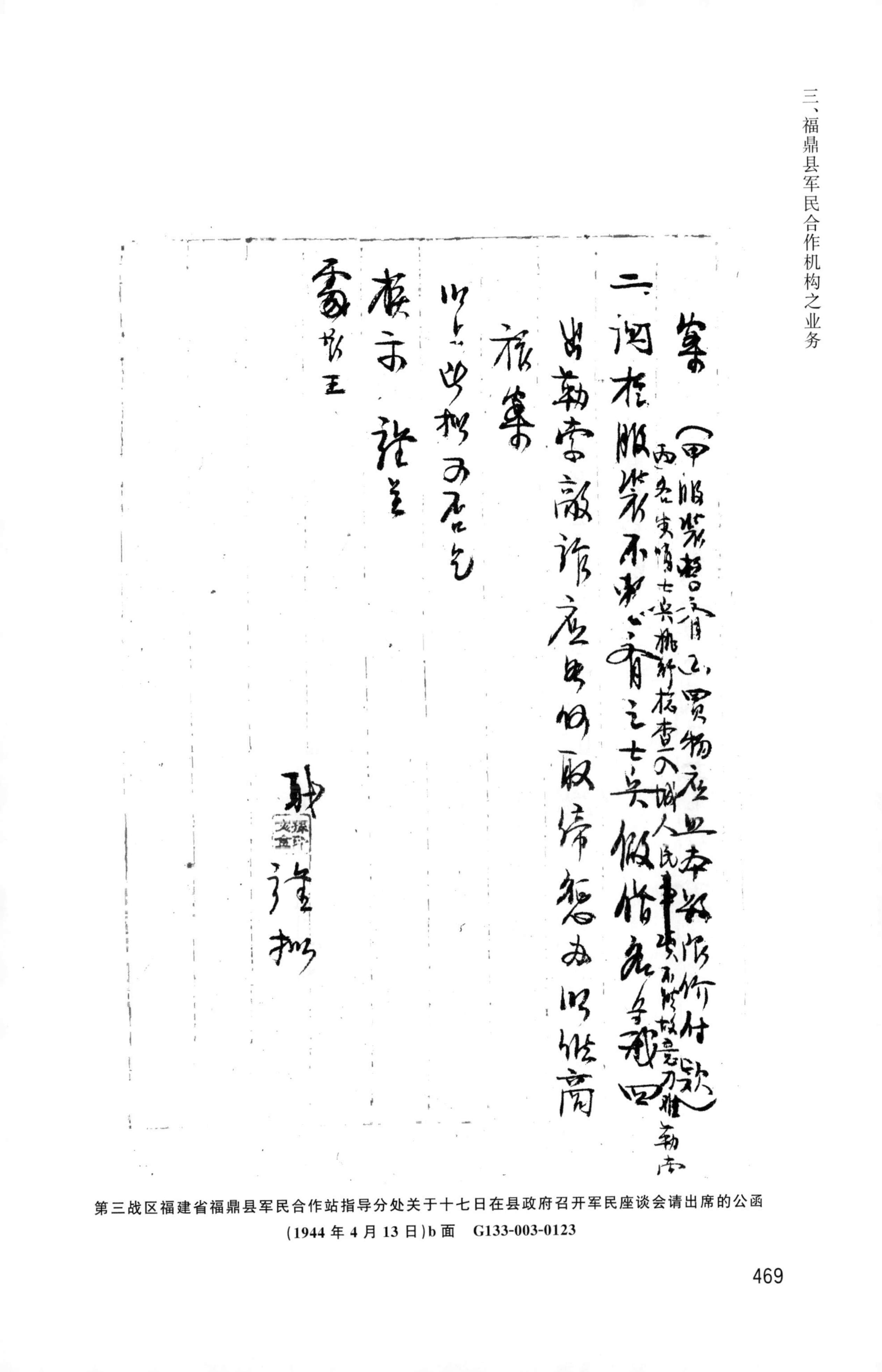

第三战区福建省福鼎县军民合作站指导分处关于十七日在县政府召开军民座谈会请出席的公函

（1944年4月13日）b面　G133-003-0123

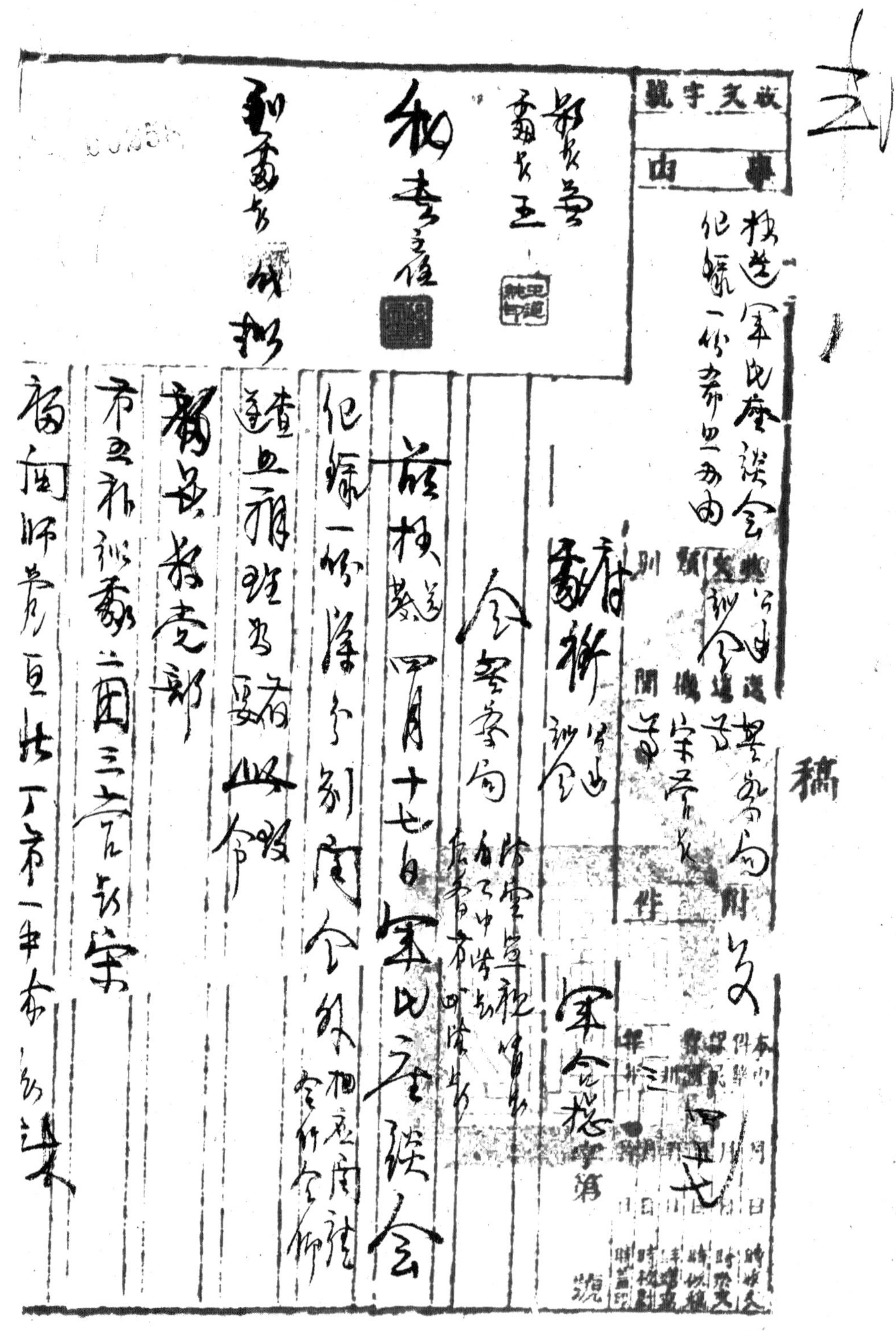

第三战区福建省福鼎县军民合作站指导分处关于抄发军民座谈会记录希照办的公函

（1944年4月17日） G133-003-0123

福鼎县作战站主任高
保八团第二大队分站
县自卫委员会总队秘书股

文[illegible]

查本月十七日军民座谈会议决案
第四县驻地接兵部队负招募部导向
本县卫生院注射防疫针等[illegible]
案将分属军政部第五补训处第二团
三区及福闽师管区壮丁第一中队外
合行令仰遵照办理 此令

第三战区福建省福鼎县军民合作站指导分处关于抄发军民座谈会记录希照办的公函

（1944年4月17日） G133-003-0123

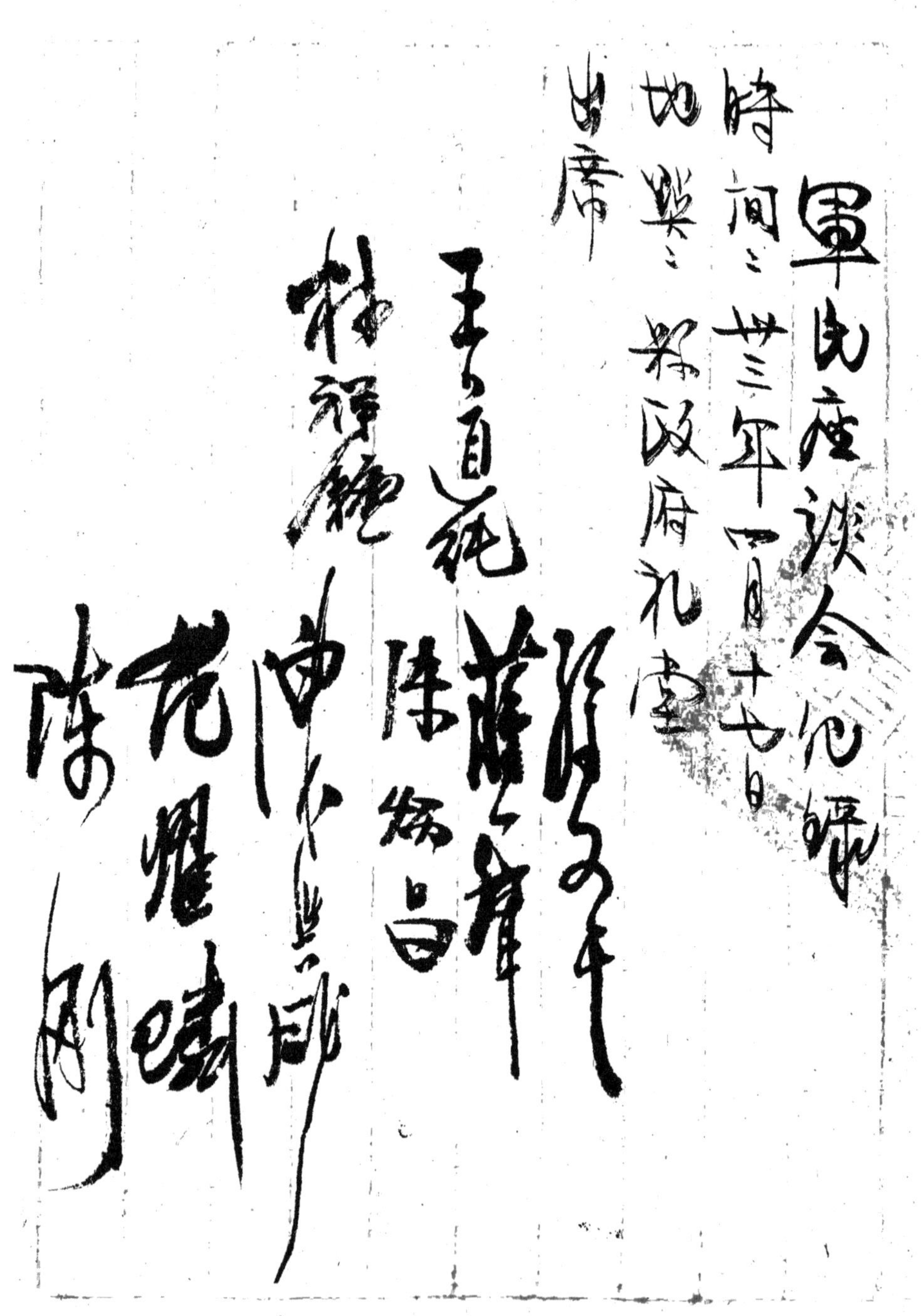
軍民座談会記錄
時間：卅三年四月十七日
地點：縣政府礼堂
出席

福鼎县军民座谈会记录(1944年4月17日)a面 G133-003-0123

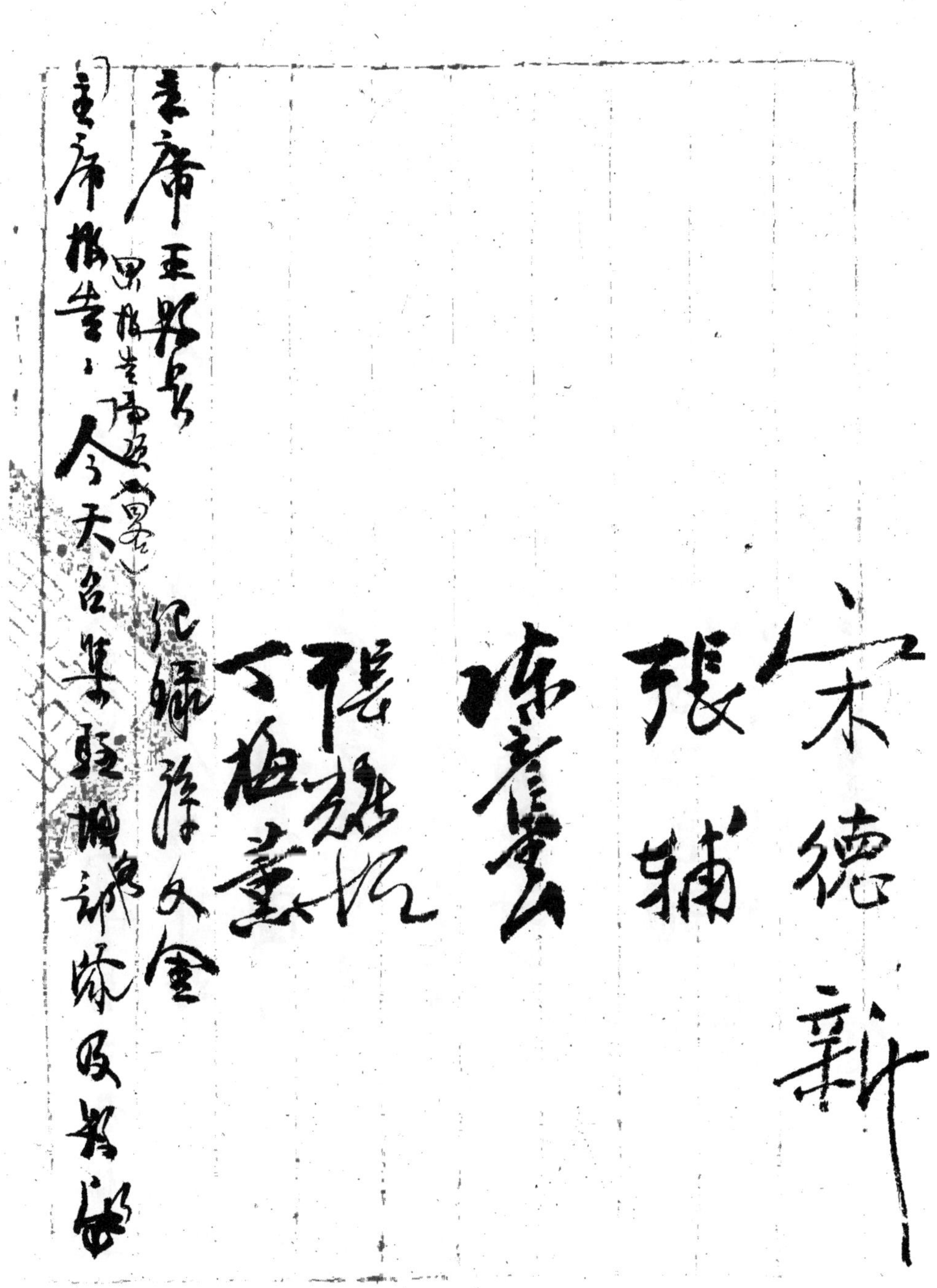

福鼎县军民座谈会记录(1944 年 4 月 17 日)b 面　G133-003-0123

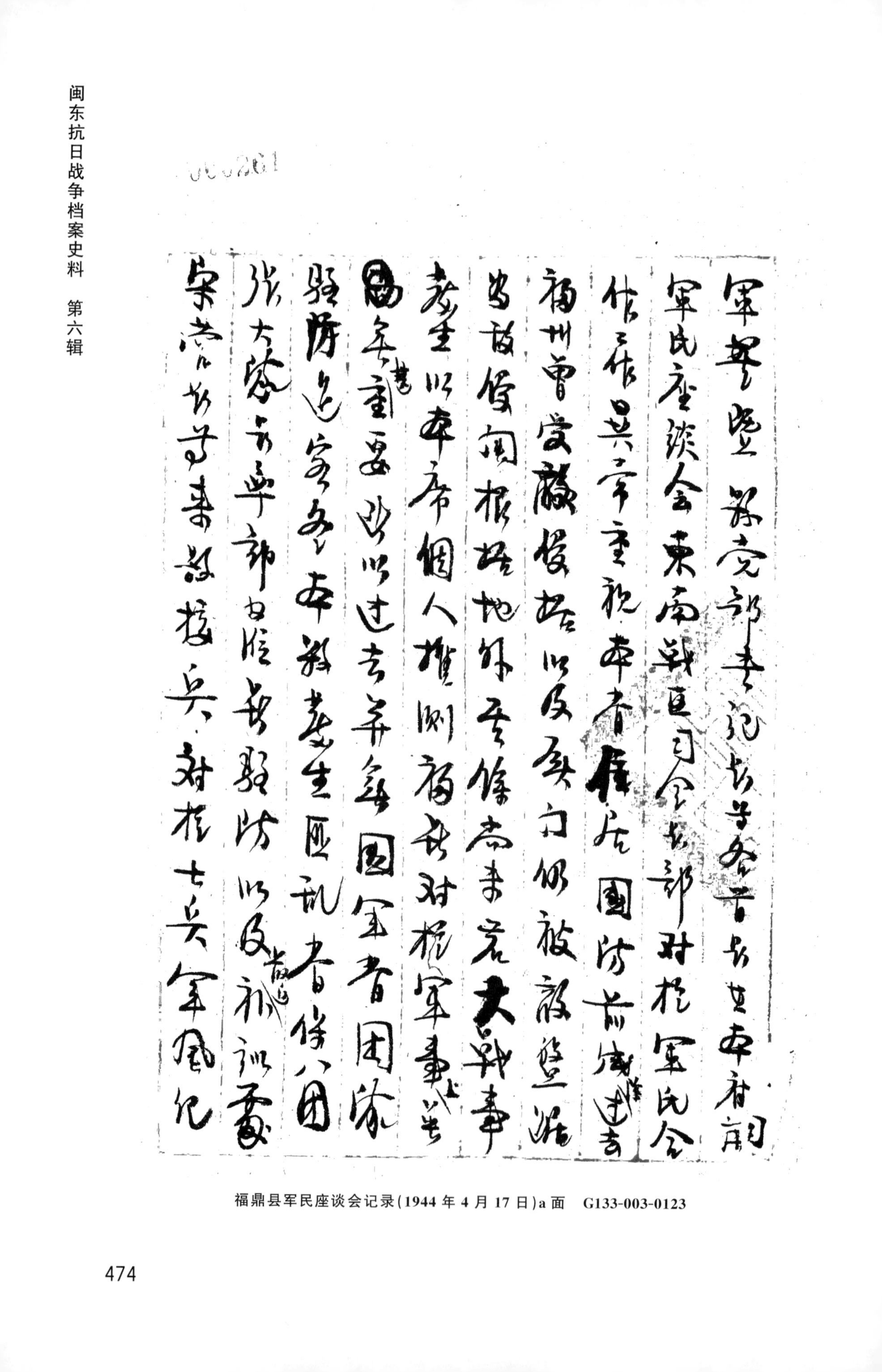

福鼎县军民座谈会记录(1944 年 4 月 17 日)a 面 G133-003-0123

商号、堆栈近有大批游勇散兵时常出现流氓一帮假借名义抢查船只勒索事经商旅以致怨声载道此种影响民合作关系甚大、须将军民合作与抗战胜利关系很大过去湘北各次大会战胜利皆是全赖军民合作而成的所以本县召集各位开这次会商讨维持军风纪以及纠正假借名义勒索商旅等事项尤深望各位集思广益尽量发表根据的意见达到本席此项期望的（完了）

福鼎县军民座谈会记录（1944年4月17日）b面　G133-003-0123

宋营长报告：刚才主席所说指示，我们的确本营区当如援受，对于假借名义勒索商旅之士兵要严松但组织军警联合稽查队随时巡逻加予取缔以维士兵军风纪

（二）讨论事项

（一）关于驻城各部队士兵军风纪应如何加予整饬案

议决：（1）士兵外出服装应一整齐

（2）由各部队自行制发采买证以资公出

福鼎县军民座谈会记录（1944年4月17日）a面　G133-003-0123

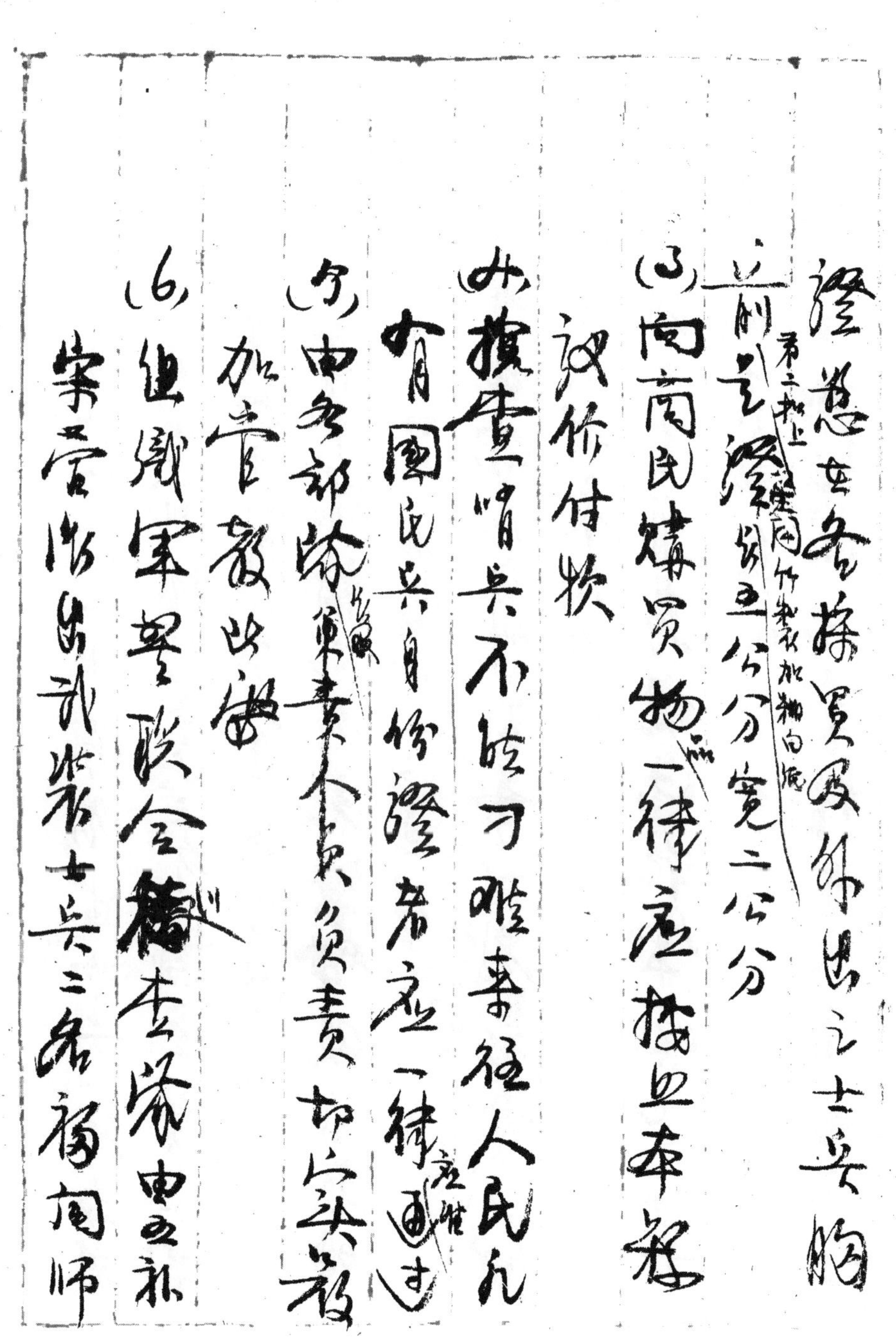

福鼎县军民座谈会记录(1944年4月17日)b面　G133-003-0123

各部队长应绝对禁止士兵擅自沿途强买米谷草以高价转卖与民

晋亘张丁第一中队派出士兵二名赴秦屿
自卫中队派出士兵三名搬亘军米
出售案二名计八名必查队长由宝
及该中队轮流派充禁卒及出发时
向中队长决定通知之
（一）各部队派出特别事故应严禁以资绝各部长官注意
士兵于夜间外出
（二）必查队如查有袭扰违犯军风纪之士兵
应予严处办案
议决：据报情山如案情重大者应送军

福鼎县军民座谈会记录(1944年4月17日)a面　G133-003-0123

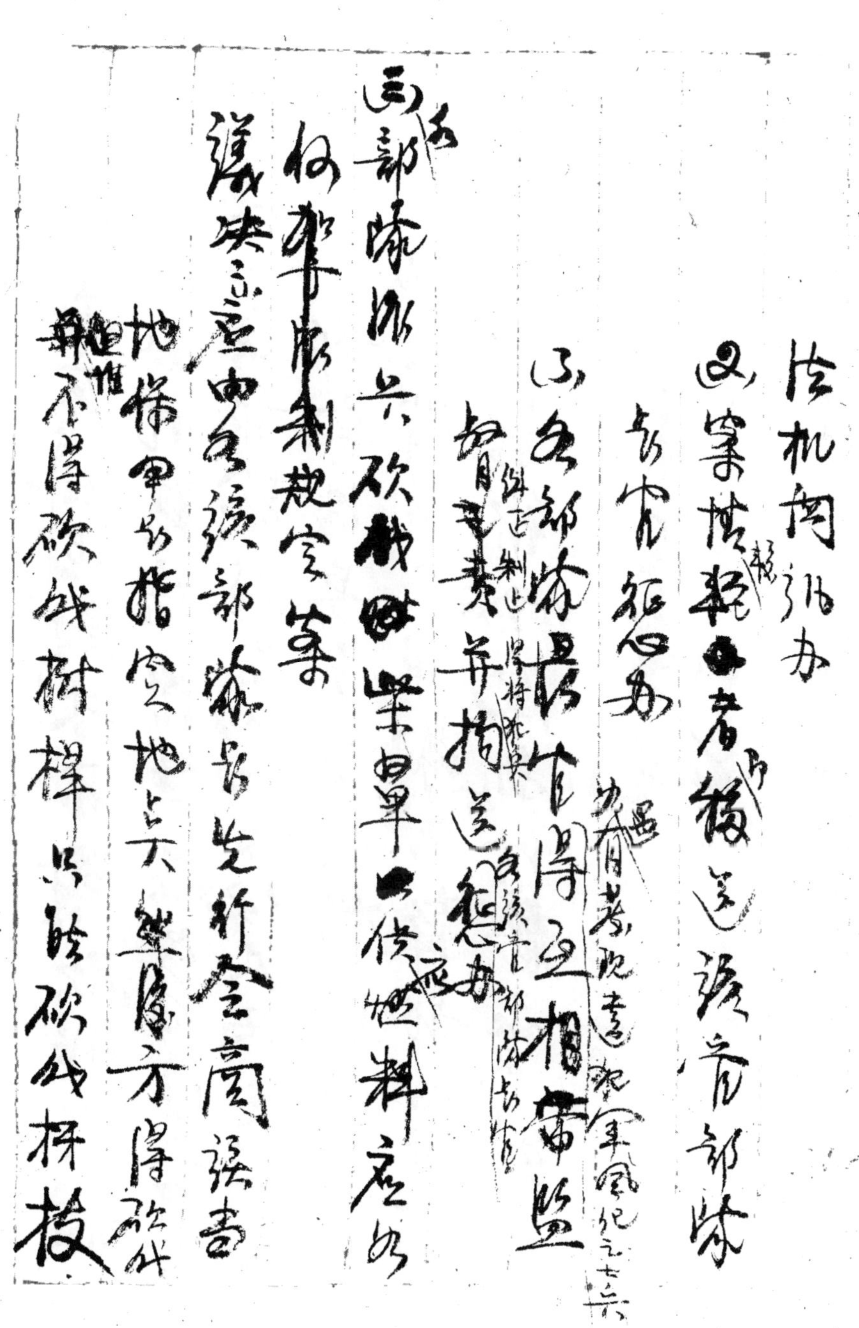

福鼎县军民座谈会记录(1944 年 4 月 17 日)b 面　G133-003-0123

及地坚毛口平

(2)县城一里及村庄附近（如系坟地风景林一旦）树木不准砍伐枝

四、各部队对于环境卫生应负维护之责案

议决：(1)各部队驻在地二百公尺内应由各部队派兵负责打扫清洁

(2)县城援兵部队（该村）各驻部队得向本县卫生院领打防疫针

王道纯

福鼎县军民座谈会记录（1944年4月17日） G133-003-0123

收文 字第 號 中華民國 年 月 日時到

決定辦法

擬辦

福建福鼎縣商會呈

業字第八〇八號

中華民國三十三年四月十九日發

事由：為商民運銷魚貨迭被遊勇散兵攔途搶奪仰乞准予出示禁止由

附件

案准本縣海産商業同業公會業字第二號公函開：案據本會會員和豐協順協和成恒春源茂森記金利盧昇記茂利和等計九家聲請書稱竊緣本月十三日下午三時許有南鎮漁户王禎源由船運到鮮鰻鹹鰻計二十五担擬投交同業和豐號代售在貨未起卸前該漁民特來行說明本人及各漁户近來迭次運魚來桐中途常被散兵遊勇黑夜強奪魚隻不給價錢今晚運魚上市倘不派人偕往難免不肖軍人食肉知味仍再攫取云云當經指派

福鼎县商会关于商民运销鱼货，迭被游勇散兵拦途抢夺，乞准予出示禁止的呈文

(1944年4月19日)a面 G133-003-0123

店員曾學庭陳進康二人前往灰窰埠詎挑至蕭家礵地方突有身穿灰色制服援兵部隊三人(徒手)當途攔截強將鰻魚奪去三尾(係灰窰地方工人陳青而所挑的)經學庭等向其理論以該魚貨業已報稅不應攔途強奪如果需要魚食儘可上市購買正辯論間適有警長曾樹槐等巡邏經過該處乃將前情告訴承其協同勸止亦不見允且大罵警士不應如此阻梗旋即馳去觀音閣率其同伴士兵數名荷槍而來將魚貨二十五担全部扣運時已晚間十點鐘許幸值警察所陳所長亦率有警士一班巡至該處該店員學庭進康及貨主王禎源暨挑夫人等即將經過情形一一報告經蒙陳所長再三勸喻該隊兵情知理曲始將魚貨放行伏念會員等業牙為生賴專沿海漁户運魚投行託賣抽收佣金以資事畜今該軍隊如此橫行目無法紀此風一長漁户視桐山為畏途必將魚貨運往別處售銷會員等營業所繫定遭覆碗絕食若不請求轉函縣商會轉呈 縣政府迅予出示禁止飭派員警隨時巡邏查察一面分函各援兵部隊嗣後

福鼎县商会关于商民运销鱼货,迭被游勇散兵拦途抢夺,乞准予出示禁止的呈文

(1944年4月19日)b面 G133-003-0123

不得攔途搶奪魚貨何以安民生而恤商艱爲亟具書僉請察核迅賜轉呈如請施行至爲德荷」等情據此查邇來各路貨物來城時有盤查軍隊留難需索以致遠近商旅咸視桐山爲畏途該會員等所稱和豐統派夥運魚至蕭家礵地方被駐在觀音閣援兵部隊攔途搶奪顯係有違軍紀此風一長後患何堪設想爲亟據情函請察核准予轉呈 縣政府如請出示禁止一面飭派員警隨時出發近郊一帶查究並分函各援兵部隊長官嚴飭所轄隊兵嗣後不得攔途搶奪貨物以重軍紀而安民生」等由准此查該會所稱各節尚屬實情理合具文呈乞

鈞長察核准予如請施行誠爲公便謹呈

福鼎縣縣長王

主席林錫齡（林錫齡印）

福鼎县商会关于商民运销鱼货，迭被游勇散兵拦途抢夺，乞准予出示禁止的呈文

（1944年4月19日） G133-003-0123

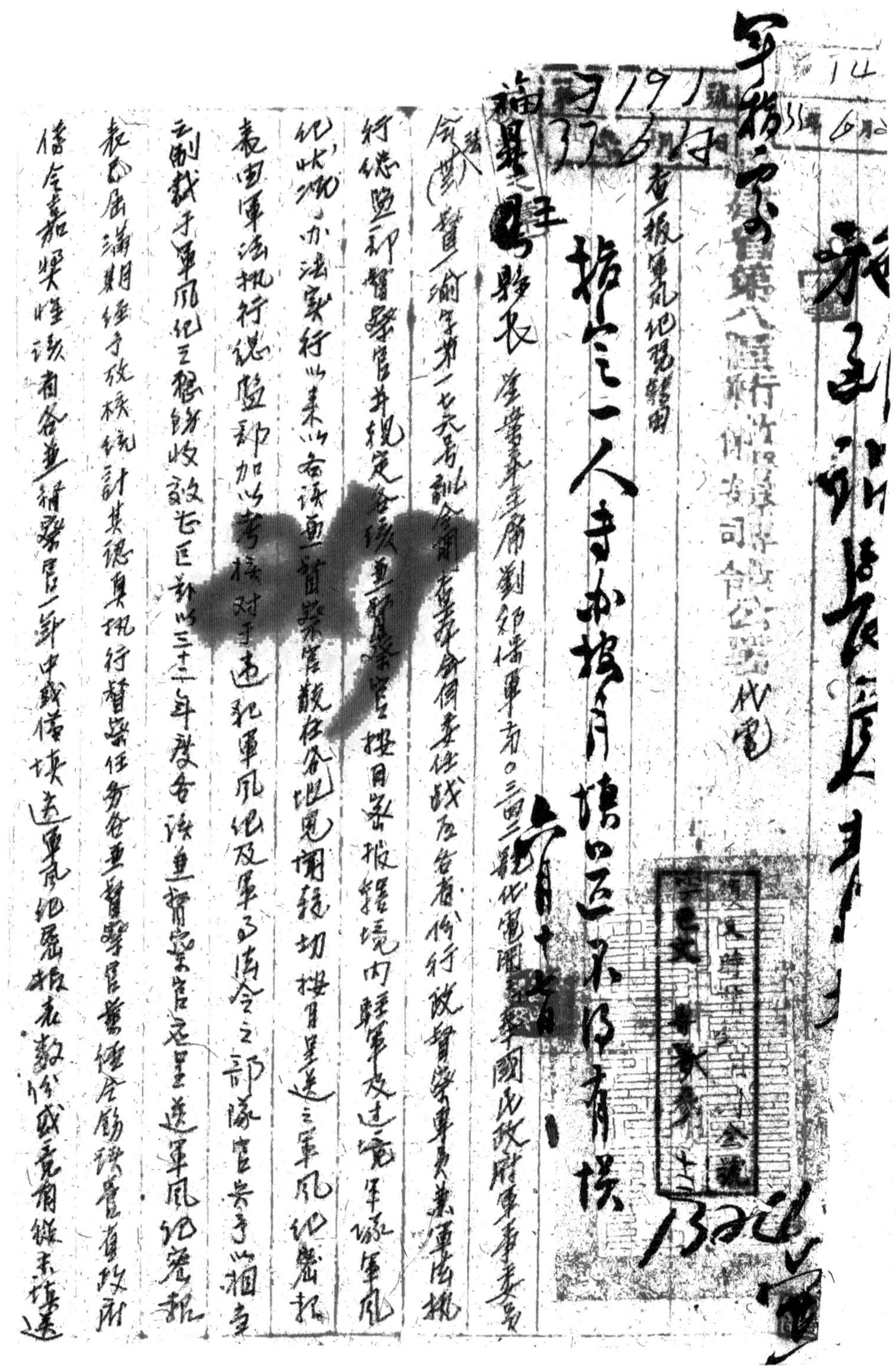

福建省第八区行政督察专员兼保安司令公署关于将该县辖境内军风纪情形按月填表密报的代电

（1944 年 6 月 12 日）　G137-001-0004

福建省第八区行政督察专员兼保安司令公署关于将该县辖境内军风纪情形按月填表密报的代电

（1944年6月12日） G137-001-0004

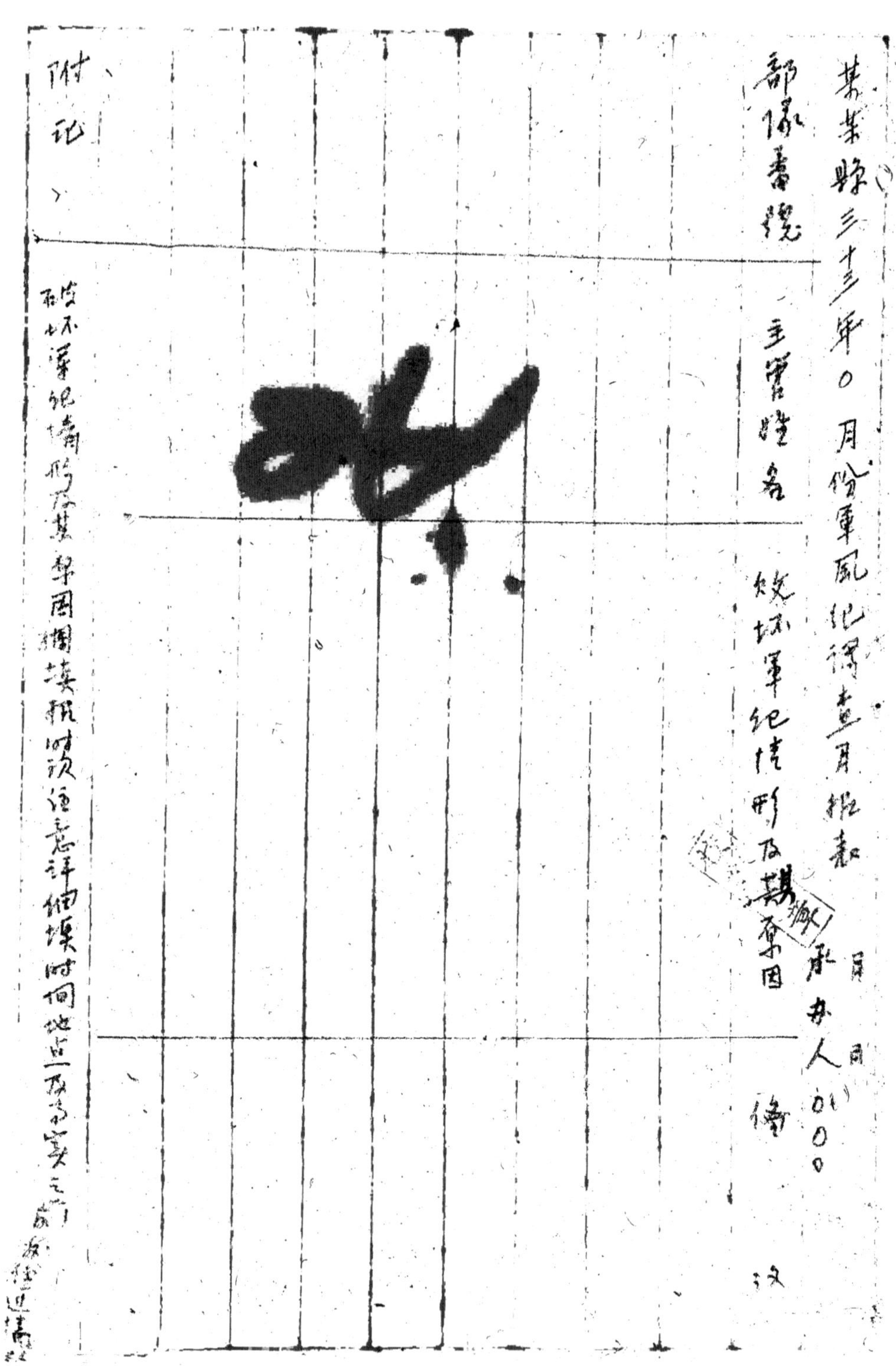

某某县三十三年○月份军风纪调查月报表

部队番号

主管姓名

败坏军纪情形及其原因

日

承办人○○○

附记

败坏军纪情形及其原因栏填时须注意详细填明时间地点及事实之[illegible]

附件：××县三十三年×月份军风纪调查月报表（1944 年 6 月 12 日）　G137-001-0004

福鼎縣桐山鎮公所公函

雲午哿軍民字第270號

中華民國三十三年七月二十日

逕啟者：查近來駐縣客軍往往祇持合作站條逕向保長借取物件，間有少數給與非正式借據，不蓋長官名章，使無法向索，或竟完全不給借據，甚至隊伍開拔後所借物件均不歸還，致經借之保甲人員負責賠償，或迫於攤派款目以資償還，亦有軍隊借物藉故凌虐保甲長，似此情形殊深滋擾，茲將前情函請

查照，迅飭各站嗣後軍隊借物着向各站商洽，不得仍由軍隊逕向保甲長借物，軍隊開拔時仍由各站將原借物件收回，轉知被借保甲長領還，減少損失，以維軍民合作感情為禱。

此致

福鼎縣軍民合作指導分處

福鼎县桐山镇公所关于军队借物着向各站商洽，不得径向保甲长借物，至军队开拔时仍将原借物收回转知被借保甲长的公函（1944年7月20日） G133-003-0123

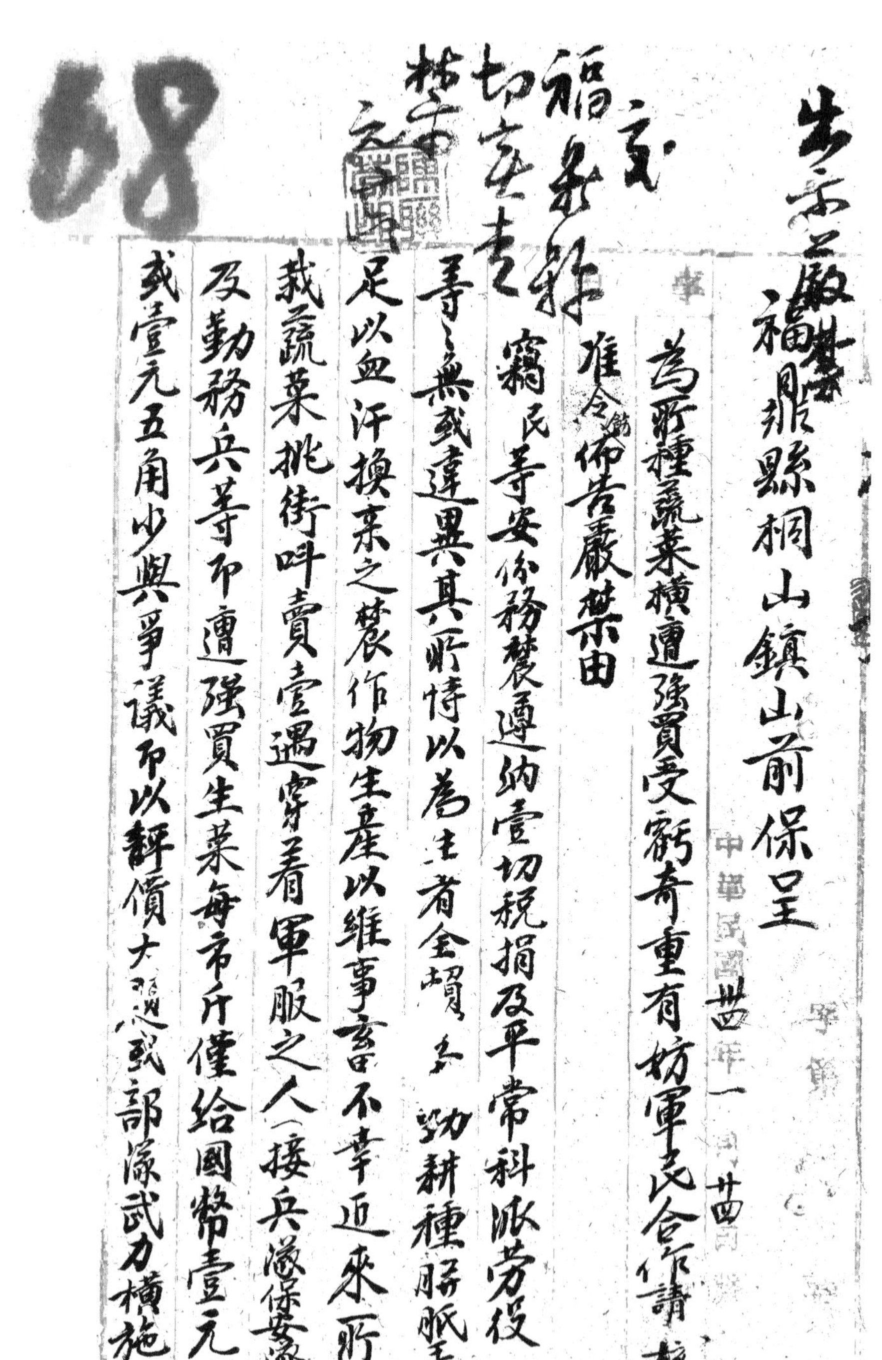

福鼎县桐山镇山前保关于所种蔬菜横遭强买，受亏奇重，有妨军民合作，请核准令饬布告严禁的呈文
(1945年1月24日)a面　G137-001-0006

綦霆奉賜交下現竟入民等村內園中不問所栽蔬
菜是否成熟自行割拔每斤給壹元或五角而去其損失
較諸挑賣者又曾數倍言之心痛村民懦弱孰能以抗
伏查在百物昂貴之現狀下生菜每斤成本須五六元
左右似此買賣誰敢種作不特影响軍民合作君子固
循是直接妨害農村使民等屢飯絕食坐而待斃
而間接減低生產阻碍抗建素仰
視導鈞長痌瘝爲國愛民对于上述民等痛苦或許
未之詳聞以致下情莫能上達爲亟懇乞
鈞長察核准予轉交福鼎縣政府布告嚴禁強買蔬菜
及士兵下園割拔以恤農艱而保民生[illegible]公德兩便
謹呈
福鼎視導團

福鼎县桐山镇山前保关于所种蔬菜横遭强买，受亏奇重，有妨军民合作，请核准令饬布告严禁的呈文
(1945年1月24日)b面　G137-001-0006

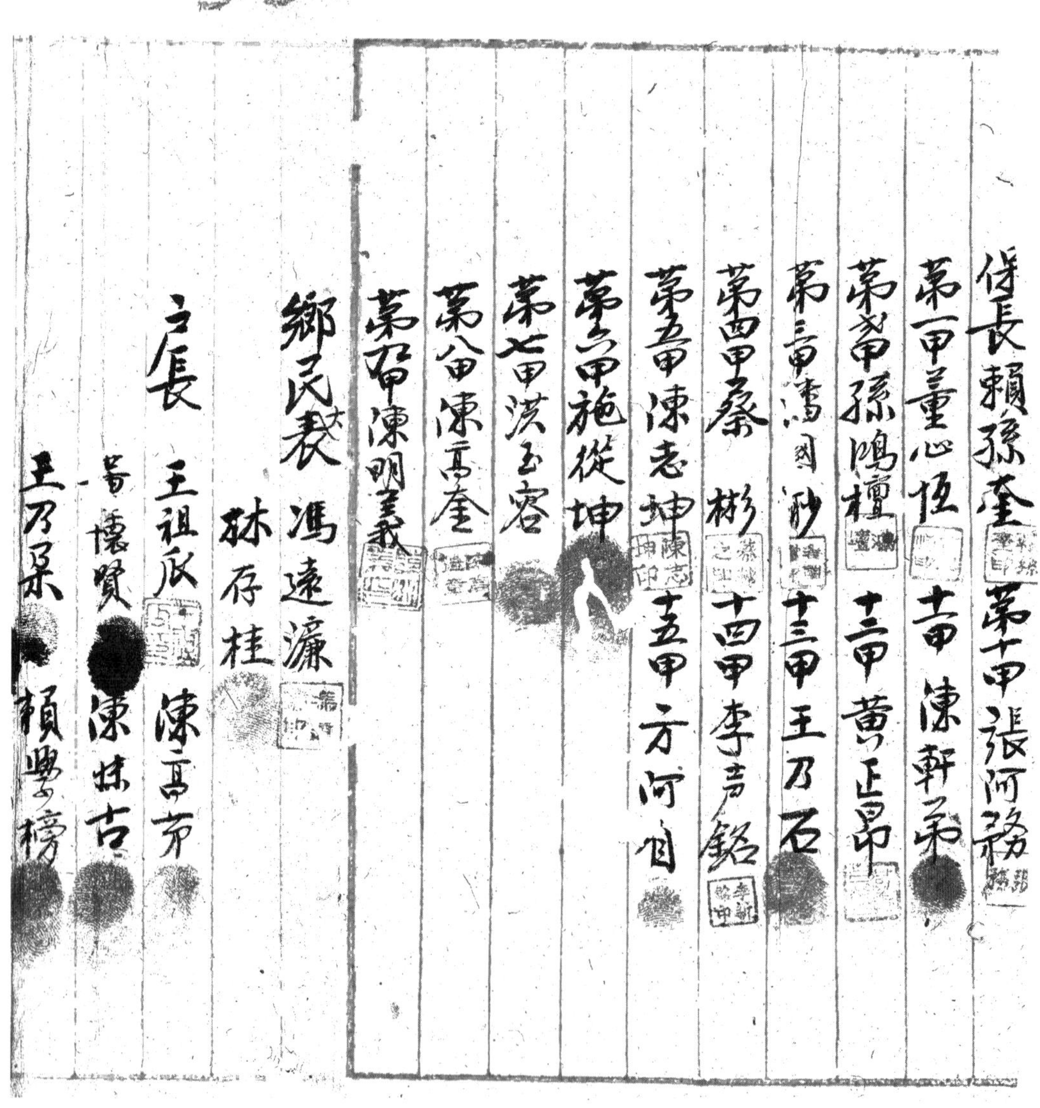
68

保長賴孫奎　第十甲張阿務
第一甲董心伍　十一甲陳軒弟
第二甲孫鴻檀　十二甲黃正昂
第三甲馮國秒　十三甲王乃石
第四甲蔡　彬　十四甲李声銘
第五甲陳志坤　十五甲方阿[illegible]
第六甲施從坤
第七甲洪玉容
第八甲陳高奎
第九甲陳明義
鄉民代表　馮遠濂
林存桂
户長　王祖欣　陳高芳
黃懷賢　陳妹古
王乃朵　賴學榜

福鼎县桐山镇山前保关于所种蔬菜横遭强买，受亏奇重，有妨军民合作，请核准令饬布告严禁的呈文
(1945年1月24日)a面　G137-001-0006

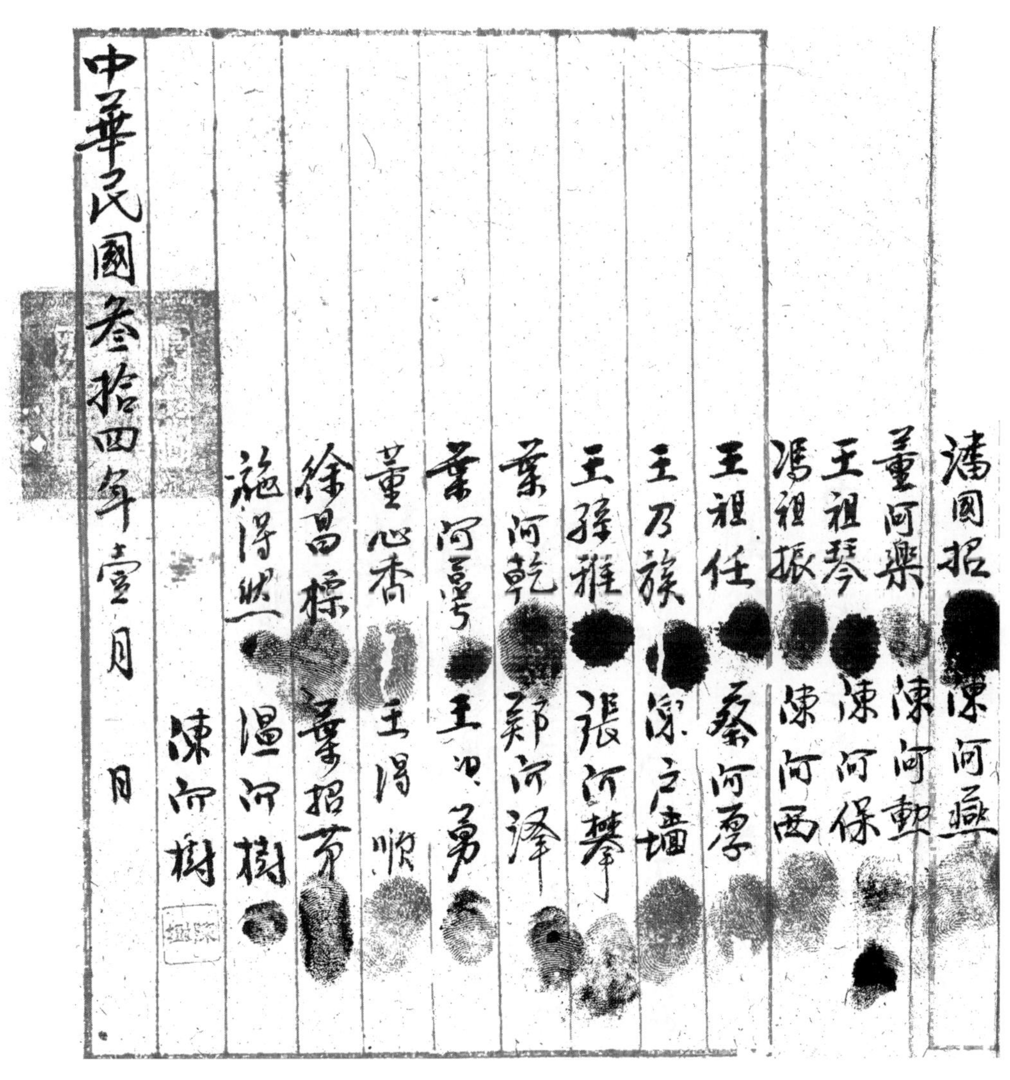

濤國招 陳河燕

董河樂 陳河勤

王祖琴 陳河保

馮祖振 陳河西

王祖任 蔡河學

王乃旋 陳乃墉

王孫雅 張河攀

葉河乾 鄭河澤

葉河富 王乃勇

董心香 王得順

徐昌標 葉招英

施得然 溫河樹

陳河樹

中華民國叁拾肆年壹月 日

福鼎县桐山镇山前保关于所种蔬菜横遭强买，受亏奇重，有妨军民合作，请核准令饬布告严禁的呈文

（1945 年 1 月 24 日）b 面 G137-001-0006

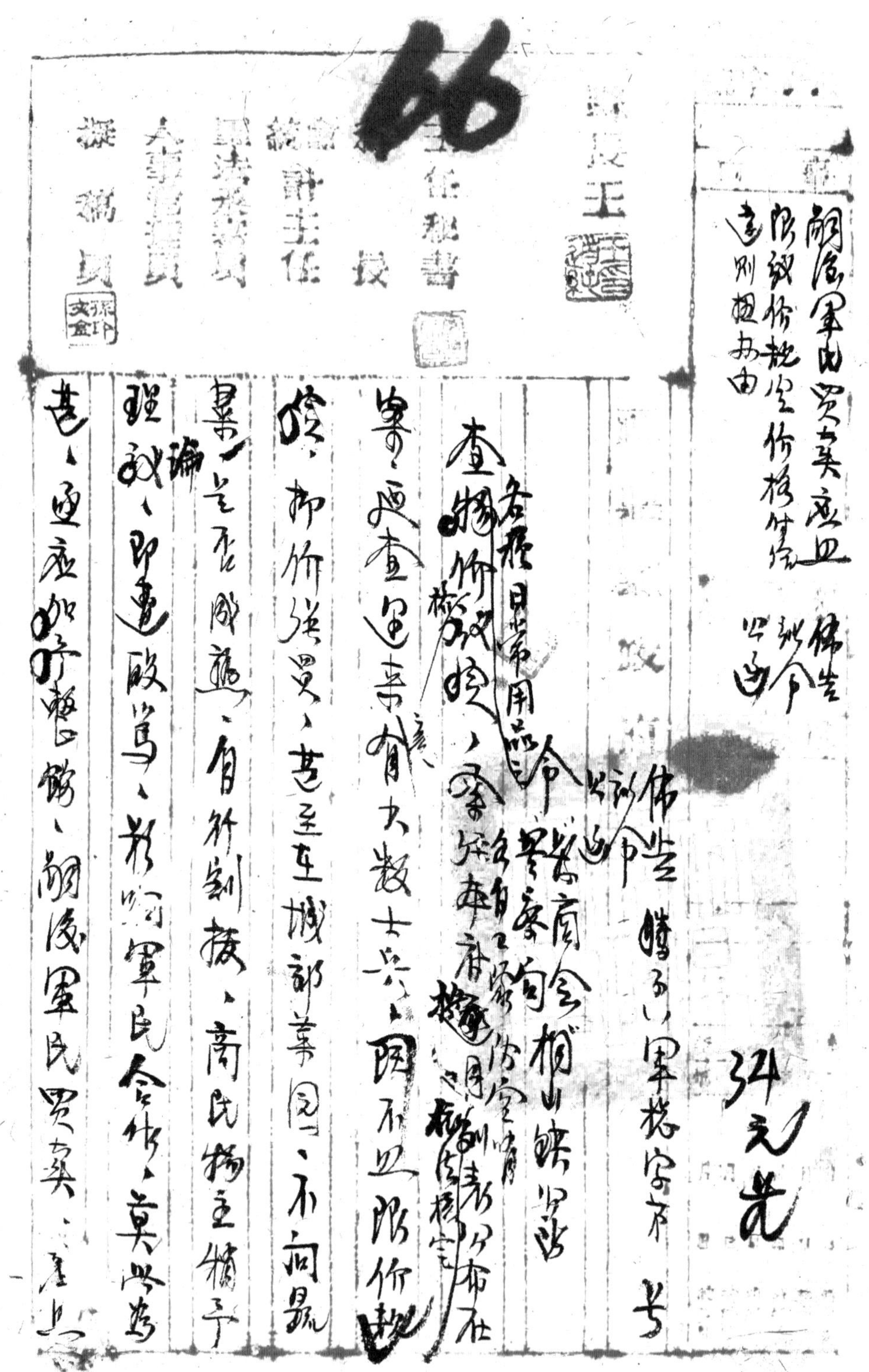

第三战区福建省福鼎县军民合作站指导分处关于嗣后军民买卖应照限议价规定价格付给，违则扭办的训令/布告/公函(1945 年 1 月 29 日)　G137-001-0006

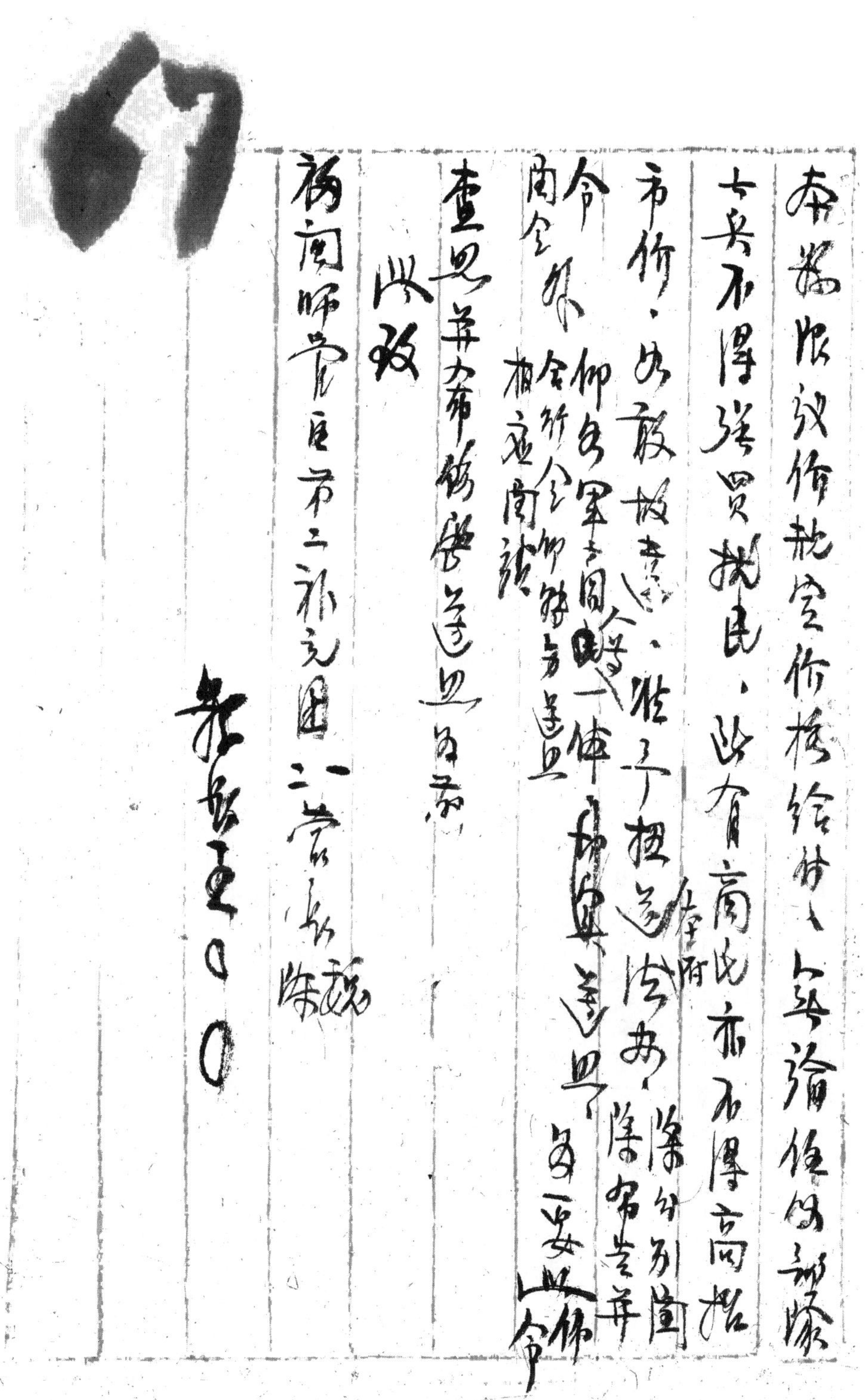

第三战区福建省福鼎县军民合作站指导分处关于嗣后军民买卖应照限议价规定价格付给，违则扭办的训令/布告/公函（1945 年 1 月 29 日） G137-001-0006

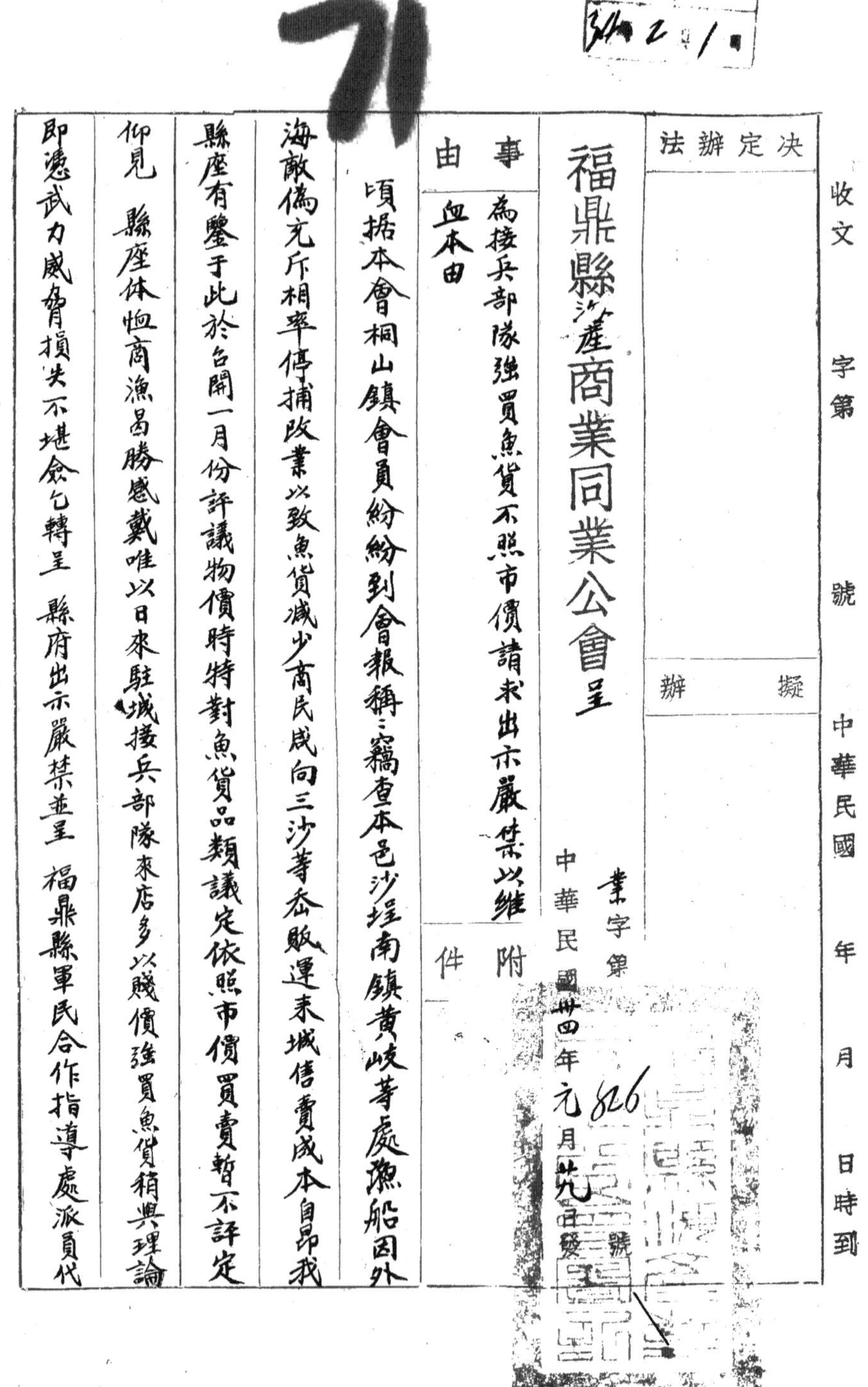
福鼎縣海產商業同業公會呈

事由：為接兵部隊強買魚貨不照市價請求出示嚴禁以維血本由

業字第　號

中華民國卅四年元月廿九日發

頃据本會桐山鎮會員紛紛到會報稱：竊查本邑沙埕南鎮黃岐等處漁船因外海敵偽充斥相率停捕改業以致魚貨減少商民咸向三沙等※販運来城售賣成本自昂我縣座有鑒于此於台開一月份評議物價時特對魚貨品類議定依照市價買賣暫不評定仰見縣座体恤商漁曷勝感戴唯以日来駐城接兵部隊来店多以賤價強買魚貨稍與理論即憑武力威脅損失不堪僉乞轉呈縣府出示嚴禁並呈福鼎縣軍民合作指導處派員代

福鼎县海产商业同业公会关于接兵部队强买鱼货，不照市价，请求出示严禁以维血本的呈文

(1945年1月29日)a面　G137-001-0006

向該隊交涉以維軍紀而恤商艱」等情到會查魚市場係為補給軍隊副食所需而設且一月之

中魚産旺淡不均漲落無定故各縣對于魚貨多不許價設若仍此紛擾民何能堪為亟呈乞

鈞長察核准予派員代向駐城接兵部隊洽商嚴禁賤價強買魚貨以肅軍紀而維血本誠為

公便謹呈

福鼎縣軍民合作指導處兼處長王

副處長陳

福鼎縣海産商業同業公會理事長陳醉民

福鼎县海产商业同业公会关于接兵部队强买鱼货，不照市价，请求出示严禁以维血本的呈文

（1945年1月29日）b面　G137-001-0006

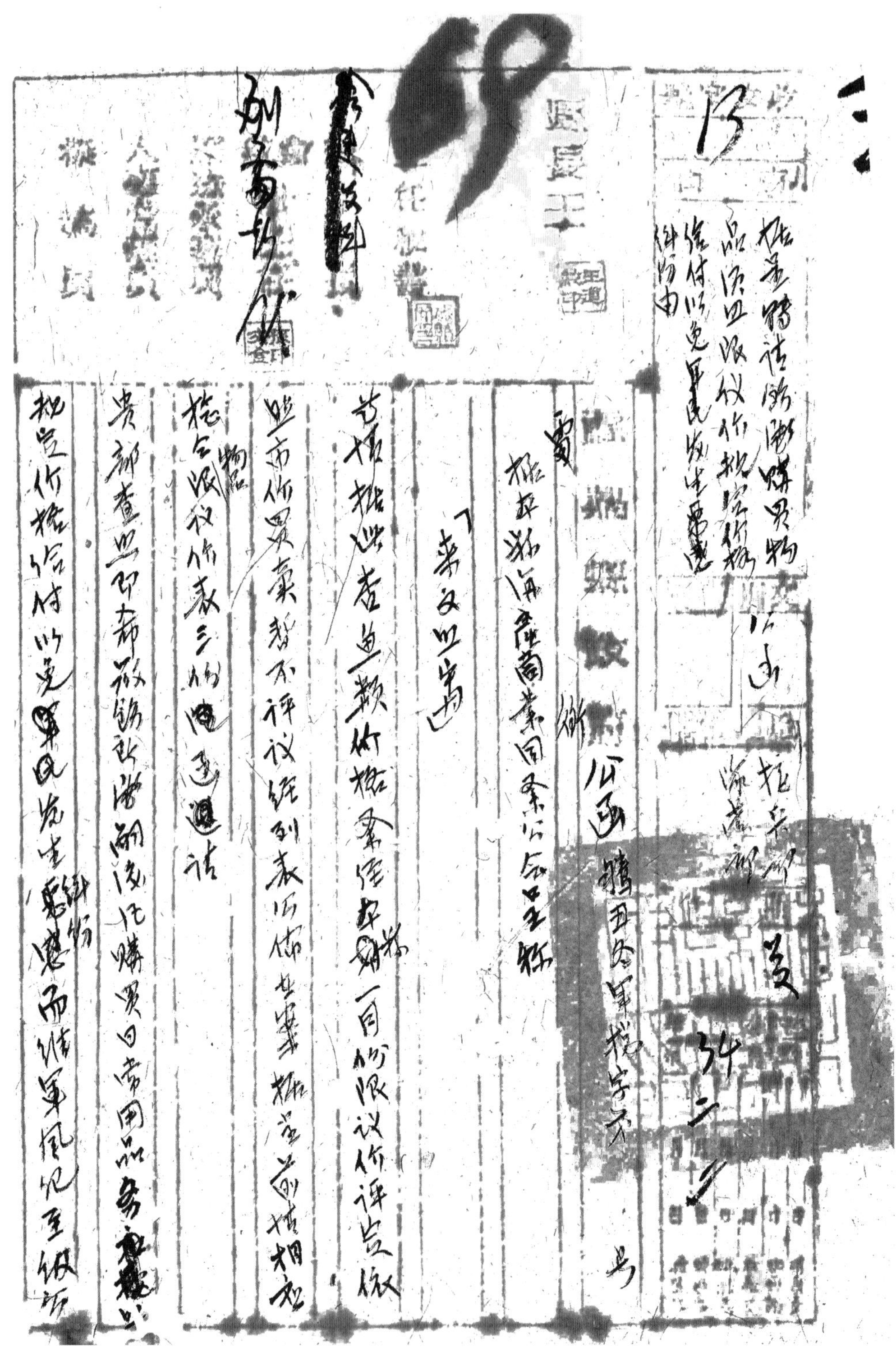

第三战区福建省福鼎县军民合作站指导分处关于请饬属购买物品需照限议价规定价格给付，以免发生纠纷的公函(1945年2月2日)　G137-001-0006

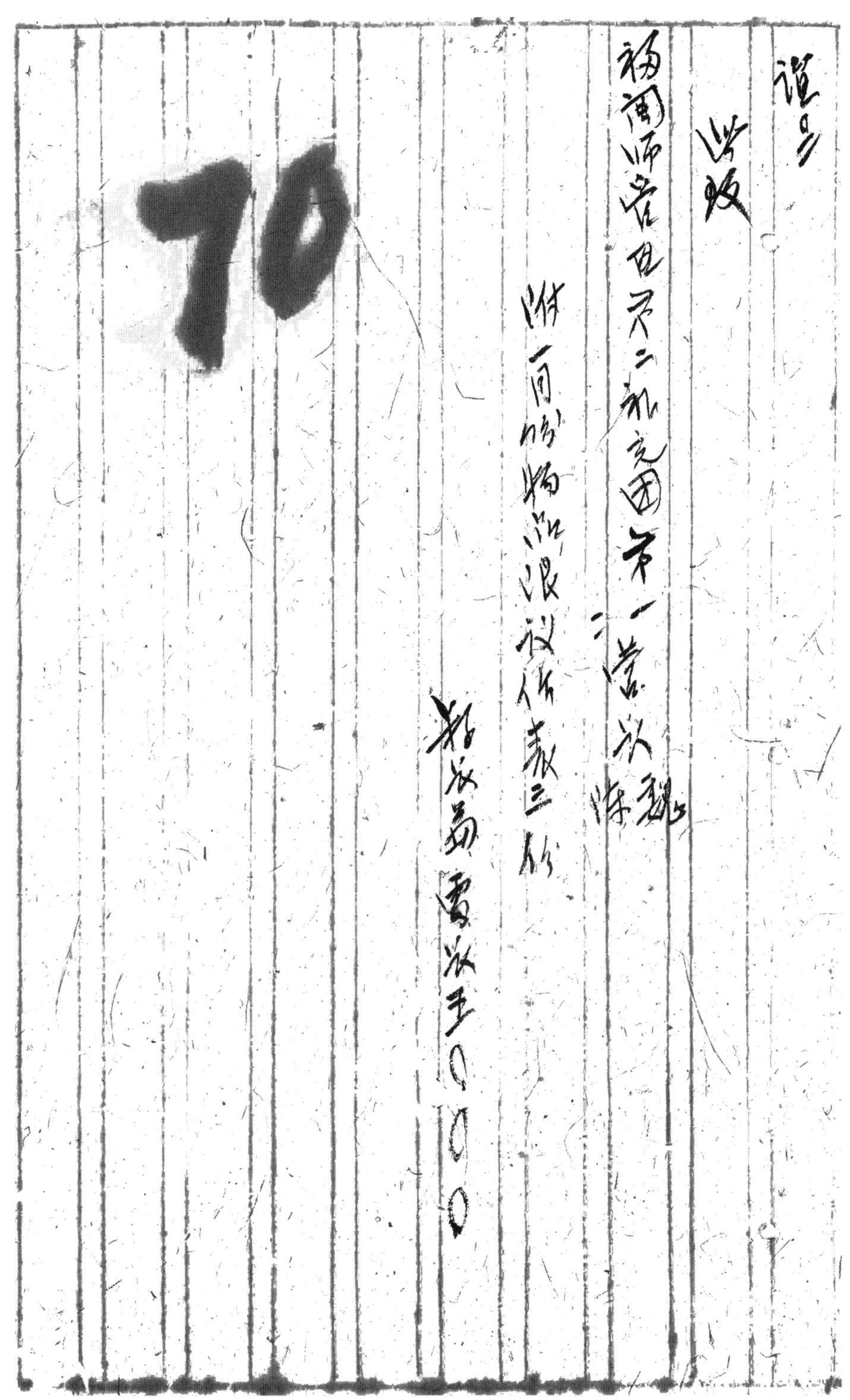

第三战区福建省福鼎县军民合作站指导分处关于请饬属购买物品需照限议价规定价格给付，以免发生纠纷的公函(1945 年 2 月 2 日)　G137-001-0006

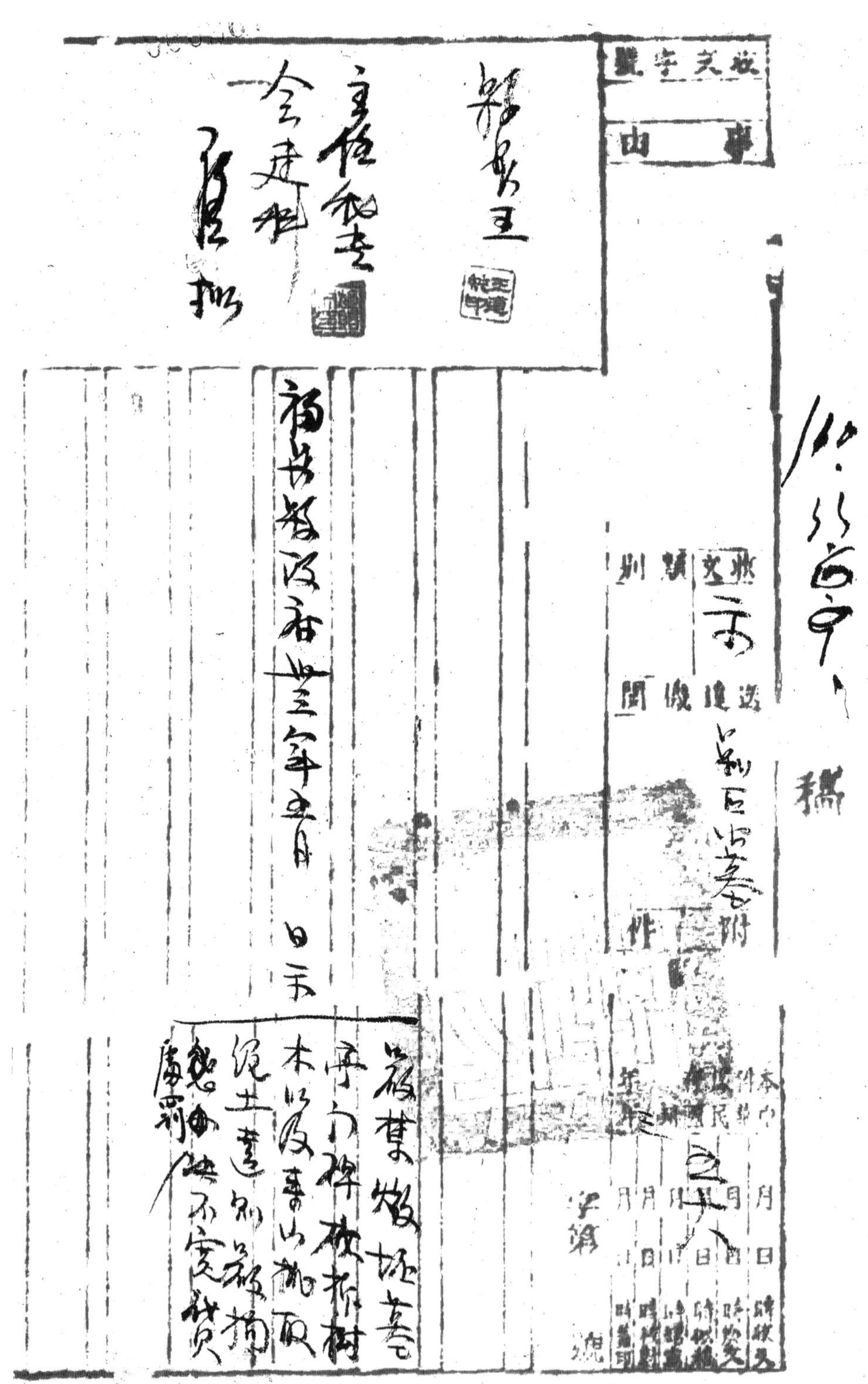

福鼎县政府 卅三年五月 日示

严禁毁坏墓亭门碑砍折树木以及来山挑取泥土违则严拘处罚决不宽贷

福鼎县政府告示：严禁毁坏墓亭门碑、坎折树木以及来山挑取泥土，违则严拘处罚，绝不宽贷

（1944 年 5 月 18 日） G133-003-0123

福建保安第四團公函

事由

據本團迫砲中隊長馬西申六月廿一日報稱：「查職隊於福鼎間接柘洋之日，行至距官約廿華里之中途，挑伕一名忽患急病，並口鼻流血暈倒於地，厥狀至危。當時以軍行迫促，除另僱伕役派兵一名守護該挑伕外，旋據該衛部隊報稱，該伕業已暴斃，除通知附近居民着報保甲收埋外，理合報請核備」等情。據此，相應函請

貴府查照備查！

此致

民國三十四年六月廿八

福建保安第四团关于本团迫炮中队报开拔途中挑夫患病暴毙情形的公函

（1945年6月28日） G137-001-0005

福建保安第四团关于本团迫炮中队报开拔途中挑夫患病暴毙情形的公函
（1945 年 6 月 28 日）　G137-001-0005

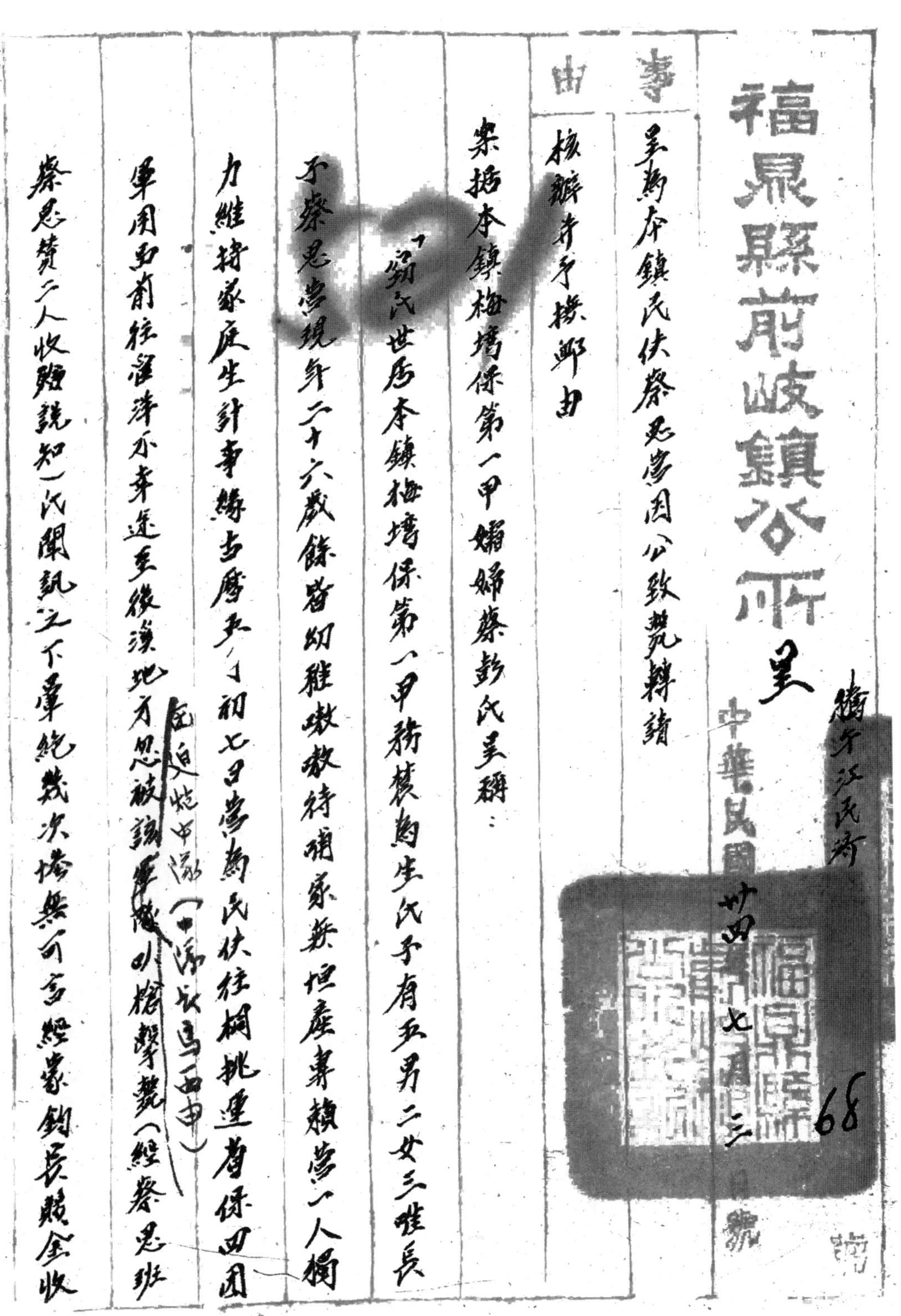

福鼎縣前岐鎮公所呈

中華民國卅四年七月三日　號

事由　呈為本鎮民伕蔡思營因公致斃轉請核辦并予撫卹由

案據本鎮梅塘保第一甲孀婦蔡彭氏呈稱：「竊氏世居本鎮梅塘保第一甲務農為生，氏予有五男二女，三唯長子蔡思營現年二十六歲，餘皆幼稚，嗷嗷待哺，家無恒產，專賴營一人獨力維持家庭生計。事緣去歷五月初七日營為民伕往桐挑運督保田園軍用品前往霞浦，不幸途至後溪地方忽被敵機以機槍擊斃（經蔡思班蔡思贊二人收殮），詎知氏闔家之下單純裁次接無可靠，經蒙鎮長賠金收

68

福鼎縣前岐鎮公所关于本镇民夫蔡思营因公致毙，请予抚恤的呈文

（1945 年 7 月 3 日）　G137-001-0005

蹙境家徒四壁嗷嗷待哺無以聊生勢將坐而待斃乎不得已難安悽慘苦狀特據由備文呈請鈞長俯念民艱迅予救濟以活民一家五口之蟻命并予轉呈上峰究辦以伸冤抑不勝迫切待命之至

等情據此查本所于上月十五日奉 令征派民伕挑運省保四團軍用物品去後乃據一般民伕回來紛紛傳說民伕蔡思營因積勞熱体力不支遂致步艱行隊兵總其故意不問理由即行擊斃于半途等語復經該蔡思營家屬遣人收殮回稱其傷部于体腰餘見前情似此情形殊屬不法抑且將來征伕前途堪虞理合具文轉請

鑒核法辦并予撫卹是為德便

右呈

福鼎县前岐镇公所关于本镇民夫蔡思营因公致毙，请予抚恤的呈文

（1945年7月3日） G137-001-0005

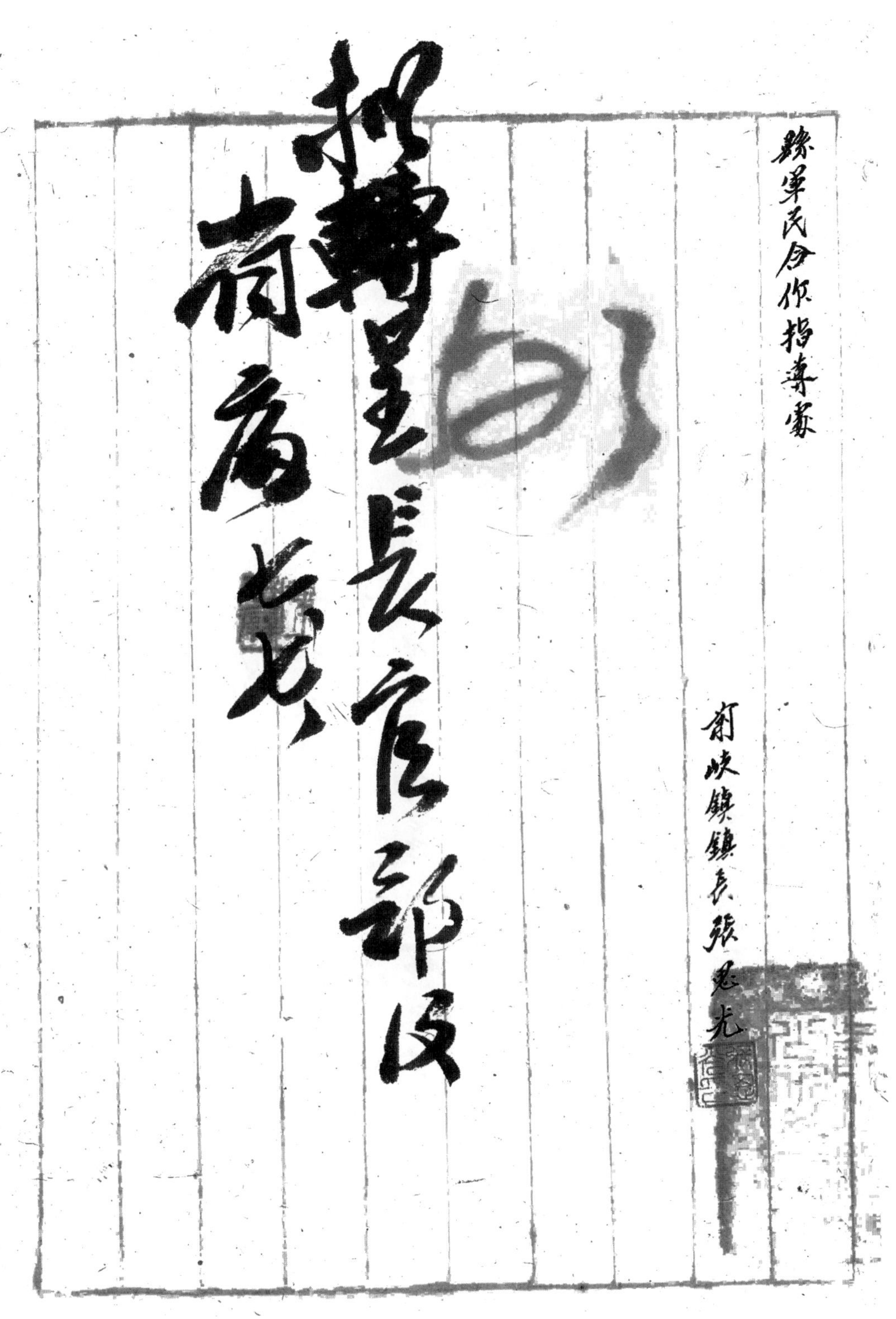
联军民合作指导处

指导员
前岐镇镇长张思光

福鼎县前岐镇公所关于本镇民夫蔡思营因公致毙，请予抚恤的呈文
（1945年7月3日）　G137-001-0005

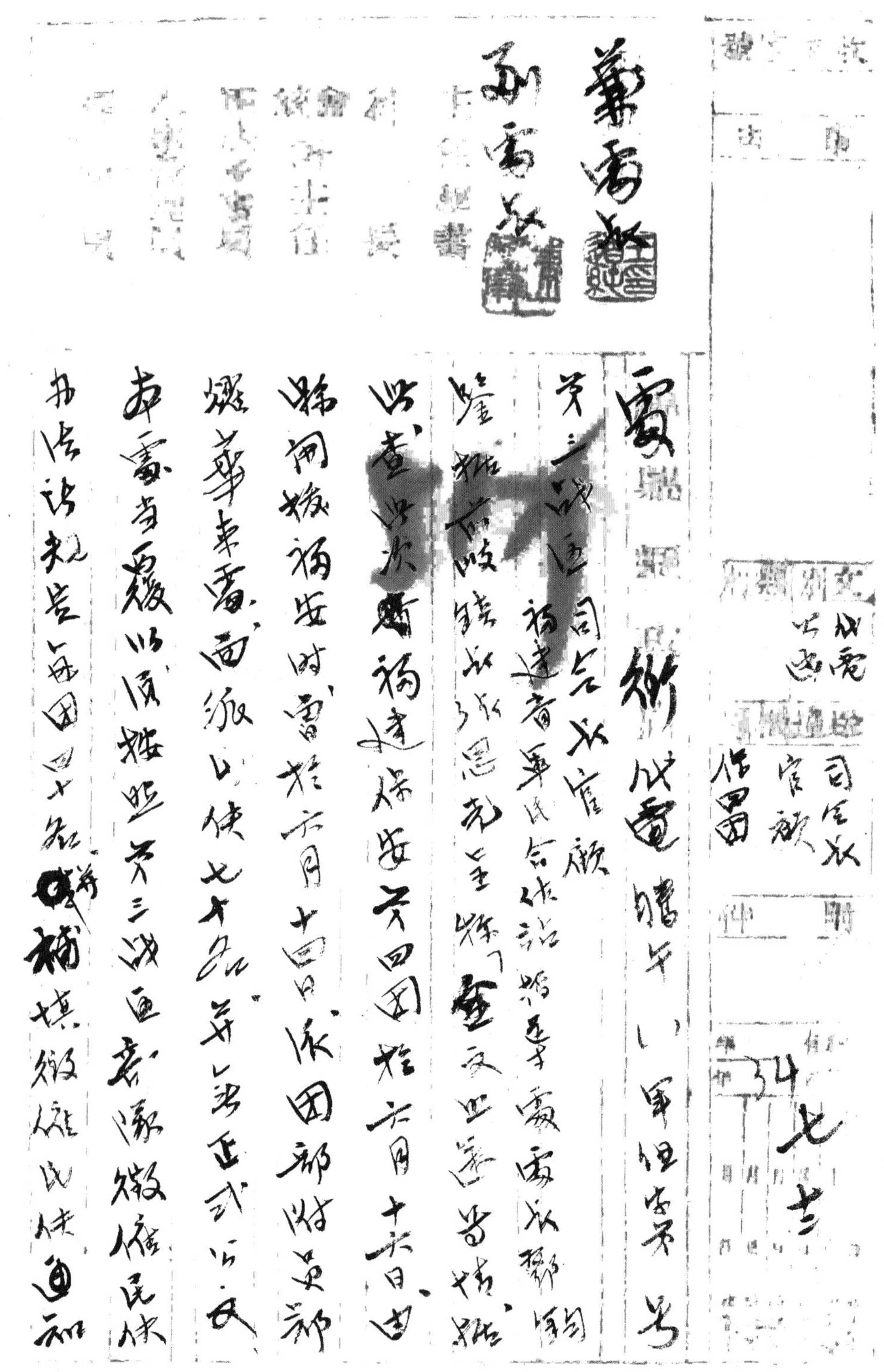

第三战区福建省福鼎县军民合作站指导分处关于保四团派员催领民夫及前岐镇民夫蔡思营因公致毙情形的代电(1945 年 7 月 12 日)　G137-001-0005

单收缴民伕去程工资七日每名廿元合米一斤半[illegible]均未见据[illegible]
县迄至六月十五日该团所派枪兵来岐坐催领伕当时本处为
避免发生意外起见经即向附城各乡镇[illegible]到预备民伕五十
名连合岐伕计七十余名于当晚十二时全部交付该[illegible]中队[illegible]
具领存案惟应缴民伕去程公资食米既未发分文半粒复以
至派民七十名不敷分配强要本处再设法廿名因当时各枪兵来
势汹汹不得已仍向城区临时情雇十九名于十六日二时由雇伕枪兵
带去并不给据又于六月十八日据本处岐安站站长报告
以保四团于十六日[illegible]经过本站即将[illegible]之民伕七十余名交团
部领[illegible]官兵到站再派七名[illegible]本站[illegible]即答[illegible]以

第三战区福建省福鼎县军民合作站指导分处关于保四团派员催领民夫及前岐镇民夫蔡思营因公致毙情形的代电(1945年7月12日)　G137-001-0005

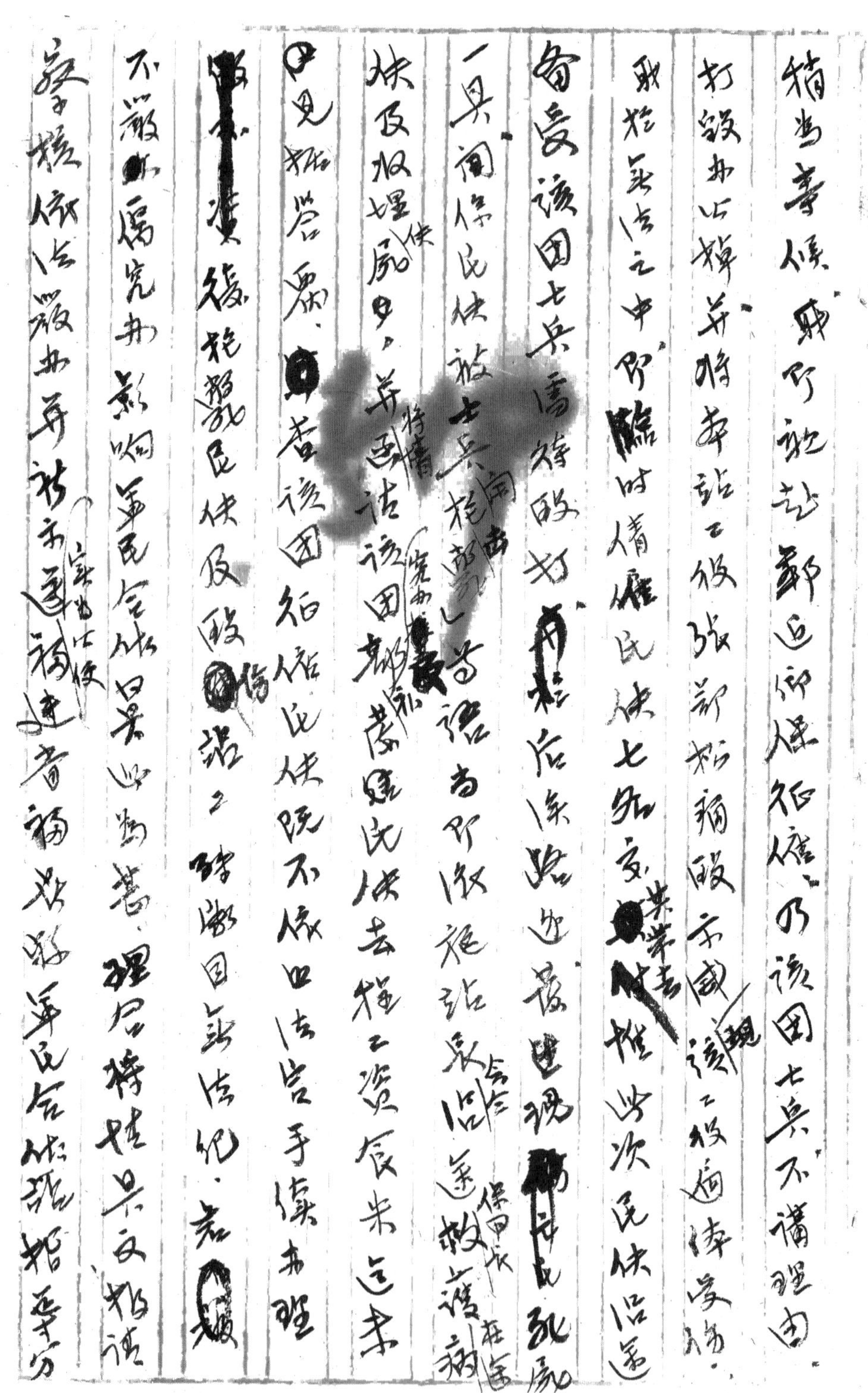

第三战区福建省福鼎县军民合作站指导分处关于保四团派员催领民夫及前岐镇民夫蔡思营因公致毙情形的代电（1945年7月12日） G137-001-0005

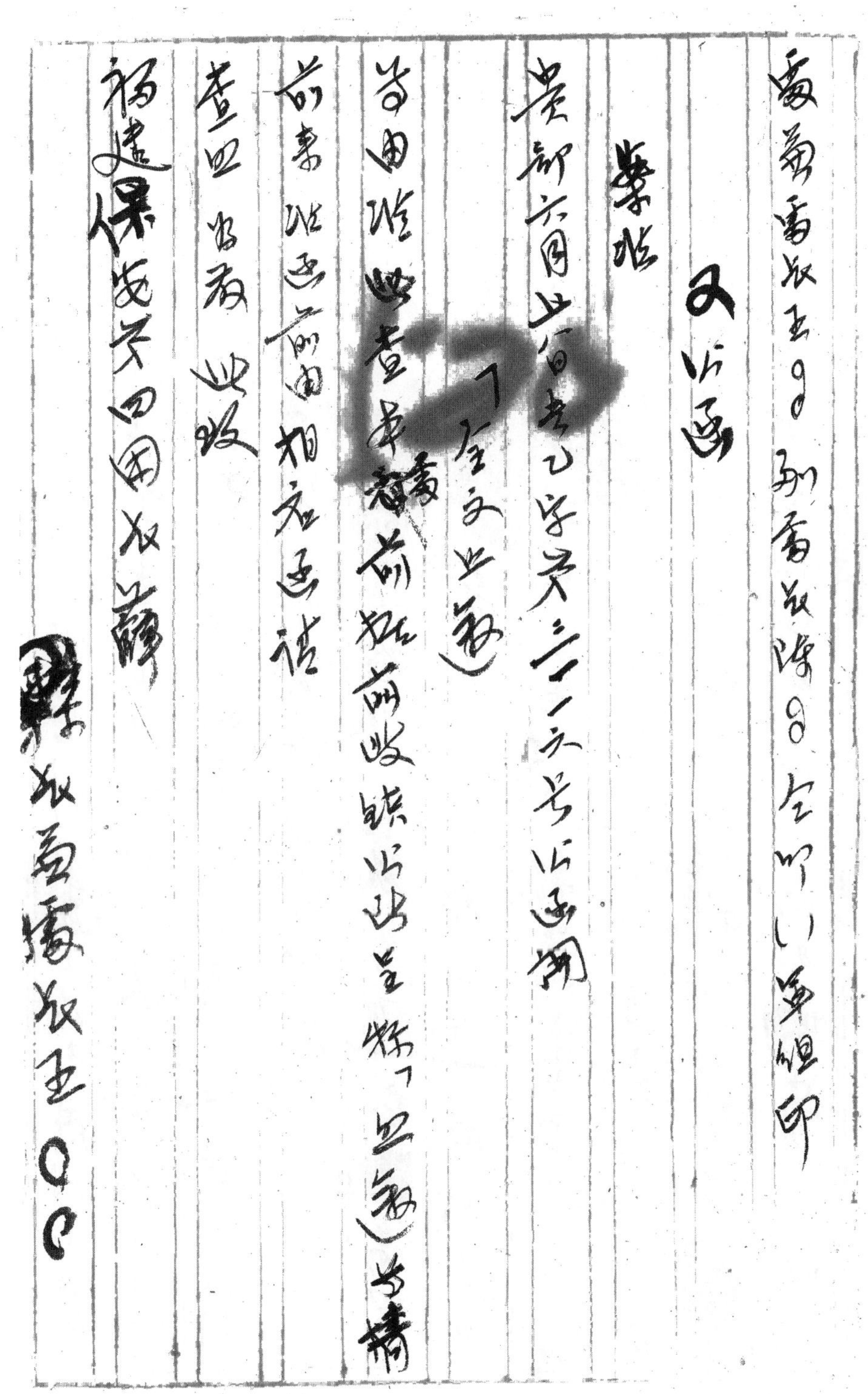

第三战区福建省福鼎县军民合作站指导分处关于保四团派员催领民夫及前岐镇民夫蔡思营因公致毙情形的代电(1945 年 7 月 12 日)　G137-001-0005

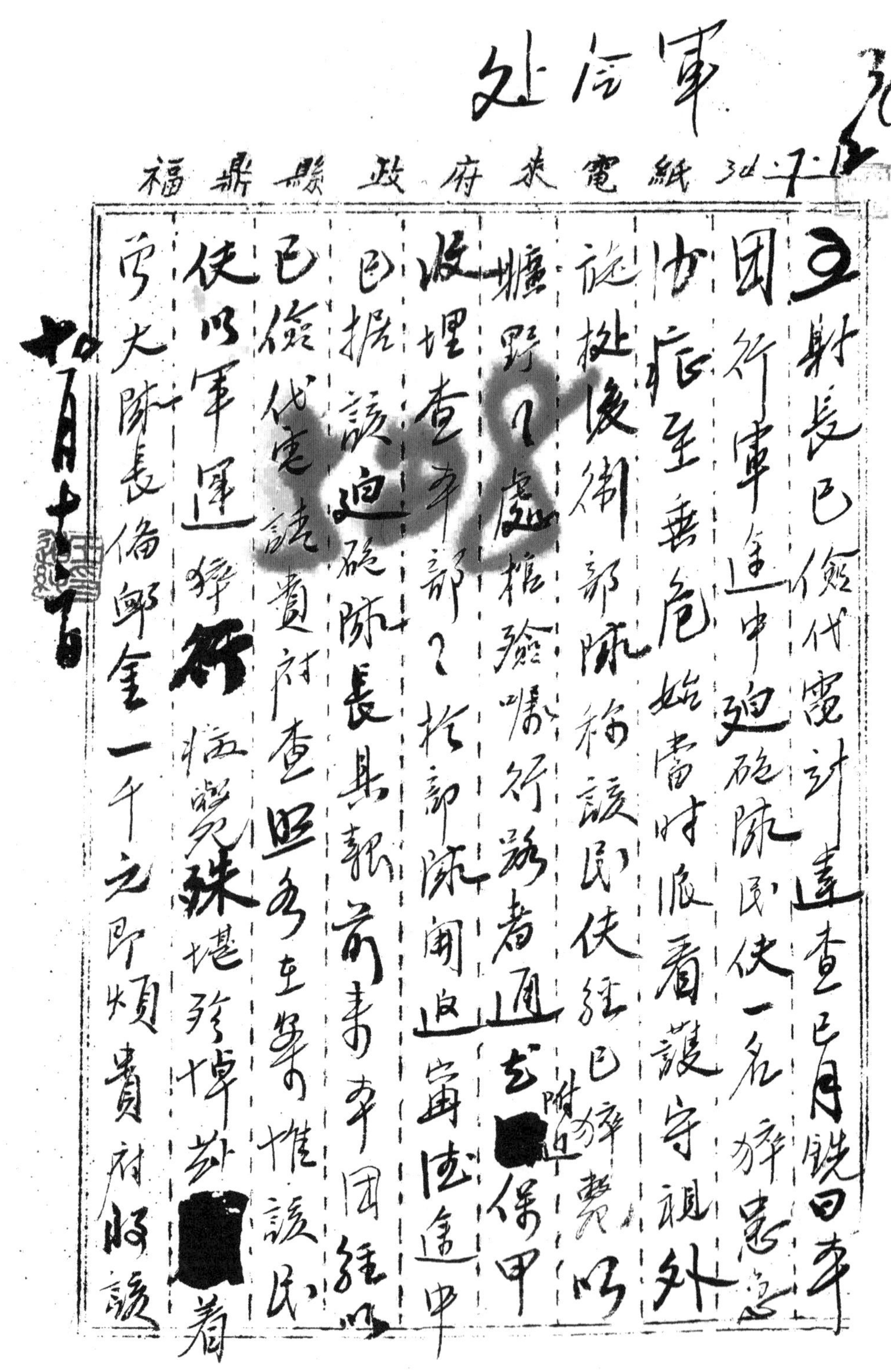
福鼎縣政府來電紙

福鼎县政府译保四团关于民夫军运途中病毙，备恤金一千元，烦贵府查转并希见复的电文

（1945 年 7 月 8 日）　G137-001-0005

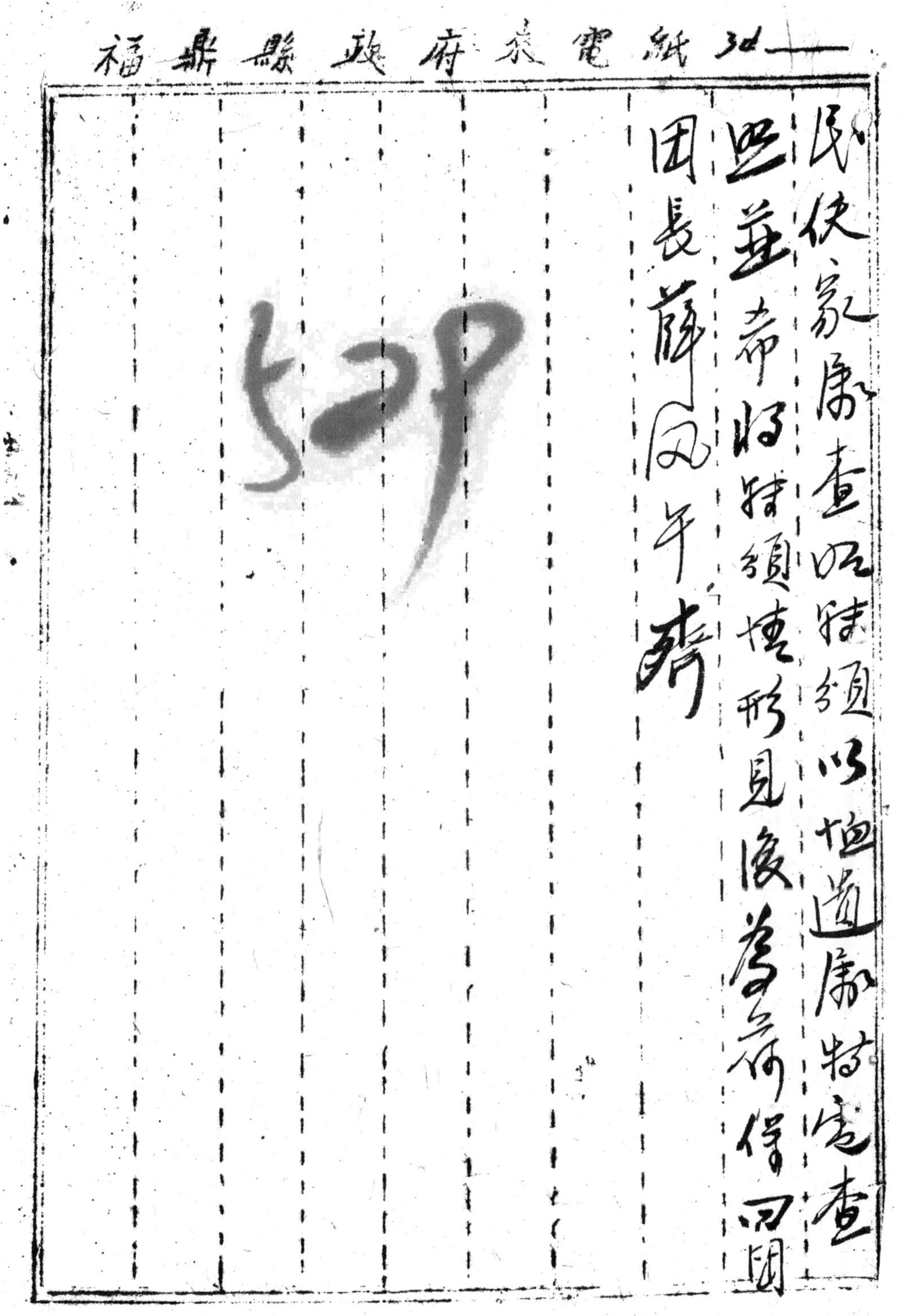

福鼎縣政府來電紙

民伕家屬查明姓名以憑遺屬特定查
照並希將姓名情形見復為荷保四團
團長薛冈午齊

福鼎县政府译保四团关于民夫军运途中病毙，备恤金一千元，烦贵府查转并希见复的电文

（1945 年 7 月 8 日） G137-001-0005

鍾字第一一一號信箱附三號用箋

徵一縣長吳允鈞鑒：

別來無恙，時深遐想。前奉一牘，由

曾告陳青轉發千元，以卹犧牲民伕，計

邀覽察轉頒矣！

頃接報本團返韓時，後續部隊在大

山有無犧牲民伕情事，據報後現正密查

中，尚未獲實

查無犧牲民伕，亦係前收人，併謝該

中華民國　　年　　月　　日

福建保安第四团团长薛凤关于本部必予肇事者严惩，敬烦福鼎县政府转颁抚恤，恳将办理情形惠复的公函（1945年7月18日）　G137-001-0005

鍾字第一一一號信箱附三號用箋

鄉人士詢〻。歆爲隊中。查本案肇
事近今。本團既未見報。亦無知情。
茲經獲悉緣由。自應嚴查肇事部
隊究辦。惟該民佚遭遇須命。
情實可愍。茲着周中隊長轉致三千
元持送慰安。敬煩
台端轉頒撫卹。併乞諭知民佚家
屬暨該鄉人士。謂本案正在查究中

中華民國　年　月　日

福建保安第四团团长薛凤关于本部必予肇事者严惩,敬烦福鼎县政府转颁抚恤,恳将办理情形惠复的公函(1945 年 7 月 18 日)　G137-001-0005

鍾字第一一一號信箱附三號用箋

必予肇事者嚴懲，而予死者申屈，
諭該鄉人士毋滋生事，致妨秩序！
並希將本案肇事部隊詳
查賜告，以憑懲究，專此奉
達，順頌
勛安，併盼將辦理情形惠復為感！

弟　薛鳳

薛鳳之印

中華民國　年　月　日

福建保安第四团团长薛凤关于本部必予肇事者严惩，敬烦福鼎县政府转颁抚恤，恳将办理情形惠复的公函（1945 年 7 月 18 日）　G137-001-0005

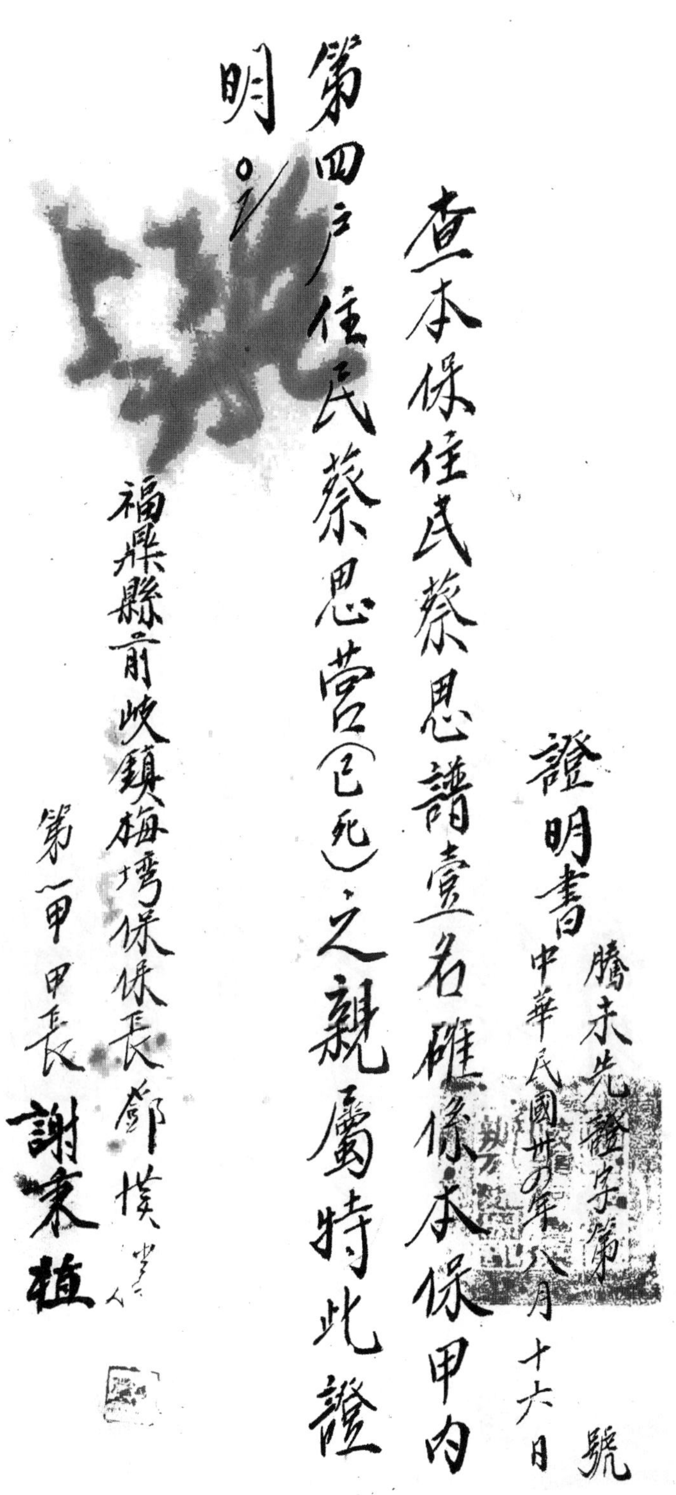

證明書

騰未先證字第　　號

中華民國卅四年八月十六日

查本保住民蔡思譜壹名確係本保甲內第四戶住民蔡思營（已死）之親屬特此證明。

福鼎縣前岐鎮梅灣保保長鄭　璞

第一甲甲長謝秉植

福鼎县前岐镇梅湾保办公处开具证明蔡思谱确系蔡思营之亲属的证明书

（1945 年 8 月 16 日）　G137-001-0005

證明書

第　　號

茲有本保一甲四戶住民蔡思營前因奉令為本保團

肩伕斃死今蒙

縣座電諭親屬任領撫卹金查蔡

彭氏確係蔡思營（已死）親生之母特此證明之

福鼎縣前岐鎮梅灣保保長鄭漢騰

第一甲甲長謝桂卿

中華民國□□年八月十七日

福鼎县前岐镇梅湾保办公处开具证明蔡彭氏确系蔡思营之母的证明书

（1945 年 8 月 17 日）　G137-001-0005

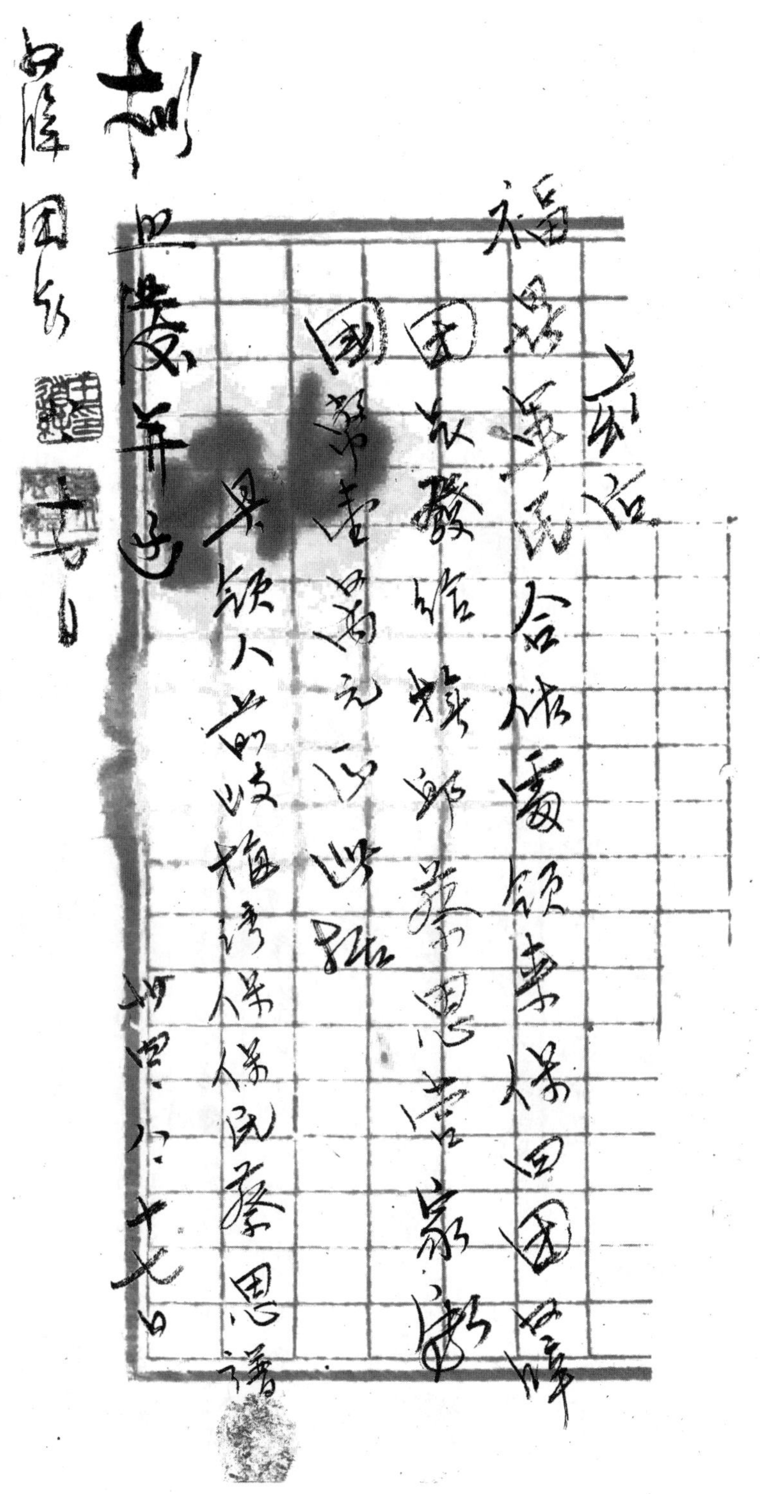

今领到
福鼎军民合作站领来保四团
团发给抚恤蔡思谱家属
国币壹万元正此据
具领人前岐梅湾保保民蔡思谱
卅四、八、十七日

福鼎县前岐镇梅湾保蔡思谱向福鼎县军民合作站指导分处领来保四团发给抚恤金一万元的具领据

（1945 年 8 月 17 日） G137-001-0005

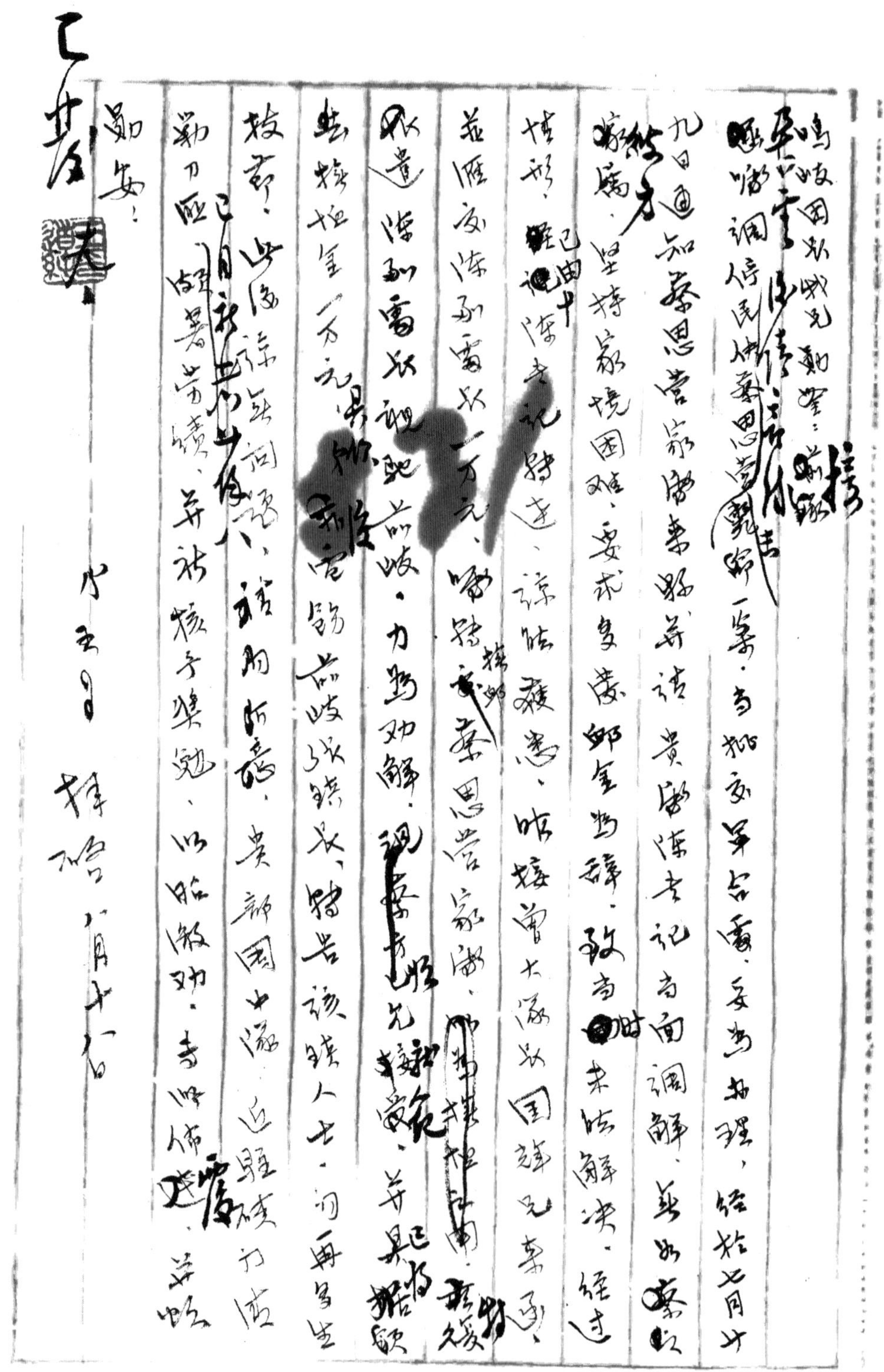

福鼎县政府王道纯县长关于转颁前岐镇民夫蔡思营抚恤情形的复函

（1945 年 8 月 18 日）　G137-001-0005

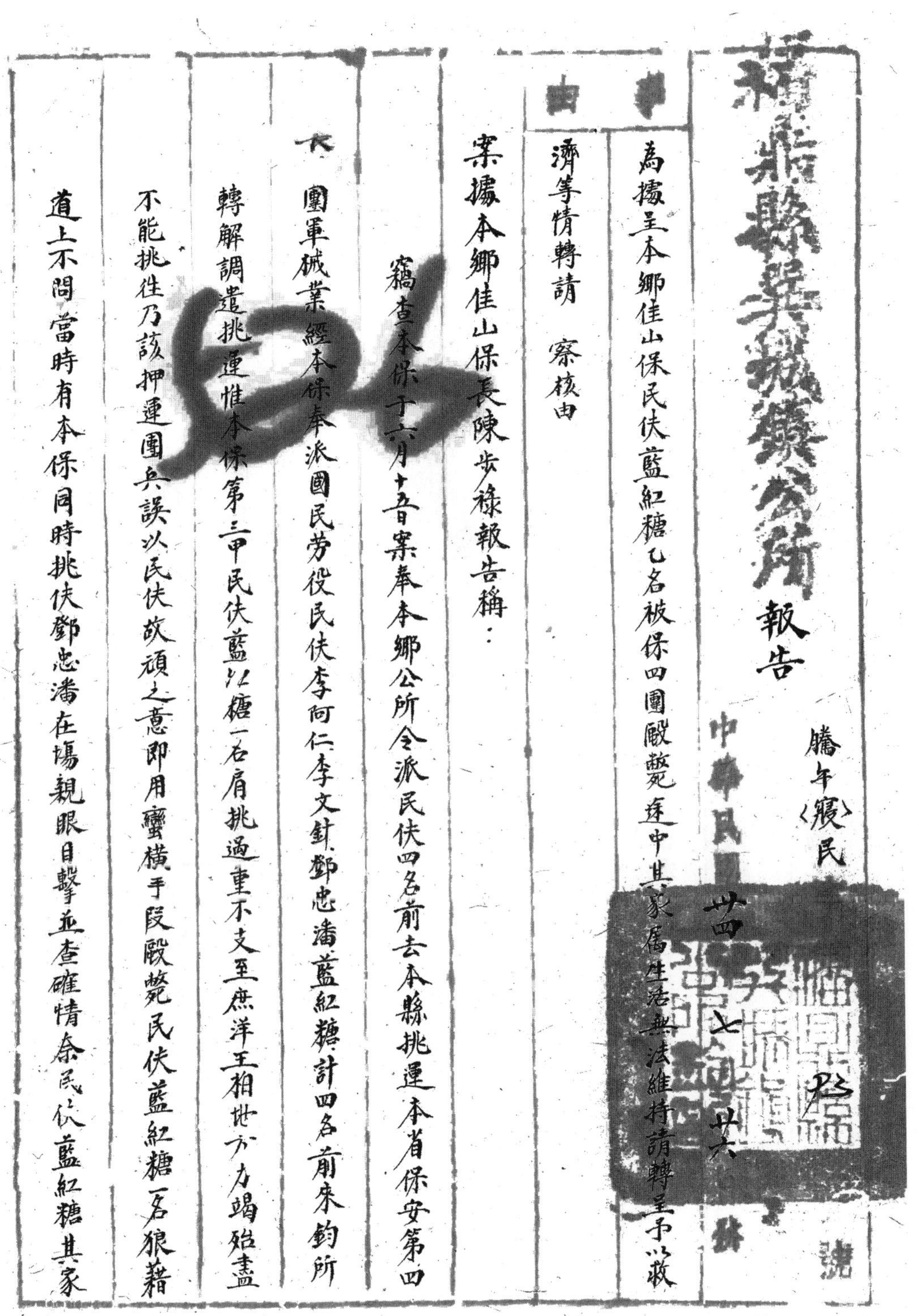

福鼎縣巽城鎮公所報告

騰午（寢）民 號

中華民國 卅四年 七月 廿六日

事由

為據呈本鄉佳山保民伕藍紅糖乙名被保四團毆斃途中其家屬生活無法維持請轉呈予以救濟等情轉請 察核由

案據本鄉佳山保長陳步祿報告稱：

竊查本保于六月十五日案奉本鄉公所令派民伕四名前去本縣挑運本省保安第四團軍械，業經本保奉派國民劳役民伕李向仁、李文針、鄧忠潘、藍紅糖計四名前來鈞所轉解調遣挑運，惟本保第三甲民伕藍紅糖一名肩挑過重不支，至庶洋王柏地方力竭殆盡不能挑往，乃該押運團兵誤以民伕故頑之意，即用蠻橫手段毆斃民伕藍紅糖一名，狼藉道上不問。當時有本保同時挑伕鄧忠潘在場親眼目擊，並查確情，奈民伕藍紅糖其家

福鼎县巽城镇公所关于本乡佳山保民夫蓝红糖被保四团殴毙途中，其家属生活无法维持，请予以救济的报告（1945 年 7 月 26 日） G137-001-0005

属上有毋亲下有妻子计三口生活依靠乏人定能绝炊殊为令人可悯特此报请鉴核准予转

呈上峰发给抚恤金俾其救济至祷

等情据此查该保长所称该保民伕蓝红糖乙名被保四团殴毙途中其家属生计日益无法维持确属

实在据呈前情理合转请

察核俯恤惨死予以救济其家属诚感公便

谨呈

县长兼处长王

副处长陈

巽城乡长丁汉承

福鼎县巽城镇公所关于本乡佳山保民夫蓝红糖被保四团殴毙途中，其家属生活无法维持，请予以救济的报告(1945年7月26日)　G137-001-0005

四 杂项

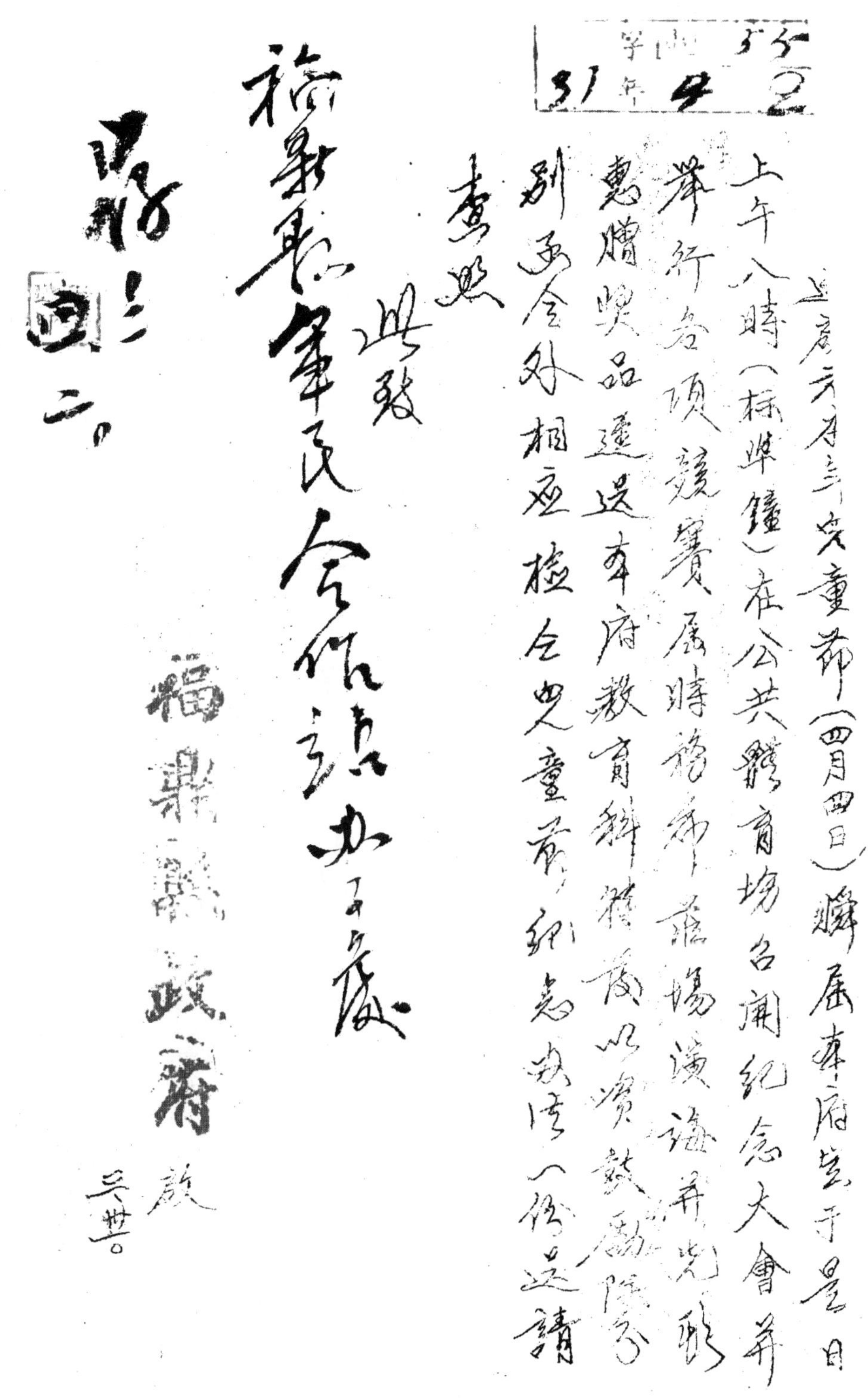

迳启者：本府定于是日上午八时（标准钟）在公共体育场召开纪念大会，并举行各项竞赛，届时务希莅场演讲，并恳惠赠奖品，迳送本府教育科转发，以资鼓励。除分别函令外，相应检同儿童节纪念办法一份，函送，请查照为荷。此致

福鼎县党部、县参议会、福鼎县民众教育馆、县银行……

福鼎县政府 启

三月卅日

福鼎县政府关于举行儿童节各项竞赛活动请惠赠奖品并检同儿童节纪念办法的公函

（1942 年 3 月 31 日） G137-001-0010

247

兒童節紀念辦法

本年兒童節舉行活動事項如下：

一、兒童節紀念會

二、兒童訓練團檢閱式

三、兒童代表晋謁當地黨政長官

四、舉行左列各項比賽

(1) 國語演說競賽會

(2) 中小學抗戰音樂演奏會

(3) 爬山比賽

(4) 球類比賽（乒乓球、排球）

(5) 健康比賽

舉辦時間及事項支配如下：

附件：儿童节纪念办法

(1942年3月31日)a面 G137-001-0010

四月四日上午八時 a 兒童節訓練開始儀式（在公共体育場）

b 兒童節紀念會（地点仝上）

c 健康會操（地点仝上）

d 兒童代表晋謁當地党政長官

下午二時 國語演說競賽会（在政辦所）

五日上午八時 a 健康比賽（在衛生院）

下午二時 b 球類比賽（在公共体育場）

六日上午八時 抗戰歌詠演奏會（在政辦所）

下午二時 爬山比賽（在高山縣設[illegible]）

附件：儿童节纪念办法

（1942 年 3 月 31 日）b 面　G137-001-0010

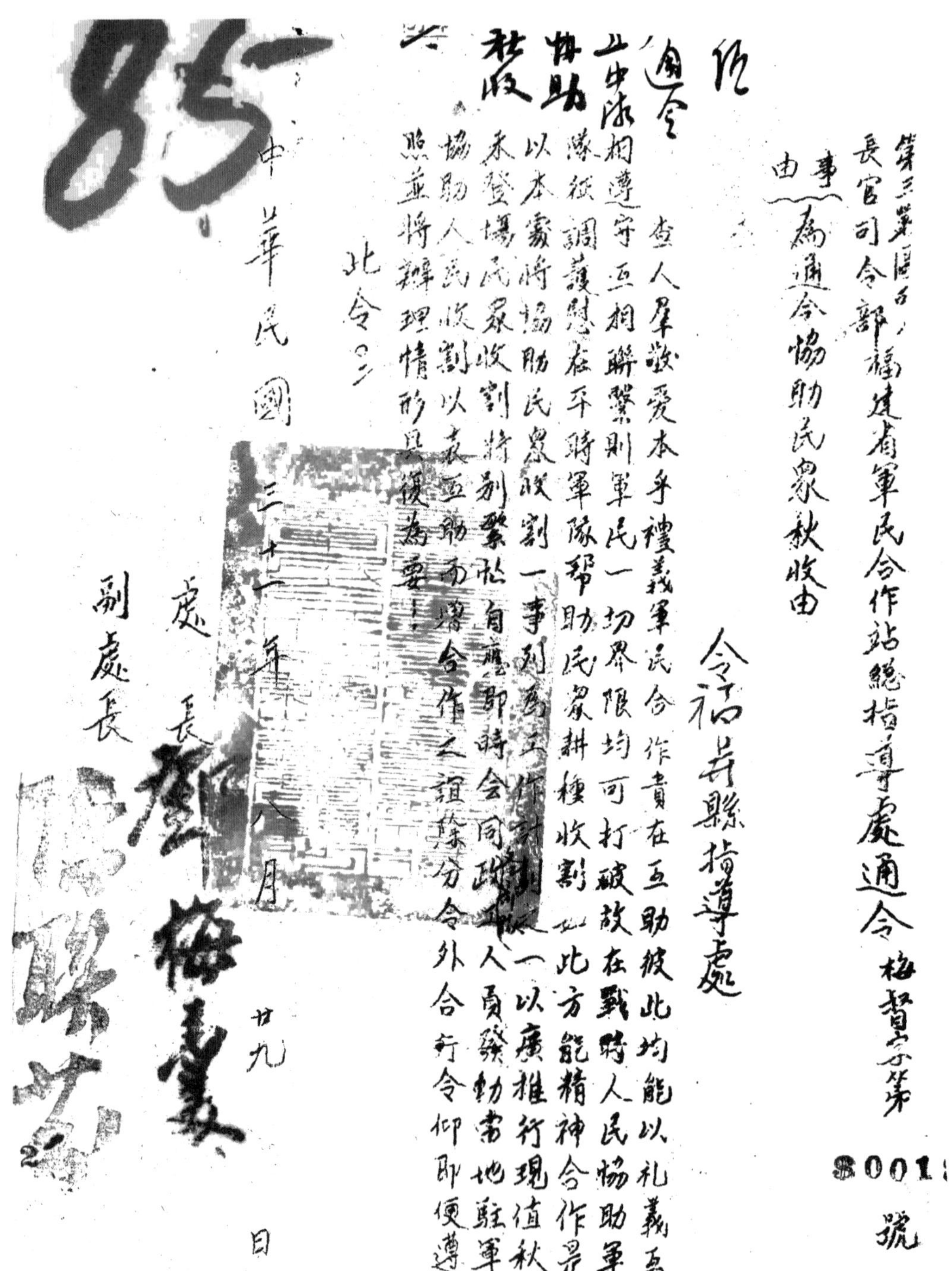

85

第三戰區司令長官司令部福建省軍民合作站總指導處通令　梅督字第S001[illegible]號

事由：為通令協助民眾秋收由

令福安縣指導處

查人群敬愛本乎禮義軍民合作責在互助彼此均能以禮義互相遵守互相聯繫則軍民一切界限均可打破故在戰時人民協助軍隊徵調護慰在平時軍隊幫助民眾耕種收割如此方能精神合作是以本處將協助民眾收割一事列為工作計劃之一以廣推行現值秋禾登場民眾收割特別繁忙自應即時會同政工人員發動當地駐軍協助人民收割以表互助而增合作之誼除分令外合行令仰即便遵照並將辦理情形具復為要！

此令

中華民國三十一年八月廿九日

處長

副處長

第三战区司令长官司令部福建省军民合作站总指导处关于协助民众秋收的通令

（1942 年 8 月 29 日）　G137-001-0008

奉
縣座諭以各機關學校社團部隊所繕貼標語措詞多有未
合應即轉知嗣後擬繕標語底稿須先送府核閱後繕貼
等因相應函達
查照為荷
此致
軍民合作站指導處

啟 八、卅一

福鼎县政府秘书处关于缮写标语，底稿须先送府核阅后缮贴的公函

（1942年8月31日） G137-001-0002

福鼎縣政府公函

調府字第12號
民國卅一年十月十七日發

案奉

福建省政府訓令開：

「查本省本年度奉令定期[illegible]，為提高抗敵情緒，促進軍民合作起見，特發動各縣市（區）徵集慰勞品就地分發，兹經訂定徵集慰勞品辦法通告知照，除分別函令外，合行檢發原辦法一份，令仰遵照，迅速辦理具報為要。此令」

等因；奉此，茲定於本月十八日上午八時（標準鐘），在本府會議室，召開徵集慰勞品籌備會，討論進行事宜，即希準時出席，為荷！

此致

軍民合作指導處

縣長　鄧崇沂

福鼎县政府关于奉省府令定于本月十八日上午在县府召开征集慰劳品筹备会的通知

（1942年10月17日）　G137-001-0002

第37號
卅一年十月廿日

福鼎縣第三屆全縣運動會籌備處公函

運字第7號
民國三十一年 月 日

本縣為提倡國民體育使全民眾體魄起見爰定於十一月十二日舉行第三屆全縣運動會素仰
貴誌熱心體育相應函請
查照乞惠賜獎品以資鼓勵為荷
此致
軍民合作誌
兼主任委員鄭宗海

如蒙惠賜獎品請于十一月一日以前
逕寄福鼎縣政府收轉

福鼎县第三届全县运动会筹备处关于定于十一月十二日举行第三届全县运动会，乞惠赐奖品的公函
（1942年10月） G137-001-0002

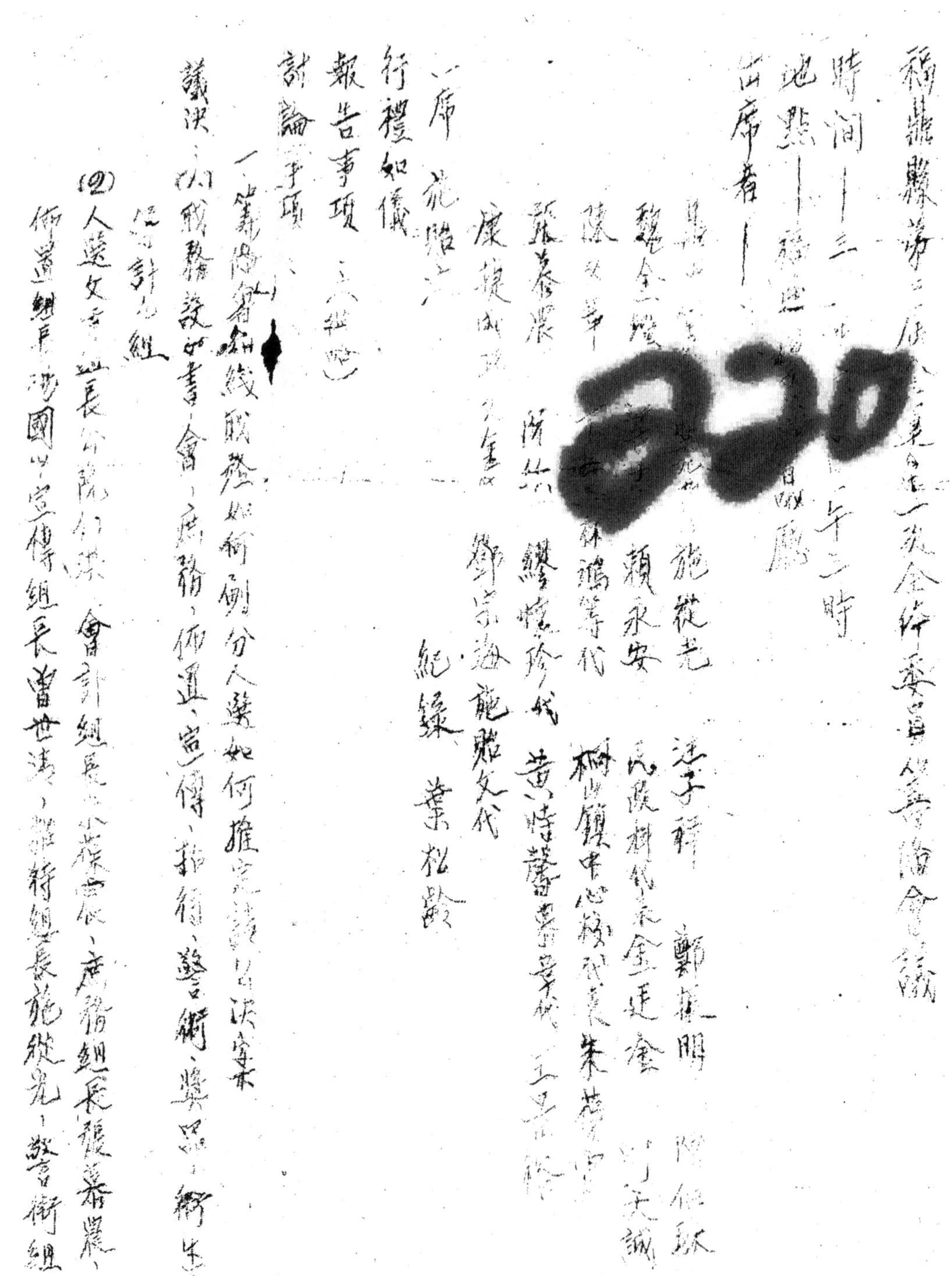

福鼎县第三届全运会一次全体委员筹备会议记录

(1942年10月21日)a面 G137-001-0003

長汪子鋒、吳組長汪學信、葉拙哉、[illegible]組長鄭振明。

二、單位[illegible]案

議決：每鄉鎮、各[illegible]中學、中心[illegible]合一單位，縣政府及附屬各機關、警察合一單位

共[illegible]

三、[illegible]運動[illegible]案

議決：(1)[illegible]以上[illegible]四尺十寸以下為丙組

(2)[illegible]

四、各隊[illegible]

議決：各推[illegible]

五、競賽項目[illegible]

議決：(1)田賽：鉄球、鉄餅、標槍、跳高、撐竿跳、跳遠、三級跳、鉄鍊球、擲手榴彈。

(2)徑賽：五十米、百米、二百米、四百米、八百米、一千五百米、萬米、低欄(50米、100米、400米)

接力跑(800米、1600米)障碍跑(200米、400米)

(3)球類：籃、排球、乒乓球、

(4)國術：拳術、器械，

(5)團体表演：(以学校或民眾為單位)

六、錦標總隊應如何規定案

議決：(1)男[illegible]部、女[illegible]錦標[illegible]、徑賽[illegible]一個、籃排球、乒乓、國術錦標各

一個

福鼎县第三届全运会一次全体委员筹备会议记录

(1942年10月21日)b面　G137-001-0003

217

如門[illegible]鎮[illegible]一個

七、[illegible]建築案

議決：由[illegible]合[illegible]原有苗圃合併[illegible]於[illegible]府飭樹[illegible]鎮[illegible]勞動服役[illegible]所需改造跑道用費先由縣政府墊借五百元將來由募捐[illegible]撥還

八、[illegible]參加選手膳宿服裝費應如何[illegible]

議決：參加選手膳宿費每人每日暫定三元，惟城郊各校[illegible]五角又每鄉鎮[illegible]縣政府附屬機關[illegible]選手[illegible]元在各鄉鎮教費預算[illegible]應在鄉鎮預備費項下開支如無剩餘之鄉鎮應在鄉鎮預備金項下開支并[illegible]鄉鎮事前編具選手膳宿服裝費預算呈請核發

散會。

下午五時三十分

福鼎县第三届全运会一次全体委员筹备会议记录

（1942 年 10 月 21 日） G137-001-0003

查本月十二日係 國父誕辰紀念日，依照
中央規定：「是日休假一天。全國一律懸旗慶祝，各地黨政軍警機關，各團體學校，均分別集會紀念；并由各該地高級黨部召開各界紀念大會。」茲定于是日上午七時在南門外公共體育場開會紀念，并將桐山鎮各保十一月份國民月會合併舉行，各機關團體職員，各學校員生及桐山鎮各保甲户長，均應準時到會參加。除分別函知外，相應函請
查照！

此致

軍民合作站指導處

福鼎縣政府
中國國民黨福建省福鼎縣執行委員會

三十一年十一月九日

福鼎县政府、中国国民党福建省福鼎县执行委员会关于十二日上午召开国父诞辰纪念会并将桐山镇各保十一月份国民月会合并举行的公函(1942 年 11 月 9 日)　G137-001-0002

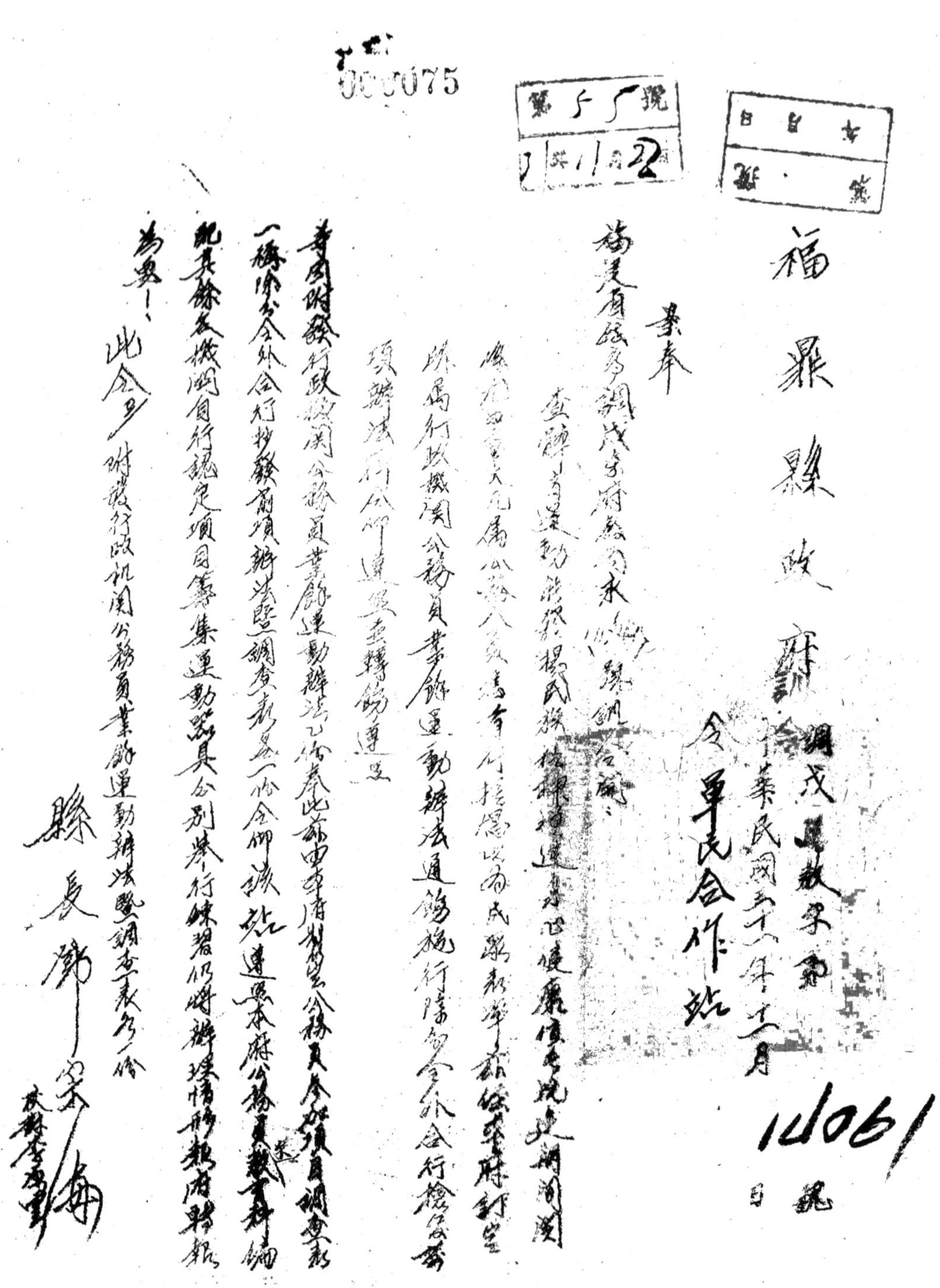
福鼎县政府训令 调戌字第 号
中华民国三十一年十一月 日
令单民合作站
福建省政府[illegible]训令内开：
案奉
[illegible]
[illegible]
县属行政机关公务员业余运动办法通饬施行除分令外合行检发
[illegible]
等因附发行政机关公务员业余运动办法[illegible]公务员参加项目调查表
一种除分令外合行抄发前项办法暨调查表各一份令仰该站遵照[illegible]
就其余各机关自行规定项目筹集运动器具分别举行练习仍将办理情形报府转报
为要！
此令。
附发行政机关公务员业余运动办法暨调查表各一份
县长 [illegible]

福鼎县政府关于抄发福建省行政机关公务员业余运动办法及调查表并将办理情形报府的训令

(1942年11月11日)a面 G133-003-0120

福建省政府所屬各機關公務人員業餘運動辦法

一、福建省政府所屬各機關公務人員每日應有一小時之業餘運動

二、業餘運動時間定為每日下午五時至六時（冬季四時至五時）其項目暫定如左

1、健康操、 2、國術、 3、網球、 4、籃球、 5、排球 6、乒乓球、

7、爬山運動、 8、射箭、 9、舉重、 10、游泳、 11、其他、

三、業餘運動應由各機關主管長官就前條所列項目中擇其便於練習者令所屬公務人員報名參加並視參加人數之多寡及所認項目購備運動器具分組練習

四、分組練習應由各機關指派人員負責指導之

五、各機關公務人員參加業餘運動不得無故請假缺席或遲到早退

六、業餘運動所需開辦費及經常費由各機關經費內調劑開支

七、各機關應將業餘運動實行日期及情形呈報省政府查核並由省政府隨時派員考察之

八、本辦法自通令之日施行

附件：福建省政府所属各机关公务人员业余运动办法（1942 年 11 月 11 日）b 面　G133-003-0120

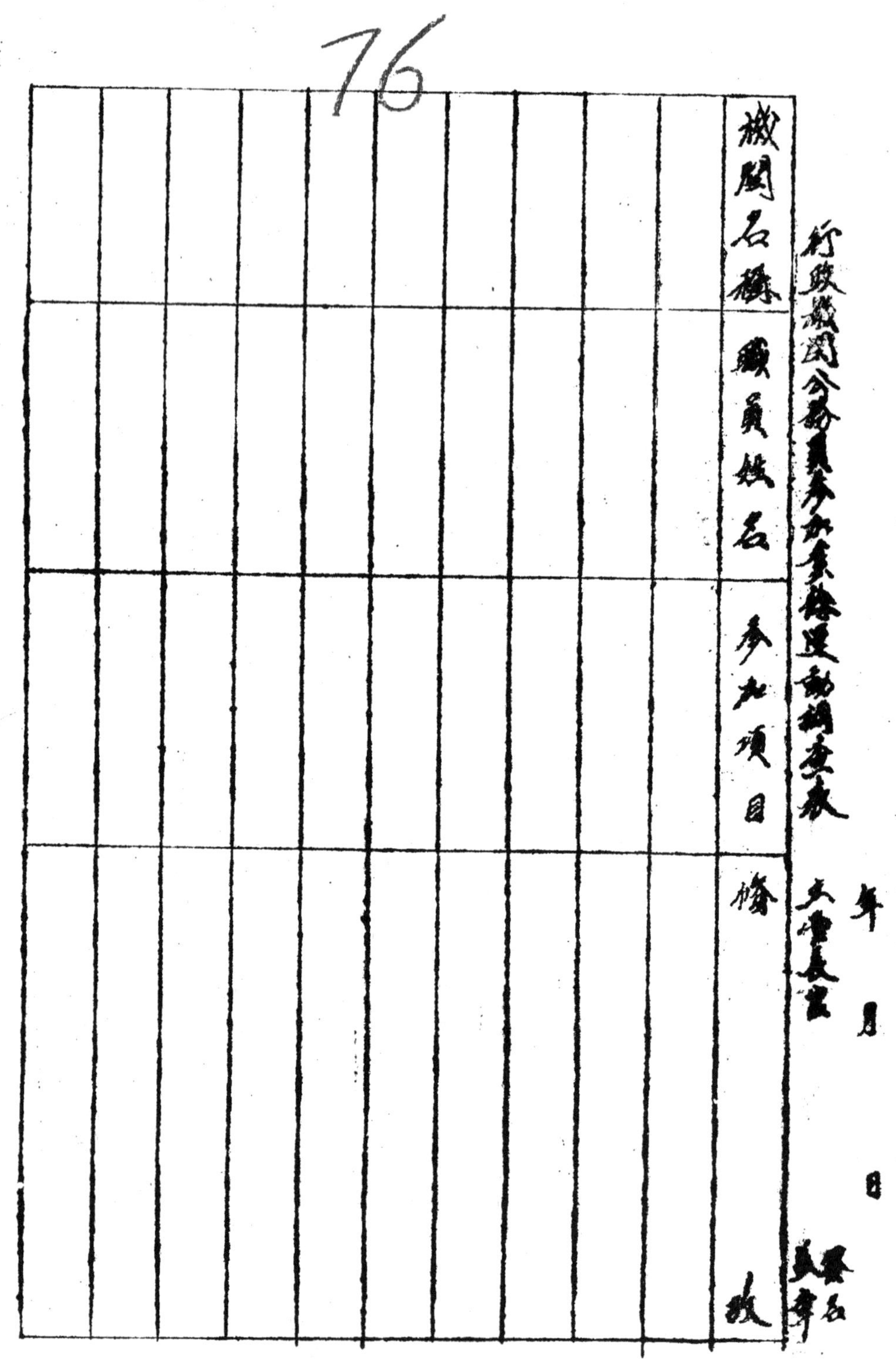

附件：行政机关公务员业余运动调查表（1942 年 11 月 11 日）　G133-003-0120

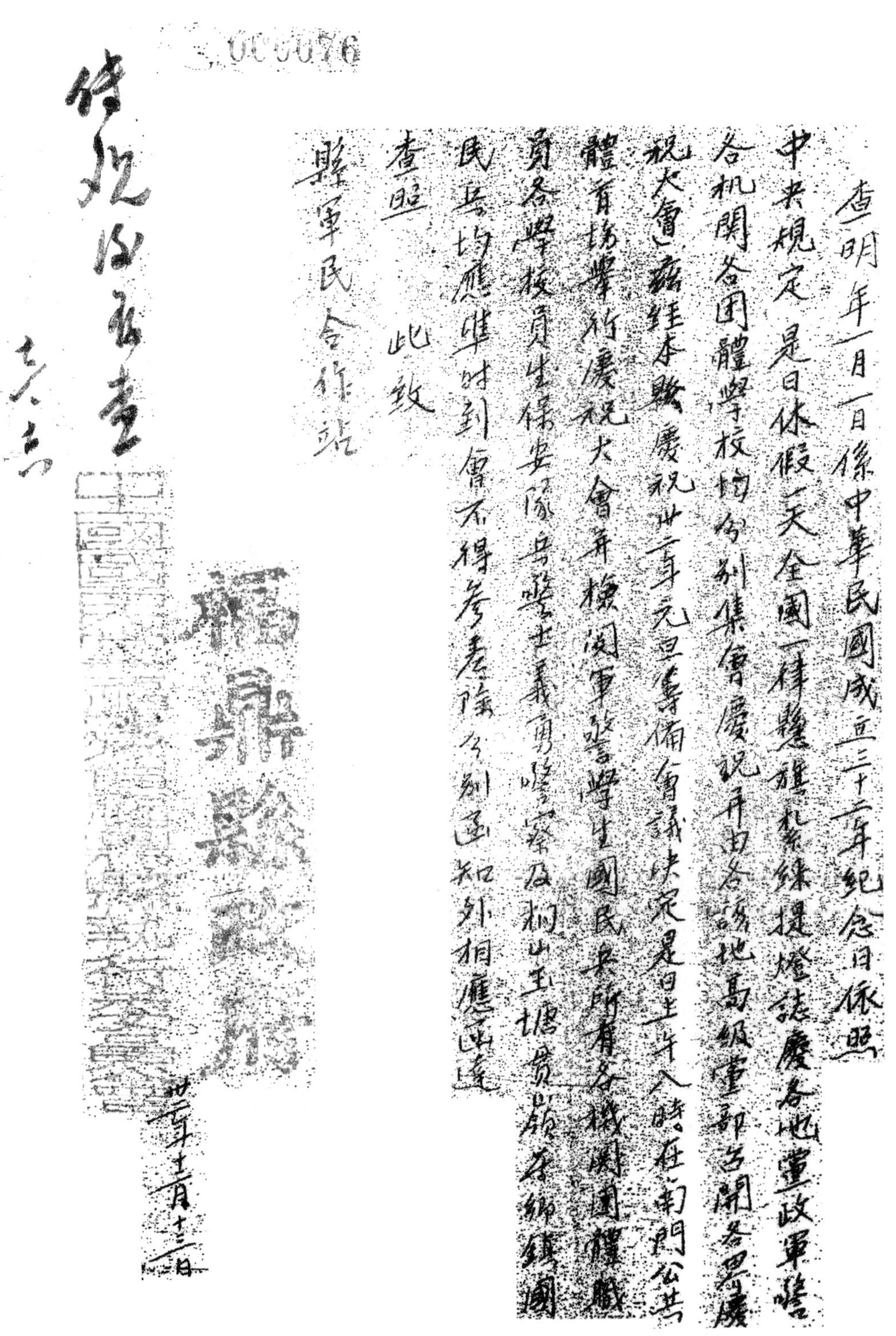

查明年一月一日係中華民國成立三十二年紀念日，依照中央規定是日休假一天，全國一律懸旗紮綵提燈誌慶，各地黨政軍警各機關各團體學校均分別集會慶祝，并由各該地高級黨部召開各界慶祝大會。茲經本縣慶祝卅二年元旦籌備會議決定，是日上午八時在南門公共體育場舉行慶祝大會，并檢閱軍警學生國民兵，所有各機關團體職員、各學校員生、保安隊兵警士、義勇警察及桐山、玉塘、貫嶺各鄉鎮國民兵均應準時到會，不得參差，除分別函知外，相應函達

查照 此致

縣軍民合作站

福鼎縣政府

卅一年十二月十三日

福鼎县政府、中国国民党福建省福鼎县执行委员会关于召开成立三十二年纪念日元旦庆祝大会并检阅军警、学生、国民兵所有相关人员均应准时到会的公函（1942 年 12 月 13 日） G133-003-0120

查慶祝三十二年元旦業由本府于本月七日會同縣黨部召集各有關机關團体學校開會籌備關于舉行慶祝會遊藝會組織宣慰隊震呼隊及擬製宣傳品籌措用費各項當經分別决定紀錄在卷除分函外相應檢同上開項會議錄及震呼口號標語各一份隨函送請

查照辦理

此致

張副處長

附送卅二年元旦籌備會議紀錄及標語口號各一份

福鼎縣政府

卅一年十二月十三日

15113

福鼎县政府关于函送庆祝三十二年元旦筹备会议记录及标语口号的公文

（1942 年 12 月 13 日） G133-003-0120

慶祝三十二年元旦籌備會議紀錄

時間 三十一年十二月七日上午八時

地點 縣政府會議廳

出席者 丁梅董 張寨農 施兆光 施春年 梁學信
汪子祥 王景純 曾世清 徐文標 賴思麟
繆懷珍 陶鋒銳 陳伯琳 陳希周 林鴻壽
鄧宗海

紀錄 陳振華

主席 鄧縣長

行禮如儀

甲、報告事項

主席報告（略）

乙、討論事項

一、關於慶祝大會應如何舉行案

議決：1、由縣黨政會函召集各機關團體職員學校員生保甲戶長（由警察局飭知）暨嶺桐山國民兵隊於是日上午八時在南門公共體育場開慶祝大會並舉行檢閱

附件：福鼎县政府、中国国民党福建省福鼎县执行委员会关于庆祝三十二年元旦筹备会议记录、标语（1942年12月7日）a面　G133-003-0120

乙、是日各機關團體學校一律懸旗結彩晚上并應懸燈慶祝

二、關於遊藝會應如何舉行案

議決：1、是晚六時在中山堂舉行遊藝大會由業餘劇團負責一幕中學一幕縣政府一幕中心校一幕其餘各學校均須參加歌詠或雜耍一節

乙、推林幹事鳴籌盧局員澤位科員忠雄鄭科員衍墀為遊藝會籌備員推教育長為籌備主任會場佈置由林文炳張篤行李大培張泉農負責

丙、會場秩序由軍事科警察局國民兵團負責維持並請駐縣稅警團部副團長及接兵部隊連長担任糾察

三、關於慶祝大會會場應由何人負責佈置案

議決：由國民兵團蔡副官黨部林助幹縣政府鄭助秘負責佈置

四、應否組織宣慰隊案

議決：贈給征屬優待券請其參加遊藝會加以慰問

五、應否組織晨呼隊案

議決：組織晨呼歌詠隊三隊軍警隊負責南門中學隊負責北門中心校隊負責城內是日上午標準鐘五時以警報為信號出發工作口號由縣政府社會科擬發歌詠由各隊自備

六、關於宣傳品應由何人負責擬製案

議決：宣言由丁書記長縣科長會擬標語由黨政擬定分發各機關團體學校繕貼漫画由社會服務處繪貼

附件：福鼎县政府、中国国民党福建省福鼎县执行委员会关于庆祝三十二年元旦筹备会议记录、标语（1942年12月7日）b面　G133-003-0120

標語

1. 一月一日是中華民國成立的紀念日！
2. 中華民國成立是中華民族新生命的開始。
3. 紀念民國成立要奉行 國父遺教
4. 紀念民國成立要繼續先烈奮鬥精神
5. 紀念民國成立要有錢出錢有力出力有槍出槍
6. 擴大勞軍運動 慰助征人家屬
7. 加強盟國團結 爭取最後勝利
8. 實行三民主義 建設新中國
9. 擁護國民政府 消滅偽組織
10. 擁護最高統帥 蔣委員長
11. 打倒德意日軸心強盜
12. 復興中華民族

附件：福鼎县政府、中国国民党福建省福鼎县执行委员会关于庆祝三十二年元旦筹备会议记录、标语（1942年12月7日）a面　G133-003-0120

13 中國國民黨萬歲

14 中華民國萬歲

晨呼口號

1. 今天是中華民國三十二年的元旦

2. 大家一致起來慶祝元旦

3. 有錢出錢 有力出力

4. 打倒日寇 消滅漢奸

5. 擁護 總裁復興民族

6. 抗戰必勝 建國必成

7. 中國國民黨萬歲

8. 中華民國萬歲

附件：福鼎县政府、中国国民党福建省福鼎县执行委员会关于庆祝三十二年元旦筹备会议记录、标语（1942年12月7日）b面　G133-003-0120

六、關於各項用費應如何籌措案

議決：1、由游藝會售券八百張每張收券資三角計二百四拾元

2、向各機關配募弍百元分配如下

縣政府　八十元　　縣黨部　二十元　　縣商會　廿五元

縣田賦管理處　拾元　　海關　拾元　　省銀行　拾元

稅務局　拾元　　直接稅所　拾元　　食糖專賣局　拾元

鹽務所　拾元　　查緝所　拾元　　國民兵團　拾元

3、在前項券資及募款未收到前所有慶祝會游藝會費用由縣政府縣黨部先行墊付

4、游藝會入場券由縣黨部社會科桐山鎮公所負責配售由警察局負責收繳

鄧宗海

附件：福鼎县政府、中国国民党福建省福鼎县执行委员会关于庆祝三十二年元旦筹备会议记录、标语

（1942 年 12 月 7 日）　G133-003-0120

第65號
32年1月2日

福鼎縣政府訓令

事由：令仰依照修正賦稅減免規程以不以營利為目的之公有土地迅即列冊送田賦處由

令軍民合作指導處

案准
縣田賦管理處調亥巧田乙字第1314號公函開：
"案准貴府調亥文建字第一五〇四六號公函
略以本縣中正公園係屬公有土地，函請免繳，並希見覆等
由，准此，查該項土地既非以營利為目的，照章應予免
賦，茲准前由，相應函復，查照，並請轉飭所屬依照修正
賦稅減免規程以不以營利為目的之公有土地列冊送
處以憑轉報暨飭各征收處知照為荷"

民國三十一年十二月卅日

福鼎县政府关于依照修正赋税减免规程，以不以营利为目的之公有土地迅即列册送田赋处的训令
(1942 年 12 月 30 日)a 面　G137-001-0002

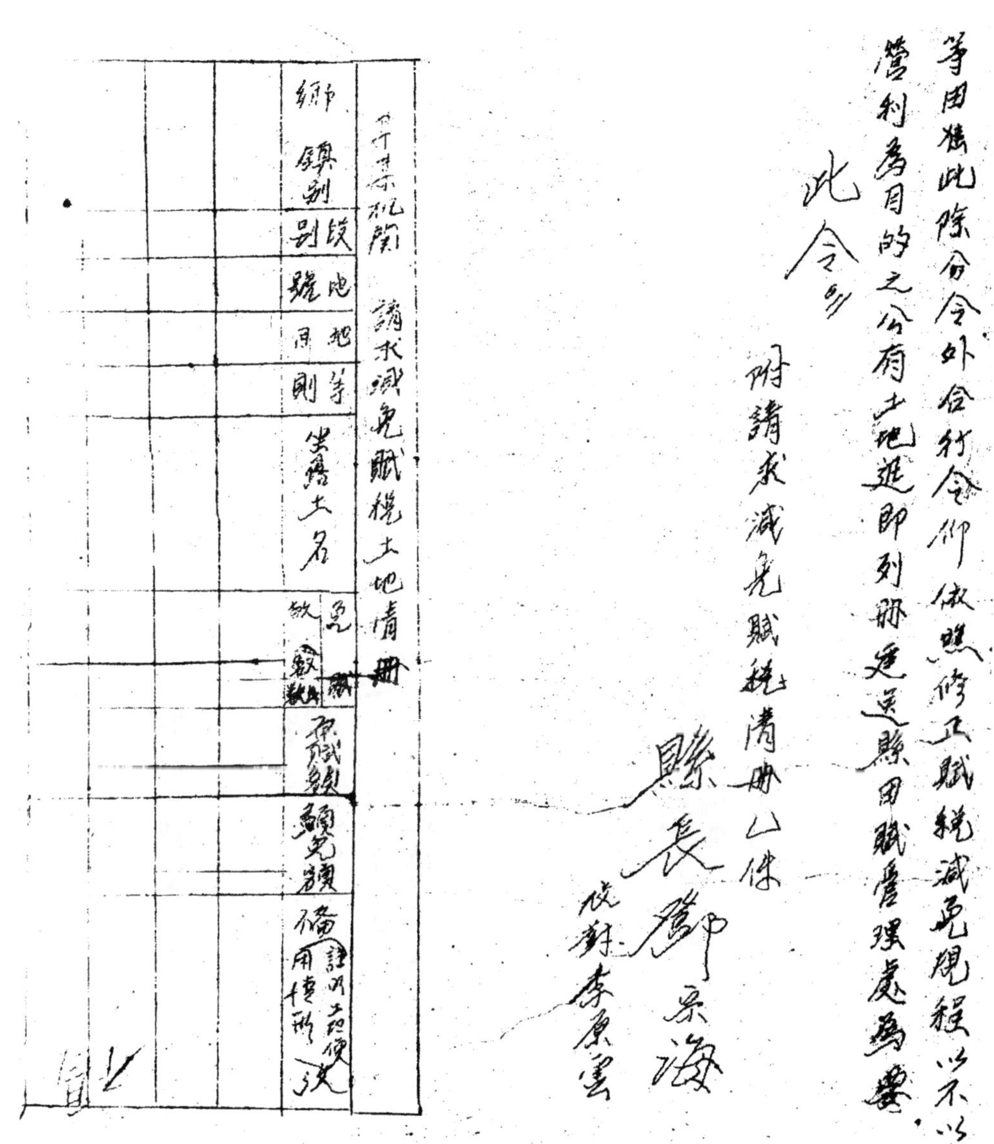
等因，据此，除分令外，合行令仰依照修正赋税减免规程，以不以营利为目的之公有土地迅即列册送县田赋管理处为要。

此令。

附请求减免赋税清册一件

县长 邓宗海

校对 李康云

村机关 请求减免赋税土地清册

乡镇别	段别	地号	等则	坐落土名	面积	原赋额	减免额	备考

福鼎县政府关于依照修正赋税减免规程，以不以营利为目的之公有土地迅即列册送田赋处的训令

(1942年12月30日)b面 G137-001-0002

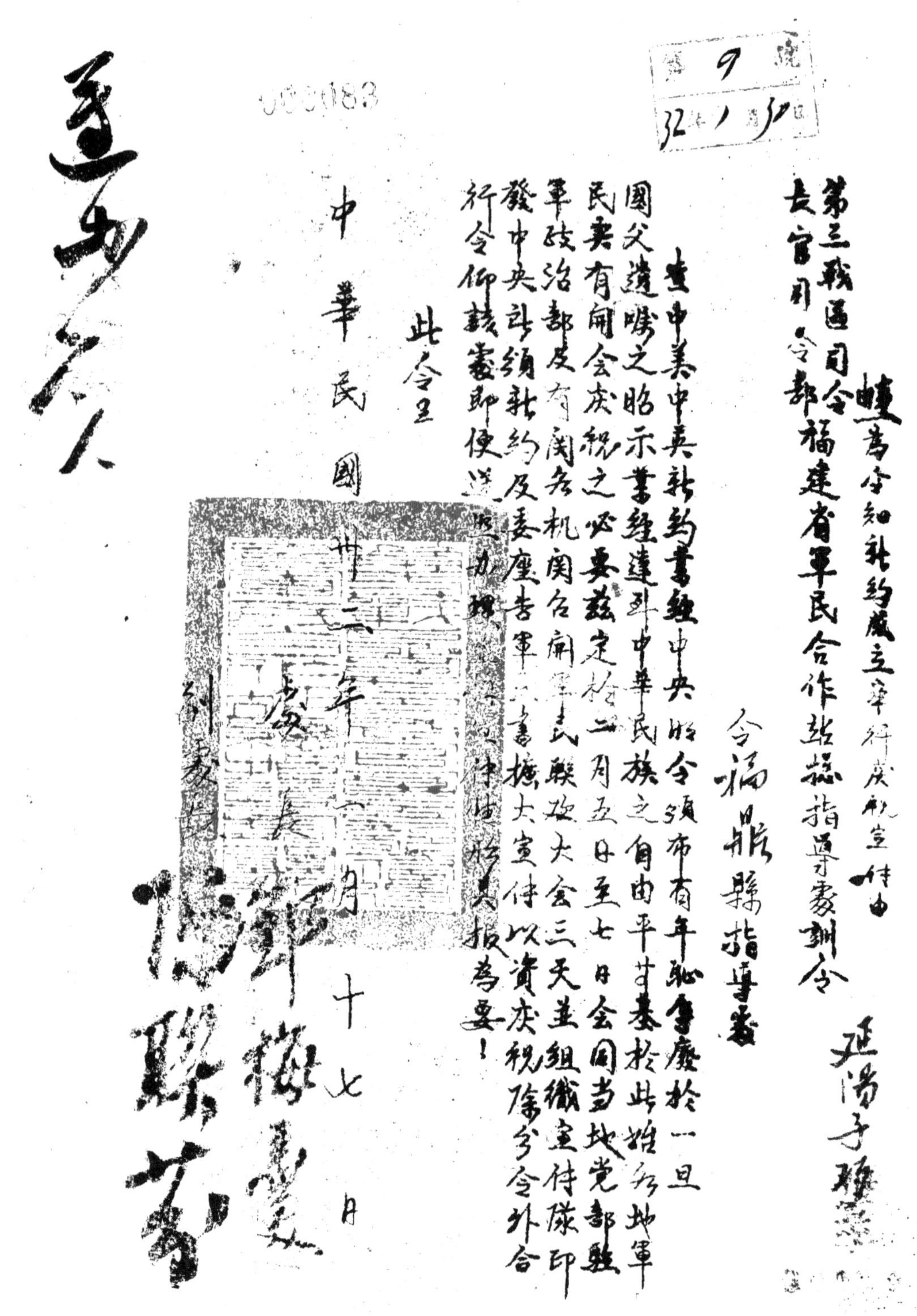

第9號
32年1月20日

第三戰區司令長官司令部福建省軍民合作站總指導處訓令　延浦字第　號

事由：為令知新約成立舉行慶祝宣傳由

令福鼎縣指導處

查中美中英新約業經中央明令頒布，百年羈絆廢於一旦，國父遺囑之昭示業經達到，中華民族之自由平等於此確立，各地軍民實有開會慶祝之必要。茲定於二月五日至七日，全國當地黨部、駐軍政治部及有關各機關召開軍民聯歡大會三天，並組織宣傳隊，印發中央明令頒新約及委座告軍民書，擴大宣傳，以資慶祝。除分令外，合行令仰該處即便遵照辦理，並仰協助推進為要！

此令

處長　鄭樹棠

中華民國卅二年一月十七日

第三战区司令长官司令部福建省军民合作站总指导处关于新约成立，举行庆祝宣传的训令

(1943年1月18日)　G133-003-0120

呈报奉令庆祝中美英新约宣传情形由

呈文

案奉

钧处亥灰闽子巧梅宣字第一九号训令因略以定二月十五至十七日令仰各地党政及有关各机关各界军民联欢会三天庆祝中美中英新约并组织宣传队即分赴各乡村及各要地宣告军民暨扩大宣传仰遵办并将宣传情形具报等因奉此遵即令会本县县政府县党部青年团分团各有关机关开会筹备庆祝

第三战区司令长官司令部福建省福鼎县军民合作站指导处关于奉令庆祝中美英新约宣传情形的呈文

（1943 年 2 月 18 日） G133-003-0120

事宜除由县立中学暨各小学组织宣传队分赴各处宣传并散贴
标语漫画暨新编委座告军民书外并於八日举行晨会开军民联欢
庆祝大会并与城区二月份国民月会合并举行到会人数计约二千人
左右情绪热烈当场并分散讲词并委座告军民书后于九十两夜
会同本县抗建剧团举行[illegible]游艺大会公演话剧平剧观众拥挤收效甚
宏奉令前因理合将办理经过情形具文报请
鉴核备查　谨呈
第三战区司令长官部福建省军民合作站指导处
福鼎军民合作站指导主任兼站长王〇〇
[illegible]
[illegible]丁〇〇
[illegible]张〇〇

第三战区司令长官司令部福建省福鼎县军民合作站指导处关于奉令庆祝中美英新约宣传情形的呈文
（1943 年 2 月 18 日）　G133-003-0120

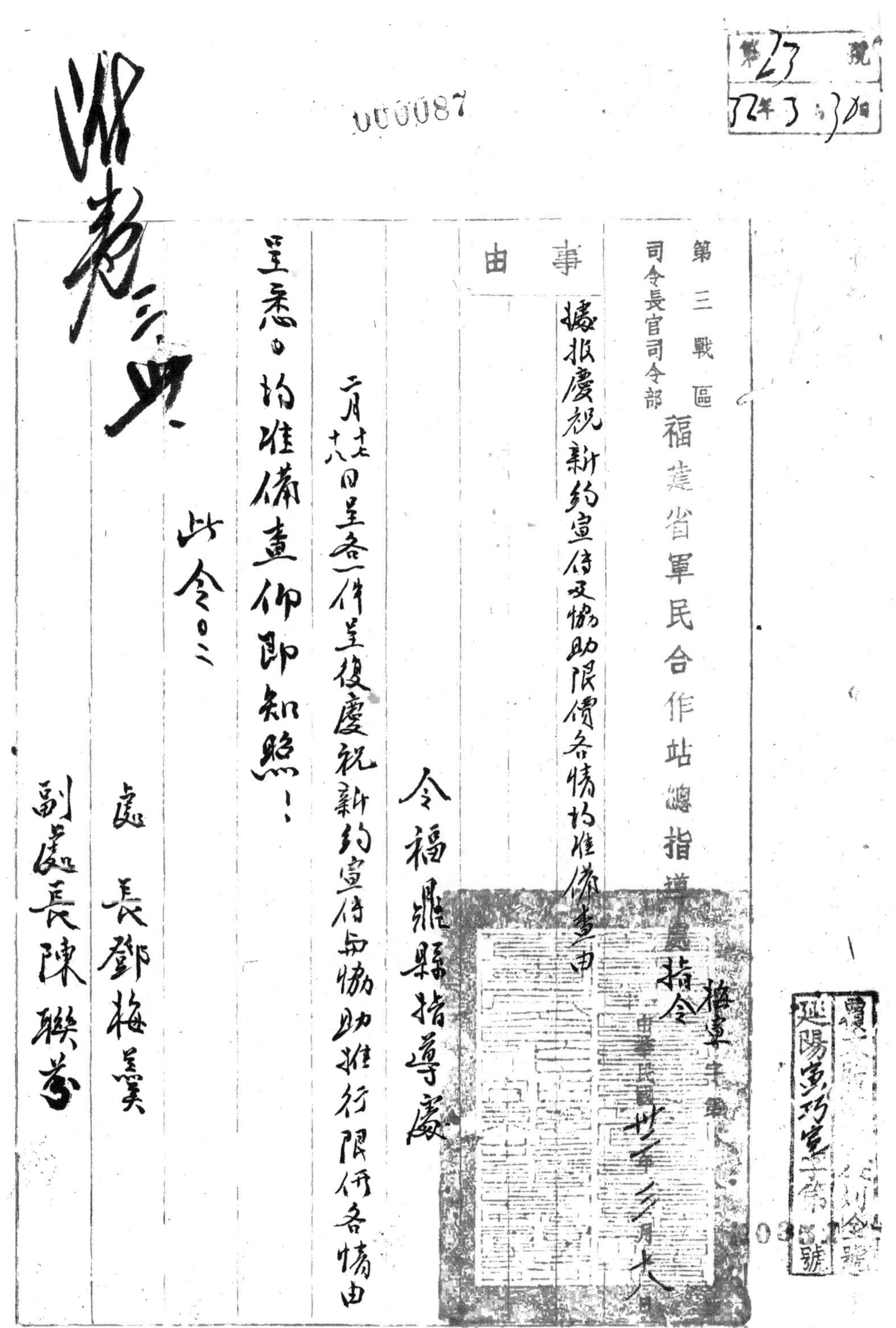

第三戰區司令長官司令部福建省軍民合作站總指導處指令

事由：據報慶祝新約宣傳及協助限價各情均准備查由

令福鼎縣指導處

二月十八日呈各一件呈復慶祝新約宣傳與協助推行限價各情由

呈悉。均准備查，仰即知照！

此令。

處長鄧梅羹

副處長陳聯芬

中華民國卅二年三月十八日

第三战区司令长官司令部福建省军民合作站总指导处关于福鼎县军民合作站指导处所报庆祝新约宣传及协助限价各情形准予备查的指令(1943 年 3 月 18 日)　G133-003-0120

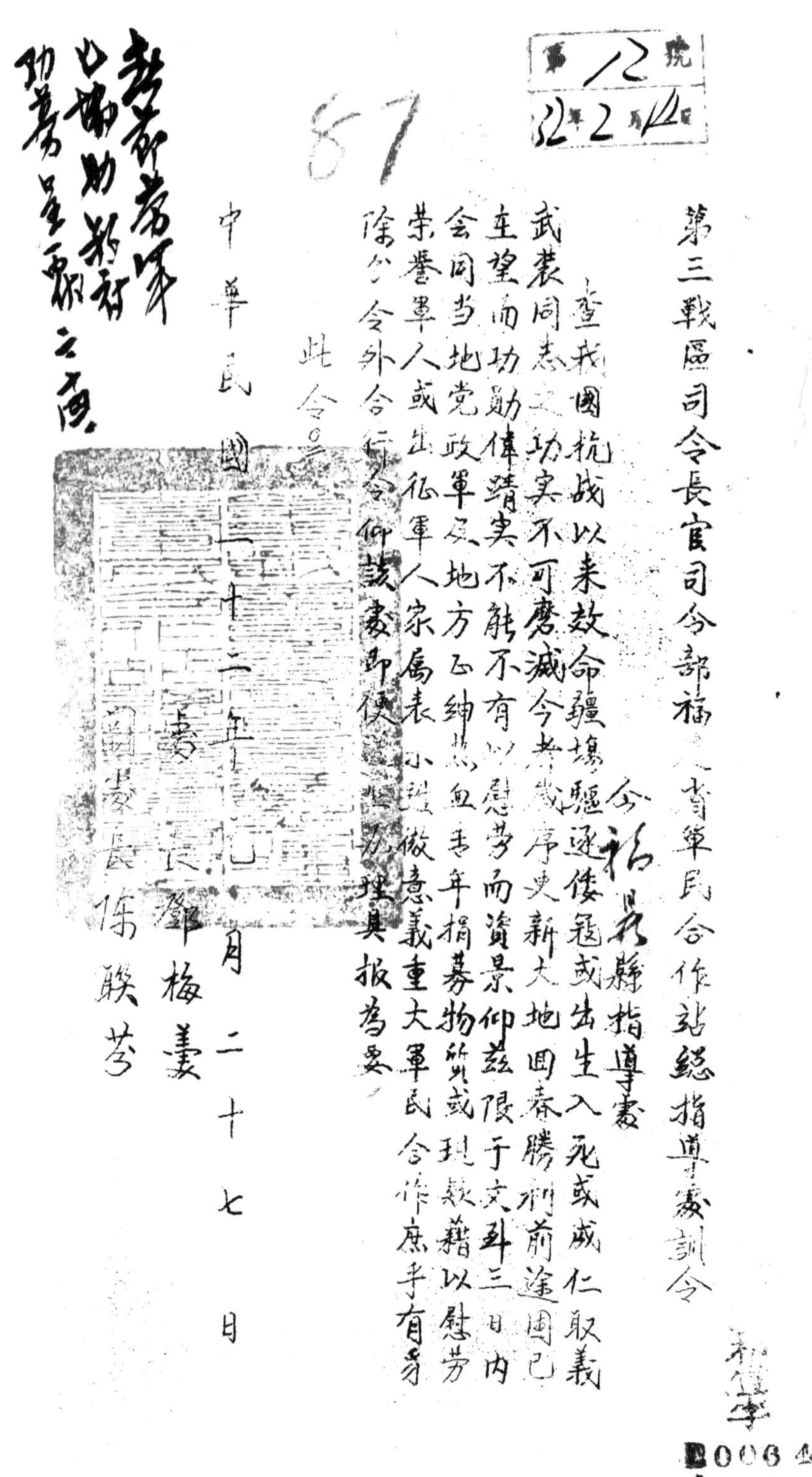

事12號
32年2月12日

87

春節勞軍
已協助將村
助募呈報云覆

第三戰區司令長官司令部福建省軍民合作站總指導處訓令

令福安縣指導處

查我國抗战以来效命疆場驅逐倭寇或出生入死或成仁取義武装同志之功实不可磨滅今春節序更新大地回春勝利前途固已在望而功勛偉績实不能不有以慰劳而資景仰兹限于文到三日内会同当地党政軍及地方正绅照每年捐募物質或現款藉以慰劳荣誉軍人或出征軍人家属表示裡微意義重大軍民合作庶乎有身除分令外合行令仰該處即便遵照办理具报為要

此令

中華民國三十二年一月二十七日

處長　鄒梅羹

副處長　陈联芳

0064

第三战区司令长官司令部福建省军民合作站总指导处关于春节募捐款物慰劳荣誉军人与出征军人家属，并将办理情形具报的训令(1943 年 1 月 27 日)　G133-003-0120

福鼎县政府公函

民国三十二年六月　日

福建省军管区司令部兵编二仁字第2902号训令开："案奉军政部部长何卯先役训电开：兹定本年七月七日举行第二届全国国民兵运动会，希依照三十一年指示原则拟具该省实施办法于四月底前报部备核并转饬各县(市)国民兵团积极准备等因，奉此自应遵照三十一年教育内政军训军政四部会衔电令拟定本省第二届国民兵运动会实施办法乙份，除分八各师管区各团(队)并呈报外，合行令仰该县(市)(特区)积极准备并将奉文日期具复为要。此令。"等因，附抄发原件乙份，奉此，除分令呈报及另编计划施行外，相应函请

查照为荷。

此致

国民合作站

附抄发福建省各县(市)第二届国民兵运动会实施办法乙份

县长　王道纯

监印　罗瀚之

校对　李原云

福鼎县政府关于抄发福建省各县市第二届国民兵运动会实施办法并另编计划施行的公函

（1943年6月2日）　G137-001-0003

福建省各縣(市)第二屆國民兵運動會實施辦法

一、為提高國民兵体育興趣以增進國軍之素質起見，依照軍政部卯支撥酬電訂定「福建省各縣(市)第二屆國民兵運動會實施辦法」(以下簡稱本辦法)。

二、國民兵運動以鄉(鎮)隊為單位普遍舉行，如交通便利召集容易之地區得以數鄉(鎮)聯合辦理之。

三、各鄉(鎮)國民兵凡年滿十八歲至四十五歲無論已訓未訓均應參加本屆運動会，不得無故規避。

四、國民兵運動種類：分為競賽運動、團体運動及個人運動三種：

甲、競賽運動項目如下：

(一)田賽(跳高、跳遠、鉛球、標槍及手溜彈擲遠瞄準等)。(二)徑賽(實施武裝賽跑、障碍超越、及接力等)。(三)球類(如籃球、排球、足球等)。(四)泅河、(五)爬山、(六)游泳。

乙、團体運動項目如下：

(一)徒手体操。(二)團体遊戲(三)防護表演。(四)其他。

丙、個人運動項目如下：

(一)國術。(二)器械操表演。(三)舉重。(四)其他。

五、本屆運動會定三十二年七月七日各地同時舉行，会期以兩天至三天為限。

附件：福建省各县市第二届国民兵运动会实施办法(1943 年 4 月)a 面　G137-001-0003

六、國民兵運動會由各縣（市）國民兵團（隊）主持分別召集所屬運動單位之當地社團學校機關人員組織籌備委員会，会同司大会運動進行及評判事宜。

七、各項運動成績由籌備委員会推舉評判員評定之。

甲、縣（市）區評判委員以當地駐軍長官或行政長官為評判長，縣（市）党部書記長、國民兵團副團長、警察局長、教育科長、縣（市）体育場長及其他機關社團学校人員為評判員。

乙、區鄉（鎮）以當地駐軍長官或區鄉（鎮）長為評判長，所有區署鄉（鎮）職員、國民学校校長、教員及鄉（鎮）隊隊附為評判員。

八、運動單位得由人數之規定：團体以兩個為限，個人以五人為限。

九、各項競賽及運動表演其成績評定後除大会當場賞佈給予獎品外，各運動單位並將成績報由國民兵團彙呈專區核轉，報告格式另附件。

十、各運動單位分數最多者為第一名，次多者為第二名，餘類推，其分數標準八十分以上為甲等，七十分以上為乙等，六十分以上為丙等，以下不及格。

十一、運動用具就各鄉（鎮）隊棄有物体或向當地体育場、學校借用，所需場地以公共操場修整之為原則。

十二、運動会所需經費遵照三十二年教育部頒發國民體育部衛生署令各縣（市）地方款項支。

十三、運動会獎品除由國民兵團及鄉（鎮）隊製發外，並由縣（市）政府函請當地機關學校社團征集之。

十四、本办法如有未尽事宜得隨時以命令修改之。

附件：福建省各县市第二届国民兵运动会实施办法（1943年4月）b面　G137-001-0003

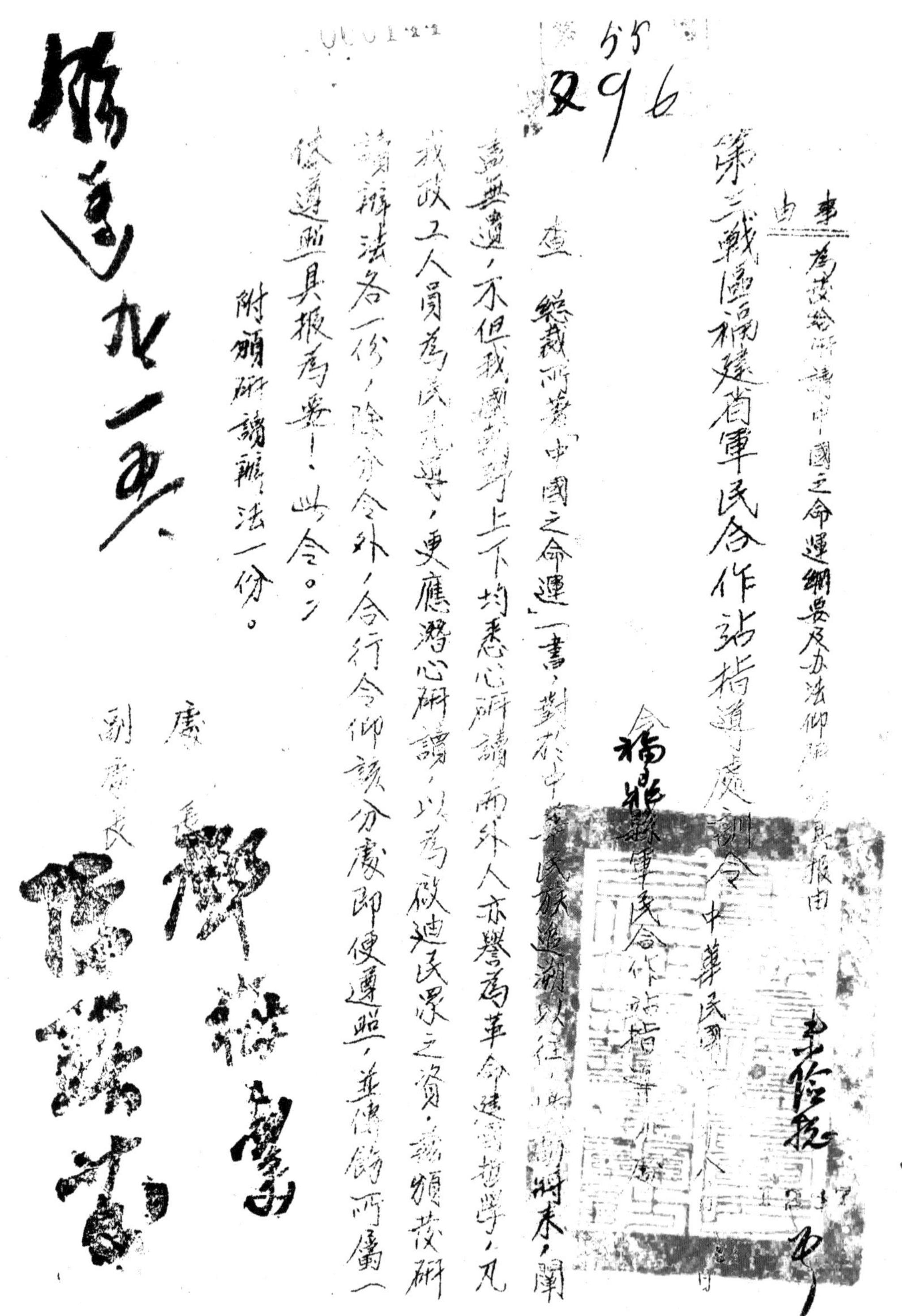
事由：為發給研讀中國之命運綱要及办法仰遵照具報由

第三戰區福建省軍民合作站指導處訓令　中華民國　年　月　日

令福安縣軍民合作站

查總裁所著中國之命運一書，對於中華民族過去、現在、將來，闡發無遺，不但我國朝野上下均悉心研讀，而外人亦譽為革命建國哲學，凡我站工人員為民眾嚮導，更應潛心研讀，以為啟迪民眾之資。茲摘發研讀辦法各一份，除分令外，合行令仰該分處即便遵照，並傳飭所屬一體遵照具報為要！此令。

附頒研讀辦法一份。

處長　鄭
副處長

第三战区福建省军民合作站指导处关于发给研读中国之命运纲要及办法，饬所属一体遵照具报的训令

（1943年8月28日）　G133-003-0121

第三戰區福建省各縣（市）軍民合作站指導分處暨各站工作人員研讀中國之命運辦法

一、各指導分處站軍民合作工作人員（以下簡稱工作人員）均應購買中國之命運一冊，遵照中央關於研讀綱要，悉心研究。

二、各指導分處站工作人員研讀開始期間，應定期舉行研讀中國之命運座談會，由副分處長負責召集，以交換研讀意見，並互質疑點。工作人員均應參加，非有特別事故不得缺席。

三、各工作人員對書中[illegible]有疑問之處，座談會不能解答者，應呈請本處解釋。

四、各工作人員應於研讀及交換討論後，並擬書內所論涉及之各項問題加以精深研究，務求將所有心得，各寫「中國之命運讀後」一篇，文須在一千字以上，由各分處彙送本處審評。

五、各工作人員研讀成績優良者，由本處發給若干書刊以獎勵之。

六、各工作人員如不按期研讀或不遵上項各項之規定者，由各分處呈明，本處即從嚴議處。

七、研讀及寫成讀後感時間共為一月。

八、本辦法如有未盡事宜，得隨時以命令修正之。

附件：第三战区福建省各县市军民合作站指导分处及各站工作人员研读中国之命运办法

（1943年8月28日） G133-003-0121

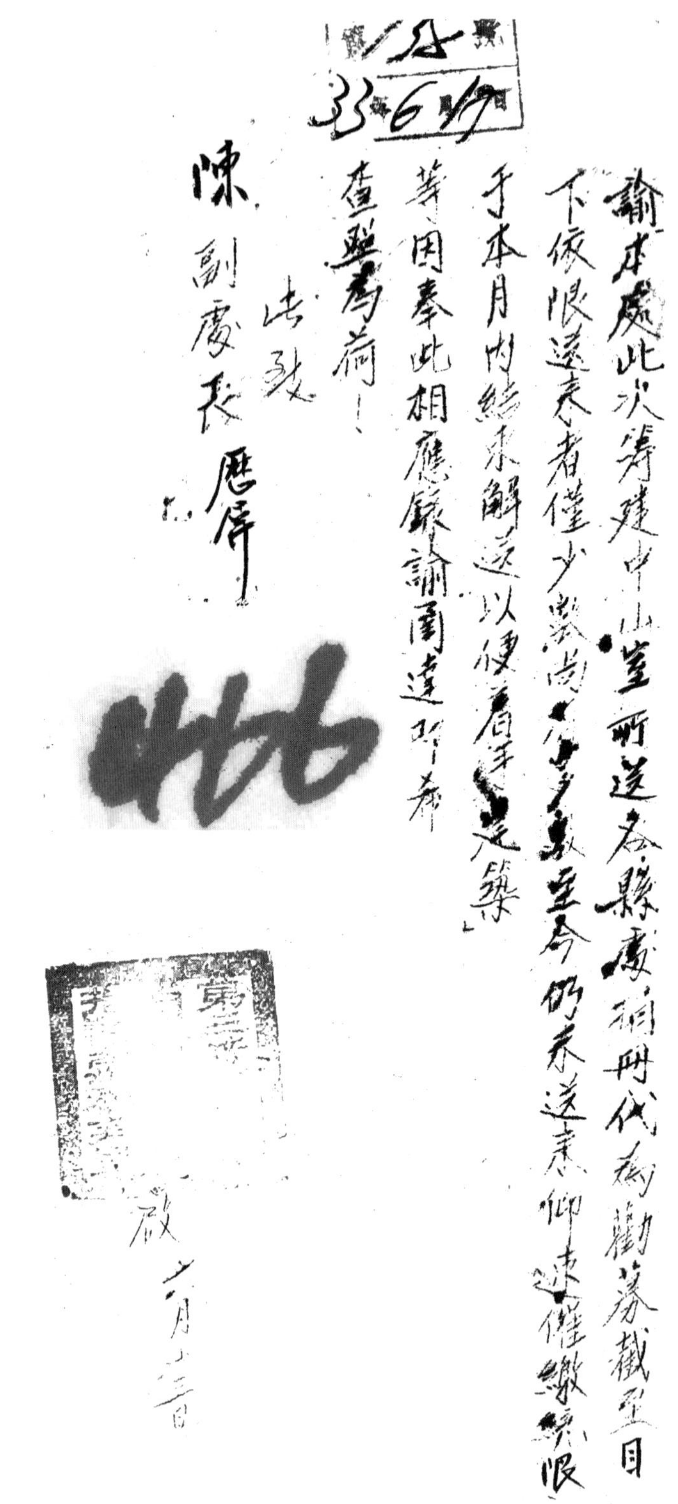

諭本處此次籌建中山室所送各縣處捐册代爲勸募截至目下依限送來者僅少數尚有多數至今仍未送來仰速催繳限于本月内結束解送以便着手建築

等因奉此相應録諭函達即希

查照爲荷！

此致

陳副處長[illegible]

啟　六月十三日

第三战区福建省军民合作站指导处关于催缴劝筹建中山室募款的公函

（1944 年 6 月 13 日）　G137-001-0005

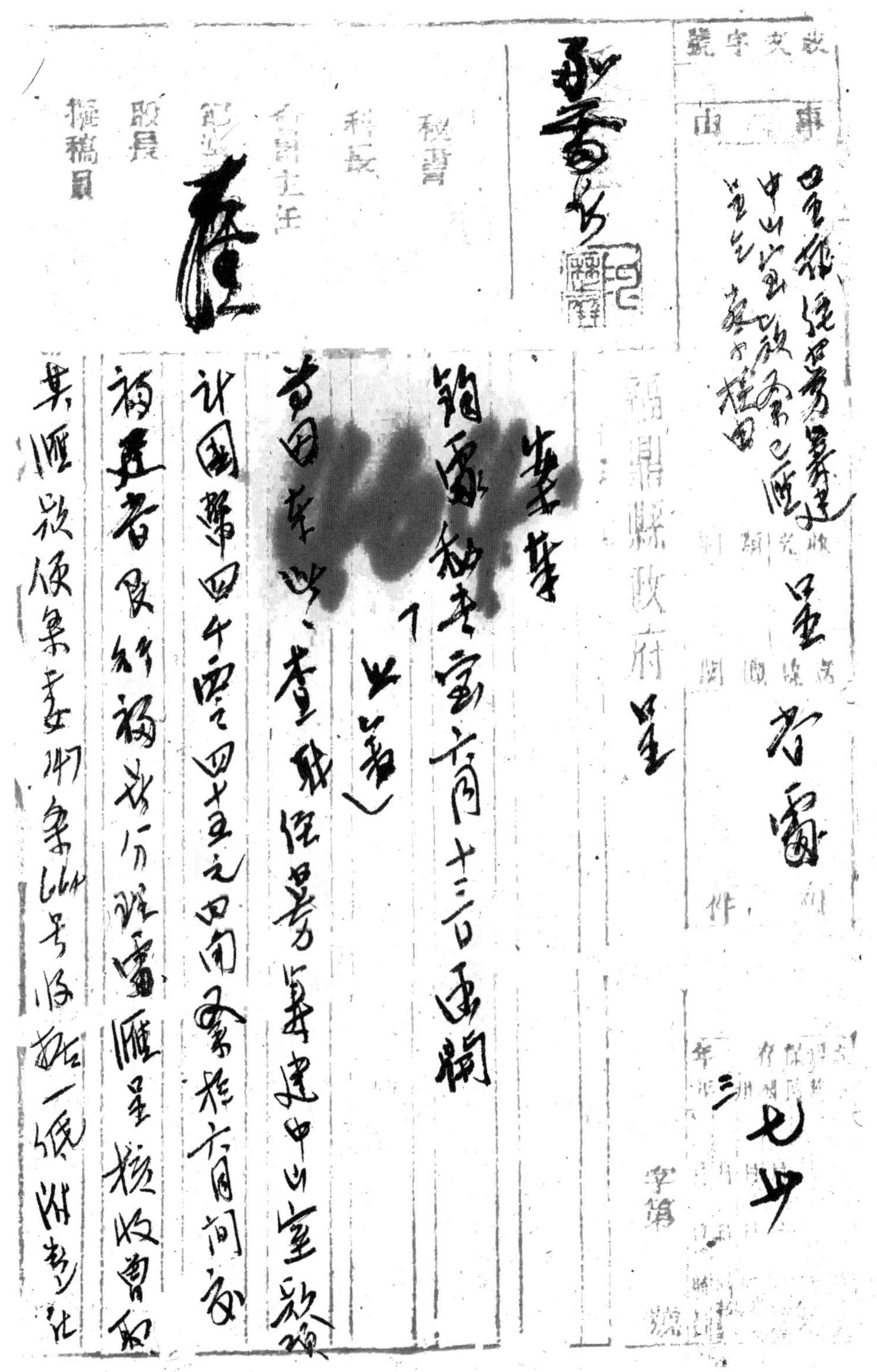
收文字號
事由
秘書
科長
會計主任
組長
股長
擬稿員
福鼎縣政府 呈

第三战区福建省福鼎县军民合作站指导分处关于募筹建中山室款项业已汇缴的呈文

（1944 年 7 月 30 日） G137-001-0005

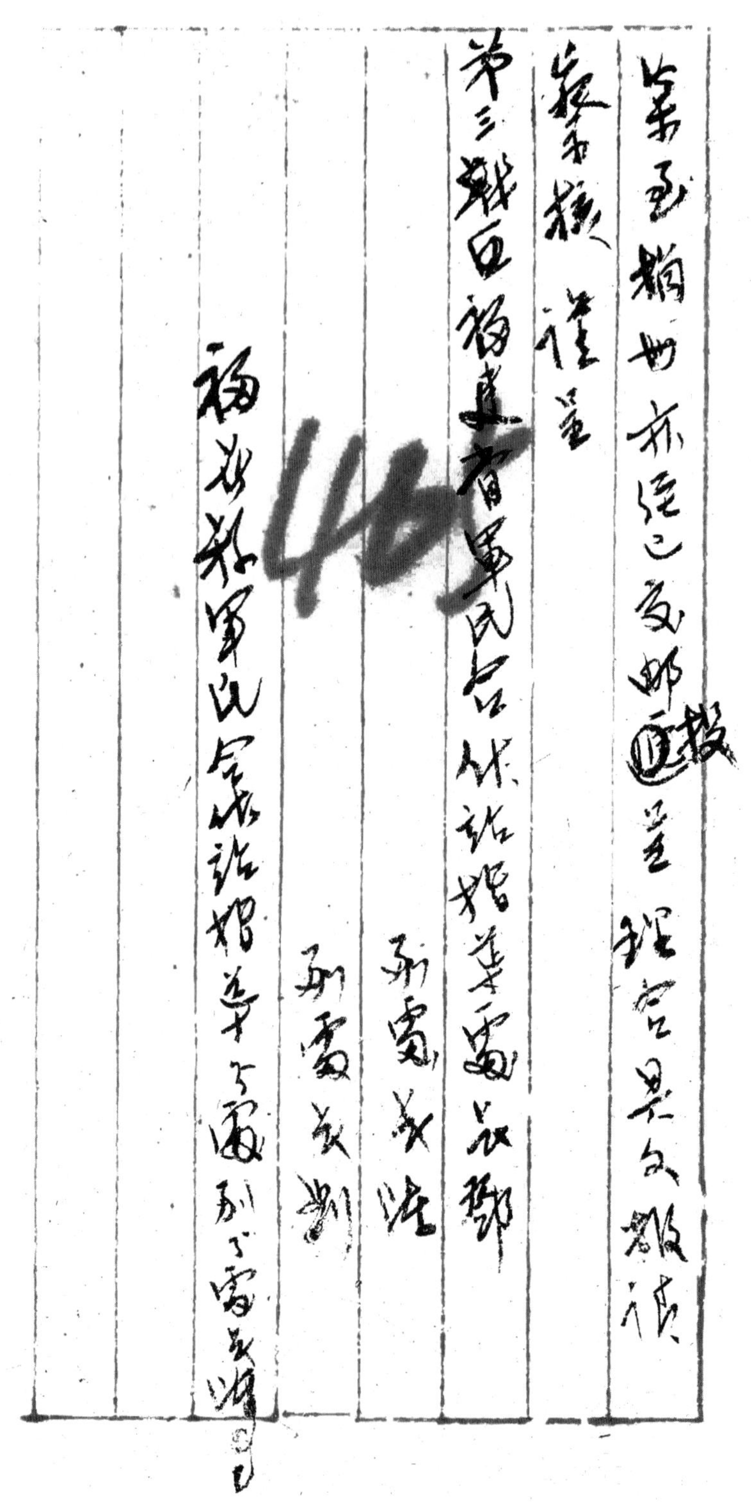
鑒核 謹呈
第三戰區福建省軍民合作站指導處處長鄭
副處長陳
副處長劉
福鼎縣軍民合作站指導分處

第三战区福建省福鼎县军民合作站指导分处关于募筹建中山室款项业已汇缴的呈文

（1944 年 7 月 30 日） G137-001-0005

查本所为策动在训学员研究国语并激发其发表能力起见特定于本月六日上午七时十九日上午六时分别举行小学教员假期训练班国语演说竞赛及辩论会素仰

台端热心教育敬请

惠赠奖品以资鼓励并盼

准时贲临参观无任欢迎

如蒙

惠赠奖品请于本月五日以前掷下为荷

此致

军民合作站

福鼎县训练所兼所长 王道纯

000284

福鼎县政府地方行政教员训练所关于准备举行国语演说竞赛及辩论赛，恳请惠赠奖品的劝募函

（1944年8月2日） G133-003-0123